FINANCIAL ACCOUNTING

제6판

친절한 재무회계

박경호 · 김응길

퍼블리셔

머리말

본서는 기본적으로 회계원리를 공부한 학생들이 중급회계를 공부하고 이해하는데 도움을 주기 위한 목적으로 집필되었습니다. 일반적으로 재무회계의 학습과정은 회계원리에서 회계의 기본 개념과 분개 방법, 재무제표 작성방법, 그리고 개별 계정과목별로 기본적인 회계처리 방법을 학습한 후, 중급회계에서 기업의 실제 거래 및 사건들에 대한 구체적인 회계처리 방법을 학습합니다. 따라서 실무에서 회계처리를 수행하거나 기업에 대한 다양한 의사결정을 하기 위해서는 회계원리와 함께 중급회계에서 다루는 내용도 반드시 숙지하고 있어야만 합니다. 하지만 중급회계를 강의를 하면서 느낀 점은 학생들이 회계원리를 공부했음에도 불구하고 중급회계에서 다루는 내용을 이해하는데 어려움을 겪는 경우가 많다는 사실입니다. 학생들이 중급회계를 어려워하는 이유는 중급회계에서 다루는 주제가 회계원리에 비해 다양하고 복잡하다는 점 외에도 회계원리에서 공부한 내용을 충분히 이해하여 활용하지 못하기 때문인 것으로 판단됩니다.

회계는 모든 계정과목들과 재무제표들이 서로 밀접하게 연관되어 있는 정보시스템입니다. 따라서 회계를 제대로 이해하기 위해서는 일련의 회계순환과정을 처음부터 끝까지 참을성 있게 따라가 보는 것이 중요합니다. 문제는 회계를 처음 공부하는 학생들이 한 학기 동안 회계원리 교재를 처음부터 끝까지 공부하기가 쉬운 일은 아니라는 점입니다. 그렇다고 한 권의 교재를 두 학기로 나누어 공부하면 세부적인 내용에 대한 이해는 향상되지만 회계를 거시적인 관점에서 이해하지 못하는 문제가 발생하기도 합니다. 따라서 본서는 회계원리를 어느 정도 이해하고 있는 학생들이 한 학기 동안 회계원리의 내용을 체계적으로 복습하고, 중급회계에서 다루는 주제에 대한 기초개념을 익히는데 도움을 주는 것을 최우선적 목표로 하고 있습니다. 즉 본서는 회계원리와 중급회계를 연결해주는 디딤돌 역할을 제공할 목적으로 기술되었으며, 중급회계를 공부할 계획이 없는 학생들에게는 회계원리에서 다루었던 내용 중에서 좀 더 깊이 이해할 필요가 있는 주제들에 대해 상세하게 설명함으로써 실무적인 회계처리를 어느 정도까지는 할 수 있도록 하기 위해 기술되었습니다.

본서의 특징은 다음과 같습니다. 우선 회계원리에서 다루는 주제를 중심으로 기술하면서도 각 내용들에 대해 보다 상세하고 체계적으로 기술하여 회계원리에 대한 복습을 깊이 있게 할 수 있도록 하였습니다. 그리고 각 계정과목별 회계처리에 대해서는 전체적이고 완결된 회계처리 과정을 이해할 수 있도록 내용과 주제를 확대하여 구성했습니다. 또한 연습문제에는 회계관련 자격증 시험과 공무원 임용시험에서 실제로 출제되었던 문제들을 포함하여, 실제로 어느 정도 수준의 문제가 출제되고 있으며 이들 문제를 풀 수 있으려면 어느 정도 범위를, 어느 정도까지 깊이 공부해야하는지 알 수 있게 하였습니다. 연습문제의 해설도 최대한 상세하게 기술하여 본문의 설명이 부족한 부분에 대해서는 연습문제와 해설을 통해 이해할 수 있도록 하였습니다. 예를 들어, 각종 시험에서 빈번하게 출제되는 주제들 중에서 회계원리 주제와 관련이 있는 재고자산 감모 및 평가손실, 소매재고법과 매출총이익률법, 은행계정조정표, 지분상품의 기말공정가치 평가, 상각후원가측정금융자산의 후속측정, 유형자산 및 무형자산의 재평가관련 손익, 자본거래의 회계처리, 그리고 현금흐름표 작성방법, 수익기준에 대한 기출문제들을 선정하여 연습문제에서 소개하였고, 해설에서는 각 문항별로 정답이 되는 이유와 안 되는 이유에 대해 상세하게 설명하였습니다.

본서를 집필하면서 어려움이 많았지만 많은 분들의 도움으로 마무리 할 수 있게 되었습니다. 항상 격려를 해주시고 많은 조언을 해주신 이용규 교수님, 전규안 교수님, 오웅락 교수님, 노희천 교수님, 박진하 교수님께 감사드립니다. 그리고 항상 힘이 되어주는 가족들에게도 고마운 마음을 전하고 싶습니다.

회계를 '기업의 언어'라고도 합니다. 왜냐하면 기업은 회계를 통해 기업이 수행하는 많은 활동들을 기록하고, 기업이 거둔 성과와 기업의 재무상태를 표현하기 때문입니다. 따라서 기업에서 근무하거나, 기업 밖에서 기업을 파악하기 위해서는 회계라는 '기업의 언어'를 읽고, 쓸 수 있어야만 합니다. 아무쪼록 본서가 여러분들이 회계를 이해하고 더 높은 수준의 공부로 나아가는데 밑받침이 되기를 기원합니다.

2022년

저자 드림

차 례

CHAPTER 01 회계란 무엇인가?

1. 회계의 정의 ··· 4
   1.1 경제와 회계 / 4
   1.2 의사결정과 회계 / 6
2. 기업, 의사결정 및 정보 ··· 7
   2.1 기업 / 7
   2.2 의사결정과 정보 / 11
3. 회계와 정보 ··· 15
   3.1 회계의 의의와 역할 / 16
   3.2 회계의 분류 및 재무제표 / 18
4. 국제회계기준 ··· 22
   4.1 국제회계기준의 필요성 및 특징 / 23
   4.2 국제회계기준 관련 기구 및 국내 회계기준체계 / 26

CHAPTER 02 재무보고를 위한 개념체계

1. 개념체계의 필요성 ··· 36
   1.1 개념체계의 목적 / 36
   1.2 개념체계와 회계기준의 관계 / 37
2. 재무보고를 위한 개념체계 ··· 38
   2.1 일반목적재무보고 / 38
   2.2 유용한 재무정보의 질적특성 / 39
   2.3 재무제표의 작성과 표시를 위한 기본가정 / 44
3. 재무제표 요소 ··· 45
   3.1 재무상태 요소의 정의 / 46
   3.2 성과를 측정하는 요소의 정의 / 50

3.3 재무제표 요소의 인식 / 51
3.4 재무제표 요소의 측정 / 56

CHAPTER 03 재무제표의 표시

1. 재무제표의 목적, 종류 및 표시 66
1.1 재무제표 목적 / 66
1.2 재무제표의 표시 / 67
2. 재무제표 간 연계 78
2.1 그림으로 살핀 재무제표 간 연계 / 78
2.2 회계등식으로 살핀 재무제표 간 연계 / 79
3. 재무상태표와 포괄손익계산서의 구성항목 82
3.1 재무상태표(보고식) 구성항목 및 예시 / 82
3.2 포괄손익계산서(단일, 기능별) 구성항목 및 예시 / 86

CHAPTER 04 회계순환

1. 회계상 거래와 회계등식 94
1.1 거래의 의의 / 94
1.2 회계등식과 회계상 거래의 이중성 / 95
1.3 계정과 계정과목 / 98
2. 회계순환과정 100
2.1 거래의 분석과 식별 / 100
2.2 기중 분개 · 전기 및 결산정리전 시산표 / 101
2.3 결산정리 분개 · 전기 및 결산정리후 시산표 / 112
3. 재무제표 작성 및 장부마감 126
3.1 주요 재무제표 분류와 보고양식 / 127
3.2 계정의 마감 / 132

CHAPTER 05 재고자산

1. 기업의 경영활동 ········ 150

1.1 경영활동의 분류 / 150

1.2 기업의 분류 / 151

2. 상품매매기업과 재고자산 ········ 152

2.1 재고자산의 의의 / 152

2.2 재고자산의 취득원가 / 154

2.3 재고자산의 장부기록(계속기록법, 실지재고조사법) / 155

2.4 재고자산의 단위원가(선입선출법, 평균법) / 160

3. 재고자산 감모손실과 저가법 ········ 167

3.1 재고자산의 감모손실 / 167

3.2 저가법과 재고자산평가손실 / 175

4. 소매재고법 ········ 177

4.1 소매재고법의 결산 정리 절차 / 178

4.2 원가율의 계산 / 178

CHAPTER 06 유형자산과 무형자산 투자

1. 유형자산의 의의와 회계처리 ········ 192

1.1 유형자산의 정의 및 특징 / 192

1.2 유형자산의 인식 / 193

1.3 취득원가의 측정 / 196

1.4 유형자산의 감가상각 / 199

1.5 유형자산의 처분 / 204

2. 유형자산 인식시점 이후의 측정 ········ 207

2.1 유형자산의 재평가 / 207

2.2 최초 재평가시 평가손익 인식 / 207

2.3 후속 재평가시 평가손익 인식 / 209

2.4 유형자산의 손상차손 / 212

3. 무형자산의 의의와 회계처리 ······ 216
3.1 무형자산의 의의 및 종류 / 216
3.2 무형자산의 회계처리 / 217
3.3 내부적으로 창출한 무형자산 / 219
3.4 영업권: 사업결합으로 취득한 무형자산 / 222

CHAPTER 07 금융자산

1. 금융상품 투자와 회계처리 ······ 236
1.1 금융상품의 의의 / 236
1.2 금융상품의 인식과 분류 / 239

2. 지분상품 투자 ······ 242
2.1 당기손익-공정가치 측정 금융자산 / 243
2.2 기타포괄손익-공정가치 측정(선택) 금융자산 / 247

3. 채무상품 투자 ······ 258
3.1 상각후원가 측정 금융자산 / 259
3.2 기타포괄손익-공정가치 측정 금융자산 / 268
3.3 당기손익-공정가치 측정 금융자산 / 273

4. 금융상품의 손상 ······ 274
4.1 손상의 의의 / 274
4.2 기대신용손실 모형 / 274
4.3 손실충당금설정 회계처리 / 276
4.4 기타포괄손익-공정가치 측정 금융자산의 손상회계 / 282

5. 기타 수취채권 ······ 283
5.1 현금을 수취하는 기타 수취채권 / 283
5.2 현금을 수취하지 않는 기타 수취채권 / 284

CHAPTER 08 금융부채와 기타 부채

1. 매입채무와 기타 지급채무 ········· 306
   1.1 매입채무 / 306
   1.2 기타 지급채무 / 308

2. 사 채 ········· 313
   2.1 사채의 의의와 형식 / 313
   2.2 사채의 발행 / 315
   2.3 사채의 제거 / 330

3. 기타 부채 ········· 333
   3.1 장기차입금, 장기성매입채무, 장기미지급금 / 333
   3.2 충당부채 / 334

CHAPTER 09 자 본

1. 자본의 의의 및 회계처리 ········· 348
   1.1 자본의 정의 / 348
   1.2 자본에 대한 회계처리 / 348
   1.3 기업의 형태와 자본회계 / 350

2. 자본거래 ········· 351
   2.1 자본거래의 정의 및 유형 / 352
   2.2 자본거래 손익의 상계 / 358

3. 손익거래 ········· 359
   3.1 이익잉여금 / 360
   3.2 기타포괄손익누계액 / 365

4. 배 당 ········· 372
   4.1 배당금의 계산 / 372
   4.2 현금배당과 주식배당 / 373
   4.3 우선주 배당 / 374

5. 자본변동표 ········· 377

CHAPTER 10 현금흐름표

1. 현금흐름표의 기본개념 ········· 386
   1.1 발생주의와 현금주의 / 386
   1.2 현금흐름표의 의의 및 필요성 / 387
   1.3 현금의 정의 / 388
   1.4 현금흐름표의 표시 / 388
2. 현금흐름표의 작성원리 ········· 390
   2.1 재무상태표 등식의 이용 / 390
   2.2 재무상태표 항목과 포괄손익계산서 항목의 구분 / 393
   2.3 현금흐름의 활동구분에서 주의해야 할 항목 / 394
3. 현금흐름표의 작성 ········· 395
   3.1 영업활동 현금흐름 / 395
   3.2 투자활동으로 인한 현금흐름 / 400
   3.3 재무활동으로 인한 현금흐름 / 402

CHAPTER 11 수익 및 회계변경과 오류수정

1. 고객과의 계약에서 생기는 수익 ········· 416
   1.1 수익인식의 5단계 / 417
   1.2 진행기준 / 424
2. 회계변경과 오류수정 ········· 427
   2.1 회계정책의 변경 / 428
   2.2 회계추정의 변경 / 430
   2.3 오류수정 / 432

* 연습문제 해설 ········· 441
* 부록 – 현가표 ········· 495
* 찾아보기 ········· 500

그림차례

Chapter 1.

1-1 기업의 경영활동 11
1-2 기업의 이해관계자 12
1-3 재무회계와 관리회계 19
1-4 IFRS Foundation 조직도 28

Chapter 2.

2-1 유용한 재무정보의 질적특성 43
2-2 재무제표 요소 46
2-3 재무제표 요소와 인식의 연관성 52

Chapter 3.

3-1 재무상태표의 작성 형식 70
3-2 포괄손익계산서의 작성 형식 74
3-3 기능별 및 성격별 손익계산서의 비교 76
3-4 재무제표 간 연계 79
3-5 재무제표가 제공하는 정보간의 관계 81
3-6 재무상태표 예시 85
3-7 포괄손익계산서 예시 88

Chapter 4.

4-1 다양한 회계상 거래의 형태 97
4-2 회계순환과정 100
4-3 분개장 양식 102
4-4 분개 시 차변과 대변의 결정 104
4-5 정상연금의 미래가치 140
4-6 단일금액 1원의 현재가치 계산표(일부) 142
4-8 정상연금 1원의 현재가치 계산표(일부) 143

Chapter 5.

5-1 기업의 경영활동 150
5-2 상품매매기업의 주요 활동 152
5-3 재고자산의 회계순환과정 153
5-4 재고자산의 원가배분 153
5-5 재고자산감모손실과 재고자산평가손실 176

Chapter 6.

6-1 유형자산의 원가흐름과 회계처리 193
6-2 감가상각방법과 감가상각비의 관계 201
6-3 재평가모형의 최초 재평가손익 208
6-4 재평가모형의 손상회계 216

Chapter 7.

7-1 금융상품의 흐름과 회계처리 238
7-2 금융상품의 분류와 측정 흐름도 241
7-3 주가증감과 기타포괄손익-공정가치 측정(선택) 금융자산 회계처리(상황 1) 248
7-4 주가증감과 기타포괄손익-공정가치 측정(선택) 금융자산 회계처리(상황 2) 250
7-5 당기손익-공정가치 측정 금융자산과 기타포괄손익-공정가치 측정(선택) 금융자산 255
7-6 상각후원가 측정 금융자산의 금액 변화 261
7-7 은행계정조정표의 조정과 결산 290
7-8 현금회수절차 296

Chapter 8.

8-1 채권과 채무의 분류 313
8-2 사채 발행금액의 계산구조 316
8-3 사채발행의 유형 318
8-4 사채발행비를 고려한 사채발행의 회계처리 322
8-5 사채의 순장부금액(실질 부채금액) 변화 326
8-6 충당부채와 우발부채 335

Chapter 9.

9-1 자본의 분류 349
9-2 자본거래로 발생하는 손익간의 관계 358
9-3 이익잉여금의 구조 360
9-4 기타포괄손익과 기타포괄손익누계액 366
9-5 이익배당우선주 유형 375

Chapter 10.

10-1 현금흐름표의 표시 388
10-2 영업활동 현금흐름표: 간접법 397

Chapter 11.

11-1 수익인식의 5단계 418

1

CHAPTER

회계란 무엇인가?

CONTENTS

Section 1 회계의 정의
- 1.1 경제와 회계
- 1.2 의사결정과 회계

Section 2 기업, 의사결정 및 정보
- 2.1 기업
- 2.2 의사결정과 정보

Section 3 회계와 정보
- 3.1 회계의 의의와 역할
- 3.2 회계의 분류 및 재무제표

Section 4 국제회계기준
- 4.1 국제회계기준의 필요성 및 특징
- 4.2 국제회계기준 관련 기구 및 국내 회계기준체계

CHAPTER 01 회계란 무엇인가?

SECTION 1 회계의 정의

1.1 경제와 회계

회계會計, accounting는 특정의 경제적 실체economic entity에 관하여 이해관계를 가진 사람들에게 합리적인 경제적 의사결정을 하는 데 유용한 재무정보financial information를 제공하기 위한 일련의 과정 또는 체계로 정의된다. 하지만 이와 같은 사전적 정의만으로 회계를 이해하기는 어렵다. 왜냐하면, 경제적 실체, 이해관계, 합리적인 경제적 의사결정, 재무적 정보 등 용어가 회계의 정의에 포함되어 있어서 이들 용어에 대한 이해 없이 회계를 제대로 이해하기 쉽지 않기 때문이다. 따라서 회계의 의미와 중요성, 필요성 등을 설명하기에 앞서 회계의 정의에 포함된 용어들에 대해 설명한다.

① 경제 : 인간의 생활에 필요한 재화 · 용역과 관련한 모든 활동 및 제도
② 이해관계 : 조직의 선택이나 성과에 따라 영향을 받는 관계
③ 합리적인 경제적 의사결정 : 경제적 실체의 생산, 분배 및 소비의 관점에서 더 큰 이익을 창출하는 대안을 선택하는 행위
④ 재무정보 : 이익 · 손실의 크기를 측정하거나 예측하는데 도움을 제공하는 정보

우선, '경제'와 '경제적 실체'에 대해 살펴보자. 경제economy란 인간의 생활에 필요한 재화나 용역을 만들고, 나누고, 쓰는 모든 활동과 그 활동을 둘러싼 질서 또는 제도이다.[1] 따라서 경제적 실체란 재화와 용역을 생산하고, 분배하고, 소비하는 활동을 수행하는 실체(개인 또는 조직)를 의미한다. 예를 들면, 휴대전화를 생산하는 삼성전자와 LG전자와 같은 기업들은 재화의 생산활동을 담당하는 경제적 실체이다. 삼성전자 등으로부터 휴대전화를 구매하여 고객들에게 판매하는 하이마트와 같은 기업은 재화에 대한 분배활동을 담당하는 경제적 실체이다. 휴대전화를 실제로 사용하는 개인들은 재화를 소비하는 활동을 담당하

1) 재화란 음식, 옷, 집, 자동차 등 눈으로 볼 수 있고, 만질 수도 있는 물건을 의미하며, 용역이란 의료서비스, 교육서비스, 법률서비스 등 볼 수도, 만질 수도 없지만 사람들에게 도움이 되는 행동을 의미한다. 본서에 용역과 서비스는 같은 의미이므로 혼용하여 사용한다.

는 경제적 실체이다.[2)]

경제활동과 경제적 실체의 형태는 시대에 따라 다양한 모습으로 변화되어 왔다. 아주 먼 옛날에는 개인이나 부족단위로 수렵활동 또는 채집활동을 하여 식량을 직접 구하고, 구한 식량도 즉시 소비하는 형태의 생활을 하였기 때문에 경제체제도 매우 단순한 형태였고 경제적 실체의 구분도 없는 상황이었다. 하지만, 문명이 발달함에 따라 생산과 분배, 그리고 소비활동이 분리되기 시작하고, 다양한 형태의 경제적 실체가 등장하였다. 경제활동에 분업이 도입되고, 교환거래가 활발해짐에 따라 영리를 목적으로 한 기업이 등장하여 특정 경제활동을 전문적으로 수행하고, 규모의 경제효과를 창출하기 위해 기업의 규모도 점차 대형화되고 있다. 오늘날에는 주식회사가 일반적인 기업의 형태로 자리를 잡고 있다.

다음으로 이해利害관계에 대해 살펴보자. 현대 경제활동은 개인이 아니라 기업 · 국가 · 학교 등 일정한 사회적 조직을 통하여 주로 이루어진다. 조직이란 공동의 목적을 효율적으로 달성하기 위하여 개인들이 모여서 구성한 집단이다. 조직은 다른 조직과의 거래를 통해서 본연의 목표를 달성하고자 한다. 그런데 조직이 목표를 달성하기 위한 선택을 하는 과정이나 조직의 성과에 따라, 이득을 보거나 손해를 입는 개인이나 조직이 존재한다. 이렇게 조직의 선택이나 성과에 따라 영향을 받는 관계를 조직의 이해관계라고 하고, 이해관계에 있는 존재를 이해관계자stakeholder라고 한다.

예를 들어 개인이 기업에 근무하면서 노동력을 제공하고, 기업이 대가로 개인에게 급여를 제공하는 경우를 살펴보자. 자신이 근무하는 기업이 계속 성장하면 안정적인 일자리와 승진기회, 그리고 높은 급여 등을 기대할 수 있다. 반면 기업의 성장이 정체되거나 파산하는 경우에는 일자리를 잃는 경우도 있다. 이처럼 기업에 소속된 개인은 기업과 근로관계 측면에서 이해관계를 갖는다.

또 다른 예로 은행과 같이 자금을 보유한 조직이 개인이나 다른 조직에게 일정기간동안 현금을 빌려주고, 자금을 빌린 개인이나 다른 조직이 대가로 이자를 지급하는 관계도 생각할 수 있다. 현금을 빌린 개인이나 조직이 이자를 지급하고 원금을 갚는다면, 자금을 빌려주고 빌리는 관계를 장기간 지속할 수 있다. 하지만 현금을 빌려간 개인이나 조직이 이자를 제 때 지급하지 못하거나 만기에 원금을 갚지 못한다면, 자금을 빌려주고 빌리는 관계를 지속하기 어렵다. 이런 측면에서 자금을 빌리는 개인이나 다른 조직은 자금을 보

2) 실제로 경제활동을 수행하는 경제적 실체는 다양한 유형으로 존재하며, 특정 경제적 실체가 여러 가지 경제활동을 동시에 수행한다. 예를 들면, 자동차를 생산하는 현대자동차는 회사의 형태로 경제활동을 수행하는 경제적 실체이며, 학교 주변에서 흔히 볼 수 있는 음식점들은 대부분 개인기업의 형태로 경제활동을 수행하는 경제적 실체이다. 또한 경제적 실체들은 생산활동 · 분배활동 · 소비활동을 모두 수행하는 경우가 일반적이다. 즉, 생산활동을 주로 담당하고 있는 경제적 실체도 생산한 재화나 용역을 다른 경제적 실체(개인소비자 또는 기업)에게 판매하는 분배활동도 수행하며, 생산활동에 필요한 재화와 용역을 구매하여 사용하는 소비활동도 수행하고 있다.

유한 은행 같은 조직과 금전관계 관점에서 이해관계를 갖는다. 현대 사회는 다양한 경제적 실체들이 내·외적으로 밀접하게 연결된 경제활동을 수행하므로 이해관계의 발생은 필연적이다.

1.2 의사결정과 회계

이번에는 합리적인 경제적 의사결정에 대해서 살펴보자. 먼저 의사결정이란 다양한 방안 중에 하나를 선택하는 행위를 뜻한다. 다른 말로 하면, 의사결정은 어떤 방법을 선택하는 대신 다른 방법을 포기한다는 뜻이다. 의사결정에 따라 최종 결과가 달라지므로, 의사결정은 중요한 행위에 해당한다. 의사결정에 의하여 결과가 달라진다는 점에서 의사결정을 내리기 위한 판단기준이 필요하다.

먼저 의사결정의 판단기준으로 합리적인 판단기준을 생각할 수 있다. 합리적이라는 뜻은 이치에 맞는다는 말이다. 사물이 존재하는 이유나 사람의 일반적인 생각, 사회규범 및 제도 등을 이치로 생각한다면, 합리적인 판단기준을 다양한 관점에서 접근할 수 있다. 합리적인 의사결정이라는 접근에 추가적인 사항을 고려하여 의사결정을 내릴 때 종합적인 관점으로 합리적으로 의사결정을 할 수 있다.

회계의 관점에서는 경제적 실체에 관심을 두고 합리적인 의사결정을 한다고 가정한다. 경제적 실체는 재화와 용역을 생산하고 분배하며 소비하는 개인이나 조직을 뜻하므로, 경제적 실체가 더 많이 생산하고 적절하게 분배하며 필요한 만큼 소비하는 관점에서 접근하는 의사결정이 합리적이라고 볼 수 있다. 다른 말로 표현하면, 합리적인 경제적 의사결정은 경제적 실체의 생산, 분배 및 소비의 관점에서 더 큰 이익을 창출하는 대안을 선택하는 행위이다.

왜 합리적인 경제적 의사결정이 회계에서 중요할까? 이는 우리가 가진 자원이 무한하지 않고 한정되어 있기 때문이다. 식량이나 시간 등 우리에게 필요한 자원이 무궁무진하다면 우리는 경제활동 자체를 할 필요가 없을 것이며, 경제적 실체 간에 이해관계도 성립하지 않으므로 어려운 의사결정을 위해 고민할 필요도 없다. 합리적인 경제적 의사결정이란, 한정된 자원을 효과적으로 사용하기 위한 의사결정이며, 어느 한 쪽을 선택하면 다른 쪽은 포기해야만 하는 선택적 의사결정을 의미한다.

이제 마지막으로 재무정보의 의미에 대해서 살펴보자. 앞서 합리적인 경제적 의사결정이 가장 큰 이익(만족)을 주는 쪽을 선택하는 것이라고 설명하였는데, 그렇다면 어떻게 합리적인 경제적 의사결정을 할 수 있을까? 가장 큰 이익이나 만족을 주는 쪽을 선택하기 위해서는 먼저 의사결정의 대상이 되는 각 대안들이 주는 이익(만족) 또는 손실(실망)의 크기를 비교할 수 있어야만 한다. 의사결정 상황에서 합리적인 경제적 의사결정을 할 수 있도록 각 대안별 이익이나 손실을 파악하는데 도움이 되는 자료들을 정보라고 하는데, 여러 가지 정보 중에서 특히 이익이나 손실의 크기를 측정하거나 예측하는데 도움을 제공하는 정보를 재무정보라고 한다.

지금까지 회계의 기본적 정의에 대해 상세하게 살펴보았다. 하지만 아직도 회계를 제대로 이해하기 쉽지 않다. 왜냐하면, 기본적 정의에 나타난 용어들을 이해하더라도 앞서 제시된 회계의 정의는 매우 광범위하고 포괄적인 개념으로 규정되어 있기 때문이다. 경제적 실체가 개인이거나 기업, 정부 또는 학교일 수도 있으므로 어떤 대상에 적용되는 회계의 정의인지를 이해하기 어렵다. 또한 이해관계도 개인 대 개인, 정부와 기업, 기업과 기업 등 다양하게 존재할 수 있어서 모든 이해관계를 고려한 회계의 정의인지도 이해하기 어렵다. 실제로는 회계 주체를 어느 경제적 실체로 볼 것인가에 따라 정부회계, 비영리회계, 기업회계, 가계회계 등이 존재하고, 이해관계도 어떤 경제적 실체에 초점을 맞추는 가에 따라 다양한 이해관계를 정의할 수 있다.

본서에서는 회계에 대한 이해를 하는데 가장 기본이 되고, 널리 사용되고 있는 회계 개념을 설명하기 위하여 앞으로는 경제적 실체 중 기업에 초점을 맞추어 회계를 설명하고자 한다. 기업에 초점을 맞추어 회계의 정의를 다시 기술하면 다음과 같다.

> 회계란 특정 기업과 관련하여 발생한 경제적 사건을 식별, 기록하여 특정 기업의 이해관계자들이 합리적인 의사결정을 하는데 도움이 되는 재무정보를 산출하여 보고하는 과정이다.

SECTION 2 기업, 의사결정 및 정보

2.1 기업

1) 기업의 분류

기업은 영리를 목적으로 재화를 구매 또는 제조하여 판매하거나 용역을 제공하는 등의 다양한 활동을 수행하는 경제적 실체이며, 효과적으로 경영활동을 수행하기 위해 다양한 물적자원과 인적자원, 그리고 자본 등이 결합된 형태의 조직구조를 갖추고 있다. 기업은 다양한 역할을 수행하고 있으며, 기업조직의 형태와 규모 또한 매우 다양하므로 어떤 기준을 적용하는지에 따라 여러 종류로 분류할 수 있다. 기업에 대해 잘 이해하기 위해서 기업을 분류하여 세부적으로 살펴볼 필요가 있다.

① 경영활동에 따른 분류 : 제조기업, 상기업, 서비스기업
② 소유형태에 따른 분류 : 주식회사, 개인기업, 조합기업

(1) 핵심 경영활동에 따른 분류

이익 창출을 위해 수행하는 주된 활동의 행태에 따라 기업의 유형을 크게 세 가지로 나눌 수 있다.

① 제조기업manufacturing firms : 삼성전자와 같이 반도체, 휴대전화, 가전제품 등을 제조하고 판매하여 이익을 창출하는 유형이다. 제조기업은 원재료, 노동력, 기타 경비를 투입하여 제품을 만드는 제조활동이 이익창출을 위한 핵심적 활동인 기업이다.

② 상기업merchandising firms : 백화점과 같이 상품을 구매하고 유통하여 이익을 창출하는 유형이다. 상기업은 직접 제조활동을 수행하지는 않지만, 소비자들이 원하는 재화를 필요한 시점에 편리한 장소에서 구매할 수 있도록 해주는 활동을 수행하여 이익을 창출하는 기업이다.

③ 서비스기업용역기업, service firms : 항공사와 광고회사와 같이 무형의 서비스를 제공하는 유형이다. 서비스는 상품이나 제품과 달리 형태가 없는 방식으로 사람을 통하여 전달되는 가치이다. 서비스기업은 이와 같은 무형의 서비스를 제공하는 활동을 통해 이익을 창출하는 기업이다.

(2) 소유형태에 따른 분류

기업을 설립하여 소유하고 있는 주체의 형태에 따라서 분류하면 개인기업, 조합기업, 주식회사 등으로 구분된다.

① 개인기업 : 가장 단순한 소유형태의 기업으로 한 개인이 전적으로 기업을 소유하는 경우이다.

② 조합기업 : 소수의 개인이 공동으로 투자하여 설립하고 공동으로 소유하고 있는 기업형태이다.

③ 주식회사 : 주식의 발행을 통해 출자된 자금으로 설립된 기업으로서, 소유주인 주주들과는 경제적으로 독립된 법인형태의 기업이다.

오늘날 대부분의 규모가 큰 기업들은 대부분 주식회사이다. 이유는 주식회사의 경우 주주들은 기업의 소유권을 보유하고 있지만 투자한 범위 내에서만 기업의 위험을 부담하고, 보유한 주식을 언제든지 타인에게 양도할 수 있기 때문이다. 주식회사 형태로 기업을 설립하면, 자금을 여러 사람들로부터 투자받아서 대규모의 자금을 조달할 수 있다는 장점이 있다.

2) 기업의 경영활동

기업은 이익을 창출하기 위하여 다양하고 복잡한 활동들을 수행한다. 기업의 이익창출은 개인소비자나 다른 기업, 또는 단체에 재화를 판매하거나 용역을 제공하는 활동을 통해 실현된다. 기업은 판매할 재화를 확보하기 위해 다른 기업으로부터 구매하거나 직접 생산하는 활동을 하고, 구매나 생산활동을 수행하는데 필요한 자금을 기업외부로부터 조달한다. 요약하면, 기업은 궁극적 목적인 이익 창출을 위하여 판매활동, 구매활동, 자금조달활동, 그리고 기타 관련된 활동 등 경영활동을 수행한다. 회계에서는 기업의 경영활동을 영업활동, 투자활동, 재무활동으로 나누어 접근한다.[3)]

① 영업활동 : 재화를 제조 또는 구매하여 판매하거나 서비스를 제공하는 활동
② 투자활동 : 기업이 사용하기 위한 목적으로 자산을 취득 및 처분하는 활동
③ 재무활동 : 자금을 기업 외부로부터 조달하고, 조달된 자금을 향후에 상환하는 활동

(1) 영업활동

기업의 영업활동operating activities은 재화를 제조 또는 구매하여 판매하거나 서비스를 제공하는 활동을 말하며, 이익을 창출하기 위한 기업의 주된 활동이다. 삼성전자의 경우 반도체, 휴대전화 등을 제조하여 판매하는 활동을 의미한다. 삼성전자와 같은 제조기업의 영업활동은 원재료와 부품을 구입하고, 노동을 투입하여 원재료와 부품을 가공하여 제품을 제조하며, 제품을 다른 제조업자 또는 최종 소비자에게 판매하는 과정으로 이루어진다. 백화점과 같은 상품매매기업의 영업활동은 다른 제조기업 또는 상품매매기업으로부터 의류, 가전제품, 식품 등의 상품을 구입하여 소비자에게 판매하는 과정으로 이루어진다. 항공사와 같은 서비스기업은 교통편의 서비스를 창출하여 소비자에게 제공한다. 이와 같이 재화와 서비스를 제공하는 영업활동을 통해 기업의 존재 목적인 이익이 달성되므로, 영업활동은 기업들의 가장 중요한 활동이다.

---

3) 기업의 경영활동은 기업이 속한 업종, 경제적 상황, 경영전략에 따라 매우 다양하게 이루어지기 때문에 다양한 분류가 가능하다.

(2) 투자활동

투자활동investing activities은 판매목적이 아니라 기업이 사용하기 위한 목적으로 건물, 토지, 기계, 설비 등을 취득하고, 경우에 따라서 처분하는 활동이다. 기업이 투자활동을 하는 이유는 영업활동을 통해 건물, 기계, 설비 등에 사용된 자금 이상으로 수익을 획득할 수 있다고 기대하기 때문이다. 건물, 기계 등에 대한 투자금액은 영업활동을 통해 장기간에 걸쳐 회수되지만, 기업이 영업활동을 효과적으로 수행하기 위해서는 건물, 기계, 설비 등을 사용하여야 한다. 그러므로 기업의 지속적인 투자는 기업의 성장과 경영목적 달성을 위해서 반드시 필요한 활동이다.

(3) 재무활동

기업이 영업활동과 투자활동을 위해서 자금이 필요하다. 기업이 영업활동을 통해 벌어들여 보유하고 있는 자금만으로 영업활동과 투자활동을 수행하기에는 부족한 경우라면, 부족한 자금을 기업 외부로부터 조달하고, 조달된 자금을 향후에 상환하는 활동이 필요하다. 이를 재무활동financing activities이라 한다. 기업이 필요한 자금을 조달할 수 있는 세 가지 자금원은 영업활동에서 창출된 이익, 주주들의 투자자본, 그리고 채권자에게서 조달받는 부채이다.

주식회사의 경우 주주들은 자금을 투자하고 기업이 발행한 주식stock을 받는다. 이렇게 조달된 자금으로 기업의 투자 및 영업활동이 시작된다. 영업활동의 결과로 얻어진 이익 중 일부는 주주의 투자에 대한 보상인 배당으로 주주에게 분배된다. 배당 등 사외로 유출된 이익을 제외한 나머지 이익은 사내에 유보되어 재투자된다. 이러한 이익의 재투자도 중요한 기업의 자금조달 원천이 된다.

기업은 은행 등 금융기관으로부터 자금을 빌리거나, 채권투자자들에게 사채bond를 발행하여 조달할 수도 있다. 이 경우 주식발행 형태의 자금조달과 달리 미래에 이자와 원금을 지급하여야 할 의무인 사채liabilities가 발생한다. 부채를 통한 자금조달의 경우 약속한 지급일에 이자 또는 원금을 지급하지 못하면 부도가 발생할 위험이 존재한다.

[그림 1-1] 기업의 경영활동

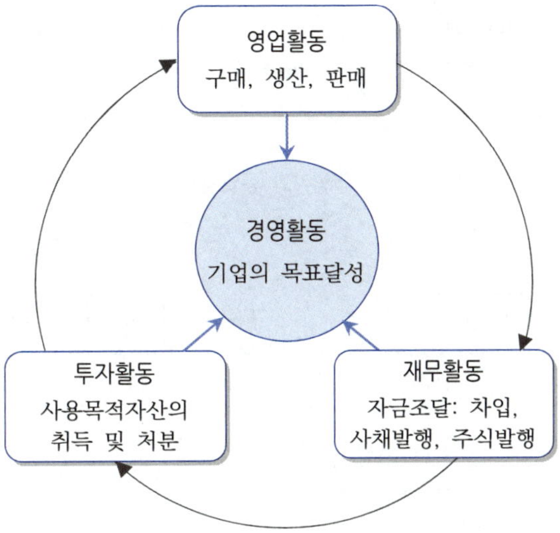

2.2 의사결정과 정보

1) 기업과 이해관계자

기업은 이익창출을 위한 경영활동을 하는 과정에서 다양한 경제적 실체들과 이해관계를 맺게 되는데, 이들을 이해관계자라고 한다. 기업의 내부에 경영자와 종업원이 있으며, 기업외부에는 기업에 원자재 등을 공급하는 협력업체, 기업의 제품이나 서비스를 구입하는 고객, 기업에 자금을 공급해 주는 투자자와 채권자 등이 있다. 이들의 공통적인 특징은 모두 기업에 유·무형의 자원을 공급하고 그 이상의 혜택을 얻고자 한다는 점이다.

경영자와 종업원은 자신의 지식이나 노동력 자원을 기업에 공급하는 대가로 급여를 받는다. 협력업체는 재화나 서비스를 기업에 판매하여 수익을 창출한다. 고객은 기업으로부터 재화나 서비스를 구입하고 사용하면서 만족과 효용을 얻는다. 투자자는 기업에 자금을 투자하고 대가로 경영에 참여할 권리를 획득하고, 영업성과에 따라 배당금을 받기도 하며, 자신의 지분을 다른 사람에게 양도하여 차익을 얻기도 한다. 채권자는 기업에 자금을 빌려주는 대신 정기적으로 이자를 받는다. 물론 기업도 다른 경제실체들로부터 받은 원자재, 노동력, 지식, 자금 등을 결합하여 재화나 서비스를 구매하거나 생산하고, 이에 일정한 수준의 이익을 가산하여 고객에게 판매함으로써 수익을 창출한다. 기업과 기업의 이해관계자들은 상호거래를 통해 서로 이익을 창출한다.

[그림 1-2] 기업의 이해관계자

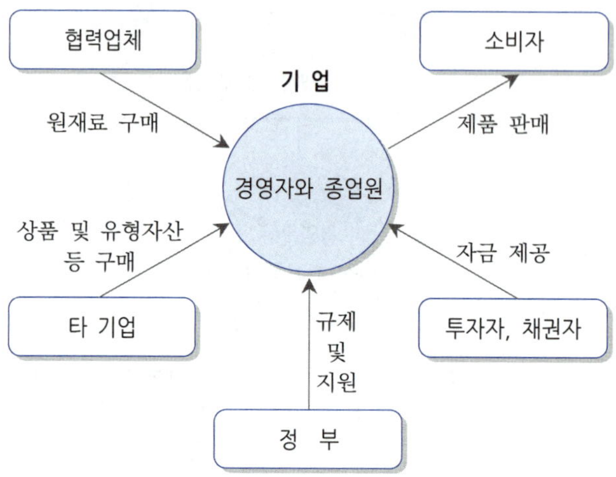

2) 의사결정

기업과 이해관계자들의 상호거래는 각 경제주체들이 내린 의사결정의 산물이다. 의사결정은 여러 대안들 중에서 목표 달성에 가장 잘 부합되는 대안을 선택하는 행위이며, 기업과 이해관계자들은 상호거래와 관련하여 다양하고 연속적인 의사결정 상황을 직면하게 된다.

(1) 경영자의 의사결정

기업은 일반적으로 최대한 많은 이익을 창출하는 목표를 설정한다. 기업이 설정한 목표를 달성하기 위하여 영업활동, 투자활동, 재무활동을 수행한다. 이 모든 경영활동은 기업 내부에서 경영자의 의사결정을 통해 이루어진다. 경영자는 기업이 더 많은 이익을 창출하고, 기업의 가치를 향상시키기 위해, 더 좋은 제품과 서비스를 합리적인 가격으로 생산한다. 또한 경영자는 기업이 더 많은 고객에게 판매하기 위해 판매를 촉진할 수 있는 의사결정을 내린다. 이를 위하여 경영자는 미래의 사업환경을 예측하고, 현재 기업의 역량을 파악하여 기업이 나아가야 할 방향을 정하는 의사결정을 내린다. 이를 바탕으로 영업, 투자, 재무활동과 관련된 사업계획을 수립하는 의사결정도 한다. 계획이 확정되면 구성원들로 하여금 계획에 따라 업무를 수행하도록 유도해야 하며, 사후적으로는 계획과 실행결과를 비교 · 평가하여 구성원들에게 피드백을 하는 의사결정도 한다. 이와 같이 경영자는 기업의 목표 달성을 위해 계획, 실행, 통제 등의 경영활동을 수행하는 과정에서 다양한 의사결정 상황을 접하게 된다.

(2) 기타 이해관계자의 의사결정

기업 내부 경영자 외에 기업과 거래관계가 있는 다양한 이해관계자들도 기업과 관련된 중요한 의사결정을 한다. 예컨대, 투자자는 특정 기업에 대한 투자여부 및 투자조건에 대한 의사결정을 수행한다. 투자자가 미래에 배당이나 주식처분을 통해 투자금액 이상을 회수하지 못할 것으로 판단한다면, 기업에 대한 투자를 하지 않는 의사결정을 한다. 이로 인해 기업은 신제품 개발이나 사업영역 확장에 필요한 자금을 조달하지 못하여 곤란을 겪을 수 있다.

채권자도 투자자와 마찬가지로 기업에 대한 자금 대여여부를 결정하는 의사결정을 수행한다. 채권자가 의사결정할 때 고려하는 사항은 약속된 이자를 제 때에 받을지, 대여기간이 만료되는 시점에 빌려 준 자금을 확실하게 회수할 수 있는지 여부이다. 투자자와 채권자 외에도 협력업체, 정부, 고객 등 다양한 외부 이해관계들과 내부 이해관계자인 종업원도 기업과 관련된 의사결정을 수행하며, 이들의 의사결정도 기업에 중대한 영향을 미친다.

3) 이해관계자의 의사결정에 필요한 정보

경영자의 경영의사결정, 투자자의 투자의사결정, 채권자의 대출의사결정 등 이해관계자들의 의사결정은 몇 가지 공통적인 특징이 있다. 첫째, 각 의사결정이 해당 기업에 중대한 영향을 준다는 점이다. 둘째, 모든 의사결정주체들이 자신의 이익을 극대화하기 위한 의도를 가지고 의사결정을 수행한다는 점이다. 경영자는 기업의 가치를 극대화하는 방향으로, 투자자와 채권자 등 외부 이해관계자들은 모두 자신의 부를 극대화하는 방향으로 의사결정을 하고자 한다. 셋째, 모든 의사결정에는 정보가 필요하다는 점이다.

① 경영자에게 필요한 정보 : 기업의 과거 실적에 대한 정보나 시장의 미래 상황, 경쟁환경 변화 등을 예측하기 위한 정보
② 주주 · 채권자 : 투자수익률, 안정적인 이자수익과 원리금 회수
③ 정부 : 세금징수 금액결정과 정부규제 여부
④ 공급자 · 고객 : 합리적인 거래계약
⑤ 종업원 : 급여수준, 승진기회, 복지혜택

(1) 경영자에게 필요한 정보

경영자가 기업의 이익을 극대화하는 의사결정을 하기 위해서 먼저 기업이 당면한 문제점을 파악할 수 있어야 한다. 또한 이 문제를 해결하기 위한 대안들을 검색하고, 각 대안을 선택하는 경우 기업에 어떤 영향을 주는 지를 비교하고 분석할 수 있어야 한다. 이런

과정은 경영자의 가치관이나 직관에 의해 결정될 수도 있지만, 합리적인 경제적 의사결정을 위해서 기업의 과거 실적에 대한 정보나 시장의 미래 상황, 경쟁환경 변화 등을 예측하기 위한 정보가 필요하다.

예를 들면, 기업은 고객에게 재화와 서비스를 제공하여 수익을 창출하므로, 다른 기업보다 높은 수익을 올리기 위해서 고객이 요구하는 재화나 서비스가 무엇이고 어느 정도 품질수준을 요구하는지 파악한다. 이에 더하여 기업은 고객의 요구를 경쟁기업보다 잘 파악하고 적절한 의사결정을 해야 한다. 이를 위해서 고객의 기대에 부응하며 이익을 낼 수 있는 원재료와 상품 구매에 관한 정보가 필요하다. 또한 기업이 건물, 기계, 설비 등에 투자하는 경우에 투자로 인하여 언제, 얼마만큼의 수익이 발생할 것인가에 대한 정보가 있어야 올바른 투자활동을 수행할 수 있다. 기업의 영업활동과 투자활동에 필요한 자금조달을 하는 재무활동의 경우에도 필요한 정보가 없이는 이루어지지 않는다. 자금조달과 관련된 차입비용, 차입자금의 투자에서 얻어지는 수익률 등의 정보가 필요하다.

이렇듯 기업의 경영활동은 정보없이 이루어질 수 없다. 이러한 정보 중 특히 숫자, 계량화되어 있는 정보는 경영활동을 실행하는 데 있어 가장 필요하고 중요한 정보가 된다.

(2) 기타 이해관계자에게 필요한 정보

이해관계자들은 소유하고 있는 희소 자원을 기업과 거래하는데, 이 과정에서 최선의 선택을 하는 의사결정을 내리기 위해 다양한 정보를 이용할 필요가 있다. 이로 인하여 사회 전체의 자원이 효율적으로 배분될 수 있다.

① 주주와 채권자

주주와 채권자는 자신의 자금을 기업에 제공하고, 나중에 더 많은 자금을 회수하는 의사결정을 하기 위하여, 자금을 제공하려는 기업의 안정성과 성장성을 평가할 수 있는 정보가 필요하다. 주주와 채권자의 주된 관심에는 차이가 있다. 일반적으로 주주는 채권자보다 높은 투자수익률에 관심이 있으며, 이를 위해 어느 정도의 위험은 부담할 의사가 있다. 주주는 '투자 수익을 만족스럽게 얻을 수 있는가?', '투자 위험의 크기는 얼마인가?'라는 물음에 대한 답을 얻기 위한 정보가 필요하다. 반면 채권자는 주주에 비해 위험부담을 매우 싫어하기 때문에 수익률은 낮더라도 안정적인 이자수익과 원리금 회수에 더 관심을 갖는다. 채권자는 '미래의 현금흐름이 원금과 이자를 지급할 정도로 충분한가?'라는 물음에 대한 답을 얻기 위한 정보가 필요하다.

② 정부

정부는 세금징수 금액결정과 정부규제 여부를 의사결정하기 위하여 정보가 필요하다. 예를 들어, 국세청은 세법에 따라 기업이 납부해야 할 법인세를 평가하기 위해 필요한 정보를 기업에게 요구하며, 정부는 정부규제에 대한 기업의 준수 여부를 확인하기 위해 기업에게 경영정보를 요구하기도 한다.

③ 공급자와 고객

원자재 등을 공급하는 공급자는 좋은 가격으로 원재료 등을 구매해주고, 안정적으로 계속 거래관계를 유지할 수 있는 기업을 발견하고, 그 기업과 합리적인 거래계약을 맺는 의사결정을 하기 위한 정보가 필요하다. 고객은 값싸고 질 좋은 재화나 서비스를 안정적으로 공급해 줄 수 있는 기업으로부터 구매를 하기 위해 어떤 기업이 조건이 부합하는지를 판단하기 위해 정보가 필요하다. 예를 들면, 공급자는 '외상대금을 안전하게 회수할 수 있는가?'라는 물음에 대한 답을, 고객은 '미래 전망이 좋은 기업인가?' 또는 '구입한 제품에 대한 애프터서비스를 친절하고 빠르게, 그리고 지속적으로 제공할 수 있는가?'라는 물음에 대한 답을 얻기 위해 정보가 필요하다.

④ 종업원

노동력이라는 희소자원을 공급하는 종업원은 높은 급여를 줄 수 있고, 승진의 기회가 많거나, 여가시간을 최대한 보장해주는 기업을 검색하고, 그 기업에 취업하여 근무하려는 의사결정을 한다. 따라서 종업원은 '기업이 수익성과 안정성이 높아서 높은 급여를 지급할 수 있는가?' 또는 '미래 승진과 종업원의 복지에 대한 전망은 좋은가?'라는 물음에 대한 답을 얻을 수 있는 정보를 필요로 한다.

SECTION 3 회계와 정보

앞서 경영자, 투자자, 채권자 등 기업의 이해관계자는 기업과 관련하여 다양한 의사결정상황에 놓이게 되며, 의사결정을 위해서 정보가 필요하다고 하였다. 그렇다면, 어떤 정보가 이해관계자의 의사결정에 도움을 줄 수 있을까? 이해관계자들에게 필요한 정보의 내용과 형태는 매우 다양하다. 사업환경이나 기업의 역량, 재무상태, 영업성과와 같은 일반적인 내용에서부터 연구개발, 재무, 인사, 생산, 마케팅 등과 같은 기업의 구체적인 업무나 활동에 관한 내용도 포함된다. 이러한 정보는 수치로 표시되는 계량적인 정보일 수 있고, 비계량적인 질적 정보일 수도 있다. 계량적인 정보는 화폐액으로 표시되는 재무적 정보이거나 화폐액으로 표시되지 않은 비재무적 정보일 수 있다.

정보를 얻게 되는 경로도 다양하다. 기업 내부의 경영자는 기업 내부에서 수집한 실적 자료나 기업 내부 또는 외부의 전문가들이 제공하는 예측자료를 이용하여 의사결정을 한다. 기업 외부에 있는 투자자나 채권자는 비공식적인 경로로 기업관련 정보를 입수하거나, 기업이 정기적으로 발표하는 공식적인 정보 및 이를 기초로 추가 분석한 정보를 이용하여 의사결정을 한다.

이와 같이 경영자를 포함한 기업의 이해관계자들이 의사결정할 때 필요한 정보의 내용, 형태, 및 획득과정이 다양하다. 하지만 경제적 의사결정을 위해서 필요한 가장 기본적이고 객관적인 정보의 형태는 수치로 표시되는 계량적 정보이다. 계량적 정보 중에서도 화폐액으로 표시되는 재무정보가 대표적이고 공식적인 형태의 정보이다.

여기에서 회계의 정의를 다시 한 번 떠올려 보자.

회계란 특정 기업과 관련하여 발생한 경제적 사건을 식별, 기록하여 특정 기업의 이해관계자들이 합리적인 의사결정을 하는데 도움이 되는 재무정보를 산출하여 보고하는 과정이다.

회계는 기업의 이해관계자들이 필요한 여러 형태의 정보 중 가장 대표적이고 객관적인 계량적, 재무적 정보를 산출하고 보고하는 과정(회계정보시스템)이라고 할 수 있으며, 이 과정을 통해 산출되고 보고되는 정보(회계정보)를 의미하기도 한다.

3.1 회계의 의의와 역할

1) 회계의 중요성

회계는 과거뿐 아니라 오늘날의 사회 조직 내에서도 경제활동과 더불어 존재한다. 경제활동을 수행하는 모든 경제적 실체들은 경제적 의사결정을 합리적으로 수행하기 위해 의식적이든 무의식적이든 회계를 이용한다. 과거 단순한 물물교환 경제시대에도 회계는 존재했으며, 오늘날처럼 다양한 경제적 실체들이 다양한 경제활동을 수행하는 고도로 발달된 교환경제체제 하에서도 회계는 중요한 정보시스템으로서 그리고 정보로서의 역할을 담당한다. 특히 현대 사회에서는 가정, 학교, 기업, 정부 등 다양한 조직에서 회계가 사용되지만 다양한 형태의 이해관계 속에서 복잡한 경제활동을 수행하고 있는 기업에서 더욱 중요성이 강조된다.

회계를 기업의 언어language of business라고 한다. 이는 개인과 개인 간에 언어를 통해 필요한 정보를 주고받는 의사소통을 하는 것처럼, 기업도 회계를 통해 이해관계자와 의사소통하기 때문이다. 현대 사회의 기업은 합리적인 영업의사결정과 투자의사결정을 하기 위해 기업 및 기업활동에 대한 다양한 정보가 필요하다. 또한 주요 이해관계자인 투자자와 채권자는 기업에 대한 투자의사결정과 자금대여결정을 하기 위해 마찬가지로 대한 다양한 정보를 필요로 한다. 이와 같은 정보를 이해관계자들에게 전달하는 주된 매개체 역할을 회계가 담당한다. 이 때문에 회계를 기업의 언어라고 한다. 기업은 기업의 경제활동을 화폐단위로 기록하고, 기록된 자료를 체계적인 방법으로 분류, 요약하여 이해관계자들에게 전달하는 시스템을 운용함으로써 이해관계자들과 효과적인 의사소통을 할 수 있다.

2) 회계의 역할

현대 사회와 같이 고도로 발달된 교환경제체제 환경에서 기업은 소유주인 주주의 부를 극대화하기 위하여 재화와 서비스를 효율적으로 생산, 판매하며, 이를 위해서 물적 자원과 화폐적 자본을 효율적으로 확보하고 사용한다. 한편, 기업이 생산한 재화와 서비스를 소비함으로서 효용을 획득하는 개인은 자신의 효용을 극대화하기 위해 보유한 자원의 소비를 현재와 미래로 적절히 배분할 필요가 있다. 현재의 소비보다 미래의 소비가 주는 효용이 더 클 경우, 미래의 소비를 위해 현재의 자원을 기업에 투자할 필요가 있다.

경제사회에서 한정된 자원을 최대로 활용하기 위해 효율적 배분이 중요한 문제인데, 이러한 역할을 수행하기 위하여 자본시장이 존재한다. 자본시장은 기업과 개인에게 필요한 자본의 수요와 공급이 원활하게 이루어질 수 있도록 중개역할을 담당한다. 회계는 기업관련 정보를 제공함으로써 자본시장이 실패하지 않고 제 기능을 수행할 수 있도록 해준다.

자본시장은 기업과 개인이 필요로 하는 자본의 수요와 공급을 원활하게 한다. 기업은 자본시장에서 주식과 채권을 발행하여 거대한 자본을 조달한다. 주주는 배당과 주식의 시가, 즉 주가의 상승으로 얻을 수 있는 시세차익을 기대하며 투자한다. 채권에 투자한 채권자는 만기에 빌려 준 원금과 이자를 회수하리라 기대하며 투자한다.

주주와 채권자 등 기업의 이해관계자들에게는 자기가 소유하고 있는 희소한 자원을 합리적으로 투자하기 위하여 투자대상인 기업의 기대수익과 위험을 평가할 수 있는 기업의 영업성과, 재무상태, 지분, 현금흐름 등에 대한 회계정보가 필요하다. 회계는 이해관계자들에게 자원의 배분과 이용, 즉 투자에 관한 합리적 의사결정을 할 수 있도록 기업의 경제활동을 정확하고 공정하게 측정하여 시의 적절하게 회계정보를 제공한다. 이해관계자는 회계정보에 의해 투자와 관련된 기대수익과 위험을 평가하여 효율적이고 효과적으로 희소

자원을 배분한다.

회계는 특정 경제실체의 경제활동의 결과에 관한 회계정보를 제공한다. 경영자는 소유주로부터 위탁받은 자원을 운영 · 관리하여 약정한 소기의 성과를 얻기 위해 노력한다. 경영활동 과정에서 경영자는 성과목표치의 달성 여부를 점검하기 위해 경영활동에 관한 정보를 파악하려 한다. 일정한 회계기간이 경과된 후에는 재무성과의 달성과 경영자 보상에 관한 정보를 수집하기 위하여 회계정보를 필요로 하게 된다.

자원을 위탁받아 경영활동을 수행한 경영자는 자원을 위탁한 소유주, 투자자 등이 경영을 평가하고 통제할 수 있도록 수행한 경영활동과 이에 따른 경영결과를 설명하여야 할 의무가 있다. 회계시스템은 경영의 평가와 통제에 필요한 경영활동에 대한 경제적 정보를 제공하는 수탁책임회계stewardship accounting를 수행한다. 이와 같이 수행한 경영활동에 대해 보고를 하고 책임을 지는 의무를 회계책임accountability이라 한다. 경제실체의 규모가 확대되며 이해관계자들이 다양해지고 경제활동이 복잡해짐에 따라 회계의 역할은 더욱 중요해지고 있다.

3.2 회계의 분류 및 재무제표

1) 회계의 분류

(1) 재무회계

재무회계financial accounting는 이해관계자, 특히 외부 이해관계자가 합리적 의사결정을 할 수 있도록 유용한 정보를 제공하기 위해 기업의 경영활동인 경제적 사건을 인식, 기록, 전달하는 과정이다. 경제적 사건의 인식identifying은 기업과 관련된 경제적 사건을 선택하는 것이며, 기록recording은 인식된 경제적 사건을 화폐단위로 측정하여 기록, 분류, 요약하는 것이다. 경제적 사건을 전달communicating하는 과정은 이해관계자에게 회계보고서를 작성, 배부하는 것이다.

과거에 회계가 부기로 잘못 이해된 때도 있었다. 부기book-keeping는 경제적 사건의 인식, 기록, 전달하는 과정 중 기록의 과정만을 의미한다. 그러므로 회계과정의 한 부분이며, 컴퓨터의 발달로 부기의 일부는 컴퓨터에 의해 수행되기도 한다.

외부 이해관계자들의 경제적 의사결정에 이해할 수 있고 신뢰할 수 있는 기업경영정보를 제공하기 위해서 경영활동을 일정한 기준에 의해 인식, 기록, 전달하여야 한다. 모든 기업들이 경영활동을 인식, 기록, 전달하는 과정에서 준수하기로 정한 기준이 '일반적으로 인정된 회계기준GAAP : generally accepted accounting principle'이다.

(2) 관리회계

관리회계management accounting는 기업의 내부 정보이용자이며 내부 이해관계자인 최고경영자, 중간관리자 등에게 일상적인 경영활동과 관련된 기업 내부의 경영의사결정에 필요한 회계정보를 제공하는 회계이다. 기업경영활동의 내부 경영정보를 이해하고 있는 내부 이해관계자들은 일상적인 경영활동과 관련된 특정한 정보를 가장 선호하는 형태로 제공받기를 원한다. 이와 같이 내부 이해관계자에게 유용한 정보를 제공하는 관리회계는 모든 외부 이해관계자들이 이해할 수 있는 정보를 제공하는 재무회계와 달리 회계기준이 필요 없다. 내부 이해관계자가 요구하는 정보는 재무정보 외에 비재무적 정보와 향후 매출예상 등과 같은 예측치도 포함한다. 기업 내부 경영의사결정의 예로 기업활동의 단기 목표를 설정하기 위한 예산편성, 제품의 판매가격 결정, 자가제조 또는 외주, 제품라인의 폐지 또는 추가 등이 있다.

[그림 1-3] 재무회계와 관리회계

구 분	재무회계	관리회계
정 보 이 용 자	외부정보이용자(주주, 채권자 등)	내부정보이용자(경영자, 종업원 등)
보 고 시 기	정기적으로 보고	수시 보고
보 고 기 준	회 계 기 준	없 음
보 고 형 식	재 무 제 표	일정한 형식이 없음
보 고 내 용	과거 정보	미래 정보
정 보 기 준	신 뢰 성	적 시 성

(3) 세무회계

세무회계tax accounting는 기업경영활동의 결과와 관련하여 세금결정의 기초가 되는 과세대상 소득을 정확히 산출하기 위한 과정이다. 기업은 산출된 세금을 국가 또는 지방자치단체에 납부하여야 한다. 세무회계의 목적은 세법의 준수와 세법의 범위 안에서 세금을 최소화 하는 것이다.

(4) 회계감사

회계감사auditing는 경영자에 의해 작성된 기업의 회계보고서인 재무제표가 부정이나 오류없이 기업의 실상을 적정하게 표시하고 있는지를 제3자인 공인회계사가 검토하고 회계 전문가로서의 감사의견을 공표하는 회계 분야이다.

회계감사는 크게 내부감사와 외부감사로 구분한다. 내부감사는 경영자가 기업을 효율적으로 관리하고 있는지, 경영자의 부정 의도나 오류가 없는지를 감사하게 된다. 외부감사는 기업 외부에 공표되는 재무제표가 적정하게 표시되었는지를 감사받게 된다. 이러한 감사를 통해 궁극적으로 기업 외부에 공표되는 회계보고서의 신뢰성과 투명성이 높아지게 된다.

(5) 비영리회계

비영리회계not-for-profit accounting는 정부기관의 회계 및 공익법인, 학교, 병원, 교회 등의 비영리기관의 회계로 분류된다. 정부와 비영리기관도 그들의 활동을 기록하고 회계정보를 생산하여 국민과 비영리기관의 이해관계자에게 보고한다. 영리를 추구하지 않기 때문에 영리기업의 회계처리와는 다른 접근을 요구한다. 그렇지만 기업회계의 큰 틀은 그대로 유지된다.

2) 재무제표

앞서 재무회계는 이해관계자가 합리적 의사결정을 할 수 있도록 유용한 정보를 제공하기 위해 기업의 경영활동인 경제적 사건을 인식, 기록, 전달하는 과정이며, 재무회계를 통해 작성되는 보고서는 외부 이해관계자들이 이해할 수 있고 신뢰할 수 있는 정보를 제공하기 위해서 일정한 기준에 의해 작성되고 전달하여야 한다고 하였다. 그렇다면 재무회계를 통해 이해관계자에게 작성, 배부되는 회계보고서는 어떤 모습일까?

재무회계정보의 대표적인 형태는 재무제표이다. 재무제표는 재무상태표, 포괄손익계산서, 현금흐름표, 자본변동표, 그리고 주석으로 구성된다.

(1) 재무상태표

재무상태표statement of financial position는 특정 시점의 기업의 재무상태를 나타내는 재무보고서이다. 재무상태표를 통하여 기업이 무엇을 소유하고 있고, 자금조달이 어떤 원천에서 발생했는지에 대한 정보가 제공된다. 재무상태표는 자산, 부채, 자본의 구성항목과 각각의 금액을 보여준다. 자산은 기업활동에서 사용될 경제적 자원을 의미하며, 부채와 자본은 자산에 대한 채권자와 주주의 청구권이다.

(2) 포괄손익계산서

포괄손익계산서statement of comprehensive income는 일정 기간 동안 기업이 창출한 이익과 그 구성요소에 대한 정보를 제공하여 기업의 경영성과를 나타내는 재무보고서이다. 포괄손익계산서 또한 경영활동의 과정에서 유입된 자원과 유출된 자원의 내역을 보여주는 여러 항목들로 구성되어 있다. 가장 중요한 항목으로는 매출, 매출원가, 판매비와 관리비 등이 있다.

(3) 현금흐름표

현금흐름표statement of cash flows는 재무회계의 기본적 목적인 미래 현금흐름의 크기, 시기, 불확실성에 대한 평가를 위해 유용한 정보를 제공하는 재무보고서이다. 이를 위해 현금흐름(현금 유입과 유출)을 영업활동, 투자활동, 재무활동으로 구분하여 표시한다.

(4) 자본변동표

자본변동표statement of change in stockholders' equity는 한 회계기간 동안 발생한 소유주 지분의 변동 내역에 대한 정보를 제공하는 재무보고서이다. 이를 위해 기초시점의 소유주 지분과 기말시점의 소유주 지분에 차이가 있는 경우 차이금액과 어떤 이유 때문에 그와 같은 변동이 발생했는지에 대해 구분하여 표시한다.

(5) 주석

주석notes은 재무상태표, 포괄손익계산서, 자본변동표 및 현금흐름표에 표시하는 정보에 추가하여 제공하는 정보이다. 주석에 상기 재무제표에 표시된 항목을 구체적으로 설명하거나 세분화하고, 상기 재무제표 인식요건을 충족하지 못하는 항목에 대한 정보를 제공한다. 예를 들면, 기업이 재무제표를 작성하는데 적용한 기준과 중요한 거래의 회계처리에 적용한 회계정책 등을 주석에 제시하며, 재무제표의 본문에 표시될 수는 없지만 재무제표의 본문을 이해하는데 도움이 되는 추가적 정보도 제공한다.

3) 재무제표의 특성과 한계

재무제표의 주목적은 정보이용자들의 의사결정에 유용한 정보를 제공하는데 있다. 특히 외부이해관계자들은 기업 활동에 대해 직접 관찰하거나 정보를 요구할 수 없기 때문에 일반적으로 재무제표를 통해서 기업에 관한 재무적 정보를 얻는다. 하지만 외부이해관계자들이 재무제표를 보다 유용하게 활용하려면 재무제표의 목적, 성격 외에도 재무제표 정보의 특성 및 이로 인해 발생하는 한계점에 대해서도 이해하고, 재무제표를 이용한 의사결정에 있어서는 이러한 한계점에 유의하여야 한다.

(1) 재무제표 특성

재무제표가 제공하는 정보의 특성은 다음과 요약될 수 있다.

① 재무제표는 주로 화폐단위로 측정된 정보를 제공한다.
② 재무제표는 대부분 과거에 발생한 거래 및 사건에 대한 정보를 나타낸다.
③ 재무제표는 추정에 의한 측정치를 포함한다.
④ 재무제표는 특정한 기업에 관한 정보를 제공하며, 산업 및 경제 전반에 관한 정보를 제공하지는 않는다.

(2) 재무제표 한계

첫째, 재무제표는 객관적인 화폐가치로 측정할 수 있는 것만 보고하기 때문에 화폐가치로 신뢰성 있게 측정하기 곤란한 정보는 재무제표에서 제외된다. 예를 들어, 경영자 및 종업원의 능력, 기업이 보유하고 있는 연구개발 능력, 브랜드 가치 등은 실제로 기업의 가치에 영향을 미치는 중요한 자원이다. 하지만 이들은 화폐가치로 평가하기가 어렵거나 매우 주관적으로 측정할 수 밖에 없다. 따라서 회계의 대상에서 제외되며 재무상태표에 그와 같은 중요한 자원들이 반영되어 있지 않다.

둘째, 투자자와 채권자를 포함한 기업의 이해관계자들은 의사결정을 위해 기업의 미래 성과나 재무상태를 예측할 수 있는 정보를 필요로 한다. 하지만, 재무제표는 기업의 과거 경영활동에 대한 성과와 재무상태에 대해서만 보고하며, 미래에 대한 예측치를 직접적으로 제공하지 않는다. 따라서 재무제표의 이용자가 기업의 미래에 대한 합리적인 예측을 할 수 있기 위해서는 단순히 재무제표가 제공하는 정보만으로는 부족하다.

셋째, 재무제표는 추정에 의한 추정치를 포함하고 있다. 재무제표는 숫자로 표시되어 있기 때문에 정확한 정보인 것처럼 보일 수 있다. 그러나 재무제표에 보고된 수치 중 많은 경우에 경영자의 추정치가 반영되어 있다. 물론 추정은 합리적이고 체계적인 방법을 통해 이루어지지만 추정과정에 어느 정도의 주관성이 개입되는 것은 불가피하다고 할 수 있다.

넷째, 재무제표는 특정 기업실체에 대한 정보를 제공할 뿐, 산업 또는 경제 전반에 대한 정보를 제공하지는 않는다. 따라서 이해관계자들은 의사결정을 위해 재무제표 외에도 다양한 정보의 원천을 탐색하고 정보를 수집, 해석해야만 한다.

SECTION 4 국제회계기준

재무제표를 작성할 때 기초로 삼는 규정을 일반적으로 인정된 회계기준이라고 한다. 단순히 회계기준이라고 하지 않고, '일반적으로 인정된'이라는 수식어를 첨부한 이유는, 회계기준을 발전시키는 과정 때문이다.

관찰을 통하여 원리나 이론을 발전시키는 과학적인 방법과 다르게, 회계학 분야는 경험을 통하여 회계기준을 발전시켜 왔다. 경영환경의 차이나 사업의 특수성으로 인하여 기업마다 경험이 다를 수 있다 보니, 경험에 의존한 회계기준은 기업마다 또는 업종마다 차이가 생길 수 있다. 또한 기업을 둘러싼 이해관계자마다 기업에 요구하는 정보의 차이가 존재하므로 회계기준에 대한 접근도 다르게 마련이다.

만약 경험에 근거한 회계기준을 허용하면, 기업마다 자신에게 유리하게 회계기준을 적용하려는 접근이 문제가 될 수 있다. 따라서 모든 이해관계자가 받아들일 수 있는 회계기준을 규정하여 재무제표를 작성하도록 유도한다. 이런 이유로 '일반적으로 인정된'이라는 수식어가 달린 회계기준을 규정한다. 이런 일반적으로 인정된 회계기준은 한 국가의 법률 및 경제상황을 반영하여 제정된다.

최근 모든 국가에서 통용될 수 있는 방식의 일반적으로 인정된 회계기준을 제정한다. 이를 국제회계기준International Financial Reporting Standards이라고 한다. 이와 관련하여 필요성과 도입과정 등을 살펴보기로 한다.

4.1 국제회계기준의 필요성 및 특징

1) 필요성

기업을 둘러싼 경영환경은 특정 국가에 국한하여 영향을 미치지 않고, 여러 국가에 동시에 복합적으로 영향을 미친다. 예를 들어 미국 정부가 금리를 인상하면 다른 국가의 통화 정책에 영향을 미치므로, 미국에 속하지 않은 기업도 미국의 금리 인상에 관심을 두고 대응을 마련한다. 이런 국제적인 상관성은 자금조달이나 해외증시 상장 등의 자본시장에서 매우 중요한 사항이다. 해외 투자자들이 자국의 기업에만 투자하는데 머물지 않고, 다른 경제권의 기업에 적극적으로 투자한다. 또한 다국적기업의 규모가 커지면서 새로운 시장을 창출하는 과정에서 다른 경제권 국가에 자회사를 설립하거나 상장하는 경영활동도 빈번하게 나타난다.

이런 경영환경의 복합성이나 자본시장의 국제화 등으로 인하여 각국의 회계기준을 별도로 운영하는 방식에 한계를 느끼기 시작하였다. 회계기준을 별도로 제 · 개정하는 과정에서 이해관계자가 요구하는 재무정보를 적시에 제공하기 어렵다. 또한 각국이 독자적으로 회계기준을 마련하는 비용도 크다는 점에서 문제의식을 갖게 되었다. 여러 국가의 기업을 동시에 투자하는 투자자들이 각국의 회계기준을 모두 학습하기에 큰 비용이 발생한다는 지적도 제기되었다.

국제적으로 회계기준을 통일하여 단일 기준에 의하여 재무제표를 작성할 수 있다면, 이해관계자들은 자본시장이 국제화된 경영환경에 적절히 대응할 수 있다. 국제적으로 통일된 회계기준에 의하여 국가가 다르더라도 기업의 재무정보를 비교하기 쉬워진다. 회계기준이 통일되어 있으므로 기업 간 재무정보의 차이를 신뢰성 있게 확인할 수 있다. 이를 바탕으로 기업이 해외사업을 확장하고 자본시장을 해외 투자자들에게 개방하기 쉬워질 수 있다고 기대할 수 있다.

국제적으로 회계기준을 통일하려는 시도는 2005년부터 유럽연합 회원국들이 국제회계기준 적용을 의무화하면서 본격화 되었다. 대한민국은 2007년부터 국제회계기준 도입을 논의하여 2011년부터 한국채택국제회계기준을 적용하고 있다. 현재 대한민국을 포함하여 130여개 국가들이 국제회계기준을 자국의 회계기준으로 도입한 상태이다.

2) 특징

(1) 원칙중심 회계기준

국제회계기준의 가장 큰 특징은 원칙중심principle-based 회계기준이라는 점이다.[4] 원칙중심 회계기준은 개념체계에서 도출한 여러 개념들과 일관되는 회계처리의 기본원칙 및 방법론을 제시하는 방식이다. 재무제표의 구체적인 양식이나 계정과목을 정형화하지 않고 선택할 수 있는 대안을 제시하여 재무제표 표시 방법의 다양성을 인정한다.

원칙중심 회계기준으로 인하여 회계전문가의 중요성이 크게 부각되고 있다. 원칙중심 회계기준에서 특정 거래에 대한 회계처리의 다양성이 허용된다. 이를 다른 표현으로 바꾸면, 기업마다 회계기준이 다를 수 있다는 뜻이다. 기업의 경영활동을 잘 보여줄 수 있는 회계처리에 대한 회계전문가의 의견도 다를 수 있다. 특히 금융상품이나 사업결합과 같이 금융이나 법률 등을 동시에 고려해야 하는 분야에 대한 회계처리는 다른 의견이 빈번하게 나타난다. 따라서 국제회계기준 도입으로 기업의 경영활동의 본질을 보여줄 수 있는 회계처리 선택에 있어서, 회계전문가의 판단이 중요하고 회계처리를 원칙에 맞게 논리적으로 설명하는 과정이 필수적이다.

(2) 연결재무제표 중심 회계기준

국제회계기준 도입으로 기본 재무제표를 연결재무제표consolidated financial statements로 변경하

4) 국제회계기준 이전의 각국의 회계기준은 규칙중심rule-based 회계기준이었다. 규칙중심 회계기준은 회계처리 및 재무제표 작성과 공시에 있어서 세부적인 지침을 규정하는 방식으로 제정한 회계기준이다.

였다.[5] 연결재무제표는 회계관점에서 경제적 단일실체로 볼 수 있는 기업들에 대하여 통합적으로 작성된 재무제표를 말한다. 일반적으로 지배기업과 종속기업은 법률적으로 별개의 실체이다. 하지만 회계적으로 종속기업은 지배기업의 영향을 받으므로 지배기업과 종속기업을 하나의 실체로 인정할 수 있다. 이런 관점에서 지배기업은 종속기업의 경영활동까지 포함하여 연결재무제표를 작성한다.

연결재무제표가 중요한 이유는 지배기업과 종속기업 간 거래를 조정할 수 있기 때문이다. 법률적으로 지배기업과 종속기업은 별개의 실체이지만 회계적으로 하나의 실체로 볼 수 있으므로, 지배기업과 종속기업의 거래를 내부거래라고 지칭한다. 예를 들어 종속기업이 지배기업에 반제품을 판매한 후 지배기업이 완제품을 판매하면, 법률적 관점에서 종속기업의 반제품에 대한 매출과 지배기업의 완제품에 대한 매출이 각각 재무제표에 기록된다. 하지만 회계적 관점에서는 지배기업의 완제품 매출에 이미 종속기업의 반제품 매출이 포함된다고 판단되므로 이를 제거한다. 종속기업과 지배기업의 반제품에 대한 내부거래를 제거하기 위하여, 종속기업의 반제품 매출과 지배기업의 완제품 원가를 동시에 제거한다.

종속기업의 반제품 매출과 지배기업의 완제품 원가를 제거하지 않으면, 종속기업과 지배기업의 통합적인 관점에서 매출이 부풀려지는 문제가 발생한다. 실제 현금흐름의 관점에서 지배기업과 종속기업에 유입되는 현금은 지배기업의 완제품 매출로 발생한다. 하지만 지배기업과 종속기업이 각각 매출을 기록하므로 지배기업의 완제품 매출로 인한 현금흐름보다 지배기업과 종속기업의 매출 합계가 크다. 이로 인하여 실제 창출하는 가치보다 지배기업과 종속기업의 규모를 과대하게 인식할 수 있는 위험이 존재할 수 있다.

(3) 공정가치 적용확대 및 주석공시 강화

국제회계기준은 공정가치fair value 측정을 기본으로 한다. 공정가치는 기업이 정상거래에서 자산을 취득하면서 지급하는 가격 또는 자산을 매도하면서 수취하는 가격을 말한다. 국제회계기준에서 공정가치 측정을 기본으로 하는 이유는, 공정가치로 측정된 재무정보가 이해관계자들에게 의사결정에 도움이 되는 정보라는 믿음이 있기 때문이다. 또한 자본시장에서 다양한 금융상품을 통하여 공정가치로 측정할 수 있다는 기대로 인하여 공정가치 측정의 적용범위를 확대한다.

이와 연계하여 국제회계기준은 주석공시를 강화한다. 국제회계기준은 개별 국가의 법률 및 제도의 차이를 모두 반영할 수 없다. 단지 국제적으로 통합된 회계기준을 제정하는 과

---

5) 종속기업이 있는 지배기업이 지배기업만의 재무상태 및 경영성과를 보고하기 위해서 별도재무제표를 작성하여 공시한다. 만약 종속기업이 없다면, 기업은 개별재무제표를 작성한다.

정에서 최소한 적용되어야 하는 원칙을 규정한다. 따라서 법률과 제도의 차이를 주석공시를 통하여 제공한다. 또한 공정가치 측정과 같이 추가적인 설명이 필요한 사항도 주석을 통하여 공시한다. 공정가치 측정은 가정에 의하여 산출된 추정값인 경우도 있다. 추정한 숫자임에도 공정가치라고 부르는 이유는 산출하는 과정이 공정하다고 판단되기 때문이다. 이런 경우에 공정가치를 산출한 근거를 주석을 통하여 충분히 공시하도록 규정되어 있다.

4.2 국제회계기준 관련 기구 및 국내 회계기준체계

국가마다 정치, 법률, 경제 시스템이 다르게 발전해 왔기 때문에, 각국의 회계기준도 해당 국가의 여러 시스템에 맞춰 다르게 제 · 개정되었다. 국가 간 교류가 많지 않던 시대에 국가마다 다른 회계기준이 큰 문제가 되지 않았다. 점차 국가 간 교류가 증대되면서 회계기준 불일치가 국가 간 교류의 장애로 인식되기 시작하였다.

이에 모든 국가가 동일하게 적용할 수 있는 회계기준을 제정하려는 시도가 1973년 영국에서 시작되어, 국제회계기준위원회International Accounting Standards Committee, IASC가 설립되고 국제회계기준International Accounting Standards, IAS이 제정되었다. 당시 IASC는 다른 국가들이 IAS를 강제적으로 적용할 수 있는 권한은 없는 기구였고, 심지어 영국, 미국, 프랑스, 독일, 일본 등 회원국도 원래 자국 회계기준을 적용하였다.

이후 2001년에 IASC를 국제회계기준위원회International Accounting Standards Board, IASB로 개편하여 국제회계기준International Financial Reporting Standards, IFRS을 제정하기 시작하였다. 2005년부터 유럽연합 회원국들이 IFRS를 의무적용하기 시작했으며, 현재 대한민국을 포함하여 130여개 국가들이 IFRS를 회계기준으로 도입하였다.

1) 국제회계기준 관련 기구 구성

IFRS 제 · 개정을 담당하는 IASB를 운영함에 있어서 고려할 사항이 있다. 각국의 회계환경을 고려하여 IFRS에 반영시키기 위해서 IASB 위원으로 여러 국가의 참여가 필요하다. 또한 IFRS가 원칙중심 회계기준이므로 향후 해석서를 발간하는 작업도 중요하다. IFRS를 제 · 개정하고 해석서를 발간하는 업무에는 자금이 필요하므로 재정을 확보하는 일도 중요하다. 이런 IASB 운영을 고려하여 2000년에 기금모금, 회원국가 참여 및 기준 제정 · 개정 · 해석 업무 등을 지원할 수 있는 상위조직인 국제회계기준재단IFRS Foundation이 설립되었다.

현행 IFRS Foundation 조직은 3층 구조three-tier structure로 되어 있다. 먼저 조직의 가장 기초는 IASB이다. IASB는 독립적으로 IFRS를 만드는 전문가 집단이다. IASB 는 회계기준 제정, 회계감사, 재무보고 및 회계교육 등의 실무경력을 갖춘 전문가로 구성되어 IFRS를 제·개정한다. 또한 IASB는 국제회계기준 해석위원회IFRS Interpretations Committee, IFRIC가 만든 해석서를 승인한다. IFRIC는 IFRS의 실무 적용을 위한 IASB의 요청에 대응한다.

다음으로 IASB를 관리감독 하는 국제회계기준재단 이사회IFRS Foundation Trustees, Trustees가 조직되어 있다. Trustess는 IFRS의 기술적인 사항에 관여하지 않지만, IFRS의 수준을 향상시키기 위하여 IASB를 관리감독하고, 이후에 설명할 Monitoring Board에 대한 보고 의무를 갖는다.

마지막으로 국제회계기준재단 감독이사회IFRS Foundation Monitoring Board, Monitoring Board가 IFRS Foundation의 공적회계책임public accountability을 증진시키기 위하여 조직되어 있다. Monitoring Board는 Trustees와 정기적으로 소통하여 Trustees가 관리감독 업무를 충실하게 이행하는지 확인한다.

Monitoring Board, Truestee, IASB/IFRIC으로 구성된 IFRS Foundation은 Truestee와 IASB를 자문하기 위하여 국제회계기준자문평의회IFRS Advisory Council, IFRSAC를 설립하였다. IFRSAC는 IFRS와 관련하여 기술적 의제, 과제 우선순위, IFRS실행 과제, 비용편익분석 등을 IASB에 자문한다. 또한 IASB가 IFRS를 제정할 때 각국의 회계기준 제정기관 및 관련 업계와 효과적인 소통을 하기 위하여 회계기준자문포럼Accounting Standards Advisory Forum, ASAF을 조직하고 있다. 이외에도 상시적인자문단Standing consultative groups, IFRS 기준서 관련 자문단Transition resource groups, 주제별 자문단Project consultative groups 등 다수의 자문기구를 조직하고 있다.

IFRS Foundation 관련 기구들을 정리하면 [그림 1-4]와 같다. 2018년 현재 Monitoring Board, Trustees, IASB, IFRIC, IFRSAC 등의 IFRS Foundation 관련 기구에 각각 1명씩 대한민국 위원이 참여하고 있다.

[그림 1-4] IFRS Foundation 조직도

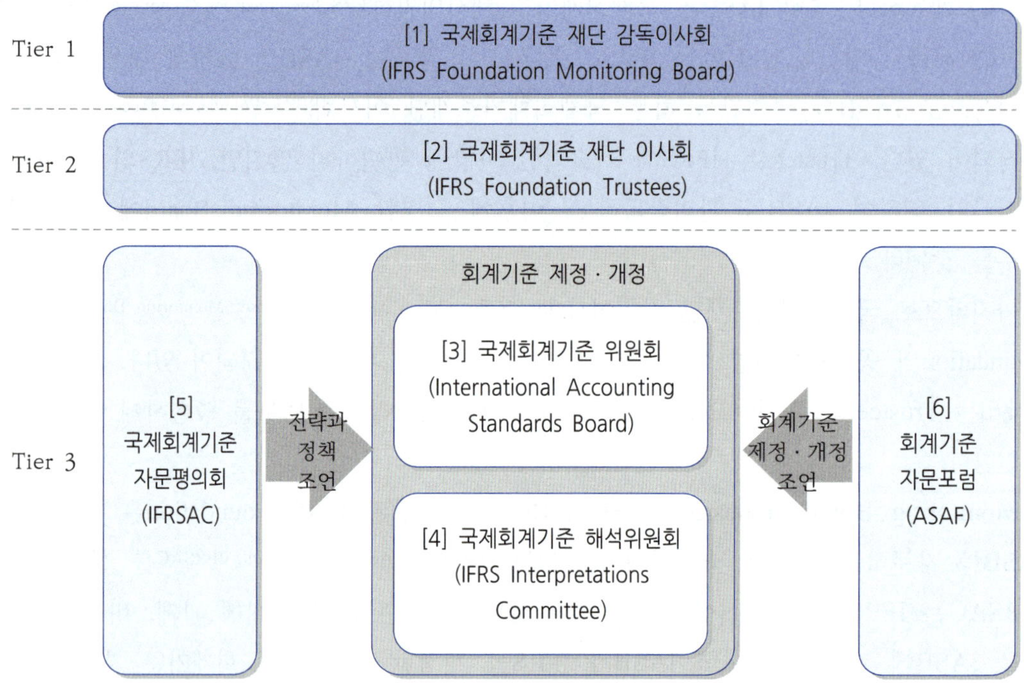

2) 국내 회계기준체계

2000년부터 IFRS를 도입하는 국가가 늘어나고, 회계투명성을 향상시키기 위하여 2007년에 IFRS를 도입하는 로드맵을 발표하였다. 준비과정을 거쳐 2011년부터 상장기업에 한하여 IFRS 적용을 의무화하였다. 실무를 고려하여 IFRS를 번역하여 한국채택국제회계기준이하 K-IFRS이라고 부른다. K-IFRS 도입으로 비상장기업을 위한 별도의 회계기준이 필요하게 되었다. 이를 위하여 일반기업회계기준을 2011년부터 적용하고 있다. K-IFRS와 일반기업회계기준은 공인회계사의 외부감사를 받는 기업에 적용되는 회계기준이다.

K-IFRS와 일반기업회계기준으로 회계기준체계를 구성한 후에, 외부감사를 받지 않는 소규모 기업은 회계시스템이나 인력이 부족하여 일반기업회계기준을 적용하기 어렵다는 지적이 제기되었다. 당시 회계기준체계에서, 상장기업은 K-IFRS를 적용하고 그 외 모든 기업은 일반기업회계기준을 적용하면 된다. 하지만 실무적인 어려움이 존재하는 중소기업을 위하여 추가적인 회계기준체계를 도입하여 2013년에 중소기업회계기준을 제정하였다.

이런 과정을 거쳐, 현재 국내 회계기준체계는 상장기업에 적용되는 K-IFRS, 비상장 기업에 적용되는 일반기업회계기준, 비상장 중소기업에 적용되는 중소기업회계기준의 3층

구조로 구성되어 있다.6) K-IFRS와 일반기업회계기준은 「주식회사 등의 외부감사에 관한 법률」에 근거하여 마련된 회계기준체계이고, 중소기업회계기준은 「상법」에 근거하여 마련된 회계기준체계이다.7)

6) K-IFRS를 적용하는 기업은 상장기업뿐 아니라 상장예정법인, 자발적 비상장법인, 은행 · 금융지주 · 증권 · 자산운용 · 보험 · 신용카드사 등 비상장금융기업, 산업은행 · 수출입은행 · 한국가스공사 · 예금보험공사 등 일부 공기업 등이다.

7) 본서에서는 K-IFRS를 기준으로 하여 회계처리와 관련된 사항을 설명한다.

친 절 한 재무회계

Accounting

객관식 문제

1.1 회계의 정의

다음 회계의 정의와 관련한 설명 중 가장 옳지 않은 것은?

① 회계의 대상이 되는 경제적 실체는 재화와 용역을 생산 · 분배 · 소비하는 조직인 기업만을 말한다.

② 이해관계자는 조직의 선택이나 성과에 따라 영향을 받는 관계에 있는 존재를 말한다.

③ 합리적인 경제적 의사결정이란 경제적 실체의 생산 · 분배 · 소비의 관점에서 더 큰 이익을 창출하는 대안을 선택하는 행위이다.

④ 재무정보는 이익이나 손실의 크기를 측정하거나 예측하는데 도움을 제공하는 정보를 말한다.

1.2 기업에 대한 이해

다음 중 기업에 관한 설명 중 가장 옳지 않은 것은?

① 기업은 영리를 목적으로 재화를 구매 또는 제조하여 판매하거나 용역을 제공하는 등의 다양한 활동을 수행하는 경제적 실체이다.

② 이익을 창출하는 주된 활동에 따라 기업은 제조기업, 상기업, 서비스기업 등으로 분류할 수 있다.

③ 주식회사는 주식의 발행을 통해 출자된 자금으로 설립된 기업으로, 소유주인 주주들과는 경제적으로 일체인 법인형태의 기업이다.

④ 기업의 경영활동은 영업활동, 투자활동, 재무활동으로 구분할 수 있다.

1.3 의사결정과 회계정보

다음 의사결정과 회계정보에 대한 설명 중 가장 옳지 않은 것은?

① 경영자는 기업의 목표 달성을 위해 계획, 실행, 통제 등의 경영활동을 수행하는 과정에서 회계정보를 활용한다.

② 주주와 채권자는 자금을 제공하려는 기업의 안정성과 성장성을 평가할 수 있는 회계정보가 필요하다.

③ 종업원은 기업이 높은 급여를 지급할 수 있는지 또는 승진과 종업원 복지에 대한 전망은 좋은지에 대한 회계정보를 필요로 한다.

④ 국세청은 정부규제에 대한 기업의 준수 여부를 확인하기 위해 필요한 회계정보를 기업에게 요구한다.

1.4 재무제표 정보의 특성 및 한계

다음 중 재무제표 정보의 특성과 한계에 관한 설명으로 가장 올바르지 않은 것은?

① 재무제표는 화폐단위로 측정된 정보를 주로 제공한다.

② 재무제표는 대부분 과거에 발생한 정보를 나타낸다.

③ 재무제표는 추정이 엄격히 금지된다.

④ 재무제표는 특정 기업에 관한 정보를 제공한다.

1.5 회계의 의의 및 역할

회계와 관련한 다음 설명 중 가장 옳지 않은 것은?

① 기업은 이해관계자와의 의사소통을 회계를 통해 하기 때문에 회계를 기업의 언어라고 한다.

② 회계시스템은 기업의 가치를 높이는 경영활동에 대한 경제적 정보를 제공하는 수탁책임회계를 수행한다.

③ 경제실체의 규모가 확대되며 이해관계자들이 다양해지고 경제활동이 복잡해짐에 따라 회계책임이 더욱 중요해지고 있다.

④ 회계는 이해관계자들에게 투자에 관한 합리적 의사결정을 할 수 있도록 기업의 경제활동을 정확하고 공정하게 측정하여 시의 적절하게 회계정보를 제공한다.

1.6 회계의 분류

회계의 분류와 관련한 다음 설명 중 가장 옳지 않은 것은?

① 재무회계는 외부 이해관계자가 합리적 의사결정을 할 수 있도록 유용한 정보를 제공하기 위해 기업의 경영활동인 경제적 사건을 인식, 기록, 전달하는 분야이다.

② 관리회계는 내부 이해관계자인 최고경영자, 중간관리자 등에게 일상적인 경영활동과 관련된 기업 내부의 경영의사결정에 필요한 회계정보를 제공하는 분야이다.

③ 세무회계는 세금결정의 기초가 되는 과세대상 소득을 정확히 산출하기 위한 분야이다.

④ 회계감사는 경영자에 의해 작성된 재무제표가 부정이나 오류 없이 기업의 실상을 적정하게 표시하고 있는지를 내부 회계전문가의 감사의견을 공표하는 분야이다.

1.7 재무제표

재무제표와 관련한 다음 설명 중 가장 옳지 않은 것은?

① 재무상태표는 일정 기간 동안의 기업의 재무상태를 나타내는 재무보고서로 기업의 소유와 자금조달 원천에 대한 정보를 제공한다.
② 포괄손익계산서는 일정 기간 동안 기업이 창출한 이익과 그 구성요소에 대한 정보를 제공하여 기업의 경영성과를 나타내는 재무보고서이다.
③ 현금흐름표는 재무회계의 기본적 목적인 미래 현금흐름의 크기, 시기, 불확실성에 대한 평가를 위해 유용한 정보를 제공하는 재무보고서이다.
④ 자본변동표는 한 회계기간 동안 발생한 소유주 지분의 변동 내역에 대한 정보를 제공하는 재무보고서이다.

1.8 회계의 분류

재무회계와 관리회계에 대한 다음 설명 중 옳지 않은 것은? (재경관리사 2018 공개문제)

① 재무회계는 기업외부의 정보이용자를 위한 회계인 반면, 관리회계는 기업내부의 정보이용자를 위한 회계이다.
② 재무회계는 재무제표라는 양식으로 보고하지만, 관리회계는 일정한 양식이 없다.
③ 재무회계는 일반적으로 인정된 회계원칙에 따라 작성되지만, 관리회계는 경제 · 경영 · 통계 등 다양한 정보를 활용하여 작성된다.
④ 재무회계와 관리회계 모두 법적 강제력을 가진다.

1.9 국제회계기준 특징

다음 중 국제회계기준의 특징으로 볼 수 없는 것은? (재경관리사 2018 공개문제)

① 국제회계기준은 원칙중심의 회계기준이다.
② 국제회계기준은 연결재무제표가 아닌 개별재무제표 중심이다.
③ 국제회계기준의 가장 큰 특징은 역사적 원가에 기초한 측정에서 공정가치 측정으로 대폭 그 방향을 전환하였다는 점이다.
④ 국제회계기준은 각국의 협업을 통해 기준을 제정한다.

1.10 K-IFRS

다음 중 K-IFRS에 관한 설명으로 가장 옳지 않은 것은?

① 국제적으로 통용되는 회계기준을 채택함으로써 회계정보의 신뢰성을 향상시키고, 다른 나라로부터의 자금조달이 용이해지며 차입원가를 절감할 수도 있다.
② K-IFRS는 회계처리에 대하여 구체적인 회계처리방법을 제시하기보다는 전문가적 판단을 중시하는 접근법을 따르고 있다.
③ K-IFRS는 「주식회사 등의 외부감사에 관한 법률」에 의한 외부감사대상인 회사만 적용 대상이다.
④ K-IFRS를 적용하지 않는 기업을 위하여 일반기업회계기준과 중소기업회계기준이 마련되어 있다.

2

CHAPTER

재무보고를 위한 개념체계

CONTENTS

Section 1 개념체계의 필요성

1.1 개념체계의 목적

1.2 개념체계와 회계기준의 관계

Section 2 재무보고를 위한 개념체계

2.1 일반목적재무보고

2.2 유용한 재무정보의 질적특성

2.3 재무제표의 작성과 표시를 위한 기본가정

Section 3 재무제표 요소

3.1 재무상태 요소의 정의

3.2 성과를 측정하는 요소의 정의

3.3 재무제표 요소의 인식

3.4 재무제표 요소의 측정

CHAPTER 02 재무보고를 위한 개념체계

SECTION 1 개념체계의 필요성[1)]

1.1 개념체계의 목적

이해관계자들이 합리적 의사결정을 할 수 있는 유용한 정보를 제공하기 위하여, 기업이 재무회계financial accounting를 적용하여 재무정보를 산출한다. 하지만 다양한 이해관계자들의 개별적인 이용목적에 맞추어 재무정보를 제공하는 일은 불가능하다. 현대 사회의 기업은 규모, 경영방식, 소유구조 등의 측면에서 매우 다양한 형태로 존재하고, 이해관계자들도 재무정보의 이용목적과 정보수집 능력 및 정보해석 능력 측면에서 모두 다른 속성을 지니고 있기 때문이다.

다른 정보를 요구하는 개별 이해관계자들을 만족시키기 위해 이해관계자별로 재무정보를 작성하여 보고하면, 정보제공자에게 너무 많은 비용이 발생한다. 때로는 정보제공자에게 상충되는 정보가 제공되기도 한다. 또한, 새로운 이해관계자가 나타나거나 새로운 형태의 거래가 발생할 때마다 재무정보시스템을 수정하는 문제가 발생할 수 있다.

따라서 다양한 이해관계자들의 일반적인 재무정보 활용 목적을 고려하여 논리적이고 체계적인 개념 정립이 필요하다. 이를 위하여 정리한 개념의 묶음을 재무보고를 위한 개념체계Conceptual Framework for Financial Reporting라고 한다(이하 개념체계). 개념체계에는 '어떤 목적에 적합한 정보를 제공할 것인가?' '어떻게 정보를 산출할 것인가?' '어떤 형식으로 정보를 보고할 것인가?' 등이 회계적으로 정리된다. 또한 정보이용자의 관점에서 재무보고의 목적, 활용을 위한 개념이 정리된다. 개념체계의 목적을 정리하면 다음과 같다.

① 한국회계기준위원회가 일관된 개념에 기반하여 한국채택국제회계기준을 제·개정하는 데 도움을 준다.
② 특정 거래나 다른 사건에 적용할 회계기준이 없거나 회계기준에서 회계정책 선택이 허용되는 경우에 재무제표 작성자가 일관된 회계정책accounting policies을 개발하는 데 도움을 준다.
③ 모든 이해관계자가 회계기준을 이해하고 해석하는 데 도움을 준다.

1) 본서는 재무회계의 이론적 틀인 개념체계에 대해 국제회계기준위원회International Accounting Standards Board가 2019년 4월에 개정한 '재무보고를 위한 개념체계'에서 발췌하여 설명한다.

일관성 있게 회계기준을 수립하고 일관성 있게 회계정책을 수행하며 이해관계자가 회계기준을 해석하도록 돕는 개념체계를 통하여, 한국회계기준위원회(이하 회계기준위원회)가 설정한 사명을 달성할 수 있다. 회계기준위원회의 사명은 투명성transparency, 회계책임성accountability, 자본시장 효율성 증진efficiency to financial markets 등으로 구성된다. 회계기준위원회는 세계경제의 관점에서 상호신뢰를 확보하고 장기적으로 자본시장이 안정적으로 성장할 수 있도록 공적인 관점에서 3가지 사명을 설정하고 있다. 회계기준위원회는 회계기준을 제·개정하는 과정에서 3가지 사명을 회계기준에 반영시킨다.

따라서 개념체계는 회계기준위원회의 사명을 달성하기 위한 회계기준을 위한 기반foundation for Standards를 수립하는데 다음과 같이 기여한다.

① 투자자와 그 밖의 시장참여자가 정보에 입각한 경제적 의사결정을 내릴 수 있도록 재무정보의 국제적 비교가능성과 정보의 질을 향상시킴으로써 투명성에 기여한다.
② 자본제공자와 자본수탁자 간의 정보 격차를 줄임으로써 책임성을 강화한다. 개념체계에 기반한 회계기준은 경영진의 책임을 묻기 위한 필요한 정보를 제공한다. 국제적으로 비교가능한 정보의 원천으로서 이 회계기준은 전 세계 규제기관에게도 매우 중요하다.
③ 투자자들에게 전 세계의 기회와 위험을 파악하도록 도움을 주어 자본 배분을 향상시킴으로써 경제적 효율성에 기여한다. 기업이 개념체계에 기반한 신뢰성 있는 단일의 회계언어를 사용하면 자본비용이 낮아지고 국제보고 비용이 절감된다.

1.2 개념체계와 회계기준의 관계

개념체계는 회계기준을 제·개정하고 해석하기 위한 기반을 제공하지만 회계기준은 아니다. 따라서 개념체계가 회계기준을 우선하지 않고 회계기준의 내용에 직접 영향을 미치지는 않는다. 또한 국제회계기준위원회는 의도적으로 개념체계에서 벗어난 관점의 회계기준을 제·개정할 수 있다. 만약 개념체계의 관점과 다른 회계기준을 수립하는 경우에 근거를 제시한다.

개념체계는 회계실무를 고려하여 개정될 수 있다. 하지만 개념체계가 개정된다고 하여 연관된 회계기준을 자동적으로 개정할 필요는 없다. 변경된 개념체계로 인하여 회계기준을 개정하는 작업이 필요하면, 국제회계기준위원회가 적절한 절차를 거쳐서 프로젝트별로 개정작업을 진행한다.

SECTION 2 재무보고를 위한 개념체계

재무보고를 위한 개념체계는 일반목적재무보고, 유용한 재무정보의 질적 특성, 원가제약, 보고기업 개념, 재무제표의 요소, 인식과 제거 및 측정, 그리고 표시와 공시 등에 대한 설명으로 구성되어 있다. 일반목적재무보고general purpose financial reporting는 개념체계의 기초를 형성한다. 다른 측면들(유용한 재무정보의 질적 특성, 재무제표의 요소, 인식, 측정, 표시와 공시 등)은 일반목적재무보고로부터 논리적으로 전개된다.

2.1 일반목적재무보고

1) 일반목적재무보고 필요성

일반목적재무보고의 목적은 기업의 재무정보에 관심을 갖는 이해관계자들이 의사결정을 할 때 유용한 재무정보를 제공함에 있다. 하지만 다양한 이용자의 정보수요를 모두 충족시켜 줄 수 없다. 이해관계자들이 필요로 하는 재무정보가 다양하므로 그들의 정보수요를 모두 충족시켜주기 위해서는 기업이 부담해야 하는 비용이 너무 크기 때문이다. 또한 이해관계자들이 그들에게 필요한 정보를 제공하도록 보고기업에 직접 요구하기 어려우므로 재무정보의 많은 부분을 재무보고서에 의존하는 현실을 고려할 필요도 있다.

개념체계는 재무보고를 '일반목적재무보고'로 한정하고 일반목적 재무보고의 목표를 '현재 및 잠재적 투자자, 대여자와 그 밖의 채권자가 기업에 자원을 제공하는 것과 관련된 의사결정을 할 때 유용한 보고기업의 재무정보를 제공하는 것'으로 규정한다. 다른 방식으로 일반목적재무보고의 필요성을 설명한다하면, 이해관계자들이 필요로 하는 모든 정보를 재무보고에 반영할 수 없으므로 일반목적재무보고를 규정할 필요가 있다는 뜻이다. 예를 들어, 일반 경제적 상황 및 기대, 정치적 사건과 정치 풍토, 산업 및 기업 전망과 같은 정보는 일반목적재무보고의 대상에서 제외된다.

2) 일반목적재무보고 범위

기업의 이해관계자는 현재 및 잠재적 투자자, 대여자 및 기타 채권자 등으로, 이해관계자는 기업에 자원 제공과 관련한 의사결정에 관심이 있다. 이해관계자들의 의사결정은 기업의 미래 현금흐름의 금액, 시기 및 불확실성에 대한 평가에 의하여 결정된다. 이해관계자들이 의사결정을 내리는 영역을 요약하면 다음과 같다.

① 지분상품과 채무상품을 매수, 매도 및 보유
② 대여 및 기타 형태의 신용을 제공 또는 결제
③ 기업의 경제적자원 사용을 의결하거나 경영진에 영향력을 행사

이해관계자들이 미래 현금흐름을 평가하기 위하여 다음과 같은 정보를 요구한다.

① 기업의 경제적자원economic resources, 기업에 대한 청구권claims 및 경제적자원과 청구권의 변동
② 기업의 경영진과 이사회가 기업의 경제적자원 사용에 대한 그들의 책임을 얼마나 효율적이고 효과적으로 이행했는지 여부

일반목적재무보고를 통하여 이해관계자들이 미래 현금흐름을 평가하기 위한 정보를 반영한다고 하여, 일반목적재무보고가 기업가치를 직접 보여주는 방식으로 고안되지는 않는다. 다만 이해관계자들이 기업가치를 추정하도록 돕는 정보를 일반목적 재무보고를 통하여 제공한다. 이해관계자들에게 유용한 정보를 제공하기 위하여 국제회계기준위원회는 회계기준을 제·개정하는 과정에서 필요한 정보의 집합을 찾고 이해관계자들의 필요를 충족시킬 방안을 모색한다.

일반목적재무보고를 활용하는 이해관계자를 개념체계에서 현재 및 잠재적 투자자, 대여자와 그 밖의 기타 채권자 등으로 제한하는 측면이 존재한다. 일반목적재무보고를 활용하는 이해관계자로 경영진, 규제당국, 시민단체 등이 있을 수 있다. 경영진은 기업의 재무정보에 관심이 있다는 측면에서 당연히 일반목적재무보고를 활용한다. 하지만 경영진은 내부적인 방식으로 기업의 재무정보를 확보할 수 있으므로 일반목적재무보고에 의존하는 이해관계자는 아니라고 할 수 있다. 규제당국 및 시민단체도 일반목적재무보고에 의한 정보를 의사결정에 참고하지만, 일반목적재무보고의 정보를 직접적으로 이용하지는 않는다.[2)]

2.2 유용한 재무정보의 질적특성

재무정보의 질적특성qualitative characteristics은 재무정보(재무보고서에 포함된 정보)가 이해관계자의 의사결정에 유용할 정보의 유형을 식별할 수 있는 속성을 의미한다. 현재 및 잠재적 투자자, 대여자와 그 밖의 채권자가 재무정보에 근거하여 보고기업에 대한 의사결정을 할

2) 기업은 재무제표 이외에도 기타 수단(일반목적재무보고서가 아닌 그 밖의 재무보고서)을 통하여 기업에 대한 재무정보를 제공한다. 기타 수단으로 제공되는 재무정보는 재무제표에 보고되기에는 적절하지 않지만 재무정보 이용자의 의사결정에 적합한 정보가 모두 포함된다. 재무보고의 기타 수단의 예로는 사업보고서, 주석 외의 공시사항, 보고기업에 대한 경영진의 기대 및 전략과 기타 유형의 미래전망 정보에 대한 설명자료, 기업실체의 사회·환경적 영향에 대한 설명자료 등이 있으며 재무제표에 표시되지 않는 재무정보 및 비재무정보를 포함한다. 이와 같은 재무제표 이외의 보고서는 회계기준의 적용대상이 아니다.

때, 이들에게 유용한 재무정보를 제공하기 위해서 어떤 정보가 유용한 재무정보인지, 어떤 특성을 갖추어야만 하는지를 먼저 정의할 필요가 있다. 또한 보고기업 입장에서 재무정보의 질적특성은 선택 가능한 회계처리방법, 공시할 정보의 양과 내용, 정보의 보고양식에 대한 여러 선택 안이 있을 때 의사결정에 가장 유용한 정보를 제공할 수 있는 최선의 안을 판단할 수 있는 기준이 된다.

재무정보가 유용하기 위해서 근본적으로 목적적합해야 하고, 나타내고자 하는 바를 충실하게 표현해야 한다. 재무정보가 비교가능하고, 검증가능하며, 적시성 있고, 이해가능한 경우 그 재무정보의 유용성은 보강된다.

1) 근본적 질적특성

(1) 목적적합성

목적적합성relevance이란 재무정보가 이해관계자의 의사결정에 차이가 나도록 영향을 미치는 속성을 말한다. 목적적합한 정보란 재무정보에 의해 이용자가 과거, 현재 또는 미래의 사건을 평가하거나 과거의 평가를 확인 또는 수정하도록 도와주어 경제적 의사결정에 영향을 미치는 정보이다. 재무정보가 목적적합성을 지니기 위해서 정보의 예측능력을 의미하는 예측가치predictive value와 사후 확인능력을 의미하는 확인가치confirmatory value의 속성을 지닌다.

① 예측가치 : 이해관계자가 미래 사건의 결과를 예견하여 합리적인 의사결정을 할 수 있는 속성
② 확인가치 : 재무정보를 통하여 과거 의사결정을 확인하거나 변경시킬 수 있는 속성

예측가치와 확인가치는 상호 연관되어 있다. 예측가치를 갖는 재무정보에 확인가치의 속성이 존재하는 경우가 많다. 예를 들어, 당기 매출 정보는 차기 매출을 예측하기 위한 기본 정보에 해당하고, 동시에 전기에 예측한 매출의 정확성을 확정하는 기초자료에 해당한다.

정보의 목적적합성은 정보의 성격과 중요성materiality에 따라 영향을 받는다. 중요성이 있는 재무정보는 정보가 누락되거나 잘못기재하거나 불분명하게 하여, 일반목적재무보고서에 기초한 이해관계자의 경제적 의사결정에 영향을 미치는 정보이다. 중요성은 정보의 누락이나 왜곡표시가 있는 특정상황에서 판단대상 항목의 특성이나 오류의 크기에 따라 결정된다. 항목의 중요성은 다른 항목인 이익, 자산, 부채 등과의 상대적인 비중에 의하여 판단되어야 한다. 따라서 회계기준위원회는 중요성에 대한 획일적인 계량 임계치를 제시

하지 않는다.

(2) 표현충실성

재무보고서는 경제적 현상이 글과 숫자로 기술된다. 이해관계자가 재무보고를 의사결정에 활용하기 위해서 재무정보가 목적적합한 현상을 표현할 뿐 아니라, 나타내고자 하는 현상의 실질을 충실하게 표현해야 한다. 표현충실성Faithful representation은 재무정보가 경제적 현상의 본질을 제대로 기술하는 속성을 뜻한다. 많은 경우, 경제적 현상의 실질과 그 법적 형식은 같다. 만약 같지 않다면, 법적 형식에 따른 정보만 제공해서는 경제적 현상을 충실하게 표현할 수 없게 된다. 표현충실성의 속성을 갖추기 위해서 서술의 완전성complete, 중립성neutral, 무결점free from error 등 3가지 속성이 요구된다.

① 완전한 서술complete depiction : 필요한 기술과 설명을 포함하여 이해관계자가 서술되는 현상을 이해하는 데 필요한 모든 정보를 포함하는 것이다. 완전한 서술을 위하여 항목의 질과 성격, 그 항목의 질과 성격에 영향을 줄 수 있는 요인과 상황, 그리고 수량적 서술을 결정하는 데 사용된 절차에 대한 유의적인 사실에 대한 설명을 수반할 수도 있다.

② 중립적 서술neutral depiction : 재무정보의 선택이나 표시에 편의가 없는 것이다. 이해관계자가 재무정보를 유리하게 또는 불리하게 받아들일 가능성을 높이기 위해 편파적이 되거나, 편중되거나, 강조되거나, 경시되거나 그 밖의 방식으로 조작되지 않은 서술을 의미한다.

③ 오류가 없다는 것free from error : 현상의 기술에 오류나 누락이 없고, 보고 정보를 생산하는 데 사용되는 절차의 선택과 적용 시 절차 상 오류가 없음을 의미한다. 하지만 모든 면에서 완벽하게 정확하다는 것을 의미하지는 않는다.

(3) 목적적합성과 표현충실성의 적용

이해관계자가 의사결정을 할 때 도움을 받기 위해서, 목적적합성과 표현충실성 모두 갖춘 재무정보가 필수이다. 표현이 충실한 재무정보이지만 목적적합하지 않거나, 반대로 목적적합한 재무정보이지만 충실하지 못한 재무정보는 이해관계자의 의사결정에 도움이 되지 않는다. 이해관계자가 의사결정에 도움을 받을 수 있는 목적적합성과 표현충실성을 갖춘 재무정보를 산출하는 효율적이고 효과적인 절차는 다음과 같다.

① 1단계 : 보고기업의 재무정보 이용자들에게 유용할 수 있는 정보의 대상이 되는 경제적 현상을 식별
② 2단계 : 경제적 현상에 대한 가장 목적적합한 정보의 유형을 식별
③ 3단계 : 목적적합한 정보가 이용가능한지, 그리고 경제적 현상을 충실하게 표현할 수 있는지 결정

목적적합하고 표현이 충실한 재무정보를 산출하는 일이 쉽지만은 않다. 근본적 질적특성 간 절충trade-off은 목적적합하고 표현이 충실한 재무정보를 산출하는 어려움을 말한다. 예를 들어, 경제적 현상에 대한 목적적합한 재무정보가 매우 불확실한 추정치일 수 있다. 불확실성이 너무 높은 추정은 재무정보의 질적특성 중 표현충실성에 의문을 제기할 수 있는 사항이다. 이런 경우에 추정치에 대한 기술과 추정치에 영향을 미치는 불확실성에 대한 설명을 부연하여 표현충실성을 확보한다.

2) 보강적 질적 특성

(1) 비교가능성

비교가능성comparability은 재무정보 항목 간의 유사점과 차이점을 식별하고 이해할 수 있게 하는 질적특성을 의미한다. 비교가능성은 단 하나의 항목에 관련된 것이 아니고, 비교하기 위해서 최소한 두 항목이 필요하다. 비교가능성은 재무제표의 작성에 사용된 회계정책 및 회계정책의 변경과 그 영향에 대한 정보를 이해관계자에게 제공하므로 재무정보의 유용성을 높일 수 있다.

비교가능성은 일관성과 관련되어 있지만 동일하지는 않다. 일관성을 한 보고기업내에서 기간 간 또는 같은 기간 동안에 기업 간, 동일한 항목에 대해 동일한 방법을 적용하는 것을 의미한다. 비교가능성은 목표이고 일관성은 그 목표를 달성하는 데 도움을 준다. 또한 비교가능성은 통일성과 다르다. 정보를 비교하기 위해서 비슷한 것은 비슷하게 보여야 하고 다른 것은 다르게 보여야 한다. 비슷하지 않은 재무정보를 통일시켜 비슷하게 보이게 하면 오히려 비교가능성에 문제가 될 수 있다.

(2) 검증가능성

검증가능성verifiability은 합리적인 판단력이 있고 독립적인 서로 다른 관찰자가 어떤 서술이 표현충실성이라는 데 의견이 일치할 수 있는 질적특성을 의미한다. 검증가능성은 재무정보가 나타내고자 하는 경제적 현상을 충실히 표현하는지를 이해관계자가 확인하는데 도움을 준다. 검증은 현금을 세는 것과 같이 직접적인 관찰을 통하여 표현을 직접 검증할 수 있다. 또는 모형, 공식 등의 기법을 사용하여 결과를 산출하고 그 결과를 재계산하는 간접 검증도 가능하다.

(3) 적시성

적시성timeliness은 의사결정에 영향을 미칠 수 있도록 의사결정자가 재무정보를 제때에 이용할 수 있게 돕는 질적특성을 의미한다. 일반적으로 재무정보는 오래될수록 유용성이 낮아진다. 그러나 일부 정보는 보고기간 말 후에도 오랫동안 적시성이 있을 수 있다. 일부 이해관계자는 추세를 식별하고 평가할 필요가 있기 때문이다.

(4) 이해가능성

재무제표 정보가 갖추어야 할 필수적인 특성의 하나는 이해가능성understandability이다. 이해가능성은 이해관계자가 재무정보를 쉽게 이해하도록 돕는 질적특성이다. 재무정보를 명확하고 간결하게 분류하고, 특징지으며, 구분표시하여 재무정보의 이해가능성을 확보한다. 이해가능성을 확보하기 위하여 모든 이해관계자가 재무정보를 이해할 수 있다고 전제하지 않는다. 단지 이해관계자가 사업활동과 경제활동에 대해 합리적인 지식을 가지고 있으며 관련 정보를 분석하기 위하여 합리적인 노력을 기울일 의지가 있다고 가정한다. 본질적으로 복잡하여 재무보고서에서 제외하는 편이 재무정보를 더 이해하기 쉽게 할 수 있다. 그러나 해당 재무보고서는 이해가능성 측면에서 불완전하여 잠재적으로 오도할 수 있는 점에 주의를 기울여야 한다.

유용한 재무정보의 질적특성 간의 관계를 요약하면 아래의 그림과 같다.

[그림 2-1] 유용한 재무정보의 질적특성

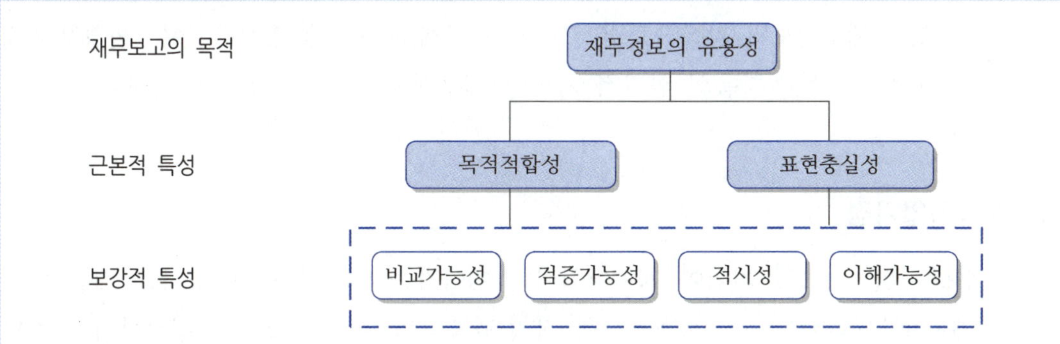

3) 유용한 재무보고에 대한 원가제약

원가는 재무보고로 제공될 수 있는 정보에 대한 포괄적 제약요인이다. 재무정보의 보고에는 원가가 소요된다. 따라서 원가제약cost constraint에 따라 해당 정보에서 기대되는 효익은 그 정보를 제공하기 위하여 소요되는 원가보다 커야 한다. 즉 해당 정보 보고의 효익이 그 원가를 정당화한다는 것이 중요하다. 회계기준위원회는 원가제약요인을 적용함에 있어서 특정 정보를 보고하는 효익이 그 정보를 제공하고 사용하는 데 발생한 원가를 정당화할 수 있을 것인지 평가한다.

재무정보의 제공자는 재무정보의 수집, 처리, 검증 및 전파의 관점에서 원가제약을 접근한다. 반면 재무정보의 이해관계자는 궁극적으로 수익 감소의 형태로 재무정보의 원가를 부담한다. 또한 제공된 정보를 분석하고 해석하는 과정에서 이해관계자에게 원가가 발생한다. 필요한 정보가 이해관계자에게 제공되지 않으면, 이해관계자는 그 정보를 다른 곳에서 얻거나 그것을 추정하기 위한 추가적인 원가를 부담한다.

본질적인 주관성 때문에, 재무정보의 특정 항목 보고의 원가 및 효익에 대한 평가는 개인마다 달라진다. 따라서 회계기준위원회는 단지 개별 보고기업과 관련된 것이 아닌, 재무보고 전반적으로 원가와 효익을 고려하려고 노력하고 있다. 그렇다고 원가와 효익의 평가가 모든 기업에 대하여 동일한 보고 요구사항을 정당화하지는 않는다. 기업 규모의 차이, 자본 조달 방법(공모 또는 사모)의 차이, 이해관계자 요구의 차이, 그 밖의 다른 요인 때문에 달리하는 것이 적절할 수 있다.

2.3 재무제표의 작성과 표시를 위한 기본가정

재무제표financial statements는 기업의 경제적자원, 기업에 요청할 수 있는 청구권 및 경제적자원과 청구권 변동에 관한 정보를 제공하는 보고서를 말한다. 재무제표의 작성과 표시를 위한 기본가정은 재무정보의 기록 · 측정 그리고 보고에 중요하게 영향을 주는 환경적 가정environmental assumptions들이다. 다음의 환경적 가정인 재무제표의 기본전제들은 회계공준이라고도 한다.[3)]

1) 계속기업가정

재무제표는 일반적으로 기업이 계속기업이며 예측가능한 기간 동안 영업을 계속할 것이라는 계속기업가정going concern assumption하에 작성된다. 기업은 경영활동을 청산하거나 중단하려는 의도가 없으며, 그럴 필요도 없다고 가정한다. 그러한 의도나 필요가 있다면, 재무제표는 계속기업가정과는 다른 기준에 따라 작성되어야 한다. 이때 적용한 기준은 별도로 재무제표에 기술한다.

계속기업가정은 자산과 부채를 역사원가로 측정 · 기록하는 역사적 원가주의의 근거를 제공한다. 기업이 가까운 미래에 청산liquidation될 것으로 추정된다면 자산과 부채의 가치는 청산가치liquidation value로 표시되어야 하므로 역사적 원가주의에 따라 재무제표를 작성하는

3) K-IFRS의 개념체계에서는 기본가정으로 계속기업의 가정만을 명시적으로 제시하고 있으나 본서에서는 이론적인 측면에서 발생기준의 가정도 설명한다.

것은 적합하지 않다. 경영자가 계속기업가정에서 따라 재무제표를 작성하기 위해서는 1년간의 예측가능한 정보에 의해 수익성, 부채상환계획 등을 검토하여 계속기업가정에 대한 타당성을 판단하여야 한다.

2) 발생기준 가정

재무제표는 그 목적에 부합하기 위하여 발생기준을 적용하여 작성한다. 발생기준에서는 거래나 그 밖의 사건의 영향을 현금 등의 수취나 지급 시점이 아닌 발생한 기간에 인식하며 해당기간의 장부에 기록하고 재무제표에 표시한다. 발생기준을 적용하여 작성한 재무제표는 현금의 수취나 지급을 수반한 과거의 거래 뿐 아니라 미래에 현금을 지급해야 하는 의무와 현금의 수취가 기대되는 자원에 대한 정보를 이용자에게 제공한다. 따라서 재무제표는 과거의 거래와 그 밖의 사건에 대해 이용자의 경제적 의사결정에 가장 유용한 형태의 정보를 제공한다.

이와 같이 기업회계기준은 현금 또는 현금성자산의 수입과 지출을 수익과 비용으로 인식하여 현금의 증감을 직접 설명할 수 있는 현금주의cash basis보다 발생주의accrual basis를 채택하고 있다. 이는 발생주의가 현금주의보다 미래 현금흐름과 현금흐름의 위험을 보다 정확하게 추정할 수 있다는 가정에 따른 것이다.

발생주의회계의 특징인 발생accruals과 이연deferrals의 개념은 정보이용자에게 시기적절한 재무정보를 제공하기 위하여 기업의 존속기간을 인위적으로 구분한 회계기간의 재무성과에 대한 정보를 제공하고자 하는 기간별 보고로 인하여 나타난다.

SECTION 3 재무제표 요소

재무제표는 거래나 그 밖의 사건의 재무적 영향을 경제적 특성에 따라 대분류하여 나타낸다. 이러한 대분류를 재무제표 요소the elements of financial statements로 정의한다. 개념체계에 정의된 재무제표 요소는 다음과 같다: ①보고기업의 재무상태와 관련된 자산, 부채 및 자본, ②보고기업의 재무성과와 관련된 수익 및 비용. 재무제표 요소를 개념체계의 경제적 자원, 청구권 및 경제적자원과 청구권 변동과 연계하여 정리하면 다음과 같다.[4)]

4) 현금흐름표와 재무상태변동표는 일반적으로 재무상태표 요소의 변동과 재무성과표(포괄손익계산서) 요소를 반영하므로 개념체계에서는 현금흐름표와 재무상태변동표의 고유한 요소에 대해 별도로 식별하지 않는다.

[그림 2-2] 재무제표 요소

개념체계 사항	요소	정의 또는 설명
경 제 적 자 원	자 산	과거사건의 결과로 기업이 통제하는 현재의 경제적자원 경제적자원은 경제적 효익을 창출할 수 있는 잠재력을 지닌 권리
청 구 권	부 채	과거사건의 결과로 기업의 경제적자원을 이전해야 할 현재 의무
	자 본	기업의 자산에서 모든 부채를 차감한 후의 잔여지분
경제적자원과 청구권의 변동	수 익	자본의 증가를 가져오는 자산증가 또는 부채감소 단 자본청구권 보유자의 출자와 관련된 것은 제외
	비 용	자본의 감소를 가져오는 자산감소 또는 부채증가 단 자본청구권 보유자에 대한 분배와 관련된 것은 제외

재무제표 요소가 재무상태표와 재무성과표(포괄손익계산서)에 표시될 때 소분류의 과정을 거친다. 예를 들어, 자산과 부채는 기업이 영위하는 사업에서의 해당 항목의 성격이나 기능에 따라 이용자의 경제적 의사결정 목적에 가장 유용하도록 당해 정보를 나타내는 방법으로 분류할 수 있다.

3.1 재무상태 요소의 정의

1) 자산

자산assets은 과거사건의 결과로 기업이 통제하는 현재의 경제적자원이다. 경제적자원은 경제적효익economic benefits을 창출할 잠재력을 지닌 권리이다. 자산의 정의는 세 가지 측면으로 설명한다.

① 권리right
② 경제적효익을 창출할 잠재력potential to produce economic benefits
③ 통제control

(1) 권리

경제적효익을 창출할 잠재력을 지닌 권리는 다양한 형태로 이루어져 있다. 개념체계에는 권리에 대한 명확한 정의가 규정되어 있지 않고, 권리의 유형, 권리발생 원인 등을 설명하고 있다. 먼저 권리 유형은 크게 두 가지로 구분된다.

① 다른 당사자의 의무에 해당하는 권리 : 쌍방거래에서 발생할 수 있는 권리로, 현금cash을 받을 권리, 재화goods를 수취할 권리, 경제적자원을 교환exchange할 권리, 경제적효익을 이전transfer받을 권리 등을 말한다.
② 다른 당사자의 의무에 해당하지 않는 권리 : 유형자산 또는 재고자산과 같은 물리적 대상에 대한 권리나 지적재산intellectual property 사용권

많은 권리들은 계약, 법률 또는 이와 유사한 수단에 의해 성립된다. 기업이 특정 물리적 대상을 보유하거나 리스하는 계약을 통하여 권리를 획득할 수 있다. 계약에 의하여 기업이 권리를 확보할 수 있는 이유는 계약이 법적으로 보호되기 때문이다. 무형의 자산인 등록된 특허권도 계약에 의하여 권리를 확보하고 법적인 보호에 의하여 권리가 유지된다. 또는 공공의 영역에 속하지 않은 노하우의 획득이나 창작과 같은 방식으로도 권리를 획득할 수 있다.

경우에 따라 권리의 존재 여부가 불확실할 수 있다. 예를 들어 경제적자원을 받을 수 있는 권리와 관련하여 다른 기업과 분쟁이 존재할 때 권리의 존재 여부가 명확하지 않을 수 있다. 경제적자원을 받을 수 있는 권리가 법원 판결 등에 의하여 해소될 때까지, 권리가 존재하는지 명확하지 않다는 뜻이다. 권리의 존재가 명확하지 않으므로 자산의 존재 여부도 불확실하다. 따라서 자산을 규명할 때, 권리의 존재 여부를 확인하는 과정이 중요하다.

(2) 경제적효익을 창출할 잠재력

경제적자원은 경제적효익을 창출할 잠재력을 지닌 권리이다. 잠재력이 있기 위해 권리가 경제적효익을 창출할 것이라고 확신하거나 그 가능성이 높아야 하는 것은 아니다. 잠재력은 기업이 창출할 경제적효익을 다른 기업보다 더 많이 가질 수 있는 속성이라고 해석할 수 있다. 따라서 경제적효익을 창출할 가능성이 낮더라도 상대적으로 더 많은 경제적효익을 창출할 수 있다면 권리가 경제적자원의 정의를 충족하고 자산이 될 수 있다. 경제적자원을 통하여 경제적효익을 창출하는 사례는 다음과 같다.

① 계약에 의하여 현금이나 다른 경제적자원을 받는 경우
② 유리한 조건에서 경제적자원을 교환하는 경우
③ 경제적자원을 사용해서 재화 또는 서비스를 제공하거나 다른 경제적자원의 가치를 증대시키거나, 경제적자원을 타인에게 빌려주는 방식으로 현금을 창출하는 경우
④ 경제적자원을 매각하여 현금을 받는 경우
⑤ 경제적자원을 이전하여 부채를 상환하는 경우

(3) 통제

통제는 경제적자원을 기업에 결부시키는 기준이다. 기업이 경제적자원에 대하여 통제할 수 있을 때, 해당 경제적자원은 기업의 자산이 된다. 기업이 경제적자원을 통제한다는 의미는, 기업이 경제적자원을 사용을 지시하고 그로부터 유입될 수 있는 경제적효익을 얻을 수 있는 능력이 있다는 뜻이다. 또한 다른 기업이 경제적자원을 사용하지 못하도록 하거나 경제적효익을 확보하지 못하도록 할 수 있다면, 기업이 경제적자원을 통제한다고 할 수 있다. 경제적자원에 대한 기업의 통제는 일반적으로 법적 권리를 행사할 수 있는 능력에 의하여 확보된다. 하지만 특허법에 의하여 보호받지 못하더라도 공개되지 않고 비밀이 유지되는 무형기술know-how에 대해서 기업이 통제한다고 할 수 있다.

2) 부채

부채liabilities는 과거사건의 결과로 기업이 경제적자원을 이전해야 하는 현재의무이다. 부채로 인식하기 위해서 다음의 3가지 기준을 모두 충족시켜야 한다.

① 의무obligation
② 경제적자원의 이전transfer of an economics resource
③ 과거사건의 결과로 존재하는 현재의무present obligation as a result of past events

(1) 의무

의무란 기업이 회피할 수 있는 실제 능력이 없는 책무duty 또는 책임responsibility을 말한다. 의무는 항상 다른 당사자(또는 당사자들)에게 이행해야 한다(하지만 의무 이행의 대상인 상대방을 반드시 알 필요는 없다). 일반적으로 경제적자원을 제공할 특정 기업의 의무는 의무 이행 대상인 상대방의 경제적자원을 받을 권리에 해당한다. 하지만 인식과 측정 기준이 자산과 부채에 다르게 적용되므로, 경제적자원을 이전할 의무가 부채라고 하여, 경제적자원을 이전 받을 권리가 동등하게 자산으로 기록되지는 않을 수 있다.

많은 의무가 계약, 법률 또는 이와 유사한 수단에 의하여 성립된다. 또한 정상적인 실무 관행, 경영방침이나 성명(서)에서 의무가 발생할 수도 있다(이런 경우를 의제의무constructive obligation라고 한다).[5] 어떤 경우에는 조건부로 의무가 발생할 수 있다.

---

5) 제공받은 재화와 용역에 대한 미지급채무가 의무의 일반적인 예이다. 또한 의무는 만일 어떤 기업이 보증기간이 명백히 경과한 후에 발생하는 제품하자에 대해서도 수리해 주기로 방침을 정한 경우에 이미 판매된 제품과 관련하여 지출될 것으로 예상되는 금액은 부채이다.

(2) 경제적자원의 이전

경제적자원의 이전의 의미는, 기업이 다른 당사자에게 경제적자원을 이전하도록 요구받게 될 잠재력이 존재한다는 뜻이다. 향후에 불확실하더라도 경제적자원을 이전할 의무가 존재한다면 경제적자원의 이전이라는 개념을 적용할 수 있다. 기업이 다른 당사자의 요구에 따라 현재의무를 이행하기 위해서 일반적으로 미래 경제적효익을 갖는 자원을 희생하며, 다양한 방법으로 이행될 수 있다. 경제적자원을 이전하는 의무는 다음과 같다.[6)]

① 현금을 지급할 의무
② 재화를 인도하거나 용역을 제공할 의무
③ 경제적자원을 불리한 조건으로 교환할 의무
④ 미래의 불확실한 조건이 발생할 때 경제적자원을 이전할 의무
⑤ 경제적자원을 이전하도록 요구하는 금융상품을 발행할 의무

(3) 과거사건으로 생긴 현재의무

과거사건의 결과로 존재하는 현재의무란 기업이 이미 경제적효익을 얻었거나 조치를 취했고, 그 결과로 기업이 이전하지 않아도 되었을 경제적자원을 이전해야 하거나 이전하게 될 수 있는 책임을 뜻한다. 기업이 얻은 경제적효익의 예에는 재화나 용역이 포함될 수 있다. 기업이 취한 조치의 예에는 특정 사업을 운영하거나 특정 시장에서 영업하는 것이 포함될 수 있다. 미래 특정 시점까지 경제적자원의 이전이 집행될 수 없더라도 현재의무가 존재할 수 있다. 예를 들어, 계약에서 미래 특정 시점까지 지급을 요구하지 않더라도, 계약에 따라 현금을 지급해야하는 부채를 현재 시점에 인식할 수 있다.

3) 자본

자본equity은 기업의 자산에서 모든 부채를 차감한 후의 주주의 잔여지분residual interest이다. 자본은 재무상태표에 표시되는 자산과 부채 금액의 측정에 따라 결정된다. 주주의 자본청구권equity claims은 계약이나 법률에 의하여 보장된다. 일반적으로 기업이 발행한 주식에 의하여 자본청구권을 확인할 수 있다. 자본청구권의 차이로 인하여 배당, 잔여재산청구 등의 주주권리가 달라진다.

주식회사의 경우 자본은 소유주가 출연한 자본, 이익잉여금, 이익잉여금 처분에 의한 적립금 등의 소분류로 구분하여 표시할 수 있다. 이러한 분류는 자본의 배당이나 그 밖의

6) 일반적으로 의무는 경제적 자원을 이전하여 해소하지만, 채권자의 권리포기나 권리상실 등 다른 방법에 의해서 소멸되기도 한다.

활용에 대한 기업능력의 법률적 또는 기타의 제한을 표시함으로써 재무제표이용자의 의사결정 목적에 적합할 수 있다. 또한 이러한 분류는 배당금 수령이나 자본의 환급과 관련하여 기업의 각 지분보유자들이 상이한 권리를 갖는다는 사실을 반영할 수도 있다.

사업활동이 개인사업, 파트너십, 신탁 또는 다양한 정부사업체 등의 실체 형태로 수행된다. 이와 같은 실체에 적용되는 법률 및 규제 체계는 일반 주식회사에 적용하는 체계와 다르다. 예를 들어, 자본에 포함된 금액을 소유주나 그 밖의 수익자에게 분배하는 데 제한이 거의 없을 수 있다. 그럼에도 불구하고 자본의 정의와 자본을 다루는 이 개념체계의 다른 관점들은 이들 실체에 적합하다.

3.2 성과를 측정하는 요소의 정의

일반적으로 기업의 성과 측정치로 이익이 사용되며, 이익은 투자수익률이나 주당이익과 같은 측정치의 기초로 이용된다. 이익의 측정과 직접 관련된 요소는 수익과 비용이다. 수익과 비용의 인식과 측정, 그리고 그에 따른 이익은 기업의 재무제표 작성에 적용된 자본 및 자본유지개념을 어떻게 정의하는가에 따라 달라질 수 있다.

기업은 보통 외부의 투자자가 자본을 제공함으로써 설립되고, 기업은 이 자본을 운용함으로써 이익을 얻는다. 재무회계는 자본의 변동과정을 측정하고 기록하며, 외부 이해관계자에게 전달하는 기능을 하는데, 어떤 이해관계자를 중심으로 측정, 보고할 것인가에 따라 재무상태(자산, 부채, 자본)와 성과(수익, 비용)는 다르게 측정, 기록될 수 있다. 일반적으로 기업의 소유주는 주주이며 기업은 주주의 대리인으로 보는 관점에서 기업의 재무상태와 성과를 측정한다. 따라서 기업의 수익과 비용은 주주의 추가출자 및 출자의 환수를 제외한 주주지분의 증가 또는 감소로 파악하며, 이익은 주주에게 귀속되는 지분의 순증가를 의미한다.

1) 수익

수익income은 자산의 증가 또는 부채의 감소에 따라 자본의 증가를 초래하는 특정 회계기간 동안에 발생한 경제적효익의 증가이다. 단 자본청구권 보유자의 출자와 관련된 것은 제외한다. 수익은 기업의 정상영업활동의 일환으로 발생하며 매출액, 수수료수익, 이자수익, 배당수익, 로열티수익 및 임대료수익 등 다양한 명칭으로 구분된다. 광의의 수익의 정의에는 수익revenue과 차익gains이 모두 포함된다. 차익은 수익의 정의를 충족하는 그 밖의 항목으로 기업의 정상영업활동의 일환이나 그 이외의 활동에서 발생할 수 있다. 차익도 경제적 효익의 증가를 나타내므로 본질적으로 수익과 차이가 없다. 따라서 이 개념체계에서 차익을 별개의 요소로 보지 아니한다.

수익의 발생에 따라 다양한 자산이 수취되거나 증가될 수 있는데, 제공하는 재화나 용역의 대가로 받은 현금, 수취채권 및 재화나 용역이 그 예이다. 수익은 또한 부채의 상환에 따라 발생할 수도 있는데 예를 들어, 기업이 차입금의 상환의무를 이행하기 위해 대여자에게 재화나 용역을 제공하는 경우가 이에 해당한다.

2) 비용

비용expenses은 자산의 감소 또는 부채의 증가에 따라 자본의 감소를 초래하는 특정 회계기간 동안에 발생한 경제적 효익의 감소이다. 단 지분참여자에 대한 분배와 관련된 것은 제외한다. 기업의 정상영업활동의 일환으로 발생하는 비용은 예를 들어, 매출원가, 급여 및 감가상각비 등이다. 비용은 일반적으로 현금 및 현금성자산, 재고자산 또는 유형자산과 같은 자산의 유출이나 소모의 형태로 나타난다. 광의의 비용의 정의에는 기업의 정상영업활동의 일환으로 발생하는 비용뿐만 아니라 차손losses도 포함된다. 차손은 비용의 정의를 충족하는 그 밖의 항목으로 기업의 정상영업활동의 일환이나 그 이외의 활동에서 발생할 수 있다. 차손도 경제적 효익의 감소를 나타내므로 본질적으로 다른 비용과 차이가 없다. 따라서 이 개념체계에서 차손을 별개의 요소로 보지 아니한다.

3.3 재무제표 요소의 인식

인식recognition은 자산, 부채, 자본, 수익, 비용과 같은 재무제표 요소 중 하나의 정의를 충족하는 항목을 재무상태표나 재무성과표에 포함하기 위하여 포착하는 과정을 말한다. 이 과정은 해당 항목을 서술하는 계정명칭과 화폐금액으로 기술하고 그 금액을 재무제표의 하나 이상의 합계에 포함시키는 것과 관련된다. 자산, 부채 또는 자본이 재무상태표에 인식되는 금액을 장부금액carrying amount장부금액이라고 한다. 인식과 재무제표의 관계는 [그림 2-3]과 같다.

[그림 2-3] 재무제표 요소와 인식의 연관성

보고기간 기초의 재무상태표

자산 - 부채 = 자본

+

재무성과표

수익 - 비용

+

자본청구권 보유자로부터의 출자 - 자본청구권 보유자에의 분배

(수익 - 비용 + 자본청구권 보유자로부터의 출자 - 자본청구권 보유자에의 분배: 보고기간 자본변동)

=

보고기간 기말의 재무상태표

자산 - 부채 = 자본

하나의 항목(또는 장부금액의 변동)의 인식은 하나 이상의 다른 항목(또는 하나 이상의 다른 항목의 장부금액의 변동)의 인식 또는 제거가 필요하다. 예를 들어 수익의 인식은 다음과 같이 연계된다.

① 자산의 최초 인식 또는 자산의 장부금액의 증가
② 부채의 제거 또는 부채의 장부금액의 감소

비용의 인식은 다음과 동시에 발생한다.

① 부채의 최초 인식 또는 부채의 장부금액의 증가
② 자산의 제거 또는 자산의 장부금액의 감소

1) 인식기준

앞에서 인식의 정의를 '자산, 부채, 자본, 수익, 비용과 같은 재무제표 요소 중 하나의 정의를 충족하는 항목을 재무상태표나 재무성과표에 포함하기 위하여 포착하는 과정'이라고 규정하였다. 하지만 재무제표 요소 중 하나의 정의를 충족하면 항상 인식하는 것은 아니다. 일반적으로 요소의 정의를 충족하는 항목을 인식하지 않으면, 재무제표에 유용한 정보를 충분하게 반영하지 못한다. 하지만 경우에 따라서는 재무제표 요소 중 하나의 정의를 충족하여 인식하더라도 유용한 정보를 제공하지 못할 수 있다. 따라서 인식기준은

재무제표 요소 중 하나의 정의를 충족하여 재무상태표나 재무성과표에 포함시킬 때 유용한 정보를 제공할 수 있는지를 여부를 확인하기 위한 기준을 의미한다. 인식기준은 앞에서 살핀 유용한 재무정보의 근본적 질적특성과 연계하여 다음과 같다.

① 존재의 확실성과 경제적효익의 유출입 가능성에 대한 목적적합한 정보
② 측정의 확실성에 대한 충실한 표현

어떤 항목이 재무제표 요소에 부합하는 본질적 성격을 가지고 있으나 인식기준을 충족하지 못하는 경우에도 해당 항목은 주석, 설명 자료 또는 부속명세서에 공시될 수 있다. 이러한 공시는 재무제표의 이용자가 기업의 재무상태, 성과 및 재무상태변동을 평가할 때 해당 항목에 대한 정보가 목적적합하다고 판단되는 경우에 적절하다.

(1) 존재의 확실성과 경제적효익의 유출입 가능성

일반적으로 자산, 부채, 자본, 수익과 비용에 대한 정보는 이해관계자에게 목적적합하다. 그러나 특정 자산이나 부채의 인식과 이에 따른 결과로 발생하는 수익, 비용 또는 자본변동을 인식하는 것이 항상 목적적합한 정보를 제공하지 못할 수 있다.

예를 들어, 자산이나 부채가 존재하는지 불확실한 경우 자산 부채를 인식하는 것이 목적적합한지 확인할 필요가 있다. 한 기업이 다른 당사자로부터 경제적자원을 수취할 수 있는 권리가 있는지에 대해 서로 분쟁이 있다면, 기업은 권리를 보유하는지 불확실하고, 결과적으로 자산이 존재하는지 불확실하게 된다. 이런 경우에는 법원의 판결에 따라 자산의 존재 여부 및 자산의 금액이 달라질 수 있다. 따라서 목적적합한 정보로 인식하기 위해서는 불확실성을 고려하여 자산의 인식 및 금액산정을 다르게 할 수 있다.

또한 자산이나 부채가 존재하지만 경제적효익의 유출입 가능성이 낮은 경우가 있다. 일반적으로 경제적효익의 유출입 가능성이 낮다면, 그 자산이나 부채에 대해 가장 목적적합한 정보는 발생가능한 유출입의 크기, 시기 및 영향요인 등에 대한 정보일 것이다. 이런 정보는 주석에 기재한다.

하지만 경제적효익의 유출입 가능성이 낮다고 하여 항상 주석에 기재하는 것은 아니다. 예를 들어, 시장조건에 따른 교환거래에서 자산을 취득하거나 부채가 발생하는 경우, 경제적효익의 유출입 가능성을 교환거래의 원가에 반영하여 자산이나 부채로 인식할 수 있다.

(2) 측정의 신뢰성

어떤 항목의 인식을 위한 두 번째 기준은 신뢰성 있는 측정이 가능한 원가 또는 가치를 갖고 있어야 한다는 것이다. 많은 경우에 원가 또는 가치가 추정되어야 하는데 이 경우 재무제표를 작성할 때 합리적인 추정을 사용해야 하며 합리적 추정이 신뢰성을 훼손하지는 않는다. 그러나 합리적인 추정을 할 수 없는 경우 해당 항목은 재무상태표나 포괄손익계산서에 인식될 수 없다. 예를 들어, 소송으로부터 예상되는 배상금이 자산과 수익의 정의에 부합하고 인식을 위한 발생가능성 기준을 충족한다 하더라도 그 금액을 신뢰성 있게 측정할 수 없는 경우에는 이를 자산이나 수익으로 인식할 수 없다. 그러나 이와 같은 배상금의 존재는 주석, 설명 자료 또는 부속명세서에 공시될 수 있다.

(3) 중요성

개념체계에서 인식기준으로 언급하고 있지는 않지만, 어떤 항목을 재무제표에 인식해야 하는지를 평가할 때에는 그 항목과 금액의 중요성도 고려할 필요가 있다. 어떠한 항목의 누락이나 왜곡표시가 개별적으로 또는 집합적으로 재무제표에 기초한 재무제표이용자의 경제적 의사결정에 영향을 미치는 경우 그 항목의 누락이나 왜곡표시는 중요하다. 따라서 중요성은 관련 상황을 고려하여 누락이나 왜곡표시의 크기와 성격에 따라 결정되며, 그 항목의 크기나 성격 또는 두 요소의 결합이 결정요소가 될 수 있다. 만약, 발생가능성과 측정의 신뢰성이 높은 경우라도, 중요하지 않은 경우에는 재무제표에 인식하지 않는다.

2) 요소별 인식기준

(1) 자산의 인식

자산은 미래 경제적 효익이 기업에 유입될 가능성이 높고 해당 항목의 원가 또는 가치를 신뢰성 있게 측정할 수 있을 때 재무상태표에 인식한다. 즉, 지출이 발생하였더라도 당해 회계기간 후에는 관련된 경제적 효익이 기업에 유입될 가능성이 높지 않다고 판단되는 경우에는 재무상태표에 자산으로 인식하지 아니한다. 대신에 그러한 거래는 포괄손익계산서에 비용으로 인식한다. 이와 같은 회계처리는 경영진이 그 지출과 관련하여 미래 경제적 효익을 창출하려는 의도가 없었거나 의사결정이 잘못되었다는 것을 의미하지는 않는다. 이는 단지 당해 회계기간 후 관련된 경제적 효익이 기업에 유입될 가능성의 정도가 자산의 인식을 정당화하기에는 불충분하다는 것을 의미할 뿐이다.

(2) 부채의 인식

부채는 현재 의무의 이행에 따라 경제적 효익을 갖는 자원의 유출 가능성이 높고 결제될 금액에 대해 신뢰성 있게 측정할 수 있을 때 재무상태표에 인식한다. 예를 들어, 주문을 받은 후 아직 인도하지 않은 재고자산의 경우와 같이 미이행된 계약상의 의무는 일반적으로 재무제표에 부채로 인식하지 아니한다. 그러나 그러한 의무도 때로는 부채의 정의에 부합할 수 있으며 취소불능계약의 경우처럼 특정한 상황에서 인식기준이 충족된다면 재무제표에 인식될 수 있다. 이와 같은 상황에서는 부채의 인식과 동시에 관련 자산이나 비용도 인식된다.

(3) 수익의 인식

수익은 자산의 증가나 부채의 감소와 관련하여 미래 경제적 효익이 증가하고 이를 신뢰성 있게 측정할 수 있을 때 포괄손익계산서에 인식한다. 이는 실제로 수익의 인식이 자산의 증가나 부채의 감소에 대한 인식과 동시에 이루어짐을 의미한다. 예를 들어, 재화나 용역의 매출에 따라 자산의 순증가가 인식되며 미지급채무의 면제에 따라 부채의 감소가 인식된다. 실무에서 일반적으로 사용하는 수익인식의 절차, 예를 들어, 수익이 가득되어야 한다는 요건은 이 개념체계에서 제시하는 인식기준을 적용한 것이다. 그러한 절차는 일반적으로 신뢰성 있는 측정이 가능하고 충분히 확실한 항목들만을 한정하여 수익을 인식하기 위한 것이다.

(4) 비용의 인식

비용은 자산의 감소나 부채의 증가와 관련하여 미래 경제적 효익이 감소하고 이를 신뢰성 있게 측정할 수 있을 때 포괄손익계산서에 인식한다. 이는 실제로 비용의 인식이 부채의 증가나 자산의 감소에 대한 인식과 동시에 이루어짐을 의미한다. 예를 들어, 종업원 급여의 발생에 따라 부채의 증가가 인식되며 설비의 감가상각에 따라 자산의 감소가 인식된다.

비용은 발생된 원가와 특정 수익항목의 가득 간에 존재하는 직접적인 관련성을 기준으로 포괄손익계산서에 인식한다. 수익에 원가를 대응시키는 과정(수익 · 비용 대응의 원칙)에는 동일한 거래나 그 밖의 사건에 따라 직접 그리고 공통으로 발생하는 수익과 비용을 동시에 또는 통합하여 인식하는 것이 포함된다. 재화의 판매에 따라 수익이 발생됨과 동시에 매출원가를 구성하는 다양한 비용요소가 인식되는 것이 그 예이다.

경제적 효익이 여러 회계기간에 걸쳐 발생할 것으로 기대되고 수익과의 관련성이 단지 포괄적으로 또는 간접적으로만 결정될 수 있는 경우 비용은 체계적이고 합리적인 배분절차를 기준으로 포괄손익계산서에 인식된다. 이러한 비용 인식 절차는 유형자산, 영업권, 특허권과 상표권 같은 자산의 사용과 관련된 비용을 인식하기 위하여 자주 필요하다. 이러한 경우에 관련된 비용은 감가상각비 또는 상각비로 표시된다. 이 배분절차는 해당 항목과 관련된 경제적 효익이 소비되거나 소멸되는 회계기간에 비용을 인식하는 것을 목적으로 한다.

미래 경제적 효익이 기대되지 않는 지출이거나, 미래 경제적 효익이 기대되더라도 재무상태표에 자산으로 인식되기 위한 조건을 원래 충족하지 못하거나 더 이상 충족하지 못하는 부분은 즉시 포괄손익계산서에 비용으로 인식되어야 한다. 제품보증에 따라 부채가 발생하는 경우와 같이 자산의 인식을 수반하지 않는 부채가 발생하는 경우에는 포괄손익계산서에 비용을 동시에 인식한다.

3.4 재무제표 요소의 측정

측정measurement은 재무상태표와 재무성과표에 인식되고 평가되어야 할 재무제표 요소의 화폐금액을 결정하는 과정이다. 측정은 특정 측정기준의 선택과정을 포함한다. 재무제표를 작성하기 위해서는 다수의 측정기준이 다양한 방법으로 결합되어 사용된다. 그러한 측정기준은 다음과 같다.

① 역사적 원가 : 거래가격으로 측정하고, 가치변화를 반영하지 않는 측정방식
② 현행가치 : 공정가치, 사용가치 · 이행가치, 현행원가 등 측정시점의 가치변동을 반영하는 측정방식

1) 역사적 원가

역사적 원가historical cost 측정은 거래의 가격에서 도출된 정보를 사용하여 자산, 부채 및 그와 관련된 수익과 비용에 관한 화폐적 정보를 제공하는 방식이다. 역사적 원가의 특징은 가치의 변화를 반영하지 않는데 있다(예외적으로 자산의 손상impairment이나 손실부담에 따른 부채와 관련된 가치변화는 반영한다). 자산을 역사적 원가로 측정하는 방식은 취득 또는 창출하기 위하여 지급한 대가와 거래원가로 기록한다. 부채의 역사적 원가는 부채가 발생하거나 인수하면서 수취한 대가에서 거래원가를 차감한 가치이다.

2) 현행가치

현행가치current value 측정은 측정일의 조건을 반영하기 위해 갱신된 정보를 사용하여 자산, 부채 및 관련 수익과 비용의 화폐적 정보를 제공하는 방식이다. 이전 측정일 이후의 가치변동을 반영하기 위하여, 현행가치에 반영되는 현금흐름과 가치변동의 다른 요인의

추정치의 변동을 반영한다. 역사적 원가 측정과 달리, 거래의 가격에 의존하지 않고 현행가치를 측정할 수 있다. 현행가치 측정방식에는 공정가치fair value, 사용가치value in use 또는 이행가치fulfillment value 및 현행원가current cost 등이 있다.

① 공정가치 : 자산처분 또는 부채상환에서 시장참여자가 평가하는 측정방식
② 사용가치 : 개별기업 관점에서 자산 사용으로 획득할 수 있는 미래 현금흐름을 현재가치로 할인하는 측정방식
③ 이행가치 : 개별기업 관점에서 부채 상환으로 이전시킬 미래 현금흐름을 현재가치로 할인하는 측정방식
④ 현행원가 : 기업이 보유 중인 자산이나 부채를 대체하기 위해 지불할 금액에 거래비용을 조정하는 측정방식

(1) 공정가치

공정가치는 측정일에 시장참여자market participants 사이의 정상거래에서 자산을 매도할 때 받거나 부채를 이전할 때 지급하게 될 가격으로 측정방식이다. 시장참여자가 경제적으로 최선의 행동을 한다고 전제할 때, 공정가치가 적정하다고 인정된다. 공정가치는 활성시장에서 관측되는 가격으로 직접 결정될 수 있다. 또는 측정기법에 의하여 간접적으로 결정되기도 한다. 간접적으로 공정가치를 결정할 때 반영되는 요인은 다음과 같다.

① 미래현금흐름 추정치
② 미래현금흐름 추정 금액이나 시기가 현금흐름에 내재된 불확실성으로 인해 변동할 가능성
③ 화폐의 시간가치
④ 위험 할증 또는 위험 할인
⑤ 그 밖의 요소

공정가치는 직접적인 거래로 인한 측정이 아니라 시장참여자 간에 평가되는 금액이므로 거래비용transaction costs에 영향을 받지 않는다.

(2) 사용가치 또는 이행가치

사용가치는 기업이 자산을 사용하거나 궁극적으로 처분하여 얻을 것으로 기대하는 현금흐름이나 그 밖의 경제적효익을 현재가치로 할인하는 측정방식이다. 이행가치는 기업이 부채를 상환하기 위해 이전시킬 현금흐름이나 그 밖의 경제적자원을 현재가치로 할인하는 측정방식이다. 사용가치 또는 이행가치는 미래현금흐름에 기초하여 측정된다는 특징을 지닌다. 따라서 사용가치 또는 이행가치는 기업특유 가정entity-specific assumptions에서 현금흐름을

현재가치로 할인하여 측정한다. 또한 거래원가를 포함하지 않는다. 미래현금흐름을 현재가치로 할인한다는 관점에서는 간접적으로 측정하는 공정가치 평가와 동일하지만, 시장참여자 관점이 아니라 개별기업 관점이라는 점에서 차이가 존재한다.

(3) 현행원가

자산의 현행원가는 측정일 현재 보유 중인 자산과 동등한 자산으로 대체하기 위하여 거래원가를 포함하여 지불할 대가로 측정하는 방식이다. 예를 들어 동일한 자산의 신규취득 가격에서 사용기간과 보유 중 발생한 마모 정도를 고려하여 현재 사용 중인 자산의 현행원가를 측정할 수 있다. 부채의 현행원가는 측정일 현재 부담하고 있는 부채와 동일한 수준의 부채를 발행할 때 받을 수 있는 금액에서 거래원가를 차감하여 측정하는 방식이다.

현행원가는 역사적 원가와 마찬가지로 취득시점기준 평가(또는 유입가치)entry value이므로 기업이 자산을 취득하거나 부채를 발행할 때 시장 가격을 반영하여 측정된다. 따라서 공정가치, 사용가치 또는 이행가치와 같이 이행시점기준 평가(또는 유출가치)exit value와 다르게 미래현금흐름을 반영하지 않는다. 한편 현행원가는 측정일의 조건을 반영한다는 관점에서 역사적 원가와 다른 측정방식이다.

친 절 한 재무회계

Accounting

객관식 문제

2.1 재무정보의 목적

다음 중 재무보고의 목적에 관한 설명으로 가장 올바르지 않은 것은?(회계관리1급 2018 공개문제)

① 재무보고는 투자 및 신용의사결정에 유용한 정보를 제공해야 한다.

② 재무보고는 재무상태, 경영성과, 현금흐름에 대한 정보를 제공한다.

③ 재무보고는 과거 정보에 대한 자료를 제공하기 때문에 미래 현금흐름예측에는 유용한 정보를 제공하기 힘들다.

④ 재무보고는 경영자의 수탁책임을 평가하는 데 유용한 정보를 제공한다.

2.2 재무정보의 질적특성

다음 중 재무정보의 질적특성에 관한 설명으로 가장 올바르지 않은 것은?

(회계관리1급 2018 공개문제)

① 재무정보의 질적특성이란 재무정보가 유용하기 위해 갖춰야 할 주요 속성을 말한다.

② 근본적 질적특성으로 비교가능성과 중요성이 있다.

③ 재무정보의 질적특성은 서로 균형이 필요하다.

④ 포괄적인 제약조건으로 정보 작성에 따른 효익이 관련 비용보다 커야 한다.

2.3 재무정보의 질적특성

다음 중 재무제표의 질적특성에 대한 설명으로 타당하지 않은 것은? (CPA 2010 수정)

① 목적적합한 정보란 이용자가 과거, 현재 또는 미래의 사건을 평가하거나 과거의 평가를 확인 또는 수정하도록 도와주어 경제적 의사결정에 영향을 미치는 정보를 말한다.

② 표현충실성을 위해서는 서술이 완전하고, 중립적이며, 오류가 없어야 한다.

③ 표현충실성이 있는 정보란 그 정보에 중요한 오류나 편의가 없고, 그 정보가 나타내고자 하거나 나타낼 것이 합리적으로 기대되는 대상을 충실하게 표현하고 있다고 이용자가 믿을 수 있는 정보를 의미한다.

④ 비교가능성이 가지는 중요한 의미는 이용자가 회계정책 및 회계정책의 변경과 그 영향에 대

해 알 수 있게 함으로써, 유사한 거래나 그 밖의 사건에 대해 한 기업이 기간별로 적용한 회계정책이나 기업 간에 적용한 회계정책의 차이점을 파악할 수 있도록 하는 데에 있다.

⑤ 적시에 정보를 제공하기 위해서는 특정 거래나 그 밖의 사건의 모든 내용이 확인되기 전에 보고할 필요가 있을 수 있으며, 이로 인해 재무정보의 다른 질적 특성에 비해서 목적적합성이 크게 훼손될 수 있다.

2.4 재무정보의 질적특성

재무보고를 위한 개념체계 내용 중 재무정보의 질적특성에 관한 설명으로 옳은 것은?

(세무사 2013)

① 개념체계는 유용한 정보가 되기 위한 근본적 질적특성을 적용하는데 있어서 가장 효율적이고 효과적인 일반적 절차를 제시하고 있지는 않다.

② 일관성은 비교가능성과 관련은 되어 있지만 동일하지는 않다. 즉 일관성은 목표이고, 비교가능성은 그 목표를 달성하는 데 도움을 준다고 할 수 있다.

③ 오류가 없다는 것은 현상의 기술에 오류나 누락이 없고, 보고 정보를 생산하는 데 사용되는 절차의 선택과 적용 시 절차 상 오류가 없음을 의미하는 것이므로 표현의 충실성이란 모든 측면에서 정확함을 의미한다.

④ 중요성은 개별 기업 재무보고서 관점에서 해당 정보와 관련된 항목의 성격이나 규모 또는 이 둘 모두에 근거하여 해당 기업에 특유한 측면의 목적적합성을 의미한다.

⑤ 재무보고서는 사업활동과 경제활동에 대해 박식하고, 정보를 검토하고 분석하는데 부지런한 정보이용자보다는 모든 수준의 정보이용자들이 자력으로 이해할 수 있도록 작성되어야 한다.

2.5 재무정보의 질적특성

재무정보의 질적특성에 관한 설명으로 옳지 않은 것은? (세무사 2014)

① 중요성은 개별 기업 재무보고서 관점에서 해당 정보와 관련된 항목의 성격이나 규모 또는 이 둘 모두에 근거하여 해당 기업에 특유한 측면의 목적적합성을 의미한다.

② 충실성하게 표현하기 위해서는 서술이 완전하고, 중립적이며, 오류가 없어야 한다.

③ 보강적 질적특성은 만일 어떤 두 가지 방법이 현상을 동일하게 목적적합하고 충실하게 표현하는 것이라면 이 두 가지 방법 가운데 어느 방법을 현상의 서술에 사용해야 할지를 결정하는 데에도 도움을 줄 수 있다.

④ 단 하나의 경제적 현상을 충실하게 표현하는데 여러 방법이 있을 수 있으나 동일한 경제적 현상에 대해 대체적인 회계처리방법을 허용하면 비교가능성이 감소한다.
⑤ 일관성은 한 보고기업 내에서 기간 간 또는 같은 기간 동안에 기업 간, 동일한 항목에 대해 동일한 방법을 적용하는 것을 의미하므로 비교가능성과 동일한 의미로 사용된다.

2.6 개념체계

재무보고를 위한 개념체계에 대한 다음 설명 중 옳지 않은 것은? (CPA 2015)

① 일반목적재무보고서는 보고기업의 가치를 보여주기 위해 고안된 것이 아니다. 그러나 일반목적재무보고서는 현재 및 잠재적 투자자, 대여자 및 기타 채권자가 보고기업의 가치를 추정하는데 도움이 되는 정보를 제공한다.
② 보강적 질적특성은 가능한 한 극대화 되어야 한다. 그러나 보강적 질적특성은 정보가 목적적합하지 않거나 충실하게 표현되지 않으면, 개별적으로든 집단적으로든 그 정보를 유용하게 할 수 없다.
③ 재무정보의 예측가치와 확인가치는 상호 연관되어 있어 예측가치를 갖는 정보는 확인가치도 갖는 경우가 많다.
④ 재무보고서는 사업활동과 경제활동에 대해 합리적인 지식이 있고, 부지런히 정보를 검토하고 분석하는 정보이용자를 위해 작성된다.
⑤ 통일성은 한 보고기업 내에서 기간 간 또는 같은 기간 동안에 기업 간, 동일한 항목에 대해 동일한 방법을 적용하는 것을 말한다.

2.7 개념체계

재무보고를 위한 개념체계에 관한 설명으로 옳지 않은 것은? (세무사 2012)

① 목적적합하고 충실하게 표현된 정보의 유용성을 보강시키는 질적특성으로는 비교가능성, 검증가능성, 중립성 및 이해가능성이 있다.
② 새로운 재무보고기준의 전진 적용으로 인한 비교가능성의 일시적 감소는 장기적으로 목적적합성이나 표현의 충실성을 향상시키기 위해 감수할 수도 있다.
③ 재무정보가 유용하기 위해서는 목적적합해야 하고 나타내고자 하는 바를 충실하게 표현해야 한다. 따라서 목적적합성과 표현충실성은 근본적 질적특성이다.
④ 검증가능성은 합리적인 판단력이 있고 독립적인 서로 다른 관찰자가 어떤 서술이 표현의 충실성이라는 데 비록 반드시 완전히 일치하지는 못하더라도 의견이 일치할 수 있다는 것

을 의미한다.

⑤ 표현충실성은 모든 면에서 정확한 것을 의미하지는 않는다. 오류가 없다는 것은 현상의 기술에 오류나 누락이 없고, 보고 정보를 생산하는 데 사용되는 절차의 선택과 적용 시 절차 상 오류가 없음을 의미한다.

2.8 재무제표의 표시기준

다음 중 재무제표의 작성과 표시를 위한 개념체계에 대한 설명으로 타당하지 않은 것은 어느 것인가? (CPA 2011)

① 측정은 재무상태표와 재무성과표에 인식되고 평가되어야 할 재무제표 요소의 화폐금액을 결정하는 과정으로 재무제표를 작성하기 위해서는 다수의 측정기준이 다양한 방법으로 결합되어 사용된다.

② 한국채택국제회계기준 개념체계는 발생기준과 계속기업을 기본가정으로 하고 있다. 따라서 재무제표는 일반적으로 기업이 계속기업이며 예상 가능한 기간 동안 영업을 계속할 것이라는 가정 하에 작성된다.

③ 한국채택국제회계기준 개념체계는 주요 질적특성인 목적적합성과 표현충실성을 정점으로 하고 이해가능성과 비교가능성을 이차적인 질적특성으로 두고 있으므로 질적특성을 체계적인 계층구조로 표현하고 있다.

④ 재무제표 정보가 표현충실성을 갖기 위해서는 중요성과 원가를 고려한 범위 내에서 완전성을 갖추어야 한다. 정보가 누락되면 그릇되거나 오해를 유발하여 표현의 충실성이 상실되고 목적적합성을 충족하지 못하는 정보가 제공될 수 있다.

⑤ 중요성은 정보의 누락이나 왜곡표시가 있는 특정상황에서 판단대상 항목이나 오류의 크기에 따라 결정되므로 주된 질적특성이라기보다는 재무제표 표시와 관련된 임계치나 판단기준으로 작용한다.

2.9 회계의 필요성

다음 중 회계의 필요성에 관한 설명으로 가장 올바르지 않은 것은? (회계관리1급 2018 공개문제)

① 주주는 새로운 회사에 투자할 것인가의 여부와 기존투자액을 변경 또는 유지할 것인가를 결정하기 위해 재무정보를 필요로 한다.

② 채권자는 회사의 상환능력을 평가하기 위해 재무정보를 필요로 한다.

③ 경영자의 경우 올바른 의사결정을 하기 위해 재무정보를 필요로 한다.

④ 이해관계자들의 정보이용목적을 충족시켜주기 위해 과세당국은 모든 기업들의 재무정보에 대해 작성 및 전달해야 하는 의무가 있다.

2.10 재무제표의 기본가정

다음 중 재무제표의 기본가정에 해당하지 않은 것은? (회계관리1급 2018 공개문제)

① 기업을 소유주와는 독립적으로 판단하는 기업실체의 가정
② 기업이 경영활동을 청산하지 않고 장기간 존속한다는 계속기업의 가정
③ 기업실체의 존속기간을 일정한 기간단위로 분할하여 재무제표를 작성하는 기간별 보고 가정
④ 미래 추정치나 실적 등에 대해 최대한 낙관적으로 판단하는 낙관주의 가정

3

CHAPTER

재무제표의 표시

CONTENTS

Section 1 재무제표의 목적, 종류 및 표시

1.1 재무제표 목적

1.2 재무제표의 표시

Section 2 재무제표 간 연계

2.1 그림으로 살핀 재무제표 간 연계

2.2 회계등식으로 살핀 재무제표 간 연계

Section 3 재무상태표와 포괄손익계산서의 구성항목

3.1 재무상태표(보고식) 구성항목 및 예시

3.2 포괄손익계산서(단일, 기능별) 구성항목 및 예시

CHAPTER 03 재무제표의 표시

SECTION 1 재무제표의 목적, 종류 및 표시

1.1 재무제표 목적

1) 재무제표의 목적

재무제표는 기업의 재무상태와 재무성과를 체계적으로 표현한 보고서이다. 재무제표의 목적은 광범위한 정보이용자의 경제적 의사결정에 유용한 기업의 재무상태, 재무성과와 재무상태변동에 관한 정보를 제공하는 데에 있다. 또한 재무제표는 위탁받은 자원에 대한 경영진의 수탁책임 결과도 보여준다. 이러한 목적을 충족하기 위하여 재무제표는 자산, 부채, 자본, 수익, 비용, 소유주에 의한 출자와 소유주에 대한 배분, 그리고 현금흐름과 같은 기업정보를 제공한다. 이러한 정보는 주석에서 제공되는 정보와 함께 재무제표이용자가 기업의 미래현금흐름, 특히 그 시기와 확실성을 예측하는 데 도움을 준다.

2) 재무제표의 종류

전체 재무제표는 다음을 모두 포함하여야 하며, 각각의 재무제표는 전체 재무제표에서 동등한 비중으로 표시한다.

① 기말 재무상태표
② 기간 포괄손익계산서
③ 기간 자본변동표
④ 기간 현금흐름표
⑤ 주석(유의적인 회계정책의 요약 및 그 밖의 설명으로 구성)
⑥ 회계정책을 소급하여 적용하거나, 재무제표의 항목을 소급하여 재작성 또는 재분류하는 경우 가장 이른 비교기간의 기초 재무상태표

많은 기업은 재무제표 이외에도 그 기업의 경영성과와 재무성과의 주요특성 및 기업이 직면한 주요 불확실성을 설명하는 경영진의 재무검토보고서를 제공한다. 또한 많은 기업은

특히 환경 요인이 유의적인 산업에 속해 있는 경우나 종업원이 주요 재무제표이용자인 경우에 재무제표 이외에도 환경보고서나 부가가치보고서와 같은 보고서를 제공한다. 재무제표 이외의 보고서는 한국채택국제회계기준K-IFRS의 적용범위에 해당하지 않는다.

1.2 재무제표의 표시

1) 재무제표 표시 기준

(1) 공정한 표시

재무제표는 기업의 재무상태, 재무성과 및 현금흐름을 공정하게 표시해야 한다. 공정한 표시를 위해서는 자산, 부채, 수익 및 비용에 대한 정의와 인식요건에 따라 거래, 그 밖의 사건과 상황의 효과를 충실하게 표현해야 한다. 공정한 표시는 관련 한국채택국제회계기준을 준수함으로써 달성된다. 이를 위해 구체적으로 다음과 같은 사항이 준수되어야 한다.

① 한국채택국제회계기준에 따라 회계정책, 회계추정의 변경 및 오류를 준수하여 회계정책을 선택하고 적용한다.
② 회계정책을 포함하여 목적적합하고, 신뢰할 수 있고, 비교 가능하며 이해 가능한 정보를 표시한다.
③ 한국채택국제회계기준의 구체적인 요구사항을 준수하더라도 특정거래, 그 밖의 사건 및 상황이 기업의 재무상태와 재무성과에 미치는 영향을 재무제표이용자가 이해하기에 충분하지 않은 경우 추가공시를 제공한다.

(2) 계속기업

재무제표는 일반적으로 기업이 계속기업going concern이며, 예상 가능한 기간 동안 영업을 계속할 것이라는 가정 하에 작성된다. 경영진은 기업을 청산하거나 경영활동을 중단할 의도를 가지고 있는 경우가 아니면 계속기업을 전제로 재무제표를 작성한다. 따라서 경영진은 재무제표 작성 시 계속기업으로서의 존속가능성을 평가해야 한다. 계속기업으로서의 존속능력에 유의적인 의문이 제기될 수 있는 사건이나 상황과 관련된 중요한 불확실성을 알게 된 경우에는 그러한 불확실성을 공시하여야 한다. 재무제표가 계속기업의 기준 하에 작성되지 않는 경우에 그 사실과 함께 재무제표가 작성된 기준 및 그 기업을 계속기업으로 보지 않는 이유를 공시하여야 한다.

계속기업의 가정이 적절한지의 여부를 평가할 때 경영진은 적어도 보고기간말로부터 향후 12개월 기간에 대하여 이용가능한 모든 정보를 고려한다. 기업이 상당 기간 계속 사업이익을 보고하였고, 보고기간 말 현재 경영에 필요한 재무자원을 확보하고 있는 경우에는 자세한 분석이 없이도 계속기업을 전제로 한 회계처리가 적절하다는 결론을 내릴 수 있다. 그렇지 않은 경우 경영진은 계속기업의 전제가 적절하다고 판단하기 전에 현재와 미래의 기대 수익성, 부채상환계획 및 대체적 자본조달의 잠재적 원천과 관련된 다양한 요소를 고려할 필요가 있다.

(3) 발생기준 회계

기업은 현금흐름 정보를 제외하고는 발생기준 회계accrual basis of accounting를 사용하여 재무제표를 작성한다. 발생기준 회계를 사용하는 경우 각 항목이 개념체계의 정의와 인식요건을 충족할 때 재무제표의 요소인 자산, 부채, 자본, 광의의 수익 및 비용을 인식한다.

(4) 중요성과 통합표시

유사한 항목은 중요성materiality 분류에 따라 재무제표에 구분하여 표시한다. 상이한 성격이나 기능을 가진 항목은 구분하여 표시한다. 다만 중요하지 않은 항목은 성격이나 기능이 유사한 항목과 통합하여 표시할 수 있다.

수많은 거래와 그 밖의 사건은 성격이나 기능에 따라 범주별로 통합되어 재무제표에 표시되며, 개별적으로 중요하지 않은 항목은 재무제표나 주석의 다른 항목과 통합한다. 재무제표에는 중요하지 않아 구분하여 표시하지 않은 항목이라도 주석에서는 구분 표시해야 할 만큼 충분히 중요할 수 있다.

(5) 상계

한국채택회계기준에서 요구하거나 허용하지 않는 한 자산과 부채 그리고 수익과 비용은 상계offset하지 아니한다. 즉, 자산과 부채, 그리고 수익과 비용은 구분하여 표시한다.[1] 왜냐하면, 상계표시로 거래나 그 밖의 사건의 실질이 반영되는 경우를 제외하고는, 포괄손익계산서, 재무상태표, 별개의 손익계산서(표시하는 경우)에서의 상계표시는 발생한 거래, 그 밖의 사건과 상황을 이해하고 기업의 미래현금흐름을 분석할 수 있는 재무제표이용자의 능력을 저해하기 때문이다.

기업은 정상적인 영업활동 과정에서 수익을 창출하지는 않지만 주요 수익 창출 활동에 부수적인 그 밖의 거래를 할 수 있다. 만일 그런 거래에서 발생하는 수익과 관련비용의 상계표시가 거래나 그 밖의 사건의 실질을 반영한다면 그러한 거래의 결과는 상계하여 표시한다. 예를 들면 비유동자산의 처분손익은 처분대금에서 그 자산의 장부금액과 관련

1) 재고자산에 대한 재고자산평가충당금과 매출채권에 대한 대손충당금과 같은 평가충당금을 차감하여 관련 자산을 순액으로 측정하는 것은 상계표시에 해당하지 아니한다.

처분비용을 차감하여 표시한다. 또한 외환손익 또는 단기매매금융상품에서 발생하는 손익과 같이 유사한 거래의 집합에서 발생하는 차익과 차손은 순액으로 표시한다. 그러나 그러한 차익과 차손이 중요한 경우에는 구분하여 표시한다.

(6) 보고빈도

전체 재무제표(비교정보를 포함)는 적어도 1년마다 작성한다. 즉, 연차재무보고서annual financial reports를 작성하여야 한다.[2] 보고기간종료일을 변경하여 재무제표의 보고기간이 1년을 초과하거나 미달하는 경우 재무제표 해당 기간뿐만 아니라 보고기간이 1년을 초과하거나 미달하게 된 이유와 재무제표에 표시된 금액이 완전하게 비교가능하지는 않다는 사실을 추가로 공시한다.

(7) 비교정보

한국채택국제회계기준이 달리 허용하거나 요구하는 경우를 제외하고는 당기 재무제표에 보고되는 모든 금액에 대해 전기 비교정보를 표시한다. 정보의 기간별 비교가능성이 제고되면, 특히 예측을 위한 재무정보 추세분석이 가능하여 재무제표이용자의 경제적 의사결정에 도움을 주기 때문이다. 따라서 당기 재무제표를 이해하는 데 목적적합하다면 서술형 정보의 경우에도 비교정보를 포함한다. 비교정보를 공시하는 기업은 적어도 두 개의 재무상태표와 그 밖의 재무제표 및 관련 주석을 표시해야 한다.

(8) 표시의 계속성

재무제표 항목의 표시presentation와 분류classification는 원칙적으로 매기 동일하여야 한다. 단 한국채택국제회계기준에서 표시방법의 변경을 요구하거나, 사업내용의 유의한 변화나 다른 표시나 분류방법이 명백하게 더 적절한 경우에 표시방법을 변경할 수 있다. 예를 들어, 유의적인 인수나 매각 또는 재무제표의 표시에 대해 검토한 결과 재무제표를 다른 방법으로 표시할 필요가 있을 수 있다. 이때 기업은 변경된 표시방법이 재무제표이용자에게 신뢰성 있고 더욱 목적적합한 정보를 제공하며, 변경된 구조가 지속적으로 유지될 가능성이 높아 비교가능성을 저해하지 않을 것으로 판단할 때에만 재무제표의 표시방법을 변경한다.

2) 재무상태표 표시 방식

(1) 재무상태표

2) 2000년부터 증권거래법에 의하여 사업보고서를 제출하는 기업은 중간재무보고서interim reporting를 작성 · 공시하도록 하고 있다. 중간재무보고서는 회계연도 개시일로부터 3월 및 9월이 되는 기간인 분기의 분기재무보고서와 회계연도 개시일로부터 6월이 되는 기간인 반기의 반기재무보고서가 있다.

재무상태표는 기업의 자원인 자산과 자산에 대한 지분interests 또는 청구권claims인 부채와 자본으로 구성되어 있다. 자산, 부채 및 자본의 관계는 다음의 회계등식basic accounting identity으로 설명된다.

> 자산 = 부채 + 자본

이 등식은 자산의 재원이 타인자본인 부채와 자기자본인 자본에 의하여 조달되었음을 설명하고 있다.

재무상태표의 작성형식에는 자산, 부채, 자본의 순서에 따라 상하로 작성된 보고식report form 재무상태표와 자산은 차변에 그리고 부채와 자본은 대변에 구분하여 작성된 계정식account form 재무상태표가 있다.

[그림 3-1] 재무상태표의 작성 형식

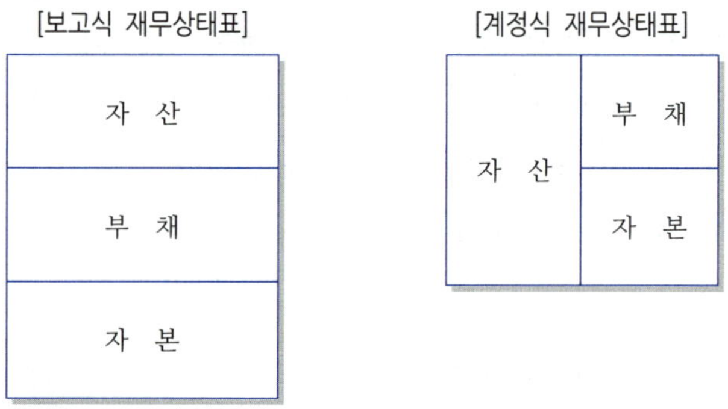

(2) 재무상태표에 표시되는 정보

재무상태표는 적어도 다음에 해당하는 금액을 나타내는 항목을 표시해야 한다.

① 유형자산
② 투자부동산
③ 무형자산
④ 금융자산(단, ⑤, ⑧ 및 ⑨ 제외)
⑤ 지분법에 따라 회계처리하는 투자자산
⑥ 생물자산
⑦ 재고자산
⑧ 매출채권 및 기타 채권

⑨ 현금및현금성자산
⑩ 매각예정으로 분류된 자산과 매각예정으로 분류된 처분자산집단에 포함된 자산의 총계
⑪ 매입채무 및 기타 채무
⑫ 충당부채
⑬ 금융부채(단, ⑪, ⑫ 제외)
⑭ 당기 법인세와 관련한 부채와 자산
⑮ 이연법인세부채 및 이연법인세자산
⑯ 매각예정으로 분류된 처분자산집단에 포함된 부채
⑰ 자본에 표시된 비지배지분
⑱ 지배기업의 소유주에게 귀속되는 납입자본과 적립금

재무제표에 표시하는 항목의 순서나 형식은 규정되어 있지 않다. 기업의 재무상태를 이해하는 데 목적적합한 정보를 제공하기 위해 기업과 거래의 성격에 따라 사용된 용어와 항목의 순서, 또는 유사 항목의 통합방법을 변경할 수 있다. 또한 기업의 재무상태를 이해하는 데 목적적합한 경우에 재무상태표에 항목, 제목 및 중간합계를 추가하여 표시한다.

한 항목 또는 통합된 유사 항목의 크기, 성격 또는 기능상 기업의 재무상태를 이해하기 위해 구분표시가 필요한 경우에 그러한 항목을 추가로 재무상태표에 포함한다. 만약 기업의 영업활동을 적절한 방법으로 나타내기 위해 개별항목을 세분류하면, 그 추가적인 분류내용을 재무상태표 또는 주석에 공시한다. 예를 들어, 재고자산은 상품, 소모품, 원재료, 재공품 및 제품 등으로 세분화 될 수 있고, 납입자본과 적립금은 자본금, 주식발행초과금, 적립금 등과 같이 다양한 분류로 세분화 될 수 있다.

(3) 유동과 비유동의 구분

유동성 순서에 따른 표시방법이 신뢰성 있고 더욱 목적적합한 정보를 제공하는 경우를 제외하고는 자산은 유동자산과 비유동자산, 부채는 유동부채와 비유동부채로 재무상태표에 구분하여 표시한다. 유동성 순서에 따른 표시방법을 적용할 경우 모든 자산과 부채는 유동성의 순서에 따라 표시한다. 다만, 신뢰성 있고 더욱 목적적합한 정보를 제공한다면 자산과 부채의 일부는 유동성/비유동성 구분법으로, 나머지는 유동성 순서에 따른 표시방법으로 표시하는 것이 허용된다. 이러한 혼합표시방법은 기업이 다양한 사업을 영위하는 경우에 필요할 수 있다.

어느 표시방법을 채택하더라도 자산과 부채의 각 개별 항목이 보고기간 후 12개월 이내와 보고기간 후 12개월 후 기간에 회수되거나 결제될 것으로 기대되는 금액이 합산하여 표시되는 경우 12개월 후에 회수되거나 결제될 것으로 기대되는 금액을 공시한다.

기업이 명확히 식별 가능한 영업주기 내에서 재화나 용역을 제공하는 경우, 재무상태표에 유동자산과 비유동자산 및 유동부채와 비유동부채를 구분하여 표시한다. 이는 운전자본으로서 계속 순환되는 순자산과 장기 영업활동에서 사용하는 순자산을 구분함으로써 유용한 정보를 제공하기 때문이다. 이는 또한 정상영업주기 내에 실현될 것으로 예상되는 자산과 동 기간 내에 결제 기일이 도래하는 부채를 구분하여 보여준다.

금융회사와 같은 일부 기업의 경우에는 오름차순이나 내림차순의 유동성 순서에 따른 표시방법으로 자산과 부채를 표시하는 것이 유동성/비유동성 구분법보다 신뢰성 있고 더욱 목적적합한 정보를 제공한다. 이러한 기업은 재화나 서비스를 명확히 식별 가능한 영업주기 내에 제공하지 않기 때문이다.

(4) 유동자산과 비유동자산

자산은 다음의 경우에 유동자산으로 분류한다.

① 기업의 정상영업주기 내에 실현될 것으로 예상하거나, 정상영업주기 내에 판매하거나 소비할 의도가 있다.
② 주로 단기매매 목적으로 보유하고 있다.
③ 보고기간 후 12개월 이내에 실현될 것으로 예상한다.
④ 현금이나 현금성자산으로서, 교환이나 부채 상환 목적으로의 사용에 대한 제한 기간이 보고기간 후 12개월 이상이 아니다.

영업주기는 영업활동을 위한 자산의 취득시점부터 그 자산이 현금이나 현금성자산으로 실현되는 시점까지 소요되는 기간이다. 정상영업주기를 명확히 식별할 수 없는 경우에는 그 기간이 12개월인 것으로 가정한다. 유동자산은 보고기간 후 12개월 이내에 실현될 것으로 예상되지 않는 경우에도 재고자산 및 매출채권과 같이 정상영업주기의 일부로서 판매, 소비 또는 실현되는 자산을 포함한다. 또한 유동자산은 주로 단기매매목적으로 보유하고 있는 자산과 비유동금융자산의 유동성 대체 부분을 포함한다.

그 밖의 모든 자산은 비유동자산으로 분류하며, 비유동자산에는 유형자산, 무형자산 및 장기의 성격을 가진 금융자산 등이 포함된다. '비유동'이라는 용어를 사용하고는 있지만 만약 의미가 명확하다면 대체적인 용어를 사용하는 것을 금지하지는 않는다.

(5) 유동부채와 비유동부채

부채는 다음의 경우에 유동부채로 분류한다.

① 정상영업주기 내에 결제될 것으로 예상하고 있다.
② 주로 단기매매 목적으로 보유하고 있다.
③ 보고기간 후 12개월 이내에 결제하기로 되어 있다.
④ 보고기간 후 12개월 이상 부채의 결제를 연기할 수 있는 무조건의 권리를 가지고 있지 않다. 계약 상대방의 선택에 따라, 지분상품의 발행으로 결제할 수 있는 부채의 조건은 그 분류에 영향을 미치지 아니한다.

매입채무 그리고 종업원 및 그 밖의 영업원가에 대한 미지급비용과 같은 유동부채는 기업의 정상영업주기 내에 사용되는 운전자본의 일부이다. 이러한 항목은 보고기간 후 12개월 후에 결제일이 도래한다 하더라도 유동부채로 분류한다. 기업의 정상영업주기가 명확하게 식별되지 않는 경우 그 주기는 12개월인 것으로 가정한다. 기타 유동부채는 정상영업주기 이내에 결제되지는 않지만 보고기간 후 12개월 이내에 결제일이 도래하거나 주로 단기매매목적으로 보유하는 경우이다. 이에 대한 예로는 단기매매항목으로 분류된 일부 금융부채, 당좌차월, 비유동금융부채의 유동성 대체 부분, 미지급배당금, 법인세 및 기타 지급채무 등이 있다.

보고기간 말 이전에 장기차입약정을 위반했을 때 대여자가 즉시 상환을 요구할 수 있는 채무는 보고기간 후 재무제표 발행승인일 전에 채권자가 약정위반을 이유로 상환을 요구하지 않기로 합의하더라도 유동부채로 분류하는데, 그 이유는 기업이 보고기간말 현재 그 시점으로부터 적어도 12개월 이상 결제를 연기할 수 있는 무조건적 권리를 가지고 있지 않기 때문이다.

그 밖의 모든 부채는 비유동부채로 분류한다. 예를 들어 기업이 기존의 대출계약조건에 따라 보고기간 후 적어도 12개월 이상 부채를 차환하거나 연장할 것으로 기대하고 있고, 그런 재량권이 있다면, 보고기간 후 12개월 이내에 만기가 도래한다 하더라도 비유동부채로 분류한다. 또는 대여자가 보고기간 말 이전에 보고기간 후 적어도 12개월 이상의 유예기간을 주는 데 합의하여 그 유예기간 내에 기업이 위반사항을 해소할 수 있고, 또 그 유예기간 동안에는 대여자가 즉시 상환을 요구할 수 없다면 그 부채는 비유동부채로 분류한다.

3) 포괄손익계산서 표시 방식

(1) 포괄손익계산서

포괄손익계산서statement of comprehensive income는 일정 기간 동안 기업이 창출한 이익과 그 구성요소에 대한 정보를 제공하여 기업의 경영성과를 나타내는 재무보고서이다. 포괄손익계산서 또한 경영활동의 과정에서 유입된 자원과 유출된 자원의 내역을 보여주는 여러 항목들로 구성되어 있지만, 가장 중요한 항목으로는 매출, 매출원가, 판매비와 관리비 등이 있다. 포괄손익계산서는 일반적으로 수익, 비용 순서에 따라 상하로 작성된 보고식report form 포괄손익계산서를 사용하는데, 단일 포괄손익계산서로 표시하거나 두 개의 보고서를 이용하여 표시하는 방법 중 하나를 선택하여 표시한다.

[그림 3-2] 포괄손익계산서의 작성 형식

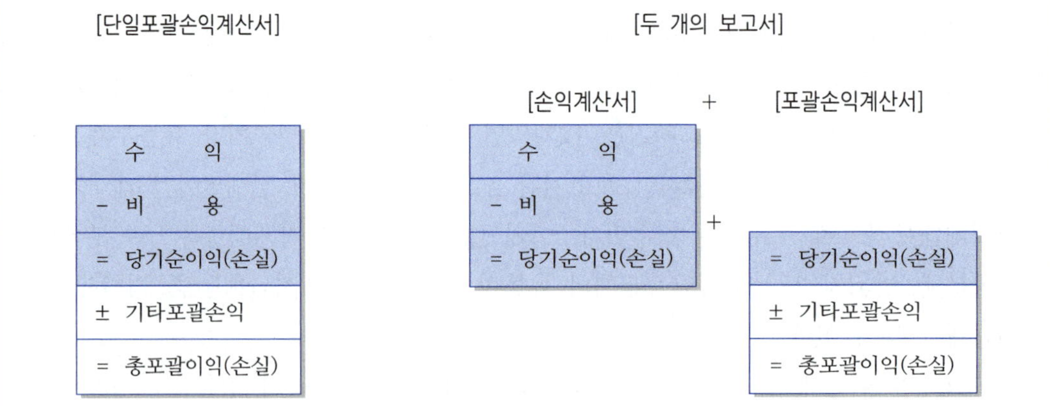

(2) 포괄손익계산서에 표시되는 정보

포괄손익계산서에는 적어도 당해 기간의 다음 금액을 표시하는 항목을 포함한다.

① 수익
② 금융원가
③ 지분법 적용대상인 관계기업과 공동기업의 당기순손익에 대한 지분
④ 법인세비용
⑤ 중단영업의 합계를 표시하는 단일금액
⑥ 성격별로 분류되는 기타포괄손익의 각 구성요소(⑦의 금액은 제외)
⑦ 지분법 적용대상인 관계기업과 공동기업의 기타포괄손익에 대한 지분

(3) 수익과 비용 구분 표시

한 기간에 인식되는 모든 수익과 비용 항목은 일반적으로 당기손익으로 인식한다. 기업의 다양한 활동, 거래 및 그 밖의 사건의 영향은 빈도, 손익의 가능성 및 예측가능성의 측면에서 상이하기 때문에 재무제표이용자가 달성된 재무성과를 이해하고 미래 재무성과

를 예측하는데 도움을 주기 위해, 수익과 비용은 상계하지 아니하며, 수익과 비용 항목이 중요한 경우에는 그 성격과 금액을 별도로 공시한다. 예를 들면, 유형자산의 처분, 투자자산의 처분 등의 경우는 별도 공시가 필요할 수 있는 상황이다. 또한 재무성과의 구성요소를 설명하는데 필요하다면 추가 항목을 사용하며, 기업의 재무성과를 이해하는 데 목적적합한 경우에는 항목, 제목 및 중간합계를 추가하여 표시한다.

(4) 비용의 표시

기업은 비용의 성격별 또는 기능별 분류방법 중에서 신뢰성 있고 더욱 목적적합한 정보를 제공할 수 있는 방법을 적용하여 당기손익으로 인식한 비용의 분석내용을 표시한다. 비용은 빈도, 손익의 발생가능성 및 예측가능성의 측면에서 서로 다를 수 있는 재무성과의 구성요소를 강조하기 위해 세분류로 표시한다.

비용의 분석내용은 두 가지 형태 중 하나로 제공된다. 첫 번째 형태는 성격별 분류이다. 당기손익에 포함된 비용은 그 성격(예: 감가상각비, 원재료의 구입, 운송비, 종업원급여와 광고비)별로 통합하며, 기능별로 재배분하지 않는다. 비용을 기능별 분류로 배분할 필요가 없기 때문에 적용이 간단할 수 있다. 두 번째 형태는 기능별 분류법 또는 '매출원가'법으로서, 비용을 매출원가, 그리고 물류원가와 관리활동원가 등과 같이 기능별로 분류한다. 이 방법에서는 적어도 매출원가를 다른 비용과 분리하여 공시한다. 이 방법은 성격별 분류보다 재무제표이용자에게 더욱 목적적합한 정보를 제공할 수 있지만 비용을 기능별로 배분하는 데 자의적인 배분과 상당한 정도의 판단이 개입될 수 있다. 비용을 기능별로 분류하는 기업은 감가상각비, 기타 상각비와 종업원급여비용을 포함하여 비용의 성격에 대한 추가 정보를 공시한다.

비용의 기능별 분류 또는 성격별 분류에 대한 선택은 역사적, 산업적 요인과 기업의 성격에 따라 다르다. 두 방법 모두 기업의 매출 또는 생산 수준에 따라 직접으로 또는 간접으로 비용이 연계되어 변동함을 시사한다. 각 방법이 상이한 유형의 기업별로 장점이 있기 때문에 이 기준서는 신뢰성 있고 보다 목적적합한 표시방법을 경영진이 선택하도록 하고 있다. 그러나 비용의 성격에 대한 정보가 미래현금흐름을 예측하는 데 유용하기 때문에 비용을 기능별로 분류하는 경우에는 추가 공시가 필요하다.

[그림 3-3] 기능별 및 성격별 손익계산서의 비교

[기능별 포괄손익계산서]

	매출액
−	매출원가
	매출총이익(손실)
−	물류원가, 관리비
	영업이익(손실)
+	기타수익
−	기타비용, 금융원가
	법인세비용차감전순이익(손실)
−	법인세비용
	당기순이익(손실)
±	기타포괄손익
	총포괄이익(손실)

[성격별 포괄손익계산서]

	매출액
+	기타수익
−	총비용
	법인세비용차감전순이익(손실)
−	법인세비용
	당기순이익(손실)
±	기타포괄손익
	총포괄이익(손실)

(5) 당기순손익과 기타포괄손익

포괄손익계산서에 표시되는 총포괄손익은 주주와 거래(출자 및 출자금액 환급)를 제외한 일정기간 동안 발생한 모든 거래나 사건에서 인식한 주주지분의 변동금액을 의미한다. 이는 수익에서 비용을 차감한 이익(손실)금액이며, 당기순손익과 기타포괄손익으로 구분할 수 있다.

수익 − 비용 = 총포괄손익 = 당기순손익 + 기타포괄손익

당기순손익과 기타포괄손익은 모두 주주의 지분에 해당한다는 점에서는 동일하나, 발생원천에 따라 구분되어 표시된다. 당기순손익은 당기 중에 실현된 손익이기 때문에 재무상태표의 이익잉여금에 누적되어 배당 등으로 처분될 수 있지만, 기타포괄손익은 당기 중에 발생하였지만 당기의 실현된 손익으로 볼 수 없기 때문에 배당 등 처분을 할 수 없도록 이익잉여금이 아닌 기타포괄손익누계액에 누적시킨다. 즉, 기타포괄손익으로 분류되는 손익항목은 자산과 부채에 대한 평가와 관련하여 발생하기 때문에 미실현 평가손익의 성격을 가진다는 특징이 있다.

기타포괄손익의 예로는 유·무형자산 재평가 시 발생한 평가손익, 금융자산을 공정가치로 재측정할 때 발생한 평가손익 등이 있다. 미실현 평가손익들은 기업이 장기적으로 사용 또는 일정기간 투자할 목적으로 취득하는 자산 또는 부채를 매년 말 또는 특정 시점에

재평가(재측정)하기 때문에 발생한다. 따라서 특정 기간에 평가이익이 발생하더라도 기업은 그 평가이익을 실현시키기 위해 자산의 처분이나 부채의 상환을 하지 않으며, 이후 기간에는 반대로 평가손실이 발생할 수 있다는 특징이 있다. 따라서 재무제표이용자가 달성된 재무성과를 이해하고 미래 재무성과를 예측하는데 도움을 주기 위해 이와 같은 성격의 손익항목들은 당기에 실현된 손익(당기순손익)과 구분하여 별도로 공시한다.

4) 그 외 재무제표 표시 방식

(1) 자본변동표

자본변동표statement of change in stockholders' equity는 당해 기간 동안 발생한 자본의 증가 및 감소 내용을 보고하는 재무제표이다. 자본변동표를 통하여 자본금과 적립금 등 자본의 구성요소별로 변동내용에 대한 정보를 제공한다. 자본변동표에 포함되는 정보는 다음과 같다.

① 지배기업의 소유주와 비지배지분에 각각 귀속되는 금액
② 자본의 각 구성요소별로 소급적용이나 소급재작성의 영향
③ 자본의 각 구성요소별로 당기순이익, 기타포괄손익, 소유주와의 거래 등의 변동액을 구분하여 표시한 기초시점과 기말시점의 장부금액 조정내역

자본변동표에 대한 표시 형식과 작성방법에 대한 구체적인 설명은 별도의 장에서 다룬다.

(2) 현금흐름표

현금흐름표statement of cash flows는 일정기간 동안 발생한 기업의 현금유입액과 현금유출액에 대한 정보를 제공함으로써 기업의 현금및현금성자산 창출능력과 기업의 현금흐름 사용필요성에 대한 평가의 기초를 재무제표이용자에게 제공하는 재무제표이다. 현금흐름표는 현금기준cash basis에 근거하여 작성되므로 발생기준accrual basis에 근거하여 작성된 재무상태표와 포괄손익계산서를 보완하는 역할을 하며, 의사결정자가 기업의 미래 현금흐름의 크기, 시기와 불확실성에 대한 평가를 하는데 유용한 정보를 제공한다.

현금흐름표는 현금 유입과 현금 유출 즉, 현금흐름에 대해 자세하고 포괄적인 정보를 제공하기 위하여 현금흐름을 영업활동 현금흐름, 투자활동 현금흐름, 재무활동 현금흐름으로 구분하여 표시된다. 구체적인 현금흐름표 표시 형식과 실제 작성방법은 별도의 장에서 다룬다.

(3) 주석

주석notes은 재무상태표, 포괄손익계산서, 자본변동표 및 현금흐름표에 표시하는 정보에 추가하여 제공된 정보이다. 주석은 상기 재무제표에 표시된 항목을 구체적으로 설명하거

나 세분화하고, 상기 재무제표 인식요건을 충족하지 못하는 항목에 대한 다음과 같은 정보를 제공한다.

① 재무제표 작성 근거와 구체적인 회계정책에 대한 정보
② 한국채택국제회계기준에서 요구하는 정보이지만 재무제표 어느 곳에도 표시되지 않는 정보
③ 재무제표 어느 곳에도 표시되지 않지만 재무제표를 이해하는데 목적적합한 정보

주석은 실무적으로 적용 가능한 한 체계적인 방법으로 표시한다. 체계적인 방법을 결정할 때, 재무제표의 이해가능성과 비교가능성에 미치는 영향을 고려한다. 재무상태표, 포괄손익계산서, 자본변동표 및 현금흐름표에 표시된 개별 항목은 주석의 관련 정보와 상호 연결시켜 표시한다. 주석은 재무제표이용자가 재무제표를 이해하고 다른 기업의 재무제표와 비교하는 데 도움을 줄 수 있도록 일반적으로 다음 순서로 표시한다.

① 한국채택국제회계기준을 준수하였다는 사실
② 적용한 유의적인 회계정책
③ 재무상태표, 포괄손익계산서, 자본변동표 및 현금흐름표에 표시된 항목에 대한 보충정보. 재무제표의 배열 및 각 재무제표에 표시된 개별 항목의 순서에 따라 표시
④ 기타 공시(우발부채와 재무제표에서 인식하지 아니한 계약상 약정사항, 비재무적 공시항목)

재무제표의 작성 기준과 구체적 회계정책에 대한 정보를 제공하는 주석은 재무제표의 별도 부분으로 표시할 수 있다.

SECTION 2 재무제표 간 연계

2.1 그림으로 살핀 재무제표 간 연계

주요 재무제표들은 상호 독립적으로 작성되는 것이 아니라 일정한 관계articulation에 의해 서로 연결되어 있다. 이들 재무제표 사이의 관계를 요약하면 [그림 3-4]와 같다.

[그림 3-4]를 보면 포괄손익계산서, 현금흐름표, 그리고 자본변동표는 모두 기초의 재무상태와 기말의 재무상태간의 변화 내역에 대해 다른 측면에서 설명하고 있음을 알 수 있다.

[그림 3-4] 재무제표 간 연계

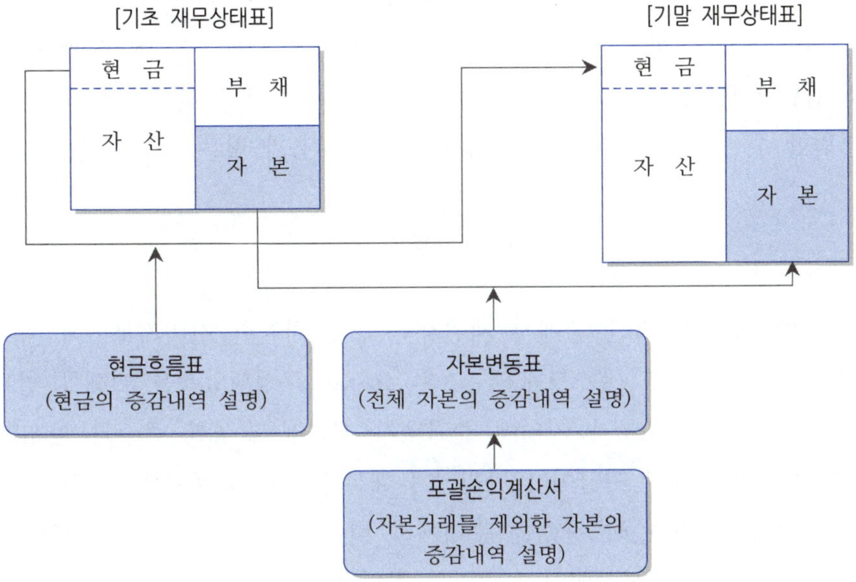

포괄손익계산서는 자본의 변동 원인 중 주주와의 거래(자본거래)를 제외한 부분(손익거래)에 대해 구체적으로 설명하는 재무보고서이다. 즉, 당기에 발생한 손익거래로부터 발생한 자본의 변동액을 당기순손익으로 보고하고, 당기순손익의 발생 내역에 대해 수익과 비용으로 구분하여 상세히 설명한다.

자본변동표는 자본의 변동 원인에 대해 포괄적으로 설명하는 재무보고서이다. 자본변동표를 통해 포괄손익계산서에서 설명되는 손익거래로 인한 자본의 변동액뿐만 아니라, 주주와의 거래로부터 발생한 자본의 변동 내역에 대해서도 보고된다. 자본변동표는 유상증자로 인한 자본의 증가액, 배당으로 인한 자본의 감소액 등을 모두 포함하여 자본의 변동 내역 전체가 제시된다.

2.2 회계등식으로 살핀 재무제표 간 연계

이제 재무상태표와 포괄손익계산서, 그리고 자본변동표가 나타내는 정보간의 상호관계를 회계등식을 통해서 이해해보기로 하자.

「그림 3-4]에서 볼 수 있듯이 재무상태표는 특정 시점의 기업의 자산, 부채, 자본의 구조, 즉 재무상태에 대한 정보를 제공하고, 자본변동표는 두 시점 간에 발생한 자본의 변동내역에 대한 정보를 제공하며, 포괄손익계산서는 자본의 변동 내역 중 주주와의 거래를 제외한 부분에 대해 상세한 정보를 제공한다. 재무상태표, 자본변동표, 그리고 포괄손익계산서가 공통적으로 제공하는 정보는 모두 자본에 대한 정보이다. 왜 각각의 재무제표가 모두 자본에 대한 정보를 제공하고 있을까? 이를 이해하기 위해 자본에 대해 좀 더 상세하게 살펴볼 필요가 있다. 재무상태표에서 자산, 부채 및 자본의 관계는 '자산 = 부채 + 자본'으로 설명할 수 있으므로 재무상태표에서 자본은 다음과 같은 식으로 설명할 수 있다.

자본 = 자산 - 부채

자본은 기업이 보유한 자산 중에서 채권자의 몫을 차감한 잔여지분이며, 주주의 몫이다. 그런데 주주의 몫인 자본은 크게 두 가지 요소로 구성되었음을 이해할 필요가 있다. 자본의 첫 번째 요소는 주주가 기업에 출자했기 때문에 발생한 주주의 몫(납입자본)이다. 이는 주주가 회사에 출자한 자금이나 자원이기 때문에 당연히 주주의 몫이다. 두 번째 요소는 기업이 경영활동을 통해 창출한 수익에서 비용을 차감하고 남은 이익으로 구성된 부분(이익잉여금)이다. 왜 기업의 이익이 주주의 몫일까? 이익이 주주의 몫인 이유는 회계에서 주주를 기업의 주체(주인)로 보기 때문이다. 따라서 회계에서는 기업이 경영활동을 통해 남긴 이익이 있다면 그것을 기업의 주인인 주주의 몫으로 즉, 자본으로 처리한다. 이제 자본을 구성요소로 나누어 회계등식을 다시 표시해보자.

자산 = 부채 + 자본 = 부채 + [납입자본 + 이익잉여금]

이 등식을 변동분(⊿)의 형식으로 다시 쓰면 다음과 같이 나타낼 수 있다.

⊿자산 = ⊿부채 + ⊿자본 = ⊿부채 + [⊿납입자본 + ⊿이익잉여금]

여기서 자본변동표의 정의를 떠올려 보자. 자본변동표는 자본의 변동 원인에 대해 포괄적으로 설명하는 재무보고서이다. 위 식에서 보면, 자본변동표는 자본의 변동 원인을 납입자본의 변동과 이익잉여금의 변동으로 나누어 설명하며, 구체적으로는 납입자본이 변동하는 이유로는 주주의 출자 및 출자금의 환급 등으로 나누어 설명하고, 이익잉여금이 변동하는 이유로는 당기순손익의 발생 및 배당 등으로 나누어 설명하다.

이제 포괄손익계산서의 정의를 상기해 보자. 포괄손익계산서는 일정 기간 동안 기업이 창출한 손익과 그 구성요소에 대한 정보를 제공하여 기업의 경영성과를 나타내는 재무보고서이다. 앞에서 설명하였듯이, 기업이 창출한 손익은 주주의 몫이므로 회계상 자본의 구성항목이다. 따라서 포괄손익계산서는 자본의 변동 원인 중에서 기업이 창출한 손익으로 인한 자본의 변동금액과 변동원인에 대해 상세하게 설명하는 재무보고서로 이해할 수 있다. 이익잉여금은 매년 발생한 이익(또는 손실)들의 누적금액에서 배당을 지급하고 남은 금액이므로, 당기에 발생한 이익잉여금의 변동은 당기순이익(또는 손실)이 발생과 배당 때문에 발생하며, 당기순이익(또는 손실)은 수익에서 비용을 차감한 금액이다. 따라서 위의 회계 등식을 아래와 같이 표시할 수 있다.

⊿자산 = ⊿부채 + ⊿납입자본 + [수익 - 비용] - 배당액

정리하면, 포괄손익계산서는 손익거래로 인한 자본의 변동을 수익과 비용 요소로 구분하여 상세히 설명하는 재무보고서이고, 자본변동표는 손익거래뿐만 아니라 자본거래까지 포함하여 자본의 변동내역을 포괄적으로 설명하는 재무보고서이며, 재무상태표는 자본뿐만이 아니라, 자산과 부채 모두를 포함한 재무상태 전체를 포괄적으로 설명하는 재무보고서이다. 따라서 자본변동표와 포괄손익계산서는 재무상태표의 변동 내역 중 자본에 초점을 맞춘 상세보고서라고도 볼 수 있다. 따라서 재무제표가 제공하는 정보간의 관계를 정리하면 [그림 3-5]와 같다.

[그림 3-5] 재무제표가 제공하는 정보간의 관계

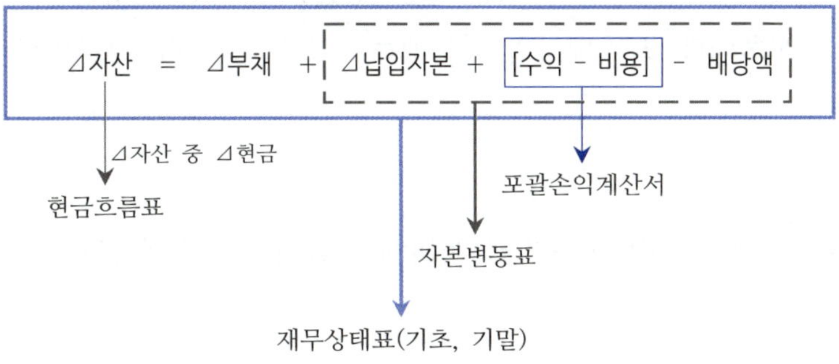

현금흐름표는 자산 중에서 현금의 변동내역에 대해서만 상세히 설명하는 재무보고서이다. 특히, 현금흐름표는 현금의 변동 원인에 대해서 영업활동, 투자활동, 재무활동으로 구분하고, 각각의 활동별로 현금의 유입과 유출을 구분하여 설명한다. 이론적으로는 다양한 자산들에 대해 변동 내역을 설명하는 재무보고서를 모두 작성할 수 있겠지만, 현 회계기준에서는 현금의 중요성에 초점을 두고, 현금흐름표의 작성만 요구하고 있다.

SECTION 3 재무상태표와 포괄손익계산서의 구성항목

3.1 재무상태표(보고식) 구성항목 및 예시

1) 유동자산

(1) 현금 및 현금성자산

현금 및 현금성자산cash and cash equivalents의 현금cash은 통화 및 타인발행수표 · 당좌예금 · 보통예금을 의미한다. 현금성자산cash equivalent은 큰 거래비용 없이 현금으로 전환이 용이하며, 만기(또는 상환일)가 3개월 이내이어서 이자율변동에 따른 가치변동의 위험이 중요하지 않은 단기의 유동성이 큰 국공채treasury bills, MMFmoney market funds 등의 유가증권 및 단기금융상품을 의미한다.

(2) 매출채권

매출채권trade receivable은 일반적 상거래에서 발생한 외상매출금accounts receivable과 받을어음notes receivable을 의미한다.

(3) 재고자산

재고자산inventories은 판매를 위하여 보유 또는 생산중인 자산과 생산이나 용역제공에 사용될 원재료나 소모품이다. 도소매업의 경우에는 상품이 있으며, 제조업의 경우에는 제품 · 원재료 등이 있다.

(4) 미수금

미수금non-trade receivable은 일반적 상거래 이외에서 발생한 미수채권을 의미한다.

(5) 미수수익

미수수익accrued revenue은 회계기간 중에 이미 발생했으나 결산시점까지 이와 관련된 현금수취가 이루어지지 않은 수익으로 기중에 인식하지 못한 수익을 결산정리분개를 통해 인식하는 미래에 현금을 취득할 수 있는 권리이다. 미수수익은 통칭 용어이며, 구체적으로 미수이자, 미수임대료 등이 있다.

(6) 선급비용

선급비용prepaid expense은 앞으로 이용할 일정한 서비스에 대한 권리를 현금으로 미리 지불하고 취득하였으나, 결산시점까지 일정한 서비스를 모두 이용하지 않아서 다음 회계기간도 서비스를 사용할 수 있는 권리가 존재하는 경우에 남은 서비스 이용권리를 금액으로 표시한 자산이다. 선급비용은 통칭 용어이며, 구체적으로 선급보험료, 선급이자, 선급임차료 등이 있다.

(7) 단기대여금

1년 내에 회수되는 대여금loans을 의미한다.

2) 비유동자산

(1) 유형자산

비유동자산인 유형자산property, plant, and equipment은 판매목적이 아니라 영업활동에서 사용하기 위해 보유하는 자산으로서 물리적 실체가 있는 자산을 의미한다. 유형자산에는 토지, 건물, 설비자산, 비품 등이 있다. 토지lands는 대지 · 임야 · 전답 등을 의미하고, 건물buildings은 건물과 냉난방 · 조명 및 기타의 건물부속설비를 의미하고, 설비자산machinery, furniture, and fixture은 기계장치 · 운송설비와 기타의 부속설비를 의미한다.

(2) 무형자산

비유동자산인 무형자산intangible assets은 물리적 실체가 없으며, 유형자산에 비해 자산으로부터의 미래 현금순유입에 대한 불확실성이 상당히 크다. 따라서 식별가능하고 미래 순현금유입이 확실한 자산을 무형자산으로 인식한다. 무형자산에는 영업권, 특허권, 저작권 등이 있다.

(3) 금융자산(장기)

금융자산financial assets은 투자자산investment으로 금융회사의 금융상품과 유가증권 등이 있다.

(4) 투자부동산

비유동자산인 투자부동산investment property은 시세차익과 임대수익을 위한 투자의 목적 또는 비영업용으로 소유하는 토지 · 건물 및 기타의 부동산을 의미하며, 투자자산에 속한다.

3) 유동부채

(1) 매입채무

매입채무trade payable는 일반적 상거래에서 발생한 외상매입금accounts payable과 지급어음notes payable을 의미한다.

(2) 미지급금

미지급금non-trade payable은 일반적 상거래 이외에서 발생한 채무를 의미한다.

(3) 미지급비용

미지급비용accrued expense은 회계기간 중에 이미 비용이 발생했으나 결산시점 현재 이와 관련된 현금의 지출은 아직 이루어지지 않은 경우에 인식한다. 미지급비용은 미래에 현금을 지출함으로써 이행되는 부채이며, 결산정리분개를 통하여 기중에 인식하지 않은 비용을 인식할 때 함께 인식한다. 미지급비용은 통칭 용어이며, 구체적으로 미지급급여, 미지급보험료, 미지급이자, 미지급임차료 등이 있다.

(4) 선수수익

선수수익unearned revenue은 향후 일정한 서비스 제공에 대한 대가를 미리 받았지만, 결산시점까지 일정한 서비스를 모두 제공하지 못하여 다음 회계기간 중에 서비스를 제공해야 할 의무를 금액으로 표시한 부채이다. 선수수익은 통칭 용어이며, 구체적으로 선수이자, 선수임대료 등이 있다.

(5) 단기차입금

금융기관으로부터의 1년 내에 상환될 차입금borrowings을 의미한다.

4) 비유동부채

(1) 사채

사채bonds는 주식회사가 회사의 채무임을 표시하는 증서를 발행해주고 거액의 장기자금을 차입하는 부채이다.

(2) 장기차입금

금융기관으로부터의 1년 이후에 상환될 차입금을 의미한다.

6) 자본

한국채택국제회계기준에서는 자본을 납입자본, 기타자본구성요소, 이익잉여금으로 구분하고 있으나, 기업에게 재량권을 부여하고 있기 때문에 실제 대부분의 기업들은 일반기업회계기준(국제회계기준 도입 전의 회계기준)에 따라 재무제표의 자본을 자본금, 자본잉여금, 자본조정, 기타포괄손익누계액, 이익잉여금으로 구분하고 있다.

[그림 3-6] 재무상태표 예시

재 무 상 태 표

제2기 20×1년 12월 31일 현재
제1기 20×0년 12월 31일 현재

회사명 (단위 : 천원)

과 목	당 기		전 기	
자 산				
유동자산		×××		×××
현금및현금성자산	×××		×××	
매출채권	×××		×××	
미수금	×××		×××	
미수수익	×××		×××	
선급비용	×××		×××	
단기대여금	×××		×××	
재고자산	×××		×××	
비유동자산		×××		×××
유형자산		×××		×××
토지	×××		×××	
건물	×××		×××	
비품	×××		×××	
무형자산		×××		×××
금융자산		×××		×××
투자부동산		×××		×××
자산총계		×××		×××
부 채				
유동부채		×××		×××
매입채무	×××		×××	
미지급금	×××		×××	
미지급비용	×××		×××	
선수수익	×××		×××	
단기차입금	×××		×××	
비유동부채		×××		×××
사채	×××		×××	
장기차입금	×××		×××	
부채총계		×××		×××
자 본				
납입자본		×××		×××
기타자본구성요소		×××		×××
이익잉여금		×××		×××
자본총계		×××		×××
부채 및 자본 총계		×××		×××

3.2 포괄손익계산서(단일, 기능별) 구성항목 및 예시

1) 손익항목

(1) 매출액

매출액sales은 기업의 주된 영업활동에서 발생한 상품, 제품 또는 용역 등의 총매출액에서 매출할인, 매출에누리, 매출환입 등을 차감한 순매출액을 의미한다. 자세한 것은 제5장 재고자산 <보론>을 참조하기 바란다.

(2) 매출원가와 매출총이익(손실)

매출원가costs of goods sold는 수익활동에서 제공한 상품, 제품과 용역의 매출에 대응되는 직접 원가를 의미하며, 매출총손익gross margin on sales, gross loss on sales은 매출액에서 매출원가를 차감하여 표시한다.

(3) 판매비와관리비(물류원가, 관리비)

물류원가distribution costs, selling expenses와 관리비administrative expenses는 상품, 제품과 용역의 판매활동과 기업의 관리활동에서 발생하는 판매비와관리비(영업비용)이다. 판매활동과 관련된 물류원가에는 판매원급여 · 광고선전비 등이 속하며, 관리활동과 관련된 관리비는 임원 및 종업원급여(판매원급여 제외) · 임차료 · 소모품비 · 보험료 등이 속한다. 물류원가와 관리비의 구분이 어려운 경우가 많기 때문에, 실제 기업들은 물류원가와 관리비를 별도로 구분하지 않고 판매비와관리비로 통합하여 표시한다.

(4) 영업이익(손실)

영업손익operating income and loss은 매출총이익(손실)에서 판매비와관리비인 물류원가 및 관리비를 차감하여 산출한다.

(5) 기타수익

기타수익other income은 영업외수익으로, 이자수익 · 임대료 등을 포함한다.

(6) 기타비용과 금융원가

기타비용other expenses은 영업활동과 무관한 영업외비용이고, 금융원가finance costs는 외부에서 자금조달로 인하여 발생하는 이자비용 등을 의미한다.

(7) 법인세비용차감전순이익(손실)

법인세비용차감전손익income and loss before income taxes은 영업이익(손실)에 기타수익을 가산하고 기타비용과 금융원가를 차감하여 산출한다.

(8) 법인세비용

법인세비용income tax expense은 법인세법 등의 법령에 의하여 당해 사업연도에 부담할 법인세 및 법인세에 부가되는 세액의 합계에 당기 이연법인세 변동액을 가감하여 산출된 금액을 말한다.

(9) 당기순이익(손실)

당기순손익net income and loss for the year은 법인세비용차감전순이익(손실)에서 법인세비용을 차감하여 산출한다.

2) 포괄손익항목

(1) 기타포괄손익

기타포괄손익은 당기 중에 발생하였지만 당기에 실현된 손익으로 볼 수 없는 경우의 손익이다. 즉, 기타포괄손익으로 분류되는 손익항목은 미실현 평가손익의 성격을 가진다. 기타포괄손익의 예로는 유 · 무형자산의 재평가손익, 기타포괄손익-공정가치 측정 금융자산의 평가손익 등이 있다.

(2) 총포괄이익(손실)

총포괄손익total recognized income and expense for the year, comprehensive income은 주주와의 거래(출자 및 출자금액 환급)를 제외한 일정 기간 동안 발생한 모든 거래나 사건에서 인식한 주주지분의 변동금액이며, 당기순손익과 기타포괄손익의 합계 금액이다.

[그림 3-7] 포괄손익계산서 예시

포괄손익계산서

제2기 20×1년 1월 1일부터 20×1년 12월 31일까지
제1기 20×0년 1월 1일부터 20×0년 12월 31일까지

회사명 (단위 : 천원)

과 목	당 기		전 기	
매 출 액		×××		×××
매 출 원 가		(×××)		(×××)
매 출 총 이 익 (손 실)		**×××**		**×××**
물 류 원 가		(×××)		(×××)
관 리 비		(×××)		(×××)
영 업 이 익 (손 실)		**×××**		**×××**
기 타 수 익		×××		×××
기 타 비 용		(×××)		(×××)
금 융 원 가		(×××)		(×××)
법인세비용차감전순이익(손실)		**×××**		**×××**
법 인 세 비 용		(×××)		(×××)
당 기 순 손 익		**×××**		**×××**
기 타 포 괄 손 익 :				
매도가능금융자산평가손익	×××		×××	
:		:		:
법인세비용차감후기타포괄손익		×××		×××
총 포 괄 손 익		**×××**		**×××**

친 절 한 재무회계 Accounting

객관식 문제

3.1 재무제표의 종류

「한국채택국제회계기준」에 의한 재무제표의 종류가 아닌 것은? (9급 공무원 2012)

① 재무상태표
② 포괄손익계산서
③ 현금흐름표
④ 사업보고서

3.2 자산과 부채 계정과목

다음 중 성격이 다른 것은?

① 대여금
② 차입금
③ 매입채무
④ 미지급금

3.3 회계등식

회계등식 "자산 = 부채 + 자본"에서 자본이란 개념과 부합하지 않는 것은?

① 순자산이다.
② 소유자지분이다.
③ 자기자본을 말한다.
④ 자본금을 뜻한다.

3.4 계정과목의 정의

다음 중 계정과목에 대한 설명으로 옳지 않은 것은?

① 매 출 채 권 : 상품 및 제품을 판매하거나 용역을 제공하는 과정에서 발생한 채권
② 미　수　금 : 일반적 상거래 이외에서 발생한 미수채권
③ 토　　　지 : 투자 목적으로 구입한 대지 및 임야
④ 단기차입금 : 금융기관 등으로부터 1년 이내에 상환할 조건으로 빌린 돈

3.5 계정과목의 정의

다음 중 계정과목에 대한 설명으로 옳지 않은 것은?

① 매　　출 : 상품 등을 판매하거나 서비스를 제공하고 얻는 수익
② 임 대 료 : 사무실 등을 빌려서 사용하는 대가로 지불하는 비용
③ 이자비용 : 빌린 자금에 대한 대가로 지급했거나 미래에 지급할 금액
④ 소모품비 : 사용에 따라 줄어서 없어지거나 못 쓰게 되는 사무용품 등에 대한 지불비용

3.6 재무제표의 표시기준

「한국채택국제회계기준」에 근거한 재무제표 작성과 표시의 일반 원칙에 관한 설명으로 옳지 않은 것은? (9급 공무원 2014)

① 기업은 현금흐름 정보를 제외하고는 발생기준 회계를 사용하여 재무제표를 작성한다.
② 「한국채택국제회계기준」에서 요구하거나 허용하지 않는 한 자산과 부채, 그리고 수익과 비용은 상계하지 아니한다.
③ 재무제표 본문에서 중요하지 않다고 판단하여 구분하여 표시하지 않은 항목은 주석에서도 구분하여 표시할 수 없다.
④ 「한국채택국제회계기준」이 달리 허용하거나 요구하는 경우를 제외하고는 당기 재무제표에 보고되는 모든 금액에 대해 전기비교정보를 공시하며, 재무제표를 이해하는 데 목적적합하다면 서술형 정보의 경우에도 비교정보를 포함한다.

3.7 재무제표의 표시기준

다음 중 재무제표의 표시와 작성에 대한 설명으로 옳은 것은? (CPA 2010)

① 재무상태표에 표시되는 자산과 부채는 반드시 유동자산과 비유동자산, 유동부채와 비유동부채로 구분하여 표시해야 한다.

② 자본의 구성요소인 기타포괄손익누계액과 자본잉여금은 포괄손익계산서와 재무상태표를 연결시키는 역할을 한다.

③ 손익계산서는 당기손익을 구성하는 요소와 기타포괄손익을 구성하는 요소로 구분 표시하여 반드시 하나의 보고서로 작성해야 한다.

④ 기타포괄손익은 당기 중에 발생하였지만 당기에 실현된 손익으로 볼 수 없는 경우의 손익으로 미실현 평가손익의 성격을 가진다.

3.8 재무제표의 표시기준

다음 중 재무제표의 작성과 표시에 대한 설명으로 타당하지 않은 것은 어느 것인가? (CPA 2011)

① 해당 기간에 인식한 모든 수익과 비용 항목은 (1) 별개의 손익계산서와 당기순손익에서 시작하여 기타포괄손익의 구성요소를 표시하는 보고서 또는 (2) 단일 포괄손익계산서 중 한 가지 방법으로 표시한다.

② 유동성 순서에 따른 표시방법을 적용할 경우에는 모든 자산과 부채를 유동성의 순서에 따라 표시한다.

③ 영업활동을 위한 자산의 취득시점부터 그 자산이 현금이나 현금성자산으로 실현되는 시점까지 소요되는 기간이 영업주기이다.

④ 매입채무, 종업원 및 그 밖의 영업원가에 대한 미지급비용과 같은 기업의 정상영업주기 내에 사용되는 운전자본 항목 중 보고기간 후 12개월 후에 결제일이 도래하는 항목은 비유동부채로 분류한다.

3.9 포괄손익계산서

「한국채택국제회계기준」에 따른 비용을 기능별로 분류할 때, 다음 중 매출원가에 영향을 미칠 수 있는 것은? (9급 공무원 2012)

① 유형자산을 장부가액보다 낮은 가격으로 처분한다.

② 주주총회의 의결에 따라 주주들에게 배당을 지급한다.

③ 제품 구매의 이행을 위한 계약금을 지급한다.

④ 공장 건물에 대한 감가상각비를 계상한다.

3.10 포괄손익계산서

상품매매기업이 비용의 기능별 분류법에 따라 단일의 포괄손익계산서를 작성하는 경우 최소한 표시해야 할 항목이 아닌 것은? (9급 공무원 2014)

① 법인세비용

② 매출원가

③ 금융원가

④ 특별손실

3.11 포괄손익계산서

기업은 비용을 분류하는 방식에 따라 성격별 포괄손익계산서와 기능별 포괄손익계산서를 선택할 수 있다. 다음 항목 중 성격별 포괄손익계산서와 기능별 포괄손익계산서에 공통으로 나타나지 않는 것은? (세무사 2010)

① 매출원가

② 수　　익

③ 금융원가

④ 지분법 적용대상인 관계기업과 조인트벤처의 당기순손익에 대한 지분

⑤ 법인세비용

4

CHAPTER

회계순환

CONTENTS

Section 1 회계상 거래와 회계등식
1.1 거래의 의의
1.2 회계등식과 회계상 거래의 이중성
1.3 계정과 계정과목
Section 2 회계순환과정
2.1 거래의 분석과 식별
2.2 기중 분개 · 전기 및 결산정리전 시산표
2.3 결산정리 분개 · 전기 및 결산정리후 시산표
Section 3 재무제표 작성 및 장부마감
3.1 주요 재무제표 분류와 보고양식
3.2 계정의 마감

CHAPTER 04 회계순환

회계는 기업의 이해관계자들이 합리적인 의사결정을 하는데 도움이 되는 재무정보를 산출하기 위하여 특정 기업과 관련하여 발생한 경제적 사건을 식별, 기록하여 보고하는 과정이다. 즉, 기업에서 이루어지고 있는 다양하고 많은 거래들을 재무제표라는 정보형태로 요약하여 보고하기 위해서 해당 거래를 확인 및 식별하고, 체계적인 방법으로 기록, 요약, 정리하는 과정이 회계정보시스템(줄여서 회계)이다. 따라서 본 장에서는 회계정보가 산출되는 과정에 대해 설명한다. 먼저 재무제표에 반영되는 기업의 거래란 어떤 특징을 가지고 있는지를 확인하고, 회계상 거래를 기록, 요약, 정리하는 절차에 대해서 공부한다. 회계등식 상에서 거래를 파악하는 것은 이후에 다룰 계정, 분개 및 전기를 이해하는 데 있어 가장 기초적인 개념에 해당한다.

SECTION 1 회계상 거래와 회계등식

1.1 거래의 의의

기업은 목적을 달성하기 위해 다양하고 무수히 많은 활동을 수행한다. 예를 들어, 대형마트의 경우를 살펴보자. 대형마트에서는 상품을 판매하는 활동이 기본적이고 중요한 활동이지만, 판매활동을 수행하기 위해서 우선적으로 영업장이 필요하다. 그리고 영업장에 냉장고, 진열대, 계산대 등을 설치하고, 상품의 구매와 판매를 담당할 직원도 채용한다. 또한 광고 등을 통하여 고객의 방문을 유도하는 일도 중요하다. 방문한 고객에게 최대한 많은 상품을 판매할 수 있도록 상품을 적절히 배치하고, 필요하면 가격을 할인하는 행사도 진행한다. 이처럼 기업은 영업과 직결되는 활동뿐만 아니라 영업을 보조하는 무수한 활동을 수행한다. 기업의 규모가 커지면 커질수록 기업이 수행하는 활동은 더욱 다양해지고 복잡해진다. 그렇다면 회계는 이처럼 무수히 많고 다양한 기업의 모든 활동에 기록하고 요약하여 정보를 산출해야만 할까?

그렇지 않다. 1장의 '재무제표의 특성과 한계'에서 살펴보았듯이, 재무제표는 화폐단위로 측정된 정보만 제공한다. 이는 미래 경제적 효익의 유입 및 유출이 발생할 가능성이 높고, 신뢰성 있게 측정할 수 있으며, 중요한 경우에만 재무제표에 인식한다는 뜻이다. 즉, 기업의 모든 활동이 기록, 요약, 보고의 대상이 되는 것이 아니라 기업의 재무상태에 변화를 줄 수 있는 거래transactions나 사건events이 회계의 대상이 된다.[1] 따라서 회계의 첫 단계는 기업의 경영활동이나 기업에 발생한 사건이 재무상태(자산, 부채, 자본)의 크기나 구성항목에 변화를 가져오는 경우인지를 확인하는 것이 된다. 이를 '거래의 식별'이라고 한다. 예를 들어 건물을 현금으로 구입한 경우라면 현금이라는 자산이 감소하는 대신 건물이라는 자산이 생기기 때문에 기업의 자산을 구성하는 항목에 변화가 있게 된다. 따라서 이는 회계처리의 대상이 되는 거래(회계상 거래)라고 할 수 있다. 그러나 직원을 채용하는 계약은 기업의 재무상태에 변화를 주지 않기 때문에 회계상 거래가 아니다.[2]

1.2 회계등식과 회계상 거래의 이중성

1) 회계등식

앞서 재무상태에 변화를 발생시키는 거래를 회계상 거래라고 하였다. 기업의 재무상태란, 기업이 어떤 종류의 자원을 얼마만큼 보유하고 있으며, 기업이 보유한 자원은 어느 청구권자의 몫으로 얼마만큼 귀속되어 있는 상태인가를 의미한다. 재무상태는 다음과 같은 등식으로 표현할 수 있다.

자 산 = 부 채 + 자 본

위의 등식을 회계등식accounting equation이라고 하며, 재무상태는 재무상태표를 통해 보고되기 때문에 '재무상태표 등식'이라고도 한다. 회계에서 이 등식을 이해하는 것은 매우 중요하다. 왜냐하면, 회계는 기업의 거래를 확인 및 식별하고, 체계적인 방법으로 기록, 요약, 정리하여 보고하는 과정인데, 그 과정의 첫 번째 단계에서 거래를 확인하여 회계상 거래 여부를 식별하는 과정에서 회계등식이 결정적인 역할을 하기 때문이다. 회계상 거래 여부를 식별하는 기준은 재무상태의 변동여부로, 재무상태의 변동여부를 판단하기 위해서 재무상태를 식으로 표현한 회계등식을 이해해야 한다.

---

1) 회계의 대상은 재무상태에 변화를 가져오는 기업의 거래와 기업에게 발생한 사건이 모두 포함된다. 하지만 편의상 이후로는 '거래'라고만 할 것이다. 즉, 본서에서 '회계상 거래'라고 하면 회계의 대상이 되는 '거래와 사건'을 의미한다. 거래는 두 당사자가 각자의 판단에 따라 서로 주고받는 활동이지만, 사건은 한 당사자가 상대방과의 거래없이 직면하게 되는 상황이나 독자적인 활동을 말하며, 화재, 도난, 거래처의 부도나 파산, 환율변동, 자산의 폐기 등이 예가 된다.

2) 당연한 말이지만, 직원은 기업에 노동력을 제공하는 내부 이해관계자이지, 기업이 소유한 자산이 아니다. 따라서 채용 자체는 기업의 재무상태에 아무런 변화를 가져오지 않는다. 하지만 직원에게 급여를 지급하는 것은 현금이라는 자산이 감소하기 때문에 회계상 거래이다.

회계상 거래는 재무상태(자산 = 부채 + 자본)의 변동(⊿)을 가져오는 거래이므로, 회계상 거래를 회계등식을 이용하여 표현하면 다음과 같은 등식으로 나타낼 수 있다.

⊿자 산 = ⊿부 채 + ⊿자 본

⊿자산은 자산의 변동(증가와 감소)금액을, ⊿부채는 부채의 변동(증가와 감소)금액을, 그리고 ⊿자본은 자본의 변동(증가와 감소)금액을 의미한다. 따라서 위의 등식을 아래와 같은 식으로 풀어서 쓸 수 있다.

자산증가액 - 자산감소액 = [부채증가액 - 부채감소액] + [자본증가액 - 자본감소액]

그리고 위 등식을 모두 더하기의 형태로 정리하면 다음과 같은 등식으로 표시할 수 있다.3)

자산증가액 + 부채감소액 + 자본감소액 = 자산감소액 + 부채증가액 + 자본증가액

그런데 위의 식을 살펴보면, 회계상 거래는 하나의 재무상태 요소에만 변동을 가져오는 것이 아니라, 두 가지 이상의 요소에 동시적인 변동을 가져온다는 것을 알 수 있다. 등식이 성립하기 위해서는 등식을 구성하는 왼쪽의 변동금액의 합과 오른쪽의 변동금액의 합이 반드시 같아야 하며(대차평형의 원리), 이는 왼쪽의 항을 구성하는 요소와 오른쪽의 항을 구성하는 요소가 동시에 발생해야 한다는 뜻이기도 하다.4)

예를 들면, 자산증가액(등식의 왼쪽 항)이 발생하는 거래에서는 반드시 자산감소액이 발생하거나, 부채증가액이 발생하거나, 자본증가액이 발생해야만 한다는 것이다. 자산증가액과 부채증가액이 발생하는 거래의 예로, 외상으로 상품을 구매한 경우를 살펴보자. 이 거래를 자산의 변동이라는 관점에서 보면, 상품이라는 자산이 증가(왼쪽)하고, 부채의 변동이라는 관점에서 보면, 미래에 현금을 지급하여 갚아야 하는 부채가 증가(오른쪽)한다. 또 다른 예로, 건물을 현금으로 구입하는 경우를 살펴보자. 이 거래에서 건물이라는 자산의 증가와 현금이라는 자산의 감소가 동시에 결합되어 나타난다. 왼쪽의 항을 구성하는 요소(자산증가액)와 오른쪽의 항을 구성하는 요소(자산감소액)가 동시에 발생하므로 이 또한 회계상 거래이다. 즉, 자산 전체금액에는 아무런 변화가 없지만, 자산의 구성이 달라지는 형태의 회계상 거래이다.

---

3) 이는 모든 거래금액을 음(−)의 숫자 대신 양(+)의 숫자로 기록하는 회계관행 때문이다.

4) 대차평형의 원리principle of equilibrium를 일반적으로 '대차평균의 원리'로 번역하지만, 본서에서는 통계적 용어인 '평균'과의 혼동을 피하기 위해 'equilibrium'을 '평형'으로 번역하였다.

2) 거래의 이중성

회계상 거래는 하나의 거래에서 재무상태 요소(자산, 부채, 자본)의 변동이 반드시 결합되어 나타나는데, 이와 같은 회계상 거래의 속성을 거래의 이중성duality of transactions이라고 한다. '거래의 이중성'은 하나의 거래에서 원인과 결과가 발생함을 의미하기도 한다. 외상으로 상품을 구매한 거래를 볼 때, 상품이라는 자산의 증가(결과)가 부채를 부담(원인)했기 때문에 발생했다고 볼 수도 있으며, 반대로 부채의 증가(결과)가 자산의 증가(원인) 때문에 발생했다고도 해석할 수 있다. 건물을 현금으로 구입하는 거래의 경우에는 건물이라는 자산이 생겼는데 그 원인은 현금이라는 자산을 지급하고 구입했기 때문이며, 다른 한편으로는 현금이라는 자산이 감소했는데 그 이유는 건물을 구입했기 때문이라고 해석할 수도 있다.

이제 회계등식에 나타난 '거래의 이중성'을 고려하여 발생할 수 있는 회계상 거래의 모든 형태에 대해 살펴보자. 단, 여기서 자본은 납입자본과 이익잉여금으로 구성되어 있다는 점을 상기해보자. [자본 = 납입자본 + 이익잉여금]이므로, [⊿자본 = ⊿납입자본 + ⊿이익잉여금]도 성립한다. 또한 [⊿이익잉여금 = 수익 − 비용 − 배당액]이므로, '자본증가액' 대신 '납입자본증가액 + 수익'을 쓸 수 있고, '자본감소액' 대신 '납입자본감소액 + 비용 + 배당액'을 쓸 수 있다. 따라서 회계등식은 다음과 같이 나타낼 수 있다.

> 자산증가액 + 부채감소액 + [납입자본감소액 + 비용 + 배당액]
> = 자산감소액 + 부채증가액 + [납입자본증가액 + 수익]

이제 등식 왼쪽의 요소와 오른쪽의 요소를 조합하여 발생가능한 모든 회계상 거래의 형태를 파악해보면 다음의 그림과 같다.

[그림 4-1] 다양한 회계상 거래의 형태

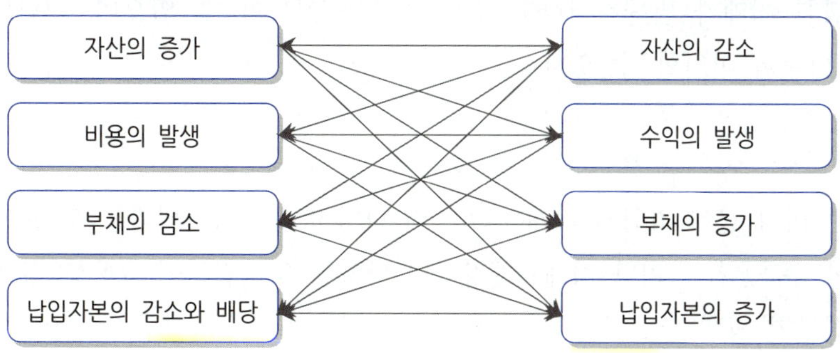

1.3 계정과 계정과목

1) 거래기록의 원칙

회계상 거래는 재무제표 요소의 변동이 두 가지 이상 결합되어 나타나는 '거래의 이중성'을 갖고 있다고 하였다. 그렇다면 이와 같은 거래를 어떻게 기록할까? 회계에서는 복식부기 double entry accounting 방법을 이용한다. 복식부기는 거래의 이중성을 반영하여 계정에 기록할 때 에 반영하는 방식으로, 거래에서 발생하는 재무상태의 변동을 등호의 왼쪽(차변)과 등호의 오른쪽(대변)에 동시에 기록한다. 그렇다면 재무상태의 변동을 어떤 원칙에 따라 차변과 대변에 기록할 것인가? 이 원칙을 이해하기 위해서 다시 한 번 회계등식을 떠올려 보자.

자산증가액 + 부채감소액 + 자본감소액 = 자산감소액 + 부채증가액 + 자본증가액

위의 등식을 살펴보면, 차변에 기록하는 금액의 합과 대변에 기록하는 금액의 합은 반드시 일치하며 자산의 증가, 부채의 감소, 자본의 감소는 등호의 왼쪽에 있고, 자산의 감소, 부채의 증가, 자본의 증가는 등호의 오른쪽에 있음을 알 수 있다. 따라서 거래도 이 원칙에 따라 기록하면 된다. 위의 등식에서 추가로 이해해야 할 점은 자산, 부채, 자본이 증가하는 거래와 감소하는 거래는 등호의 좌우 위치가 반대라는 것이다. 자산의 증가가 발생하는 경우에는 차변에, 자산이 감소하는 거래는 대변에 기록하고, 반대로 부채와 자본의 경우는 증가하는 거래는 대변에, 감소하는 거래는 차변에 기록한다. 예를 들어, 외상으로 상품을 구매한 경우를 다시 한 번 살펴보자. 이 거래는 상품이라는 자산이 증가하고 외상매입금이라는 부채가 증가하는 회계상 거래이다. 따라서 자산의 증가액은 차변에, 부채의 증가액은 대변에 기록하면 된다. 이와 같이, 거래의 이중성을 반영하여 차변과 대변에 같은 금액을 동시에 기록하는 방식이 복식부기이다. 복식부기 방법을 이용하면 아무리 다양하고 복잡한 거래가 발생하더라도 모든 거래를 기록할 수 있으며, 하나의 거래를 원인과 결과로 나누어 파악할 수 있다.

2) 계정

앞서 살펴본 바와 같이 기업의 거래는 아무리 다양하고 복잡하더라도 복식부기 방법을 사용하여 기록할 수 있다. 그러나 이해관계자들의 다양한 의사결정에 유용한 정보를 제공하기 위해서는 복식부기 방법으로 기록하는 것만으로는 부족하다. 다양한 종류의 거래를 단순히 자산, 부채, 자본으로 구분하여 기록한다면 의사결정에 유용한 정보로서의 가치가 크지 않기 때문이다. 따라서 회계는 기업의 재무상태와 경영성과에 대한 상세한 정보를 제공하기 위해

거래를 구체적이고 체계적으로 기록할 필요가 있으며, 이를 위해 계정을 사용한다.

계정account이란 자산, 부채, 자본의 증감 내역을 구체적으로 구분하여 기록하기 위한 회계 기록의 최소단위이며, 계정에 구체적인 명칭을 붙인 것이 계정과목account title이다. 따라서 거래를 기록할 때 계정을 이용하게 되면, 기업의 재무상태와 경영성과를 구체적이고 체계적으로 보고할 수 있게 된다. 또한 필요한 정보를 쉽게 파악할 수 있는 장점도 있다.

예를 들어 자산 중 현금의 증감을 가져오는 거래가 발생할 때, 단순히 자산으로 기록하는 대신 '현금'이라는 자산의 항목을 이용하여 기록하는데, 이 때 '현금'이 계정과목이며, 현금의 모든 증감 내역을 기록하는 장소가 현금계정이다. 만약 현금의 증감 내역을 파악할 필요가 있는 경우에는, 모든 자산관련 거래 기록을 살펴볼 필요없이 '현금'이라는 계정만 보면 되는 편리함이 있다. 계정의 구조를 단순하게 표시하면 알파벳 T자 형태의 모습으로 나타낼 수 있는데 이를 T계정이라 한다.

계정과목	
차변(Debit, 왼쪽)	대변(Credit, 오른쪽)

계정은 거래로 인한 재무제표 요소의 변동을 증가와 감소를 구분하여 기록하기 위하여 왼쪽과 오른쪽으로 구분되어 있는데 왼쪽을 차변Debit, Debtor이라고 하고, 오른쪽을 대변Credit, Creditor이라고 한다. 차변이나 대변은 회계상 관습으로, 왼쪽과 오른쪽을 뜻하는 것 이외에 아무 의미가 없다.

그러하다면 계정에 금액을 기록할 때에는 어떤 방법을 사용할까? 계정은 자산, 부채, 자본을 보다 구체적으로 구분하여 기록하기 위한 단위에 불과하므로 계정에 금액을 기입하는 방법은 복식부기의 방법을 그대로 따른다. 자산관련 계정인 경우에는 증가액을 차변에 기록하고, 감소액을 대변에 기록하며 부채 또는 자본관련 계정인 경우에는 자산 계정과는 반대로, 증가액을 대변에, 감소액을 차변에 기록하면 된다. 한편, 계정은 장부의 형태(원장)로 관리하며, 계정별 원장들을 모아 놓은 것을 총계정원장general ledger이라고 한다.

SECTION 2

회계순환과정

앞의 두 절에서는 회계에서 기록의 대상으로 삼는 거래란 어떤 특징이 있으며, 회계상 거래는 어떤 방법으로 기록하는지에 대해 살펴보았다. 즉, 회계의 과정 중 거래와 사건을 확인 · 식별하는 단계와 식별된 거래를 기록하는 단계에 대하여 살펴보았는데, 이번 절에서는 회계정보인 재무제표를 작성하기 위하여 진행되는 모든 과정에 대하여 살펴보도록 한다. 이 과정은 일정한 기간을 주기로 반복되기 때문에 회계순환과정accounting cycle이라고 한다. 회계순환과정을 간단하게 표시하면 [그림 4-2]와 같다.

[그림 4-2] 회계순환과정

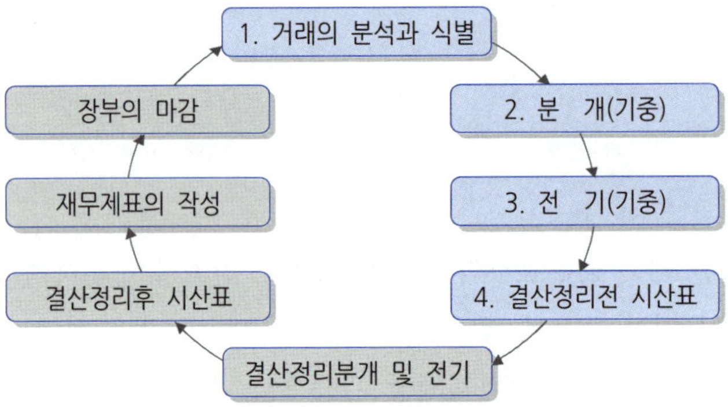

회계순환과정은 두 가지 과정으로 분류할 수 있다. 첫 번째 과정은 기중의 회계처리 과정이다. 이 과정은 회계기간 동안에 발생한 거래를 분개하고 전기하며, 결산정리 전 시산표를 통하여 계정 전체의 차변의 합계와 대변의 합계가 일치하는가를 확인해 보는 과정이다. 두 번째 과정은 기말의 회계처리 과정이다. 이 과정은 기말에 추가로 해야 하는 결산정리분개 및 전기를 하여, 결산정리 후 시산표를 작성하고, 결산정리 후 시산표를 기초로 재무제표를 작성한 후, 수익과 비용 관련 계정들의 장부를 마감하는 과정으로 이루어진다.

2.1 거래의 분석과 식별

앞서 살펴보았듯이, 회계는 기업의 모든 활동을 기록하여 정보를 산출하는 것이 아니라 기업의 재무상태에 변화를 줄 수 있는 거래transactions나 사건events만이 회계의 대상이 된다. 따라서 회계순환과정의 첫 단계는 기업의 활동이나 기업에 발생한 사건을 분석하여 이

거래가 회계상 거래에 해당하는지 여부를 판단하는 과정이다.

예를 들어, 다음과 같은 거래에 대해 분석하고 회계상 거래 여부를 식별해보자.

① 20×1년 1월 1일: 김경영 씨가 현금 ₩50,000,000을 출자하여 회계전문컨설팅 업체인 ㈜성실서비스를 설립하다.
② 20×1년 2월 1일: 매월 현금 ₩3,000,000을 급여로 지급하기로 계약하여 종업원 1명을 채용하다.

거래 ①과 ②에 대해 분석해 보자. 회계는 ㈜성실서비스의 입장에서 이루어지므로, 회계상 거래여부의 식별은 ㈜성실서비스의 재무상태의 변동이 발생하였는지를 분석하여 이루어진다.

[거래 ①의 분석]

주주인 김경영 씨와의 거래를 통해 ㈜성실의 자산인 현금이 증가하고, 주주의 지분인 자본이 증가함. 즉, ⊿자산 = ⊿자본 ∴ 회계상 거래로 식별

[거래 ②의 분석]

20×1년 2월 1일 거래일 현재 종업원의 채용으로 ㈜성실의 자산이 증가하거나 감소하지는 않음. 종업원이 업무를 시작하지 않았으므로 급여를 지급할 의무도 발생하지 않음. 주주와의 거래도 아니고, 수익과 비용이 발생하지 않았으므로 자본의 증감도 발행하지 않음. ∴ 회계상 거래가 아닌 것으로 식별

2.2 기중 분개 · 전기 및 결산정리전 시산표

기중에 발생한 거래가 회계상 거래로 식별되면 해당 거래의 내용을 복식부기 방법을 이용하여 계정에 기록해야 한다. 그러나 수많은 거래가 빈번하게 발생하는 상황에서 거래가 발생할 때마다 해당 계정들을 찾아서 기록을 해야 한다면 기업의 경영활동 자체에 지장을 줄 수 있다. 예를 들어, 고객이 편의점에서 물건을 사고 값을 지불하려 하는데 계정에 기록하기 위해 많은 시간이 걸린다면 고객들은 그 편의점을 이용하려 들지 않을 것이다.

따라서 회계에서는 거래를 기록할 때 계정에 직접 기록하는 방법 대신, 계정에 기록하기 전에 계정기록에 필요한 사항을 요약하여 기록하는 방법을 사용하는데, 이 과정을 분개journalizing라 한다. 분개는 분개장journal 또는 전표chit에 기록하게 되는데, 분개장에는 기중에 발생한 모든 거래들이 발생순서에 따라서 기록된다. 계정에 직접 기록하는 방법 대신 분개를 먼저 하는 방법을 사용하면, 거래를 빠르게 기록할 수 있다는 장점 외에도 거래의 내용을 전체적으로 파악할 수 있다는 장점도 있다.

오늘날과 같이 전산시스템이 발달한 상황에서는 계정에 직접 기록하는 방법을 사용한다고 하더라도 많은 시간이 걸리지는 않는다. 그럼에도 불구하고 계정에 기록하기 전에

분개를 먼저 하는 이유는 바로 분개를 통해 특정 거래를 전체적으로 파악할 수 있다는 장점 때문이다. 반면, 계정은 자산, 부채, 자본의 세부적인 항목별로 분리된 기록장소이므로 거래를 계정에 직접 기록하면 특정 거래가 여러 계정(최소한 두 개)으로 분리되어 기록된다. 이 때문에 거래의 형태를 전체적으로 파악할 수 없게 된다. 분개를 행하려면 우선 거래와 관련된 계정과목들을 파악하고, 각 계정과목별로 금액을 측정한 다음, 계정과목과 금액이 증가액인지 감소액인지를 판단하여 차변과 대변으로 구분하여 분개장에 기록하면 된다. 분개장의 양식은 [그림 4-3]과 같다.

[그림 4-3] 분개장 양식

일	자	적 요	원 면	차 변	대 변
①	①	② 차변 계정과목 ③ 대변 계정과목 ④	⑤ ⑥	⑦ 차변 계정금액	⑧ 대변 계정금액

① 거래가 발생한 월/일
② 분개시 차변 계정과목
③ 분개시 대변 계정과목
④ 거래내역에 대한 간단한 설명
⑤ 총계정원장에서 해당 차변계정의 면수
⑥ 총계정원장에서 해당 대변계정의 면수
⑦ 분개시 차변 계정금액
⑧ 분개시 대변 계정금액

기업실무에서의 분개는 [그림 4-3]과 같은 분개장에 기록되지만, 본서에서는 편의상 거래내역 및 원면 등이 생략된 다음과 같은 방법으로 표시하고자 한다.

(차) 차변 계정과목 ××× (대) 대변 계정과목 ×××

위의 분개에서 '×××'는 금액 표시로 정의하며, 항상 차변 계정과목과 대변 계정과목이 함께 나타나면서 대차평형의 원리에 따라 차변금액의 합계액과 대변금액의 합계액이 일치하게 된다. 이처럼 하나의 거래를 차변과 대변에 이중적으로 기록하므로, 회계기록상에 존재할 수 있는 오류 등을 사후에 검증하기가 용이하고, 거래를 종합적으로 파악할 수 있게 된다.

1) 분개 · 전기 방법

분개를 하기 위해서 세 가지 사항을 결정해야 한다. 첫째, 적절한 계정과목을 결정해야 하며 둘째, 계정에 기록할 금액을 측정(또는 추정)해야만 한다. 그리고 마지막으로 계정과목과 금액을 차변에 기록할지, 대변에 기록할지를 결정해야 한다.

(1) 계정과목의 결정

계정과목은 일반적인 정보이용자들이 기업의 재무상태와 경영성과에 대해 이해할 수 있도록 결정해야 한다. 따라서 기업이 사용하는 계정과목은 대부분 일반적인 용어들로 구성되어 있으며, 재무상태와 경영성과의 내역을 파악할 수 있을 정도의 수준에서 구체적으로 결정한다. 따라서 계정과목은 반드시 특정 명칭으로 써야만 한다는 기준은 없으며, 오랫동안 관습적으로 사용되어 온 계정과목들이 지금도 일반적으로 사용되고 있다.

예를 들어, 자산관련 계정과목으로는 현금, 상품, 건물, 기계 등이 있고, 부채관련 계정과목으로는 차입금, 미지급금, 선수금 등이 있다. 자본관련 계정과목은 상법 등 법령의 규제를 받은 경우가 있어서 약간 복잡하고 어려울 수 있는데, 자본금, 주식발행초과금, 미처분이익잉여금 등이 예이다. 계정과목의 상세한 예시는 3장의 '재무상태표와 포괄손익계산서의 예시'에 제시되어 있다.

(2) 금액의 측정

계정과목 결정 후에 계정과목에 해당하는 금액을 기록해야 한다. 계정과목의 금액을 측정하기 위해서 다양한 기준이 결합되어 사용되는데, 측정기준에는 역사적 원가, 현행원가, 실현가능가치, 현재가치가 있으나, 기중에 분개를 할 때 가장 보편적으로 사용되는 측정기준은 역사적 원가와 현재가치이다.

예를 들어, 실물 자산은 취득의 대가로 취득 당시에 지급한 현금 또는 현금성자산이나 그 밖의 대가의 공정가치(역사적 원가)로 기록한다. 단기 부채는 부담하는 의무의 대가로 수취한 금액으로 기록하지만, 장기 부채의 경우에는 부채와 관련하여 미래에 지급할 것으로 기대되는 현금이나 현금성자산의 현재가치금액으로 기록한다.

(3) 차·대변의 결정

분개를 할 때, 계정과목과 금액을 차변에 기록할지, 대변에 기록할지를 정하는 방법은 '거래기록의 원칙'에서 살펴보았던 회계등식을 관계를 따르면 된다.

자산증가액 + 부채감소액 + 자본감소액 = 자산감소액 + 부채증가액 + 자본증가액

예를 들어, 자산관련 계정이 증가한 경우에는 차변에, 감소한 경우에는 대변에 기록하면 된다. 반면, 부채 또는 자본관련 계정이 증가한 경우에는 대변에, 감소한 경우에는 차변에 기록한다. 그리고 자본의 증감액을 좀 더 상세하게 구분하면 회계등식을 다음과 같이 표시할 수 있다.

자산증가액 + 부채감소액 + 납입자본감소액 + 비용 + 배당액
= 자산감소액 + 부채증가액 + 납입자본증가액 + 수익

자산, 부채, 납입자본, 배당은 재무상태표의 요소이고, 수익과 비용은 포괄손익계산서의 요소이므로 위 식을 표로 정리하면 [그림 4-4]와 같다. 분개를 행하려면 우선 거래의 성격을 분석하여, 관련된 계정과목을 파악한 다음, 금액을 측정하고, 해당 계정과목의 증감 여부에 따라 차변에 기록할 것인지, 대변에 기록할 것인지를 결정하면 된다. 그리고 차변의 금액 합계과 대변의 금액 합계가 일치하는지를 검토하면 기록의 오류 여부를 일차적으로 확인할 수 있다.

[그림 4-4] 분개 시 차변과 대변의 결정

구 분	차변(왼쪽)에 분개	대변(오른쪽)에 분개
자 산	증가(↑)	감소(↓)
부 채 납입자본	감소(↓)	증가(↑)
배 당	발생(↑)	–
수 익	취소(↓)	발생(↑)
비 용	발생(↑)	취소(↓)

(4) 전기

본래 거래의 기록은 계정에 기록해야 하지만, 거래의 전체적인 내용을 기록하고, 기록의 신속성과 정확성을 높이기 위해 분개를 한다고 하였다. 따라서 분개절차가 끝나면, 분개장에 기록된 내용을 계정(원장)에 옮겨 적어 계정과목별로 정리하는 절차를 수행하는데, 이를 전기posting라고 한다. 전기를 하는 방법은 매우 간단하다. 분개장의 차변에 기록된 금액은 해당 계정의 차변에 전기하고, 대변에 기록된 금액은 해당 계정의 대변에 전기하면 된다. 본래 전기는 거래 때마다 분개한 내용들을 모아서 일정시점에 일괄적으로 하였지만, 전산과 통신 기술이 발달하면서 오늘날 대부분의 기업에서는 분개와 동시에 전기가 자동적으로 이루어지고 있다.

2) 구체적인 분개 · 전기의 예

예를 들어 다음과 같은 거래를 분개와 전기한다고 하자.

(1) 거래

3월 10일에 은행으로부터 현금 ₩200,000을 차입하다.

(2) 분개

(차) 현 금	200,000	(대) 차 입 금	200,000

위의 예에서 은행으로부터 현금을 차입하면 자산이 증가하고 동시에 은행에 대한 부채가 증가한다. 이 때 증가한 자산의 구체적인 항목은 현금이며, 증가한 부채의 구체적인 항목은 차입금이다. 현금과 차입금은 일상적인 거래에서도 흔히 사용하는 용어이므로 일반적인 정보이용자들도 쉽게 이해할 수 있다. 따라서 위의 거래를 분개하기 위해 현금과 차입금이라는 계정과목을 사용하며, 증가한 현금 ₩200,000과 증가한 부채 ₩200,000을 기록하면 된다. 또한, 자산의 증가는 차변이므로 현금(자산)이라는 계정과목과 해당 금액은 차변에 기입하며, 부채의 증가는 대변이므로 차입금(부채)이라는 계정과목과 해당 금액은 대변에 기입한다.

(3) 전기

현 금

차변	대변
3/10 200,000	

차 입 금

차변	대변
	3/10 200,000

위의 예는 분개에서 현금이라는 자산의 증가액 ₩200,000은 차변에 기록하고, 차입금이라는 부채의 증가액 ₩200,000 대변에 기록한다. 그러므로 현금계정에 전기할 때에는 차변에 ₩200,000을 기록하고, 차입금계정에 전기할 때에는 대변에 ₩200,000을 기록한다. 분개장에서 계정(원장)으로의 전기가 끝나면 총계정원장이 완성되며, 총계정원장은 결산정리전 시산표의 기초자료로 사용된다.

예제 4.1 서비스 기업의 기중 거래에 대한 분개와 전기

20×1년 1월 1일에 김성실 씨가 출자한 ㈜성실은 전문 컨설팅 업체이며, 다음은 본 회사의 20×1년 동안의 거래내역이다.

① 1월 1일 : 회사설립에 필요한 현금 ₩100,000,000을 출자하여 주식을 발행하다. 또한 회사설립과 동시에 사무실(가구, 책상 및 컴퓨터 완비) 임차계약을 체결하여 연간 임차료 ₩14,400,000을 현금으로 지불하다. 단, 임차료는 비용으로 회계처리하다.

② 2월 10일 : 소모품 ₩2,000,000을 외상으로 구입하다. 단, 소모품은 자산으로 회계처리하다.

③ 2월 25일 : 2월 10일의 외상대금 전액을 현금으로 상환하다.

④ 3월 1일 : 은행으로부터 현금 ₩20,000,000을 연 9%의 이자율 조건으로 2년 동안 차입하다. 단, 이자는 1년마다 지급하기로 하다.

⑤ 4월 2일 : 회사를 광고하기 위해 친절일보에 ₩2,000,000을 현금으로 지급하다.

⑥ 5월 1일 : 컨설팅을 제공하고 ₩100,000,000을 나중에 받기로 하다.

⑦ 6월 1일 : 향후 1년간 보험서비스를 받기로 하는 계약을 맺고 보험료 ₩2,880,000을 현금으로 미리 지급하다. 단, 미리 지급한 보험료는 선급보험료(자산)로 회계처리하다.

⑧ 8월 10일 : 5월 1일의 외상대금 중 ₩80,000,000을 현금으로 받다.

⑨ 10월 1일 : 사무실의 일부를 임대하고 1년간 임대료 ₩2,400,000을 미리 받다. 단, 미리 받은 임대료는 선수임대료(부채)로 회계처리하다.

⑩ 11월 15일 : 컨설팅 업무의 증가로 종업원(관리직)을 고용하면서, 급여 ₩2,400,000을 매월 15일에 후불하기로 하다. 따라서 첫 급여는 12월 15일에 정상적으로 지급되다.

⑪ 12월 15일 : 거래처에 현금 ₩20,000,000을 연 12%의 이자율 조건으로 1년 동안 대여해주고, 매월 15일에 이자를 받기로 하다.

⑫ 12월 20일 : 영업용 토지를 현금 ₩2,000,000에 구입하다.

물음 기중 거래에 대한 분개와 전기를 하시오.

해설

① 1월 1일

(차) 현 금	100,000,000	(대) 자 본 금	100,000,000

☞ 현금(자산)의 증가(↑)는 차변 / 자본금(자본)의 증가(↑)는 대변

현 금	
1/1 100,000,000	

자 본 금	
	1/1 100,000,000

(차) 임 차 료	14,400,000	(대) 현 금	14,400,000

☞ 임차료(비용)의 증가(↑)는 차변 / 현금(자산)의 감소(↓)는 대변

임 차 료

1/1	14,400,000		

현 금

1/1	100,000,000	1/1	14,400,000

☞ 동일한 계정에 대한 기록은 거래가 발생할 때마다 차변과 대변을 고려하여 누적적으로 기록한다.

② 2월 10일

(차) 소 모 품 2,000,000 (대) 미 지 급 금 2,000,000

☞ 소모품(자산)의 증가(↑)는 차변 / 미지급금(부채)의 증가(↑)는 대변

소 모 품

2/10	2,000,000		

미지급금

		2/10	2,000,000

③ 2월 25일

(차) 미 지 급 금 2,000,000 (대) 현 금 2,000,000

☞ 미지급금(부채)의 감소(↓)는 차변 / 현금(자산)의 감소(↓)는 대변

미지급금

2/25	2,000,000	2/10	2,000,000

현 금

1/1	100,000,000	1/1	14,400,000
		2/25	2,000,000

④ 3월 1일

(차) 현 금 20,000,000 (대) 장 기 차 입 금 20,000,000

☞ 현금(자산)의 증가(↑)는 차변 / 장기차입금(부채)의 증가(↑)는 대변

현 금

1/1	100,000,000	1/ 1	14,400,000
3/1	20,000,000	2/25	2,000,000

장기차입금

		3/1	20,000,000

⑤ 4월 2일

(차) 광 고 선 전 비 2,000,000 (대) 현 금 2,000,000

☞ 광고선전비(비용)의 증가(↑)는 차변 / 현금(자산)의 감소(↓)는 대변

광고선전비

4/2	2,000,000		

현 금

1/1	100,000,000	1/1	14,400,000
3/1	20,000,000	2/25	2,000,000
		4/2	2,000,000

⑥ 5월 1일

(차) 매 출 채 권	100,000,000	(대) 매 출	100,000,000

☞ 매출채권(자산)의 증가(↑)는 차변 / 매출(수익)의 증가(↑)는 대변

매출채권

차변		대변	
5/1	100,000,000		

매 출

차변		대변	
		5/1	100,000,000

⑦ 6월 1일

(차) 선 급 보 험 료	2,880,000	(대) 현 금	2,880,000

☞ 선급보험료(자산)의 증가(↑)는 차변 / 현금(자산)의 감소(↓)는 대변

선급보험료

차변		대변	
6/1	2,880,000		

현 금

차변		대변	
1/1	100,000,000	1/1	14,400,000
3/1	20,000,000	2/25	2,000,000
		4/2	2,000,000
		6/1	2,880,000

⑧ 8월 10일

(차) 현 금	80,000,000	(대) 매 출 채 권	80,000,000

☞ 현금(자산)의 증가(↑)는 차변 / 매출채권(자산)의 감소(↓)는 대변

현 금

차변		대변	
1/1	100,000,000	1/1	14,400,000
3/1	20,000,000	2/25	2,000,000
8/10	80,000,000	4/2	2,000,000
		6/1	2,880,000

매출채권

차변		대변	
5/1	100,000,000	8/10	80,000,000

⑨ 10월 1일

(차) 현 금	2,400,000	(대) 선 수 임 대 료	2,400,000

☞ 현금(자산)의 증가(↑)는 차변 / 선수임대료(부채)의 증가(↑)는 대변

현 금

차변		대변	
1/1	100,000,000	1/1	14,400,000
3/1	20,000,000	2/25	2,000,000
8/10	80,000,000	4/2	2,000,000
10/1	2,400,000	6/1	2,880,000

선수임대료

차변		대변	
		10/1	2,400,000

⑩ 12월 15일

(차) 급여	2,400,000	(대) 현금	2,400,000

☞ 급여(비용)의 증가(↑)는 차변 / 현금(자산)의 감소(↓)는 대변

급 여

차변		대변	
12/15	2,400,000		

현 금

차변		대변	
1/1	100,000,000	1/1	14,400,000
3/1	20,000,000	2/25	2,000,000
8/10	80,000,000	4/2	2,000,000
10/1	2,400,000	6/1	2,880,000
		12/15	2,400,000

⑪ 12월 15일

(차) 단기대여금	20,000,000	(대) 현금	20,000,000

☞ 단기대여금(자산)의 증가(↑)는 차변 / 현금(자산)의 감소(↓)는 대변

단기대여금

차변		대변	
12/15	20,000,000		

현 금

차변		대변	
1/1	100,000,000	1/1	14,400,000
3/1	20,000,000	2/25	2,000,000
8/10	80,000,000	4/2	2,000,000
10/1	2,400,000	6/1	2,880,000
		12/15	2,400,000
		12/15	20,000,000

⑫ 12월 20일

(차) 토지	2,000,000	(대) 현금	2,000,000

☞ 토지(자산)의 증가(↑)는 차변 / 현금(자산)의 감소(↓)는 대변

토 지

차변		대변	
12/20	2,000,000		

현 금

차변		대변	
1/1	100,000,000	1/1	14,400,000
3/1	20,000,000	2/25	2,000,000
8/10	80,000,000	4/2	2,000,000
10/1	2,400,000	6/1	2,880,000
		12/15	2,400,000
		12/15	20,000,000
		12/20	2,000,000

3) 결산정리전 시산표 작성

기중에 발생한 거래에 대해 반복적으로 행해졌던 분개와 전기의 정확성을 확인하고, 재무제표 작성을 준비하기 위해 시산표trial balance를 작성한다. 이때 작성하는 시산표는 총계정원장에 존재하는 모든 자산, 부채, 자본, 수익, 비용계정을 구분하여 나열하고, 각 계정이 차변과 대변금액을 기록하고 합산하여 차변 금액과 대변금액이 일치하는지 여부를 확인하는 표이다. 기중 거래의 기록은 회계등식에 기초하여 작성되었기 때문에 시산표의 차변 및 대변 합계액은 동일한 금액으로 나타나야만 한다. 따라서 시산표는 실질적인 재무제표 작성 절차에 들어가기 전에 그동안 이루어진 기중 회계처리의 금액적 오류 존재 여부를 확인하기 위해 작성하는 표이다.

시산표는 그 작성형식에 따라 합계시산표, 잔액시산표, 합계잔액시산표로 구분되는데, 합계시산표는 총계정원장의 모든 계정의 차변과 대변 발생 금액의 합계액을 기록하는 시산표이고, 잔액시산표는 총계정원장의 모든 계정의 잔액을 기록하는 시산표이며, 합계잔액시산표는 총계정원장의 모든 계정의 차변과 대변 발생 금액의 합계액과 잔액을 모두 기록하는 시산표이다.

본서에서는 잔액시산표 형식으로 시산표의 작성을 설명한다. 왜냐하면, 잔액시산표는 차변 잔액을 갖는 자산 · 비용계정의 합계액과 대변 잔액을 갖는 부채 · 자본 · 수익계정의 합계액의 일치여부 확인이라는 시산표의 본연의 목적을 수행함과 동시에 개괄적인 재무제표의 형식과 내용을 확인할 수 있게 해주기 때문이다.

예제 4.2 결산정리전 시산표의 작성

[예제 4.1]에서 제시된 ㈜성실의 20×1년 동안의 거래에 대해 분개와 전기를 하면, 20×1년 12월 31일의 총계정원장은 다음과 같은 모습을 나타낸다(단, 12월 20일 토지 구입 이후에는 12월 31일까지 아무런 거래가 발생하지 않았다고 가정함).

총계정원장(재무상태표 요소 관련 계정)

<1> 자산계정

현 금

1/1	100,000,000	1/1	14,400,000
3/1	20,000,000	2/25	2,000,000
8/10	80,000,000	4/2	2,000,000
10/1	2,400,000	6/1	2,880,000
		12/15	2,400,000
		12/15	20,000,000
		12/20	2,000,000
잔액	156,720,000		

소 모 품

2/10	2,000,000		
잔액	2,000,000		

매 출 채 권

5/1	100,000,000	8/10	80,000,000
잔액	20,000,000		

선급보험료

6/1	2,880,000		
잔액	2,880,000		

단기대여금

12/15	20,000,000		
잔액	20,000,000		

토 지

12/20	2,000,000		
잔액	2,000,000		

< 2 > 부채계정

미 지 급 금

2/25	2,000,000	2/10	2,000,000
		잔액	0

장기차입금

		3/1	20,000,000
		잔액	20,000,000

선수임대료

		10/1	2,400,000
		잔액	2,400,000

< 3 > 자본계정

자 본 금

		5/1	100,000,000
		잔액	100,000,000

< 4 > 수익계정

매 출

		5/1	100,000,000
		잔액	100,000,000

< 5 > 비용계정

임 차 료

5/1	14,400,000		
잔액	14,400,000		

광고선전비

4/2	2,000,000		
잔액	2,000,000		

급 여

12/15	2,400,000		
잔액	2,400,000		

물음 총계정원장을 참조하여 결산정리전 시산표를 작성하시오. 단, 시산표의 형식은 잔액시산표 형식을 사용한다.

해설

총계정원장에 존재하는 모든 계정과목들을 열거하고, 각 계정과목별로 차변 금액 합계과 대변 금액 합계를 비교하여 잔액을 계산한다. 잔액이란, 차변 합계 금액에서 대변 합계 금액을 차감하거나, 대변 합계 금액에서 차변 합계 금액을 차감한 금액을 말한다. 즉, 차변과 대변 중 더 큰 합계금액에서 작은 합계 금액을 빼서 남은 금액이 잔액이다. 자산관련 계정들은 차변 합계액이 대변 합계액보다 항상 크기 때문에 차변 잔액이 발생하며, 반대로 부채와 자본관련 계정들은 대변 합계액이 차변 합계액보다 항상 크기 때문에 대변 잔액이 발생한다. 수익관련 계정들은 자본의 증가와 관련된 계정들이므로 항상 대변 잔액이 발생하며, 비용관련 계정들은 자본의 감소와 관련된 계정들이므로 항상 차변 잔액이 발생한다.

잔액시산표는 계정과목별로 잔액을 표시하는 것이므로 계정별로 잔액을 계산하여 차변잔액은 차변에, 대변 잔액은 대변에 기록하면 다음과 같은 시산표가 작성된다.

결산정리전 시산표

㈜성실 20×1년 12월 31일 현재 (단위: 원)

계정과목	차 변	대 변
현 금	156,720,000	
소 모 품	2,000,000	
매 출 채 권	20,000,000	
선 급 보 험 료	2,880,000	
단 기 대 여 금	20,000,000	
토 지	2,000,000	
장 기 차 입 금		20,000,000
선 수 임 대 료		2,400,000
자 본 금		100,000,000
매 출		100,000,000
임 차 료	14,400,000	
광 고 선 전 비	2,000,000	
급 여	2,400,000	
합 계	222,400,000	222,400,000

2.3 결산정리 분개 · 전기 및 결산정리후 시산표

1) 결산정리 분개 · 전기 방법

기업의 기중에 거래가 발생하면 이를 분개하고 또 계정에 전기함으로써 거래내용을 기업의 장부에 반영시킨다. 기말에는 기업의 장부, 즉 계정에 이미 기록된 내용과 잔액을 정리하여 기록하면 재무제표를 만들 수 있다. 하지만 기중에 발생한 거래를 분개하고 계정에 전기한 내용으로만 재무제표를 작성하게 되면 기업의 재무상태나 경영성과를 제대로 표시하기 어렵다. 왜냐하면 기업의 재무상태에 변동을 가져오는 모든 거래를 기중에 일일이 기록하는 것은 사실상 불가능하기 때문이다. 기중에는 거래의 상대가 명확하게 존재하는 경우와 거래가 일회성인 경우에만 기록하고, 기업 내부에서 발생하는 거래이거나, 서비스의 사용과 같이 거래가 연속적으로 발생하는 경우 등에는 기중에는 기록을 하지 않는다.

예를 들어, 은행으로부터 돈을 빌리고, 이자와 원금은 내년에 갚는 거래를 생각해보자. 기업은 은행으로부터 돈을 빌린 거래에 대해서 분개와 전기를 할 것이다. 이제 만기에 지급할 이자에 대해 생각해 보자. 이자는 돈을 빌린 대가로 지급하는 것이므로 돈을 빌려서 사용하는 기간 동안 연속적으로 발생하는 것이다. 따라서 이자에 대한 기록을 기중에 하려 한다면, 매일 매일 1일분의 이자금액에 대한 분개와 전기를 해야 할 것이다. 하지만 이런 방법은 매우 번거로우며, 사실 정확한 방법도 아니다. 왜냐하면, 연속적으로 발생하는 이자에 대해 1일 단위로 금액을 계산하는 것보다는 매 시간, 매 분, 매 초 등 보다 세분된 단위로 쪼개서 계산해야만 금액이 더 정확한데 시간은 무한대로 나누는 것은 불가능하므로 아무리 자주 기록을 하더라도 정확한 금액은 계산할 수 없기 때문이다. 이런 종류의 거래에 대해서는 거래가 발생할 때마다 기중에 기록한다는 것이 사실상 불가능할 뿐만 아니라 가능하다 하더라도 너무나도 비용이 많이 들기 때문에 기중에는 기록을 하지 않고 기말에 한꺼번에 기록하는 방법을 사용하는 것이다.

그렇다면 이처럼 일일이 기록하지 못하는 거래는 매우 특이한 거래에 한해서 드문 경우에만 발생하는 것일까? 그렇지 않다. 이와 같은 거래는 거의 대부분의 거래에서 발생하며, 그 종류도 매우 다양하다. 대부분의 경우에 기중의 분개와 전기로 작성된 총계정원장 내역과 금액만을 이용해서는 정확한 재무제표를 작성할 수 없다. 따라서 모든 기중거래의 기록이 종료된 후 보다 정확한 재무제표를 작성하기 위해서는 기말에 추가적인 분개와 전기를 하여 기중에 누락한 정보를 장부에 반영하는 절차가 필요하다. 이러한 과정은 기말결산절차에서 가장 중요한 것으로 결산정리 분개와 전기라고 한다.

기말결산절차에는 결산정리 분개 및 전기 이외에도 결산정리 후 시산표의 작성, 재무제표의 작성, 마감분개 및 전기 등이 있다. 결산정리 후 시산표는 결산정리분개를 실시한 후에 기중 및 기말의 거래 기록의 정확성을 확인하기 위해서 작성한다. 또 재무제표를 작성한 후 다음 회계연도에 새롭게 회계기록을 시작할 수 있도록 이번 회계연도와 관련된 금액을 정리하는 마감분개 및 전기도 결산절차의 한 과정으로 이루어지게 된다.

결산정리 분개의 대상이 되는 경우는 매우 많다. 거의 모든 거래에 대해 결산정리 분개와 전기가 필요하다고 하여도 무방할 정도이다. 다음의 예는 이해를 돕기 위해 대표적인 유형의 일부를 소개한다.

(1) 미지급비용

미지급비용accrued expense은 회계기간 중에 이미 발생한 비용이지만, 현금 지출이 이루어지지 않았기 때문에, 기중에 인식하지 않은 비용을 결산정리분개를 통해 한꺼번에 인식하는 경우에 사용하는 계정이며, 미래에 현금을 지불해야 할 의무이므로 부채에 속한다. 결산정리분개는 기중에 인식하지 않은 비용을 차변에 기록하고, 미지급비용(부채)은 대변에 기록한다. 미지급비용은 통칭 용어로 구체적으로 미지급급여, 미지급보험료, 미지급이자, 미지급임차료 등이 있다.

(차) 비 용	×××	(대) 미 지 급 비 용	×××

(2) 미수수익

미수수익accrued revenue은 회계기간 중에 이미 발생한 수익이지만, 현금 수취가 이루어지지 않았기 때문에 기중에 인식하지 않은 수익을 결산정리분개를 통해 한꺼번에 인식하는 경우에 사용하는 계정이며, 미래에 현금을 수취할 수 있는 권리이므로 자산에 속한다. 결산정리분개는 기중에 인식하지 않은 수익을 대변에 기록하고, 미수수익(자산)은 차변에 기록한다.

(차) 미 수 수 익	×××	(대) 수 익	×××

예제 4.3 차입금 이자에 대한 결산정리 분개

㈜성실이 ㈜영성으로부터 20×1년 10월 1일에 1년 상환 조건으로 현금 ₩2,000,000(연이자율: 12%)을 차입하다. 단, 이자는 원금과 함께 20×2년 10월 1일에 지급한다. ㈜성실과 ㈜영성의 20×1년 10월 1일과 12월 31일(결산일)의 분개를 하시오.

해설

1. ㈜성실

① 20×1년 10월 1일(기중)

(차) 현 금	2,000,000	(대) 단 기 차 입 금	2,000,000

② 20×1년 12월 31일(결산) : 20×1년 10월 1일부터 12월 31일까지 3개월간의 지급하지 못한 이자비용(미지급이자 : 부채)을 인식하는 분개를 한다.

(차) 이 자 비 용	60,000*	(대) 미 지 급 이 자	60,000

* ₩2,000,000 × 12%(연이자율) × $\frac{3}{12}$(월)

2. ㈜영성

① 20×1년 10월 1일(기중)

(차) 단 기 대 여 금	2,000,000	(대) 현 금	2,000,000

② 20×1년 12월 31일(결산) : 20×1년 10월 1일부터 12월 31일까지 3개월간의 받지 못한 이자수익(미수이자 : 자산)을 인식하는 분개를 한다.

(차) 미 수 이 자	60,000*	(대) 이 자 수 익	60,000

* ₩2,000,000 × 12%(연이자율) × $\frac{3}{12}$(월)

(3) 선급비용

선급비용prepaid expense은 향후 일정한 서비스를 제공받는 대가로 현금을 미리 지급한 경우 사용하는 계정과목이다. 선급비용은 미래에 누릴 수 있는 혜택(보험혜택, 차입기간 지속, 임차기간 지속)이므로 자산에 속하지만, 회계기간 중에 해당 서비스를 제공받으면 자산의 가치는 감소하므로, 선급비용 금액을 줄이고 그만큼의 금액을 비용으로 인식해야 한다. 하지만 기중에 일일이 자산 가치의 감소와 비용을 기록하는 것이 번거롭거나 불가능하기 때문에 기말결산정리분개를 통해 기중에 누락된 분개를 한꺼번에 인식하는 것이 일반적이다.

기중에 미리 지급한 현금을 선급비용(자산)으로 회계처리 하였다면 다음과 같이 분개한다.

(차) 선 급 비 용	×××	(대) 현 금	×××

결산정리분개에서는 결산일 현재까지 감소한 자산의 가치를 비용으로 인식하고, 선급비용(자산)은 대변에 기록하여 감소시킨다. 선급비용은 통칭 용어로 구체적으로 선급보험료, 선급이자, 선급임차료 등이 있다.

(차) 비 용	×××	(대) 선 급 비 용	×××

(4) 선수수익

선수수익unearned revenue은 향후 일정한 서비스 제공에 대한 대가로 현금을 미리 받은 경우 사용하는 계정과목이다. 선수수익은 미래에 서비스(대여기간 지속, 임대기간 지속)를 제공해야 하는 의무이므로 부채에 속하지만 회계기간 중에 해당 서비스를 제공하면 수익이 발생하고, 향후 제공해야 할 서비스는 감소하므로 서비스 제공에 따라 수익을 인식하고, 그만큼의 부채의 감소도 인식해야 한다. 하지만 서비스제공은 연속적으로 발생하므로 기중에 일일이 수익을 인식하고 부채를 감소시키는 기록을 하는 것은 매우 어렵다. 따라서 기말결산정리분개를 통해 기중에 누락한 분개를 한꺼번에 인식할 필요가 있다.

기중에 미리 받은 현금을 선수수익(부채)으로 회계처리 하였다면 다음과 같이 분개한다.

(차) 현 금	×××	(대) 선 수 수 익	×××

결산정리분개에서는 결산일 현재까지 발생한 수익을 인식하고, 선수수익(부채)은 차변에 기록하여 감소시킨다.

(차) 선 수 수 익	×××	(대) 수 익	×××

선수수익은 통칭 용어로 구체적으로 선수이자, 선수임대료 등이 있다.

예제 4.4 선급이자에 대한 결산정리 분개

㈜성실이 ㈜영성으로부터 20×1년 10월 1일에 1년 상환 조건으로 현금 ₩2,000,000(연이자율: 12%)을 차입하다. 단, 1년간 이자를 20×1년 10월 1일에 미리 지급한다. ㈜성실과 ㈜영성의 20×1년 10월 1일과 12월 31일(결산일)의 분개를 하시오. 단, 미리 지급한 이자에 대해서는 자산(선급이자)으로 회계처리 하시오.

해설

1. ㈜성실

① 20×1년 10월 1일(기중)

(차) 현 금	2,000,000	(대) 단 기 차 입 금	2,000,000
(차) 선 급 이 자	240,000*1	(대) 현 금	240,000

*1. ₩2,000,000 × 12%(연이자율) × $\frac{12}{12}$(월)

② 20×1년 12월 31일(결산) : 20×1년 10월 1일부터 12월 31일까지 3개월간 발생한 이자비용 ₩60,000을 인식하는 동시에, 과대 계상된 선급이자(자산) ₩60,000을 감소시키는 분개를 한다.

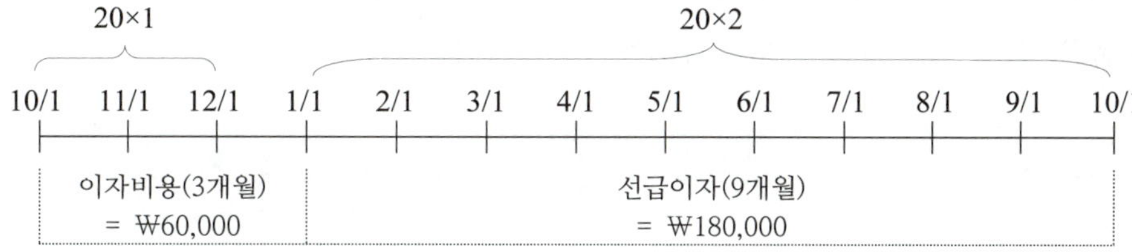

(차) 이 자 비 용	60,000*2	(대) 선 급 이 자	60,000

*2. ₩2,000,000 × 12%(연이자율) × $\frac{3}{12}$(월)

2. ㈜영성

① 20×1년 10월 1일(기중)

(차) 단 기 대 여 금	2,000,000	(대) 현 금	2,000,000
(차) 현 금	240,000	(대) 선 수 이 자	240,000

② 20×1년 12월 31일(결산) : 20×1년 10월 1일부터 12월 31일까지 3개월간 발생한 이자수익 ₩60,000을 인식하는 동시에 과대 계상된 선수이자(부채) ₩60,000을 감소시키는 분개를 한다.

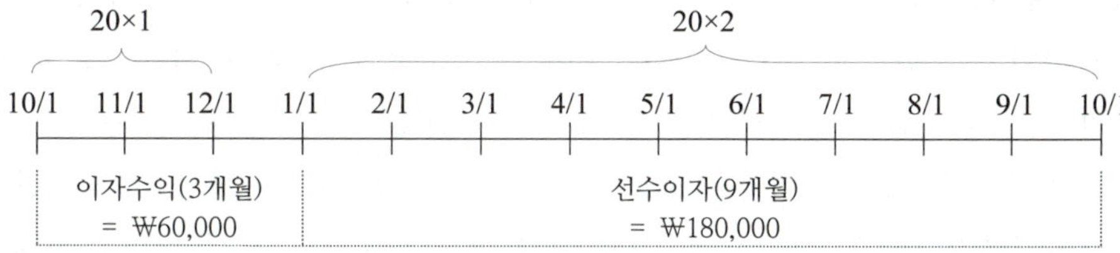

(차) 선 수 이 자	60,000	(대) 이 자 수 익	60,000*3

*3. ₩2,000,000 × 12%(연이자율) × $\frac{3}{12}$(월)

(5) 소모품과 소모품비

회계기간 중에 소모품supplies을 구입하게 되면 우선 자산(소모품)으로 기록하고, 기말에는 미사용된 소모품의 수량과 금액을 조사하면, 기중에 사용한 소모품 관련 비용을 알 수 있다. 회계기록의 원칙은 재무상태의 변화가 있을 때마다 즉, 소모품을 사용할 때마다 자산(소모품)을 감소시키고, 비용(소모품비)을 인식하는 분개와 전기를 하는 것이지만, 매번 이와 같은 분개를 하는 것은 번거로울 뿐만 아니라, 금액이 중요하지 않은 경우가 많다. 따라서 소모품에 대해서 기말결산정리분개를 통해 기중에 누락된 분개를 한꺼번에 인식하는 것이 일반적이다. 자산이 소비되면서 비용이 발생한다는 관점에서 소모품은 선급비용과 유사한 성격의 자산이므로 회계처리도 유사하다.

① 기중에 지급한 현금을 자산(소모품)으로 회계처리 하는 경우

소모품을 취득하는 시점에 다음과 같이 분개한다.

(차) 소 모 품	×××	(대) 현 금	×××

결산정리분개에서는 결산일 현재까지 남아있는 소모품 금액을 구하고, 기중에 구매한 소모품 금액과 비교하여 금액 차이를 비용(소모품비)로 인식하고, 그 금액만큼 자산(소모품)은 대변에 기록하여 감소시킨다.

(차) 소 모 품 비	×××	(대) 소 모 품	×××

② 기중에 지급한 현금을 즉시 비용(소모품비) 회계처리 하는 경우

이는 실무적이고 관습적으로 사용되고 있는 방법인데, 대부분의 소모품은 금액이 크지 않거나, 회계기간 중에 거의 소비되어 기말에 남아 있는 경우가 별로 없기 때문이다. 만약 이와 같이 기록한 경우에는, 기말에 미사용 소모품이 존재하는지를 조사하여, 미사용 소모품이 있다면 자산(소모품)으로 인식하고, 그만큼 비용(소모품비)를 취소하는 결산정리 분개를 한다. 왜냐하면, 기말에 미사용 소모품이 존재하는 경우는, 예상과 달리 기중에 구입한 소모품 중 일부만 사용하였다는 것이므로, 사용한 소모품에 대해서만 비용(소모품비)으로 인식하기 위해서는 기중에 비용(소모품비)으로 인식한 금액 중 일부를 취소하고, 자산으로 인식할 필요가 있기 때문이다. 기중에 지급한 현금을 모두 비용(소모품비)으로 회계처리 하였다면, 다음과 같이 분개한다.

(차) 소 모 품 비	×××	(대) 현 금	×××

결산정리분개에서는 결산일 현재까지 남아있는 소모품 금액을 구하여 자산(소모품)으로 인식하고, 그 금액만큼 비용(소모품비)은 대변에 기록하여 감소시킨다.

(차) 소 모 품	×××	(대) 소 모 품 비	×××

예제 4.5 결산정리 분개와 전기

[예제 4.1]에서 제시된 ㈜성실의 20×1년 동안의 거래에 대한 기중분개 및 전기를 참조하여, 다음과 같은 기말 결산정리 사항에 대해 결산정리 분개와 전기를 하시오.

① 소모품의 기말잔액은 ₩800,000인 것으로 조사되다.
② 장기차입금의 이자에 대한 결산정리
③ 보험료에 대한 결산정리
④ 임대료에 대한 결산정리
⑤ 급여에 대한 결산정리
⑥ 단기대여금의 이자에 대한 결산정리

해설

1. 소모품 결산정리

① 2월 10일

(차) 소 모 품	2,000,000	(대) 미 지 급 금	2,000,000

② 결산정리분개 : 소모품의 기말잔액은 ₩800,000인 것으로 조사되다.

(차) 소 모 품 비	1,200,000	(대) 소 모 품	1,200,000

☞ 소모품의 기말잔액이 ₩800,000이므로, 소모품 ₩2,000,000 중에서 ₩1,200,000이 사용된 것이다. 따라서 사용된 소모품 ₩1,200,000을 소모품비로 인식하고, 소모품을 감소시킨다.

③ 결산정리 분개의 전기

소모품비

12/31	1,200,000	
잔액	1,200,000	

소 모 품

2/10	2,000,000	12/31	1,200,000
잔액	800,000		

2. 장기차입금 이자비용 결산정리

① 3월 1일

(차) 현 금	20,000,000	(대) 장 기 차 입 금	20,000,000

② 결산정리분개 : 장기차입금의 이자에 대한 결산정리가 이루어지지 않다.

(차) 이 자 비 용	1,500,000	(대) 미 지 급 이 자	1,500,000

☞ 20×1년 3월 1일부터 12월 31일까지 10개월간의 미지급된 이자비용 ₩1,500,000(= ₩20,000,000 × 9% × 10/12)을 미지급이자(부채)로 인식하는 동시에 이자비용을 증가시킨다.

③ 결산정리 분개의 전기

이자비용	
12/31 1,500,000	
잔액 1,500,000	

미지급이자	
	12/31 1,500,000
	잔액 1,500,000

3. 보험료 결산정리

① 6월 1일

(차) 선 급 보 험 료	2,880,000	(대) 현 금	2,880,000

② 결산정리분개 : 보험료에 대한 결산정리가 이루어지지 않다.

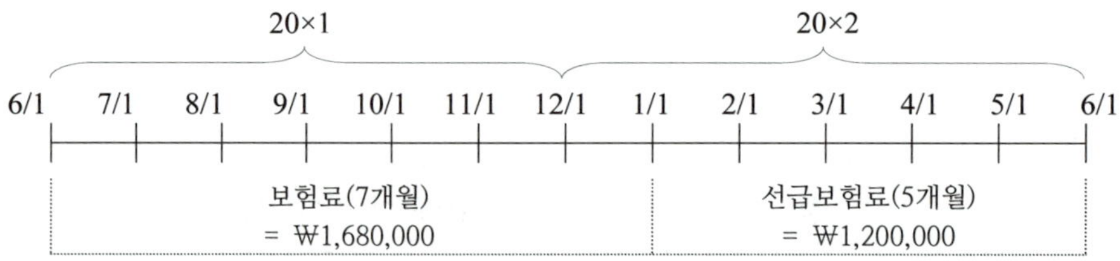

(차) 보 험 료	1,680,000	(대) 선 급 보 험 료	1,680,000

☞ 20×1년 6월 1일부터 12월 31일까지 7개월간 발생한 보험료 ₩1,680,000(= ₩2,880,000 × 7/12)을 인식하고, 선급보험료(자산)를 감소시킨다.

③ 결산정리 분개의 전기

보 험 료	
12/31 1,680,000	
잔액 1,680,000	

선급보험료	
6/1 2,880,000	12/31 1,680,000
잔액 1,200,000	

4. 임대료 결산정리

① 10월 1일

(차) 현 금	2,400,000	(대) 선 수 임 대 료	2,400,000

② 결산정리분개 : 임대료에 대한 결산정리가 이루어지지 않다.

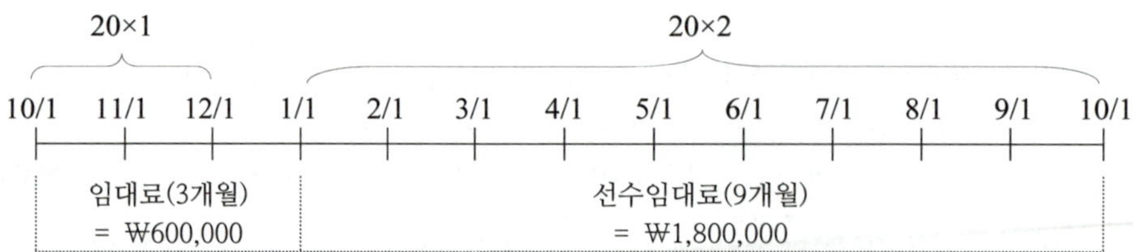

(차) 선 수 임 대 료	600,000	(대) 임 대 료	600,000

☞ 20X1년 10월 1일부터 12월 31일까지 3개월간 발생한 임대료 ₩600,000(= ₩2,400,000 X 3/12)을 인식하고, 선수임대료(부채)를 감소시킨다.

③ 결산정리 분개의 전기

선수임대료

12/31	600,000	10/1	2,400,000
		잔액	1,800,000

임 대 료

		12/31	600,000
		잔액	600,000

5. 급여 결산정리

① 11월 15일

(차) 급 여	2,400,000	(대) 현 금	2,400,000

② 결산정리분개 : 급여에 대한 결산정리가 이루어지지 않다.

(차) 급 여	1,200,000	(대) 미 지 급 급 여	1,200,000

☞ 12월 15일부터 12월 31일까지 1/2개월간의 미지급된 급여 ₩1,200,000(= ₩2,400,000 X 1/2)을 미지급급여(부채)로 인식하는 동시에 급여(비용)를 증가시킨다.

③ 결산정리 분개의 전기

급 여

12/15	2,400,000		
12/31	1,200,000		
잔액	3,600,000		

미지급급여

		12/31	1,200,000
		잔액	1,200,000

6. 단기차입금 이자비용 결산정리

① 12월 15일

(차) 단 기 대 여 금	20,000,000	(대) 현 금	20,000,000

② 결산정리분개 : 단기대여금에 대한 결산정리가 이루어지지 않다.

(차) 미 수 이 자	100,000	(대) 이 자 수 익	100,000

☞ 20X1년 12월 15일부터 12월 31일까지 1/2개월간의 미수취된 이자수익 ₩100,000(= ₩20,000,000 X 12% X 1/12 X 1/2)을 미수이자(자산)로 인식하는 동시에 이자수익(수익)을 증가시킨다.

③ 결산정리 분개의 전기

미수이자

12/31	100,000		
잔액	100,000		

이자수익

		12/31	100,000
		잔액	100,000

2) 결산정리후 시산표 작성

기말결산절차에는 결산정리분개 및 전기 이외에도 결산정리후 시산표의 작성, 재무제표의 작성, 마감분개 및 전기 등이 있다. 결산정리후 시산표는 결산정리 분개 및 전기를 실시 한 후에 기중 및 기말의 거래 기록의 정확성을 확인하기 위해서 작성하며, 재무제표 작성을 위한 최종 자료이다. 결산정리후 시산표를 작성하는 방법은 결산정리 분개와 전기가 반영된 총계정원장을 자료를 이용하여 시산표를 다시 작성하는 방법과 결산정리전 시산표에 결산정리 분개를 추가로 반영하여 작성하는 방법이 있다. 하지만 오늘날과 같이 전산시스템을 이용하여 시산표를 작성하는 경우에는 어떤 방법을 이용하더라도 작성의 용이성이나 작성시간에는 큰 차이가 없다.

예제 4.6 결산정리후 시산표

다음은 [예제 4.1]에서 제시된 ㈜성실의 20×1년 동안의 거래에 대한 기중분개 및 전기를 통해 작성된 아래의 결산정리전 시산표와 [예제 4.5]의 결산정리 분개 및 전기를 정리한 자료이다.

결산정리전 시산표

㈜성실 20×1년 12월 31일 현재 (단위 : 원)

계정과목	차 변	대 변
현 금	156,720,000	
소 모 품	2,000,000	
매 출 채 권	20,000,000	
선 급 보 험 료	2,880,000	
단 기 대 여 금	20,000,000	
토 지	2,000,000	
장 기 차 입 금		20,000,000
선 수 임 대 료		2,400,000
자 본 금		100,000,000
매 출		100,000,000
임 차 료	14,400,000	
광 고 선 전 비	2,000,000	
급 여	2,400,000	
합 계	222,400,000	222,400,000

<결산정리 분개와 전기>

(차) 소 모 품 비	1,200,000	(대) 소 모 품	1,200,000
(차) 이 자 비 용	1,500,000	(대) 미 지 급 이 자	1,500,000
(차) 보 험 료	1,680,000	(대) 선 급 보 험 료	1,680,000
(차) 선 수 임 대 료	600,000	(대) 임 대 료	600,000
(차) 급 여	1,200,000	(대) 미 지 급 급 여	1,200,000
(차) 미 수 이 자	100,000	(대) 이 자 수 익	100,000

소모품비

12/31	1,200,000		
잔액	1,200,000		

소 모 품

2/10	2,000,000	12/31	1,200,000
잔액	800,000		

이자비용

12/31	1,500,000		
잔액	1,500,000		

미지급이자

		12/31	1,500,000
		잔액	1,500,000

보 험 료

12/31	1,680,000		
잔액	1,680,000		

선급보험료

6/1	2,880,000	12/31	1,680,000
잔액	1,200,000		

선수임대료

12/31	600,000	10/1	2,400,000
		잔액	1,800,000

임 대 료

		12/31	600,000
		잔액	600,000

급 여

12/15	2,400,000		
12/31	1,200,000		
잔액	3,600,000		

미지급급여

		12/31	1,200,000
		잔액	1,200,000

미수이자

12/31	100,000		
잔액	100,000		

이자수익

		12/31	100,000
		잔액	100,000

물음 위의 자료를 이용하여 결산정리후 시산표를 작성하시오.

해설

① 방법 1 : 결산정리 분개와 전기가 반영된 총계정원장을 자료를 이용하여 시산표를 다시 작성

결산정리후 시산표

㈜성실 20×1년 12월 31일 현재 (단위: 원)

계정과목	차 변	대 변	
현 금	156,720,000		
소 모 품	800,000		<대체>
매 출 채 권	20,000,000		
선 급 보 험 료	1,200,000		<대체>
단 기 대 여 금	20,000,000		
토 지	2,000,000		
장 기 차 입 금		20,000,000	
선 수 임 대 료		1,800,000	<대체>
자 본 금		100,000,000	
매 출		100,000,000	
임 차 료	14,400,000		
광 고 선 전 비	2,000,000		
급 여	3,600,000		<대체>
소 모 품 비	1,200,000		<추가>
이 자 비 용	1,500,000		<추가>
미 지 급 이 자		1,500,000	<추가>
보 험 료	1,680,000		<추가>
임 대 료		600,000	<추가>
임 대 료		600,000	<추가>
미 지 급 급 여		1,200,000	<추가>
미 수 이 자	100,000		<추가>
이 자 수 익		100,000	<추가>
합 계	225,200,000	225,200,000	

<대체>는 결산정리 분개와 전기로 인해 결산정리전 시산표의 계정금액이 변경된 경우를 의미하며, <추가>는 결산정리 분개와 전기로 결산정리전 시산표에는 없는 새로운 계정과목이 추가된 경우를 의미한다.

② 방법 2 : 결산정리전 시산표에 결산정리분개를 반영한 이후 변경된 금액으로 결산정리후 시산표 작성

	결산정리전 시산표		결산정리분개		결산정리후 시산표	
계정과목	차 변	대 변	차 변	대 변	차 변	대 변
현 금	156,720,000				156,720,000	
소 모 품	2,000,000			1,200,000	800,000	
매 출 채 권	20,000,000				20,000,000	
선급보험료	2,880,000			1,680,000	1,200,000	
단기대여금	20,000,000				20,000,000	
토 지	2,000,000				2,000,000	
장기차입금		20,000,000				20,000,000
선수임대료		2,400,000	600,000			1,800,000
자 본 금		100,000,000				100,000,000
매 출		100,000,000				100,000,000
임 차 료	14,400,000				14,400,000	
광고선전비	2,000,000				2,000,000	
급 여	2,400,000		1,200,000		3,600,000	
소 모 품 비			1,200,000		1,200,000	
이 자 비 용			1,500,000		1,500,000	
미지급이자				1,500,000		1,500,000
보 험 료			1,680,000		1,680,000	
임 대 료				600,000		600,000
미지급급여				1,200,000		1,200,000
미 수 이 자			100,000		100,000	
이 자 수 익				100,000		100,000
합 계	222,400,000	222,400,000	6,280,000	6,280,000	225,200,000	225,200,000

방법 ②는 결산정리전 시산표와 결산정리후 시산표를 동시에 볼 수 있다는 장점이 있고, 결산정리분개 내용이 중복되지 않을 때 ①번 방법보다 용이하다는 장점도 있으나, 결산정리 분개에서 특정 계정과목이 여러 번 사용되는 경우에는 결산정리분개 금액을 계속 수정해야하는 단점이 있다.

SECTION 3 재무제표 작성 및 장부마감

결산정리 후 시산표가 작성되고 나면 시산표 자료를 이용하여 재무제표를 작성한다. 전술한 바와 같이 재무제표는 기업의 재무상태와 변동에 대한 정보를 서로 다른 측면에서 제공하는 보고서이므로 상호연계되어 있다. 따라서 재무제표의 작성에 순서가 있다. 우선 시산표의 계정과목을 경영성과와 관련된 항목과 재무상태와 관련된 항목으로 구분한 후, 경영성과 관련 항목들을 적절히 배치하여 포괄손익계산서를 먼저 작성한다. 그 후 시산표에서 재무상태와 관련된 항목들과 포괄손익계산서의 당기순손익 자료를 적절히 배치하여 재무상태표를 작성한다.

재무상태표가 작성되면 작성된 당기 재무상태표와 직전 연도말의 재무상태표, 그리고 기타 자료들을 이용하여 현금흐름표와 재무상태변동표를 작성한다. 본 장에서는 기중과 기말의 거래를 기록한 계정(원장)자료만으로도 작성할 수 있는 포괄손익계산서와 재무상태표의 작성에 대해서만 다루고, 현금흐름표와 자본변동표의 작성에 대해서는 별도의 장에서 후술한다.

재무제표를 작성하고 난 후에 다음 회계연도의 새로운 시작을 위해 총계정원장에 있는 각 계정을 정리하는 과정을 거치게 된다. 이를 마감이라고 한다. 마감절차는 포괄손익계산서 계정 즉, 수익 및 비용 계정과 재무상태표 계정 즉, 자산, 부채 및 납입자본 계정이 구별된다.

첫째, 포괄손익계산서의 수익과 비용계정은 말 그대로 특정 회계기간의 수익과 비용을 기록하고 당기순이익을 측정하기 위한 역할을 하는 것이므로, 당기의 회계기간이 종료되고 차기의 회계기간이 시작되면 처음부터 새롭게 기록해야 한다. 따라서 한 회계기간이 종료되어 당기순이익이 결정되고 나면, 그 동안 기록된 숫자들은 아무런 의미가 없기 때문에, 포괄손익계산서 계정은 임시계정temporary accounts이라고 부른다. 또한 수익과 비용을 통해 계산된 당기순이익(당기순손실)은 결과적으로 영업을 통해 늘어난(감소한) 자본을 의미하며, 이 금액은 결국 영구계정인 재무상태표의 이익잉여금(미처분이익잉여금 계정)으로 옮겨지게 된다. 미처분이익잉여금은 이익잉여금의 항목 중 하나이다.

둘째, 재무상태표의 자산, 부채 및 납입자본 계정들은 수익 및 비용과는 달리 한 회계기간이 종료되어도 그대로 차기의 회계기간으로 넘어가는 성격을 가지고 있다. 회계기간이 종료된다고 하더라도 가지고 있던 자산이나 부채가 사라지는 것이 아니기 때문이다. 이러한 의미에서 재무상태표 계정은 영구계정permanent accounts이라고 부른다.

3.1 주요 재무제표 분류와 보고양식

1) 재무상태표

(1) 자산

자산은 소유 목적, 취득 원인 등에 따라 분류하며, 자산의 유동성에 따라 유동자산current assets과 비유동자산non-current assets으로 대분류한다. 자산의 분류 시 소유목적과 취득 원인을 유동성보다 우선하여 고려한다. 예를 들어, 대여금은 타인에게 자금을 빌려줬기 때문에 발생한 자산이기 때문에 먼저 대여금이라는 자산으로 분류하고, 유동성에 따라 단기대여금과 장기대여금으로 구분한다. 일반적으로 유동자산은 1년 내 또는 정상적 영업주기 내에 현금화되거나, 판매 또는 소비될 것으로 기대되는 자산과 현금을 의미하며, 정상영업주기normal operating cycle는 현금에서 자산의 취득, 생산, 판매를 통하여 다시 현금 등으로 실현되는 과정의 평균기간이다. 유동자산이 아닌 경우는 모두 비유동자산으로 분류하며, 비유동자산의 분류에는 유형자산, 무형자산, 비유동 금융자산, 투자부동산 등이 있다.

(2) 부채

유동성에 따라 유동부채current liabilities와 비유동부채non-current liabilities로 대분류하며, 일반적으로 유동부채는 1년 내 또는 정상적 영업주기 내에 결제될 것으로 기대되는 부채를 의미하며, 그 외의 부채은 비유동부채로 분류한다. 단기차입금 등은 보고기간일로부터 1년 이내에 결제되어야 하므로 영업주기와 관계없이 유동부채로 분류하고, 정상적인 영업주기 내에 결제될 것으로 예상되는 매입채무 등은 1년 이내에 상환되지 않아도 유동부채로 분류한다.

(3) 자본

자본capital은 자산에 대한 소유자의 청구권 즉, 소유자지분owners' equity을 의미한다. 자산에 대한 소유주의 청구권은 채권자의 청구권보다 순위가 낮으므로 자산에서 부채를 차감한 잔액이 소유자 지분이다. 한국채택국제회계기준에서는 자본을 납입자본, 기타자본구성요소, 이익잉여금으로 구분하고 있으나, 기업에게 재량권을 부여하고 있기 때문에 실제 대부분의 기업들은 일반기업회계기준(국제회계기준 도입 전의 회계기준)에 따라 재무제표의 자본을 자본금, 자본잉여금, 자본조정, 기타포괄손익누계액, 이익잉여금으로 구분하고 있다.

2) 포괄손익계산서

(1) 수익과 비용 구분 표시

한 기간에 인식되는 모든 수익과 비용 항목은 일반적으로 당기손익으로 인식하는데, 기업의 다양한 활동, 거래 및 그 밖의 사건의 영향은 빈도, 손익의 가능성 및 예측가능성의 측면에서 상이하기 때문에 재무제표이용자가 달성된 재무성과를 이해하고 미래 재무성과를 예측하는데 도움을 주기 위해, 수익과 비용은 상계하지 아니하며, 수익과 비용 항목이 중요한 경우에는 그 성격과 금액을 별도로 공시한다.

(2) 수익의 표시

수익income은 자산의 유입이나 증가 또는 부채의 감소에 따라 자본의 증가를 초래하는 특정 회계기간 동안에 발생한 경제적 효익의 증가로서, 지분참여자에 의한 출연과 관련된 것은 제외한다. 수익은 기업의 정상영업활동의 일환으로 발생하는 매출액 등을 의미하며, 차익gains은 주로 기업의 정상영업활동 이외의 활동에서 발생한다. 따라서 차익은 포괄손익계산서에 수익과 구분하여 표시하며, 관련 비용을 차감한 금액으로 보고된다.

(3) 비용의 표시(기능별)[5)]

비용expenses은 자산의 유출이나 소멸 또는 부채의 증가에 따라 자본의 감소를 초래하는 특정 회계기간 동안에 발생한 경제적 효익의 감소로서, 지분참여자에 대한 분배와 관련된 것은 제외한다. 비용은 기업의 정상영업활동의 일환으로 발생하는 경우를 의미하며, 차손losses은 기업의 정상영업활동 이외의 활동에서 발생하는 경우를 말한다. 따라서 비용과 차손은 빈도, 손익의 발생가능성 및 예측가능성의 측면에서 서로 다를 수 있으므로 구분하여 표시하며, 차손은 관련 수익을 차감한 금액으로 보고한다. 또한 비용도 재무성과의 구성요소를 강조하기 위해 세분류로 표시한다. 예를 들어, 기능별 분류법에서는 비용을 매출원가, 급여 및 감가상각비 등과 같이 수익 창출에 기여한 기능별로 분류한다. 따라서 이 방법은 성격별 분류보다 재무제표이용자에게 더욱 목적적합한 정보를 제공할 수 있다.

5) 비용은 성격별 또는 기능별 분류방법 중에서 신뢰성 있고 더욱 목적적합한 정보를 제공할 수 있는 방법을 적용하여 표시할 수 있지만, 본서에서는 실무에서 대부분 사용하는 기능별 분류방법에 따라 포괄손익계산서를 작성한다.

예제 4.7 포괄손익계산서와 재무상태표의 작성

20×1년 1월 1일에 회계사 자격증을 보유한 김성실씨가 출자한 ㈜성실은 컨설팅전문 업체이며, 다음은 본 회사의 20×1년 동안의 결산정리후 시산표이다. 단, 본 회사의 회계연도는 1월 1일부터 12월 31일까지이며, 법인세비용 및 배당금은 없는 것으로 가정한다. 또한 급여는 관리직 종업원에 대한 지급액이다.

결산정리후 시산표

㈜성실 20×1년 12월 31일 현재 (단위 : 원)

계정과목	차 변	대 변
현 금	156,720,000	
소 모 품	800,000	
매 출 채 권	20,000,000	
선 급 보 험 료	1,200,000	
단 기 대 여 금	20,000,000	
토 지	2,000,000	
장 기 차 입 금		20,000,000
선 수 임 대 료		1,800,000
자 본 금		100,000,000
매 출		100,000,000
임 차 료	14,400,000	
광 고 선 전 비	2,000,000	
급 여	3,600,000	
소 모 품 비	1,200,000	
이 자 비 용	1,500,000	
미 지 급 이 자		1,500,000
보 험 료	1,680,000	
임 대 료		600,000
미 지 급 급 여		1,200,000
미 수 이 자	100,000	
이 자 수 익		100,000
합 계	225,200,000	225,200,000

물음 결산정리후 시산표를 참조하여 포괄손익계산서 및 재무상태표를 작성하시오. 단, 포괄손익계산서는 단일, 기능별 형식으로 작성하며, 포괄손익계산서의 당기순이익은 재무상태표(자본)의 미처분이익잉여금으로 반영된다.

해설

결산정리후 시산표(포괄손익계산서 관련)

㈜성실　　　　20×1년 12월 31일 현재　　　　(단위 : 원)

계정과목	차 변	대 변
매 출		100,000,000
임 차 료	14,400,000	
광고선전비	2,000,000	
급 여	3,600,000	
소 모 품 비	1,200,000	
이 자 비 용	1,500,000	
보 험 료	1,680,000	
임 대 료		600,000
이 자 수 익		100,000

☞ 결산정리후 시산표에서 포괄손익계산서와 관련된 계정과목만 산출한 후에, 기능별 포괄손익계산서를 작성한다.

포괄손익계산서 (단일, 기능별)

㈜성실　　　　20×1년 1월 1일부터 20×1년 12월 31일까지　　　　(단위 : 원)

과 목	금 액	
매 출 액		100,000,000
매 출	100,000,000	
물 류 원 가		(2,000,000)
광 고 선 전 비	2,000,000	
관 리 비		(20,880,000)
임 차 료	14,400,000	
급 여	3,600,000	
소 모 품 비	1,200,000	
보 험 료	1,680,000	
영 업 이 익		77,120,000
기 타 수 익		700,000
임 대 료	600,000	
이 자 수 익	100,000	
금 융 원 가		(1,500,000)
이 자 비 용	1,500,000	
당기순이익(= 총포괄이익)		76,320,000

☞ 포괄손익계산서 작성을 통해 산출된 당기순손익과 기타포괄손익의 합을 총포괄손익이라고 하며, 당기순손익과 기타포괄손익은 마감분개를 통해 각각 재무상태표의 미처분이익잉여금과 기타포괄손익누계액 계정으로 전기된다.

결산정리후 시산표(재무상태표 관련)

㈜성실 20×1년 12월 31일 현재 (단위 : 원)

계정과목	차 변	대 변
현 금	156,720,000	
소 모 품	800,000	
매 출 채 권	20,000,000	
선급보험료	1,200,000	
단기대여금	20,000,000	
토 지	2,000,000	
장기차입금		20,000,000
선수임대료		1,800,000
자 본 금		100,000,000
미지급이자		1,500,000
미지급급여		1,200,000
미 수 이 자	100,000	

☞ 결산정리후 시산표에서 재무상태표와 관련된 계정과목만 산출한다.

재무상태표(보고식)

㈜성실 20×1년 1월 1일부터 20×1년 12월 31일까지 (단위 : 원)

과 목	금 액	
자 산		
유동자산		198,820,000
현 금	156,720,000	
소 모 품	800,000	
매 출 채 권	20,000,000	
선급보험료	1,200,000	
단기대여금	20,000,000	
미 수 이 자	100,000	
비유동자산		2,000,000
토 지	2,000,000	
자산총계		200,820,000
부 채		
유동부채		4,500,000
선수임대료	1,800,000	
미지급이자	1,500,000	
미지급급여	1,200,000	
비유동부채		
장기차입금	20,000,000	20,000,000
부채총계		24,500,000

자 본		
자 본 금	100,000,000	
미처분이익잉여금	76,320,000	
자본총계		176,320,000
부채 및 자본 총계		200,820,000

☞ 결산정리후 시산표에서 재무상태표와 관련된 계정과목만 산출한 후, 각 계정과목들을 유동자산, 비유동자산, 유동부채, 비유동부채, 자본 항목으로 분류하고, 분류된 계정과목들을 항목별로 모아서 표시한다.

☞ 포괄손익계산서에서 산출된 당기순이익은 자본 항목으로 분류하며, 자본금과는 별도의 계정과목인 미처분이익잉여금으로 표시한다. 따라서 재무제표를 작성할 때 포괄손익계산서를 먼저 작성한 후, 마감분개와 전기를 통해 당기순손익은 미처분이익잉여금 계정으로, 기타포괄손익은 기타포괄손익누계액 계정으로 전기한 후 재무상태표를 작성한다.

3.2 계정의 마감

1) 포괄손익계산서 계정의 마감

포괄손익계산서 계정을 마감하기 위해서는 각 계정의 금액을 0(零)으로 만들어 주는 동시에 최종적으로는 재무상태표의 이익잉여금(미처분이익잉여금 계정)으로 옮겨가도록 해야 한다.[6] 포괄손익계산서 계정을 마감하기 위해서 '분개와 전기' 절차가 필요하며, 이를 마감분개 및 마감전기라고 한다. 포괄손익계산서 계정의 마감분개 및 전기의 과정에서 재무상태표 계정인 미처분이익잉여금 계정과 연결고리 역할을 해주는 것이 집합손익이라는 계정이다. 이 계정은 수익 및 비용계정을 마감하는 시점에 임시적으로 사용하는 계정이다. 절차는 다음의 몇 단계로 이루어진다.

(1) 수익계정의 마감

모든 수익계정의 금액은 대변잔액을 가지게 되는데 이 금액을 집합손익계정의 대변으로 옮긴다.

(2) 비용계정의 마감

모든 비용계정의 금액은 차변잔액을 가지게 되는데 이 금액을 집합손익계정의 차변으로 옮긴다.

6) 포괄손익계산서에 보고되는 총포괄손익은 당기순손익과 기타포괄손익의 합계액이다. 따라서 포괄손익계산서에는 당기순손익을 구성하는 수익과 비용 외에 기타포괄손익도 존재한다. 기타포괄손익은 당기순속익을 구성하는 다양한 종류의 수익과 비용과는 달리 5개의 항목만이 존재하며, 미실현된 평가손익의 성격이므로 재무상태표의 미처분이익잉여금으로 옮겨가지 않고 각각 별개의 기타포괄손익누계액 계정과목으로 옮겨가기 때문에 집합손익 계정을 사용하지 않는다. 편의상 본 장에서는 당기순손익을 구성하는 수익과 비용에 대한 마감만 설명하며, 기타포괄손익 항목에 대한 설명은 별도의 장에서 후술한다.

(3) 집합손익계정의 마감

앞 두 단계를 거치면 수익 및 비용계정의 잔액은 모두 0이 되고 집합손익계정만 남는다. 집합손익계정의 잔액인 당기순손익 금액은 결국 영업을 통해 증감된 자본이므로 이 금액이 영구계정인 이익잉여금(미처분이익잉여금 계정)으로 옮겨 기록되고, 동시에 연결고리 역할을 수행한 집합손익계정 자체의 잔액을 0으로 만들어 준다.

이와 같은 3단계를 거치게 되면 모든 수익 및 비용 계정 잔액은 0이 되며 다음 회계기간에 새롭게 0부터 시작할 준비가 완료된다.

예제 4.8 포괄손익계산서 계정의 마감

20×1년 1월 1일에 김성실 씨가 출자한 ㈜성실은 컨설팅전문 업체이며, 다음은 본 회사의 20×1년 동안의 마감전 수익 및 비용계정이다. 단, 본 회사의 회계연도는 1월 1일부터 12월 31일까지이다.

※ '결산정리후 시산표' 작성을 쉽게 하기 위해 임시로 표시된 잔액 금액은 생략되어 작성되다.

① 수익계정

매 출			
		5/1	100,000,000

임 대 료			
		12/31	600,000

이자수익			
		12/31	100,000

② 비용계정

임 차 료			
5/1	14,400,000		

광고선전비			
4/2	2,000,000		

급 여			
12/15	2,400,000		
12/31	1,200,000		

소 모 품 비			
12/31	1,200,000		

이자비용			
12/31	1,500,000		

보 험 료			
12/31	1,680,000		

물음 수익 및 비용계정을 참조하여 포괄손익계산서의 계정을 마감하시오.

해설

① 수익계정의 마감분개 및 전기

(차) 매출	100,000,000	(대) 집합손익	100,000,000
(차) 임대료	600,000	(대) 집합손익	600,000
(차) 이자수익	100,000	(대) 집합손익	100,000

매출

집합손익	100,000,000	5/1	100,000,000
	100,000,000		100,000,000

임대료

집합손익	600,000	12/31	600,000
	600,000		600,000

이자수익

집합손익	100,000	12/31	100,000
	100,000		100,000

② 비용계정의 마감분개 및 전기

(차) 집합손익	14,400,000	(대) 임차료	14,400,000
(차) 집합손익	2,000,000	(대) 광고선전비	2,000,000
(차) 집합손익	3,600,000	(대) 급여	3,600,000
(차) 집합손익	1,200,000	(대) 소모품비	1,200,000
(차) 집합손익	1,500,000	(대) 이자비용	1,500,000
(차) 집합손익	1,680,000	(대) 보험료	1,680,000

임차료

5/1	14,400,000	집합손익	14,400,000
	14,400,000		14,400,000

광고선전비

4/2	2,000,000	집합손익	2,000,000
	2,000,000		2,000,000

급여

12/15	2,400,000	집합손익	3,600,000
12/31	1,200,000		
	3,600,000		3,600,000

소모품비

12/31	1,200,000	집합손익	1,200,000
	1,200,000		1,200,000

이자비용

12/31	1,500,000	집합손익	1,500,000
	1,500,000		1,500,000

보험료

12/31	1,680,000	집합손익	1,680,000
	1,680,000		1,680,000

☞ 계정의 마감과 동시에 집합손익계정에 전기한다.

집합손익

임 차 료	14,400,000	매 출	100,000,000
광 고 선 전 비	2,000,000	임 대 료	600,000
급 여	3,600,000	이 자 수 익	100,000
소 모 품 비	1,200,000		
이 자 비 용	1,500,000		
보 험 료	1,680,000		

③ 집합손익계정의 마감

(차) 집 합 손 익 76,320,000 (대) 미처분이익잉여금 76,320,000

집합손익

임 차 료	14,400,000	매 출	100,000,000
광 고 선 전 비	2,000,000	임 대 료	600,000
급 여	3,600,000	이 자 수 익	100,000
소 모 품 비	1,200,000		
이 자 비 용	1,500,000		
보 험 료	1,680,000		
미처분이익잉여금	76,320,000		
	100,700,000		100,700,000

미처분이익잉여금

		집 합 손 익	76,320,000

2) 재무상태표 계정의 마감

자산, 부채 및 자본의 계정 잔액은 한 회계기간이 종료되더라도 그 금액이 그대로 다음 회계기간으로 이어지게 되므로 별도의 분개나 전기가 필요하지 않다. 다만 한 기간을 마무리 한다는 의미에서 차변 및 대변의 합계액을 각각 계산하고, 차이 금액을 합계액이 작은 쪽에 기록하여 차기이월이라는 명칭을 붙여준다.7)

예제 4.9 재무상태표 계정의 마감

20×1년에 1월 1일에 김성실씨가 출자한 ㈜성실은 컨설팅전문 업체이며, 다음은 본 회사의 20×1년 동안의 마감전 자산, 부채 및 자본계정이다. 단, 본 회사의 회계연도는 1월 1일부터 12월 31일까지이다.

7) 다음 회계기간의 시작일에는 차기이월의 반대쪽에 전기이월이라는 명칭을 붙이고 차기이월 금액을 그대로 적는다.

※ '결산정리후 시산표' 작성을 쉽게 하기 위해 임시로 표시된 잔액 금액은 생략되어 작성되다.

① 자산계정

현금

1/1	100,000,000	1/1	14,400,000
3/1	20,000,000	2/25	2,000,000
8/10	80,000,000	4/2	2,000,000
10/1	2,400,000	6/1	2,880,000
		12/15	2,400,000
		12/15	20,000,000
		12/20	2,000,000

소모품

2/10	2,000,000	12/31	1,200,000

매출채권

5/1	100,000,000	8/10	80,000,000

선급보험료

6/1	2,880,000	12/31	1,680,000

단기대여금

12/15	20,000,000		

토지

12/20	2,000,000		

미수이자

12/31	100,000		

② 부채계정

미지급금

2/25	2,000,000	2/10	2,000,000

장기차입금

		3/1	2,000,000

선수임대료

12/31	600,000	10/1	2,400,000

미지급이자

		12/31	1,500,000

미지급급여

		12/31	1,200,000

③ 자본계정

자본금

		5/1	100,000,000

미처분이익잉여금

		집합손익	76,320,000

물음 자산, 부채 및 자본계정을 참조하여 재무상태표의 계정을 마감하시오.

해설

① 자산계정의 마감

현 금

1/1	100,000,000	1/1	14,400,000
3/1	20,000,000	2/25	2,000,000
8/10	80,000,000	4/2	2,000,000
10/1	2,400,000	6/1	2,880,000
		12/15	2,400,000
		12/15	20,000,000
		12/20	2,000,000
		차기이월	156,720,000
	202,400,000		202,400,000

소 모 품

2/10	2,000,000	12/31	1,200,000
		차기이월	800,000
	2,000,000		2,000,000

매출채권

5/1	100,000,000	8/10	80,000,000
		차기이월	20,000,000
	100,000,000		100,000,000

선급보험료

6/1	2,880,000	12/31	1,680,000
		차기이월	1,200,000
	2,880,000		2,880,000

단기대여금

12/15	20,000,000	차기이월	20,000,000
	20,000,000		20,000,000

토 지

12/20	2,000,000	차기이월	2,000,000
	2,000,000		2,000,000

미수이자

12/31	100,000	차기이월	100,000
	100,000		100,000

② 부채계정의 마감

미지급금

2/25	2,000,000	2/10	2,000,000
차기이월	0		
	2,000,000		2,000,000

장기차입금

차기이월	20,000,000	3/1	20,000,000
	20,000,000		20,000,000

선수임대료

12/31	600,000	10/1	2,400,000
차기이월	1,800,000		
	2,400,000		2,400,000

미지급이자

차기이월	1,500,000	12/31	1,500,000
	1,500,000		1,500,000

미지급급여

차기이월	1,200,000	12/31	1,200,000
	1,200,000		1,200,000

③ 자본계정의 마감

자 본 금

차기이월	100,000,000	5/1	100,000,000
	100,000,000		100,000,000

미처분이익잉여금

차기이월	76,320,000	집합손익	76,320,000
	76,320,000		76,320,000

보 론

1. 화폐의 시간가치

회계에서는 모든 거래를 화폐단위로 기록한다. 하지만 화폐단위로 기록한 금액이 해당 자산이나 부채의 실질적 가치를 나타내는 것은 아닐 수 있다는 점에 주의해야 한다. 왜냐하면 화폐금액으로 환산한 가치는 어느 시점에 측정했는지에 따라 달라지기 때문이다. 즉, 같은 금액이라 하더라도 시점에 따라 화폐금액의 실질가치는 달라지는데, 이를 화폐의 시간가치time value of money라고 한다. 화폐금액의 가치는 현재에 가까울수록 커지고, 미래로 갈수록 작아지는데 예를 들어, 오늘의 10,000원과 1년 뒤의 10,000원은 금액은 동일하지만 가치는 오늘의 10,000원이 더 크다. 따라서 특정 자산이나 부채의 가치를 측정하거나 판단하기 위해서는 어느 시점을 기준으로 측정한 경우인지를 명확히 나타내야만 하는데, 현재시점을 기준으로 환산한 가치를 현재가치present value라고 하고, 미래시점을 기준으로 환산한 가치를 미래가치future value라고 한다.

회계정보를 공시하는 재무제표에서는 결산일 시점을 현재로 간주하여 자산과 부채의 가치를 현재가치로 측정하여 보고하는 것이 일반적이다. 따라서 미래가치는 현재가치로 환산하여 측정할 필요가 있으며, 이를 위해 미래가치를 이자율을 이용해서 할인discount한다. 이자interest란 화폐를 이용하는 대가로 지급하는 것을 말한다. 화폐도 희소성이 있는 경제적 자원이기 때문에 화폐를 빌려주는 것은 경제적 자원을 일정기간 동안 사용하지 못하는 희생을 감수하는 것이다. 따라서 희생을 보상할 수 있는 대가를 받아야만 효용이 유지될 수 있는데 이것이 이자인 것이다.

이자를 정하는 방법에는 최초의 원금(빌려준 금액)에 대해서만 이자를 계산하는 단순이자계산법simple interest method과 원금뿐만이 아니라 원금에 대한 이자에 대해서도 이자를 계산하는 복리이자계산법compound interest method이 있다. 예를 들어, 연 5%의 단순이자계산 조건으로 ₩100,000을 은행에 예치하면, 1년 후에는 이자가 ₩5,000 발생하여 예금잔액은 ₩105,000이 된다. 2년 후에도 원금 ₩100,000에 대해서만 이자 ₩5,000을 받으므로, 2년 후 예금잔액은 ₩110,000이 된다. 이에 비해 복리이자계산 조건으로 은행에 예치하면, 1년 후에는 이자가 ₩5,000 발생하여 예금잔액은 ₩105,000이 된다. 즉, 첫 해에는 단수이자계산법과 차이가 없다. 하지만 2년 후에는 원금 ₩100,000이 아니라 예금잔액 ₩105,000에 대한 이자 ₩5,250(=₩100,000 × 5% + ₩5,000 × 5%)를 받기 때문에 예금잔액이 ₩110,250이 되어 단순이자계산의 경우와 차이가 발생한다. 기업활동에서 사용되는 이자계산법은 대부분 복리이자계산법이므로, 이하에서는 복리이자계산법을 전제로 설명한다.

1.1 미래가치

① 단일금액의 미래가치

미래가치future value란 현재의 금액과 동일한 가치를 가지는 미래 일정시점의 금액을 의미한다. 연이자율이 r일 때 현재가치(P_0)의 n년 후 단일금액의 미래가치(F_n)은 다음과 같이 계산된다.

$$F_n = P_0 \times [1+r]^n$$

F_n: n년 후 단일금액의 미래가치, P_0: 현재가치, r: 연이자율, n: 년수

연이자율이 10%인 경우 현재의 ₩100,000을 정상적으로 투자한다면 미래가치는 시점에 따라 다음과 같이 계산된다.

$$F_0 = P_0(\text{현재가치}) = ₩100{,}000 \times 1.0000 = ₩100{,}000$$
$$F_1 = ₩100{,}000 \times [1+0.1]^1 = ₩100{,}000 \times 1.1000 = ₩110{,}000$$
$$F_2 = ₩100{,}000 \times [1+0.1]^2 = ₩100{,}000 \times 1.2100 = ₩121{,}000$$

② 정상연금의 미래가치

일정기간 동안 현금흐름이 1회에 그치지 않고 계속적으로 발생하는 경우를 연금annuity이라고 하며, 일정기간 동안 매기 말에 동일한 금액의 현금흐름이 발생하는 경우를 정상연금normal annuity이라고 한다. 연금의 미래가치는 일정기간 동안의 발생한 단일금액들의 미래가치의 합이므로, 단일금액의 미래가치 계산을 반복하면 된다. 예를 들어, 연이자율이 10%인 경우 3년 동안 매년 말에 ₩100,000의 현금흐름이 발생하는 연금의 3년 말 시점의 미래가치는 다음과 같이 계산된다.

[그림 4-5] 정상연금의 미래가치

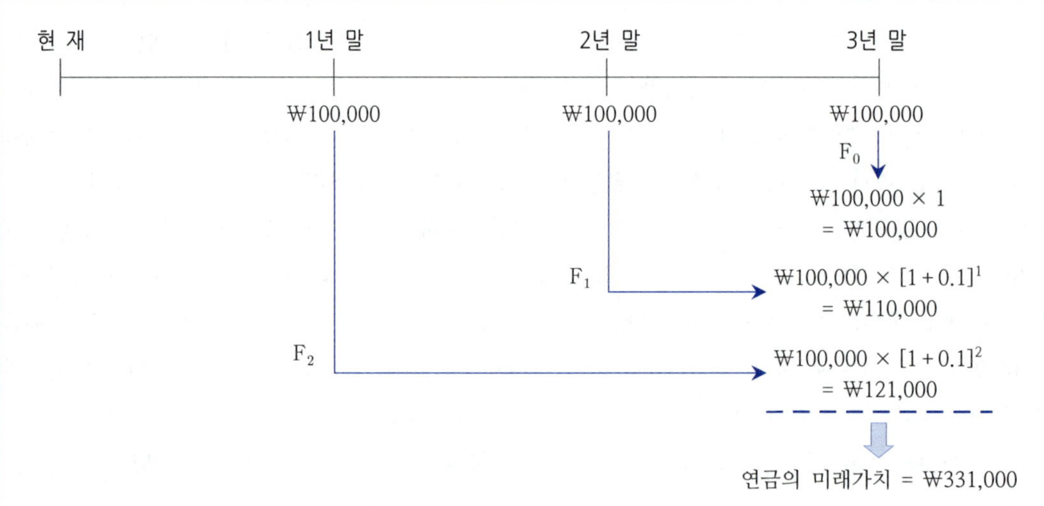

3) 미래가치계산표

앞서 살펴보았듯이 복리이자계산법에서 단일금액의 미래가치를 구하려면 현재의 단일금액에 [1 + 연이자율]을 연수만큼 반복적으로 곱해주면 된다. 따라서 현재의 단일금액과 연이자율, 그리고 미래가치를 구하려는 연도만 정해지면 기계적으로 미래가치를 구할 수 있으므로 ₩1의 미래가치를 연이자율, 연수별로 계산해놓은 '₩1의 미래가치 계산표'를 이용하면 계산기를 사용하지 않고서도 편리하게 단일금액의 미래가치를 구할 수 있다. 또한 연금 형태의 현금흐름에 대한 미래가치도 각 현금흐름의 단일금액 미래가치를 각각 구하여 합산하면 되기 때문에 '₩1의 미래가치계산표'를 이용하면 편리하게 구할 수 있다. 특히 매 기간에 동일한 금액의 현금흐름이 발생하는 정상연금의 경우에는 '연금 ₩1의 미래가치 계산표'를 미리 작성할 수 있기 때문에 이 표를 이용하면 연금 형태의 미래가치에 대해서도 편리하게 계산할 수 있다.

1.2 현재가치

① 단일금액의 현재가치

현재가치 present value란 미래 일정시점의 금액과 동일한 가치를 가지는 현재시점의 금액을 의미한다. 연이자율이 r 일 때 미래가치(F_n)의 n 년 전 단일금액의 현재가치(P_n)는 다음과 같이 계산된다.

$$P_n = F_n \times \frac{1}{[1+r]^n}$$

P_n: n 년 전 단일금액의 현재가치, F_n: 미래가치, r: 연이자율, n: 년수

연이자율이 10%인 경우, 미래가치 ₩100,000의 현재가치는 시점에 따라 다음과 같이 계산된다.

$$P_1 = ₩100,000 \times \frac{1}{[1+0.1]^1} = ₩100,000 \times 0.9091 = ₩90,910$$

$$P_2 = ₩100,000 \times \frac{1}{[1+0.1]^2} = ₩100,000 \times 0.8264 = ₩82,640$$

$$P_3 = ₩100,000 \times \frac{1}{[1+0.1]^3} = ₩100,000 \times 0.7513 = ₩75,130$$

단일금액의 현재가치를 구하는 경우에도 ₩1에 대해 미리 계산해놓은 '₩1의 현재가치 계산표'를 이용하면 편리하게 구할 수 있다.

[그림 4-6] 단일금액 1원의 현재가치 계산표(일부)

구 분	1%	2%	3%	4%	5%	6%	7%	8%	9%	10%	11%	12%
1년	0.9901	0.9804	0.9709	0.9615	0.9524	0.9434	0.9346	0.9259	0.9174	0.9091	0.9009	0.8929
2년	0.9803	0.9612	0.9426	0.9246	0.9070	0.8900	0.8734	0.8573	0.8417	0.8264	0.8116	0.7972
3년	0.9706	0.9423	0.9151	0.8890	0.8638	0.8396	0.8163	0.7938	0.7722	0.7513	0.7312	0.7118
4년	0.9610	0.9238	0.8885	0.8548	0.8227	0.7921	0.7629	0.7350	0.7084	0.6830	0.6587	0.6355
5년	0.9515	0.9057	0.8626	0.8219	0.7835	0.7473	0.7130	0.6806	0.6499	0.6209	0.5935	0.5674

② 정상연금의 현재가치

정상연금의 현재가치는 일정기간 동안 매기 말에 발생하는 동일한 단일금액의 현재가치들의 합이다. 예를 들어, 연이자율이 10%인 경우 3년 동안 매년 말 ₩100,000의 현금흐름의 현재가치는 다음과 같이 계산된다.

[그림 4-7] 정상연금의 현재가치

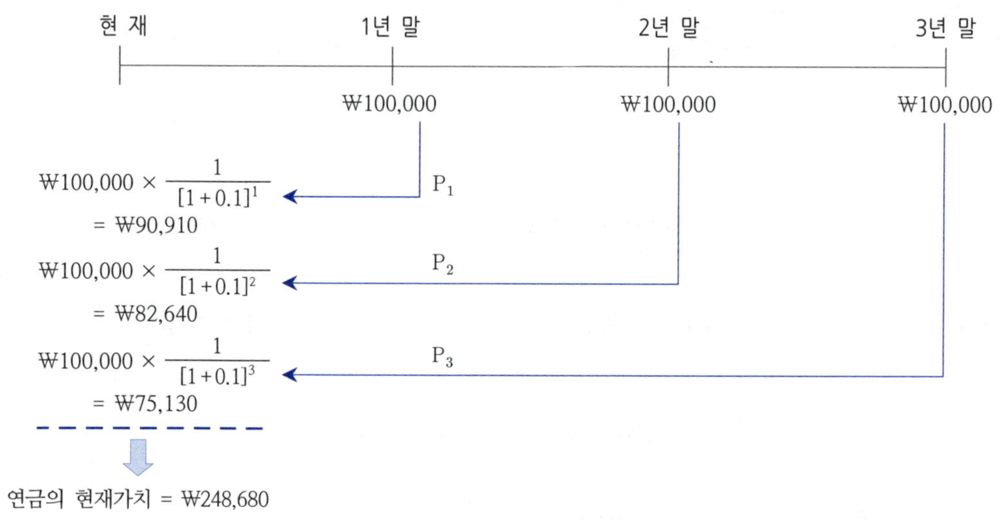

정상연금의 현재가치를 구하는 경우에도 정상연금 ₩1에 대해 미리 계산해 놓은 '정상연금 ₩1의 현재가치 계산표'를 이용하면 편리하게 구할 수 있다.

[그림 4-8] 정상연금 1원의 현재가치 계산표(일부)

구 분	1%	2%	3%	4%	5%	6%	7%	8%	9%	10%	11%	12%
1년	0.9901	0.9804	0.9709	0.9615	0.9524	0.9434	0.9346	0.9259	0.9174	0.9091	0.9009	0.8929
2년	1.9704	1.9416	1.9135	1.8861	1.8594	1.8334	1.8080	1.7833	1.7591	1.7355	1.7125	1.6901
3년	2.9410	2.8839	2.8286	2.7751	2.7232	2.6730	2.6243	2.5771	2.5313	2.4869	2.4437	2.4018
4년	3.9020	3.8077	3.7171	3.6299	3.5460	3.4651	3.3872	3.3121	3.2397	3.1699	3.1024	3.0373
5년	4.8534	4.7135	4.5797	4.4518	4.3295	4.2124	4.1002	3.9927	3.8897	3.7908	3.6959	3.6048

친절한 재무회계 Accounting

객관식 문제

4.1 회계상 거래

다음의 거래 중 회계상 거래에 해당하는 것은?

① 1년 동안 경영자문서비스를 제공하기로 하는 계약을 체결하다.
② 연봉으로 ₩4,000,000을 지급하기로 하고 종업원 2명을 고용하는 계약을 맺다.
③ 생산되는 제품을 거래처에게 1년 동안 안정적으로 공급하기로 하는 양해각서를 교환하다.
④ 사외이사를 해임하다.
⑤ 토지를 ₩2,000,000에 외상으로 구입하다.

4.2 거래와 회계등식

㈜한국이 차입금 ₩2,000과 이자 ₩240을 현금으로 변제 및 지급하다. 이 거래에 대한 분석으로 옳은 것은? (9급 공무원 2013)

① (차) 자산의 증가 (대) 부채의 증가와 수익발생
② (차) 자산의 증가 (대) 자산의 감소와 수익발생
③ (차) 부채의 감소와 비용의 발생 (대) 자산의 감소
④ (차) 자산의 증가와 비용의 발생 (대) 자산의 감소

4.3 거래와 회계등식

㈜한국의 재무상태표상 기말자산항목과 기말부채항목이 다음과 같을 경우 기말자본의 금액은? (9급 공무원 2011)

상 품	₩1,000,000	선 급 비 용	₩200,000	매 출 채 권	₩280,000
매 입 채 무	240,000	비 품	400,000	선 수 수 익	140,000
미 지 급 금	100,000	현 금	120,000		

① ₩720,000 ② ₩1,120,000 ③ ₩1,520,000 ④ ₩1,800,000

4.4 거래와 회계등식

㈜한국의 기초자산은 ₩240,000이고, 기말자산은 ₩520,000이다. 또한 기초부채는 ₩140,000이고, 기말부채는 기초부채보다 ₩80,000이 증가하다. 당기 중 현금출자로 인해 납입자본은 ₩84,000 증가하고, 기타포괄이익은 ₩100,000(법인세 효과 차감 후 금액) 증가하며, 현금배당(당기에 선언한 것임)으로 ₩40,000을 지급한다면 당기순이익은? 단, 주어진 자료 이외의 사항은 고려하지 않는다. (9급 공무원 2014)

① ₩56,000 ② ₩76,000 ③ ₩84,000 ④ ₩96,000

4.5 시산표

다음 중 그 잔액이 시산표의 대변에 나타나지 않는 항목은? (9급 공무원 2012)

① 대여금 ② 미지급비용 ③ 자본금 ④ 선수수익

4.6 시산표

시산표를 작성함으로써 발견할 수 있는 오류는? (9급 공무원 2015)

① 상품을 판매한 거래에 대하여 두 번 분개한 경우
② 거래를 분개함에 있어서 차입금 계정의 차변에 기록하여야 하는데 대여금 계정의 차변에 기록한 경우
③ 실제 거래한 금액과 다르게 대변과 차변에 동일한 금액을 전기한 경우
④ 매출채권 계정의 차변에 전기해야 하는데 대변으로 전기한 경우

4.7 결산정리분개

㈜한국의 결산정리전 시산표상 소모품은 ₩320,000이고, 기말 현재 남아있는 소모품이 ₩140,000이다. 결산정리분개로 옳은 것은? (9급 공무원 2013)

①	(차) 소모품비	₩180,000	(대) 소모품	₩180,000
②	(차) 소모품비	₩140,000	(대) 소모품	₩140,000
③	(차) 소모품	₩180,000	(대) 소모품비	₩180,000
④	(차) 소모품	₩140,000	(대) 소모품비	₩140,000

4.8 결산정리분개

㈜한국의 2020년 말 소모품 재고액은 ₩100,000이다. ㈜한국은 2021년 중에 소모품 ₩200,000어치를 현금으로 구입하고 이를 소모품비로 회계처리하다. 2021년 말에 소모품 재고를 실사한 결과 ₩140,000의 소모품이 남아 있음을 확인하다. 이와 관련하여 2021년 말의 결산정리분개로 옳은 것은? (9급 공무원 2014)

① (차) 소모품 ₩40,000 (대) 소모품비 ₩40,000
② (차) 소모품비 ₩40,000 (대) 소모품 ₩40,000
③ (차) 소모품 ₩60,000 (대) 소모품비 ₩60,000
④ (차) 소모품비 ₩60,000 (대) 소모품 ₩60,000

4.9 결산정리분개

㈜한국의 결산정리사항이 다음과 같을 때, 결산정리분개가 미치는 영향에 대한 설명으로 옳지 않은 것은? 단, 법인세는 무시한다. (9급 공무원 2015)

- 4월 1일 1년간의 임차료 ₩240,000을 현금으로 지급하면서 전액을 임차료로 기록하다.
- 12월에 급여 ₩40,000이 발생되었으나, 기말 현재 미지급 상태이다.

① 결산정리 후 시산표의 차변합계가 ₩100,000만큼 증가한다.
② 당기순이익이 ₩20,000만큼 증가한다.
③ 자산총액이 ₩60,000만큼 증가한다.
④ 부채총액이 ₩40,000만큼 증가한다.

4.10 결산정리분개

㈜한국의 2021년 12월 31일 결산정리전 시산표와 추가적 정보는 다음과 같다. 결산정리분개로 옳은 것은? (9급 공무원 2013)

<결산정리전 시산표>

계정과목	잔 액
매 출 채 권	₩400,000
선 수 수 익	₩120,000
선 급 임 차 료	₩240,000
선 급 보 험 료	₩48,000

[추가적 정보]
ㄱ. 2021년 12월 31일을 기준으로 선수수익의 3분의 1에 해당하는 용역을 제공하다.
ㄴ. 2021년 9월 1일 1년분의 보험료를 지급하고, 선급보험료로 회계처리하다.
ㄷ. 대금이 회수되지 않은 용역제공분 ₩12,000에 대하여 회계처리하지 않다.
ㄹ. 6개월분의 선급임차료에 대한 거래는 2021년 10월 1일에 발생하다.

① ㄱ: (차) 선수수익 ₩40,000 (대) 매출원가 ₩40,000
② ㄴ: (차) 선급보험료 ₩16,000 (대) 보험료 ₩16,000
③ ㄷ: (차) 현금 ₩12,000 (대) 용역매출 ₩12,000
④ ㄹ: (차) 임차료 ₩120,000 (대) 선급임차료 ₩120,000

4.11 결산정리분개

다음과 같은 누락 사항을 반영하기 전 당기순이익이 ₩1,000,000인 경우 수정후 당기순이익은?
(9급 공무원 2011)

- 보험료 중 선급분 ₩20,000
- 비용으로 처리한 소모품 중 미사용액 ₩36,000
- 이자비용 중 미지급분 26,000
- 가수금 중 거래처 외상대금 회수분 40,000

① ₩970,000 ② ₩1,010,000 ③ ₩1,030,000 ④ ₩1,070,000

4.12 결산정리분개

㈜한국의 2021년 12월 31일 결산 시 당기순이익 ₩800,000이 산출되나, 다음과 같은 사항이 누락되다. 누락 사항을 반영할 경우의 당기순이익은? 단, 법인세는 무시한다. (9급 공무원 2015)

- 기중 소모품 ₩100,000을 구입하여 자산으로 기록하였고 기말 현재 소모품 중 ₩44,000이 남아 있다.
- 2021년 12월분 급여로 2019년 1월 초에 지급 예정인 금액 ₩50,000이 있다.
- 2021년 7월 1일에 현금 ₩240,000을 은행에 예금하다(연이자율 10%, 이자지급일은 매년 6월 30일).
- 2021년도의 임차료 ₩24,000이 미지급 상태이다.

① ₩682,000 ② ₩694,000 ③ ₩706,000 ④ ₩738,000

5
CHAPTER

재고자산

CONTENTS

Section 1 기업의 경영활동
1.1 경영활동의 분류
1.2 기업의 분류
Section 2 상품매매기업과 재고자산
2.1 재고자산의 의의
2.2 재고자산의 취득원가
2.3 재고자산의 장부기록 (계속기록법, 실지재고조사법)
2.4 재고자산의 단위원가 (선입선출법, 평균법)
Section 3 재고자산 감모손실과 저가법
3.1 재고자산의 감모손실
3.2 저가법과 재고자산평가손실
Section 4 소매재고법
4.1 소매재고법의 결산 정리 절차
4.2 원가율의 계산
보론
1. 매출총이익률법
2. 후입선출법

CHAPTER 05 재고자산

SECTION 1 기업의 경영활동

1.1 경영활동의 분류

기업은 이익을 창출하기 위하여 다양한 경영활동들을 수행한다. 재화를 판매하거나 서비스를 제공하는 판매활동을 수행하며, 판매활동을 통해 판매할 재화를 구매하거나 생산하는 활동도 수행한다. 판매활동과 구매활동 그리고 생산활동을 효율적으로 수행하기 위해서는 유·무형의 자원이 필요하므로 이와 같은 자원을 취득하고 운용하는 활동도 수행한다. 또한 기업이 수행하는 모든 활동에는 자금이 필요하므로 필요한 자금을 조달하고 운용하는 활동도 수행한다. 이처럼 기업은 이익창출이라는 목적을 달성하기 위해 다양한 활동들을 수행하기 때문에 기업과 기업의 활동을 이해하기 위해서는 이러한 기업의 활동들을 특징에 따라 몇 가지로 분할 필요가 있다. 일반적으로 기업의 활동은 크게 세 종류로 구분할 수 있는데, 영업활동, 투자활동, 재무활동이다.

[그림 5-1] 기업의 경영활동

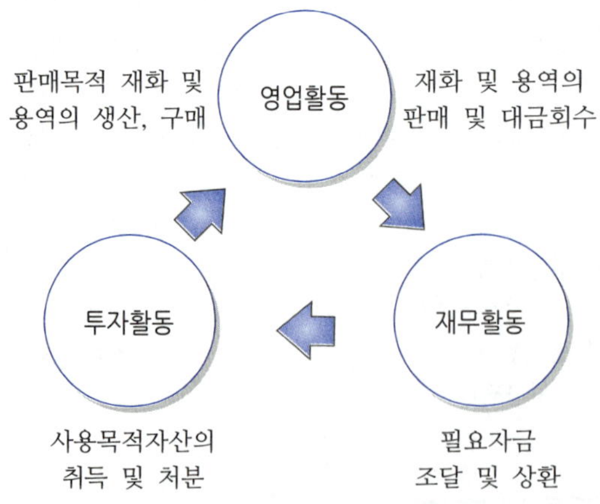

영업활동은 재화와 서비스를 판매하는 활동(판매활동), 판매할 재화를 구매하거나 생산하는 활동(구매활동과 생산활동), 그리고 이들 활동을 지원하는 활동(관리활동)을 포괄하는 활동이며, 기업의 이익창출에 가장 직접적인 영향을 미치는 핵심적 활동이다. 투자활동은 기업의 핵심적 활동인 영업활동이 효율적으로 수행될 수 있도록 지원하기 위해 토지, 건물, 차량, 특허권 등 다양한 유·무형의 자원을 취득하고 처분하는 활동이며, 재무활동은 영업활동과 투자활동을 수행하는데 필요한 자금을 기업 외부로부터 효과적으로 조달하고 상환하는 활동이다.

1.2 기업의 분류

기업의 경영활동 중 이익창출에 가장 직접적으로 영향을 미치는 활동은 영업활동이다. 따라서 기업을 분류할 때에도 영업활동의 특성을 주로 사용하며, 이에 따라 기업은 제조기업, 상품매매기업, 서비스기업으로 분류되는 것이 일반적이다.

위의 기업 분류는 기업이 영업활동을 통해 어떤 재화 또는 서비스를 판매하는가에 따라 이루어진 것이다. 기업이 주된 영업활동을 통해 판매하는 것이 재화인 경우에 제조기업과 상품매매기업으로 구분하고, 서비스인 경우에 서비스기업으로 분류한다. 제조기업과 상품매매기업의 구분은 판매하는 재화의 직접 생산여부이다. 즉, 판매할 재화를 직접 생산하는 기업은 제조기업으로 분류하고, 판매할 재화를 다른 제조기업이나 상품매매기업으로부터 구매하는 기업은 상품매매기업으로 분류한다.

회계는 기업의 모든 회계상 거래에 대해 기록하고 재무제표를 작성하는 과정이므로, 기업의 분류에 따라 회계처리 방법이 크게 달라지지는 않는다. 따라서 본서에는 주로 상품매매기업의 회계처리에 대해 소개하지만 제조기업과 서비스기업의 회계처리도 거의 동일한 회계처리방법이 적용된다고 이해하면 될 것이다.[1)] 하지만 기업의 특성에 따라 수행하는 활동에 차이가 있으므로 재무제표에 공시되는 정보는 차이가 있을 수 있다. 예를 들어, 제조기업이 판매하는 재화는 제품으로, 상품매매기업이 판매하는 재화는 상품으로 구분하여 재무상태표의 재고자산으로 보고하며, 서비스기업의 경우에는 서비스에 대한 매출원가를 계산하기 어렵기 때문에 포괄손익계산서에는 매출원가가 표시되지 않는다.

1) 상품매매기업의 회계처리를 주로 설명하는 이유는 단순히 상품의 취득원가 측정이 제조기업의 제품에 비해 설명하기에 용이하기 때문이다. 제조기업의 제품은 생산과정에 다양한 요소들이 투입되고, 생산과정도 매우 길고 복잡하기 때문에 제품의 취득원가 측정을 위해서는 원가회계를 먼저 이해해야만 한다.

SECTION 2 상품매매기업과 재고자산

2.1 재고자산의 의의

[그림 5-2] 상품매매기업의 주요 활동

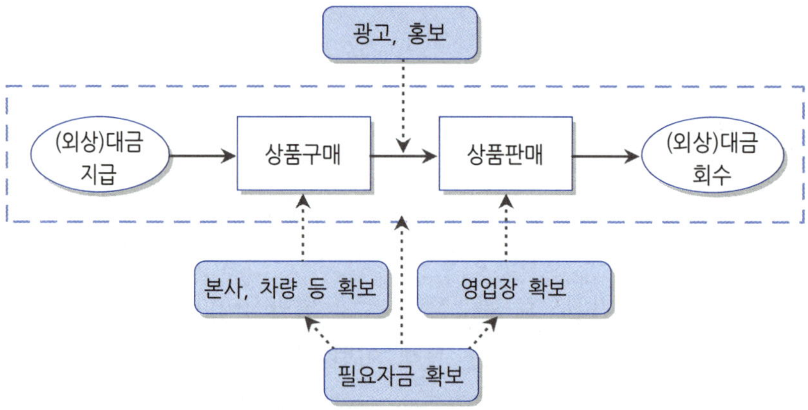

상품매매기업도 영업활동을 원활하게 수행하기 위해, 투자활동(영업장으로 사용할 건물이나 토지를 취득하거나 상품을 구매하고 판매할 때 사용할 차량을 취득하는 활동)과 재무활동(필요한 자금을 주주 또는 채권자(은행 등)로부터 조달하는 활동)을 수행한다. 그렇지만 상품매매기업은 저렴한 가격으로 상품을 구매하여 구매원가보다 높은 가격으로 판매함으로써 이익을 창출하는 것이 주된 목적이므로, 구매활동과 판매활동이 핵심적 영업활동이다. 따라서 상품매매기업의 회계처리를 이해하기 위해서는 구매활동과 판매활동에서 거래되는 상품의 회계처리에 대한 이해가 반드시 필요하다.

상품매매기업의 상품과 제조기업의 제품, 반제품, 재공품, 원재료 등은 영업활동 과정에서 판매를 목적으로 기업이 보유하고 있는 자산이므로 회계에서 이들을 재고자산inventory으로 분류한다. 이처럼 회계에서 자산을 분류하는 이유는 자산의 특성에 따라 다른 회계처리방법을 적용하기 때문이다. 회계에서는 외형상 동일한 자산이라 하더라도 취득목적에 따라 자산을 분류를 하고 각 분류별로 다른 회계처리방법을 적용한다. 예를 들어, 상품매매기업이 동일한 사양의 노트북컴퓨터를 2대 구매하는 경우를 생각해보자. 구매목적이 한 대는 판매를 위해서이고 다른 한 대는 영업장에서 사용하기 위해서라면, 판매를 위해 구매한 노트북컴퓨터는 재고자산으로 분류하여 재고자산 회계처리를 적용하고, 사용목적으로 구매한 노트북컴퓨터는 유형자산으로 분류하여 유형자산 회계처리를 적용한다. 왜냐하면 재고자산과 유형자산이 기업의 이익창출에 기여하는 방식이 다르기 때문이다. 따라서 재고자산과 유형자산을 재무제표에 공시하는 방법도 다르다. 재고자산은 정상적인 영업주기 내에 판매됨으로써 단기간 내에 기업의 이익창출에 기여할 자산이므로 유동자산으로 분류하고, 유형자산은 기업이 장기적으로 사용함으로써 이익창출에 기여할 자산이기 때문에 비유동자산으로 분류하여 재무상태표에 공시한다.

[그림 5-3] 재고자산의 회계순환과정

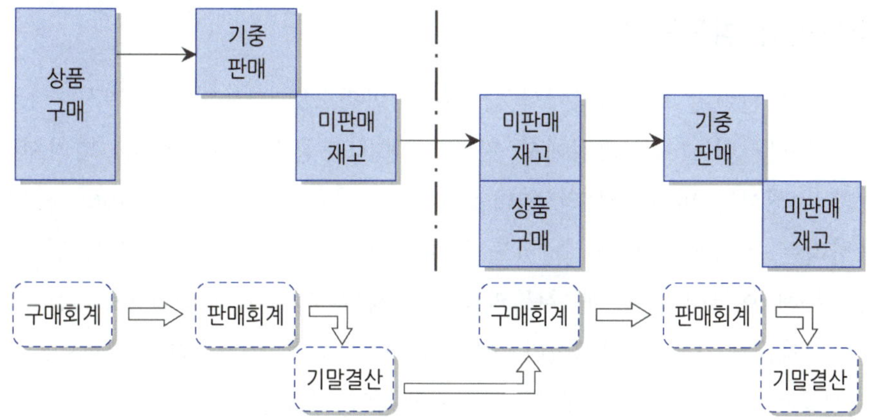

재무제표에 보고되는 모든 항목들은 기중거래에 대한 회계처리와 기말결산정리 회계처리를 거치는 회계순환과정을 통해 보다 정확한 보고금액으로 재무제표에 공시된다. 따라서 재고자산에 대해서도 기중에 발생하는 구매거래와 판매거래에 대해 회계처리를 한 후, 기말 결산시점에는 보다 정확한 재고자산 금액을 측정하는 결산정리 절차를 적용한다.

[그림 5-4] 재고자산의 원가배분

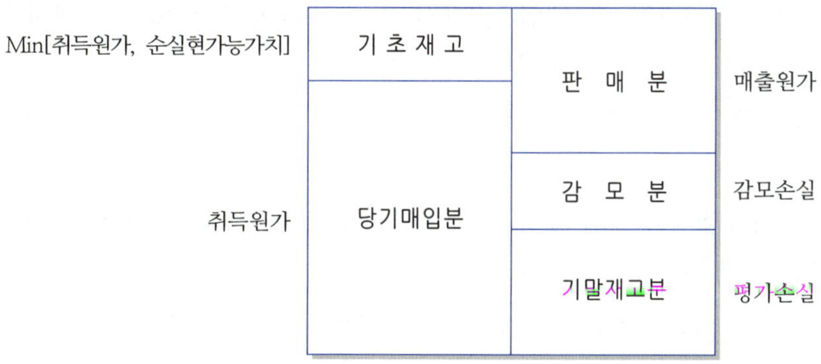

재고자산 회계처리의 핵심은 재고자산의 취득원가를 정확하게 측정하여 기록하고, 취득원가를 판매된 재고자산과 기말까지 남아있는 재고자산, 그리고 감모된 재고자산에 합리적으로 배분하는 것이다. 즉, 재고자산을 매입할 때 원가를 자산으로 인식하고 이후 판매가 이루어지는 시점에 비용으로 대체하는 원가배분 과정이 핵심이라 할 수 있다. 재고자산의 장부기록 방법에도 계속기록법, 실지재고조사법, 소매재고법, 매출총이익률법 등 다양한 방법이 있다. 각 방법별로 기중 회계처리와 기말 결산정리 회계처리 방법이 다르다. 본서에서는 계속기록법과 실지재고조사법을 중심으로 살펴본다.

2.2 재고자산의 취득원가

자산의 취득과 관련된 회계처리에서 금액은 일반적으로 취득원가로 측정한다. 취득원가란, 기업이 자산을 취득하는 과정에서 지급한 대가의 공정한 가치이다. 따라서 취득원가를 이해하기 위해서는 먼저 취득의 의미를 이해할 필요가 있다. 취득이란, 자산을 기업이 본래 사용하려는 목적에 사용할 수 있도록 하는 과정이 완료된 상태이다. 취득은 일련의 취득과정을 통해 이루어지며, 매 취득과정에 일정한 대가가 지급되므로, 취득원가란 매 취득과정에서 지급된 대가의 합계이다. 예를 들어, 상품의 사용목적은 판매이므로, 상품의 취득이란, 상품을 판매가능한 상태로 만드는 과정이 완료된 상태를 의미한다. 그리고 상품을 판매가능한 상태로 만들기 위해서는 우선 구매처로부터 상품을 매입하는 과정, 매입한 상품을 판매할 수 있는 장소로 이동시키는 과정 등 일련의 취득과정을 완료해야만 하는데, 이와 같은 상품의 취득과정에서 대가가 지급된다. 따라서 상품의 취득원가는 다음과 같은 식으로 표시할 수 있다.

취득원가 = 매입원가 + 기타원가

매입원가는 취득과정 중 매입과정에서 직접 발생한 원가로서, 구매처에 지급한 매입가격, 그리고 매입과정에 지급해야만 했던 여러 가지 대가(운송비, 하역료, 각종 세금 등)를 더한 금액이다. 기타원가는 매입과정과 직접 관련이 없지만 취득과정에서 발생하는 원가들을 포함한다.

한편, 매입과정이 완료된 후에 구매처로부터 매입할인과 리베이트 등을 받거나, 상품의 하자 때문에 에누리를 받거나 환불을 하는 경우가 발생하면, 이와 관련된 금액은 수익으로 보지 않고, 매입가격에서 차감한다. 매입할인purchase discounts이란, 판매자가 외상대금을 빨리 회수하기 위해, 매입자가 정해진 기간 내에 상환하면 매입가격의 일정금액을 할인해 주는 것이다. 리베이트는 판매자가 매입자에게 거래규모에 따라 일정 금액을 돌려주는 조건으로 판매한 후, 나중에 일정금액을 돌려주는 것을 말한다. 매입에누리purchase allowances는 재화의 불량 때문에 판매자가 매입자에게 판매액의 일부를 깎아 주는 것이다. 매입환출purchase returns은 재화의 불량이 심각하여 재화를 반품하는 것을 말한다. 따라서 취득원가를 더욱 상세하게 표시하면 다음과 같다.

> 취득원가 = {매입가격 − [매입할인, 리베이트, 매입에누리와 환출]}
> + [매입운임, 하역료, 수입관세, 제세금}

2.3 재고자산의 장부기록(계속기록법, 실지재고조사법)

취득원가로 기록한 재고자산을 판매함에 따라 원가로 기록하는 것을 재고자산의 원가배분이라 한다. 재고자산의 취득과 달리 판매로 인한 재고자산의 제거는 원가배분의 빈도에 따라 다르게 기록할 수 있다. 재고자산 매출의 빈도수가 낮은 기업의 경우 재고자산이 판매되는 시점마다 재고자산을 제거하고 원가로 배분하는 회계처리를 하는데 용이하다. 하지만 매출의 빈도수가 높은 기업의 경우 매번 판매시점마다 원가로 대체하는 회계처리는 어려울 것이다.

1) 계속기록법

계속기록법은 재고자산을 취득하는 시점에 재고자산의 증가와 판매하는 시점에 재고자산의 감소를 기록하는 방법이다. 계속기록법에 따라 회계처리를 하면, 기중 판매거래에서 발생하는 매출원가와 상품의 감소를 모두 기록하기 때문에, 매출원가 계정과 상품 계정을 확인하면 기중 어느 때라도 매출원가와 상품 잔액을 즉시 확인할 수 있는 장점이 있다. 그러나 기중에 매출원가를 기록하기 위해서는 상품을 판매할 때마다 판매된 상품의 취득단가를 파악해야 하므로, 상품을 판매할 때마다 매번 매출원가와 상품의 감소에 대한 분개와 전기를하기 위해서는 많은 노력이 투입된다는 단점도 있다.

(1) 구매활동의 회계처리

① 취득시 분개

(차) 상 품(재고자산)	×××*	(대) 현 금(또는 매입채무)	×××

* 상품의 취득원가는 매입원가와 기타원가를 합한 금액이다.

상품의 취득 후에 매입에누리나 매입환출 등이 발생하면 취득시 분개를 취소하는 형식의 분개를 한다.

② 매입에누리와 환출 등이 발생한 경우의 분개

(차) 현 금(또는 매입채무)	×××*	(대) 상 품(재고자산)	×××

* 에누리 받은 금액이나 환출된 상품의 금액을 기록한다.

예제 5.1 상품의 취득원가와 매입환출

20×1년 1월 1일에 영업을 시작한 갑회사는 상품매매기업이다. 다음은 20×1년 기중에 발생한 갑회사의 거래이다.

① 4월 1일 : 갑회사는 을회사로부터 ₩2,000,000의 상품을 현금으로 구입하고, 매입운임 ₩200,000도 함께 현금으로 지급하다.

② 6월 1일 : 갑회사는 을회사로부터 구입한 상품 중 ₩400,000의 불량품을 반품하고 현금으로 회수하다.

물음 갑회사의 거래를 분개하시오.

해설

① 상품의 취득원가는 매입가격과 매입관련 추가원가, 그리고 기타원가의 합계액이므로, 취득원가는 ₩2,000,000 + ₩200,000 + ₩0 = ₩2,200,000으로 결정된다.

(차) 상 품	2,200,000	(대) 현 금	2,200,000

② 매입환출이 발생하면 취득시 했던 분개를 반대로 하면서, 매입환출이 발생한 금액만큼을 기록한다.

(차) 현 금	400,000	(대) 상 품	400,000

(2) 판매활동의 회계처리

① 매출시 발생한 수익분개

(차) 현 금(또는 매출채권)	×××*	(대) 매 출	×××*

* 매출시 받은 금액 또는 받기로 한 금액(판매가격)을 기록한다.

② 매출할인, 매출에누리, 매출환입이 발생한 경우

(차) 매 출	×××	(대) 현 금(또는 매출채권)	×××

③ 매출시 발생한 비용분개

(차) 매 출 원 가	×××*	(대) 상 품	×××**

* 매출로 인해 유출된 상품의 취득원가 금액을 기록한다.

①의 분개는 판매처에 판매한 가격으로 기록하면 되기 때문에 금액측정의 문제가 없다. 단, 매출의 경우에도 매입의 경우와 같이 매출할인, 매출에누리, 매출환입이 발생할 수 있다. 매출할인sales discounts은 상품 등을 외상으로 판매하고 대금회수를 빨리하기 위해 정해진 기간 내에 상환하면 판매가격의 일정금액을 할인하여 주는 것이다. 매출에누리sales allowances는 판매한 상품 등에서 하자나 불량이 발견되어 판매액의 일부를 깎아 주는 것을 의미한다. 또한 매출환입sales returns은 취득한 상품 등에서 하자나 불량이 심각하여 정상적인 판매가 어려워 상품 등을 반품하는 것을 의미한다. 이와 같은 경우에는 매출의 취소로 보아 매출 때 인식했던 수익분개를 취소하는 분개를 한다.

반면, ③의 분개를 위해 매출원가 금액을 측정하는 것은 간단하지가 않다. 왜냐하면, 매출원가란, 판매된 상품(제품)의 취득원가이기 때문이다. 상품의 취득원가는 매입가격, 매입운임 등 다양한 원가의 합계액이기 때문에 누구에게, 언제, 어디에서, 어떤 조건으로 구입하는가에 따라 취득원가가 달라질 수 있다. 동일한 상품을 구매하는 경우에도 취득할 때마다 취득원가가 달라지는 경우가 일반적이기 때문에, 판매된 상품이 누구에게, 언제, 어떤 조건으로 취득한 상품인지를 파악하여 매출원가를 기록하는 것은 매우 어렵다. 판매하는 상품의 종류가 다양하지 않고, 상품의 구매와 판매가 드물게 발생하는 경우를 제외하면, 보유하고 있는 상품의 취득원가를 개별적으로 파악하고 있기는 없기 때문이다. 그렇다면 다양한 종류의 상품을 빈번하게 구매하고 판매하는 상품매매기업은 어떻게 매출원가를 측정하여 기록할 수 있을까?[2)]

2) 매출원가 분개의 어려움 때문에 후술하는 실지재고조사법이 사용된다고 이해해도 무방하다.

2) 실지재고조사법

앞에서 기중에 발생한 재고자산 거래에 대해 매출과 매출원가를 모두 기록하는 계속기록법perpetual inventory system의 회계처리에 대해 설명하였다. 오늘날 전산기술의 발달에 따라 많은 기업들이 계속기록법에 따라 재고자산 회계처리를 하고 있지만, 대체적인 회계처리 방법도 생각해 볼 수 있다. 바로 실지재고조사법periodic inventory system이다.

실지재고조사법은 매출을 하더라도 수익(매출)을 인식하는 회계처리만 하고, 매출원가와 상품감소를 인식하는 회계처리를 하지 않는다. 따라서 기중에는 매출원가와 상품 잔액을 확인할 수 없는 단점이 있는 대신, 기중 회계처리가 매우 간편하다는 장점이 있다.[3] 그렇다면, 포괄손익계산서에 보고할 매출원가와 재무상태표에 보고할 기말 재고자산 금액은 언제, 어떻게 측정할 수 있을까?

계속기록법과 달리, 실지재고조사법은 매출원가와 기말 재고자산 금액을 기말에 결산정리를 통해 인식한다.

(1) 구매활동의 회계처리

상품을 취득할 때에는 취득원가를 '매입'이라고 하는 임시계정의 차변에 기록하는데, 이는 계속기록법에서 '상품'계정을 사용하는 것과 차이가 있다. 실지재고조사법은 기중의 상품의 감소에 대한 기록을 하지 않기 때문에 상품계정을 사용하면 계정의 차변에 매입거래 내역만 기록되고, 대변에는 아무런 내역도 기록되지 않는다. 따라서 상품계정의 잔액이 실제 상품의 잔액을 의미하지 않는데, 정보이용자들은 '상품'이라는 계정과목 때문에 이 금액을 상품의 현재 잔액으로 오해하는 문제가 발생한다. 따라서 실지재고조사법에서는 '매입'이라는 계정과목을 사용하여, 계정잔액이 당기 중 상품을 '매입한' 금액을 의미한다는 것을 명시한다.

① 취득시 분개

(차) 매 입	×××*	(대) 현 금(또는 매입채무)	×××

* 상품의 취득원가는 매입원가와 기타원가를 합한 금액이다.

3) 실지재고조사법을 사용하는 경우에도 매입 또는 매출시 상품의 수량 증감은 반드시 기록을 해야만 한다. 상품 수량 변동의 기록은 회계처리는 아니지만, 상품수요를 예측하고 추가매입 여부 등을 결정하기 위해서는 수량의 파악이 필수적이기 때문에 반드시 필요한 절차이다. 또한 기말에 매출원가를 측정하더라도 원가흐름의 가정에 따라 취득단가를 파악하기 위해서도 증감수량 관리는 필수이다.

② 매입에누리와 환출시 분개

(차) 현 금(또는 매입채무)	×××*	(대) 매 입	×××

* 에누리 받은 금액이나 환출된 상품의 금액을 기록한다.

(2) 판매활동의 회계처리

상품의 판매가 있을 때는 그 판매가격만을 매출 계정의 대변에 기록한다. 이는 계속기록법에서 상품 계정으로부터 매출원가 계정으로 대체시키는 분개가 생략된 것이며, 실지재고조사법의 가장 큰 특징이다. 따라서 기중에는 원가흐름의 가정을 도입하여 취득단가를 계산할 필요가 없다.

③ 매출시 분개

(차) 현 금(또는 매출채권)	×××*	(대) 매 출	×××

* 매출시 받은 금액 또는 받기로 한 금액(판매가격)을 기록한다.

(3) 기말 결산정리

실지재고조사법은 계속기록법과 달리 기중에는 매출원가와 상품의 감소를 인식하지 않기 때문에 기말에 기말 재고자산 금액과 매출원가를 계산하는 결산정리가 반드시 필요하다. 결산정리 과정에서 실지재고조사법의 특징은 재고실사를 통해 파악한 실제 재고수량을 이용하여 기말 재고자산 금액을 먼저 결정한다는 점이다. 실제 재고수량에 취득단가를 적용하여 기말 재고자산 금액을 측정한 후 재고자산 등식을 이용하여 매출원가를 측정한다.

기초재고 수량(금액) + 당기매입 수량(금액)
= 당기유출 수량(유출된 상품원가) + 기말재고자산 수량(금액)

위의 재고자산 등식을 살펴보면, 우변이 계속기록법에서 사용한 등식과 다르다는 것을 알 수 있다. 계속기록법에서는 등식이 우변을 당기판매와 미판매의 관점에서 구분하였지만, 실지재고조사법에서는 당기유출과 기말재고의 관점에서 구분한다. 따라서 재고실사를 통해 파악한 기말 재고수량을 이용하여 기말 재고자산 금액을 먼저 측정하고 재고자산 등식을 이용하면, 당기에 유출된 상품의 원가를 측정할 수 있다.

실제 상품 수량 ← 재고실사

⋮ × 취득단가

유출된 상품원가 = 기초재고 금액 + 당기매입 금액 − 기말 재고자산 금액

전기 재무상태표 (기초재고 금액) / 기중 매입 분개 (당기매입 금액)

매출수량(매출원가) = 당기유출 수량(유출된 상품원가) − 감모수량(감모손실금액)

④ 결산정리 분개

(차) 매 출 원 가	×××	(대) 상 품	×××

☞ 전기에 판매하지 못하고 창고에 있는 기초 재고자산이 당기에 모두 판매되었다고 가정하는 분개

(차) 매 출 원 가	×××	(대) 매 입	×××

☞ 당기에 매입한 상품이 모두 판매되었다고 가정하는 분개

(차) 상 품	×××*	(대) 매 출 원 가	×××

☞ 재고실사를 통해 파악한 실제 상품을 기말 재고자산으로 인식하는 분개

* 재고실사를 통해 파악한 실제 상품수량에 원가흐름의 가정을 이용하여 파악한 취득단가를 적용한 금액

2.4 재고자산의 단위원가(선입선출법, 평균법)

실제 상품의 판매는 먼저 구매한 상품이 판매되는 경우도 있고, 나중에 구매한 상품이 판매되는 경우도 있을 것이다. 하지만 대량의 동질적인 상품을 판매하는 경우에 언제 취득한 상품이 판매되고 있는지를 파악하기 어렵다. 따라서 판매되는 상품의 개별 취득원가(단가, 이하 취득단가)를 파악하는 것은 더욱 어렵다. 따라서 매출원가를 합리적이고 체계적으로 측정하기 위해서 원가흐름의 가정을 도입하여 사용한다. 원가흐름의 가정이란, 상품이 일정한 순서에 따라 판매될 것이라는 가정이다. 따라서 원가흐름을 가정하면, 실제 판매된 상품의 취득원가를 일일이 추적하지 않고, 매출원가도 가정한 상품의 판매순서에 따라 결정할 수 있게 된다.

① 개별법

개별법specific identification method은 판매된 상품 하나하나의 취득단가를 추적하여 실제원가흐름에 따라 매출원가와 기말재고액을 결정하는 방법이므로 원가흐름의 가정을 사용하지 않는 방법이다. 즉 판매된 상품과 재고로 남아있는 상품의 취득단가를 구분하여 파악하는 방법으로 가장 정확한 평가방법이라고 할 수 있다. 이러한 개별법은 상호 교환될 수 없는 재고자산항목과 특정 프로젝트별로 생산되는 재화 또는 용역의 원가에 사용한다. 따라서 상호교환 가능한 대량의 동질적인 상품에 대해서는 사용할 수 없다.

② 선입선출법[4)]

선입선출법first-in first-out method, FIFO은 실제원가흐름과는 관계없이, 먼저 구매한 상품이 먼저 판매되며, 결과적으로 기말에 재고로 남아 있는 상품은 가장 최근에 구매한 상품일 것이라고 가정하는 방법이다. 따라서 선입선출법을 적용하면 재무상태표의 기말재고자산은 항상 나중에 구매한 상품들의 취득원가(또는 순실현가능가치)로 계산되며, 포괄손익계산서의 매출원가는 먼저 구입한 상품들의 원가로 계산된다.

③ 평균법

평균법average cost method은 여러 시점에 구매한 상품의 취득원가를 평균한 취득단가를 이용하여 매출원가 및 기말재고금액을 계산하는 방법이다. 따라서 판매시점마다 그 시점까지 보유하고 있는 재고자산의 평균 취득단가를 계산하여 사용해야 하며, 판매 후에 추가적인 구매가 발생하는 경우에는 판매시점마다 적용되는 평균 취득단가가 달라질 수 있다.

주의할 점은 선입선출법과 평균법을 사용하기 위해서는 기중에 취득한 상품에 대한 수량과 취득단가에 대해서 각 거래별로 기록하고 관리를 하여야만 한다는 점이다. 또한 판매한 상품에 대해서도 각 판매거래별로 수량을 기록하고 관리하여 한다. 즉, 선입선출법과 평균법은 매출원가를 쉽게 측정하기 위한 방법이라기보다는 상품 취득원가를 매출원가와 기말재고금액으로 체계적으로 배분하기 위한 방법이라고 할 수 있다.

---

4) 이론적으로 후입선출법last-in last-out method: LIFO도 적용가능하나 한국채택국제회계기준에서 후입선출법의 적용을 금지하고 있으므로 설명은 생략한다.

예제 5.2 상품의 매출원가 1(계속기록법)

상품매매기업인 갑회사는 20×1년 동안 다음과 같은 상품매매거래를 모두 현금으로 지급하다.

일 자	거 래	수 량(개)	단 가	금 액
1월 1일	기초재고	500	₩1,400	₩700,000
3월 1일	매 입	2,000	1,600	3,200,000
6월 1일	매 입	1,000	2,400	2,400,000
9월 1일	매 출	(−)2,000	4,000	(−)8,000,000

물음 갑회사가 계속기록법을 적용할 때, 상품매입과 상품매출 거래에 대해 분개하고, 전기하시오. 단, 매출원가를 계산할 때 선입선출법을 적용한다.

해설

① 매입거래 (3월 1일)

(차)	상 품	3,200,000*1	(대) 현 금	3,200,000

*1. 취득원가 = 2,000개 × @₩1,600 = ₩3,200,000

상 품

차변	대변
1/1 전기이월 700,000	
3/1 현금 3,200,000	

현 금

차변	대변
1/1 전기이월 ×××	3/1 상품 3,200,000

② 매입거래 (6월 1일)

(차)	상 품	2,400,000*2	(대) 현 금	2,400,000

*2. 취득원가 = 1,000개 × @₩2,400 = ₩2,400,000

상 품

차변	대변
1/1 전기이월 700,000	
3/1 현금 3,200,000	
6/1 현금 2,400,000	

현 금

차변	대변
1/1 전기이월 ×××	3/1 상품 3,200,000
	6/1 상품 2,400,000

③ 매출거래(9월 1일)

(차)	현 금	8,000,000	(대) 매 출	8,000,000
(차)	매 출 원 가	3,100,000*3	(대) 상 품	3,100,000

*3. 매출원가 = 매출시마다 산출된 매출원가의 합계액
= 500개 × @₩1,400(기초재고의 단가) + 1,500개 × @₩1,600(3월 1일 매입시 취득단가)
= ₩3,100,000

선입선출법은 먼저 매입한 상품부터 먼저 판매된다는 가정이므로, 판매시점(6월 1일)에서 볼 때 가장 먼저 매입한 상품은 기초재고(작년에 매입)부터 판매된 것으로 가정하며, 기초재고가 모두 소진되면 그 다음으로 먼저 매입한(3월 1일) 상품이 판매된 것으로 간주한다.

현 금	
1/1 전기이월 ×××	3/1 상품 3,200,000
9/1 매출 8,000,000	6/1 상품 2,400,000

매 출	
	9/1 현금 8,000,000

매출원가	
9/1 상품 3,100,000	

상 품	
1/1 전기이월 700,000	9/1 매출원가 3,100,000
3/1 현금 3,200,000	
6/1 현금 2,400,000	

물음 갑회사가 계속기록법을 적용할 때, 상품매입과 상품매출 거래에 대해 분개하고, 전기하시오. 단, 매출원가를 계산할 때 평균법을 적용한다.

해설

① 매입거래(3월 1일)

(차)	상 품	3,200,000*1	(대)	현 금	3,200,000

*1. 취득원가 = 2,000개 × @₩1,600 = ₩3,200,000

상 품	
1/1 전기이월 700,000	
3/1 현금 3,200,000	

현 금	
1/1 전기이월 ×××	3/1 상품 3,200,000

② 매입거래(6월 1일)

(차)	상 품	2,400,000*2	(대)	현 금	2,400,000

*2. 취득원가 = 1,000개 × @₩2,400 = ₩2,400,000

③ 매출거래(9월 1일)

(차)	현 금	8,000,000	(대)	매 출	8,000,000
(차)	매 출 원 가	3,600,000*	(대)	상 품	3,600,000

일 자	거래	수량 (개)	단가 (₩)	매출원가			보유재고액		
				수량	단가	금액(₩)	수량	평균단가	금액(₩)
1월 1일	기초	500	1,400				500	1,400	700,000
3월 1일	매입	2,000	1,600				2,500	1,560[*1]	3,900,000
6월 1일	매입	1,000	2,400				3,500	1,800[*2]	6,300,000
9월 1일	매출	(−)2,000	4,000	2,000	1,800	3,600,000	1,500	1,800	2,700,000
매출원가(합계액)*				2,000	1,800	3,600,000			

*1. [₩700,000 + 2,000개 × ₩1,600] ÷ [500개 + 2,000개] = ₩3,900,000 ÷ 2,500개 = @₩1,560

*2. [₩3,900,000 + 1,000개 × ₩2,400] ÷ [2,500개 + 1,000개] = ₩6,300,000 ÷ 3,500개 = @₩1,800

* 매출원가 = 매출시마다 산출된 매출원가의 합계액
　　　　　= 2,000개 × @₩1,800
　　　　　= ₩3,600,000

평균법은 판매시점 이전에 존재하는 상품들이 순차적으로 판매되는 것이 아니라, 평균적으로 판매된다고 가정하는 방법이므로, 판매시점에 존재하는 모든 상품들의 평균단가를 구하고, 평균단가에 판매수량을 곱하여 매출원가를 계산한다. 실무에서는 언제 판매가 이루어질지를 알 수 없고, 판매시점에 평균단가를 계산할 시간적 여유도 없으므로, 상품 매입할 때 마다 평균단가를 구하는 것이 일반적이다.

현 금

차변	대변
1/1 전기이월 ×××	3/1 상품 3,200,000
9/1 매출 8,000,000	6/1 상품 2,400,000

매 출

차변	대변
	9/1 현금 8,000,000

매출원가

차변	대변
9/1 상품 3,600,000	

상 품

차변	대변
1/1 전기이월 700,000	9/1 매출원가 3,600,000
3/1 현금 3,200,000	
6/1 현금 2,400,000	

예제 5.3 상품의 매출원가 2(실지재고조사법)

상품매매기업인 갑회사는 20×1년 동안 다음과 같은 상품매매거래를 모두 현금으로 지급하다.

일 자	거 래	수 량(개)	단 가	금 액
1월 1일	기초재고	500	₩1,400	₩700,000
3월 1일	매 입	2,000	1,600	3,200,000
6월 1일	매 입	1,000	2,400	2,400,000
9월 1일	매 출	(−)2,000	4,000	(−)8,000,000

물음 갑회사가 실지재고조사법을 적용할 때, 상품매입과 상품매출 거래에 대해 분개하고, 전기하시오. 단, 매출원가를 계산할 때 선입선출법을 적용한다.

해설

① 매입거래(3월 1일)

(차) 매 입	3,200,000[*1]	(대) 현 금	3,200,000

*1. 취득원가 = 2,000개 × @₩1,600 = ₩3,200,000

상 품

차변	대변
1/1 전기이월 700,000	

현 금

차변	대변
1/1 전기이월 ×××	3/1 매입 3,200,000

매 입

차변	대변
3/1 현금 3,200,000	

② 매입거래(6월 1일)

(차) 매 입	2,400,000[*2]	(대) 현 금	2,400,000

*2. 취득원가 = 1,000개 × @₩2,400 = ₩2,400,000

상 품

차변	대변
1/1 전기이월 700,000	

현 금

차변	대변
1/1 전기이월 ×××	3/1 매입 3,200,000
	6/1 매입 2,400,000

매 입

차변	대변
3/1 현금 3,200,000	
6/1 현금 2,400,000	

③ 매출거래(9월 1일)

(차) 현 금	8,000,000	(대) 매 출	8,000,000

현 금

차변	대변
1/1 전기이월 ×××	3/1 매입 3,200,000
9/1 매출 8,000,000	6/1 매입 2,400,000

매 출

차변	대변
	9/1 현금 8,000,000

상 품

차변	대변
1/1 전기이월 700,000	

매 입

차변	대변
3/1 현금 3,200,000	
6/1 현금 2,400,000	

④ 결산정리분개(12월 31일)

(차) 매 출 원 가	700,000*3	(대) 상 품	700,000
(차) 매 출 원 가	5,600,000*4	(대) 매 입	5,600,000
(차) 상 품	3,200,000*5	(대) 매 출 원 가	3,200,000

*3. 기초재고(이월상품) = 500개 × @₩1,400 = ₩700,000
*4. 당기매입 = [2,000개 × @₩1,600] + [1,000개 × @₩2,400] = ₩5,600,000
*5. 기말재고 = [500개 × @₩1,600] + [1,000개 × @₩2,400] = ₩3,200,000

계속기록법에서 선입선출법은 판매시점 이전에 존재하는 상품들이 순차적으로 판매된다고 가정한다. 그러므로 기말결산 시점에 남아있는 재고자산(상품)은 나중에 매입된 상품들로 구성된다.

물음 갑회사가 실지재고조사법을 적용할 때, 상품매입과 상품매출 거래에 대해 분개하고, 전기하시오. 단, 매출원가를 계산할 때 평균법을 적용한다.

해설

① 매입거래(3월 1일)

(차) 매 입	3,200,000*1	(대) 현 금	3,200,000

*1. 취득원가 = 2,000개 × @₩1,600 = ₩3,200,000

상 품

차변	대변
1/1 전기이월 700,000	

현 금

차변	대변
1/1 전기이월 ×××	3/1 매입 3,200,000

매 입

차변	대변
3/1 현금 3,200,000	

② 매입거래(6월 1일)

(차) 매 입	2,400,000*2	(대) 현 금	2,400,000

*2. 취득원가 = 1,000개 × @₩2,400 = ₩2,400,000

상 품

차변	대변
1/1 전기이월 700,000	

현 금

차변	대변
1/1 전기이월 ×××	3/1 매입 3,200,000
	6/1 매입 2,400,000

매 입

차변	대변
3/1 현금 3,200,000	
6/1 현금 2,400,000	

③ 매출거래(9월 1일)

(차) 현 금	8,000,000	(대) 매 출	8,000,000

현 금

차변		대변	
1/1 전기이월	×××	3/1 매입	3,200,000
9/1 매출	8,000,000	6/1 매입	2,400,000

매 출

차변		대변	
		9/1 현금	8,000,000

상 품

차변		대변	
1/1 전기이월	700,000		

매 입

차변		대변	
3/1 현금	3,200,000		
6/1 현금	2,400,000		

④ 결산정리분개(12월 31일)

(차) 매 출 원 가	700,000*3	(대) 상 품	700,000
(차) 매 출 원 가	5,600,000*4	(대) 매 입	5,600,000
(차) 상 품	2,700,000*5	(대) 매 출 원 가	2,700,000

*3. 기초재고(이월상품) = 500개 × @₩1,400 = ₩700,000

*4. 당기매입 = [2,000개 × @₩1,600] + [1,000개 × @₩2,400] = ₩5,600,000

*5. 상품 단위당 총평균원가 = [₩700,000 + ₩5,600,000] ÷ [500개 + 2,000개 + 1,000개] = @₩1,800
기말재고상품 = 1,500개 × @₩1,800 = ₩2,700,000

실지재고조사법에서 평균법은 상품들이 평균적인 시점과 가격으로 판매된다고 가정하는 방법이고 기말결산시점에 매출원가를 산정한다. 그러므로 결산시점에 존재하는 모든 상품들의 평균단가를 구하고, 평균단가에 기말재고자산 수량을 곱하여 판매되지 않고 남아있는 기말재고자산을 계산한다. 이것을 기중에 판매가능한 상품가액(기초재고 및 당기매입)에서 차감하여 당기에 판매한 상품의 가액(매출원가)를 구한다.

SECTION 3 재고자산 감모손실과 저가법

3.1 재고자산의 감모손실

회계순환과정의 설명에서 기중에 발생한 거래를 분개하고 계정에 전기한 내용으로만 재무제표를 작성하면 기업의 기말 재무상태나 회계기간 중에 발생한 경영성과를 제대로 표시할 수 없기 때문에 기말에는 결산정리를 통해 기중에 누락한 정보를 계정에 반영하는 절차가 필요하다고 하였다. 재고자산의 경우에 어떤 결산정리 과정이 필요한지 알아보자.

재고자산에 대한 기말 결산정리의 목표는 기말 재고자산 금액의 정확한 측정이다. 왜냐하면 기말 재고자산 금액이 정확해야만 재무상태표의 자산 금액이 정확해지며, 당기의 경영성과를 보고하는 포괄손익계산서도 정확하게 측정될 수 있기 때문이다. 또한 기말 재고자산 금액은 다음 회계기간의 기초 재고자산으로 이월되므로 당기 말 재고자산의 금액이 정확하지 않으면, 다음 기의 매출원가가 부정확하게 측정되는 문제도 발생한다.

계속기록법은 기중에 상품 구매와 판매거래가 발생할 때마다 회계처리를 하기 때문에 언제라도 매출원가 계정과 상품 계정의 잔액을 확인할 수 있다. 따라서 기말에 매출원가와 기말 재고자산 금액을 쉽게 측정할 수 있다. 하지만 이 금액들이 정확한 금액이 아닐 수 있기 때문에 계속기록법으로 재고자산의 거래를 회계처리하는 경우에도 결산정리가 필요하다.

1) 재고자산 등식

기초재고 수량(금액) + 당기매입 수량(금액) = 판매 수량(매출원가) + 미판매상품 수량(금액)

위의 등식을 재고자산 등식이라고 한다. 이 등식이 중요한 이유는 기초에 보유하고 있던 상품과 당기 중에 구매한 상품은 결국 당기 중에 판매되거나 판매되지 않은 경우로만 분류된다는 것을 보여줌으로써 재고자산의 수량(금액) 흐름의 전체적인 모습을 보여주기 때문이다. 실제로 계속기록법에서 사용하는 상품 계정은 이 등식에 따라 작성된다. 기말 결산정리 전 상품 계정의 잔액은 미판매상품의 금액을 나타낸다.

재고자산 등식에서 중요한 점은 계속기록법의 상품 계정은 기말 재고자산 금액을 의미하지 않는다는 점이다. 왜냐하면, 기업의 구매활동과 판매활동 과정 중에 도난, 분실, 파손 등이 발생한 경우에는 미판매수량(금액)과 기말 재고자산 수량(금액)이 다를 수 있기 때문이다. 이와 같은 경우를 감모shrinkage라고 한다. 감모는 재고자산 관리가 제대로 이루어지지 않는 경우뿐만이 아니라 정상적인 영업활동 과정에서도 발생할 수 있기 때문에 기말 결산정리 시에 반드시 감모를 고려하여야만 한다. 기말 재고자산의 수량을 다음과 같이 나타낼 수 있다.

기말재고 수량 = 미판매상품 수량 − 감모 수량

계속기록법을 사용하는 경우 상품의 기말 잔액이 기말 재고자산의 금액을 정확하게 측정하지 못한다는 사실을 알았다. 따라서 기말 재고자산을 정확히 측정하기 위해서는 감모의 발생여부를 확인하고, 감모가 발생하였다면 상품 계정의 잔액을 감소시키면서 감모로 인한 상품의 감소금액은 비용으로 인식해야 한다. 그렇다면 어떤 기말 결산정리절차를 통하여 실제 기말 재고자산의 수량과 금액을 측정할 수 있을까?

2) 재고실사와 감모손실

기업은 감모의 발생여부를 파악하기 위해 기말에 매장이나 창고에 남아있는 상품의 실제 수량을 확인하는 재고실사를 수행해야 한다. 기중에는 감모의 발생여부를 파악할 수 없는 경우가 대부분이기 때문이다.[5] 재고실사를 통해 실제 상품의 수량이 확인되면 수량을 관리하는 장부에 기재된 미판매상품 수량과 비교하여 감모의 발생여부와 감모수량을 확인하면 된다. 감소시킬 재고자산 금액(감모손실 금액)은 확인된 감모수량에 상품의 취득단가를 곱하여 측정한다.

이때 유의할 점은 실제로 감모가 발생한 시점을 알 수 없기 때문에 감모손실 측정 시 적용할 취득단가도 원가흐름의 가정을 이용하여 파악해야 한다는 사실이다. 계속기록법의 경우, 원가흐름의 가정은 기중에 매출원가 측정을 위해 사용하고 있는 가정을 그대로 사용하면 된다. 감모손실의 측정을 위해서는 원가흐름의 가정 외에도 감모와 판매의 선후관계에 대한 가정도 필요한데, 일반적으로 감모는 상품의 판매가 먼저 발생한 후 기말까지 미판매된 상품 중에서 기말에 한꺼번에 발생한다고 가정하여 취득단가를 적용한다. 예를 들어, 기중에 선입선출법을 사용한다면, 감모는 기말의 미판매분 중에서 먼저 매입한 상품의 취득단가부터 적용하면 될 것이고, 평균법을 사용한다면 기말에 매출이 발생한 것처럼 가정하여 계산한 평균단가를 적용하면 될 것이다.

감모 수량 = 미판매상품 수량 − 실제 재고 수량

↑ (증감수량 기록) ↑ (재고조사)

감모손실금액 = 감모 수량 × 취득단가*

* 선입선출법 또는 평균법을 적용하여 결정

감모의 원인은 영업활동 과정에서 불가피하게 발생하는 경우와 관리상의 실수로 발생

5) 감모가 발생하고 있는 것을 관찰할 수 있다면, 감모를 방지할 수 있기 때문에 감모의 발생 자체가 일어나지 않을 것이다. 물론 도난이나 분실의 경우에는 발생한 후 얼마 지나지 않은 시점에 그 사실을 확인하고 회계처리를 할 수도 있을 것이다. 그렇다고 하더라도 그 이후 기말까지 감모가 발생하지 않았다고 확신할 수는 없을 것이다.

하는 경우로 나눌 수 있다. 거래하는 상품의 특성상 이동 중에 어느 정도의 파손이나 분실이 항상 발생하는 경우는 정상적 감모라고 볼 수 있고, 총감모 중 정상적 감모를 제외한 부분은 비정상적 감모라고 할 수 있다. 정상적 감모손실은 매출과정에서 정상적으로 발생하는 비용이므로 매출원가로 분류하고, 비정상적 감모손실은 기타비용으로 분류하는 것이 타당한 회계처리일 것이다.

3) 재고실사 시 주의점

재고실사를 통해 재고자산의 실제 수량을 파악할 때 주의할 점은 기말에 매장이나 창고에 실제로 존재하는 상품만을 기말 재고자산으로 파악하면 안 되는 경우도 있다는 점이다. 예를 들어, 기업이 다른 기업에게 상품을 대신 판매해 달라고 맡겨 놓은 상품(적송품)이 있는 경우에는 창고에 실제 상품이 존재하지 않더라도 기말 재고자산에 포함하여야 한다. 이와 유사한 경우로는 미착상품, 시송품, 재구매조건부 판매 재고자산 등이 있다.

미착상품은 구매한 상품이 현재 운송중에 있어서 매장이나 창고에는 존재하지 않는 상품이며, 시송품은 판매회사가 고객에게 일정 기간 사용한 후 구매여부를 결정하는 조건으로 발송한 상품이다. 따라서 고객이 매입의사를 표시하기 전까지는 판매되지 않은 것이므로 기말 재고자산에 포함해야 한다. 재구매조건부 판매 재고자산은 기업이 기중에 상품을 판매한 거래이지만, 이후 동 상품을 확정된 금액으로 다시 매입할 것이므로, 거래의 실질이 상품을 담보로 자금을 빌린 차입거래이다. 따라서 이 경우에는 매출 회계처리와 매출원가 회계처리를 취소하고 차입거래로 회계처리해야 하므로 재고실사 시 상품의 수량이 파악되지 않더라도 기말 재고자산에 포함해야 한다.

실지재고조사법에서도 재고자산 수량의 증감에 대해서는 항상 기록하여 관리하고 있으므로 재고자산 등식을 이용하면 장부상 미판매 수량을 파악할 수 있다. 따라서 장부상 미판매 수량에서 실제 수량을 차감하면 감모된 상품의 수량을 파악할 수 있다.

감모손실은 감모수량에 취득원가를 적용하여 구하는데, 감모의 발생시점을 알 수 없으므로 마지막 상품 유출분을 감모로 가정하여 취득단가를 적용하면 될 것이다. 그런데 실지재고조사법에서는 매출원가를 기말 재고금액을 이용하여 구하는 방법을 사용하기 때문에 매출원가에 감모손실이 포함되어 있다. 따라서 감모손실 중 비정상적 감모손실만 매출원가에서 감소시키는 방법으로 기록해야 한다.

(차) 재고자산감모손실	×××*	(대) 매 출 원 가	×××

* 비정상적인 감모손실 금액. 정상적인 감모는 매출원가로 분류하기 때문에 별도의 분개를 하지 않는다.

예제 5.4 감모손실 : 계속기록법

상품매매기업인 갑회사는 20×1년 동안 다음과 같은 상품매매거래를 하다.

일 자	거 래	수 량(개)	단 가	금 액
1월 1일	기초재고	500	₩1,400	₩700,000
3월 1일	매 입	2,000	1,600	3,200,000
6월 1일	매 입	1,000	2,400	2,400,000
9월 1일	매 출	(−)2,000	4,000	(−)8,000,000

갑회사는 결산을 위하여 20×1년 12월 31일에 매장과 창고에 있는 실제 상품에 대해 재고실사를 수행한 결과, 상품의 실제수량은 1,200개로 파악되고, 미착품이나 적송품 등은 존재하지 않는다. 또한 회사는 감모 중 30%는 불가피하게(정상적으로) 발생한 것으로 판단하여 매출원가로 분류하는 정책을 사용하고 있다.

물음 상품에 대한 갑회사의 기말 결산정리 분개와 전기를 하고, 재무상태표에 보고할 기말 재고자산 금액을 계산하시오. 단, 갑회사는 기중 매출원가를 계산할 때 원가흐름의 가정으로 선입선출법을 적용한다.

해설

① 기중에 상품매입분개와 상품판매분개를 하고 전기하기 때문에 상품계정의 잔액을 확인하면 미판매상품의 금액을 바로 측정할 수 있다.

상 품

차변		대변	
1/1 전기이월	700,000	9/1 매출원가	3,100,000
3/1 현금	3,200,000		
6/1 현금	2,400,000	12/31 잔액	3,200,000

② 감모수량을 파악을 위해, 미판매상품의 수량에서 실제 수량을 차감한다.

☞ 갑회사의 미판매 재고자산의 수량은 1,500개(= 500개 + 2,000개 + 1,000개 − 2,000개)이고, 실제 재고자산 수량은 1,200개이므로 감모수량은 300개이다.

③ 감모손실금액 계산을 위해 감모수량에 적용할 취득단가를 결정한다.

☞ 기중 매출원가에 선입선출법을 적용하였으므로, 감모수량에 대해서도 선입선출법을 이용하여 취득단가를 적용한다. 장부상 1,500개의 미판매상품이 존재하는데, 선입선출법에서는 이 수량 중 500개는 3월 1일 취득분이고, 1,000개는 6월 1일 취득분으로 가정하므로, 감모수량 300개는 3월 1일 취득분 중에서 발생하였다고 가정한다. 따라서 감모소실금액은 300개에 3월 1일 취득단가(₩1,600)를 적용하여 측정한다. 따라서 감모손실금액은 ₩480,000(= 300 × @₩1,600)이다.

④ 감모손실 금액의 분류

☞ 감모 중 30%는 상품의 구매 및 판매과정에서 정상적으로 발생할 수 밖에 없다고 판단하고 있으므로 감모손실 금액(₩480,000) 중 ₩144,000(= ₩480,000 × 30%)은 매출원가로 분류하고, 나머지 ₩336,000은 기타비용으로 분류한다.

⑤ 분개 및 전기

(차) 매 출 원 가	144,000	(대) 상 품	480,000
재고자산감모손실	336,000		

매출원가

9/1 상품	3,100,000		
12/31 상품	144,000		

상 품

1/1 전기이월	700,000	9/1 매출원가	3,100,000
3/1 현금	3,200,000	12/31 매출원가	144,000
6/1 현금	2,400,000	12/31 감모손실	336,000
		잔액	2,720,000

재고자산감모손실

12/31 상품	336,000		

⑥ 재무상태표에 보고될 재고자산 금액

☞ 감모손실을 반영한 후 상품 계정의 잔액이 기말 재고자산 금액이므로 ₩2,720,000이 재무상태표에 보고되는 금액이다.

물음 갑회사의 재무상태표에 보고할 기말 재고자산 금액을 계산하시오. 단, 갑회사는 기중 매출원가를 계산할 때 원가흐름의 가정으로 평균법을 적용한다.

해설

① 기중에 상품매입분개와 상품판매분개를 하고 전기하기 때문에 상품계정의 잔액을 확인하면 미판매상품의 금액을 바로 측정할 수 있다.

상 품

1/1 전기이월	700,000	9/1 매출원가	3,600,000
3/1 현금	3,200,000		
6/1 현금	2,400,000	12/31 잔액	2,700,000

② 감모수량을 파악을 위해, 미판매상품의 수량에서 실제 수량을 차감한다.

☞ 갑회사의 미판매 재고자산의 수량은 1,500개(= 500개 + 2,000개 + 1,000개 − 2,000개)이고, 실제 재고자산 수량은 1,200개이므로 감모수량은 300개이다.

③ 감모손실금액 계산을 위해 감모수량에 적용할 취득단가를 결정한다.

☞ 기중 매출원가에 평균법을 적용하였으므로, 감모수량에 대해서도 평균법을 이용하여 취득단가를 적용한다. 장부상 1,500개의 미판매상품이 존재하는데, 평균법에서는 이 수량 모두에 대해 6월 1일에 계산한 평균단가인 @₩1,800을 적용한다. 따라서 감모손실금액은 ₩540,000(= 300 × @₩1,800)이다. 이 중에서 정상적으로 발생한 감모손실 금액 ₩162,000(= ₩540,000 × 30%)은 매출원가로 분류하고, 나머지 ₩378,000은 기타비용으로 분류한다.

④ 재무상태표에 보고될 재고자산 금액

☞ 감모손실을 반영한 후 상품 계정의 잔액이 기말 재고자산 금액이므로 ₩2,160,000(= ₩2,700,000 −₩540,000)이 재무상태표에 보고되는 금액이다.

예제 5.5 감모손실 : 실지재고조사법

상품매매기업인 ㈜성실은 20×1년 동안 다음과 같은 상품매매거래를 하고, 모두 현금거래이다.

일 자	거 래	수 량(개)	단 가	금 액
1월 1일	기초재고	500	₩1,400	₩700,000
3월 1일	매 입	2,000	1,600	3,200,000
6월 1일	매 입	1,000	2,400	2,400,000
9월 1일	매 출	(−)2,000	4,000	(−)8,000,000

㈜성실이 결산을 위하여 20×1년 12월 31일에 매장과 창고에 있는 상품에 대해 실제 조사를 수행한 결과, 상품의 실제수량은 1,200개로 파악되다. 또한 회사는 감모 중 30%는 불가피하게(정상적으로) 발생한 것으로 판단하여 매출원가로 분류하는 정책을 사용하고 있다.

물음 ㈜성실이 실지재고조사법을 적용할 때, 기중 및 결산분개를 하시오. 단, 기말 재고자산 금액 계산 시에는 선입선출법을 적용한다.

해설

[실지재고조사법 하의 선입선출법]

① 매입(3월 1일)

(차) 매 입	3,200,000	(대) 현 금	3,200,000

② 매입(6월 1일)

(차) 매 입	2,400,000	(대) 현 금	2,400,000

③ 매출(9월 1일)

(차) 현 금	8,000,000	(대) 매 출	8,000,000

④ 결산 1(12월 31일)

(차) 매 출 원 가	700,000	(대) 상 품	700,000
(차) 매 출 원 가	5,600,000	(대) 매 입	5,600,000
(차) 상 품	2,720,000*	(대) 매 출 원 가	2,720,000

* 재고실사 결과 실제수량은 1,200개
기말 재고자산 취득원가 금액 = 1,000개 × @₩2,400(6월1일 취득단가) + 200개 × @₩1,600(3월 1일 취득단가)
= ₩2,720,000

☞ 매출원가 = ₩700,000 + ₩5,600,000 − ₩2,720,000 = ₩3,580,000

결산 2(12월 31일) : 감모손실

☞ 감모손실 = 감모수량 × 취득단가 = (장부상 기말 재고수량 - 재고실사 수량) × 취득단가
장부상 기말 재고수량 = {500개 + 2,000개 + 1,000개} - 2,000개 = 1,500개
감모수량 = 1,500개 - 1,200개 = 300개
감모손실 = 300개 × @₩1,600(선입선출법이므로 3월 1일 취득단가) = ₩480,000
비정상적 감모손실 = ₩480,000 × (1 - 30%) = ₩336,000

(차) 재고자산감모손실	336,000	(대) 매출원가	336,000

물음 ㈜성실이 실지재고조사법을 적용할 때, 기중 및 결산분개를 하시오. 단, 기말 재고자산 금액 계산 시에는 평균법을 적용한다.

해설

[실지재고조사법 하의 평균법]

① 매입(3월 1일)

(차) 매입	3,200,000	(대) 현금	3,200,000

② 매입(6월 1일)

(차) 매입	2,400,000	(대) 현금	2,400,000

③ 매출(9월 1일)

(차) 현금	8,000,000	(대) 매출	8,000,000

④ 결산 1(12월 31일)

(차) 매출원가	700,000	(대) 상품	700,000
(차) 매출원가	5,600,000	(대) 매입	5,600,000
(차) 상품	2,160,000*	(대) 매출원가	2,160,000

* 기말재고액 = 1,200개 × @₩1,800* = ₩2,160,000
* 단위당 평균원가 = [₩700,000 + ₩3,200,000 +₩ 2,400,000] ÷ [500개 + 2,000개 + 1,000개] = @₩1,800

☞ 매출원가 = ₩700,000 +₩5,600,000 - ₩2,160,000 = ₩4,140,000

결산 2(12월 31일) : 감모손실

☞ 감모손실 = 감모수량 × 취득단가 = (장부상 기말 재고수량 - 재고실사 수량) × 취득단가
장부상 기말 재고수량 = {500개 + 2,000개 + 1,000개} - 2,000개 = 1,500개
감모수량 = 1,500개 - 1,200개 = 300개
감모손실 = 300개 × @₩1,800(평균법) = ₩540,000
비정상적 감모손실 = ₩540,000 × (1 - 30%) = ₩378,000

(차) 재고자산감모손실	378,000	(대) 매출원가	378,000

3.2 저가법과 재고자산평가손실

재고자산에 대해 감모를 인식한 후의 기말 결산정리 과정은 실제로 존재하는 기말 재고자산에 대해 저가법을 적용하는 것이다.[6] 판매를 목적으로 보유하고 있는 재고자산은 기간이 경과하면 판매가치가 감소하여 판매가격을 낮추지 않고서는 판매가 어려워지는 경우가 많다. 경우에 따라서는 취득원가보다 낮은 가격으로 판매해야만 하는 경우도 있는데, 이런 경우에도 취득원가 기준을 적용하면 재무상태표에 보고되는 기말 재고자산의 금액이 실제 가치보다 과대계상되는 문제가 발생한다. 이런 문제를 완화하기 위해 재무상태표에 보고할 재고자산은 취득원가와 순실현가능가치 중 낮은 금액으로 측정하도록 회계기준이 규정하고 있다. 순실현가능가치net realizable value는 재고자산의 추정판매가격에서 판매과정 중 정상적으로 발생하는 비용(추정판매비용)을 차감한 금액이다.

순실현가능가치 = 추정판매가격 − 추정판매비용

이와 같이 취득원가와 순실현가능가치를 비교하여 더 낮은 금액으로 재고자산을 평가하는 방법을 저가법lower of cost or market method이라고 한다. 왜냐하면, 순실현가능가치가 취득원가로 평가한 기말 재고자산 금액보다 큰 경우에는 순실현가능가치를 적용하지 않고, 작은 경우에만 순실현가치를 적용하기 때문이다. 따라서 저가법은 보수적 회계처리의 대표적 예라고 할 수 있다.[7]

저가기준 기말 재고자산 금액 = Min[취득원가, 순실현가능가치]

재고자산의 순실현가능가치가 취득원가보다 낮다고 판단하면, 순실현가능가치와 취득원가의 차액만큼 재고자산평가손실loss from decline in value of inventory이라는 당기비용을 인식한다. 이때 상대 계정으로는 상품을 사용하지 않고, 재고자산평가충당금이라는 계정을 사용하여, 재무상태표에 재고자산의 차감적 평가계정으로 표시한다. 직접 재고자산을 감소시키는 회계처리를 하면 재고자산의 감소가 저가법의 적용결과라는 것을 표시할 수 없기 때문이다.

(차)	재고자산평가손실 (매출원가)	×××	(대)	재고자산평가충당금	×××

6) 저가법의 적용은 기업의 선택사항이 아니라 강제규정이다.

7) 기업은 취득원가에 이윤을 가산하여 판매가격을 설정하므로, 일반적으로 순실현가치는 취득원가보다 클 것이다. 따라서 대부분의 경우에 순실현가능가치가 아니라 취득원가로 기말 재고자산을 측정하게 되는데, 이 경우에도 당연히 저가법을 적용한 것이다.

그리고 재고자산평가손실은 포괄손익계산서에 매출원가로 보고하는 경우가 일반적이다. 재고자산의 평가손실은 기업이 정상적인 판매활동을 수행하기 위해 부담해야만 하는 비용으로 볼 수 있기 때문이다. 실지재고조사법에서도 저가법을 적용한다. 따라서 재고자산평가손실을 측정하기 위한 추가적인 결산정리 절차가 필요하다.

[그림 5-5] 재고자산감모손실과 재고자산평가손실

구 분	내 용		회계처리방법
재고자산감모손실	실제 재고수량 < 장부상 재고수량	정상적인 경우	매출원가
		비정상적인 경우	재고자산감모손실(기타비용)
재고자산평가손실	순실현가치 < 취득원가		매출원가

재고자산감모손실은 수량에 대한 인식이고, 재고자산평가손실은 단가에 대한 인식이므로 어떤 절차를 먼저 수행하는가에 따라 감모손실금액과 평가손실금액이 달라질 수 있다. 따라서 반드시 수량에 대한 감모손실을 먼저 인식하고, 실제 수량에 대해서만 평가손실을 인식해야 한다.

예제 5.6 재고자산감모손실과 재고자산평가손실

20×1년 1월 1일에 영업을 시작한 ㈜성실은 상품매매기업이다. 다음은 ㈜성실의 20×1년 12월 31일의 상품에 대한 조사내용이다.

① ㈜성실의 장부상 상품의 수량은 10,000개이고 취득원가의 단가(취득단가)는 ₩200이다. 재고자산의 실제수량은 7,000개이다. 단, 감모수량 중 1,000개는 정상적으로 발생한 것이다.

② ㈜성실의 상품 1개당 순실현가능가치는 ₩160으로 평가되다.

물음 계속기록법으로 재고자산을 회계처리 할 때, ㈜성실의 기말 결산정리 분개를 하시오.

해설

① 감모수량은 3,000개(= 10,000개 − 7,000개)이고, 이 중에서 1,000개가 정상적 감모이므로, 비정상적 감모수량은 2,000개이다. 따라서 매출원가 ₩200,000(= 1,000개 × ₩200)과 재고자산감모손실 ₩400,000(= 2,000개 × ₩200)을 인식하는 동시에 재고자산 ₩600,000을 감소시킨다.

(차) 매 출 원 가	200,000	(대) 상 품	600,000
재고자산감모손실	400,000		

② 상품 1개의 순실현가능가치가 취득단가보다 ₩40만큼 작으므로, 실제로 기말에 존재하는 상품에 대해 재고자산평가손실 ₩280,000(= 7,000개 × ₩40)이 발생한다.

(차)	재고자산평가손실 (매 출 원 가)	280,000	(대)	재고자산평가충당금	280,000

물음 실지재고조사법으로 재고자산을 회계처리할 때, ㈜성실의 기말 결산정리 분개를 하시오.

해설

① 감모수량은 3,000개(= 10,000개 − 7,000개)이고, 이 중에서 1,000개가 정상적 감모이므로, 비정상적 감모수량은 2,000개이다. 정상적 감모는 매출원가로 분류하므로 추가적인 분개가 필요없다. 따라서 감모손실 중 비정상적인 부분 ₩400,000(= 2,000개 × ₩200)에 대해서만 재고자산감모손실로 인식하는 동시에 매출원가 ₩400,000을 감소시킨다.

(차)	재고자산감모손실	400,000	(대)	매 출 원 가	400,000

② 상품 1개의 순실현가능가치가 취득단가보다 ₩40만큼 작으므로, 실제로 기말에 존재하는 상품에 대해 재고자산평가손실 ₩280,000(= 7,000개 × ₩40)이 발생한다.

(차)	재고자산평가손실 (매 출 원 가)	280,000	(대)	재고자산평가충당금	280,000

SECTION 4 소매재고법

실지재고조사법에서도 언급하였듯이, 상품의 매매거래에 대한 수량과 단가를 기록하고 관리하는 것이 결코 쉬운 일이 아니다. 또한 기말에 재고조사를 통해 상품의 실제 수량을 확인하는 것도 쉽지 않은 일이다. 특히 대형마트와 같이 다양한 종류의 상품을, 대량으로, 그리고 매우 빈번하게 거래하는 소매업종에서는 더욱 그럴 것이다. 따라서 이런 업종을 영위하는 기업은 기중에 실지재고조사법과 같은 회계처리를 하지만, 실지재고조사법과는 달리 매입금액과 판매금액에 대해서만 총액으로 기록하여 관리하고, 취득수량이나 취득단가에 대한 기록은 하지 않으며, 재고실사도 하지 않는 방법을 사용할 수 있다. 이 방법을 소매재고법retail inventory method이라고 한다. 그렇다면 소매재고법에서는 어떤 방법으로 기말 재고자산 금액과 매출원가는 측정하여 재무제표를 작성할까?

4.1 소매재고법의 결산 정리 절차

기중 거래에 대해서는 실지재고조사법과 동일하게 분개와 전기를 하면 되므로, 기말 결산정리 절차에 대해서만 살펴보자.

① 판매가격 기준으로 기말 재고자산의 금액(판매가) 파악
② 원가율 계산
③ 기말 재고자산의 원가 계산
④ 재고자산 등식을 이용하여 매출원가 계산

①은 기초 판매가에 당기에 매입한 상품의 판매가를 더한 금액에서 기중 판매액(매출액)을 차감하여 구한다. 따라서 기중에 구매한 상품의 판매가를 기록하여 관리해야만 한다. 구매할 때마다 구매수량에 판매단가를 곱하여 구하면 되기 때문이 어려운 작업은 아니며, 회계처리도 할 필요가 없다. ②의 원가율이란 상품의 취득원가를 판매금액(판매가)으로 나누어 계산한다. ③은 ①에서 구한 매가에 ②에서 구한 원가율을 곱하여 계산한다. 즉, 기말 판매가를 이용하여 기말 원가를 계산하기 때문에 소매재고법을 매출가격환원법이라고도 하며, 기말 재고자산 원가를 먼저 계산한 후 재고자산 등식을 이용하여 매출원가를 측정하는 방법이다. 따라서 소매재고법의 핵심은 원가율 계산에 있으며, 원가율을 계산하기 위해서도 원가흐름의 가정이 필요하다.

4.2 원가율의 계산

$$\text{원가율(평균법)} = \frac{\text{(원　가)기초상품재고액} + \text{당기매입액}}{\text{(판매가)기초상품재고액} + \text{당기매입액}}$$

$$\text{원가율(선입선출법)} = \frac{\text{(원　가)당기매입액}}{\text{(판매가)당기매입액}}$$

평균법은 기초 상품과 당기 매입 상품이 골고루 판매되는 원가흐름을 가정하므로 원가율을 계산할 때에도 기초 상품의 원가와 판매가를 고려해야 한다. 그래야만 기말 재고자산의 원가에도 기초 상품의 원가가 반영되기 때문이다. 선입선출법은 먼저 매입한 상품이 먼저 판매되고 나중에 매입한 상품이 주로 기말 재고자산으로 남게 되는 원가흐름을 가정한다. 따라서 원가율을 계산할 때에도 기초 상품의 효과는 고려하지 않는다. 기말 재고자산에 기초 상품은 존재하지 않는다고 가정하기 때문이다.

예제 5.7 소매재고법

상품매매기업인 ㈜성실은 20×1년 동안 다음과 같은 상품매매거래를 하고, 모두 현금거래다.

일 자	거 래	원 가	판매가
1월 1일	기 초 재 고	₩700,000	₩1,000,000
3월 1일	매 입	3,200,000	3,600,000
6월 1일	매 입	2,400,000	2,800,000
12월 1일	매 출		6,000,000

물음 ㈜성실이 소매재고법을 적용할 때, 기말 결산정리 분개를 하시오. 단, 원가율 계산 시에는 선입선출법을 적용한다.

해설

① 기말 재고자산 매가 = ₩1,000,000 + ₩3,600,000 + ₩2,800,000 − ₩6,000,000 = ₩1,400,000

② 원 가 율(선입선출법) = [₩3,200,000 + ₩2,400,000] ÷ [₩3,600,000 + ₩2,800,000] = 87.5%

③ 기말 재고자산 원가 = ₩1,400,000 × 0.875 = ₩1,225,000

④ 기말 결산정리 분개

(차) 매 출 원 가	700,000	(대) 상 품	700,000
(차) 매 출 원 가	5,600,000	(대) 매 입	5,600,000
(차) 상 품	1,225,000	(대) 매 출 원 가	1,225,000

⑤ 당기 매출원가 = ₩700,000 + ₩5,600,000 − ₩1,225,000 = ₩5,075,000

물음 ㈜성실이 소매재고법을 적용할 때, 기말 결산정리 분개를 하시오. 단, 원가율 계산 시에는 평균법을 적용한다.

해설

① 기말 재고자산 매가 = ₩1,000,000 + ₩3,600,000 + ₩2,800,000 − ₩6,000,000 = ₩1,400,000

② 원가율(평균법) = [₩700,000 + ₩3,200,000 + ₩2,400,000] ÷ [₩1,000,000 + ₩3,600,000 + ₩2,800,000] ≒ 85.1%(소수 둘째자리에 반올림)

③ 기말 재고자산 원가 = ₩1,400,000 × 0.851 = ₩1,191,400

④ 기말 결산정리 분개

(차) 매 출 원 가	700,000	(대) 상 품	700,000
(차) 매 출 원 가	5,600,000	(대) 매 입	5,600,000
(차) 상 품	1,191,400	(대) 매 출 원 가	1,191,400

⑤ 당기 매출원가 = ₩700,000 + ₩5,600,000 − ₩1,191,400 = ₩5,108,600

보 론

1. 매출총이익률법

화재, 도난 등으로 인하여 재고자산의 실물이 존재하지 않는 경우에 재고실사를 통해서 기말 재고자산의 수량이나 원가를 파악할 수 없다. 이런 경우에도 계속기록법으로 회계처리를 하고 있거나, 거래 수량과 단가를 기록하여 관리하고 있는 경우에는 정확하지 않더라도 재고자산 회계처리를 수행할 수 있다. 수량 관리를 하지 않더라도 상품 구매시 매입 금액과 매가를 장부에 기록하고, 상품 판매시 매출액을 장부에 기록한 자료가 있다면 소매재고법을 이용하여 회계처리를 할 수도 있을 것이다. 그런데 만약 재고실사로만 기말 재고수량을 파악하고 실지재고조사법에 따라 기말 결산정리를 통해서만 기말 재고자산 원가와 매출원가를 측정하고 있던 기업이라면 어떤 방법으로 재고자산 회계처리를 할 수 있을까? 또한 화재보험금 등을 청구하기 위해서는 손실된 상품의 금액을 추정해야 하는데 이 금액은 어떻게 파악할 수 있을까?

이와 같은 상황이 흔한 경우는 아니지만 일정한 가정을 이용하여 매출원가와 기말 재고자산의 원가를 추정할 수 있는데, 바로 매출총이익률을 이용하는 방법이다. 이 방법에서는 매출총이익률이 일정하다고 가정하여, 전기의 매출총이익률이나 업종 평균 매출총이익률 등을 당기 매출총이익률로 사용한다. 매출총이익률은 매출액기준과 매출원가기준으로 구분할 수 있다. 매출총이익률(매출액기준)을 다음과 같은 식으로 나타낼 수 있다.

$$\text{매출총이익률(매출액기준)} = \frac{\text{매출총이익}}{\text{매출액}} = \frac{\text{매출액} - \text{매출원가}}{\text{매출액}} = 1 - \frac{\text{매출원가}}{\text{매출액}}$$

→ 매출원가 = [1 − 매출총이익률(매출액기준)] × 매출액

따라서 당기 매출액을 알 수 있거나 추정할 수 있다면 매출총이익률(매출액기준)을 이용하여 당기 매출원가를 추정할 수 있게 된다. 또한 기초 재고자산 금액과 당기 매입원가를 파악할 수 있으면 기말 재고자산 원가도 추정해낼 수 있다. 매출총이익률(매출액기준) 대신 매출원가기준의 매출총이익률을 알 수 있는 경우에도 재고자산 회계처리가 가능하다.

$$\text{매출총이익률(매출원가기준)} = \frac{\text{매출총이익}}{\text{매출원가}} = \frac{\text{매출액} - \text{매출원가}}{\text{매출원가}} = \frac{\text{매출액}}{\text{매출원가}} - 1$$

→ 매출원가 = {1 ÷ [1 + 매출총이익률(매출원가기준)]} × 매출액

매출총이익률(매출액기준)을 이용하는 경우와 마찬가지로 당기 매출액을 알 수 있다면 매출총이익률(매출원가기준)을 이용해서 매출원가를 추정할 수 있게 된다. 그러나 매출총이익률법은 감모손

실을 파악할 수 없고, 매출총이익률을 과거자료나 업종평균 자료 등을 이용해야 하기 때문에 기업의 매출총이익률이 변동하거나 다른 기업들과 차이가 나는 경우에는 적용하기 어렵다는 단점이 있다.

예제 5.8 매출총이익률법

상품도매업을 영위하고 있는 ㈜성실은 실지재고조사법을 사용하여 재고자산 회계처리를 하는데, 20×1년 기말에 갑자기 창고에서 화재가 발생하여 보관 중이던 상품이 모두 전소되며, 불행히도 거래가 기록되어있는 전산시스템도 화재로 인해 소실되었다. 따라서 ㈜성실의 회계담당자는 다음의 자료를 이용하여 기말 재고자산 금액과 매출원가를 측정하고자 한다.

구 분	금 액, %	비 고
기 초 재 고	₩700,000	전기말 재무상태표 자료
당 기 매 입	5,600,000	구매처에 문의하여 파악
매 출	6,000,000	판매처에 문의하여 파악
매출총이익률	20%	전기 손익계산서 자료

물음 기말 재고자산 금액과 매출원가를 계산하시오.

해설

① 매출원가 = [1 − 매출총이익률] × 매출액
= [1 − 0.2] × ₩6,000,000 = ₩4,800,000

② 기말 재고자산 금액 = [기초재고 + 당기매입] − 매출원가
= [₩700,000 + ₩5,600,000] − ₩4,800,000 = ₩1,500,000

2. 후입선출법

K-IFRS는 재고자산의 원가배분방법에서 선입선출법과 평균법만 허용하고 있다. 하지만 선입선출법과 대비하여 학습하는데 도움이 될 수 있으므로, 본 보론에서 후입선출법의 개념과 회계처리를 간략히 살펴본다.

후입선출법last-in first-out은 선입선출법과 반대의 재고자산 흐름을 갖는다. 선입선출법은 본문에서 살펴보았듯 먼저 매입된 상품이 먼저 판매된다는 가정을 하는 반면, 후입선출법은 가장 최근에 매입된 상품이 먼저 판매된다는 가정을 한다. 선입선출법을 사용하게 될 경우 기초상품이 먼저 판매되므로 기말재고자산은 나중에 매입된 상품들로 구성되고 현행 매입원가에 가까운 금액으로 보고된다. 또한 먼저 매입된 상품들이 먼저 판매되므로 매출원가는 과거의 원가로 구성된다. 하지만 후입선출법을 사용하면 기말재고자산은 먼저 매입된 상품들로 구성되며 매출원가는 현행

매입원가를 반영하게 된다. 이처럼 현행 원가로 보고되는 항목이 서로 다르다. 후입선출법은 매출원가가 현행 매입원가를 반영하므로 과거 매입원가를 반영하는 선입선출법 보다 당기의 영업실적을 상대적으로 왜곡하지 않는다. 반면 후입선출법의 기말재고자산은 과거 매입원가가 반영되므로 재고자산에 대한 기업의 현재 상태를 선입선출법에 비해 상대적으로 왜곡할 수 있다.

하지만 후입선출법은 매출원가와 영업실적의 왜곡을 초래할 수 있다. 후입선출법을 적용하는데 특정 회계연도 동안 매입이 매출보다 많다고 가정하자. 이 회계연도에는 매입한 재고자산의 일부가 기말재고가 되고, 다음 회계연도에 기초재고가 된다. 이와 같은 회계연도가 반복되면 과거 기초재고자산들로 구성된 재고층inventory layer을 이룬다. 그 후 특정 회계연도에 매출이 매입보다 많다면 과거 연도의 재고층이 소멸된다. 이러한 재고층의 소멸을 후입선출법의 청산이라 한다. 이미 학습한 것처럼, 판매된 재고자산의 매입원가는 그 회계연도의 매출원가가 된다. 그렇다면 후입선출법의 청산이 일어날 때 인식하는 매출원가는 당기에 매입한 매입원가뿐만 아니라 과거부터 누적된 재고자산의 매입원가도 반영된다. 결국 매출액이라는 수익에 대응되는 비용인 매출원가는 당기 매입원가만 반영되었을 때보다 수익-비용 대응을 왜곡하게 된다.

다음의 예제를 통해 선입선출법과 후입선출법에 따른 결과가 어떠한 차이를 보이는지 살펴보자.

예제 5.9 후입선출법

상품도매업을 영위하고 있는 ㈜성실은 실지재고조사법을 사용한다. 기중 재고자산의 매입과 매출 거래는 다음과 같다.

일 자	거 래	수 량(개)	단 가	금 액
1월 1일	기초재고	500	₩1,400	₩700,000
3월 1일	매 입	2,000	1,600	3,200,000
6월 1일	매 입	1,000	2,400	2,400,000
9월 1일	매 출	(−)2,000	4,000	(−)8,000,000

물음 선입선출법, 평균법 및 후입선출법을 사용할 때 기말재고자산과 매출원가를 구하시오.

해설

일 자	거래	수량(개)	단가(₩)	매출원가			보유재고액		
				수량	단가	금액(₩)	수량	평균단가	금액(₩)
1월 1일	기초	500	1,400				500	1,400	700,000
3월 1일	매입	2,000	1,600				2,500	1,560[*1]	3,900,000
6월 1일	매입	1,000	2,400				3,500	1,800[*2]	6,300,000
9월 1일	매출	(−)2,000	4,000	2,000	1,800	3,600,000	1,500	1,800	2,700,000
* 매출원가(합계액)				2,000	1,800	3,600,000			

1. 선입선출법
   ① 매출원가 : 500개 × @₩1,400 + 1,500개 × @₩1,600 = ₩3,100,000
   ② 기말재고 : 500개 × @₩1,600 + 1,000개 × @₩2,400 = ₩3,200,000

2. 평균법
   ① 매출원가 : 2,000개 × @₩1,800 = ₩3,600,000
   ② 기말재고 : 1,500개 × @₩1,800 = ₩2,700,000

3. 후입선출법
   ① 매출원가 : 1,000개 × @₩1,600 + 1,000개 × @₩2,400 = ₩4,000,000
   ② 기말재고 : 500개 × @₩1,400 + 1,000개 × @₩1,600 = ₩2,300,000

일반적인 인플레이션 상황에서 후입선출법의 매출원가는 현행원가를 가장 잘 반영하고 있으나, 기말재고자산은 과거의 원가로 구성되었다. 다음 연도에 기초재고로 이월되고 매출이 당기 매입보다 많아 후입선출법의 청산이 발생할 경우, 기초재고자산이 매출원가에 반영될 것이다. 이것은 오히려 선입선출법, 평균법 보다 현행원가를 왜곡할 수 있다.

친 절 한 재무회계 Accounting

주관식 문제

5.1 계속기록법과 선입선출법

상품매매기업인 ㈜상세는 2021년 동안 다음과 같은 상품매매거래를 하였고 외상거래이다. 계속기록법 하의 선입선출법을 적용하여 거래 일자별로 분개하고, 매출총이익과 기말재고액을 산출하시오.

일 자	거 래	수 량	단 가	금 액
1월 1일	기초재고	500개	₩1,400	₩700,000
3월 1일	매 입	2,000	1,600	3,200,000
6월 1일	매 출	(−)1,500	4,000	(−)6,000,000
9월 1일	매 입	1,000	2,400	2,400,000
12월 1일	매 출	(−)500	4,000	(−)2,000,000

5.2 계속기록법과 이동평균법

상품매매기업인 ㈜상세는 2021년 동안 연습문제 5.1과 같은 상품매매거래를 하고, 외상거래이다. 이동평균법을 적용하여 거래 일자별로 분개하고, 매출총이익과 기말재고액을 산출하시오.

5.3 실지재고조사법과 선입선출법

상품매매기업인 ㈜상세는 2021년 동안 연습문제 5.1과 같은 상품매매거래를 하고, 외상거래이다. 실지재고조사법 하의 선입선출법을 적용하여 거래 일자별로 분개하고, 매출총이익과 기말재고액을 산출하시오.

5.4 실지재고조사법과 총평균법

상품매매기업인 ㈜상세는 2021년 동안 연습문제 5.1과 같은 상품매매거래를 하고, 외상거래이다. 총평균법을 적용하여 거래 일자별로 분개하고, 매출총이익과 기말재고액을 산출하시오.

친 절 한 재무회계 Accounting

객관식 문제

5.1 재고자산의 취득원가

다음 중 재고자산의 취득원가에 가산되지 않는 항목은?

① 매입운임

② 매입가격

③ 매입할인

④ 제품설치와 관련된 비용

5.2 실지재고조사법

다음 중 실지재고조사법 하의 회계처리에 관한 서술 중 옳지 않은 것은?

① 매출원가를 결정하기 위해 결산정리분개가 반드시 필요하다.

② 재고자산 구입시 매입 계정을 차변에 기록한다.

③ 매입환출이 발생하는 시점에 재고자산 계정을 대변에 기록한다.

④ 매출시 매출 계정을 대변에 기록한다.

5.3 원가흐름의 가정

재무상태표에 보고되는 재고자산금액이 시장가격에 가장 근접하는 재고자산평가방법은?

① 총평균법

② 선입선출법

③ 이동평균법

④ 후입선출법

5.4 실지재고조사법

㈜한국은 상품의 매입원가에 20%를 가산하여 판매하고 있으며 실지재고조사법으로 재고자산을 회계처리하고 있다. 2021년도 상품매매와 관련된 자료는 다음과 같다.

일 자	적 요	수량(단위)	단 가
1월 1일	기초재고	1,000	₩400
2월 5일	매 입	1,000	400
6월 10일	매 입	1,000	600
9월 15일	매 출	2,500	–
11월 20일	매 입	1,000	800

㈜한국이 재고자산의 원가흐름가정으로 가중평균법을 적용하고 있다면 2021년도 포괄손익계산서에 인식할 매출액은 얼마인가? (세무사 2014)

① ₩1,375,000

② ₩1,650,000

③ ₩1,740,000

④ ₩1,800,000

⑤ ₩1,840,000

5.5 재고자산의 원가흐름

다음은 ㈜한국의 기말 회계자료 중 일부이다. 포괄손익계산서에 보고될 매출액은?

(9급 공무원 2013)

기초상품재고액	₩480	당기상품매입액	₩800
기말상품재고액	440	당기현금매출액	200
매출총이익	360	기초매출채권	320
매출채권회수액	1,040		

① ₩1,000

② ₩1,200

③ ₩1,400

④ ₩1,600

5.6 재고자산의 원가흐름

다음은 ㈜국세의 2021년도 회계자료 중 일부이다. 이를 이용하여 물음에 답하시오.

당기현금매출액	₩100,000	매출총이익	₩180,000
기초매출채권	160,000	매출채권회수액	520,000
기초상품재고	240,000	당기상품매입액	400,000
기말상품재고	220,000		

㈜국세의 2021년 말 재무상태표에 표시될 매출채권은 얼마인가? 단, 대손상각은 고려하지 않는다. (세무사 2010)

① ₩120,000
② ₩140,000
③ ₩160,000
④ ₩180,000
⑤ ₩200,000

5.7 소매재고법

다음은 ㈜한국의 재고자산과 관련된 자료이다. 기말재고자산액은? 단, 평균원가소매재고법을 적용한다. (9급 공무원 2013)

구 분	매출가격기준	원가기준
기초재고	₩400,000	₩300,000
당기매입액	2,000,000	1,500,000
당기매출액	1,800,000	

① ₩400,000
② ₩420,000
③ ₩450,000
④ ₩500,000

5.8 재고자산 평가(감모)손실

재고자산평가손실과 정상적 원인에 의한 재고감모손실은 매출원가로, 비정상적인 감모손실은 기타비용으로 보고하는 경우 다음 자료를 토대로 계산한 매출원가는? (9급 공무원 2014)

- 판매가능원가(= 기초재고원가 + 당기매입원가) : ₩156,000
- 계속기록법에 의한 장부상 수량 : 100개
- 실지재고조사에 의해 파악된 기말재고 수량 : 90개
- 재고부족수량 : 40%는 비정상적 원인, 나머지는 정상적 원인에 의해 발생됨
- 기말재고자산의 원가 : @₩200
- 기말재고자산의 순실현가능가치 : @₩180

① ₩139,000
② ₩138,600
③ ₩136,800
④ ₩137,200

5.9 재고자산 평가(감모)손실

㈜국세는 상품재고자산의 단위원가 결정방법으로 매입시마다 평균을 계산하는 가중평균법을 채택하고 있다. ㈜국세의 2021년 상품재고자산과 관련된 자료는 다음과 같다.

	수 량	단위당원가
기초재고(1월 1일)	200개	₩200
매 입(2월 10일)	200	400
매 출(5월 1일)	300	
매 입(12월 1일)	100	600
장부상 기말재고	200	
실사결과 기말재고	150	

2021년 말 현재 상품재고자산의 단위당 순실현가능가치가 ₩400이라면 ㈜국세가 2021년에 인식하여야 할 재고자산감모손실과 재고자산평가손실은 각각 얼마인가? 단, 2021년 기초재고의 단위당 원가와 순실현가능가치는 동일하다고 가정한다. (세무사 2010)

	재고자산감모손실	재고자산평가손실
①	₩18,000	₩7,500
②	₩18,000	₩12,000
③	₩20,000	₩10,000
④	₩22,500	₩7,500
⑤	₩22,500	₩10,000

5.10 재고자산 평가(감모)손실

다음은 ㈜서울의 2021년 단일상품거래와 관련한 자료이다.

기 초 재 고	₩240,000	당 기 매 입	₩1,000,000
매 입 운 임	30,000	보 험 료	4,000
하 역 료	6,000	매 입 할 인	4,000
재고자산평가손실	2,000	매 입 에 누 리	26,000
관 세 납 부 금	14,000	관 세 환 급 금	10,000
정 상 감 모 손 실	6,000	비 정 상 감 모 손 실	4,000
저가기준평가 및 감모손실 조정 후 기말재고			150,000

상기 자료에 의한 ㈜서울의 2021년 매출원가는 얼마인가? (CPA 2009)

① ₩1,094,000
② ₩1,100,000
③ ₩1,104,000
④ ₩1,110,000
⑤ ₩1,114,000

5.11 매출총이익률법

㈜한국의 기초상품재고는 ₩400,000(원가), 당기매입액은 ₩1,800,000(원가), 매출액은 ₩2,000,000(매가)이며, 매출액기준 매출총이익률은 30%이다. 기말에 창고에 화재가 발생한 후 남은 상품이 ₩200,000(원가)일 때, 상품의 화재손실액은? 단, ㈜한국은 매출총이익률법에 의하여 상품을 평가한다. (9급 공무원 2012)

① ₩200,000

② ₩400,000

③ ₩600,000

④ ₩800,000

5.12 매출총이익률법

재고자산과 관련된 자료가 다음과 같을 때, 화재로 소실된 상품의 추정원가는? (9급 공무원 2014)

- 2021년 4월 30일 화재가 발생하여 보유하고 있던 상품 중 ₩700,000(원가)만 남고 모두 소실되었다.
- 2021년 1월 1일 기초재고원가는 ₩880,000이다.
- 2021년 1월 1일부터 2021년 4월 29일까지의 매입액은 ₩1,800,000이다.
- 2021년 1월 1일부터 2021년 4월 29일까지의 매출액은 ₩2,000,000이다.
- 해당 상품의 매출원가 기준 매출총이익률(= 매출총이익 ÷ 매출원가)은 25%이다.

① ₩300,000

② ₩380,000

③ ₩400,000

④ ₩480,000

6

CHAPTER

유형자산과 무형자산 투자

CONTENTS

Section 1 유형자산의 의의와 회계처리
1.1 유형자산의 정의 및 특징
1.2 유형자산의 인식
1.3 취득원가의 측정
1.4 유형자산의 감가상각
1.5 유형자산의 처분
Section 2 유형자산 인식시점 이후의 측정
2.1 유형자산의 재평가
2.1 최초 재평가시 평가손익 인식
2.3 후속 재평가시 평가손익 인식
2.4 유형자산의 손상차손
Section 3 무형자산의 의의와 회계처리
3.1 무형자산의 의의 및 종류
3.2 무형자산의 회계처리
3.3 내부적으로 창출한 무형자산
3.4 영업권: 사업결합으로 취득한 무형자산
보론

CHAPTER 06 유형자산과 무형자산 투자

제조기업이 제품을 생산하기 위해서는 원재료와 노동력 외에도 각종 기계장치, 공장건물, 토지, 그리고 특허권 등이 필요하다. 상품매매기업과 서비스업도 상품의 판매나 서비스의 제공을 위해서는 영업장으로 사용할 건물이나 토지, 차량운반구 등이 필요하다. 이처럼 기업이 상품과 제품의 판매와 서비스를 제공하는 핵심적 영업활동을 원활하게 수행하기 위해서는 이들 활동을 지원하는 다양한 자산들이 필요한데, 이와 같은 자산들을 유형자산과 무형자산이라고 한다. 유형자산과 무형자산을 취득하기 위해서 대규모의 자금이 필요하고, 사용기간도 장기간이므로 이들 자산이 기업의 경영성과와 재무상태에 미치는 영향은 크고 지속적이다. 따라서 이들 자산에 투자하는 의사결정과 취득한 자산을 얼마나 효율적으로 사용하는지에 대한 정보는 정보이용자들에게 매우 중요하다. 본 장에서는 유형자산과 무형자산을 취득하여 사용하고, 처분하는 활동에 대한 회계처리에 대해 소개한다.

SECTION 1 유형자산의 의의와 회계처리

1.1 유형자산의 정의 및 특징

유형자산property, plant, and equipment은 기업이 수행하는 영업활동에서 사용하기 위해 보유하는 물리적 형체가 있는 자산으로서 1년을 초과하여 사용할 것이 예상되는 자산을 말한다. 유형자산의 예로는 토지, 건물, 기계장치, 선박, 항공기, 차량운반구, 집기, 비품, 건설중인 자산 등이 있다.

회계에서는 자산을 취득목적과 사용기간에 따라 분류를 달리하는데, 우선 유형자산의 취득목적은 기업이 사용하기 위해서이다. 따라서 판매를 목적으로 취득(생산)하는 재고자산(상품, 제품)과는 구분된다. 예비부품과 수선용구는 유형자산과 같이 사용목적으로 취득하는 자산이지만 단기간 내에 사용되는 경우에 재고자산으로 분류하고 사용되는 시점에 당기손익으로 인식한다. 그러나 중요한 예비부품과 대기성 장비로서 한 회계기간 이상 사용할 것으로 예상되는 경우, 또는 특정 유형자산에만 연계되어 사용되는 경우에는 유형자산으로 분류한다. 또한 유형자산은 투자부동산과도 구분되는데, 투자부동산은 토지나 건물과 같은 부동산으로 물리적 형체가 있는 자산으로 1년을 초과하여 사용할 목적으로 취득하지만, 기업이 직접 사용하지 않고, 임대를 목적으로 하거나 장기적 시세차익을 목적으로 한다는 점에서 유형자산과 다르게 구분된다.

이처럼 유형자산은 기업이 장기간동안 직접 사용하기 위해 취득하는 자산이라는 점이 특징이며, 이익창출에 기여하는 방식이 재고자산이나 투자부동산과는 다르기 때문에 분류를 달리하여 회계처리를 한다.

[그림 6-1] 유형자산의 원가흐름과 회계처리

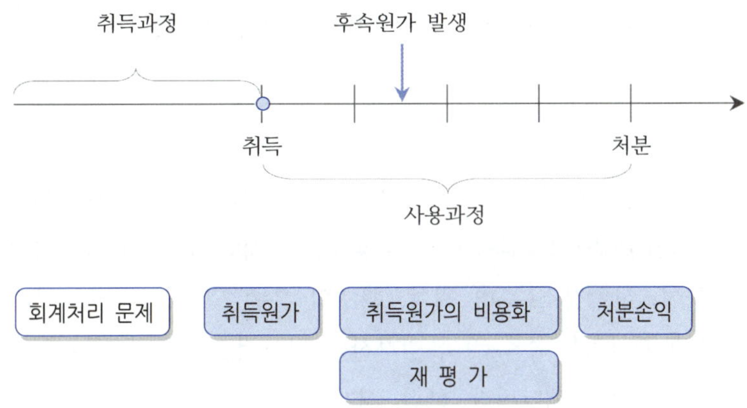

1.2 유형자산의 인식

1) 인식기준

유형자산으로 인식하기 위해서 다음의 두 가지 인식기준을 모두 충족하여야 한다.

① 자산으로부터 발생하는 미래 경제적효익이 기업에 유입될 가능성이 높다.

② 자산의 원가를 신뢰성 있게 측정할 수 있다.

따라서 유형자산과 관련된 모든 원가는 그 발생시점에 위의 인식원칙을 적용하여 평가해야 하며, 이러한 원가에는 유형자산을 매입하거나 건설할 때 최초로 발생하는 원가뿐만 아니라 후속적으로 증설, 대체 또는 수선 · 유지와 관련하여 발생하는 원가를 포함한다.

원가cost란 자산 취득을 위하여 지급한 대가의 공정가치로 정의된다. 유형자산을 인식할 때에 적용될 금액은 유형자산의 취득의 과정 중에 지급한 대가인 원가로 측정하며, 최초 취득원가이든 후속적으로 발생하는 원가이든 상관없이 발생한 원가가 두 가지 인식기준을 충족하면 유형자산으로 인식한다. 만약 인식기준을 충족하지 못하면 발생시점에서 비용으로 처리한다. 따라서 최초로 인식할 때 공정가치로 측정하는 금융자산과는 차이가 있다.

2) 취득원가

유형자산을 최초로 인식할 때에는 취득원가acquisition costs를 기준으로 인식한다. 유형자산은 외부구입, 자가건설, 교환, 증여, 현물출자 등 다양한 방법을 통해 취득할 수 있으므로 각 경우별로 취득원가를 측정방법이 동일하지는 않지만, 일반적으로 유형자산의 취득원가는 ① 구입원가, ② 취득관련 직접원가, 그리고 ③ 복구원가를 포함한다.

① 구입원가

구입가격에 관세 및 환급 불가능한 취득 관련 세금을 가산하고, 매입할인과 리베이트 등을 차감한 금액이다.

② 취득관련 직접원가[1]

취득관련 직접원가는 경영진이 의도하는 방식으로 자산을 가동하는 데 필요한 장소와 상태에 이르게 하는 데 직접 관련되는 원가이다. 유형자산의 매입 또는 건설과 직접적으로 관련되어 발생한 종업원급여, 설치장소 준비 원가, 최초의 운송 및 취급 관련 원가, 설치원가 및 조립원가, 전문가에게 지급하는 수수료, 유형자산이 정상적으로 작동되는지 여부를 시험하는 과정에서 발생하는 원가 등이 해당된다. 한편, 시제품 생산에 소요된 원가와 시제품을 판매하여 얻은 매각금액은 유형자산의 취득원가에 반영하지 않고 모두 당기손익으로 인식한다.

주의할 점은 유형자산이 경영진이 의도하는 방식으로 가동될 수 있는 장소와 상태에 이른 후에는 원가를 더 이상 인식하지 않는다는 것이다. 즉, 유형자산을 사용하거나 이전하는 과정에서 발생하는 원가는 비용으로 처리한다. 예를 들어, 기업의 영업 전부 또는 일부를 재배치하거나 재편성하는 과정에서 발생하는 원가는 비용으로 처리한다.

③ 복구원가

일부 유형자산의 경우에는 환경보존 등의 이유 때문에 사용기간이 종료된 후에 해체, 제거, 부지 복구를 하는 조건으로 취득하는 경우가 있다. 이 경우에 복구할 때 소요될 것으로 추정되는 원가를 취득원가에 포함한다. 미래에 발생할 원가이지만 취득관련 직접원가이기 때문이다.

---

1) 유형자산을 경영진이 의도하는 방식으로 가동하는 데 필요한 장소와 상태에 이르게 하기 위해 필요한 활동은 아니지만, 유형자산의 건설 또는 개발과 관련하여 영업활동이 이루어질 수 있다. 예를 들어 건설이 시작되기 전에 건설용지를 주차장 용도로 사용함에 따라 수익이 획득될 수 있는데, 이 부수적인 영업은 유형자산을 경영진이 의도하는 방식으로 가동하는 데 필요한 장소와 상태에 이르게 하기 위해 필요한 활동이 아니므로 그러한 수익과 관련 비용은 당기손익으로 인식하고 각각 수익과 비용항목으로 구분하여 표시한다.

3) 후속원가

유형자산은 장기간 동안 사용하는 자산이기 때문에 취득 후 사용기간 중에 그 자산과 관련된 여러 가지 지출이 발생한다. 다음과 같은 이유로 취득 후 원가(후속원가)가 발생하는데 이러한 지출은 유형자산의 인식기준에 따라 취득원가에 가산하거나(이를 자본적 지출이라고 한다) 당기비용으로 처리한다(이 경우에는 수익적 지출이라고 한다).

① 일상적 수선 · 유지

일상적인 수선 · 유지와 관련하여 발생하는 원가는 해당 유형자산의 장부금액에 포함하여 인식하지 않고, 발생시점에 당기손익으로 인식한다. 일상적인 수선 · 유지는 유형자산의 미래 경제적효익을 증가시키기 보다는 훼손된 성능의 회복이나 현 상태를 유지하는 것이기 때문이다.

② 주요 부품의 정기적 교체

일부 유형자산의 경우 주요 부품이나 구성요소의 정기적 교체가 필요할 수 있다. 예를 들면, 용광로의 경우 일정시간 사용 후에 내화벽돌의 교체가 필요할 수 있으며, 항공기의 경우에도 좌석과 취사실 등의 내부설비를 항공기 동체의 내용연수 동안 여러 번 교체할 필요가 있을 수 있다. 또한 유형자산이 취득된 후 반복적이지만 비교적 적은 빈도로 대체(예: 건물 인테리어 벽 대체)되거나 비반복적으로 대체되는 경우도 있다. 이 경우 유형자산의 일부를 대체할 때 발생하는 원가가 인식기준을 충족하는 경우에는 이를 해당 유형자산의 장부금액에 포함하여 인식한다. 대체되는 부분의 장부금액은 제거 규정에 따라 제거한다.

③ 정기적인 종합검사

항공기와 같은 유형자산을 계속적으로 가동하기 위해서는 당해 유형자산의 일부가 대체되는지 여부와 관계없이 결함에 대한 정기적인 종합검사가 필요할 수 있다. 정기적인 종합검사과정에서 발생하는 원가가 인식기준을 충족하는 경우에 유형자산의 일부가 대체되는 것으로 보아 해당 유형자산의 장부금액에 포함하여 인식한다. 이 경우 직전에 이루어진 종합검사에서의 원가와 관련되어 남아 있는 장부금액(물리적 부분의 장부금액과는 구별됨)을 제거한다.

후속원가를 취득원가에 포함시키는 경우가 발생하면, 유형자산의 장부금액이 증가하게 되며, 이는 감가상각과정을 통하여 내용연수동안 조금씩 비용으로 처리된다.

예제 6.1 유형자산 취득원가와 후속원가

상품매매기업인 ㈜상세는 20×1년 동안 다음과 같은 거래를 하다.

① 2월 1일에 기계장치를 구입한 대가로 ₩2,000,000의 어음을 발행하고, 운송비로 ₩200,000의 현금을 지급하다.

② 10월 5일에 기계장치의 가동을 원활하게 하기 위해 수선비 ₩6,000을 현금으로 지급하다.

물음 기계장치에 대한 거래를 분개하시오.

해설

① 2월 1일 취득원가

(차) 기 계 장 치	2,200,000*	(대) 미 지 급 금	2,000,000
		현 금	200,000

* 유형자산의 취득원가 = 구입원가 + 취득관련 직접원가(매입운임)
= ₩2,000,000 + ₩200,000 = ₩2,200,000

② 10월 5일 후속원가

(차) 수 선 비	6,000	(대) 현 금	6,000

☞ 일상적인 수선 · 유지비는 장부금액에 포함되지 않고 비용으로 인식된다.

1.3 취득원가의 측정

유형자산은 취득하는데 거액이 소요되거나 특수한 용도를 가진 재화인 경우가 많기 때문에 취득하는 방법도 다양할 수 있다. ①일반적인 상품구매와 같이 현금을 지급하고 즉시 구입하는 경우도 있지만 ②장기후불조건으로 구입하는 경우, ③토지 · 건물 · 기계장치 등을 일괄적으로 취득하는 경우, ④기업이 자가제작 또는 건설하는 경우, ⑤주주로부터 현물출자를 받는 경우, ⑥정부 등으로부터 증여를 받는 경우, ⑦기업 간에 교환을 하는 경우, ⑧합병으로 모든 자산을 취득하는 경우 등 다양한 방법으로도 취득할 수 있다.

현금으로 취득하는 경우는 상품의 취득 회계처리와 동일하며, 장기후불조건으로 구입하는 경우는 후술하는 사채나 장기차입금의 회계처리와 방법이 동일하므로 본 장에서는 설명을 생략한다. 아래에서는 토지 · 건물 · 기계장치 등을 일괄적으로 취득하는 경우와 합병으로 자산을 인수하는 경우에 대해서 설명한다.[2)]

2) 현물출자와 증여, 교환의 경우는 중급회계 교과서에서 다루는 주제이므로 생략한다.

1) 일괄취득

두 가지 이상의 유형자산을 일괄하여 취득하는 경우에 개별 유형자산의 매입가격을 알 수 없는 경우가 있다. 이와 같은 경우에 일괄취득원가를 특정 자산의 취득원가로만 인식하게 되면 추후 자산의 사용에 따른 체계적인 비용배분(감가상각비)이 이루어지지 않는 문제가 발생할 수 있다. 예를 들어, 토지와 건물을 100억원에 일괄하여 취득하면서 일괄취득원가 100억원 모두를 토지로 인식하고, 건물은 0원으로 인식하면, 향후 토지와 건물의 사용에서 감가상각비가 발생하지 않는 문제가 발생한다. 따라서 일괄취득원가는 개별 유형자산별로 배분할 필요가 있다. 일괄취득원가의 배분기준으로는 개별 유형자산의 공정가치를 사용하는 것이 일반적이다.

또한 유형자산의 취득원가는 사용목적 자산의 취득에 지급된 대가이기 때문에 일괄취득원가의 배분은 취득 후 사용할 자산에 대해서만 배분한다. 예를 들어, 토지와 건물을 일괄 취득한 후 즉시 건물을 철거하고 새 건물을 신축하는 경우에 일괄취득원가를 토지의 취득원가로만 배분한다. 왜냐하면, 건물은 사용목적으로 취득한 것이 아니라 새 건물을 신축하는데 필요한 토지를 취득하는 과정에서 부수적으로 취득한 것이기 때문이다. 따라서 취득한 건물을 철거하는데 지출된 금액도 토지의 후속원가로 인식한다.

2) 합병으로 인한 취득

기업이 다른 기업을 합병하면 피합병기업의 모든 자산과 부채는 일괄적으로 합병기업에 취득 · 인수된다. 주의할 점은 합병으로 취득한 자산과 부채는 취득원가가 아닌 취득일의 공정가치로 측정한다는 것이다. 그리고 만약 합병기업이 피합병기업에게 지급한 대가(합병대가)가 취득한 자산과 부채의 순공정가치보다 큰 경우에는 이 차액을 영업권goodwill으로 인식한다. 영업권은 무형자산에 해당하는 자산이다. 영업권에 대한 것은 '2. 무형자산의 의의와 회계처리'에서 보다 자세히 다룰 예정이다.

예제 6.2 유형자산의 일괄취득과 합병취득

상품매매기업인 ㈜상세는 20×1년 7월 1일에 건물과 토지를 일괄하여 ₩240,000,000에 현금으로 취득하다. 취득 당시 건물과 토지의 공정가치는 각각 ₩60,000,000과 ₩120,000,000이다.

물음 1 건물과 토지를 계속 사용할 계획인 경우, 취득시 분개를 하시오.

해설 1

(차) 건 물	80,000,000*	(대) 현 금	240,000,000
토 지	160,000,000*		

* 일괄취득원가의 배분은 각 개별자산의 공정가치를 기준으로 한다.
건물 = ₩240,000,000 × [₩60,000,000 ÷ ₩180,000,000] = ₩80,000,000
토지 = ₩240,000,000 × [₩120,000,000 ÷ ₩180,000,000] = ₩160,000,000

물음 2 [물음 1]과는 별도의 경우이다. 건물과 토지의 취득 즉시 건물은 철거를 할 계획이고, 20×1년 12월 1일에 건물 철거비용으로 ₩20,000,000이 현금으로 지출되다. 이 경우의 분개를 하시오.

해설 2

① 20×1년 7월 1일

(차) 토 지	240,000,000*	(대) 현 금	240,000,000

* 일괄취득원가의 배분은 사용할 자산에 대해서만 하기 때문에 철거할 목적으로 취득한 건물에는 배분하지 않는다.

② 20×1년 12월 1일

(차) 토 지	20,000,000*	(대) 현 금	20,000,000

* 건물의 철거비용은 토지에 대한 후속원가로 자본적 지출이다.

물음 3 [물음 1]과 관련하여 건물과 토지의 취득이 합병으로 인한 경우라고 가정하여 취득시 분개를 하시오.

해설 3

(차) 건 물	60,000,000*	(대) 현 금	240,000,000
토 지	120,000,000*		
영 업 권	60,000,000*		

* 합병으로 취득한 자산은 공정가치로 인식하고, 합병시 지급한 대가가 취득한 순자산(자산 – 부채)의 공정가치보다 큰 경우에는 차액을 영업권으로 인식한다.

1.4 유형자산의 감가상각

1) 감가상각의 의의

토지를 제외한 모든 유형자산은 기업의 수익창출을 위해 정상적인 영업활동에 사용되면 자산으로서의 가치가 점차 감소되어 일정기간이 지난 후에는 더 이상 기업에 경제적 효익을 제공하지 못하는 상태가 된다. 하지만 유형자산은 정상적인 영업활동에 사용되더라도, 판매되는 상품이나 제품과는 달리, 기업 밖으로 유출되지 않기 때문에 회계기간 중에 어느 정도의 자산가치가 감소했는지를 파악할 수 없는 문제가 있다. 따라서 기업은 일정한 방법에 따라 유형자산의 취득원가를 사용기간 동안에 비용으로 인식하는 회계처리를 할 필요가 있는데, 이를 감가상각이라고 하며 감가상각을 통해 인식되는 비용을 감가상각비라고 한다.

감가상각depreciation이란, 수익과 비용의 대응을 위하여, 합리적이고 체계적인 방법으로 유형자산의 경제적 효익 감소분을 그 자산의 내용연수 동안 배분하는 절차를 말한다. 그러므로 감가상각이란 원가를 비용으로 배분cost allocation과정이지 자산의 평가액을 결정하는 과정은 아니다.

2) 감가상각 회계처리

기말 결산시점에는 유형자산에 대해 감가상각 금액을 계산하고 감가상각비depreciation expense라는 비용계정의 차변에 기록한다. 한편 감가상각된 금액은 유형자산의 취득원가가 비용으로 전환된 금액이므로 유형자산을 감소시키는 회계처리도 해야 한다. 이 때 감가상각 금액을 유형자산에서 직접 차감하지 않고, 감가상각누계액accumulated depreciation이라는 차감계정을 이용한다. 감가상각누계액 계정의 잔액은 말 그대로 매 회계기간 발생하는 감가상각비를 누적한 금액과 같다. 따라서 유형자산의 취득원가에서 감가상각누계액을 차감한 금액을 유형자산의 순장부금액net book value이라고 하며, 유형자산의 취득원가 중 미상각된 잔액을 의미한다.

(차) 감 가 상 각 비	×××	(대) 감가상각누계액	×××

재무상태표를 작성하여 공시할 때에도 감가상각누계액은 유형자산의 취득원가에서 차감하는 형식으로 기재된다.

재무상태표

회사명		20×1. 12. 31.	(단위 : 원)
유 형 자 산	×××		
감가상각누계액	(×××)	×××	

3) 감가상각의 계산요소

특정 회계연도의 감가상각비를 계산하기 위해서는 감가상각 대상자산의 취득원가 중 비용으로 배분할 금액(감가상각대상금액)과 감가상각을 할 기간(내용연수), 그리고 어떤 방법으로 감가상각을 할 것인가(감가상각방법)를 결정해야 한다.

① 감가상각대상금액

감가상각대상금액depreciable amount은 유형자산의 취득원가 중에서 사용기간 동안 비용으로 배분할 총금액이며, 이는 취득원가에서 잔존가치를 차감한 금액으로 측정한다. 잔존가치salvage value 또는 residual value란 자산의 내용연수가 종료되는 시점에서 그 자산의 예상처분대가에서 예상처분비용을 차감한 금액을 말한다. 잔존가치는 미래의 가치이므로 적어도 매 회계연도 말에 재검토가 필요한 추정 금액이다.

감가상각대상금액 = 취득원가 − 잔존가치

② 내용연수

내용연수useful life란 기업이 유형자산을 수익획득과정에서 실제 사용할 것으로 예상하는 기간이며, 감가상각대상기간이다. 기업이 유형자산의 사용기간을 결정할 때에는 자산의 생산능력이나, 사용 빈도, 수선 · 유지 계획, 생산방법의 변화 및 개선, 그리고 해당 자산에서 생산되는 제품 및 용역에 대한 시장수요의 변화로 인한 기술적 또는 상업적 진부화 등을 고려해야 한다. 따라서 내용연수도 추정이 필요하며, 적어도 매 회계연도말에 추정을 재검토해야 한다. 단, 토지는 내용연수가 무한하다고 간주한다.

③ 감가상각 방법

유형자산은 기업이 장기간 사용하는 자산이므로 수익창출과정에 사용되어 소모된 유형자산의 경제적효익을 직접 관찰하여 측정할 수는 없다. 따라서 체계적인 원가배분방법을 사용해야 한다. 이러한 감가상각방법에는 정액법, 체감잔액법 및 생산량비례법 등이 있다. 감가상각방법은 해당 자산에 내재되어 있는 미래경제적 효익의 예상 소비형태를 가장 잘 반영하는 방법에 따라 선택해야 하고, 예상 소비형태가 변하지 않는 한 매 회계기간에 일관성 있게 적용한다. 자산의 미래경제적 효익이 소비되는 형태를 반영하기 위해 적어도 매 회계연도말에는 감가상각 방법에 대해 재검토해야 하며, 재검토 결과 자산에 내재된 미래경제적 효익의 소비형태에 중요한 변동이 있다면 감가상각 방법을 변경한다.

4) 감가상각비 계산

[그림 6-2] 감가상각방법과 감가상각비의 관계

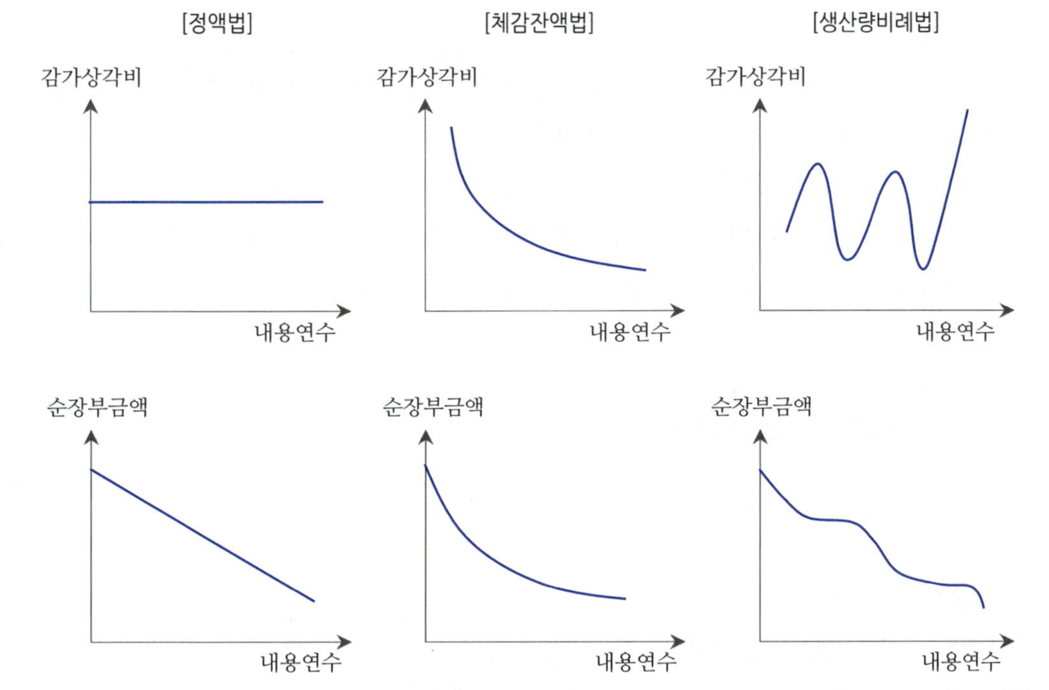

(1) 정액법straight-line method

정액법은 자산의 내용연수 동안 매 기간 균등액(정액)을 감가상각비로 인식하는 방법이므로, 시간의 경과에 따라 자산의 경제적효익이 일정하게 감소되는 경우에 적합하다. 정액법에 의한 감가상각비는 다음과 같이 감가상각대상금액(= 취득원가 − 잔존가치)을 내용연수로 나누어 계산한다.

$$감가상각비 = \frac{취득원가 - 잔존가치}{내용연수}$$

(2) 체감잔액법declining balance method

체감잔액법은 자산의 내용연수 초기에는 감가상각비를 많이 계상하다가 내용연수 후기로 갈수록 감가상각비를 적게 계상하는 방법으로서 가속상각법accelerated depreciation method이라고도 한다. 감가상각비 금액이 매 기간 감소한다는 특징이 있으므로, 이 방법은 내용연수가 경과하면서 자산의 경제적효익의 소비가 점차 감소하는 형태를 보이는 경우에 적합하다. 구체적으로 체감잔액법에는 ①정률법, ②이중체감법, ③연수합계법 등이 있다.

① 정률법fixed percentage method

이 방법은 유형자산의 기초 순장부금액에 정률을 곱하여 매년 감가상각비를 계산한다. 여기서, 순장부금액은 유형자산의 취득원가에서 기초의 감가상각누계액(직전년도까지의 감가상각비의 누계금액)을 차감한 금액을 의미한다. 감가상각누계액은 유형자산 취득 후 인식한 감가상각비의 누계액이므로 매년 증가하는 속성이 있다. 따라서 취득원가에서 감가상각누계액을 차감하여 구하는 유형자산의 순장부금액은 매년 감소하게 되고, 감가상각비도 매년 감소한다.

감가상각비 = 기초 순장부금액 × 정률* = [취득원가 − 기초 감가상각누계액] × 정률*

* 정률 $= 1 - \sqrt[n]{\frac{\text{잔존가치}}{\text{취득원가}}}$, n = 내용연수

② 이중체감법double declining balance method

이 방법은 정률법의 간편법이다. 정률법에서처럼 정률을 구하기 위해 복잡한 산식을 사용하는 대신 단순하게 정액법 상각률을 2배하여 정률을 계산한다.

감가상각비 = 기초 순장부금액 × 정률*

* 정률 = (1 ÷ 내용연수) × 2

③ 연수합계법sum of the years' digits method

이 방법을 사용하여도 내용연수 동안 매 기간 인식하는 감가상각비 금액이 감소하므로 체감잔액법에 해당한다. 하지만 이 방법은 정률과 감소하는 순장부금액을 이용하는 체감잔액법(정률법, 이중체감법)과 달리 매년 감소하는 상각률과 매년 일정한 감가상각대상금액을 곱하여 감가상각비를 계산한다는 점에서 차이가 있다. 예를 들어, 내용연수가 5년이라면 내용연수의 급수합계는 15(=1+2+3+4+5)이고, 잔여내용연수는 연차별로 매년 5 → 4 →

3 → 2 → 1로 감소하기 때문에 상각률이 (5/15) → (4/15) → (3/15) → (2/15) →(1/15)로 매년 감소하게 된다.

$$감가상각비 = [취득원가 - 잔존가치] \times \frac{잔여내용연수}{내용연수의\ 급수합계}$$

(3) 생산량비례법activity method

생산량비례법은 당기의 실제생산량 또는 실제사용량을 유형자산의 예상생산량 또는 예상사용량으로 나눈 비율을 상각율로 사용하여 감가상각비를 계산하는 방법이다. 따라서 감가상각비는 유형자산이 생산할 수 있는 생산량 또는 기계작업시간 등의 투입량에 비례하여 결정되며, 시간의 경과와 무관하다. 수익 · 비용의 대응관점에서 보면 가장 정확한 감가상각비 계산방법이라고 할 수 있지만, 예상생산량 또는 예상사용량을 정확하게 추정할 수 없는 상황에서는 사용하기 어려운 방법이다.

$$감가상각비 = [취득원가 - 잔존가치] \times \frac{당기생산량(투입량)}{추정총생산량(투입량)}$$

예제 6.3 감가상각비의 계산과 회계처리

㈜상세는 20×1년 1월 1일에 다음과 같은 기계장치를 취득하다.

- 취득원가 : ₩3,600,000
- 내용연수 : 3년
- 잔존가치 : ₩600,000
- 정 률 : 0.5598
- 사용시간 : 3,000시간(20×1년) / 2,000시간(20×2년) / 5,000시간(20×3년)

물음 정액법, 정률법, 생산량비례법에 따라, 20×2년 12월 31일의 감가상각비를 계상하는 분개를 하시오.

해설

① 정액법

$$감가상각비 = \frac{취득원가 - 잔존가치}{내용연수} = \frac{₩3,600,000 - ₩600,000}{3} = ₩1,000,000$$

(차) 감 가 상 각 비	1,000,000	(대) 감가상각누계액	1,000,000

② 정률법

(단위: 원)

연 도	미상각잔액*1	× 정 률	= 감가상각비	감가상각누계액
20×1년	3,600,000	× 0.5598	= 2,015,280	2,015,280
20×2년	1,584,720	× 0.5598	= 887,126	2,902,406
20×3년	697,594	× 0.5598	= 97,594*2	3,000,000
합 계			= 3,000,000	

*1. 미상각잔액 = 유형자산의 장부금액 = 취득원가 − 직전년도 감가상각누계액
*2. ₩3,000,000(전체 상각대상금액) − ₩2,902,406(직전년도 감가상각누계액)

미상각잔액(20×2년) = 취득원가 − 직전년도(20×1년) 감가상각누계액
= ₩3,600,000 − ₩2,015,280 = ₩1,584,720
감가상각비(20×2년) = 미상각잔액 × 정률 = ₩1,584,720 × 0.5598 = ₩887,126

(차) 감 가 상 각 비	887,126	(대) 감가상각누계액	887,126

③ 생산량비례법

$$감가상각비 = [취득원가 - 잔존가치] \times \frac{당기생산량(투입량)}{추정총생산량(투입량)}$$

$$= [₩3,600,000 - 600,000] \times \frac{2,000시간}{10,000시간} = ₩600,000$$

(차) 감 가 상 각 비	600,000	(대) 감가상각누계액	600,000

1.5 유형자산의 처분

기업은 유형자산의 내용연수가 만료되었을 때 혹은 그 이전이라도 기업이 새로운 자산으로 대체할 필요가 있거나 더 이상 사용할 가치가 없다고 판단될 때는 이를 처분 또는 폐기한 후 장부에서 제거시켜야 한다. 유형자산의 처분과 관련한 회계처리 문제는 크게 세 가지로 요약될 수 있다.

첫째, 기중에 처분을 하는 경우에는 유형자산의 기중 사용분에 대한 감가상각 회계처리를 먼저 해야만 한다는 것이다. 유형자산의 사용은 연속적으로 이루어지지만 편의상 기말에 한꺼번에 감가상각을 하는 것이다. 하지만 기중에 처분을 하게 되면 기중 사용분에 대한 감가상각이 반영되어 있지 않기 때문에 이를 먼저 인식해야만 감가상각비와 처분손익을 구분하여 정확한 손익을 측정할 수 있다.

둘째, 기업이 더 이상 유형자산을 보유하고 있지 않기 때문에 해당 유형자산의 장부금액과 함께 감가상각누계액이나 손상차손누계액과 같은 차감적 계정의 장부금액도 전액 제거시켜야 한다는 점이다.

셋째, 처분시점의 순장부금액과 처분대가 간에 차이가 발생할 때 그 차액을 유형자산처분이익 또는 유형자산처분손실로서 포괄손익계산서에 기타수익 또는 기타비용으로 보고해야 한다.

유형자산처분이익(손실) = 처분대가 - 순장부금액*

* 순장부금액 = 해당 유형자산의 장부금액 − 감가상각누계액 − 손상차손누계액

유형자산을 처분하는 경우에는 처분하는 회계기간의 기초부터 처분하는 시점까지 유형자산 감가상각비를 추가로 계상하여 유형자산의 장부금액을 산정해야 한다. 처분 시점이 기말이면 추가로 계상되는 감가상각비는 1년간의 감가상각비가 되고, 처분시점이 기중이면 추가로 계상되는 감가상각비는 1년간 일수 대비 기초부터 처분일까지의 일수에 비례해서 계산된다.

처분 시점에서 장부금액으로 유형자산 계정의 대변에 기입하고, 처분대가와 장부금액과의 차액은 유형자산처분이익(또는 손실) 계정에 기입한다. 이를 분개로 나타내면 다음과 같다.

① 처분대가 〉 장부금액(현금 수취)

(차)	현　　　금[*1]	×××	(대)	유 형 자 산[*2]	×××
	감가상각누계액	×××		유형자산처분이익	×××

*1. 처분대가　　*2. 취득원가

② 처분대가 〈 장부금액(현금 수취)

(차)	현　　　금	×××	(대)	유 형 자 산	×××
	감가상각누계액	×××			
	유형자산처분손실	×××			

여기서, 장부금액은 유형자산(취득원가)에서 감가상각누계액을 차감한 값으로 유형자산 처분시 함께 제거해야 하는 감가상각누계액은 유형자산의 차감계정이므로 차변에 위치하여 제거된다.

예제 6.4 유형자산의 처분

㈜상세는 20×1년 1월 1일에 내용연수 3년, 추정잔존가치 ₩600,000인 기계장치를 ₩3,600,000에 취득하다. 감가상각방법은 정액법에 따른다. 다만, 동일 연도 내에서 월별 감가상각비는 동일다고 가정한다.

물음 1 20×3년 1월 1일에 기계장치를 현금 ₩2,000,000에 처분시의 분개를 하시오.

해설 1

$$\text{매년 감가상각비} = \frac{₩3,600,000 - ₩600,000}{3} = ₩1,000,000$$

☞ 20×1년과 20×2년 감가상각비는 모두 ₩1,000,000이므로, 20×2년의 감가상각누계액은 ₩2,000,000이 된다.

① 처분(20×3년 1월 1일)

(차)	현금	2,000,000	(대)	기계장치	3,600,000
	감가상각누계액	2,000,000		유형자산처분이익	400,000

☞ 처분대가(현금 수취금액)인 ₩2,000,000에서 순장부금액(= 취득원가 - 감가상각누계액) ₩1,600,000(= ₩3,600,000 - ₩2,000,000)을 차감하면 ₩유형자산처분이익이 발생한다.

물음 2 20×2년 4월 1일에 기계장치를 현금 ₩2,000,000에 처분시의 분개를 하시오.

해설 2

① 감가상각비 인식(20×2년 4월 1일)

(차)	감가상각비	250,000	(대)	감가상각누계액	250,000

☞ 20×2년 1월 1일부터 20×2년 3월 31일까지 3개월간의 감가상각비 ₩250,000(= ₩1,000,000 × 3/12개월)을 추가로 인식하는 분개를 하여야 한다.

☞ 20×1년과 20×2년 감가상각비는 각각 ₩1,000,000과 ₩250,000이므로, 20×2년의 처분시점의 감가상각누계액은 ₩1,250,000이 된다.

② 기중처분(20×2년 4월 1일)

(차)	현금	2,000,000	(대)	기계장치	3,600,000
	감가상각누계액	1,250,000			
	유형자산처분손실	350,000			

☞ 처분대가(현금 수취금액)인 ₩2,000,000에서 장부금액(= 취득원가 - 감가상각누계액) ₩2,350,000(= ₩3,600,000 - ₩1,250,000)을 차감하면 ₩350,000의 유형자산처분손실이 발생한다.

SECTION 2
유형자산 인식시점 이후의 측정

2.1 유형자산의 재평가

유형자산을 최초로 인식한 후에 원가모형이나 재평가모형 중 하나를 회계정책으로 선택하여 유형자산의 유형별로 동일하게 적용하여야 한다. 원가모형을 선택하면 유형자산은 원가에서 감가상각누계액과 손상차손누계액을 차감한 금액으로 평가한다. 재평가모형을 선택하면 유형자산은 재평가일의 공정가치에서 재평가일 이후의 감가상각누계액과 손상차손누계액을 차감한 금액으로 평가한다.

원가모형cost model은 유형자산을 취득원가 기준으로 측정하는 방법이다. 원가모형을 사용할 때 재무상태표에 공시되는 유형자산의 순장부금액은 그 시점까지 감가상각되지 않고 남은 취득원가를 나타낸다. 재평가모형revaluation model이란 유형자산을 최초 인식한 후에 공정가치로 측정하는 것을 말한다. 원가모형이 객관성 또는 신뢰성을 강조한다면, 재평가모형은 정보이용자에게 유용한 정보제공을 강조하는 모형이다.

재평가모형을 적용할 때에 유형자산의 장부금액을 재평가금액(공정가치)으로 조정한다. 또한 유형자산의 재평가금액과 순장부금액을 비교하여 재평가차액을 손익으로 인식한다. 주의할 점은 재평가이익이 발생한 경우와 재평가손실이 발생한 경우에 대한 회계처리가 서로 다르다는 점이다.

특정 유형자산을 재평가할 때 당해 자산이 포함되는 유형자산 분류 전체를 재평가해야 한다. 예를 들어, 토지에 대해 재평가모형을 적용한다면 특정한 지역에 있는 토지만 재평가하는 것이 아니라, 보유하고 있는 모든 토지에 대해서 재평가를 해야만 한다. 한편, 유형자산 분류가 다르면 각 분류별로 다른 평가모형을 적용할 수 있다. 예를 들어, 토지에 대해서 재평가모형을 적용하더라도 건물에 대해서는 원가모형을 적용할 수 있다. 재평가의 빈도는 재평가되는 유형자산의 공정가치 변동에 따라 달라진다. 경우에 따라 매년 재평가가 필요할 수도 있고 3년이나 5년마다 재평가하는 것으로 충분한 유형자산도 있다.

2.2 최초 재평가시 평가손익 인식

1) 재평가이익(공정가치 > 취득원가(순장부금액))

최초로 재평가할 때 유형자산의 취득원가(순장부금액)보다 공정가치가 크면, 초과금액만큼 재평가이익revaluation gain이 발생한다. 이런 경우에 차변에 해당 유형자산의 장부금액을 증가시키고, 대변에 재평가이익을 기록한다. 재평가이익은 포괄손익계산서에서 기타포괄이익으로 분류한다. 따라서 재평가이익은 마감분개를 통해 자본으로 전환할 때에 미처분이익잉여금이 아닌 기타포괄손익누계액 항목인 재평가잉여금revaluation surplus으로 표시한다. 요약하면 [그림 6-3]과 같다.

➪ 기말 결산정리 분개

(차) 유형자산	×××	(대) 재평가이익 (기타포괄이익)	×××

➪ 마감분개

(차) 재평가이익 (기타포괄이익)	×××	(대) 재평가잉여금 (기타포괄손익누계액)	×××

[그림 6-3] 재평가모형의 최초 재평가손익

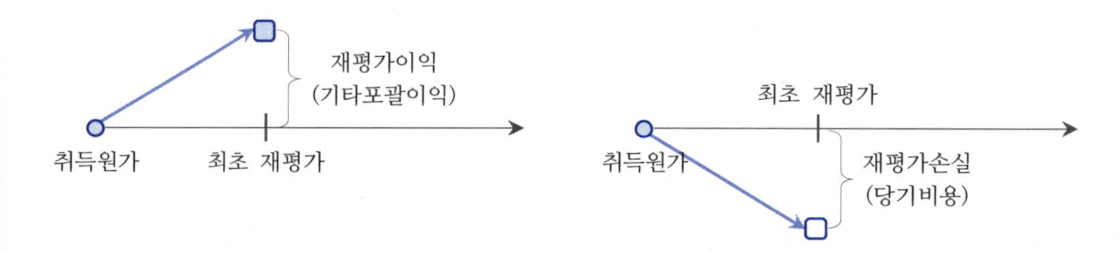

2) 재평가손실(공정가치 < 취득원가(순장부금액))

최초로 재평가할 때 유형자산의 취득원가(순장부금액)보다 공정가치가 작으면, 감소과금액만큼 재평가손실revaluation loss이 발생한다. 이런 경우에 차변에 재평가손실을 기록하고, 대변에 해당 유형자산의 장부금액을 감소시킨다. 주의할 점은 재평가손실은 재평가이익과 달리 포괄손익계산서에서 당기순손익 항목으로 분류한다는 점이다. 따라서 재평가손실은 마감분개를 통해 자본으로 전환할 때에 미처분이익잉여금으로 표시한다.

➪ 기말 결산정리 분개

(차) 재 평 가 손 실 (당 기 비 용)	×××	(대) 유 형 자 산	×××

➪ 마감분개

(차) 집 합 손 익	×××	(대) 재 평 가 손 실 (당 기 비 용)	×××
(차) 미처분이익잉여금	×××	(대) 집 합 손 익	×××

2.3 후속 재평가시 평가손익 인식

재평가를 반복할 경우 재평가이익과 재평가손실에 해당하는 금액만큼 해당 유형자산의 장부금액을 조정시키면 된다. 하지만, 재평가이익과 재평가손실에 대한 회계처리는 최초로 재평가할 때 이루어진 재평가손익 여부에 따라 회계처리가 달라진다.

1) 최초 재평가시 재평가잉여금을 인식한 경우

① 후속 재평가시 재평가이익 발생

최초로 재평가할 때 재평가이익이 발생한 경우 해당 재평가이익을 기타포괄손익누계액인 재평가잉여금을 구성한다. 이런 조건에서 후속으로 재평가하여 추가적으로 장부금액이 증가되면, 최초로 재평가할 때와 마찬가지로 재평가이익을 대변에 기입하고 유형자산을 차변에 기입한다. 또한 기타포괄손익에 해당하는 재평가이익을 기타포괄손익누계액인 재평가잉여금으로 자본에 가산한다. 결국 최초로 재평가할 때와 후속으로 재평가할 때의 회계처리가 동일하다.

② 후속 재평가시 재평가손실 발생 : 재평가잉여금 이하

최초로 재평가할 때 재평가이익이 발생하여 재평가잉여금이 존재할 때, 후속으로 재평가하여 장부금액이 감소되면, 재평가잉여금을 한도로 재평가감소액을 기타포괄손익으로 인식한다. 재평가감소액을 기타포괄손익으로 인식하는 경우 재평가잉여금의 과목으로 자본에 누계한 금액을 감소시킨다.

➪ 기말 결산정리 분개

(차)	재평가손실 (기타포괄손실)	×××	(대) 유형자산	×××

➪ 마감분개

(차)	재평가잉여금 (기타포괄손익누계액)	×××	(대) 재평가손실 (기타포괄손실)	×××

③ 후속 재평가시 재평가손실 발생 : 재평가잉여금 초과

재평가잉여금을 초과하여 재평가감소액이 발생하므로, 재평가잉여금을 한도로 재평가손실을 기타포괄손익으로 인식하고, 재평가잉여금을 초과하는 재평가손실은 당기비용으로 인식한다. 기타포괄손익으로 인식한 재평가손실은 재평가잉여금의 과목으로 자본에 누계한 금액을 감소시킨다.

➪ 기말 결산정리 분개

(차)	재평가손실[a] (기타포괄손실)	×××	(대) 유형자산	×××
	재평가손실[b] (당기비용)	×××		

a. 최초 재평가시 인식한 재평가잉여금 b. 재평가잉여금을 초과하여 발생한 재평가감소액

➪ 마감분개

(차)	재평가잉여금 (기타포괄손익누계액)	×××	(대) 재평가손실[a] (기타포괄손실)	×××

(차)	집합손익	×××	(대) 재평가손실[b] (당기비용)	×××
(차)	미처분이익잉여금	×××	(대) 집합손익	×××

2) 최초 재평가시 당기손실을 인식한 경우

① 후속 재평가시 재평가손실 발생

최초로 재평가할 때 재평가손실이 발생한 조건에서, 후속으로 재평가하여 추가적으로 장부금액이 감소되면, 최초로 재평가할 때와 마찬가지로 재평가손실을 차변에 기입하고 유형자산을 대변에 기입한다. 또한 당기손실에 해당하는 재평가손실을 미처분이익잉여금으로 자본에 반영한다. 결국 최초로 재평가할 때와 후속으로 재평가할 때의 회계처리가 동일하다.

② 후속 재평가시 재평가이익 발생 : 재평가손실 이하

최초로 재평가할 때 재평가손실이 발생한 경우, 후속으로 재평가하여 장부금액이 증가되면, 전기 재평가손실(당기비용)을 한도로 재평가증가액을 당기수익으로 인식한다.

➪ 기말 결산정리 분개

(차) 유형자산	×××	(대) 재평가이익 (당기수익)	×××

➪ 마감분개

(차) 재평가이익 (당기수익)	×××	(대) 집합손익	×××
(차) 집합손익	×××	(대) 미처분이익잉여금	×××

③ 후속 재평가시 재평가이익 발생 : 재평가손실 초과

전기 재평가손실을 초과하여 재평가증가액이 발생하므로, 전기 재평가손실을 한도로 재평가이익을 당기이익으로 인식하고, 전기 재평가손실을 초과하는 재평가이익은 기타포괄손익으로 인식한다. 기타포괄손익으로 인식한 재평가이익은 재평가잉여금의 과목으로 자본에 누계시킨다.

➪ 기말 결산정리 분개

(차) 유형자산 (기타포괄손실)	×××	(대) 재평가이익[a] (당기수익) 재평가이익[b] (기타포괄손익)	×××

a. 최초 재평가시 인식한 재평가손실 b. 재평가손실을 초과하여 발생한 재평가증가액

➪ 마감분개

(차) 재 평 가 이 익[a] (당 기 수 익)	×××	(대) 집 합 손 익	×××
(차) 집 합 손 익	×××	(대) 미처분이익잉여금	×××

(차) 재 평 가 이 익[b] (기타포괄손익)	×××	(대) 재 평 가 잉 여 금 (기타포괄손익누계액)	×××

2.4 유형자산의 손상차손

유형자산에 대해 회계처리 할 때 취득시점에 취득원가로 평가하여 기록하고, 기말시점에 취득원가 중 사용분에 해당하는 금액을 감가상각비로 인식한다. 따라서 유형자산의 순장부금액은 내용연수가 경과함에 따라 점차 감소하게 되는데, 그렇다고 해서 순장부금액이 유형자산의 실제 가치를 반영하고 있는 것은 아니다. 왜냐하면 감가상각은 취득원가를 비용과 미상각잔액으로 배분하는 과정일 뿐, 유형자산의 가치를 평가하는 과정은 아니기 때문이다.

재무상태표에 공시된 유형자산의 순장부금액이 유형자산의 미래경제적효익의 가치를 반영하지 못하는 문제를 해결하기 위해서 기업은 유형자산을 공정가치로 평가한 금액을 공시하는 회계정책을 선택할 수 있다. 한국채택국제회계기준에서 유형자산을 공정가치로 평가하는 것을 권장하지만 강제하지는 않기 때문에 기업은 취득원가를 사용할 수도 있다. 이렇게 기업이 원가모형으로 유형자산을 평가하는 경우에 유형자산의 급격한 가치 변동에 대응하는 회계처리를 살펴본다.

1) 원가모형의 손상회계

원가모형을 선택한 경우, 유형자산의 급격한 시가하락이나 진부화 또는 물리적 손상으로 인하여 자산의 회수가능액recoverable amount이 순장부금액보다 작아지는 경우에 손상된 금액을 비용으로 인식한다. 손상된 금액만큼 유형자산의 순장부금액을 회수가능액으로 감액한다. 손상 회계처리를 위해서는 손상차손impairment loss이라는 비용 계정과 손상차손누계액accumulated impairment losses이라는 자산 차감계정을 사용한다. 물론 회수가능액이 순장부금액보다 큰 경우에는 순장부금액으로 계속 인식한다.[3)]

손 상 차 손 = 순장부금액 - 회수가능액
회수가능액 = Max[순공정가치, 사용가치]

회수가능액이란 순공정가치와 사용가치 중에서 큰 금액으로 결정한다. 순공정가치fair value less costs to sell란, 공정가치에서 처분부대원가를 차감한 금액이며 사용가치value in use란, 자산의 계속적인 사용과 최종 처분에서 기대되는 미래 현금유입과 현금유출을 추정하고, 이를 적절한 할인율로 할인한 현재가치이다.

유형자산의 손상차손에 대한 절차는 다음과 같다.

1단계 : 보고기간 말마다 유형자산 손상징후가 있는지 검토
2단계 : 손상징후가 있다면 자산 회수가능액을 추정
3단계 : 자산의 회수가능액이 장부금액에 못 미치는 경우 자산의 장부금액을 회수가능액으로 감액
4단계 : 손상차손을 당기비용으로 인식

유형자산의 사용가치를 계산할 때에 다음을 반영한다.

① 유형자산의 현재 상태를 기초로, 유형자산에서 얻을 것으로 예상되는 미래현금흐름의 추정치
② 미래현금흐름의 금액 및 시기의 가능한 변동에 대한 예상
③ 현행 시장 무위험 이자율로 표현되는 화폐의 시간가치
④ 유형자산에 내재한 불확실성을 보상하는 가격
⑤ 유형자산에서 얻을 것으로 예상되는 미래현금흐름의 가격을 결정할 때 시장참여자들이 반영하는 비유동성과 같은 그 밖의 요소들

차기 이후에 해당 유형자산의 가치가 상승하여 회수가능액이 순장부금액을 초과하는 경우에는 손상차손을 환입한다. 손상차손환입reversal of a impairment loss의 회계처리를 위해서는 손상차손누계액을 감소시키고, 손상차손환입이라는 수익을 인식한다. 주의할 점은 손상차손환입으로 인식할 수 있는 금액에는 한도가 있다는 점이다. 즉, 손상차손환입을 반영하여 기록할 순장부금액은 과거에 손상차손을 인식하지 않았다면 기록되었을 순장부금액을 초과할 수 없다. 왜냐하면, 회수가능액은 순공정가치(또는 사용가치)이므로 무조건 회수가능액으로 순장부금액으로 유형자산을 측정한다면 원가모형이 아닌 재평가모형을 적용하는 것이 되어버리기 때문이다.

---

3) 재고자산에 대해 보수적 회계처리인 저가법을 적용하는 것과 마찬가지로, 유형자산에 대해서도 손상차손 인식을 통해 보수적 회계처리를 적용하는 것이다.

예제 6.5 유형자산의 손상 회계처리

상품매매기업인 ㈜상세는 20×1년 1월 1일에 기계장치를 ₩3,600,000에 취득하다. ㈜상세는 이 기계장치를 앞으로 4년 동안 사용할 예정이며, 4년 후 잔존가치는 없을 것으로 추정하다. 기계장치에 대해서는 원가모형을 적용하여 평가하고 있으며, 감가상각은 정액법을 사용하기로 하다.

물음 1 20×2년 12월 31일의 감가상각비를 계상하는 분개를 하시오.

해설 1

$$\text{감가상각비} = \frac{\text{취득원가} - \text{잔존가치}}{\text{내용연수}} = \frac{₩3,600,000 - ₩0}{4} = ₩900,000$$

(차) 감가상각비	900,000	(대) 감가상각누계액	900,000

물음 2 20×2년 12월 31일의 기계장치 순공정가치는 ₩850,000이고, 사용가치는 ₩910,000이라고 할 때, 손상차손에 대한 회계처리를 하시오.

해설 2

20×2년 12월 31일의 기계장치의 손상인식 전 순장부금액

= 기계장치 장부금액 − 감가상각누계액 = ₩3,600,000 − ₩1,800,000 = ₩1,800,000

20×2년 12월 31일의 기계장치의 회수가능액

= Max[순공정가치, 사용가치] = Max[₩850,000, ₩910,000] = ₩910,000

손상차손 금액 = ₩1,800,000 − ₩910,000 = ₩890,000

(차) 손상차손 (당기비용)	890,000	(대) 손상차손누계액	890,000

물음 3 20×3년 12월 31일의 감가상각비를 계상하는 분개를 하시오.

해설 3

$$\text{감가상각비} = \frac{\text{순장부금액} - \text{잔존가치}}{\text{잔존내용연수}} = \frac{₩910,000 - ₩0}{2} = ₩455,000$$

(차) 감가상각비	455,000	(대) 감가상각누계액	455,000

물음 4 20×3년 12월 31일의 기계장치 순공정가치는 ₩1,000,000이고, 사용가치는 ₩1,120,000이라고 할 때, 손상차손환입에 대한 회계처리를 하시오.

해설 4

20×3년 12월 31일의 기계장치의 손상차손환입 전 순장부금액
= 기계장치 장부금액 − 감가상각누계액 − 손상차손누계액
= ₩3,600,000 − ₩2,255,000 − ₩890,000 = ₩455,000

20×3년 12월 31일의 기계장치의 회수가능액
= Max[순공정가치, 사용가치] = Max[₩1,000,000, ₩1,120,000] = ₩1,120,000

회수가능액이 손상차손환입 전 순장부금액보다 크기 때문에 손상차손환입을 인식한다. 단, 손상차손환입으로 인식하여 새로 측정할 순장부금액은 과거에 손상을 인식하지 않았더라면 20×3년 12월 31일의 순장부금액이었을 금액을 초과할 수 없다.
손상이 없었더라면 20×3년 12월 31일의 순장부금액은 ₩900,000(= ₩3,600,000 − ₩900,000 × 3)이었을 것이다. 따라서 손상차손환입은 ₩665,000(= ₩1,120,000 − ₩455,000)을 모두 인식할 수는 없고, ₩445,000(= ₩900,000 − ₩455,000)까지만 가능하다.

(차) 손상차손누계액	445,000	(대) 손상차손환입 (당기수익)	445,000

2) 재평가모형의 손상회계 개념

재평가모형을 적용하는 유형자산은 기말 시점에 다음의 순서로 회계처리를 한다. 먼저 기초 장부금액을 기준으로 감가상각비를 처리한 후 감가상각 반영 후 장부금액을 공정가치와 비교하여 재평가손익을 인식한다. 마지막으로 재평가손익까지 반영된 공정가치를 기초로 손상을 인식한다. 결국 원가모형과는 달리 재평가모형에서 회수가능액과 비교하는 장부금액은 기말 시점의 처분부대원가를 차감한 순공정가치이다.

손상차손 = 공정가치 − 회수가능액
회수가능액 = Max[순공정가치, 사용가치]

재평가모형에서 유형자산은 공정가치로 측정된다. K-IFRS의 개념체계는 공정가치를 활성시장에서 시장참여자 간에 평가되는 금액으로 정의하고 있고 공정가치 측정에서 처분부대원가는 제외된다. 사용가치는 개별 기업관점에서 얻을 수 있는 미래 경제적효익의 현재가치로 측정된다. 이러한 개념을 바탕으로 위 등식을 살펴보자. 쉽게 표현하자면 회수가

능액의 의미는 시장에서 부대원가를 차감하고 유형자산이 처분될 가치와 기업의 의도로 유형자산을 사용하여 얻을 가치 중 큰 것을 의미한다. 결국 둘 중 큰 가치가 공정가치보다 작다면 손상이 되었다고 판단하는 것이다.

재평가모형을 적용하는 유형자산의 손상차손 회계처리는 원가모형과 다음과 같은 차이가 있다. 우선 원가모형과 동일하게 손상차손이 발생하는 경우와 손상이 회복되어 환입하는 경우로 나눌 수 있다. 먼저 손상차손이 발생하는 경우 지난 사업년도에 기타포괄손익으로 인식한 재평가잉여금을 우선 감소시키고 초과해서 손상을 인식해야하면 당기손익으로 인식한다. 만약 손상차손환입을 인식하는 경우 지난 사업년도에 당기손익으로 인식한 손상차손 금액이 있다면 우선 그 금액만큼 손상차손환입을 당기손익으로 인식한다. 그 후 손상차손환입의 초과액이 있을 경우 재평가잉여금을 증가시킨다.

[그림 6-4] 재평가모형의 손상회계

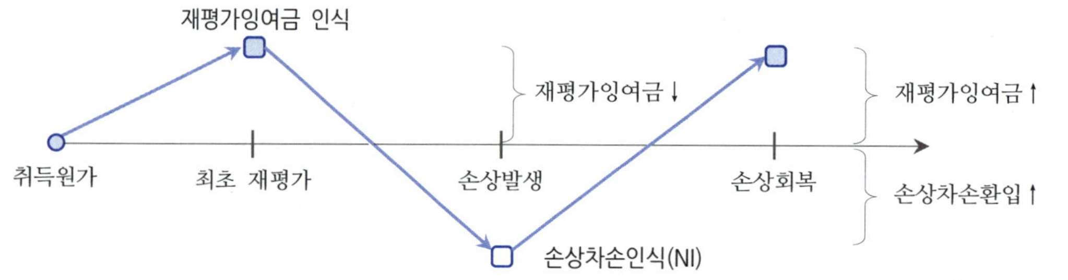

SECTION 3 무형자산의 의의와 회계처리

3.1 무형자산의 의의 및 종류

1) 무형자산의 의의

무형자산intangible assets은 물리적 실체가 없지만 식별가능한 비화폐성자산이다. 무형자산은 유형자산과 달리 물리적 실체가 없기 때문에 자산으로 정의되기 위해서 식별가능해야 한다. 단, 합병과 같은 사업결합에서 나타나는 영업권은 개별적으로 인식하는 것이 불가능한 그 밖의 자산에서 발생하는 무형자산이다.

기업은 경제적자원을 사용하거나 부채를 부담하여 과학적 · 기술적 지식, 새로운 공정이나 시스템의 설계와 실행, 라이선스, 지적재산권, 시장에 대한 지식과 상표(브랜드명 및 출판표제 포함) 등의 무형자원을 취득, 개발, 유지하거나 개선한다. 이러한 예로 컴퓨터소프트웨어, 특허권, 저작권, 영화필름, 고객목록, 어업권, 프랜차이즈, 고객이나 공급자와의 관계, 고객충성도 등이 있다.

무형자산이라고 해서 모두 재무상태표에 무형자산으로 인식되는 것은 아니다. 후술하겠지만 내부창출 무형자산은 무형자산의 정의를 충족하지만 인식기준을 충족하지 못하기 때문에 비용으로 처리한다. 즉, 유형자산과 마찬가지로 재무상태표에 무형자산으로 인식되기 위해서는 ① 무형자산에서 발생하는 미래 경제적효익이 기업에 유입될 가능성이 높아야만 하고, ② 무형자산의 원가를 신뢰성 있게 측정할 수 있어야만 한다.

2) 무형자산의 종류

무형자산은 기업의 영업활동에서 유사한 성격과 용도를 가진 자산끼리 묶어서 분류한다. 재무제표 이용자에게 더 목적적합한 정보를 제공할 수 있다면 무형자산의 분류는 더 큰 단위로 통합하거나 더 작은 단위로 구분할 수 있다. 무형자산의 종류는 다음과 같다.

① 브랜드명
② 제호와 출판표제
③ 컴퓨터소프트웨어
④ 라이선스와 프랜차이즈
⑤ 저작권, 특허권, 기타 산업재산권, 용역운영권
⑥ 기법, 방식, 모형, 설계 및 시제품
⑦ 개발 중인 무형자산

3.2 무형자산의 회계처리

무형자산의 취득목적은 유형자산과 마찬가지로 기업이 장기간 동안 사용하기 위해서이다. 따라서 무형자산에 대한 회계처리 방법도 유형자산과 거의 동일하다고 할 수 있다.

1) 무형자산의 취득원가

무형자산을 최초로 인식할 때에는 유형자산과 마찬가지로 원가로 측정한다. 따라서 해당 자산을 본래의 목적에 사용할 수 있을 때까지 지급된 모든 직접관련 원가를 포함한다. 따라서 권리를 유상으로 취득하는 경우 매입대가와 함께 등록비 등 각종 취득부대비용을 취득원가에 포함시키며, 경영자가 의도하는 방식으로 운용될 수 있는 상태에 이르면 더 이상은 원가로 인식하지 않는다. 한편 내부적으로 창출된 무형자산의 취득원가는 그 자산의 창출, 제조, 사용 준비에 직접 관련된 지출과 합리적이고 일관성 있게 배분된 간접 지출을 모두 포함한다.

2) 무형자산의 상각

유형자산과 마찬가지로 무형자산도 그 취득원가를 내용연수 기간에 걸쳐 비용화 하는데 이를 상각amortization이라고 한다. 유형자산에 대해서는 감가상각depreciation이라는 용어를 사용하는 반면에 무형자산에 대해서는 상각이라는 용어를 사용하여 양자를 구분한다.

무형자산의 상각을 위해서는 먼저 무형자산의 내용연수가 유한한지 아니면 비한정인지를 판단해야 한다. 왜냐하면 내용연수가 유한한 무형자산은 내용연수 동안 상각하지만, 내용연수가 비한정인 무형자산은 상각하지 않기 때문이다.

내용연수가 유한한 무형자산은 당해 자산이 사용가능한 때부터 즉, 자산이 경영자가 의도하는 방식으로 운영할 수 있는 위치와 상태에 이르렀을 때부터 상각을 시작하며, 추정 내용연수동안 상각한다. 무형자산의 상각에서는 유형자산과는 달리 잔존가치를 ₩0으로 간주하는 것이 일반적이다. 또한 유형자산과는 달리 차감계정인 상각누계액 계정을 사용하기 보다 직접 무형자산을 감소시키는 경우가 보다 일반적인 방법이다.

무형자산의 상각방법에는 유형자산과 마찬가지로 정액법, 체감잔액법과 생산량비례법이 있다. 상각방법은 자산이 갖는 기대 미래경제적효익의 예상되는 소비형태를 반영하여 선택하고, 미래경제적효익의 예상되는 소비형태가 변동하지 않는다면 매 회계기간에 일관성 있게 적용한다. 다만, 소비되는 형태를 신뢰성 있게 결정할 수 없는 경우에는 정액법을 사용한다.

무형자산의 상각기간과 상각방법은 적어도 매 회계연도 말에 검토한다. 자산의 예상 내용연수가 과거의 추정치와 다르다면 상각기간을 이에 따라 변경한다. 자산이 갖는 미래경제적효익의 예상소비형태가 변동된다면, 변동된 소비형태를 반영하기 위하여 상각방법을 변경한다.

내용연수가 비한정인 무형자산은 상각하지 아니한다. 대신 매년 또는 손상을 시사하는 징후가 있을 때 손상검사를 수행하여, 손상이 발생한 경우에는 손상차손을 인식한다. 그리고 내용연수가 비한정이라는 평가를 계속하여 정당화하는지 매 회계기간에 검토한다. 사건과 상황이 그러한 평가를 정당화하지 않는 경우에 비한정 내용연수를 유한 내용연수로 변경하여 상각한다.

예제 6.6 무형자산 회계처리

㈜상세는 20×1년 1월 1일에 특허권을 ₩1,0000,000에 취득하다. 단, 특허권의 상각기간은 5년으로 하며, 특허권이 미래경제적효익 창출을 위해 소비되는 형태를 신뢰성 있게 결정할 수 없다.

물음 20×2년 12월 31일의 특허권 상각에 대한 분개를 하시오.

해설

무형자산의 경우, 미래경제적효익 창출을 위해 소비되는 형태를 신뢰성 있게 결정할 수 없는 경우에는 정액법을 사용하고, 일반적으로 잔존가치는 없는 것으로 간주하며, 차감계정을 사용할 수도 있지만 무형자산을 직접 차감하는 방법을 관습적으로 사용한다.

$$\text{무형자산상각비} = \frac{₩1{,}000{,}000 - ₩0}{5} = ₩200{,}000$$

(차) 무형자산상각비	200,000	(대) 특 허 권	200,000

3) 인식 후 후속측정

무형자산도 유형자산과 동일하게 최초 인식과 상각 후에 원가모형과 재평가모형 중 하나를 선택하여 평가할 수 있다. 각 방법의 회계처리는 유형자산과 유사하다. 단, 유형자산의 경우에 활성시장이 없어도 공정가치를 측정할 수 있으면 재평가모형을 사용할 수 있지만, 무형자산에서는 해당 자산에 대한 활성시장이 존재하는 경우에만 재평가모형을 사용할 수 있다.

3.3 내부적으로 창출한 무형자산

내부적으로 창출한 무형자산은 미래 경제적효익을 창출할 식별가능한 자산이 있는지와 시점을 파악하기 어렵고, 자산의 원가를 신뢰성 있게 결정하는 것이 어렵다. 어떤 경우에는 무형자산을 내부적으로 창출하기 위한 무형자산의 원가를 내부적으로 창출한 영업권을 유지 또는 향상시키는 원가나 일상적인 경영관리활동에서 발생하는 원가와 구별할 수 없다. 따라서 내부적으로 창출한 무형자산에 대해서는 무형자산의 인식과 최초 측정에 추가적 지침이 적용된다.

1) 연구단계와 개발단계

내부적으로 창출한 무형자산이 인식기준을 충족하는지를 평가하기 위하여 무형자산의 창출과정을 연구단계와 개발단계로 구분한다. 무형자산을 창출하기 위한 내부 프로젝트를 연구단계와 개발단계로 구분할 수 없는 경우에는 그 프로젝트에서 발생한 지출은 모두 연구단계에서 발생한 것으로 본다.

① 연구단계

연구(또는 내부 프로젝트의 연구단계)에서 발생하는 무형자산을 인식하지 않는다. 내부 프로젝트의 연구단계에서는 미래경제적 효익을 창출할 무형자산이 존재한다는 것을 제시할 수 없기 때문에 내부 프로젝트의 연구단계에서 발생한 지출은 발생시점에 비용으로 인식한다. 연구활동의 예는 다음과 같다.

- 새로운 지식을 얻고자 하는 활동
- 연구결과나 기타 지식을 탐색, 평가, 최종 선택, 응용하는 활동
- 재료, 장치, 제품, 공정, 시스템이나 용역에 대한 여러 가지 대체안을 탐색하는 활동
- 새롭거나 개선된 재료, 장치, 제품, 공정, 시스템이나 용역에 대한 여러 가지 대체안을 제안, 설계, 평가, 최종 선택하는 활동

② 개발단계

다음 사항을 모두 제시할 수 있는 경우에만 개발활동(또는 내부 프로젝트의 개발단계)에서 발생한 무형자산을 인식한다.

- 무형자산을 사용하거나 판매하기 위해 그 자산을 완성할 수 있는 기술적 실현가능성
- 무형자산을 완성하여 사용하거나 판매하려는 기업의 의도
- 무형자산을 사용하거나 판매할 수 있는 기업의 능력
- 무형자산이 미래경제적 효익을 창출하는 방법. 그 중에서도 특히 무형자산의 산출물이나 무형자산 자체를 거래하는 시장이 존재함을 제시할 수 있거나 또는 무형자산을 내부적으로 사용할 것이라면 그 유용성을 제시할 수 있다.
- 무형자산의 개발을 완료하고 그것을 판매하거나 사용하는 데 필요한 기술적, 재정적 자원 등의 입수가능성
- 개발과정에서 발생한 무형자산 관련 지출을 신뢰성 있게 측정할 수 있는 기업의 능력

개발단계는 연구단계보다 훨씬 더 진전되어 있는 상태이기 때문에 어떤 경우에는 내부

프로젝트의 개발단계에서는 무형자산을 식별할 수 있으며, 그 무형자산이 미래경제적 효익을 창출할 것임을 제시할 수 있다. 개발활동의 예는 다음과 같다.

- 생산이나 사용 전의 시제품과 모형을 설계, 제작, 시험하는 활동
- 새로운 기술과 관련된 공구, 주형, 금형 등을 설계하는 활동
- 상업적 생산 목적으로 실현가능한 경제적 규모가 아닌 시험공장을 설계, 건설, 가동하는 활동
- 신규 또는 개선된 재료, 장치, 제품, 공정, 시스템이나 용역에 대하여 최종적으로 선정된 안을 설계, 제작, 시험하는 활동

예제 6.7 연구 및 개발활동

다음은 ㈜상세의 20×1년도 연구 및 개발활동 지출 내역이다.

ⓐ 새로운 지식을 얻고자 하는 활동 : ₩2,000,000
ⓑ 생산이나 사용 전의 시제품과 모형을 제작하는 활동 : ₩900,000
ⓒ 상업적 생산 목적으로 실현가능한 경제적 규모가 아닌 시험공장을 건설하는 활동 : ₩1,000,000
ⓓ 연구결과나 기타 지식을 응용하는 활동 : ₩1,600,000

물음 ㈜상세가 20×1년도 비용으로 분류해야 하는 금액을 계산하시오.

해설

연구활동에서 발생한 지출은 비용으로 인식한다.
연구활동에는 ① 새로운 지식을 얻고자 하는 활동, ② 연구결과나 기타 지식을 탐색, 평가, 최종 선택, 응용하는 활동, ③ 재료, 장치, 제품, 공정, 시스템이나 용역에 대한 여러 가지 대체안을 탐색하는 활동, ④ 새롭거나 개선된 재료, 장치, 제품, 공정, 시스템이나 용역에 대한 여러 가지 대체안을 제안, 설계, 평가, 최종 선택하는 활동이 해당하는데, ㈜상세의 경우에는 ⓐ활동이 ①에 해당하고, ⓓ활동이 ②에 해당되므로 ₩3,600,000(= ₩2,000,000 + ₩1,600,000)이 비용으로 인식될 금액이다.

3.4 영업권: 사업결합으로 취득한 무형자산

사업결합business combination은 한 기업이 다른 기업을 합병하는 것을 의미한다.[4] 다른 기업을 합병하는 경우 취득회사는 피취득회사의 주인인 주주에게 대가를 지급하고, 피취득회사의 자산과 부채를 취득한다. 이 과정을 간단하게 분개로 나타내면 다음과 같다.

1) 취득회사의 분개

(차) 자 산(피취득회사)	×××	(대) 부 채(피취득회사)	×××
[A]		현 금 (대 가)	×××

위 분개에서 취득회사가 취득하는 피취득회사의 자산과 부채는 공정가치로 인식함이 원칙이다. 취득회사가 피취득회사의 주주에게 지급할 대가를 산정할 때, 피취득회사의 자산과 부채의 차이만큼 지급 대가를 정하는 경우도 있을 수 있다. 하지만 피취득회사의 우수한 경영능력, 인적자원, 대외 명성, 기술 노하우 등을 고려하여 추가적인 대가를 지급할 수 있다. 만약 추가적인 대가를 지급하였다면 위 분개의 대차 등식은 '(피취득회사)부채 + 현금(대가) > (피취득회사)자산'이 되며 [A]에 추가적인 회계처리가 기록되어야 한다. 이때 앞에서 언급한 무형의 미래 가치창출 요소에 대한 부분이 기록되는데, 이것을 영업권goodwill이라 한다.

2) 취득회사의 영업권 분개

(차) (피취득회사)자산	×××	(대) (피취득회사)부채	×××
영 업 권	×××	현 금 (대 가)	×××

요약하자면, 영업권은 취득회사가 지급하는 대가와 취득회사가 인수하는 피취득회사의 자산 · 부채의 공정가치 차이로 정의된다. 이러한 영업권은 사업결합 과정에서만 발생할 수 있다. 내부적으로 창출한 영업권은 신뢰성 있는 취득원가를 산정할 수 없고, 기업이 통제하고 있는 식별가능한 자산이 아니기 때문이다.

4) 사업결합에 대한 내용은 고급회계에서 다룰 예정이다.

보 론

1. 차입원가의 자본화

한 기업이 자금을 차입하여 건물을 건설하였다고 가정하자. 이때 차입한 금액에 대한 금융비용이 발생하였다. 이 금융비용은 건물이 사용가능한 상태에 이르게 하는데 투입된 비용으로 볼 수 있으므로 건물의 취득원가에 가산하여야 하는가? K-IFRS 1023호는 실제 발생한 차입금 등의 금융비용을 자본화하는 원칙을 제시하고 있다. 즉, 적격자산의 취득, 건설이나 생산과 직접 관련되는 금융비용은 차입원가borrowing costs로써 당해 자산의 원가에 포함시키고 기타 차입원가는 비용으로 인식한다. 여기서 적격자산qualifying asset은 의도된 용도로 사용되거나 판매 가능한 상태에 이르게 하는 데 상당한 기간을 요구하는 자산을 의미한다. 건물과 같은 유형자산 뿐만 아니라 재고자산, 무형자산, 투자부동산 및 생산용식물 등의 자산을 조건에 따라 적격자산으로 볼 수 있다.

적격자산에 발생한 모든 금융비용을 차입원가로 자산 취득원가에 반영할 수는 없다. 예를 들어 건물 건설을 시작하기 전에 차입하여 금융비용을 지출했다면 이것을 건설을 위해 지출한 차입원가라고 특정할 수는 없을 것이다. 먼저 차입원가를 자본화 할 수 있는 기간을 살펴보자. 구체적으로 다음 조건을 모두 충족시키는 날에 차입원가의 자본화를 개시한다.

① 적격자산에 대하여 지출하고 있다.

② 차입원가를 발생시키고 있다.

③ 적격자산을 의도된 용도로 사용하거나 판매 가능한 상태에 이르게 하는 데 필요한 활동을 수행하고 있다.

여기서 ③적격자산을 의도된 용도로 사용하거나 판매 가능한 상태에 이르게 하는 데 필요한 활동에는 해당 자산의 물리적인 제작 이전단계에서 이루어진 기술 및 관리상의 활동도 포함된다. 예를 들어, 각종 인허가를 얻는 활동 등을 들 수 있다. 차입원가의 자본화는 적격자산을 의도된 용도로 사용하거나 판매 가능한 상태에 이르게 하는데 필요한 대부분의 활동이 완료된 시점에서 종료한다.

차입원가의 자본화 가능 기간에 대해 알아보았다. 이어서 차입원가 중 자본화가능한 차입원가의 범위에 대해 알아보자. 차입원가를 자본화하여 취득원가에 포함시켜 자산의 장부가액을 높이는 것은 자산이 취득된다는 조건 하에 이루어질 수 있다. 즉, 자산취득에 필요한 자금을 차입하고 그에 대한 금융비용을 자본화 할 수 있는 것이다. 결국 자본화가 가능한 차입원가는 차입원가 중 당해 적격자산과 관련된 지출이 발생하지 않았다면 부담하지 않았을 차입원가이다.

기업이 자산취득에 사용하는 차입한 자금은 적격자산을 취득하기 위한 목적만을 특정하여 차입한 자금(특정목적차입금)이 있을 수 있고, 일반적인 다양한 이유로 자금을 차입한 후 적격자산의 취득을 위해 일부를 사용하는 경우(일반목적차입금)가 있을 수 있다. 본 서에서는 각 목적에 따른 의미와 개념을 살펴보고 특정목적차입금을 중심으로 차입원가 자본화의 회계처리를 살펴본다.

1.1 특정목적 차입원가의 자본화와 회계처리

특정목적차입금의 차입원가는 적격자산취득에 자본화된다. 다만 앞에서 살펴본 자본화기간에 해당하는 경우만 자본화한다. 보다 쉽게 자본화기간에 대해 살펴보면 차입금의 차입기간과 취득기간이 겹치는 기간을 의미한다. 단순하게 적격자산을 취득하기 이전에 차입하여 발생한 금융비용 혹은 적격자산 취득이 완료된 후에 발생한 금융비용이 있다고 가정하자. 이러한 금융비용은 아무리 적격자산 취득을 목적으로 차입한 자금이라 할지라도 적격자산 취득과 무관하다 볼 수 있다. 하나 더 고려해야할 것은 특정목적차입금으로부터 발생한 운용 투자수익의 처리이다. 만약 차입금을 임시적으로 운용하여 발생한 수익(예를 들어, 이자수익 등)이 있다면 이러한 수익은 차감하고 자본화한다.

예제 6.8 특정목적 차입원가의 자본화

㈜상도는 20×1년도 직원 기숙사 신축을 20×1년 9월 1일부터 20×2년 5월 31일까지 계획하고 있다. 기숙사 신축을 위해 사용할 자금 ₩15,000,000을 20×1년 7월 1일에 차입하며 기숙사 신축을 위한 특정목적차입금으로 분류하다. 차입금의 만기는 20×2년 6월 30일이며 연이자율은 10%이다. 차입금의 예치로 인한 이자수익 및 임시 운용수익은 없다.

물음 ㈜상도의 20×1년 및 20×2년의 자본화 차입원가를 계산하시오.

해설

① 20×1년 자본화 차입원가 = ₩15,000,000 × 10% × 4/12 = ₩500,000
차입기간은 7월 1일부터이나 건설 기간은 9월 1일부터 시작되었다. 그러므로 9월 1일부터 12월 31일(4개월)까지 발생한 차입원가가 자본화 대상 금액이 된다.

② 20×2년 자본화 차입원가 = ₩15,000,000 × 10% × 5/12 = ₩625,000
차입기간은 6월 30일까지이나 건설 기간은 5월 31일까지이다. 그러므로 1월 1일부터 5월 31일(5개월)까지 발생한 차입원가가 자본화 대상 금액이 된다.

1.2 일반목적 차입원가의 개념

기업이 조달한 차입금은 그 목적이 다양할 수 있다. 일반목적차입금은 적격자산의 취득 외에 다른 목적에도 사용하고자 조달한 자금이다. 일반목적차입금은 그 목적에 따라 종류가 다양할 수 있으며 차입원가의 분류 또한 다양할 수 있다. 즉, 적격자산 취득에 사용된 금액이 얼마인지 일반목적차입금을 세부적으로 대응시키는 것은 사실상 불가능하다. 이러한 특성이 특정목적차입금과의 가장 두드러진 차이점이다. 그렇다면 일반목적차입금 중 적격자산을 취득하는데 투입된 부분과 그에 대한 차입원가는 자본화될 수 없는가? 그렇지 않다. 일반목적차입금 중에서도 적격자산을 취득하는데 투입된 부분이 있을 수 있으며 적절한 이자율을 곱하여 산출된 차입원가를 자본화 할 수 있다.

먼저 일반목적차입금 중 적격자산을 취득하는데 투입된 부분을 어떻게 구할 수 있는지 알아보자. 앞에서 언급하였듯 일반목적차입금은 적격자산 취득에 사용된 부분을 추적하기 어렵다. 그러므로 해당 기간 동안 적격자산의 취득을 위해 지출한 금액의 평균만큼을 일반목적차입금 중 적격자산 취득에 사용된 것으로 본다. 여기서 적격자산 평균지출액은 결산시점 혹은 적격자산 취득 종료시점까지의 기간 동안 적수로 산출한다. 이제 일반목적차입금 중 적격자산을 취득하는데 투입된 부분을 구하였으니 차입원가를 산출하기 위한 이자율 계산 절차를 알아보자. 마찬가지로 일반목적차입금의 이자비용은 그 목적과 대상을 특정할 수 없다. 다양한 차입금이 동시에 있다면 각각의 이자율도 다를 수 있고 각 차입금이 사용된 기간도 다를 수 있다. 결국 해당기간 동안 일반목적차입금에서 발생한 이자비용을 일반목적차입금 전체로 나누어 자본화이자율을 구한다.

마지막으로 적격자산에 대한 평균 지출액과 자본화이자율 곱하여 일반목적차입금의 자본화 차입원가를 계산한다. 다만, 이렇게 구한 자본화 차입원가는 실제 발생한 전체 차입원가보다 많을 수 없다. 이상의 내용을 정리하면 다음과 같다.

일반목적차입금의 자본화 차입원가 = 적격자산 지출액의 평균 × 자본화이자율
자본화이자율 = 당기발생 일반목적차입금 이자비용 / 당기 평균 일반목적차입금

2. 정부보조금

2.1 정부보조금의 개념

과거나 미래에 특정 기준을 충족하는 기업에게 정부가 자원을 이전하는 것처럼 경제적효익을 제공하는 것이 정부보조금이다. 예를 들어, 직접 보조금을 교부한다거나, 일정 채무를 면제하거나, 낮은 이자율로 대출을 하는 등의 형태가 있다. 만약 기업이 자산 취득에 필요한 자금을 정부로부터 보조금 형태로 받을 경우 회계처리는 어떻게 될까? 먼저 정부보조금은 두 조건을 만족해야 인식할 수 있다. 우선 정부보조금에 부수되는 조건을 준수해야한다. 또한 실제로 어떤 형태든 보조금을 수취해야한다.

두 조건을 충족하여 보조금을 인식해야 한다면, 기업의 입장에서 보조금은 자본 조달의 한 방법일 수 있다. 먼저 정부보조금은 통상적인 영업활동을 통해서 얻어진 것이 아니고, 상환의 의무가 없다. 그러므로 포괄손익계산서에 보고하지 않고 자본 항목으로 기록 할 수 있다. 하지만 특정 기준을 충족해야 보조금을 받을 수 있으므로 이는 기업의 의무를 수반하며, 정부는 주주가 아니다. 그러므로 보조금을 하나 이상의 회계기간에 걸쳐 당기손익으로 인식한다. 두 방법 중 K-IFRS는 정부보조금을 자본으로 인식하지 않고 관련된 회계기간의 포괄손익계산서에 수익으로 표시하는 수익접근법income approach을 적용한다. 보다 구체적으로 정부보조금의 회계처리에 대해 알아보자.

2.2 정부보조금의 회계처리

정부보조금은 그 조건에 따라 자산관련보조금과 수익관련보조금으로 나뉜다. 자산관련보조금은 기업이 장기성 자산을 취득, 건설할 것을 조건으로 지원하는 보조금을 의미한다. 수익관련보조금은 그 외의 보조금을 의미하며, 일반적으로 특정 비용을 정부가 보전해주는 보조금이다.

자산관련보조금의 회계처리는 두 가지 방법을 생각해 볼 수 있다. 이 보조금은 자산 취득을 보조하는 역할을 한다. 그러므로 자산의 취득시점에 취득원가에서 차감할 수 있다. 이후 취득한 유형자산이 감가상각 될 때 일정 금액을 감가상각비에서 차감하는 방법이다. 다만 이렇게 취득원가에서 차감할 경우 자산이 과소계상되는 문제가 있다. 이 보조금을 처리하는 두 번째 방법은 이연수익법이다. 수취한 정부보조금을 수취한 시점에 부채(이연수익)로 기록하고 취득한 유형자산이 내용연수에 걸쳐 감가상각 될 때 일정 금액을 보조금 수익으로 대체하는 방법이다. 다만 이 방법은 재무제표의 부채 총액을 증가시키는 문제가 있다.

① 취득원가 차감법

<기계장치 취득 시점>

(차)	기계장치	×××	(대)	정부보조금*	×××
				현금	×××

<감가상각 시점>

(차)	감가상각비	×××	(대)	감가상각누계액	×××
	정부보조금	×××		감가상각비	×××

* 정부보조금은 자산의 차감평가계정으로 나타낸다.

② 이연수익법

<보조금 수취 시점>

(차)	기계장치	×××	(대)	현금	×××
	현금*	×××		이연보조금수익	×××

<감가상각 시점>

(차)	감가상각비**	×××	(대)	감가상각누계액	×××
	이연보조금수익	×××		보조금수익	×××

* 정부보조금에 해당하는 현금

** 감가상각비는 이연보조금수익(부채) 중 당기에 보조금수익으로 인식되는 부분을 차감한 금액이다.

수익관련보조금의 회계처리도 두 방법을 적절하게 사용할 수 있다. 우선 수익관련보조금은 자산을 취득하는 조건이 없다. 그러므로 자산관련보조금처럼 취득원가에서 차감할 수 없다. 그렇다면 마찬가지로 정부보조금을 수취한 시점에 부채(이연수익)로 기록하고 조건이 충족되는 기간에 걸쳐 보조금 수익으로 인식할 수 있다. 한편, 보조금의 성격이 과거의 손실에 대한 보상이거나 금융지원을 위해 제공할 경우, 보조금을 수취하는 시점에 조건을 충족하였다고 볼 수 있다. 이때 취득한 보조금은 즉시 보조금수익으로 인식한다.

① 이연수익법

<보조금 수취 시점>

(차) 현 금*	×××	(대) 이 연 보 조 금 수 익	×××

<조건충족 시점>

(차) 이 연 보 조 금 수 익	×××	(대) 보 조 금 수 익**	×××

* 정부보조금에 해당하는 현금
** 이연보조금수익(부채) 중 당기에 조건을 충족하여 보조금수익으로 인식되는 금액이다.

② 즉시수익법

<보조금 수취 시점>

(차) 현 금	×××	(대) 보 조 금 수 익	×××

예제 6.9 정부보조금

㈜상도는 20×1년 1월 1일에 공정가치가 ₩1,500,000인 기계장치를 취득하다. 기계장치의 내용연수는 5년이며 잔존가치는 없다. ㈜상도는 정액법으로 감가상각한다. 기계장치 취득시에 정부로부터 ₩500,000의 보조금을 지원받았다.

물음 ㈜상도의 20×1년의 정부보조금을 취득원가 차감법과 이연수익법으로 구분하여 회계처리하시오.

해설

1. 취득원가 차감법

① 20×1년 1월 1일

(차) 기 계 장 치	1,500,000	(대) 현 금	1,000,000
		정 부 보 조 금	500,000

② 20×1년 12월 31일

(차)	감 가 상 각 비	300,000	(대)	감가상각누계액	300,000
	정 부 보 조 금	100,000		감 가 상 각 비	100,000

2. 이연수익법

① 20×1년 1월 1일

(차)	기 계 장 치	1,500,000	(대)	현 금	1,500,000
	현 금	500,000		이연보조금수익	500,000

② 20×1년 12월 31일

(차)	감 가 상 각 비	300,000	(대)	감가상각누계액	300,000
	이연보조금수익	100,000		보 조 금 수 익	100,000

친절한 재무회계 Accounting

주관식 문제

6.1 취득원가와 후속원가

상품매매기업인 ㈜상세가 20×1년 동안 다음과 같은 거래를 할 때, 분개를 하고 차량운반구의 20×1년 말 장부금액을 계산하시오.

① 2월 1일에 차량운반구 ₩2,000,000(운송비와 취득세 ₩200,000이 포함됨)을 외상으로 구입하다.
② 8월 1일에 차량운반구의 성능을 향상시키고자 ₩400,000의 현금을 지급하다.
③ 10월 5일에 차량운반구를 수선하기 위해 ₩600,000의 현금을 지급하다.

6.2 취득원가, 후속원가, 감가상각

상품매매기업인 ㈜상세가 20×1년 동안 유형자산과 관련된 다음과 같은 거래를 하였을 때 분개하시오.

① 20×1년 1월 1일에 건물을 구입한 대가로 ₩10,000,000의 당좌수표를 발행하고, 취득세로 ₩400,000의 현금을 지급하다.
② 20×1년 12월 31일에 차감계정을 사용하여 다음 조건으로 감가상각비를 인식하다. 다만, 동일 연도 내에서 월별 감가상각비는 동일다고 가정한다.

• 감가상각방법 : 정액법 • 내용연수 : 3년 • 잔존가치 : ₩200,000

③ 20×2년 1월 1일에 건물에 엘리베이터를 증설하기 위해 ₩800,000의 현금을 지급하다. 단, 엘리베이터 증설로 내용연수가 2년 더 증가되고, 잔존가치와 감가상각방법은 그대로이다.
④ 20×2년 12월 31일에 차감계정을 사용하여 감가상각비를 인식하다.
⑤ 20×3년 6월 30일에 건물을 처분하고 ₩5,000,000을 나중에 받기로 하다.

6.3 감가상각방법: 연수합계법

㈜상세는 20×1년 1월 1일에 다음과 같은 기계장치를 ₩3,600,000에 취득하다. 연수합계법에 따라 매년 인식해야 할 감가상각비를 계산하시오.

- 취득원가 : ₩3,600,000
- 내용연수 : 3년
- 잔존가치 : 600,000
- 정　　률 : 0.5598
- 사용시간 : 3,000시간 (20×1년) / 2,000시간 (20×2년) / 5,000시간 (20×3년)

친 절 한 재무회계 Accounting

객관식 문제

6.1 감가상각방법

다음 중 상각률을 감가상각대상금액이 아니라 기초 장부금액(미상각잔액)에 곱하여 매년 감가상각비를 계산하는 감가상각방법을 고르시오.

① 정액법
② 정률법
③ 연수합계법
④ 생산량비례법

6.2 유형자산

다음 중 유형자산이 아닌 것은?

① 건설중인자산
② 기계장치와 운송설비
③ 차량운반구와 수상운반구
④ 부동산매매업자의 판매용 건물

6.3 후속원가의 효과

일상적인 수선 및 유지와 관련하여 발생하는 원가를 취득원가에 포함시켰을 경우에 재무제표에 미치는 영향은?

① 당기순이익과 자산이 과소계상 된다.
② 당기순이익과 자산이 과대계상 된다.
③ 당기순이익이 과소계상 되고, 자산이 과대계상 된다.
④ 당기순이익이 과대계상 되고, 자산이 과소계상 된다.

6.4 유형자산의 취득

㈜한국은 건물신축을 위해 영업용 토지를 ₩2,000,000에 매입하다. 매입 시 지급한 현금은 다음과 같다. 토지의 취득원가는? (9급 공무원 2013)

• 구건물 철거비용	₩450,000
• 소유권 이전 등기료	140,000
• 취득세	14,000
• 전세입주자 모집광고비	160,000

① ₩2,764,000
② ₩2,604,000
③ ₩2,154,000
④ ₩2,000,000

6.5 유형자산의 취득

㈜대한은 철강제조공장을 신축하기 위하여 토지를 취득하는데 이 토지에는 철거예정인 창고가 있다. 다음 자료를 고려하여 토지의 취득원가를 계산하면 얼마인가? (세무사 2014)

• 토지 취득가격	₩1,400,000
• 토지 취득세 및 등기비용	100,000
• 토지 중개수수료	20,000
• 공장신축전 토지를 임시주차장으로 운영함에 따른 수입	80,000
• 창고 철거비용	60,000
• 창고 철거 시 발생한 폐자재 처분 수입	40,000
• 영구적으로 사용가능한 하수도 공사비	30,000
• 토지의 구획정리비용	20,000

① ₩1,550,000
② ₩1,560,000
③ ₩1,590,000
④ ₩1,630,000
⑤ ₩1,670,000

6.6 유형자산의 감가상각: 연수합계법

㈜용암은 20×1년 10월 1일에 기계장치를 현금으로 구입하여 즉시 제품생산에 투입하다. 취득시점에서 이 기계장치의 내용연수는 3년, 잔존가치는 ₩24,000으로 추정하다. ㈜용암은 이 기계장치에 대해 원가모형을 적용하여 연수합계법으로 감가상각을 하고 있는데, 20×1년 말에 인식한 감가상각비는 ₩120,000이다. 20×2년 12월 31일 기계장치의 장부금액은 얼마인가? 단, 감가상각비는 월할 계산하며, 이 기계장치에 대한 취득시점 이후 자산손상은 없다.

(CPA 2010)

① ₩320,000
② ₩400,000
③ ₩424,000
④ ₩520,000
⑤ ₩544,000

6.7 유형자산의 손상

㈜국세는 20×1년 1월 1일 기계장치를 ₩4,000,000에 취득(내용연수 5년, 잔존가치는 ₩0)하다. 동 기계장치는 원가모형을 적용하며 정액법으로 감가상각한다. 매 회계연도 말 기계장치에 대한 회수가능액은 다음과 같으며 회수가능액 변동은 기계장치의 손상 또는 그 회복에 따른 것이다.

연 도	20×1년 말	20×2년 말	20×3년 말	20×4년 말
회수가능액	₩3,200,000	₩1,800,000	₩1,200,000	₩2,000,000

20×4년도 말 재무상태표에 인식될 기계장치의 손상차손누계액은 얼마인가? (세무사 2014)

① ₩0
② ₩100,000
③ ₩200,000
④ ₩300,000
⑤ ₩400,000

6.8 유형자산의 처분

㈜한국은 2021년 1월 1일에 기계장치를 ₩10,000,000에 매입하다. 기계장치의 잔존가치는 ₩1,000,000이고, 내용연수는 5년이다. 매년 12월 31일에 감가상각을 실시하며, 2023년 12월 31일에 해당 기계를 ₩4,000,000에 매각하다. 해당 기계를 연수합계법으로 감가상각할 때, 매각시 인식할 유형자산처분손익은? (9급 공무원 2012)

① 유형자산처분이익 ₩1,000,000
② 유형자산처분이익 ₩1,200,000
③ 유형자산처분손실 ₩1,000,000
④ 유형자산처분손실 ₩1,200,000

6.9 무형자산: 영업권

㈜한국은 ㈜민국을 합병하고 합병대가로 ₩40,000,000의 현금을 지급하다. 합병 시점의 ㈜민국의 재무상태표상 자산총액은 ₩30,000,000이고 부채총액은 ₩18,000,000이다. ㈜민국의 재무상태표상 장부가치는 토지를 제외하고는 공정가치와 같다. 토지는 장부상 ₩10,000,000으로 기록되어 있으나, 공정가치는 합병 시점에 ₩20,000,000인 것으로 평가되다. 이 합병으로 ㈜한국이 영업권으로 계상하여야 할 금액은? (9급 공무원 2015)

① ₩0
② ₩8,000,000
③ ₩18,000,000
④ ₩28,000,000

7

CHAPTER

금융자산

CONTENTS

Section 1 금융상품 투자와 회계처리

1.1 금융상품의 의의

1.2 금융상품의 인식과 분류

Section 2 지분상품 투자

2.1 당기손익-공정가치 측정 금융자산

2.2 기타포괄손익-공정가치 측정 금융자산

Section 3 채무상품 투자

3.1 상각후원가 측정 금융자산

3.2 기타포괄손익-공정가치 측정 금융자산

3.3 당기손익-공정가치 측정 금융자산

Section 4 금융상품의 손상

4.1 손상의 의의

4.2 기대신용손실 모형

4.3 손실충당금설정 회계처리

4.4 기타포괄손익-공정가치 측정 금융자산의 손상회계

Section 5 기타 수취채권

5.1 현금을 수취하는 기타 수취채권

5.2 현금을 수취하지 않는 기타 수취채권

CHAPTER 07

금융자산

SECTION 1

금융상품 투자와 회계처리

1.1 금융상품의 의의

기업의 외상거래로부터 발생하는 각종 채권과 채무는 결국 현금으로 결제가 이루어져야만 한다. 기업이 상환해야 할 채무에 대해 충분한 현금을 확보하지 못하는 경우에 도산이나 지급불능과 같은 위험에 빠질 수 있다. 또한 기업은 일상적인 경영활동을 원활하게 수행하기 위해 필요한 현금을 항상 보유하고 있어야만 한다. 그렇다면 기업은 영업활동이나 투자활동을 수행하고 채무를 상환하기 위해 가능한 한 많은 현금을 보유하고 있는 것이 타당할까?

현금은 보유 그 자체만으로는 아무런 수익을 창출하지 못하는 자산이다. 기업은 당장 채무를 상환하거나 일상적인 경영활동에 사용해야만 하는 경우가 아니라면 현금을 보유하고 있는 것보다 수익을 창출할 수 있도록 활용하는 것이 타당하다. 경영자는 미래의 현금 지출 상황과 현금 유입 상황을 고려하여 적정한 수준의 현금을 보유하고 나머지 여유자금은 수익성과 유동성을 고려하여 적절히 배분해야만 한다. 또한 현금은 다른 자산에 비해 분실되거나 도난을 당할 위험이 매우 높기 때문에 적정한 현금을 보유하는 경우에도 분실 · 도난 등의 위험을 줄이기 위해 내부통제제도를 구축해야만 한다.

일상생활에서는 현금은 지폐와 동전 같은 통화를 의미하지만, 회계에서는 현금을 모든 거래에 대해 즉시 지급할 수 있는 유동성이 매우 높은 결제수단으로 보기 때문에 회계에서 의미하는 현금은 통화보다 넓은 개념이다. 또한 재무상태표에는 현금 외에도 현금성자산을 합쳐서 '현금및현금성자산cash and cash equivalents'으로 공시하는데, 현금성자산cash equivalents이란 큰 거래비용 없이 현금으로 전환이 용이하고 이자율 변동에 따른 가치변동의 위험이 거의 없는 단기 투자자산을 말한다. 따라서 재무상태표에 공시되는 현금및현금성자산은 다음과 같이 구성된다.

① 통화 : 지폐와 동전
② 통화대용증권 : 타인발행 수표(자기앞수표, 당좌수표), 우편환증서, 송금환
③ 요구불예금 : 보통예금, 당좌예금
④ 현금성자산 : 취득 당시 만기가 3개월 이내에 도달하는 양도성 예금증서(CD), 3개월 이내에 환매조건을 가진 환매채(RP), 초단기 금융상품(MMF) 등

기업은 영업활동을 수행하는 과정에서 획득한 모든 현금cash을 기업 내에 보유하고 있지 않다. 현금은 그 자체로서 수익을 창출하는 자산이 아니며, 도난이나 분실의 위험이 매우 높기 때문이다. 따라서 기업은 적정수준의 필요현금만 보유하며, 당장 사용할 필요가 없는 현금은 수익을 창출할 수 있는 대안들에 투자한다. 투자대안들은 투자규모, 수익성, 위험성, 유동성 등 측면에서 차이가 나므로 기업은 어떤 투자대안에 여유자금을 투자할 것인지를 판단해야 한다.

예를 들면, 사업을 확대하기 위하여 다른 기업을 인수하거나 합병하는 경우도 있고, 공장설비를 확대하거나 새로운 설비로 교체할 수도 있다. 이런 형태의 투자를 소위 실물투자라고 하는데, 실물투자는 투자규모가 거액인 경우가 대부분일 뿐만 아니라 투자액을 회수할 수 있는 기간도 매우 길기 때문에 이와 같은 투자는 기업의 성패를 결정할 수도 있다. 따라서 실물자산에 대한 투자는 여유자금을 이용하기 위한 투자라기보다 기업의 장기적 경영전략을 달성하기 위한 투자가 대부분이다. 기업의 여유자금 투자는 은행에 장기적인 예금을 하거나 다른 회사의 주식이나 사채를 사는 등 주로 금융상품에 대한 투자의 형태로 이루어지는 경우가 많다.

주의할 점은 회계에서 의미하는 금융상품은 일상적으로 생각하는 금융상품보다는 포괄적인 개념이라는 것이다. 즉, 회계에서 말하는 금융상품financial instrument이란 금융기관의 상품만을 의미하는 것이 아니라, 거래당사자 일방에게 금융자산을 발생시키고 동시에 다른 거래상대방에게 금융부채나 지분의 변동을 발생시키는 모든 계약을 말한다. 쉽게 정리하면, 금융상품은 금융자산과 금융부채가 거래될 수 있도록 계약된 모든 수단을 의미한다.

따라서 금융상품은 현금의 결제관련 채권 · 채무의 변동을 가져오는 상품(채무상품)과 기업 소유권의 변동을 가져오는 상품(지분상품)으로 구분할 수 있다.[1)] 채무상품에는 현금 등 금융자산의 수취와 지급에 관한 계약(외상매매계약, 금전대차계약, 사채 등)이 해당되고, 지분상품에는 기업지분의 취득과 관련된 계약(주식발행 계약, 주권이전 계약 등)들이 해당된다. 금융상품(계약)이 원활하게 거래되기 위해서는 구체적 형태를 가져야 하는데, 이 때 주로 사용되는 것이 유가증권이다. 유가증권securities이란, 재산권을 가지는 증권으로, 채무상품은 채무

1) 채무상품과 지분상품 이외에 파생금융상품도 금융상품의 한 유형이다. 파생금융상품은 본 교재의 범위를 넘어서므로 설명을 생략한다.

증권debt securities과 지분상품은 지분증권equity securities의 형태로 거래된다. 채무증권은 발행자에 대하여 금전을 청구할 수 있는 권리를 표시하는 유가증권을 말하며, 사채(채권자 입장에서는 채권) 등이 있다.[2] 지분증권은 회사의 순자산에 대한 소유지분을 나타내는 유가증권을 말하며, 주식이 대표적인 예이다.

[그림 7-1] 금융상품의 흐름과 회계처리

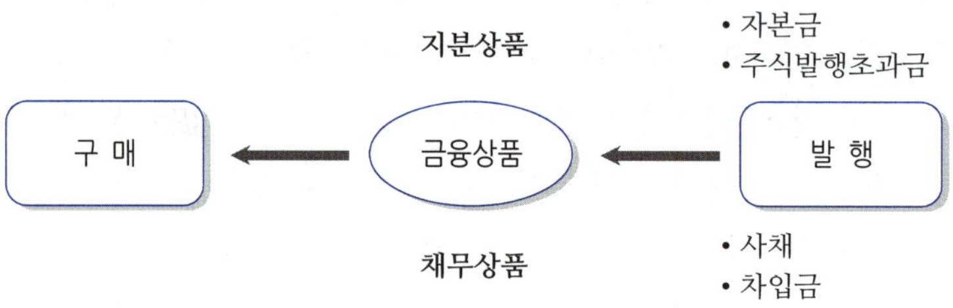

금융상품은 다양하게 분류되고 각 분류별로 회계처리가 다르기 때문에 금융상품에 대한 회계처리는 매우 복잡하다. 우선 금융상품을 취득한 입장의 회계처리와 금융상품을 발행(판매)한 입장도 다르며, 지분상품과 채무상품에 대한 회계처리도 다르다. 또한 지분상품과 채무상품 내에서도 각 분류별로 회계처리가 다르다. 따라서 본 장에서는 지분상품과 채무상품을 취득한 기업의 회계처리에 대해서 우선 설명하고, 발행(판매)한 기업의 회계처리에 대해서는 8장 금융부채와 9장 자본에서 각각 설명한다.

금융상품 회계처리가 다양하고 복잡하지만 한 가지 공통적인 특징은 측정에 있어서 공정가치를 매우 강조한다는 점이다. 공정가치fair value는 합리적인 판단력과 거래의사가 있는 독립된 당사자 사이의 거래에서 자산이 교환되거나 부채가 결제될 수 있는 금액을 의미한다. 금융상품에서 공정가치가 강조되는 이유는, 금융상품은 일반적으로 유가증권의 형태로 금융시장에서 거래되기 때문에 공정가치 측정이 실물자산에 비해 쉽고, 금융상품의 가치를 평가할 때에도 취득원가보다는 시장가격으로 측정하는 것이 기업의 재무상태를 보다 잘 나타낼 수 있기 때문이다.

2) 모든 금융상품이 유가증권의 형태로만 거래되는 것은 아니다. 예를 들어, 외상매매계약은 채권(외상매출금)과 채무(외상매입금)를 발생시키는 금융상품이지만, 유가증권의 형태로 거래되지는 않는다. 하지만 기준서에서 설명하는 금융상품의 회계처리 규정은 주로 유가증권 형태로 발행되어 거래되는 금융상품에 초점을 맞추고 있다.

1.2 금융상품의 인식과 분류

금융상품은 권리와 의무를 발생시키는 계약이기 때문에 금융상품의 계약당사자는 계약을 체결한 때에만 금융자산이나 금융부채(또는 자본)을 재무상태표에 인식한다. 금융상품의 구매자는 금융자산financial assets을, 금융상품의 발행자는 금융부채financial liabilities 또는 자본equity을 인식하게 된다. 금융자산은 현재 보유하고 있는 현금 자체이거나, 미래에 현금으로 쉽게 회수할 것으로 기대되는 자산을 말한다. 따라서 선급금, 선급비용, 재고자산 및 유형자산과 무형자산 등은 금융자산에 속하지 않는다. 이 자산들은 미래에 재화나 서비스를 제공받을 권리(선급금, 선급비용)이거나, 현금으로 회수하기 위해 판매활동(재고자산)이나 효율적 운영(유형자산, 무형자산 등)을 해야 하는 등 상당한 노력이 투입되어야만 하는 자산들이기 때문이다.

금융상품의 회계적 분류는 실제 금융상품의 유형으로 분류하지 않고 금융상품의 투자의도를 반영하여 이루어진다. 금융상품은 채무상품, 지분상품으로 분류할 수 있지만, 회계에서는 상각후원가amortized cost측정 금융자산(이하 AC), 기타포괄손익-공정가치fair value through other comprehensive incom측정 금융자산(이하 FVOCI), 당기손익-공정가치fair value through profit or loss 측정 금융자산(이하 FVPL)로 분류한다. 금융상품 회계처리를 이렇게 분류하는 목적은 기업의 투자의도를 구분하여 기업가치평가를 수월하게 할 수 있도록 유도하기 위한 접근에 해당한다.

① 상각후원가 측정 금융자산(AC): 취득시점의 공정가치를 취득시점에 선정한 유효이자율에 따라 측정하는 금융상품
② 기타포괄손익-공정가치 측정 금융자산(FVOCI): 공정가치 변동으로 인한 평가손익을 기타포괄손익으로 인식하는 금융상품
③ 당기손익-공정가치 측정 금융자산(FVPL): 공정가치 변동으로 인한 평가손익을 당기손익으로 인식하는 금융상품

1) 채무상품의 분류기준

채무상품은 ①금융자산의 관리를 위한 기업의 사업모형the entity's business model과 ②금융자산의 계약상 현금흐름 특성the contractual cash flow characteristics에 근거하여 분류한다.

사업모형이란 현금흐름을 창출하기 위해 기업이 금융자산을 관리하는 방식을 의미한다. 풀어서 설명하면 채무상품을 보유하는 목적을 뜻한다. 현금을 수취하는 방식은 계약에 따라 현금을 얻는 방식과 매도를 통해 현금을 확보하는 방식이 있다. 즉, 사업모형은 채무상

품을 통해 계약에 따라 현금을 획득할지 매도를 통해 현금을 확보할지 관리하는 방식이다.

계약상 현금흐름 특성이란 금융상품 계약 조건에 특정일에 원금과 원금잔액에 대한 이자지급에 의해 현금흐름이 발생하는지 아니면 다른 형태의 현금흐름이 발생하는지 여부를 의미한다. 일반적으로 채무상품은 만기까지 정해진 시점마다 이자지급이 발생하고, 만기에 액면금액(원금)지급이 발생한다. 하지만 다양한 금융상품이 개발되면서, 채무상품이지만 계약조건에 특정일에 원리금(원금과 원금잔액에 대한 이자)지급이 발생하는지 명확하지 않은 경우가 존재한다. 따라서 채무상품을 분류할 때 원리금지급의 특성을 고려하는 조건을 설정한다.

사업모형과 계약상 현금흐름 특성을 조합하여 다음과 같이 사업모형을 구분할 수 있다.

① 계약상 현금흐름을 수취하기 위해 자산을 보유하는 것이 목적인 사업모형
② 계약상 현금흐름의 수취와 금융자산의 매도 둘 다를 통해 목적을 이루는 사업모형
③ 그 밖의 사업모형

(1) 계약상 현금흐름을 수취하기 위해 자산을 보유하는 것이 목적인 사업모형

이 사업모형에서 보유되는 금융자산은 해당 금융상품의 존속기간에 걸쳐 계약상 지급액을 수취하여 현금흐름을 실현하도록 관리한다. 금융자산 집합의 전반적인 수익을 관리하는 것이 아니라 특정 계약상 현금흐름을 수취하기 위해 금융자산을 관리한다. 하지만 모든 금융자산을 반드시 만기까지 보유해야만 하는 것은 아니다.

이 사업모형에서 취득하는 금융자산은 채무상품에 속한다. 금융상품의 존속기간에 걸쳐 계약상 현금흐름을 수취하는 것을 목적으로 하기 위해서 금융자산의 존속기간(만기)이 존재해야 하며 미래 현금흐름이 예측 가능해야 하기 때문이다. 따라서 만기와 이자지급일에 수취할 금액이 계약으로 정해져있는 채무상품이 취득대상에 해당한다. 미래 현금흐름에 대한 합리적 예측이 어렵고 만기가 존재하지 않는 지분상품은 이 분류에 해당되지 않는다. 이 항목으로 분류되는 금융자산은 상각후원가법을 후속측정방법으로 적용하며, 손상차손도 인식한다.

(2) 계약상 현금흐름의 수취와 금융자산의 매도 둘 다를 통해 목적을 이루는 사업모형

이 사업모형에서 주요 경영진은 계약상 현금흐름의 수취와 금융자산의 매도 둘 다가 사업모형의 목적을 이루는 데에 필수적이라고 결정한다. 즉, 금융자산의 매도가 부수적이 아니라 필수적이다. 예를 들면, 사업모형의 목적이 유동성을 관리하는 것일 때 금융자산의 매도는 필수적이다. 또는 특정 이자수익률 수준을 유지하기 위한 경우도 금융자산의 매도가 필수적인 경우에 해당한다.

(3) 그 밖의 사업모형

금융자산의 매도를 통해 현금흐름을 실현할 목적으로 금융자산을 관리하는 경우에 계약상 현금흐름의 수취가 사업모형의 목적을 이루는 데에 필수적이 아니라 부수적인 방법이며 적극적으로 금융상품을 매입하고 매도하는 관리를 하는 것이 일반적이다. 따라서 이 사업모형에서 기업은 공정가치 정보에 우선적으로 중점을 두고 금융자산의 성과를 평가하고 의사결정을 하는 데 공정가치 정보를 이용한다. 예를 들어 자산유동화와 연계하여 대출하는 경우, 대출이므로 채무상품이지만 일반적인 채무상품과 성격이 다를 수 있다. 이런 경우에는 자산유동화 목적을 고려하여 사업모형을 판단한다.

2) 지분상품의 분류기준

지분상품은 단기매매목적 여부에 근거하여 분류한다. 단기매매목적 여부는 활성시장에서 공시가격을 확인할 수 있고 단기적으로 보유하다가 매도할 의사가 있는지를 고려하여 판단한다. 채무상품과 달리, 지분상품은 단기매매목적 여부에 근거하여 분류하더라도 언제나 공정가치로 측정한다는 점에 특징이 있다. 공정가치로 평가할 때 발생하는 평가손익에 대한 회계처리가 단기매매목적 여부에 따른 분류에 의해서 달라진다.

채무상품과 지분상품 분류기준에 따른 금융자산 분류를 요약하면 [그림 7-2]와 같다. 상세한 회계처리는 지분상품 투자와 채무상품 투자로 구분하여 각각 설명한다.

[그림 7-2] 금융상품의 분류와 측정 흐름도

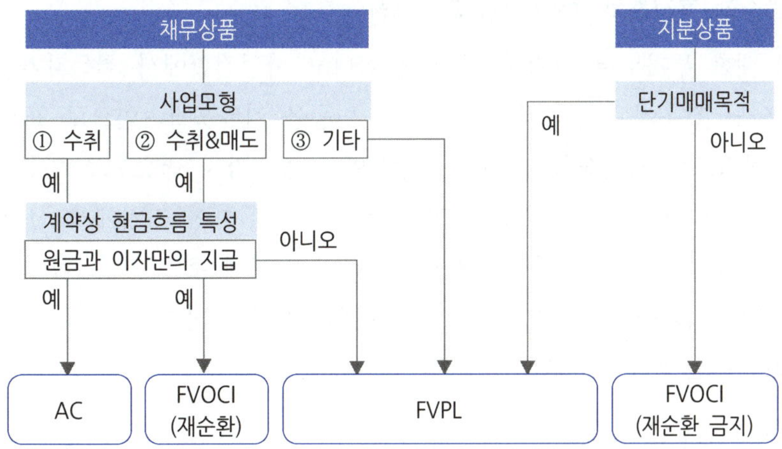

SECTION 2 지분상품 투자

기업은 여러 가지 다른 이유로 타기업의 지분상품을 취득하고 보유하며 매각한다. 따라서 지분상품을 취득하게 되면 다양한 기준에 따라 금융자산을 분류하고 각각의 목적에 적합한 회계처리를 수행하게 된다. 특히 투자목적으로 지분상품을 취득하는 경우에는 사업모형과 계약상 현금흐름 특성에 따라 당기손익-공정가치 측정 금융자산financial assets measured at fair value through profit or loss 또는 기타포괄손익-공정가치 측정(선택) 금융자산elected financial assets measured at fair value through other comprehensive income으로 분류하는데, 취득목적과 투자수익의 실현과정이 다르기 때문에 회계처리 방법도 각 분류별로 다르게 적용한다. 단순한 투자목적 이외에도 타기업에 영향력을 행사하거나 타기업을 지배하기 위해서 지분상품을 취득하는 경우도 있는데 타기업의 의사결정에 유의한 영향력을 행사하는 경우, 즉 지분법적용투자주식에 대해서 보론에서 설명한다.[3)]

① 당기손익-공정가치 측정 금융자산

금융자산의 매입과 매도를 통해 현금흐름을 실현할 목적으로 금융자산을 관리하는 경우에는 기업의 성과 측정과 정보이용자의 의사결정에 공정가치 정보가 보다 중요할 것이다. 따라서 해당 금융자산을 당기손익-공정가치 측정 금융자산으로 분류하여 후속측정 시 공정가치로 측정하고 공정가치 변동 때문에 발생하는 손익은 당기손익으로 인식한다.

② 기타포괄손익-공정가치 측정(선택) 금융자산

지분상품에 대한 투자로서 단기매매항목이 아니고 사업결합에서 취득자가 인식하는 조건부 대가가 아닌 경우에는 후속적인 공정가치 변동을 기타포괄손익으로 표시할 수 있다. 즉, 장기투자 목적으로 지분상품에 투자한 경우에도 공정가치 변동으로 인한 손익을 당기순손익으로 인식하면 발생할 수 있는 문제를 해소하기 위하여 기업에게 선택권을 부여한 것이다. 이러한 선택은 최초 인식시점에만 가능하며 이후에 취소할 수 없다. 또한 금융자산을 매도할 때에 기존에 인식하였던 기타포괄손익누계액을 당기손익으로 재분류할 수 없고 자본 내에서 이전할 수만 있다.

3) 타기업을 지배하기 위하여 주식 등을 취득하여 보유하는 경우에는 연결재무제표를 작성해야만 하는데 이는 본서의 범위를 벗어나므로 생략한다.

2.1 당기손익-공정가치 측정 금융자산

1) 최초인식

모든 금융자산은 최초로 인식할 때 공정가치로 측정한다. 공정가치fair value는 합리적인 판단력과 거래의사가 있는 독립된 당사자 사이의 거래에서 자산이 교환되거나 부채가 결제될 수 있는 금액을 의미하므로, 금융자산의 최초 인식시점에서 공정가치는 일반적으로 거래가격이다. 하지만 금융자산의 취득 시 인식금액은 지급한 대가와 다를 수도 있다. 왜냐하면, 지급한 대가와 공정가치는 동일한 개념이 아니기 때문이다. 예를 들어, 금융자산의 공정가치가 ₩10,000인데, 취득 시 ₩15,000을 지급했다면 금융자산으로 인식할 금액은 ₩10,000이며 ₩5,000은 비용이나 다른 자산의 취득금액으로 인식한다. 이는 상품의 취득 시 취득원가로 인식하는 것과 다른 방법이다.

한편, 자산의 취득과 관련하여 지급수수료 및 세금 등의 거래원가가 존재하는 경우에는 일반적으로 거래원가를 취득원가에 가산하여 최초 인식금액을 측정한다. 하지만, 당기손익-공정가치 측정 금융자산의 경우에는 거래원가를 당기비용으로 회계처리 한다.[4] 즉, 당기손익-공정가치 측정 금융자산의 최초 인식금액은 공정가치(거래가격)로만 구성된다.

당기손익-공정가치 측정 금융자산을 현금으로 취득하면 다음과 같이 매입가격과 거래원가를 구분하여 차변에 표시한다.

(차)	당기손익-공정가치* 측정금융자산	×××	(대)	현금	×××
	취득부대비용	×××			

* 매입가격

2) 기말평가

당기손익-공정가치 측정 금융자산의 후속측정 즉, 기말 결산정리를 통해 재무상태표에 보고되는 당기손익-공정가치 측정 금융자산 금액은 기말 공정가치로 평가하는데, 증권거래시장에서 거래되는 시장성 있는 유가증권인 경우에는 시장가격이 공정가치가 된다.

첫째, 당기손익-공정가치 측정 금융자산의 공정가치(시장가격)가 상승하면, 상승금액만큼을

4) 당기손익-공정가치 측정 금융자산의 취득관련 거래원가를 최초인식 금액에 가산하지 않고 당기 비용으로 처리하는 이유는 기말평가손익과 관련이 있다. 당기손익-공정가치 측정 금융자산의 기말평가손익은 당기손익으로 인식하므로, 최초인식 시에 거래원가를 자산으로 인식하던, 당기비용으로 인식하던 당기손익에 미치는 효과는 동일하다. 따라서 간편하게 비용으로 처리한다. 하지만 기타포괄손익-공정가치 측정 금융자산 등의 경우는 거래원가의 자산여부가 당기손익에 미치는 효과가 상이하다.

당기손익-공정가치 측정 금융자산을 차변에 분개하고, 대변에는 금융자산평가이익을 인식한다. 당기손익-공정가치 측정 금융자산은 적극적인 매입과 매도를 통해 현금흐름을 실현할 목적으로 관리하는 금융자산이므로 평가이익은 경영성과가 당기 중에서 실현된 것으로 간주하여 당기이익으로 분류한다.

(1) 공정가치 상승

① 기말 결산정리 분개

(차) 당기손익-공정가치 측정금융자산	×××	(대) 금융자산평가이익 (당기손익)	×××

② 마감분개

(차) 금융자산평가이익	×××	(대) 집합손익	×××
(차) 집합손익	×××	(대) 미처분이익잉여금	×××

둘째, 당기손익-공정가치 측정 금융자산의 공정가치가 하락하면 하락한 금액만큼을 당기손익-공정가치 측정 금융자산을 대변에 분개하고, 차변에는 금융자산평가손실을 인식한다. 이 때의 평가손실은 투자손실이 당기 중에서 발생된 것으로 간주하여 당기손실로 분류한다.

(2) 공정가치 하락

① 기말 결산정리 분개

(차) 금융자산평가손실 (당기손익)	×××	(대) 당기손익-공정가치 측정 금융자산	×××

② 마감분개

(차) 집합손익	×××	(대) 금융자산평가손실	×××
(차) 미처분이익잉여금	×××	(대) 집합손익	×××

3) 배당금수익

지분상품인 주식을 보유하면 배당금을 수취하게 되는데 일반적으로 주식을 발행한 회사가 현금배당을 지급하겠다고 이사회 등에서 결의를 하는 시점에 배당금수익을 인식한다. 배당금수익은 영업외수익인 기타수익으로 분류한다.

(차) 현 금(또는 미수배당금)	×××	(대) 배 당 금 수 익	×××

4) 처분

보유하고 있던 당기손익-공정가치 측정 금융자산을 매각한 때에는 처분대가와 장부금액의 차이를 금융자산처분손익으로 인식한다. 여기서 장부금액book value이란 계정에 기록된 잔액을 말하며, 처분대가는 거래수수료 등의 처분비용을 차감한 금액이다.

첫째, 당기손익-공정가치 측정 금융자산의 처분대가가 장부금액을 초과하면, 그 초과금액을 금융자산처분이익으로 인식한다. 금융자산처분이익은 영업외수익인 기타수익에 속한다.

① 처분대가 〉 장부금액

(차) 현 금*1	×××	(대) 당기손익-공정가치*2 측정 금융자산	×××
		금융자산처분이익	×××

*1. 처분대가(처분비용 차감된 금액)
*2. 장부금액

둘째, 당기손익-공정가치 측정 금융자산의 처분대가가 장부금액에 미달하면, 그 미달금액을 금융자산처분손실로 인식한다. 금융자산처분손실은 기능별로 영업외비용인 기타비용에 속한다.

② 처분대가 〈 장부금액

(차) 현 금	×××	(대) 당기손익-공정가치 측정 금융자산	×××
금융자산처분손실	×××		

예제 7.1 당기손익-공정가치 측정 금융자산

다음은 ㈜상세가 20×1년 중에 취득한 시장성 있는 주식에 대한 내역이다.

① 20×1년 6월 5일에 단기매매를 통한 차익목적의 주식을 현금 ₩2,000,000에 매입하고, 매입수수료 ₩20,000을 현금으로 지급하다.
② 20×1년 12월 31일에 보유한 주식의 공정가치가 ₩2,400,000인 것으로 평가되다.
③ 20×2년 2월 1일에 보유한 주식에 대한 현금배당 ₩100,000을 받다.
④ 20×2년 3월 5일에 보유한 주식을 ₩2,300,000에 처분하고 처분수수료 ₩100,000을 차감한 ₩2,200,000을 현금으로 받다.

물음 ㈜상세의 기중거래에 대한 분개와 기말 결산정리 분개를 제시하시오.

해설

① 20×1년 6월 5일

(차)	당기손익-공정가치 측정 금융자산	2,000,000	(대)	현금	2,020,000
	지급수수료	20,000			

② 20×1년 12월 31일

(차)	당기손익-공정가치 측정 금융자산	400,000	(대)	금융자산평가이익	400,000

당기손익-공정가치 측정 금융자산(20×1년)

6/ 5	2,000,000		
12/31	400,000		

금융자산평가이익

		12/31	400,000

③ 20×2년 2월 1일

(차)	현금	100,000	(대)	배당금수익	100,000

④ 20×2년 3월 5일

(차)	현금	2,200,000	(대)	당기손익-공정가치 측정 금융자산	2,400,000
	금융자산처분손실	200,000			

금융자산처분손실

3/ 5	200,000		

당기손익-공정가치 측정 금융자산(20×2년)

1/ 1	2,400,000	3/ 5	2,400,000

2.2 기타포괄손익-공정가치 측정(선택) 금융자산[5)]

회계에서는 외형과 기능이 동일한 자산이라 하더라도 취득목적이 다르면 분류를 다르게 하여 다른 회계처리 방법을 적용한다. 따라서 동일한 지분상품을 취득하더라도 취득목적이 단기매매 목적이 아닌 경우, 즉 취득목적이 장기투자목적이나 기타목적에 해당되는 경우에는 후속적인 공정가치 변동을 기타포괄손익으로 표시할 수 있다. 따라서 기업이 지분상품의 공정가치 변동에 대해 기타포괄손익으로 인식하는 것을 선택한 경우에는 기타포괄손익-공정가치 측정(선택) 금융자산의 평가손익을 포괄손익계산서의 기타포괄손익에 반영한다는 점을 주의해야 한다. 이 때문에 마감분개를 통해 금융자산평가손익을 재무상태표에 반영할 때에도 미처분이익잉여금이 아닌 별도의 계정(기타포괄손익누계액)에 반영해야 하며, 추후 금융자산을 처분할 때에는 기타포괄손익누계액을 당기손익으로 인식하지 못하고 이익잉여금으로 직접 이전만 가능하다.

1) 최초인식

당기손익-공정가치 측정 금융자산의 최초 인식 시 취득관련 거래원가transaction costs는 당기비용으로 처리하지만 기타포괄손익-공정가치 측정(선택) 금융자산의 최초 인식 금액은 공정가치(매입가격)에 취득과 직접 관련된 거래원가를 가산한다.

(차)	기타포괄손익-공정가치 측정(선택) 금융자산	×××*	(대)	현 금	×××

* 매입가격 + 취득과 직접 관련된 거래원가

2) 기말평가

기타포괄손익-공정가치 측정(선택) 금융자산도 당기손익-공정가치 측정 금융자산처럼 기말에 공정가치로 평가하는 것이 원칙이지만 회계처리 방법은 당기손익-공정가치 측정 금융자산과 다르다. 당기손익-공정가치 측정 금융자산은 당기에 발생한 평가손익을 실현된 손익으로 간주하여 당기순손익 항목으로 인식한다. 하지만 기타포괄손익-공정가치 측정(선택) 금융자산의 평가손익은 당기에 실현된 손익으로 보지 않는다. 왜냐하면, 기타포괄손익-공정가치 측정(선택) 금융자산의 취득목적이 단기매매가 아니기 때문이다. 따라서 평가손익

5) 기준서에는 지분상품에 대해서도 "후속적인 공정가치 변동을 기타포괄손익으로 표시할 수 있다."라고만 설명하고 있어서 '기타포괄손익-공정가치 측정 금융자산(선택)'이라는 용어를 사용하고 있지는 않다. 하지만 후술하는 채무상품에서 사용하는 '기타포괄손익-공정가치 측정 금융자산' 용어와 구분하기 위해 본서에서는 지분상품의 경우 '기타포괄손익-공정가치 측정 금융자산(선택)'이라는 용어를 사용한다. 이유는 금융자산의 손상차손 인식과 처분 시 회계처리가 다르기 때문이다.

이 발생하더라도 이 손익은 단지 기타포괄손익-공정가치 측정(선택) 금융자산을 공정가치로 표시하기 위한 미실현 평가손익(기타포괄손익)으로 인식한다. 기타포괄손익은 포괄손익계산서에 당기순손익과 구분하여 표시하고, 마감과정을 통해서 자본으로 대체할 때에도 미처분이익잉여금이 아닌 기타포괄손익누계액으로 대체한다. 기타포괄손익누계액은 전기와 당기에 발생한 미실현 평가손익(기타포괄손익)의 누적금액이므로 미처분이익잉여금과는 달리 처분(배당, 준비금 전입 등)의 대상이 될 수 없다는 점도 주의해야 한다.

기타포괄손익-공정가치 측정(선택) 금융자산의 평가손익 측정은 우선 당기말의 공정가치를 측정하고, 전기말 공정가치와 비교하여 평가손익을 계산한다.

> 당기말 공정가치 − 전기말 공정가치 > 0 ⋯→ 금융자산평가이익(기타포괄손익)
> 당기말 공정가치 − 전기말 공정가치 < 0 ⋯→ 금융자산평가손실(기타포괄손익)

상황별로 기타포괄손익-공정가치 측정(선택) 금융자산에 대한 기말 결산정리 분개와 마감분개를 정리하면 다음과 같다.

(1) 상황 1: 공정가치의 '상승 → 하락'

[그림 7-3] 주가증감과 기타포괄손익-공정가치 측정(선택) 금융자산 회계처리 (상황 1)

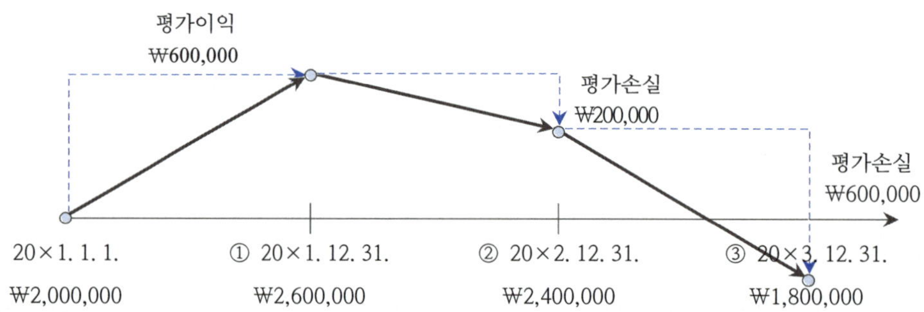

① 20×1년 1월 1일 ₩2,000,000에 취득한 기타포괄손익-공정가치 측정(선택) 금융자산이 20×1년 12월 31일에 평가할 때 ₩2,600,000으로 공정가치가 상승하면, 기타포괄손익-공정가치 측정(선택) 금융자산 ₩600,000을 증가시키고 금융자산평가이익(기타포괄손익) ₩600,000을 인식한다. 또한 마감분개를 통하여 기타포괄손익누계액에 반영한다.

(차) 기타포괄손익-공정가치 측정(선택) 금융자산	600,000	(대) 금융자산평가이익 (기타포괄손익)	600,000

➪ 마감분개

(차) 금융자산평가이익 (기타포괄손익)	600,000	(대) 기타포괄손익-공정가치 측정 (선택) 금융자산평가누계액 (기타포괄손익누계액)	600,000

☞ 앞에서 계산된 기타포괄손익-공정가치 측정(선택) 금융자산의 평가이익은 포괄손익계산서의 기타포괄손익 항목이므로 계정을 마감하여 재무상태표의 기타포괄손익누계액의 기타포괄손익-공정가치(선택) 측정 금융자산평가누계액에 반영한다.

② 20×2년 12월 31일에 공정가치가 ₩2,400,000으로 하락하면, 당기 공정가치 ₩2,400,000에서 전기 공정가치인 ₩2,600,000을 차감하여 차이인 ₩200,000을 금융자산평가손실(기타포괄손익)로 인식하고 공정가치의 하락금액(₩200,000)만큼 기타포괄손익-공정가치 측정(선택) 금융자산을 감소시킨다. 또한 마감분개를 통하여 기타포괄손익누계액에 반영한다.

(차) 금융자산평가손실 (기타포괄손익)	200,000	(대) 기타포괄손익-공정가치 측정(선택) 금융자산	200,000

➪ 마감분개

(차) 기타포괄손익-공정가치 측정 (선택) 금융자산평가누계액 (기타포괄손익누계액)	200,000	(대) 금융자산평가손실 (기타포괄손익)	200,000

☞ 앞에서 계산된 기타포괄손익-공정가치 측정(선택) 금융자산의 평가손실은 포괄손익계산서의 기타포괄손익 항목이므로 계정을 마감하여 재무상태표의 기타포괄손익누계액의 기타포괄손익-공정가치 측정(선택) 금융자산평가누계액에 반영한다.

③ 20×3년 12월 31일에 공정가치가 ₩1,800,000으로 하락하면, 당기 공정가치와 전기 공정가치의 차이인 ₩600,000을 금융자산평가손실(기타포괄손익)로 인식하고 공정가치의 하락금액(₩600,000)만큼 기타포괄손익-공정가치 측정(선택) 금융자산을 감소시킨다. 또한 마감분개를 통하여 기타포괄손익누계액에 반영한다.

(차) 금융자산평가손실 (기타포괄손익)	600,000	(대) 기타포괄손익-공정가치 측정(선택) 금융자산	600,000

➪ 마감분개

(차)	기타포괄손익-공정가치 측정(선택) 금융자산평가누계액(기타포괄손익누계액)	600,000	(대)	금융자산평가손실(기타포괄손익)	600,000

☞ 앞에서 계산된 금융자산평가손실은 포괄손익계산서의 기타포괄손익 항목이므로 계정을 마감하여 재무상태표의 기타포괄손익누계액의 기타포괄손익-공정가치 측정(선택) 금융자산평가누계액에 반영한다.

(2) 상황 2: 공정가치의 '하락 → 상승'

[그림 7-4] 주가증감과 기타포괄손익-공정가치 측정(선택) 금융자산 회계처리 (상황 2)

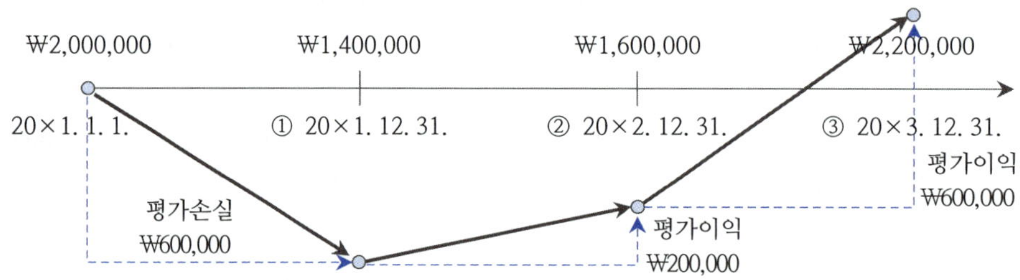

① 20×1년 1월 1일 ₩2,000,000에 매입한 기타포괄손익-공정가치 측정(선택) 금융자산이 20×1년 12월 31일에 평가할 때 ₩1,400,000으로 공정가치가 하락하면, 기타포괄손익-공정가치 측정(선택) 금융자산 ₩600,000을 감소시키고 금융자산평가손실(기타포괄손익) ₩600,000을 인식한다. 또한 마감분개를 통하여 기타포괄손익누계액에 반영한다.

(차)	금융자산평가손실(기타포괄손익)	600,000	(대)	기타포괄손익-공정가치 측정(선택) 금융자산	600,000

➪ 마감분개

(차)	기타포괄손익-공정가치 측정(선택) 금융자산평가누계액(기타포괄손익누계액)	600,000	(대)	금융자산평가손실(기타포괄손익)	600,000

② 20×2년 12월 31일에 공정가치가 ₩1,600,000으로 상승하면, 당기 공정가치와 전기 공정가치의 차이인 ₩200,000을 금융자산평가이익(기타포괄손익)으로 인식하고 공정가치의 상승금액(₩200,000)만큼 기타포괄손익-공정가치 측정(선택) 금융자산을 증가시킨다. 또한 마감분개를 통하여 기타포괄손익누계액에 반영한다.

(차)	기타포괄손익-공정가치 측정(선택) 금융자산	200,000	(대) 금융자산평가이익 (기타포괄손익)	200,000

➪ 마감분개

(차)	금융자산평가이익 (기타포괄손익)	200,000	(대) 기타포괄손익-공정가치측정(선택) 금융자산평가누계액 (기타포괄손익누계액)	200,000

③ 20×3년 12월 31일에 공정가치가 ₩2,200,000으로 상승하면, 당기 공정가치와 전기 공정가치의 차이인 ₩600,000을 금융자산평가이익(기타포괄손익)으로 인식하고 공정가치의 상승금액(₩600,000)만큼 기타포괄손익-공정가치 측정(선택) 금융자산을 증가시킨다. 또한 마감분개를 통하여 기타포괄손익누계액에 반영한다.

(차)	기타포괄손익-공정가치 측정(선택) 금융자산	600,000	(대) 금융자산평가이익 (기타포괄손익)	600,000

➪ 마감분개

(차)	금융자산평가이익 (기타포괄손익)	600,000	(대) 기타포괄손익-공정가치 측정(선택) 금융자산평가누계액 (기타포괄손익누계액)	600,000

3) 배당금수익

지분상품인 주식을 보유하면 배당금수익이 발생할 수 있는데 기타포괄손익-공정가치 측정(선택) 금융자산의 경우에도 배당금수익은 당기손익(영업외수익인 기타수익)으로 인식된다.

(차) 현 금	×××	(대) 배 당 금 수 익	×××

4) 처분

앞서 살펴보았듯이, 기타포괄손익-공정가치 측정(선택) 금융자산의 평가손익은 실현된 손익으로 보지 않기 때문에 배당 등 처분을 할 수 없다. 그렇다면 기타포괄손익-공정가치 측정(선택) 금융자산의 미실현 손익은 언제 실현될까? 바로 처분시점에 실현된다. 하지만 회계기준은 기타포괄손익-공정가치 측정(선택) 금융자산을 매도할 때 보유기간 중에 발생한 기타포괄손익누계액(누적된 미실현 손익)을 처분시점에 당기손익(실현된 손익)으로 전환하는 회계처리를 금지하고 있다.[6] 대신 자본 내에서 이전할 수는 있도록 허용하였다.

따라서 기타포괄손익-공정가치 측정(선택) 금융자산의 처분손익은 장부금액과 처분대가를 비교하여 측정한다. 장부금액은 최초 취득시 인식금액에 보유기간 중에 발생한 미실현 평가손익이 반영되어 있는 금액이므로 계산된 처분손익에는 미실현 평가손익이 한꺼번에 실현된 것처럼 포함되지 않게 된다. 한편 처분대가는 거래수수료 등의 처분비용을 차감한 금액이다.

예제 7.2 기타포괄손익-공정가치 측정(선택) 금융자산

20×1년 1월 1일에 영업을 시작한 ㈜상세는 1년 이상 보유할 목적으로 상장주식을 20×1년 11월 30일에 현금으로 취득하고, 후속적인 공정가치 변동을 기타포괄손익으로 표시하도록 선택하다. 20×2년 2월 1일에 현금배당을 수취하고, 20×3년 2월 1일에 주식을 처분하다. 다음은 취득, 평가, 배당 및 처분대가에 관한 표이다.

20×1년 11월 30일 (취 득)	20×1년 12월 31일 (20×1년 평가)	20×2년 2월 1일 (배 당)	20×2년 12월 31일 (20×2년 평가)	20×3년 2월 1일 (처 분)
₩12,000,000	₩11,000,000	₩500,000	₩12,200,000	₩11,600,000

6) 2018년부터 적용되는 금융상품 기준서(제1109호)는 기타포괄손익누계액을 당기손익으로 재분류하도록 규정하였던 기준서(제1039호)를 개정·대체하여 지분상품인 기타포괄손익-공정가치 측정(선택) 금융자산을 제거할 때 기타포괄손익누계액을 당기손익으로 재분류할 수 없도록 규정하였다.

물음 ① 20×1년 11월 30일 취득 시의 분개를 하시오.
② 20×1년 12월 31일 기말평가 및 마감 시의 분개를 하시오.
③ 20×2년 2월 1일 현금배당 수취 시의 분개를 하시오.
④ 20×2년 12월 31일 기말평가 및 마감 시의 분개를 하시오.
⑤ 20×3년 2월 1일 처분 시의 분개를 하시오.

해설

① 취득(20×1년 11월 30일)

(차)	기타포괄손익-공정가치 측정(선택) 금융자산	12,000,000	(대) 현금	12,000,000

재무상태표
(20×1년 11월 30일)

비유동자산	
기타포괄손익-공정가치 측정(선택) 금융자산	12,000,000

② 기말평가 및 마감(20×1년 12월 31일)

(차)	금융자산평가손실(기타포괄손익)	1,000,000	(대) 기타포괄손익-공정가치 측정(선택) 금융자산	1,000,000

☞ ₩12,000,000의 취득원가가 20×1년 말에 ₩11,000,000으로 ₩1,000,000만큼 하락하여 평가손실이 발생하고, 이를 마감한다.

➪ 마감분개

(차)	기타포괄손익-공정가치 측정(선택) 금융자산평가누계액	1,000,000	(대) 금융자산평가손실(기타포괄손익)	1,000,000

포괄손익계산서
(20×1년)

기타포괄손익	
금융자산평가손실	(1,000,000)

재무상태표
(20×1년 12월 31일)

비유동자산	
기타포괄손익-공정가치 측정(선택) 금융자산	11,000,000
기타포괄손익누계액	
기타포괄손익-공정가치 측정(선택) 금융자산평가누계액	(1,000,000)

③ 현금배당(20×2년 2월 1일)

(차) 현금	500,000	(대) 배당금수익	500,000

☞ 기타수익인 배당금수익을 인식한다.

④ 기말평가 및 마감(20×2년 12월 31일)

(차) 기타포괄손익-공정가치 측정(선택) 금융자산	1,200,000	(대) 금융자산평가이익 (기타포괄손익)	1,200,000

☞ 20×2년 말에 ₩12,200,000으로 평가되므로 20×1년 말 ₩11,000,000에 비해 ₩1,200,000의 금융자산평가이익이 발생하고, 이를 마감한다.

➪ 마감분개

(차) 금융자산평가이익 (기타포괄손익)	1,200,000	(대) 기타포괄손익-공정가치 측정(선택) 금융자산평가누계액	1,200,000

☞ 20×2년 말에 금융자산평가이익에 대한 마감분개를 통해서 기타포괄손익누계액이 ₩1,200,000 증가하므로 20×1년 말에 존재하는 기타포괄손익누계액 ₩(1,000,000)과 합산되어 누적적으로 기타포괄손익누계액은 ₩200,000으로 재무상태표에 기록된다.

포괄손익계산서 (20×2년)

기타수익	
배당금수익	500,000
기타포괄손익	
금융자산평가이익	1,200,000

재무상태표 (20×2년 12월 31일)

비유동자산	
기타포괄손익-공정가치 측정(선택) 금융자산	12,200,000
기타포괄손익누계액	
기타포괄손익-공정가치측정 (선택) 금융자산평가누계액	200,000

⑤ 처분(20×3년 2월 1일)

(차) 금융자산평가손실 (기타포괄손익)	600,000	(대) 기타포괄손익-공정가치 측정(선택) 금융자산	600,000

☞ 처분 직전의 공정가치로 평가하여 기타포괄손익으로 회계처리한다.

(차) 현금	11,600,000	(대) 기타포괄손익-공정가치 측정(선택) 금융자산	11,600,000

☞ 처분 직전에 공정가치 평가를 수행하였으므로 처분대가와 공정가치가 동일하므로 해당 기타포괄손익-공정가치 측정(선택)금융자산을 제거하면 된다.

➪ 마감분개

(차)	기타포괄손익-공정가치 측정 (선택) 금융자산평가누계액	600,000	(대)	금융자산평가손실 (기타포괄손익)	600,000

(차)	이 익 잉 여 금	400,000	(대)	기타포괄손익-공정가치 측정 (선택) 금융자산평가누계액	400,000

☞ 기타포괄손익-공정가치 측정(선택) 금융자산을 처분할 때에 기타포괄손익누계액도 제거하는 경우에 이익잉여금으로 직접 이전한다.

[그림 7-5] 당기손익-공정가치 측정 금융자산과 기타포괄손익-공정가치 측정(선택) 금융자산

구 분	취득금액	기말공정가치 평가손익	배당금수익	처 분	
				기타포괄손익누계액	인 식
당기손익-공정가치 측정 금융자산	매입가격	당기순손익	당기순이익	해당없음	처분손익 → 당기순손익
기타포괄손익-공정가치 측정(선택) 금융자산	매입가격 + 취득부대비용	기타포괄손익		이익잉여금으로 이전 가능	처분손익 인식하지 않음

예제 7.3 당기손익-공정가치 측정 금융자산과 기타포괄손익-공정가치 측정(선택) 금융자산

20×1년 1월 1일에 영업을 시작한 ㈜상세는 다음과 같은 두 종류의 주식을 20×1년 11월 30일에 동일한 현금으로 취득하고, 20×2년 2월 1일에 동일한 현금배당을 수취하고, 20×2년 2월 20일에 유가증권을 동일한 금액으로 처분하다. 20×1년 12월 31일의 평가액도 다음과 같이 동일하다.

구 분	20×1년 11월 30일	20×1년 12월 31일	20×2년 2월 1일	20×2년 2월 20일
A 주 식	₩12,000,000	₩11,000,000	₩500,000	₩11,600,000
B 주 식	12,000,000	11,000,000	500,000	11,600,000

A주식은 단기매매 목적의 당기손익-공정가치 측정 금융자산으로, B주식은 장기투자 목적의 기타포괄손익-공정가치 측정(선택) 금융자산으로 분류하다.

물음
① 20×1년 11월 30일 취득시의 분개를 하시오.
② 20×1년 12월 31일 기말평가 및 마감시의 분개를 하시오.
③ 20×2년 2월 1일 현금배당 수취시의 분개를 하시오.
④ 20×2년 2월 20일 처분시의 분개를 하시오.

해설

① 취득(20×1년 11월 30일)

➪ 당기손익-공정가치 측정 금융자산

(차)	당기손익-공정가치 측정금융자산	12,000,000	(대)	현금	12,000,000

➪ 기타포괄손익-공정가치 측정(선택) 금융자산

(차)	기타포괄손익-공정가치 측정(선택)금융자산	12,000,000	(대)	현금	12,000,000

② 기말평가 및 마감(20×1년 12월 31일)

☞ 두 주식 모두 ₩12,000,000의 취득원가가 기말에 ₩11,000,000으로 ₩1,000,000만큼 하락하여 평가손실이 발생하고, 금융자산평가손실은 마감한다.

➪ 당기손익-공정가치 측정 금융자산

(차)	금융자산평가손실	1,000,000	(대)	당기손익-공정가치 측정금융자산	1,000,000

➪ 기타포괄손익-공정가치 측정(선택) 금융자산

(차)	금융자산평가손실 (기타포괄손익)	1,000,000	(대)	기타포괄손익-공정가치 측정(선택)금융자산	1,000,000

➪ 마감분개

(차)	집합손익	1,000,000	(대)	금융자산평가손실	1,000,000
(차)	미처리결손금	1,000,000	(대)	집합손익	1,000,000
(차)	기타포괄손익-공정가치측정(선택)금융자산평가누계액	1,000,000	(대)	금융자산평가손실 (기타포괄손익)	1,000,000

포괄손익계산서 (20×1년)		재무상태표 (20×1년 12월 31일)	
기타비용		유동자산	
금융자산평가손실	(1,000,000)	당기손익-공정가치 측정 금융자산	11,000,000
기타포괄손익		비유동자산	
금융자산평가손실	(1,000,000)	기타포괄손익-공정가치 측정(선택) 금융자산	11,000,000
		이익잉여금	
		미처리결손금	(1,000,000)
		기타포괄손익누계액	
		기타포괄손익-공정가치측정 (선택) 금융자산평가누계액	(1,000,000)

③ 현금배당(20×2년 2월 1일)

☞ 두 주식 모두 당기손익(기타수익)인 배당금수익을 인식한다.

➪ 당기손익-공정가치 측정 금융자산

(차) 현금	500,000	(대) 배당금수익	500,000

➪ 기타포괄손익-공정가치 측정(선택) 금융자산

(차) 현금	500,000	(대) 배당금수익	500,000

④ 처분(20×2년 2월 20일)

➪ 당기손익-공정가치 측정 금융자산

(차) 현금	11,600,000	(대) 당기손익-공정가치 측정금융자산	11,000,000
		금융자산처분이익	600,000

☞ 처분대가 ₩11,600,000에서 장부금액 ₩11,000,000을 차감하면 ₩600,000의 처분이익이 발생한다.

➪ 기타포괄손익-공정가치 측정(선택) 금융자산

(차) 기타포괄손익-공정가치 측정(선택) 금융자산	600,000	(대) 금융자산평가이익 (기타포괄손익)	600,000

☞ 처분 직전의 공정가치로 평가하여 기타포괄손익으로 회계처리한다.

(차)	현 금	11,600,000	(대)	기타포괄손익-공정가치 측정(선택) 금융자산	11,600,000

☞ 처분 직전에 공정가치 평가를 수행하였으므로 처분대가와 공정가치가 동일하므로 해당 기타포괄손익-공정가치 측정(선택)금융자산을 제거하면 된다.

(차)	금융자산평가이익 (기타포괄손익)	600,000	(대)	기타포괄손익-공정가치측정 (선택)금융자산평가누계액	600,000
	이익잉여금	400,000		기타포괄손익-공정가치 측정 (선택) 금융자산평가누계액	400,000

☞ 기타포괄손익-공정가치 측정(선택) 금융자산을 처분할 때에 기타포괄손익누계액도 제거하는 경우에는 이익잉여금으로 직접 이전할 수 있다.

SECTION 3 채무상품 투자[7)]

채무상품을 취득하게 되면 지분상품과 마찬가지로 사업모형과 계약상 현금흐름 특성에 따라 상각후원가 측정 금융자산financial assets measured at amortized cost, 기타포괄손익-공정가치 측정 금융자산financial assets measured at fair value through other comprehensive income, 그리고 당기손익-공정가치 측정 금융자산financial assets measured at fair value through profit or loss으로 분류하며, 취득목적과 투자수익의 실현과정이 다르기 때문에 회계처리 방법도 각 분류별로 다르게 적용한다.

상각후원가 측정 금융자산은 계약상 현금흐름인 이자와 원금을 주로 수취할 목적으로 보유하는 것이 사업모형인 경우의 금융자산을 말한다. 예를 들면, 타기업이 발행한 사채를 취득하여 만기까지 보유하고자 하는 경우라고 할 수 있다. 하지만 반드시 만기까지 보유해야만 하는 것은 아니며 매도가 필수적인 사업모형이 아닌 경우이기만 하면 된다. 대여금이나 매출채권 등 수취채권도 넓은 의미에서 보면 상각후원가 측정 금융자산에 해당된다.

기타포괄손익-공정가치 측정 금융자산은 계약상 현금흐름의 수취와 함께 금융자산의 매

7) 채무상품 투자를 이해하기 위해서는 발행자 입장의 회계처리를 먼저 이해하는 것이 필요하다. 따라서 8장(금융부채와 기타 부채)을 먼저 이해한 후, 이 부분을 학습하는 것을 추천한다.

도도 필수적인 사업모형 하에서 보유하는 금융자산이다. 예를 들면, 사업모형의 목적이 채무상품을 통해 얻는 특정 이자수익률 수준을 유지하거나, 자금의 유동성 수준을 꾸준히 관리해야만 하는 것인 경우이다.

주의할 점은 기타포괄손익-공정가치 측정(선택) 금융자산과는 회계처리가 다르다는 점이다. 기타포괄손익-공정가치 측정(선택) 금융자산은 지분상품을 공정가치로 평가하는 경우이고, 기타포괄손익-공정가치 측정 금융자산은 채무상품에 대해 공정가치로 평가하여 두 자산 모두 공정가치 변동으로 인한 기타포괄손익이 발생한다는 점에서는 동일하지만 기타포괄손익-공정가치 측정 금융자산의 경우에는 채무상품이므로 유효이자수익률로 이자수익을 인식해야만 하고, 이를 위해 상각후원가도 측정해야만 한다. 또한 기타포괄손익-공정가치 측정(선택) 금융자산은 매도 시에 기타포괄손익누계액을 당기손익으로 인식하는 것이 금지되어 있으나 기타포괄손익-공정가치 측정 금융자산은 매도할 때 기타포괄손익누계액을 당기순손익으로 재분류해야만 한다.

채무상품에서 발생하는 현금흐름의 수취는 부수적인 목적에 불과하고 필수적인 사업모형이 단기적이고 빈번한 매입과 매도를 통해 차익을 얻거나, 금융자산의 공정가치 변동을 통해 투자성과를 달성하는 경우에는 당기손익-공정가치 측정 금융자산으로 분류한다. 이 경우에는 지분상품인 당기손익-공정가치 측정 금융자산의 회계처리와 크게 다르지 않다.

3.1 상각후원가 측정 금융자산

앞서 설명하였듯이 상각후원가 측정 금융자산은 계약상 현금흐름을 수취하기 위해 보유하는 것이 목적인 사업모형에서 금융자산의 계약 조건에 따라 특정일에 원금과 원금잔액에 대한 이자만으로 구성된 현금흐름이 발생하는 경우이다. 예를 들어 기업은 매출채권과 대여금을 중도에 매각하기 보다는 만기까지 보유하는 경향이 있으며, 보장된 이자수익을 확보하기 위하여 사채에 투자하는 경우도 있다. 이와 같이 취득한 채권은 거래관행이나 계약기간동안 확정된 이자수익을 확보할 목적에 따라 만기까지 보유하는 것이 일반적이다. 주의할 점은 상각후원가 측정 금융자산으로 분류되기 위해서 반드시 만기까지 보유해야만 하는 것은 아니며, 손상 등의 사유로 매도하는 경우에는 상각후원가 측정 금융자산으로 분류될 수 있다는 것이다.

이 항목으로 분류되는 금융자산은 후속측정 시 유효이자율법에 의하여 체계적으로 변동되는 상각후원가amortized costs를 측정하여 장부금액으로 보고한다. 왜냐하면 해당 금융상품의 계약상 지급액을 수취하기 위해 만기까지 보유하는 것이 주된 사업모형이고 금융자산의 공정가치가 변동한다고 해서 빈번하게 매도를 하지 않으므로 공정가치로 측정하는 것이 정보이용자에게 유용한 정보를 제공하지 못하기 때문이다.

1) 최초 인식

상각후원가 측정 금융자산을 최초로 인식할 때에는 매입가격에 취득부대원가를 가산하여 산출된다. 하지만 시장거래가격을 매입가격으로 하는 지분상품과는 달리, 채무상품의 매입가격은 채무상품에서 발생하는 미래현금흐름(이자 및 원금)을 특정시점의 시장이자율로 할인한 현재가치로 결정된다.

상각후원가 측정 금융자산을 취득하는 시점의 분개는 다음과 같다.

(차)	상각후원가측정 금융자산*	×××	(대)	현　　　　금	×××

* 매입가격 + 취득부대원가

최초 인식금액(매입가격+취득부대원가)과 미래에 수령할 금액(이자 및 원금)을 일치시키는 내부수익률을 유효이자율이라고 하며, 취득시 계산한 유효이자율을 이용하여 기말에 이자수익을 계산한다. 따라서 거래수수료와 같은 취득부대원가가 발생하게 되면 취득원가가 증가하므로 내부수익률이 낮아지는 효과가 발생하며, 취득시점의 유효이자율이 시장이자율보다 낮아지게 된다.

2) 기말 결산정리

상각후원가 측정 금융자산은 직전 장부금액에 유효이자율을 적용한 금액을 이자수익으로 인식하고, 자산의 기말 장부금액은 직전 장부금액에 이자수익을 가산하고, 약정된 이자금액을 차감한 금액으로 측정한다.

각 기간별 이자수익과 액면이자는 다음과 같이 계산한다.

이자수익 = 이자기간 초 금융자산 장부금액 × 유효이자율
액면이자 = 금융자산 액면금액 × 액면이자율

기말 장부금액은 다음과 같이 계산한다.

[그림 7-6] 상각후원가 측정 금융자산의 금액 변화

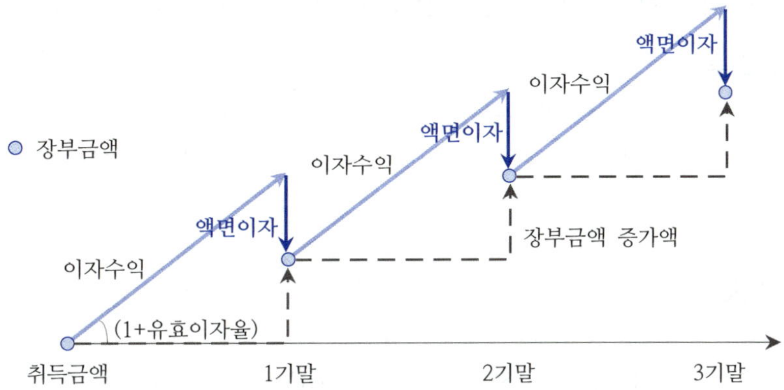

다음은 이자수익이 액면이자보다 클 경우의 이자수익과 상각후원가 금융자산의 증감을 인식하는 분개이다.

(차)	현 금(또는 미수이자)	×××	(대)	이 자 수 익	×××*
	상각후원가 측정 금융자산	×××			

* 이자수익 = 직전 장부금액 × 최초 취득시 결정된 유효이자율

만약 이자수익이 액면이자보다 작을 경우에는 다음과 같이 분개한다.

(차)	현 금(또는 미수이자)	×××	(대)	이 자 수 익	×××
				상각후원가 측정 금융자산	×××

만약 이자수익이 액면이자와 같을 경우에는 다음과 같이 분개한다.

(차)	현 금(또는 미수이자)	×××	(대)	이 자 수 익	×××

3) 제거

상각후원가 측정 금융자산은 대부분 만기까지 보유하지만 만기 전에 매도할 수도 있다. 따라서 만기에 원금을 회수하는 경우와 중도에 매도하는 경우의 분개를 각각 제시하면 다음과 같다. 주의할 점은 두 경우 모두 이자수익을 인식하는 분개를 먼저 하여 상각후원

가로 측정된 금액의 자산을 제거한다는 것이다. 아래의 분개는 이자수익과 상각후원가를 인식하는 분개를 이미 한 것으로 가정한 분개이다.

① 만기 현금회수

(차)	현 금	×××	(대)	상각후원가 측정 금융자산	×××*

* 액면금액

② 만기 전 매도

(차)	현 금	×××	(대)	상각후원가 측정 금융자산	×××*
	금융자산 처분손실	×××	또는	금융자산 처분이익	×××

* 직전 상각후원가에 매도 시점까지 발생한 유효이자발생액을 더하고 매도 시점까지의 액면이자분을 차감한 금액

예제 7.4 상각후원가 금융자산 회계처리

㈜상세는 ㈜영성이 20×1년 1월 1일에 발행한 사채를 만기까지 보유할 목적으로 취득하다. ㈜영성은 액면금액이 ₩200,000이고 액면이자율이 8%이며 매년 말 이자가 지급되는 3년 만기 조건으로 사채를 발행하다. ㈜상세가 사채를 취득하는 시점의 유효이자율은 12%이다. 단, 소수점 이하는 반올림하시오. (단일, 3년, 12% : 0.7118, 연금, 3년, 12% : 2.4018)

물음 1 20×1년 1월 1일에 ㈜상세가 사채를 취득할 때 필요한 분개를 하시오.

해설 1

㈜상세는 유효이자율로 할인하여 사채의 공정가치를 계산하여 투자한다. 취득부대비용이 없다고 가정하고 있으므로 사채의 공정가치가 금융자산의 취득원가 된다. 상각후원가 측정 금융자산의 취득원가는 다음과 같이 계산한다.

➪ 액면금액의 현재가치	=	₩200,000 × 0.7118 (단일, 3년, 12%)	= ₩142,360
액면이자의 현재가치	=	₩16,000 × 2.4018 (연금, 3년, 12%)	= 38,429
			₩180,789

(차)	상각후원가 측정 금융자산	180,789	(대)	현 금	180,789

물음 2 상각후원가 측정 금융자산에 대한 상각표를 작성하시오.

해설 2

상각표는 다음과 같은 방법으로 작성한다.

일 자	① 유효이자 (12%)	② 액면이자 (8%)	상각액 (①-②)	상각후원가 측정 금융자산의 장부금액 (직전금액+상각액)
20×1. 1. 1.				180,789
20×1. 12. 31.	21,695	16,000	5,695	186,484
20×2. 12. 31.	22,378	16,000	6,378	192,862
20×3. 12. 31.	23,138*2	16,000	7,138*1	200,000

*1. 마지막 연도에는 소수점 차이 때문에 [사채의 액면금액과 취득원가 차이 – 상각된 금액 누적액]으로 계산한다.
*2. 마지막 연도에는 소수점 차이 때문에 [액면이자 + 당기 상각액]으로 계산한다.

물음 3 20×1년부터 20×3년까지 ㈜상세의 기말 결산정리 분개를 하시오.

해설 3

① 20×1년 12월 31일

상각후원가 측정 금융자산 증분액(20×1년 말) = 이자수익 – 액면이자
= [기초 금융자산 장부금액 × 유효이자율] – [액면금액 × 액면이자율]
= ₩180,789 × 12% – ₩200,000 × 8% = ₩5,695

(차) 현 금	16,000	(대) 이 자 수 익	21,695
상각후원가 측정 금융자산	5,695		

② 20×2년 12월 31일

상각후원가 측정 금융자산 증분액(20×2년 말) = 이자수익 – 현금이자
= [기초 금융자산 장부금액 × 유효이자율] – [액면금액 × 액면이자율]
= ₩186,484 × 12% – ₩200,000 × 8% = ₩6,378

(차) 현 금	16,000	(대) 이 자 수 익	22,378
상각후원가 측정 금융자산	6,378		

③ 20×3년 12월 31일

상각후원가 측정 금융자산 증분액(20×3년 말)
= 금융자산 액면금액 – 금융자산 장부금액(20×2년 말)
= ₩200,000 – ₩192,862 = ₩7,138

➪ 단수조정을 위하여 위와 같이 계산한다.
이자수익(20×3년 말) = 현금이자 + 금융자산 증분액(20×3년 말)
= ₩16,000 + ₩7,138 = ₩23,138

(차) 현 금	16,000	(대) 이 자 수 익	23,138
상각후원가 측정 금융자산	7,138		

물음 4 20×3년 12월 31일에 ㈜상세가 채권투자를 회수할 때 필요한 분개를 하시오.

해설 4

➪ 채권투자 회수

(차) 현 금	200,000	(대) 상각후원가 측정 금융자산	200,000

☞ 상각표에서 알 수 있듯이, 상각후원가 측정 금융자산의 이자수익을 유효이자율법을 적용하여 계산하면 만기에 상각후원가 측정 금융자산의 장부금액은 사채의 액면금액과 동일해진다.

4) 매출채권의 회계처리

기업의 경영활동 과정에서 외상거래를 할 경우에는 미래에 현금을 수취할 수 있는 계약상 권리인 수취채권receivable이 발생하는데, 이 중에서 상품의 판매나 용역의 제공과 같은 주된 영업활동에서 발생하는 채권은 매출채권trade receivable으로 인식한다. 매출채권은 통칭적인 용어이며, 구체적인 수취채권의 기록을 위해서는 상황에 따라 외상매출금accounts receivable과 받을어음notes receivable계정을 사용한다. 외상매출금과 받을어음은 현금 회수가능성 측면에서 질적 차이가 존재하므로 구분하여 회계처리 하는 것이 바람직하지만 재무상태표를 작성할 때에는 두 계정과목을 매출채권으로 통합하여 표시한다.

(1) 매출할인, 매출에누리와 환입

상품거래는 항상 판매자와 구매자가 동시에 존재하므로 구매자가 매입할인, 매입에누리, 매입환출을 인식하는 경우에 판매자는 매출할인, 매출에누리, 매출환입을 인식한다. 따라서 외상으로 판매한 상품에 대해 나중에 매출할인sales discount, 매출에누리sales allowances 또는 매출환입sales returns이 발생하는 경우에는 외상 매출거래의 취소로 보아 매출채권과 매출을 모두 감소시키는 기록을 한다. 따라서 포괄손익계산서에 표시되는 매출액과 기중 매출채권 순증가액은 총매출액에서 매출할인액, 매출에누리액, 매출환입액을 차감한 순매출액을 의미한다.

매출액(매출채권 순증가액) = 총매출액 - 매출할인액 - 매출에누리액 - 매출환입액

(2) 매출채권의 매각

상품의 외상판매는 현금판매와 동시에 받은 현금을 구매자에게 빌려준 것으로도 볼 수 있다. 따라서 외상판매의 경우는 매출과 함께 유입된 현금이 매출채권의 형태로 유출되어 있기 때문에 영업활동에 필요한 자금이 부족해지는 경우가 발생할 수 있다. 따라서 현금의 확보를 위해 보유한 매출채권을 타인에게 매각하고 현금을 회수하는 경우가 있는데 주로 팩토링과 어음할인의 형태로 이루어진다.

팩토링factoring은 외상매출금을 금융기관에 매각하여 현금을 즉시 확보하는 장점이 있지만, 금융기관은 이자 등 일정한 수수료를 차감한 잔액을 현금으로 지급하므로, 외상매출금 매각으로 인한 손실을 부담해야만 하는 단점이 있다. 채무자에게 외상매출금의 매각사실을 알려서 채무이행은 금융기관에게 직접 하도록 한다.

거액이나 장기의 외상거래는 대부분 어음을 통해 이루어지며, 어음은 그 결제가 몇 개월 후에 이루어지는 것이 대부분이다. 따라서 어음거래를 주로 하는 기업은 필요한 현금이 부족한 경우를 겪게 되는 경우가 발생할 수 있으며, 외상매출금과 마찬가지로 받을어음을 금융기관에 양도하고 일정한 이자 및 수수료를 차감한 잔액을 받아서 현금을 확보하는 경우가 있다. 이를 어음할인discounting of notes receivable이라고 한다.

매출채권을 매각하는 대신 필요한 자금을 외부로부터 차입할 수도 있지만, 이 경우에는 부채비율이 높아져서 재무건전성을 의심받을 우려가 있다. 매출채권에 대해 팩토링이나 어음할인을 하는 경우에는 매출채권에 대한 위험과 보상을 대부분 이전했는지 여부에 따라 회계처리가 달라진다. 위험과 보상을 대부분 이전한 경우에는 매각한 것으로 보아 매출채권을 장부에서 제거하지만, 위험과 보상이 이전되지 않는 경우에는 매출채권을 담보로 자금을 차입한 것과 다름이 없기 때문에 별도의 차입으로 간주하여 회계처리를 한다.

(3) 기중 회계처리

상품의 외상판매와 관련된 분개는 다음과 같다.

① 상품을 외상으로 판매한 경우

(차) 매 출 채 권	×××	(대) 매 출	×××*

* 매출을 할 때 운송비 등을 판매자가 부담한 경우에는 매출금액에서 차감하지 하고, 별도의 비용(판매비)으로 회계처리한다.

② 매출할인, 매출에누리, 매출환입이 발생한 경우

(차) 매 출	×××	(대) 매 출 채 권	×××

③ 매출채권을 현금으로 회수한 경우

(차) 현 금	×××	(대) 매 출 채 권	×××

④ 매출채권을 매각하는 경우

(차) 현 금	×××	(대) 매 출 채 권	×××
비 용	×××		

⑤ 매출채권을 매각하는 경우(차입거래 간주)

(차) 현 금	×××	(대) 단 기 차 입 금	×××
비 용	×××		

예제 7.5 매출채권

다음은 상품매매기업인 ㈜영성과 ㈜성실의 20×1년 기중 거래 내역이다.

① 4월 1일 : ㈜영성은 ㈜성실에 ₩2,000,000의 상품을 신용으로 판매하다. 매입운임 ₩200,000은 ㈜성실이 현금으로 운송회사에 지급하다. 단, ㈜영성과 ㈜성실은 실지재고조사법으로 상품에 대한 회계처리를 한다.

② 6월 1일 : ㈜성실은 ㈜영성으로부터 구입한 상품 중 ₩400,000의 불량품을 반품하다.

③ 9월 1일 : ㈜성실은 ㈜영성에 대한 외상매입금 전액을 현금으로 지급하다.

물음 ㈜영성의 거래를 분개하시오.

해설

① 4월 1일

㈜영성 : (차) 매 출 채 권	2,000,000	(대) 매 출	2,000,000

② 6월 1일

㈜영성 :	(차) 매 출	400,000	(대) 매 출 환 입	400,000
	(차) 매 출 환 입	400,000	(대) 매 출 채 권	400,000

☞ 매출환입이 발생하면 매출과 매출채권을 동시에 감소시킨다. 매출채권 감소원인을 관리하기 위하여 매출환입을 구분하여 회계처리할 수 있다.

③ 9월 1일

㈜영성 :	(차) 현 금	1,600,000	(대) 매 출 채 권	1,600,000

☞ 매출채권 ₩2,000,000 중에서 ₩400,000이 반품되어 잔액은 ₩1,600,000이다.

예제 7.6 매출채권의 매각

㈜성실은 추석에 직원들에게 보너스를 지급하려 하는데, 보유한 현금이 부족하여 거래처인 ㈜태만에 대한 매출채권 ₩2,000,000을 은행에 매각하다. 은행은 이자와 수수료를 차감하고 ₩1,900,000을 현금으로 ㈜성실에 지급하다.

물음 1 나중에 ㈜태만이 ₩2,000,000을 은행에 갚지 않더라도 ㈜성실은 책임을 지지 않는 조건으로 매각한 경우의 회계처리를 하시오.

해설 1

(차) 현 금	1,900,000	(대) 매 출 채 권	2,000,000
매출채권처분손실	100,000		

물음 2 나중에 ㈜태만이 ₩2,000,000을 은행에 갚지 않으면, ㈜성실이 책임을 지고 은행에 갚는 조건으로 매각한 경우의 회계처리를 하시오.

해설 2

(차) 현 금	1,900,000	(대) 단 기 차 입 금	2,000,000
수 수 료 비 용	100,000		

3.2 기타포괄손익-공정가치 측정 금융자산

기타포괄손익-공정가치 측정 금융자산은 채권으로부터 발생하는 계약상 현금흐름(이자 등) 수취와 시장이자율 변동에 따른 시세차익 실현을 위해 매도하는 것 둘 다 목적인 사업모형에서 취득한 금융자산이다. 예를 들어, 사업의 인 · 허가와 관련하여 취득한 국공채나 일정한 투자수익률 확보를 위해 취득한 사채 등이 해당된다.

이 항목으로 분류되는 금융자산은 상각후원가 측정의 특성과 공정가치 측정의 특성을 모두 가지고 있다. 즉 후속측정을 할 때 먼저 상각후원가 측정방법에 따라 이자수익을 인식하고 상각후원가로 측정된 장부금액을 계산한다. 다음으로 재무상태표에 기말의 공정가치 금액으로 표시하기 위해 평가 직전의 장부금액을 공정가치 금액으로 조정하며 이때 발생하는 평가손익을 기타포괄손익으로 인식한다.

금융자산 금액을 공정가치로 보고하는 이유는 이 금융자산의 취득목적에 매도가 필수적인 요소이므로 유출가치인 공정가치로 보고하는 것이 정보이용자에게 더 유용하기 때문이다. 그리고 평가손익을 당기순손익이 아니라 기타포괄손익으로 인식하기 때문에 상각후원가로 측정하는 경우와 당기순손익이 동일하게 측정된다. 따라서 기업은 금융자산을 당기손익에 미치는 영향에 따라서 자의적으로 분류할 유인이 없고 사업모형에 따라 상각후원가 측정 금융자산이나 기타포괄손익-공정가치 측정 금융자산으로 적절하게 분류하게 된다.

1) 최초 인식

기타포괄손익-공정가치 측정 금융자산을 최초로 인식할 때에는 매입가격에 취득부대원가을 가산하여 산출된다. 이 때 채무상품의 매입가격은 채무상품에서 발생하는 미래현금흐름(이자 및 원금)을 특정시점의 시장이자율로 할인한 현재가치로 결정된다.

기타포괄손익-공정가치 측정 금융자산을 취득하는 시점의 분개는 다음과 같다.

(차)	기타포괄손익-공정가치 측 정 금 융 자 산 *	×××	(대)	현 금	×××

* 매입가격 + 취득부대원가

2) 기말 결산정리

기타포괄손익-공정가치 측정 금융자산의 기말 결산정리는 두 단계로 이루어지는데 첫 번째 단계는 상각후원가를 측정하는 단계이다. 하지만 이 경우 상각후원가는 상각후원가 측정 금융자산의 금액과는 다름에 주의해야 한다. 왜냐하면 전년도 공정가치 조정분이 반영된 금액이기 때문이다. 따라서 이자수익을 측정할 때 직전 연도말의 장부금액에 유효이자율을 곱해서는 안 된다. 이자수익은 상각후원가 측정 금융자산과 동일한 금액으로 인식되어야 하기 때문이다. 즉 기타포괄손익-공정가치 측정 금융자산도 상각후원가 금융자산과 같은 방법으로 상각표를 작성해야만 한다. 편의상 기타포괄손익-공정가치 측정 금융자산의 상각후원가를 '조정된 상각후원가'라고 부르겠다.

이자수익과 액면이자, 그리고 조정된 상각후원가는 다음과 같이 계산한다.

> 이자수익 = 기초 상각후원가 × 유효이자율
> 액면이자 = 금융자산 액면금액 × 액면이자율
> 조정된 상각후원가 = 직전 조정된 상각후원가 + 이자수익 − 액면이자

* 상각후원가 금융자산 방식으로 계산된 상각후원가 금액.

이자수익이 액면이자보다 클 경우의 이자수익과 상각후원가 금융자산의 증감을 인식하는 분개는 다음과 같다.[8)]

(차)	현금(또는 미수이자)	×××	(대)	이자수익	×××*
	기타포괄손익-공정가치 측정 금융자산	×××			

두 번째 단계는 기말의 공정가치를 측정하고 조정된 상각후원가와의 차이를 평가손익으로 인식하는 단계이다. 기말 공정가치가 조정된 상각후원가보다 크면 차이 금액을 금융자산평가이익(기타포괄손익)으로 인식하고 기타포괄손익-공정가치 측정 금융자산을 증가시킨다. 반대로 기말 공정가치가 조정된 상각후원가보다 작으면 차이 금액을 금융자산평가손실(기타포괄손익)으로 인식하고 기타포괄손익-공정가치 측정 금융자산을 감소시킨다. 금융자산평가손익(기타포괄손익)은 마감분개를 통하여 기타포괄손익누계액에 반영한다.

예를 들어, 기타포괄손익-공정가치 측정 금융자산의 평가이익을 인식하는 분개는 다음과 같다.

(차)	기타포괄손익-공정가치 측정 금융자산	×××	(대)	금융자산평가이익 (기타포괄손익)	×××

8) 이자수익이 액면이자보다 작거나 같은 경우의 분개도 상각후원가 측정 금융자산의 분개와 동일하므로 설명은 생략한다.

3) 제거

기타포괄손익-공정가치 측정 금융자산은 일정기간 보유 후 만기 전에 매도하는 경우가 많다. 주의할 점은 상각후원가 측정 금융자산과 마찬가지로 매도 시에도 보유기간에 대한 이자수익을 인식해야 한다는 것과 기존에 인식되어 있는 기타포괄손익누계액을 당기손익으로 재분류해야 한다는 점이다.

만기 전에 매도하는 경우의 분개를 제시하면 다음과 같다. 단, 이자수익과 조정된 상각후원가를 인식하는 분개를 이미 한 것으로 가정한 분개이다.

① 기타포괄손익누계액이 대변 잔액인 경우

(차)	현금	×××		(대)	기타포괄손익-공정가치 측정 금융자산	×××
	재분류조정 (기타포괄손익)	×××*				
	금융자산 처분손실	×××	또는		금융자산 처분이익	×××

* 기타포괄손익누계액의 대변 잔액 금액

➪ 마감분개

(차)	기타포괄손익누계액	×××	(대)	재분류조정 (기타포괄손익)	×××

② 기타포괄손익누계액이 차변 잔액인 경우

(차)	현금	×××		(대)	기타포괄손익-공정가치 측정 금융자산	×××
					재분류조정 (기타포괄손익)	×××*
	금융자산 처분손실	×××	또는		금융자산 처분이익	×××

* 기타포괄손익누계액의 차변 잔액 금액

➪ 마감분개

(차)	재분류조정 (기타포괄손익)	×××	(대)	기타포괄손익누계액	×××

예제 7.7 기타포괄손익-공정가치 측정 금융자산 회계처리

㈜상세는 ㈜영성이 20×1년 1월 1일에 발행한 사채를 일정기간 보유 후 매도할 목적으로 취득하다. ㈜영성은 액면금액이 ₩200,000이고 액면이자율이 8%이며 매년 말 이자가 지급되는 3년 만기 조건으로 사채를 발행하다. ㈜상세가 사채를 취득하는 시점의 유효이자율은 12%이다. 단, 소수점 이하는 반올림하시오. (단일, 3년, 12% : 0.7118, 연금, 3년, 12% : 2.4018)

물음 1 20×1년 1월 1일에 ㈜상세가 사채를 취득할 때 필요한 분개를 하시오.

해설 1

㈜상세는 유효이자율로 할인하여 사채의 공정가치를 계산하여 투자한다. 취득부대비용이 없다고 가정하고 있으므로 사채의 공정가치가 금융자산의 취득원가 된다. 기타포괄손익-공정가치 측정 금융자산의 취득원가는 다음과 같이 계산한다.

⇨ 액면금액의 현재가치 = ₩200,000 × 0.7118 (단일, 3년, 12%) = ₩142,360
액면이자의 현재가치 = ₩16,000 × 2.4018 (연금, 3년, 12%) = 38,429
₩180,789

(차) 기타포괄손익-공정가치 측정 금융자산	180,789	(대) 현 금		180,789

☞ [예제 7.4]의 [풀이1]과 비교하여 살펴보시오.

물음 2 기타포괄손익-공정가치 측정 금융자산에 대한 상각표를 작성하시오.

해설 2

상각표는 다음과 같은 방법으로 작성한다.

일 자	① 유효이자 (12%)	② 액면이자 (8%)	상각액 (①-②)	상각후원가 측정 금융자산의 장부금액 (직전금액+상각액)
20×1. 1. 1.				180,789
20×1. 12. 31.	21,695	16,000	5,695	186,484
20×2. 12. 31.	22,378	16,000	6,378	192,862
20×3. 12. 31.	23,138*2	16,000	7,138*1	200,000

*1. 마지막 연도에는 소수점 차이 때문에 [사채의 액면금액과 취득원가 차이 – 상각된 금액 누적액]으로 계산한다.
*2. 마지막 연도에는 소수점 차이 때문에 [액면이자 + 당기 상각액]으로 계산한다.

물음 3 20×1년부터 20×2년까지 ㈜상세의 마감분개를 제외한 기말 결산정리 분개를 제시하시오. 단, 사채의 매년 말 공정가치는 다음과 같다.

20×1. 12. 31.	₩186,000	20×2. 12. 31.	₩194,000

해설 3

① 20×1년 12월 31일

금융자산 증분액(20×1년 말) = 이자수익 − 액면이자

= [상각후원가 × 유효이자율] − [액면금액 × 액면이자율]

= ₩180,789 × 12% − ₩200,000 × 8% = ₩5,695

(차)	현 금	16,000	(대) 이 자 수 익	21,695*
	기타포괄손익-공정가치 측정 금융자산	5,695		

* 상각후원가로 측정하는 경우와 동일한 금액

기말 공정가치 반영을 위한 평가손익 인식

= 기말 공정가치 − 조정된 상각후원가(평가 직전 장부금액)

= ₩186,000 − ₩186,484 = (−)₩484

(차)	금융자산평가손실 (기타포괄손익)	484	(대) 기타포괄손익-공정가치 측정 금융자산	484

☞ [예제 7.4]의 [풀이3]과 비교하여 살펴보시오.

② 20×2년 12월 31일

금융자산 증분액(20×2년 말) = 이자수익 − 현금이자

= [상각후원가 × 유효이자율] − [액면금액 × 액면이자율]

= ₩186,484 × 12% − ₩200,000 × 8% = ₩6,378

(차)	현 금	16,000	(대) 이 자 수 익	22,378
	기타포괄손익-공정가치 측정 금융자산	6,378		

* 상각후원가로 측정하는 경우와 동일한 금액

기말 공정가치 반영을 위한 평가손익 인식

= 기말 공정가치 − 조정된 상각후원가(평가 직전 장부금액)

= ₩194,000 − [₩192,862 − ₩484] = ₩1,622

(차)	기타포괄손익-공정가치 측정 금융자산	1,622	(대) 금융자산평가이익 (기타포괄손익)	1,622

물음 4 20×3년 1월 1일에 ㈜상세가 사채를 ₩194,000에 매도했을 때 필요한 분개를 하시오.

해설 4

➪ 채권투자 회수

	계정	금액		계정	금액
(차)	현 금	194,000	(대)	기타포괄손익-공정가치 측정 금융자산	194,000
	재분류조정 (기타포괄손익)	1,138		금융자산처분이익	1,138*

* 상각후원가 측정 금융자산을 ₩194,000에 매도한다고 가정하더라고 처분이익은 동일하게 측정됨

3.3 당기손익-공정가치 측정 금융자산

상각후원가로 측정하거나 기타포괄손익-공정가치로 측정하는 경우가 아니라면 당기손익-공정가치로 측정한다. 즉, 채무상품이라도 매도를 통한 시세차익 실현이 주된 사업모형인 경우에는 공정가치로 측정하여 재무상태표에 보고하며 기말 평가 시에 발생하는 평가손익은 기타포괄손익이 아니라 당기손익으로 인식한다.[9] 따라서 지분상품 투자에서 설명한 당기손익-공정가치 측정 금융자산의 회계처리와 같이 취득시 거래원가가 발생하더라도 취득원가에 포함시키지 않으며 후속 측정도 매우 유사하다. 차이가 있다면 지분상품은 배당금수익을 인식하지만 채무상품은 이자수익에 대한 인식을 해야 한다는 점이다. 이자수익을 인식할 때에는 유효이자율법을 사용해야하지만 매도가 주된 사업모형인 경우에는 빈번한 매입, 매도거래가 발생할 것이므로 실무적으로는 액면이자율을 사용하는 것이 편리할 것이다.

액면이자율을 사용하는 경우의 회계처리는 "2.1 당기손익-공정가치 측정 금융자산"을 참조하면 된다.

9) 상각후원가나 기타포괄손익-공정가치 측정에 해당하는 금융자산이라도 회계불일치 등의 사유가 있는 경우에는 최초 인식시점에 당기손익-공정가치 측정 금융자산으로 지정할 수 있다.

SECTION 4 금융상품의 손상

4.1 손상의 의의

기업이 계약상 현금흐름(이자, 원금)을 수취할 금융자산을 보유할 때 상대 발행자의 신용위험credit risk이 높아질 경우 계약기간 동안 약속된 현금흐름의 전부 혹은 일부가 수취되지 않을 가능성이 높아진다. 예를 들어 A회사가 B회사에게 자금을 대여하고 있다고 가정하자. A회사는 B회사로부터 받을 이자들과 원금의 현재가치로 금융자산을 기록하고 있을 것이다. 그러나 B회사의 재무상태가 악화되었다면 A회사는 이자와 원금 중 일부를 회수하지 못할 채무불이행default 가능성이 높아질 것이다. 그렇다면 이자와 원금이 정상적으로 회수될 것으로 가정한 금액을 계속 기록하는 것은 금융자산을 과대표시하는 문제가 나타난다. 그러므로 금융자산의 보유기업은 매 보고기간 말 금융자산의 신용위험을 평가하고 계약기간 동안 회수하지 못할 현금흐름을 추정하여 비용을 인식할 필요가 있다. 이러한 비용을 손상차손impairment loss이라 한다. 즉, 금융자산의 손상회계란 미래에 금융자산의 가치가 훼손될 것으로 예상될 때 현재 시점에서 미리 손실을 측정하고 인식하는 회계처리를 의미한다.

그렇다면 모든 금융자산에 대해 손상차손을 인식하는 것일까? 앞 문단에서 언급하였듯 계약기간 동안 현금흐름에 대한 신용위험을 판단하는 것이 손상 여부를 결정하는데 핵심이다. 결국 계약상 현금흐름이 있는 금융자산을 대상으로 손상 여부를 판단하게 된다. 또한 당기손익-공정가치 측정 금융자산은 신용위험의 변동이 공정가치에 반영되어 평가손실은 당기손익으로 인식할 것이므로 손상회계를 적용하지 않는다. 하지만 기타포괄손익-공정가치 측정 금융자산의 평가손실은 당기손익으로 인식되지 않으므로 손상차손을 인식한다. 요약하자면 채무상품 투자 중 상각후원가 측정 금융자산과 기타포괄손익-공정가치 측정 금융자산으로 분류되는 대여금, 수취채권, 채무상품 등이 손상회계 적용 대상인 금융자산이 된다.

4.2 기대신용손실 모형

1) 기대신용손실의 추정

기대신용손실 모형이란 계약에 명시된 현금흐름보다 실제 수취할 현금흐름이 작다고 예상되는 확률을 가중평균하여 예상손실을 추정하는 방법이다. 전술하였듯 손상은 계약기간 동안 미래 발생할 것으로 예상되는 채무불이행 정도를 의미한다. 이처럼 예측가능한 채무불이행을 현재시점의 재무제표에 반영하는 회계처리를 손상회계라 한다. 금융자산 보유자 입장에서는 유입될 것으로 예상하던 현금흐름이 유입되지 않을 가능성이 있다. 그러므로 손실을 기록함과 동시에 미래 경제적 효익이 줄어든 자산의 가치를 감소시킨다. 이것이 손상회계의 전체적인 틀이라 할 수 있다.

그렇다면 구체적으로 어떠한 측정과정을 통해 자산의 가치를 감소시키며 손실을 기록하는 것인지 알아보자. 먼저 계약에 명시된 현금흐름과 실제로 수취할 것으로 예상하는 현금흐름을 비교한다. 만약 실제로 수취할 것으로 예상하는 현금흐름이 작다면 이 부족분이 신용손실credit loss이다. 신용손실은 미래 예상되는 현금흐름 부족액이다. 그러므로 유효이자율을 사용하여 현재가치로 환산한다. 이러한 신용손실을 개별 채무불이행의 발생 확률로 가중평균한 금액을 기대신용손실expected credit loss이라 한다.

2) 기대신용손실의 추정 기간

앞에서 살펴본 것 같이 손상회계에 적용할 기대신용손실은 미래에 현금흐름이 이행되지 않을 금액과 그 가능성으로 추정함을 알 수 있다. 그렇다면 미래라는 기간은 어느 정도를 의미하는 것일까? 일반적으로 채권에 명시된 계약기간으로 볼 수 있지만 만약 장기채권이라면(예를 들어 10년) 현재시점에서 미래 현금흐름이 어떻게 이행될지 판단하는 것은 쉽지 않을 것이다. 이러한 점을 고려해서 국제회계기준서는 신용위험 증가의 유의성과 신용 손상의 발생 여부에 따라 기대신용손실의 추정기간을 달리 지정하고 있다. 즉, 매년 보고기간 말에 기대신용손실을 추정하되 조건에 따라 미래 신용손실 측정 기간을 달리 설정하는 것이다.[10)]

먼저 신용위험이 유의적으로 증가하지 않을 경우 금융자산 보유 기업은 해당 금융자산에 대해 보고기간 말 이후 12개월 동안만 기대신용손실을 측정한다. 반면 신용위험이 유의적으로 증가한 상태라면 금융자산 보유 기업은 해당 금융자산의 전체 계약기간에 대해 기대신용손실을 측정한다. 마지막으로 실제 채무불이행이 발생되어 신용이 손상된 상태라면 이 또한 해당 금융자산의 전체 계약기간에 대해 기대신용손실을 측정하도록 하고 있다.

---

10) 신용위험의 유의적 증가 여부 판단(기준서 1109 : 부록 A)
- 발행자나 차입자의 유의적인 재무적 어려움
- 채무불이행이나 연체 같은 계약 위반
- 차입자의 재무적 어려움에 관련된 경제적 또는 계약상 이유로 당초 차입조건의 불가피한 완화
- 차입자의 파산가능성이 높아지거나 그 밖의 재무구조조정 가능성이 높아짐
- 재무적 어려움으로 해당 금융자산에 대한 활성시장의 소멸

예를 들어, 어떤 기업이 20×1년 초부처 대여금(원금 ₩10,000, 연이자율 10%, 만기 3년, 매 분기말 이자지급)을 보유하고 있는데, 20×1년 말에 이 대여금의 향후 현금흐름을 추정해보니, 2년차의 3분기부터 ₩50만큼의 이자를 받지 못할 것으로 예상되며, 만기에는 ₩2,000만큼의 원금을 회수하지 못할 것으로 예상된다고 가정해보자.

만약 이러한 대여금에 대해 상대 기업의 신용위험이 유의적으로 증가한 것은 아니라고 판단할 경우, 향후 12개월 동안을 대상으로 기대신용손실을 측정한다. 이 경우에 20×1년 말에 기록할 대여금의 총 기대신용손실은 [₩50 × 0.1] + [₩50 × 0.1] = ₩10이다. 하지만 신용위험이 유의적으로 증가하였거나 신용이 손상되었다고 판단되면 전체 계약기간 동안을 대상으로 기대신용손실을 측정한다. 이 때 대여금의 총 기대신용손실은 2기간의 [₩50 × 0.1] + [₩50 × 0.1] = ₩10, 그리고 3기간의 [₩50 × 0.2] + [₩50 × 0.2] + [₩50 × 0.1] + [₩2,050 × 0.1] = ₩230을 합친 ₩240이 20×1년 말에 기록할 기대신용손실이다.

	2년차 (20×2)				3년차 (20×3)			
기간	1분기	2분기	3분기	4분기	1분기	2분기	3분기	4분기
예상 :	250	250	200	200	200	200	200	8,200
계약 :	250	250	250	250	250	250	250	10,250
차이 :	0	0	(50)	(50)	(50)	(50)	(50)	(2,050)
확률 :	–	–	0.1	0.1	0.2	0.2	0.1	0.1

4.3 손실충당금설정 회계처리

앞 절에서 손상회계의 기대신용손실을 어떻게 추정하는지 살펴보았다. 그렇다면 추정된 기대신용손실을 어떻게 회계처리하여 금융자산에 반영하고 손실을 설정하는지 살펴보자. 금융자산의 손상회계는 충당금설정법을 따른다. 기본적인 틀은 자산을 감액(차감평가)하고 감액된 자산만큼 당기 비용으로 인식하는 형태이다. 충당금설정법allowance method은 기말의 금융자산 잔액에 대한 기대신용손실 추정액을 손실충당금loss allowance으로 설정함으로써 금융자산의 과대계상을 방지하고, 손실충당금의 변동분을 손상차손(환입)impairment loss(gain)으로 인식하는 방법이다. 본 절에서는 상각후원가 측정 금융자산의 손상 회계처리에 대해 매출채권을 통해 살펴본다.

1) 손실충당금 당기설정액(기말정리 분개 금액)

손실충당금을 기말 장부에 기록할 때 추정된 기대신용손실을 그대로 회계기록에 사용하면 안 된다. 왜냐하면, 손실충당금 계정은 재무상태표에 표시되는 영구계정이기 때문에 기말 결산정리 직전에도 손실충당금 잔액이 존재할 수 있기 때문이다. 따라서 결산정리 분개와 전기를 통해 기대신용손실 추정액을 손실충당금 계정의 잔액으로 보고하기 위해서는 기말에 추정된 기대신용손실 추정액에서 기말직전 손실충당금 잔액을 차감한 금액만큼만 추가로 반영해야만 한다. 이 추가반영 금액을 손실충당금 설정액이라고 한다.

손실충당금 설정액 = 기대신용손실 추정액 - 기말직전 손실충당금

기말에 추정한 기대신용손실 추정액(재무상태표에 공시되어야 하는 금액)이 기말직전 손실충당금보다 크다면 손실충당금을 증가시키기 위한 분개와 전기를 해야 하고, 기말에 추정한 기대신용손실보다 기말직전 손실충당금이 더 크다면 손실충당금을 감소시키기 위한 분개와 전기를 해야 한다.

예를 들어, 기대신용손실 추정액이 ₩3,000,000이고 기말직전 손실충당금이 ₩1,800,000이면, 손실충당금 설정액은 ₩1,200,000이 되어 결국 손실충당금의 기말 잔액은 ₩3,000,000이 된다. 즉, 손실충당금의 기말 잔액은 기대신용손실 추정액과 일치하게 된다.

① 기대신용손실 추정액(₩3,000,000) 〉 기말직전 손실충당금(₩1,800,000)

(차) 매출채권손상차손*	1,200,000	(대) 손 실 충 당 금	1,200,000

* 손상차손은 매출과 관련된 비용이므로 판매비와관리비로 분류된다.

만약, 기대신용손실 추정액이 ₩3,000,000이고 기말직전 손실충당금이 ₩4,200,000이면 손실충당금 설정액은 (－)₩1,200,000이 되므로 ₩1,200,000을 환입시켜야 한다. 물론 환입 후에는 손실충당금의 기말 잔액은 ₩3,000,000이 되어, 기대신용손실 추정액과 일치하게 된다.

② 기대신용손실 추정액(₩3,000,000) 〈 기말 손실충당금(₩4,200,000)

(차) 손 실 충 당 금	1,200,000	(대) 매출채권손상차손환입*	1,200,000

* 손상차손환입은 영업외수익인 기타수익으로 분류된다.

2) 채무불이행의 발생

손실충당금의 설정 이후 연도에 실제로 채무불이행이 발생하면 매출채권의 장부금액을 직접 줄이는데 이를 '제각'이라고 하며 매출채권을 제각하는 분개는 실제 채무불이행 금액과 손실충당금 잔액의 차이에 따라 다음 두 가지의 경우가 있다.

첫째, 실제 채무불이행 금액(₩1,200,000)이 손실충당금 잔액(₩3,000,000) 범위 내에서 발생하면, 손실충당금 및 매출채권을 감소키는 분개를 한다.

① 실제 채무불이행 금액(₩1,200,000) 〈 손실충당금 잔액(₩3,000,000)

(차)	손실충당금	1,200,000	(대) 매출채권	1,200,000

둘째, 실제 채무불이행 금액(₩3,600,000)이 손실충당금(₩3,000,000) 잔액 범위를 초과하여 발생하면 손실충당금 잔액(₩3,000,000) 범위까지 손실충당금을 감소시키고 그 초과액(₩600,000)은 직접 손상차손을 인식하는 분개를 한다.

② 실제 채무불이행 금액(₩3,600,000) 〉 손실충당금 잔액(₩3,000,000)

(차)	손실충당금	3,000,000	(대) 매출채권	3,600,000
	매출채권손상차손	600,000		

3) 제각된 채권의 회수

과거에 제각처리된 채권이 회수되는 경우는 당기에 제각처리된 채권이 회수되는 경우와 당기 이전에 제각처리된 채권이 회수되는 경우로 나누어 볼 수 있다.

첫째, 당기에 제각처리된 채권이 회수되면, 아직 기말 결산정리가 이루어지지 않은 상태이므로 기중 채무불이행시의 분개와 반대로 분개하여 손실충당금 및 손상차손을 원상회복시킨다. 물론 매출채권은 현금으로 전환된다.

① 실제 채무불이행 금액(₩1,200,000) 〈 손실충당금 잔액(₩3,000,000)

(차)	현금	1,200,000	(대) 손실충당금	1,200,000

이 분개는 아래의 두 분개를 합쳐서 동시에 나타낸 분개로 이해하면 된다.

(차) 매 출 채 권	1,200,000	(대) 손 실 충 당 금	1,200,000*1
(차) 현 금	1,200,000	(대) 매 출 채 권	1,200,000*2

*1. 당기 채무불이행시 분개 ①의 반대분개(역분개)
*2. 정상적인 매출채권 회수 분개

② 실제 채무불이행 금액(₩3,600,000) > 손실충당금 잔액(₩3,000,000)

(차) 현 금	3,600,000	(대) 손 실 충 당 금	3,000,000
		매출채권손상차손	600,000

이 분개는 아래의 두 분개를 합쳐서 동시에 나타낸 분개로 이해하면 된다.

(차) 매 출 채 권	3,600,000	(대) 손 실 충 당 금	3,000,000*1
		매출채권손상차손	600,000*1
(차) 현 금	3,600,000	(대) 매 출 채 권	3,600,000*2

*1. 당기 채무불이행시 분개 ②의 반대분개(역분개)
*2. 정상적인 매출채권 회수 분개

둘째, 전기에 제각처리된 채권이 당기에 현금으로 회수되면, 비용 계정인 손상차손은 전기의 포괄손익계산서에 이미 반영된 후 마감을 통해 이익잉여금으로 반영되었기 때문에 당기에 손익인 손상차손 계정을 취소시키는 분개를 할 수 없다. 따라서 다음과 같이 손실충당금만 증가시킨다.

(차) 현 금	3,600,000	(대) 손 실 충 당 금	3,600,000

이 분개는 아래의 두 분개를 합쳐서 동시에 나타낸 분개로 이해하면 된다.

(차) 매 출 채 권	3,600,000	(대) 손 실 충 당 금	3,000,000
		손 실 충 당 금	600,000*1
(차) 현 금	3,600,000	(대) 매 출 채 권	3,600,000*2

*1. 전기 채무불이행시 분개 ②의 반대분개이지만, 전기 손익항목은 당기에 쓸 수 없음.
따라서 전기에 제각처리한 채권의 회수시에는 손실충당금 계정을 사용한다.
*2. 정상적인 매출채권 회수 분개

예제 7.8 매출채권 손상회계처리

다음은 20×1년에 영업을 시작한 상품매매기업 ㈜상세의 거래 내역이다. ㈜상세는 충당금설정법으로 손상회계처리를 하고 있고, 매출채권잔액비율법에 의하여 기대신용손실을 추정한다. 단, 이 외의 거래는 없다고 가정한다.

① 20×1년 6월 5일에 ㈜상세는 거래처인 ㈜영성에 상품을 ₩3,000,000에 판매하고, 그 대가로 ₩1,200,000은 현금으로 받고, 나머지 잔액은 외상으로 하다.
② 20×1년 12월 31일에 매출채권 잔액의 5%를 기대신용손실로 추정하다.
③ 20×2년 8월 2일에 ㈜상세는 거래처인 ㈜영성에 상품을 ₩4,500,000에 판매하고, 그 대가로 ₩3,540,000은 현금으로 받고, 나머지 잔액은 외상으로 하다.
④ 20×2년 10월 5일에 매출채권 ₩60,000을 회수할 수 없게 되다.
⑤ 20×2년 12월 31일에 매출채권 잔액의 5%를 기대신용손실로 추정하다.

물음 ㈜상세의 거래를 분개와 전기하고, 매출채권과 손실충당금에 대한 부분재무상태표를 작성하시오.

해설

① 20×1년 6월 5일

(차) 현 금	1,200,000	(대) 매 출	3,000,000
매 출 채 권	1,800,000		

현 금

6/5	1,200,000		

매 출

		6/5	3,000,000

매출채권

6/5	1,800,000		

② 20×1년 12월 31일

(차) 매출채권손상차손	90,000	(대) 손 실 충 당 금	90,000

☞ 기대신용손실 추정액 = 매출채권의 기말잔액 × 대손율 = ₩1,800,000 × 5% = ₩90,000
☞ 손실충당금 설정액 = 기대신용손실 추정액 - 기말직전 손실충당금 = ₩90,000 - ₩0 = ₩90,000
☞ 20×1년 12월 31일의 손실충당금 잔액(= 기대신용손실 추정액)이 ₩90,000이 되기 위해서 ₩90,000의 손상충당금 설정이 필요하다.

매출채권손상차손

12/31	90,000		

손실충당금

		1/1	0
		12/31	90,000

재무상태표

㈜상세		20×1. 12. 31.	(단위 : 원)
매 출 채 권	1,800,000		
손실충당금	(90,000)	1,710,000	

③ 20×2년 8월 2일

(차) 현 금	3,540,000	(대) 매 출	4,500,000
매 출 채 권	960,000		

현 금

1/1	1,200,000		
8/2	3,540,000		

매 출

		8/2	4,500,000

매출채권

1/1	1,800,000		
8/2	960,000		

④ 20×2년 10월 5일

(차) 손 실 충 당 금	60,000	(대) 매 출 채 권	60,000

☞ 채무불이행 발생금액 ₩60,000은 손실충당금 잔액 범위 내이므로, 추가적인 손상차손의 인식 없이 그대로 차감한다.

매출채권

1/1	1,800,000	10/5	60,000
8/2	960,000		

손실충당금

10/5	60,000	1/1	90,000

⑤ 20×2년 12월 31일

(차) 매출채권손상차손	105,000	(대) 손 실 충 당 금	105,000

☞ 기대신용손실 추정액 = 매출채권의 기말잔액 × 대손율 = ₩2,700,000 × 5% = ₩135,000

☞ 손실충당금 설정액 = 기대신용손실 추정액 - 기말직전 손실충당금 = ₩135,000 - ₩30,000 = ₩105,000

매출채권손상차손

12/31	105,000		

손실충당금

10/5	60,000	1/1	90,000
		12/31	105,000

재무상태표

㈜상세		20×2. 12. 31.	(단위 : 원)
매출채권	2,700,000		
손실충당금	(135,000)	2,565,000	

4.4 기타포괄손익-공정가치 측정 금융자산의 손상회계

금융상품의 손상 의의를 설명할 때 모든 금융상품이 손상 회계처리의 대상이 아님을 언급하였다. 현금흐름 모형이 적용되지 않는 지분상품과 가치의 변동이 당기손익에 반영되는 당기손익-공정가치 측정 금융자산은 손상회계의 대상이 아니다. 앞 절에서 상각후원가 측정 금융자산의 손상 회계처리를 매출채권의 사례로 살펴보았다. 그렇다면 기타포괄손익-공정가치 측정 금융자산(채무상품 투자)의 손상회계는 어떻게 적용되는지 살펴보자. 단 여기서 손상회계가 적용되는 기타포괄손익-공정가치 측정 금융자산은 지분상품이 아닌 채무상품임을 반드시 기억하자.

기본적으로 기타포괄손익-공정가치 측정 금융자산을 거래하는 당사자들은 합리적인 방법으로 금융자산의 이자와 원금이 어떻게 회수될지 판단하고 합리적인 가격으로 상호간 거래가 이루어질 것이다. 결국 기타포괄손익-공정가치 측정 금융자산의 신용위험은 공정가치에 반영될 것이고, 기말시점의 장부금액은 공정가치로 표시되어야 한다.

다만 평가손익이 당기손익이 아닌 기타포괄손익으로 반영되므로 손상에 따른 손실 혹은 환입을 기타포괄손익(평가손익)에서 당기손익(손상차손, 손상차손환입)으로 대체하는 회계처리가 필요하다. 또한 앞에서 상각후원가 금융자산의 경우 자산의 차감평가계정인 손실충당금을 설정하여 자산의 가치를 줄였다. 하지만 기타포괄손익-공정가치 측정 금융자산의 가치 감소는 영구계정인 기타포괄손익에 반영되므로 별도의 손실충당금을 설정하지 않는다. 만약 별도의 손실충당금을 설정한다면 공정가치로 표시되어야 하는 기타포괄손익-공정가치 측정 금융자산의 특성에 맞지 않다.

예를 들어 회계처리를 정리하면 다음과 같다. 만약 기타포괄손익-공정가치 측정 금융자산의 최초 공정가치가 ₩1,000,000 이었는데 보고기간 말 ₩900,000으로 하락하였다. 3.2절에서 학습하였듯 ₩100,000은 기타포괄손익으로 인식하며 금융자산의 가치를 ₩100,000 만큼 줄인다. 그런데 줄어든 공정가치 중 ₩20,000이 금융자산 손상에 의한 것이라면 해당 금액만큼 손상차손을 다음과 같이 기타포괄손익에서 대체하여야 한다.

(차)	금융자산평가손실 (기타포괄손익)	100,000	(대)	금융자산	100.000
(차)	손상차손 (당기손익)	20,000	(대)	금융자산평가손실 (기타포괄손익)	20,000

SECTION 5 기타 수취채권

기업의 외상거래가 일반적 상거래에서 발생한 경우에는 전술한 바와 같이 매출채권으로 재무제표에 공시한다. 즉, 상품매매기업의 상품, 제조기업의 제품, 그리고 서비스기업의 서비스에 대한 매매거래는 기업의 이익창출을 위한 핵심적 활동이기 때문에 다른 활동이나 거래에서 발생하는 외상거래와 구분하여 공시할 필요가 있다. 또한 회계처리에서도 매출채권은 외상매출금과 받을어음으로, 매입채무는 외상매입금과 지급어음으로 구분하여 기록하고 관리한다. 하지만 일반적 상거래가 아닌 거래에서 발생하는 채권은 거래의 대상이 무엇인가에 따라 계정을 분류한다. 일반적 상거래 대상이 아닌 재화를 외상거래하는 경우의 채권은 미수금이라 하고, 현금을 빌려주는 거래를 하는 경우에는 대여금이라 한다.

5.1 현금을 수취하는 기타 수취채권

1) 미수금과 미수수익

상품이나 제품의 판매거래 또는 그 밖의 정상적인 영업활동과 관련된 거래(즉, 일반적 상거래) 이외의 거래에서 발생하는 채권은 미수금이라고 한다. 매출채권과 는 달리 미수금은 어음의 수취 여부와 관계없이 항상 미수금 계정에 기록한다. 예를 들어, 비품이나 기계장치, 건물 등을 외상으로 거래하는 경우에 발생하는 채권 등이 이에 해당한다. 미수금을 회수한 때에는 대변에 기입하므로, 미수금계정의 차변 잔액은 미수금의 미회수액을 나타낸다.

외상거래를 통해 상품이나 제품을 판매하면 매출채권으로 기록하고, 상품이나 제품 이외의 재화를 외상으로 매각한 경우에는 미수금으로 기록한다. 그렇다면, 외상으로 서비스를 제공한 경우에는 어떻게 기록해야 할까? 미수수익accrued revenue은 회계기간 중에 서비스를 제공했지만 결산일 현재 이와 관련된 현금 수취가 이루어지지 않은 경우를 기록하는 채권계정이다.

서비스기업이 일반적인 상거래에서 제공하는 서비스를 외상으로 제공한 경우에는 매출채권으로 기록한다. 따라서 미수수익은 일반적인 상거래 이외의 외상 서비스 제공을 기록하는 계정과목이다. 즉, 상품매매기업이나 제조 기업이 서비스를 제공하거나, 서비스기업이 영업목적 외의 서비스를 제공하는 경우인 외상거래를 미수수익으로 기록한다.

2) 대여금

대여금loans은 현금을 빌려 줄 때 발생하는 채권이다. 현금의 대여기간이 1년 이내인 것을 유동적인 대여금을 단기대여금short-term loans이라 하며, 1년을 초과하는 비유동적인 대여금을 장기대여금long-term loans이라 한다.

5.2 현금을 수취하지 않는 기타 수취채권

1) 선급금과 선급비용

전술한 매출채권, 미수금, 대여금은 모두 추후에 현금을 수취할 채권이나 선급금과 선급비용은 추후에 현금이 아니라 재화나 용역을 제공받을 권리를 나타낸다. 즉, 선급금이나 선급비용은 외상거래로 인해 발생한 경우는 아니므로 구분하여 회계처리 해야 한다.

선급금advance payment은 상품이나 기계 등 재화의 인수 및 인도가 이루어지기 전에 매매계약을 확실히 하기 위하여, 대금의 일부를 미리 지급하는 경우에 발생하는 권리이다. 따라서 상품이나 기계 등을 인수하기 전에 대금의 일부를 미리 지급한 경우에는 선급금계정의 차변에 기입하고, 추후에 상품이나 기계 등을 인수하면 선급금을 대변에 기입하고, 취득한 상품이나 기계 등 자산의 취득원가에 가산한다.

만약 기업이 서비스를 받을 권리를 기록하기 위해서는 선급비용 계정과목을 사용한다. 즉, 추후에 받을 대상이 재화인지 서비스인지에 따라 다른 계정과목을 사용함으로써 정보이용자에게 채권의 속성에 대한 정보를 제공하고자 하는 것이다. 선급비용은 통칭적인 용어일 뿐이므로 실제 회계처리에서는 서비스의 내용에 따라 구체적인 계정과목을 사용해야 한다.

선급비용prepaid expense은 회계기간 중에 현금을 미리 지불하였으나 결산까지 선급된 현금에 해당하는 서비스를 모두 사용하지 못한 경우에, 추후에 서비스를 제공받을 권리를 기록하기 위해 사용하는 계정과목이다. 회계기간 중에 서비스를 제공받은 부분에 대해서는 권리가 소멸되었으므로 채권인 선급비용을 감소시키고, 비용으로 인식한다.

예제 7.9 미수금과 대여금

㈜상세는 아이스크림 도매업을 영위하는 기업으로, 다음은 20×1년 기중에 발생한 거래이다.

① 3월 1일 : ㈜상세는 창고로 사용 중이던 토지(장부금액 ₩2,700,000)를 ₩3,000,000에 ㈜영성에 외상으로 매각하고, 그 대가 중 ₩1,800,000은 현금으로, ₩1,200,000은 ㈜영성이 발행한 약속어음으로 받다.

② 8월 1일 : ㈜상세는 현금 ₩600,000을 ㈜영성에게 6개월간 대여하다.

물음 ㈜상세의 거래를 분개하시오.

해설

<㈜상세의 회계처리>

① 3월 1일

(차)	미수금	1,200,000	(대)	토지	2,700,000
	현금	1,800,000		토지처분이익	300,000

☞ 일반적인 상거래가 아니므로 어음수취 여부와 상관없이 미수금으로 회계처리 한다.

② 8월 1일

(차)	단기대여금	600,000	(대)	현금	600,000

☞ 현금을 단기간 대여하면 단기대여금이 발생한다.

보 론

1. 당좌예금과 은행계정조정표

1.1 당좌예금과 당좌차월

당좌예금checking account은 기업이 수시로 예금 및 인출하는 무이자의 예금으로, 은행에 가서 자금을 인출하여 지급하지 않고 당좌수표certified checks를 기업이 직접 발행하여 즉시 자금을 지급할 수 있는 예금이다. 당좌수표를 발행하기 위해서는 은행과 당좌거래약정을 체결해야 하며, 이후 기업은 현금이나 타인발행 당좌수표 등을 예금하고 당좌수표를 발행하여 지출하게 된다. 은행은 기업에게 당좌수표용지를 교부해 주고, 기업에서는 현금지출이 필요하면 당좌수표용지에 지출금액을 적어서 거래 상대방에게 준다.

당좌예금은 언제든지 인출이 가능하므로 현금통화와 같은 유동성을 갖고 있는 반면, 수표발행에 의해서 인출을 하게 되므로 도난이나 유실의 위험을 크게 줄일 수 있다. 이러한 당좌예금 거래는 당좌예금계정에 기록된다. 현금이나 타인발행 당좌수표를 예금하면 당좌예금계정의 차변에 기록하고, 당좌수표를 발행하여 지급하면 당좌예금계정의 대변에 기록한다. 여기서 타인발행 당좌수표란 다른 기업이 결제를 위해 발행하여 지급한 당좌수표로서 현금으로 분류되며, 이 외에도 은행 자신이 발행하여 자기가 결제하는 자기앞수표도 현금으로 분류된다. 다음은 수표와 관련된 구체적인 회계처리방법이다.

첫째, 토지를 ₩3,000,000에 판매하면서 자기앞수표 또는 타인발행 당좌수표를 받으면, 현금계정을 증가시킨다.

(차) 현 금	3,000,000	(대) 토 지	3,000,000

둘째, 토지를 판매하여 받은 자기앞수표 또는 타인발행 당좌수표 중 ₩1,800,000을 당좌예금계좌에 입금하면, 현금계정을 감소시키는 동시에 당좌예금계정을 증가시킨다.

(차) 당 좌 예 금	1,800,000	(대) 현 금	1,800,000

셋째, 비품을 판매하여 받은 자기앞수표 또는 타인발행 당좌수표 잔액 ₩1,200,000을 소모품의 구입을 위해 지급하면, 현금계정을 감소시킨다.

(차) 소 모 품	1,200,000	(대) 현 금	1,200,000

넷째, 기계장치를 구입하기 위해 ₩1,500,000의 당좌수표를 발행하여 지급하면, 당좌예금계정을 감소시킨다.

(차) 기 계 장 치	1,500,000	(대) 당 좌 예 금	1,500,000

기업은 당좌예금의 잔액(₩1,800,000) 내에서 당좌수표를 발행(₩1,500,000)할 수 있으며, 이를 초과하여 발행하면 부도수표가 되어 은행에서 지급이 거절된다. 이러한 지급거절을 막기 위해서 담보 등의 설정에 의해 일정한도까지 당좌예금의 잔액을 초과하여 당좌수표를 발행할 수 있도록 은행과 당좌차월약정을 맺는다. 당좌차월bank overdraft account은 당좌차월약정에 의해서 당좌예금의 잔액을 초과하여 일종의 음(－)의 당좌수표를 발행하는 것이므로 차입금 성격의 부채가 된다. 이러한 당좌차월은 차입금이므로 이자비용을 발생시키며, 단기차입금으로 유동부채에 속한다.

다섯째, 토지를 ₩1,500,000에 구입하기 위해 당좌예금 잔액 ₩300,000(＝₩1,800,000－₩1,500,000)을 ₩1,200,000만큼 초과하여 당좌수표를 발행하여 지급하면, 당좌예금 잔액 ₩300,000을 우선 감소시키고 초과분 ₩1,200,000은 당좌차월(한도이내)을 이용하여 발행한다.

(차) 토 지	1,500,000	(대) 당 좌 예 금	300,000
		당 좌 차 월	1,200,000

예제 7.10 당좌예금과 당좌차월

㈜성실은 희망은행과 당좌거래약정 및 당좌차월약정을 체결하고, 다음과 같은 거래를 하다. 단, 당좌예금 잔액은 ₩900,000이며, 당좌차월 약정금액은 ₩3,000,000이다.

① 1월 2일 : ㈜성실은 작년까지 사용한 사무용책상을 ㈜영성가구에 판매하고, ㈜영성가구가 발행한 당좌수표 ₩3,000,000을 받다.

② 1월 5일 : ㈜성실은 올해 사용할 사무용책상 ₩4,500,000을 ㈜소망가구에서 구입하고, 대금 중 ₩3,000,000은 ㈜영성가구에서 받은 당좌수표로 결제하고 ₩1,500,000은 당좌수표를 발행하여 지급하다.

③ 2월 10일 : ㈜성실은 단기대여금 ₩1,800,000을 현금으로 받아 즉시 상도은행에 당좌예금하다. 또한 이자비용 ₩30,000이 발생하다.

물음 ㈜성실에 대한 거래에 대한 분개를 하시오.

해설

① 1월 2일

(차) 현 금	3,000,000	(대) 비 품	3,000,000

☞ 타인발행 당좌수표는 현금으로 분류한다.

② 1월 5일

(차) 비 품	4,500,000	(대) 현 금	3,000,000
		당 좌 예 금	900,000
		당 좌 차 월	600,000

당좌예금

1/1	900,000	1/5	900,000

당좌차월

		1/5	600,000

☞ 타인발행 당좌수표의 지급은 현금의 감소이며, 당좌수표 ₩1,500,000을 발행하여 지급하면 당좌예금 잔액 ₩900,000이 감소하고 그 부족금액 ₩600,000만큼 당좌차월이 증가한다.

③ 2월 10일

(차) 당 좌 차 월	600,000	(대) 단 기 대 여 금	1,800,000
당 좌 예 금	1,170,000		
이 자 비 용	30,000		

당좌예금

1/1	900,000	1/5	900,000
2/10	1,170,000		

당좌차월

2/10	600,000	1/5	600,000

☞ 현금을 받아 당일에 당좌예금 하였으므로 현금계정은 나타나지 않으며, 당좌예금을 하면 당좌차월 ₩600,000과 이자비용 ₩30,000을 먼저 상계하고 그 잔액 ₩1,170,000을 당좌예금 한다.

1.2 은행계정조정표

기업이 보유하고 있는 장부상의 당좌예금 잔액과 은행의 당좌예금 잔액은 서로 일치하여야 한다. 그러나 특정 시점에서 보면 일치하지 않는 경우가 있다. 예를 들어, 기업은 당좌수표를 발행하는 즉시 자신의 당좌예금 계정에 기록하여 당좌예금 계정의 잔액을 감소시키지만, 은행은 당좌수표 소지인이 당좌수표 금액을 인출한 후에야 은행예금에서 차감한다. 그러므로 기업이 당좌수표를 발행한 시점부터 당좌수표 소지인이 당좌수표 금액을 인출하기 전까지는 기업의 당좌예금 잔액과 은행의 당좌예금 잔액이 서로 일치하지 않게 된다.

은행계정조정표bank reconciliation statement는 기업이 갖고 있는 당좌예금에 관한 기록과 은행이 기록한 당좌예금 잔액의 차이를 규명하기 위해 작성하는 표이다. 기업은 은행에서 당좌예금의 입·출금에 관한 '예금잔액증명서'를 발급받아 기업의 장부와 비교한 후, 잔액이 일치하지 않는 경우에는 그 원인을 조사하여 필요한 내용을 수정해야 한다. 이때 작성하는 표를 은행계정조정표라고 한다. 일반적으로 다음과 같은 사항들이 불일치의 원인이 된다.

① 미통지예금deposit by third parties : 거래처에서 대금결제를 위해 기업의 당좌예금계좌에 직접 예입하였으나, 은행으로부터 이를 통지받지 못한 경우에는 회사 측 잔액을 증가시킨다.

② 이자수익interest income : 다른 계좌의 이자수익이 당좌예금 계좌로 이체되었으나, 은행으로부터 이를 통지받지 못한 경우에는 회사 측 잔액을 증가시킨다.

③ 부도수표not sufficient fund checks : 타인발행 당좌수표를 은행에 예입하고 기록하였으나, 타사의 당좌예금 잔액부족으로 지급이 거절될 경우에는 회사 측 잔액을 감소시킨다.

④ 은행수수료bank service charges : 은행 서비스에 대한 수수료를 은행은 당좌구좌에서 차감하였으나 기업은 아직 기록하지 않은 경우에는 회사 측 잔액을 감소시킨다.

⑤ 이자비용interest expense : 당좌차월에 대한 이자비용이 발생하였으나, 은행으로부터 이를 통지받지 못한 경우에는 회사 측 잔액을 감소시킨다.

⑥ 미기입예금deposit in transit : 기업은 당좌예금으로 기록하였으나, 은행에는 아직 기록되지 않은 경우에는 은행 측 잔액을 증가시킨다.

⑦ 기발행미인출수표outstanding checks : 기업은 당좌수표를 발행하고 당좌예금계정에서 차감하였으나, 당좌수표 수취인이 은행에 아직 지급을 요구하지 않은 경우에는 은행 측 잔액을 감소시킨다.

⑧ 기장오류entry error : 기업과 은행 중 어느 한편에서 오류가 발생한 경우로 오류가 발생한 측에서 조정한다.

회사가 어떤 사실을 몰라서 회계처리를 하지 못하거나 오류를 범한 경우에는 회사 측에서 결산정리분개를 통해 조정하며, 그 이외 경우에는 일단 회사 측의 회계처리는 올바른 것으로 간주하고 은행 측에서 조정한다.

[그림 7-7] 은행계정조정표의 조정과 결산

구 분	회사측	은행측	결산정리분개(회사측)
① 미 통 지 예 금	가산(+)		(차) 당좌예금 ××× (대) 매출채권 ×××
② 이 자 수 익	가산(+)		(차) 당좌예금 ××× (대) 이자수익 ×××
③ 부 도 수 표	차감(−)		(차) 부도수표 ××× (대) 당좌예금 ×××
④ 은 행 수 수 료	차감(−)		(차) 수수료비용 ××× (대) 당좌예금 ×××
⑤ 이 자 비 용	차감(−)		(차) 이자비용 ××× (대) 당좌예금 ×××
⑥ 미 기 입 예 금		가산(+)	
⑦ 기발행미인출수표		차감(−)	

예제 7.11 은행계정조정표

20×1년 12월 31일 현재 ㈜성실의 당좌예금계정 잔액은 ₩2,400,000인데, 희망은행의 예금잔액증명서상의 잔액은 ₩2,100,000이다. 차액 ₩300,000에 대해 조사한 결과 다음과 같이 원인이 밝혀졌다.

① 12월 27일 : 거래처인 ㈜영성이 송금한 매출채권 ₩180,000이 희망은행에는 입금처리 되나, ㈜성실에는 통보되지 않다.

② 12월 28일 : 희망은행에서 수수료비용 ₩30,000을 당좌예금 계좌에서 차감하나, ㈜성실에는 통보되지 않다.

③ 12월 29일 : 당좌차월 이자비용 ₩30,000이 희망은행에서는 당좌예금 계좌에서 차감하나, ㈜성실에는 통보되지 않다.

④ 12월 30일 : ㈜성실은 ㈜소망에서 받은 자기앞수표 ₩510,000을 당일로 당좌예금 하나, 희망은행은 아직 기록하지 않다.

⑤ 12월 31일 : ㈜형제로부터 비품을 구입하면서 발행한 당좌수표 ₩90,000이 희망은행에서 아직 인출되지 않다.

물음 위의 자료를 이용하여 은행계정조정표를 작성하고, ㈜성실의 입장에서 필요한 결산정리분개를 하라.

해설

1. 은행계정조정표

은행계정조정표

㈜성실	20×1년 12월 31일 현재	(단위 : 원)
조정전 회사 잔액		2,400,000
가산조정		
12/27 미통지예금	180,000	180,000
차감조정		
12/28 수수료비용	30,000	
12/29 당좌차월 이자비용	30,000	(60,000)
조정후 회사 잔액		2,520,000
조정전 은행 잔액		2,100,000
가산조정		
12/30 미기입예금	510,000	510,000
차감조정		
12/31 기발행미인출수표	90,000	(90,000)
조정후 은행 잔액		2,520,000

2. 결산정리분개

① 12월 27일

(차) 당 좌 예 금	180,000	(대) 매 출 채 권	180,000

☞ 미통지예금이 발생하여, 당좌예금을 증가시킨다.

② 12월 28일

(차) 수 수 료 비 용	30,000	(대) 당 좌 예 금	30,000

☞ 수수료비용이 발생하여, 당좌예금을 감소시킨다.

③ 12월 29일

(차) 이 자 비 용	30,000	(대) 당 좌 예 금	30,000

☞ 당좌차월 이자비용이 발생하여, 당좌예금을 감소시킨다.

2. 현금과부족과 소액현금제도

2.1 현금과부족

실제 현금잔액은 장부상의 잔액(총계정원장의 현금잔액)과 일치해야 한다. 그러나 장부 기입의 누락, 계산착오, 현금의 도난과 분실 등으로 현금의 실제 잔액이 장부 잔액과 일치하지 않는 경우가 있다. 이 경우에는 불일치의 원인이 밝혀질 때까지 그 차액을 현금과부족 계정에 기입한다. 이것은 현금의 장부 잔액을 실제 보유액과 일치시키기 위한 것으로서, 현금과부족 계정은 현금이 '과'하거나 '부족'한 경우를 통틀어 '임시'로 사용하는 계정이다.

첫째, 현금의 실제 잔액이 장부 잔액보다 적으면, 그 부족액에 대하여 다음과 같이 분개하여 현금의 실제 잔액과 장부 잔액을 일치시킨다.

① 실제 잔액 < 장부 잔액

(차) 현 금 과 부 족	×××	(대) 현 금	×××

둘째, 현금의 실제 잔액이 장부 잔액보다 많으면, 그 초과액에 대하여 다음과 같이 분개하여 현금의 실제 잔액과 장부 잔액을 일치시킨다.

② 실제 잔액 > 장부 잔액

(차) 현 금	×××	(대) 현 금 과 부 족	×××

따라서 현금과부족 계정의 차변 잔액은 현금 부족액을 나타내고, 대변 잔액은 현금초과액을 나타낸다.

현금과부족 금액의 원인이 밝혀지면 원인과 관련된 계정에 즉시 대체해야 한다. 예를 들어, 이자비용(또는 이자수익)의 지급액(또는 수취금액)을 기록하지 않아 현금 부족액(또는 초과액)이 발생한 것으로 판명되면 다음과 같이 분개한다.

(차) 이 자 비 용	×××	(대) 현 금 과 부 족	×××
(차) 현 금 과 부 족	×××	(대) 이 자 수 익	×××

그러나 결산일까지 그 원인이 밝혀지지 않으면 부족액은 잡손실로, 초과액은 잡이익으로 처리하여 다음과 같이 분개한다.

(차) 잡 손 실	×××	(대) 현 금 과 부 족	×××
(차) 현 금 과 부 족	×××	(대) 잡 이 익	×××

기말에 현금과부족 계정을 잡손실이나 잡이익 계정으로 대체하는 이유는 현금과부족 계정은 현금의 실제 잔액과 장부 잔액의 차이를 '임시'로 처리하는 계정이므로 재무제표에 표시되어서는 안 되기 때문이다.

예제 7.12 현금과부족

다음은 ㈜성실의 거래이다.

① 현금의 실제 잔액은 ₩600,000이나, 총계정원장의 현금계정 잔액은 ₩450,000이다. 실제 현금이 장부상 잔액보다 ₩150,000만큼 많은 이유를 현재로서는 알 수 없다.
② 현금초과액 중 ₩90,000은 이자수익의 수취를 기록하지 않은 것으로 판명되다.
③ 결산일까지 나머지 현금초과액의 원인을 알 수 없다.

물음 ㈜성실의 거래를 분개하시오.

해설

① 실제 잔액 > 장부 잔액

(차) 현 금	150,000	(대) 현 금 과 부 족	150,000

② 초과액 ₩90,000의 원인이 밝혀짐

(차) 현 금 과 부 족	90,000	(대) 이 자 수 익	90,000

③ 초과액 ₩60,000의 원인이 결산일까지 밝혀지지 않음

(차) 현 금 과 부 족	60,000	(대) 잡 이 익	60,000

2.2 소액현금제도

소액현금제도system of petty cash는 식사대, 교통비, 소모품비 등의 자주 발생하는 일정범위 내의 소액의 비용을 복잡한 결재나 수표발행 없이 신속하게 지출하기 위해서, 회계부서에서 일정한 현금을 수표로 인출하여 소액의 비용을 현금으로 지급하는 제도이다. 소액현금을 최초로 지급하는 시점에는 소액현금을 증가시키고 당좌예금을 감소시킨다. 이후 소액의 비용이 발생하면 소액현금을 감소시키고 연말에 소액현금을 다시 보충시키는 과정은 생략하고 당좌예금만 감소시킨다. 소

액현금은 현금및현금성자산계정에 포함된다.

① 소액현금 최초 지급 시점

(차) 소 액 현 금	×××	(대) 당 좌 예 금	×××

② 소액현금 사용금액의 보충

(차) 비 용	×××	(대) 당 좌 예 금	×××

3. 내부통제제도

현금 및 수표와 같이 실물이 있는 현금성자산은 이동 및 사용이 간편하다는 장점이 있으나, 동시에 부정과 오류로 인해 분실 또는 도난의 가능성이 높다. 따라서 기업은 이를 방지하기 위해 내부통제제도를 구축한다.

내부통제제도internal control system는 기업의 자산을 보호하고 회계기록의 신뢰성을 높이기 위하여 구축하는 모든 정책과 절차를 일컫는 용어로서, 회계에 대한 제도뿐만이 아니라 일상적인 업무절차 및 업무환경에 대한 사항도 포함하는 개념이다. 현금에 대한 내부통제는 크게 ① 현금의 입출금에 대한 통제와 ② 현금 입출금의 문서화 및 검증절차로 구분할 수 있다.

3.1 현금 입출금에 대한 통제

(1) 권한과 책임의 부여 및 제한

현금 입출금에 대해서는 소수의 지정된 인원에게 현금출납을 담당하도록 권한과 책임을 부여해야 한다. 이 때 상급의 임직원이 권위를 이용하여 임의적인 현금 입출금이 이루어지도록 영향력을 행사해서는 안 된다.

또한 과도한 현금은 소수의 출납담당 직원이 관리하는 데 어려움이 있을 수 있으므로 은행과 같은 금융기관에 예치하도록 하며, 은행으로부터의 입출금에 대해서도 출납담당자에게 권한과 책임을 부여하고 다른 인원에게는 제한을 가해야 한다. 기업들이 많이 사용하는 인터넷 뱅킹의 거래비밀번호 및 공인인증서와 같은 중요한 사항은 현금출납 담당자만이 관리해야 한다.

(2) 업무의 분장

기업의 경영활동 전반에서 이루어지는 현금의 지급과 수취에 대한 업무영역별로 담당자가 지정되어야 한다. 그리고 현금의 흐름과 관련된 담당업무가 충분히 분산되어 있어 현금의 도난과 분실을 방지할 수 있어야 한다.

예를 들어, 채무의 지불을 담당하는 부서에서는 채무를 기록하는 부서의 요청이 있는 경우에만 현금을 지급해야 하며 임의로 타인에게 지급을 하여서는 안 된다. 또한 현금지급대상 은행계좌는 타부서에서 통보해 온 거래처의 은행계좌여야 한다. 또한 현금지급 담당자는 현금출납 기록을 담당해서는 안 된다. 만약 이러한 업무가 동일인에게 중복이 되는 경우에는 종업원이 부정을 저지르기 위해 현금출금의 기록을 남기지 않거나 기록과는 전혀 다른 계좌로 지급함으로써 기업의 입장에서는 재산손실이 발생할 수 있다.

3.2 문서화 및 검증절차

(1) 문서화

모든 현금의 입출금은 즉시 현급출납장과 같은 내부양식을 통하여 문서화되어야 한다. 즉각적인 문서화가 이루어지지 않는 경우에는 빈번한 현금거래시 기재의 오류 및 누락으로 인해 현금이 분실 또는 도난을 당할 가능성이 있다. 또한 현금 입출금의 문서화는 추후에 현금 입출금에 대한 검증절차를 위해서도 필요하다.

(2) 검증절차

현금의 입출금이 즉각적으로 문서화되더라도 불가피하게 현금 입출금 기록에 오류가 발생할 수 있다. 이러한 경우 기업은 스스로의 현금 보유상황을 정확하게 파악하지 못하며, 재무제표의 정보이용자를 오도할 수 있다. 그러므로 기업은 정기적으로 은행계정조정표를 작성함으로써 현금 보유상황을 파악해야 한다.

4. 현금전환주기

본문에서 살펴보았듯이 기업은 적정수준의 현금을 운영자금으로 보유하고 있어야 한다. 기업의 각종 채권과 채무는 결국 현금으로 결제가 이루어지며, 만약 기업이 상환해야 할 채무에 대해 충분한 현금을 확보하지 못하는 경우에는 도산이나 지급불능과 같은 위험에 빠질 수 있다. 뿐만 아니라, 조달한 자본의 금융비용을 지급하거나 매입활동과 같은 일상적인 경영활동을 원활하게 수행하기 위해 필요한 현금을 항상 보유하고 있어야만 한다.

특히 기업이 재화나 서비스를 인도하거나 인수하는 다양한 거래는 현금으로 이루어지는 경우보다 외상으로 이루어지는 경우가 많다. 그러므로 현금이 언제 나가고 언제 들어오는지 그리고 그 기간은 얼마나 소요되는지 파악하는 것은 안정적인 기업운영을 위해 반드시 필요하다. 예를 들어, 카페가 원재료 구입을 위해 대금을 바로 지급하고 동시에 일정 이윤을 가산한 매출이 현금으로 이루어진다면, 동시점에 현금이 감소한 시기는 없다. 하지만 일반적으로 원재료 외상매입 후 일정기간 후에 대금을 지급하고 그 재고자산이 커피라는 제품으로 팔리는데 시간이 소요되며, 외상매출한 대금이 회수되는데에도 일정 시간이 소요된다. 즉, 기업은 현금이 회수되는 기간 동안 다양한 운영에 필요한 현금을 확보하고 있어야 자금 부족 위험에 대비할 수 있다.

이처럼 기업이 원재료를 구입하기 위해 현금을 지급하고, 제품을 생산한 뒤에 판매해서 현금이 회수되기까지 걸리는 시간을 현금전환주기cash conversion cycle라 한다. 쉽게 말해 유출된 현금이 얼마나 빨리 회수되는지 나타내는 지표라 할 수 있다.

[그림 7-8] 현금회수절차

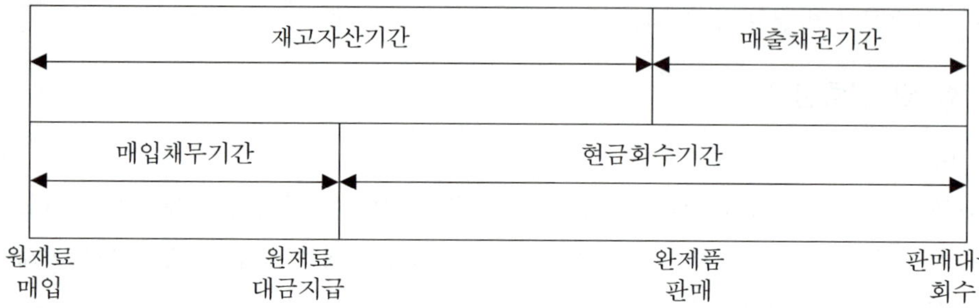

이것을 일수로 전환하면 다음과 같이 표현할 수 있다. 위 그림과 같이 아래 산식을 통해 현금전환주기의 구성과 의미를 살펴보자.

$$\text{현금전환 주기} = \underbrace{\frac{\text{평균재고자산}}{\text{매출원가}} \times 365\text{일}}_{\text{(재고자산 회전기간)}} + \underbrace{\frac{\text{평균매출채권}}{\text{매출}} \times 365\text{일}}_{\text{(매출채권 회전기간)}} - \underbrace{\frac{\text{평균매입채무}}{\text{매출원가}} \times 365\text{일}}_{\text{(매입채무 회전기간)}}$$

재고자산 회전기간은 원재료가 투입된 시점에서 제품이 판매되고 매출이 발생하는 시점을 의미한다. 여기서 매출이 발생함과 동시에 현금이 바로 회수되지는 않는다. 이렇게 외상판매된 경우, 현금이 입금되는 시점까지 기간을 추가해야 하는데 이 기간이 매출채권 회전기간이다. 마찬가지로 원재료를 매입할 때도 현금을 바로 지급하지 않는 것이 일반적이다. 그렇다면 원재료를 구입한 뒤 일정시점 이후에 현금이 지출되므로 이 매입채무 회전기간은 현금전환주기에서 제외하여야 한다. 결국, 현금전환주기 동안 적절한 현금을 운영자금으로 소유하고 있어야 기업이 안정적인 자금운영이 가능하다는 의미이다.

5. 지분법회계

5.1 지분법적용투자주식의 의의

기업이 타기업의 지분상품을 취득하여 보유하는 목적은 다양하다. 단기적 시세차익을 얻을 목적으로 주식을 취득하여 보유하는 경우도 있고, 장기적 투자 목적인 경우도 있다. 장기적 투자목적 중에서도 단순히 피투자기업 주식의 시세차익을 통해 투자수익 획득하는 것보다 적극적인 방법으로 투자수익을 획득하려는 경우도 있다. 이 방법은 피투자기업의 의사결정에 직접 참여하여 피투자기업의 경영성과를 향상시킴으로써 피투자기업의 주식가격을 높이고, 이를 통한 시세차익을 획득하거나, 배당수익, 또는 기타의 방법을 통해 투자수익을 획득하는 방법이다. 피투자기업의 의사결정에 영향을 미칠 수 있는 경우는 다양하지만 일반적으로 의결권있는 주식의 20% 이상을 보유하고 있으면 '유의적인 영향력'을 보유하고 있다고 간주하고, 이 때 피투자기업을 관계기업이라고 한다.

기업이 다른 기업의 지분을 보유하면, 피투자기업에 대한 공동지배력joint control이나 유의적인 영향력significant influence을 근거로 보유 지분을 분류한다. 공동지배력이나 유의적인 영향력이 있으면 지분투자로 분류하고, 그렇지 않다면 지분상품으로 분류한다. 지분투자에 해당되면, 「관계기업과 공동기업에 대한 투자」(K-IFRS 제 1028호)에 따라 회계처리하고, 지분상품으로 분류되면, 「금융상품」(K-IFRS 제1109호)에 따라 회계처리한다.

① 공동지배력 : 계약을 통하여 공유하기로 합의한 조정절차arrangement 의사결정에 대한 능력[11)]
② 유의적인 영향력 : 피투자자의 재무정책과 영업정책에 관한 의사결정decisions에 참여할 수 있는 능력

5.2 지분법의 회계처리

지분을 최초로 취득할 때에는 지분의 매입금액에 취득관련 부대원가를 가산한 금액으로 인식하고, 관계기업이 당기순손익을 보고하면 지분율에 해당하는 금액만큼 투자주식의 장부금액을 증가 또는 감소시키면서 지분법이익(손실)로 인식한다. 한편, 지분법적용투자주식에 대해서는 공정가치로 평가하지 않는다.

또한 투자기업이 관계기업으로부터 배당금을 수령하게 되면 그 금액만큼 투자주식의 장부금액을 감소시킨다.

투자주식을 처분하면 처분시점의 장부금액과 처분대가의 차이를 투자주식처분손익으로 인식한다. 투자주식의 처분으로 인하여 피투자기업에 대한 유의한 영향력을 상실하게 되면 지분법적용을 중단하고 해당 주식을 당기손익-공정가치 측정 금융자산이나 기타포괄손익-공정가치 측정(선택) 금융자산으로 재분류한다.

11) IFRS 28 문단 3에 "Joint control is the contractually agreed sharing of control of an arrangement, which exists only when decisions about the relevant activities require the unanimous consent of the parties sharing control."을 의역하였다.

예제 7.13 지분법적용투자주식

20×1년 1월 1일에 영업을 시작한 ㈜상세는 다음과 같은 ㈜영성의 의결권 있는 주식 30%를 20×1년 11월 30일에 동일한 현금으로 취득하고, 20×2년 2월 1일에 동일한 현금배당을 수취하고, 20×2년 2월 20일에 유가증권을 동일한 금액으로 처분하다. 단, 20×1년 12월 31일에 ㈜영성의 당기순이익은 ₩11,000,000으로 파악되다.

20×1년 11월 30일	20×1년 12월 31일	20×2년 2월 1일	20×2년 2월 20일
취득금액	시장가격	현금배당	처분대가
₩12,000,000	₩14,000,000	₩500,000	₩15,600,000

물음 ① 20×1년 11월 30일 취득시의 분개를 하시오.
② 20×1년 12월 31일 기말 결산정리 분개를 하시오.
③ 20×2년 2월 1일 현금배당 수취시의 분개를 하시오.
④ 20×2년 2월 20일 처분시의 분개를 하시오.

해설

① 취득(20×1년 11월 30일)

(차) 지분법적용투자주식	12,000,000	(대) 현 금	12,000,000

☞ 지분율이 30%이므로 유의한 영향력을 행사할 수 있다고 판단하여 지분법으로 회계처리한다.

② 기말평가 및 마감(20×1년 12월 31일)

(차) 지분법적용투자주식	3,300,000	(대) 지분법이익	3,300,000*

* ₩11,000,000 × 30% = ₩3,300,000

☞ 지분법적용투자주식에 대해서는 공정가치로 평가하지 않고, 관계기업의 당기순손익에 지분율을 적용한 금액만큼 지분법손익으로 인식한다.

③ 현금배당(20×2년 2월 1일)

(차) 현 금	500,000	(대) 지분법적용투자주식	500,000

☞ 지분법에서는 배당금수익을 인식하지 않는다.

④ 처분(20×2년 2월 20일)

(차) 현 금	15,600,000	(대) 지분법적용투자주식	14,800,000
		투자주식처분이익	800,000

친 절 한 재무회계 Accounting

주관식 문제

7.1 지분상품 투자

㈜상세는 ㈜영세가 발행한 주식을 취득하였다. ㈜영세의 주식과 관련된 자료는 아래와 같으며, 주식 취득시 매매수수료 ₩100,000을 부담하다.

20×1년 11월 30일 (취 득)	20×1년 12월 31일 (공정가치)	20×2년 2월 1일 (배당금 수취)	20×2년 12월 31일 (공정가치)	20×3년 2월 1일 (처 분)
₩12,000,000	₩13,000,000	₩500,000	₩12,200,000	₩12,600,000

[물음 1] ㈜상세가 취득한 주식을 당기손익-공정가치 측정 금융자산으로 분류할 때 필요한 회계처리를 제시하시오.

[물음 2] ㈜상세가 취득한 주식을 기타포괄손익-공정가치 측정 금융자산으로 분류하는 것을 선택할 때 필요한 회계처리를 제시하시오.

7.2 지분상품 투자

20×1년 1월 1일에 영업을 시작한 ㈜상세는 다음과 같은 두 주식을 20×1년 11월 30일에 동일한 현금으로 취득하고, 20×2년 2월 1일에 동일한 현금배당을 수취하고, 20×2년 2월 20일에 동일한 금액으로 처분하다. 다음은 취득, 평가, 처분대가를 표시한 표이다. 다음 일자별로 분개하시오. 단, A주식은 당기손익-공정가치로 측정하고, B주식은 기타포괄손익-공정가치로 측정하기로 하였으며, B주식을 처분할 때 처분수수료 ₩200,000이 추가로 발생하다.

구 분	20×1년 11월 30일 (취 득)	20×1년 12월 31일 (평 가)	20×2년 2월 1일 (배 당)	20×2년 12월 31일 (처 분)
주 식 A	₩12,000,000	₩13,000,000	₩400,000	₩12,400,000
주 식 B	12,000,000	13,000,000	600,000	12,400,000

7.3 채무상품 투자

㈜상세는 ㈜영세가 20×1년 1월 1일에 발행한 사채를 취득하였다. 사채발행일의 유효이자율은 8%이며 관련 자료는 다음과 같다.

- 액면금액 : ₩1,000,000
- 액면이자율 : 연 8%, 매년 말 지급조건
- 3년 만기 조건
- 20×1년 12월 31일 공정가치 : ₩900,000
- 20×2년 12월 31일 공정가치 : ₩1,300,000
- 20×3년 3월 31일 처분대가 : ₩1,500,000

[물음 1] ㈜상세가 취득한 사채를 상각후원가 측정 금융자산으로 분류할 때 필요한 회계처리를 제시하시오.

[물음 2] ㈜상세가 취득한 사채를 기타포괄손익-공정가치 측정 금융자산으로 분류하는 것을 선택할 때 필요한 회계처리를 제시하시오.

[물음 3] ㈜상세가 취득한 사채를 당기손익-공정가치 측정 금융자산으로 분류하는 것을 선택할 때 필요한 회계처리를 제시하시오.

7.4 금융상품의 손상

㈜상세는 20×1년 1월 1일 ㈜전공이 발행한 다음의 사채를 동일자에 취득하고 상각후원가 금융자산으로 분류하다. 취득시 신용 손상은 없다.

- 액면금액 : ₩1,000,000
- 액면이자율 : 연 3%를 매년 12월 31일에 후급
- 상환일 : 20×5년 12월 31일 일시상환
- 발행시 유효이자율 : 연 5%

[물음] ㈜상세는 20×1년도 이자를 정상적으로 수취하나, 20×1년 말 상각후원가 금융자산의 신용이 후속적으로 손상된다고 판단하다. 예측 결과 ㈜상세는 20×2년부터 20×4년까지 매년 말 수취할 이자의 현금흐름을 ₩10,000으로 만기에 수취할 원금의 현금흐름을 ₩800,000으로 추정하다. ㈜상세가 20×1년 말 상각후원가 금융자산에 대해 인식해야

할 손실충당금 잔액은 얼마인가? 단, 보유기간 동안 유효이자율의 변동은 없다.
(5%, 5년 – 단일 : 0.7835, 연금 : 4.3294)
(5%, 4년 – 단일 : 0.8227, 연금 : 3.5460)

7.5 금융상품의 손상

회계전문 컨설팅 업체인 ㈜상세서비스의 20×1년 말 받을어음 잔액은 ₩1,800,000이고 받을어음에 대한 손실충당금 잔액은 ₩90,000이며, 20×2년 동안 발생한 거래는 다음과 같다. ㈜상세서비스의 거래를 분개하고 받을어음에 대한 20×2년 부분재무상태표를 작성하시오. 본 회사는 충당금설정법으로 손상차손을 계상하고 있고, 매출채권비율법에 의하여 대손을 추정한다. 단, 20×1년에 대손이 발생하였고, 이외의 거래는 없다고 가정한다.

① 20×2년 8월 2일에 ㈜상세서비스는 거래처인 ㈜풍지에 ₩4,500,000의 회계자문을 제공하고, 그 대가로 ₩3,540,000은 현금으로 회수하고 나머지 잔액은 어음으로 받다.
② 20×2년 9월 5일에 20×1년에 제각처리된 어음 중 ₩60,000이 회수되다.
③ 20×2년 10월 5일에 받을어음 ₩180,000을 회수할 수 없게 되다.
④ 20×2년 12월 31일에 받을어음 잔액의 5%를 대손으로 추정하다.

친 절 한 재무회계 Accounting

객관식 문제

7.1 금융자산 구분

금융자산에 대한 설명으로 옳지 않은 것은?

① 지분상품은 상각후원가로 측정하지 않는다.

② 기타포괄손익-공정가치로 측정하는 금융자산은 지분상품만 가능하다.

③ 당기손익-공정가치 측정 금융자산은 지분증권과 채무증권 모두가 해당될 수 있다.

④ 지분상품을 기타포괄손익-공정가치로 측정하는 경우는 향후에 취소할 수 없다.

7.2 기타포괄손익-공정가치 측정 금융자산

기타포괄손익-공정가치로 측정하는 금융자산의 설명으로 가장 옳은 것은?

① 계약상 현금흐름을 수취하기 위해 보유하는 것이 목적인 사업모형

② 채무증권만 이 항목으로 분류할 수 있다.

③ 금융자산의 공정가치 평가손익을 당기손익으로 인식할 수도 있다.

④ 계약상 현금흐름 수취와 금융자산의 매도 둘 다를 통해 목적을 이루는 사업모형

7.3 금융자산의 회계처리

기타포괄손익-공정가치 측정(선택) 금융자산으로 인하여 수취한 현금배당액에 대한 회계처리로 옳은 것은? (9급 공무원 2011 수정)

① 재무상태표에 기타포괄손익누계액으로 표시한다.

② 금융자산의 장부금액을 감소시킨다.

③ 포괄손익계산서에 기타포괄손익으로 표시한다.

④ 포괄손익계산서에 수익으로 표시한다.

7.4 금융자산의 회계처리

금융자산 및 기업 간 투자에 대한 설명으로 옳은 것은? (9급 공무원 2015 수정)

① 관계기업투자주식을 보유한 기업이 피투자회사로부터 배당금을 받는 경우 관계기업투자주식의 장부가액은 증가한다.

② 타회사가 발행한 채무증권의 취득 금액이 해당 기업의 보통주 가격의 20% 이상이 되는 경우, 해당 기업의 경영에 유의적인 영향력을 미칠 수 있기에 관계기업투자로 분류한다.

③ 금융기관이 가지고 있는 단기매매 목적 금융자산은 기말에 공정가치평가손익을 포괄손익계산서에서 기타포괄손익으로 표시한다.

④ 만기가 고정된 비파생금융자산인 채무증권을 취득한 후 해당 증권을 만기까지 보유할 적극적인 의도와 능력이 있는 경우 상각후원가 측정 금융자산으로 분류한다.

7.5 금융자산의 회계처리

다음의 보기 중 금융상품으로만 묶인 것은? (9급 공무원 2013)

ㄱ. 선급비용	ㄴ. 투자사채	ㄷ. 매출채권
ㄹ. 대여금	ㅁ. 이연법인세자산	

① ㄱ, ㄴ, ㄷ

② ㄱ, ㄹ, ㅁ

③ ㄴ, ㄷ, ㄹ

④ ㄷ, ㄹ, ㅁ

7.6 공정가치 측정 금융자산

다음은 ㈜한국이 보유하고 있는 금융자산에 관한 자료이다. 2011년 말 금융자산평가손익이 포괄손익에 미치는 영향은? 단, 금융자산은 중대한 영향력을 행사할 수 없다. A금융자산은 당기손익-공정가치로 측정하고, B금융자산은 기타포괄손익-공정가치로 측정한다. (9급 공무원 2013 수정)

구 분	2010.5.1. 취득원가	2010.12.31. 공정가치	2011.12.31. 공정가치
A 금융자산	₩2,400,000	₩2,200,000	₩2,800,000
B 금융자산	₩2,000,000	₩3,000,000	₩3,400,000

① ₩400,000

② ₩600,000

③ ₩1,000,000

④ ₩1,800,000

7.7 공정가치 측정 금융자산

㈜한국은 20×3년 10월 7일 상장회사인 ㈜대한의 보통주식을 ₩6,000,000에 취득하고, 취득에 따른 거래비용 ₩60,000을 지급하다. 20×3년 말 ㈜대한의 보통주식 공정가치는 ₩7,000,000이다. ㈜한국은 20×4년 1월 20일 ㈜대한의 보통주식을 ₩6,800,000에 매도하며, 매도와 관련하여 부대비용 ₩100,000을 지급하다. ㈜대한의 보통주식을 당기손익-공정가치 측정 금융자산 혹은 기타포괄손익-공정가치 측정(선택) 금융자산으로 분류한 경우, ㈜한국의 회계처리에 관한 설명으로 옳은 것은? (세무사 2014 수정)

① 어느 금융자산으로 분류하더라도 취득원가는 동일하다.

② 어느 금융자산으로 분류하더라도 20×3년 말 공정가치 변화가 당기손익에 미치는 영향은 동일하다.

③ 당기손익-공정가치 측정 금융자산으로 분류한 경우 20×4년 금융자산처분손실은 ₩400,000이다.

④ 어느 금융자산으로 분류하더라도 20×3년 총포괄이익은 동일하다.

7.8 현금및현금성자산

「한국채택국제회계기준」에서 '현금및현금성자산'으로 분류하지 않는 것은? (9급 공무원 2011)

① 결산일 현재 만기가 3개월 이내인 특정현금과 예금

② 취득당시 만기가 3개월 이내인 상환우선주

③ 취득당시 3개월 이내의 환매조건인 환매채

④ 당좌예금

8

CHAPTER

금융부채와 기타 부채

CONTENTS

Section 1 매입채무와 기타 지급채무

1.1 매입채무

1.2 기타 지급채무

Section 2 사 채

2.1 사채의 의의와 형식

2.2 사채의 발행

2.3 사채의 제거

Section 3 기타 부채

3.1 장기차입금, 장기성매입채무, 장기미지급금

3.2 충당부채

보론

CHAPTER 08 금융부채와 기타 부채

본 장에서는 부채의 의의 및 회계처리과정을 다룬다. 금융부채financial liability는 거래상대방에게 현금 등 금융자산을 인도하기로 한 계약상 의무인 부채이다. 따라서 미래에 재화를 제공해야 하는 의무인 선수금, 서비스를 제공해야 하는 의무인 선수수익은 금융부채가 아니며, 예수금은 현금을 제공해야 하는 의무이긴 하지만 계약으로 발생한 경우가 아니기 때문에 금융부채에 속하지 않는다. 금융부채는 후속적으로 대부분 상각후원가amortized cost로 측정하지만 특정한 금융부채는 별도의 방법에 따라 측정되기도 한다.[1]

특히, 사채는 주식과 함께 기업의 자금조달의 주요 원천으로 거액의 자금을 조달하기 위하여 발행하는 유가증권이며, 일반적으로 만기가 1년 이후에 도래하는 비유동부채이다. 사채의 회계처리 방법은 장기차입금과 장기미지급금 등 장기성부채의 회계처리방법과 기본적으로 동일하며, 상각후원가 측정 금융자산의 회계처리와도 밀접한 관련이 있다.

SECTION 1 매입채무와 기타 지급채무

1.1 매입채무

1) 매입채무의 의의

기업의 거래에서 발생하는 지급의무 중 상품에 관한 지급의무는 매입채무trade payable로 인식하는데, 매입채무는 통칭적인 용어이며, 구체적인 지급의무의 기록을 위해서는 상황에 따라 외상매입금accounts payable과 지급어음notes payable계정을 사용한다.[2] 외상매입금은 상호간에 신뢰가 쌓여있는 관계에서 아주 짧은 기간 내에 상환을 구두로 약속하는 지급의무를 표시하기 위해 사용한다. 이에 비해, 지급어음은 외상매입금의 상환기간을 연장하거나 새로운 거래처와의 거래에서 현금지급에 대한 확신을 주기 위하여 어음을 지급하는 경우를

---

1) 상각후원가로 측정하지 않는 금융부채로는 금융보증계약이나 당기손익-공정가치로 측정하는 금융부채 등이 있다.

2) 상품 외의 자산을 취득하기 위해서 채무를 부담하기도 하는데 이런 경우에는 매입채무라고 하지 않는다. 즉, 회계에서는 관습적으로 상품의 취득에 대해서만 '매입'이라는 표현을 사용하며, 상품 외의 자산의 취득에는 '취득'이라는 표현을 사용하는 경향이 있다.

기록하는데 사용한다. 즉, 외상매입금과 지급어음은 질적 차이가 존재하므로 구분하여 회계처리 하는 것이 바람직하다. 하지만 재무상태표를 작성할 때에는 매입채무로 통합하여 표시한다.

2) 매입할인, 매입에누리와 환출

상품의 취득원가 측정에서 설명하였듯이, 상품의 취득 후 매입할인, 매입에누리, 매입환출이 발생하면 매입거래의 취소로 보아 상품의 최초 취득원가에서 차감한다. 따라서 외상으로 상품을 매입한 후 매입할인 등이 발생하는 경우에는 상품(매입) 금액과 함께 매입채무도 감소시키는 회계기록을 한다. 따라서 당기 상품매입금액은 총매입액에서 매입할인액, 매입에누리액, 매입환출액을 차감한 순매입을 의미한다.

매입액(매입채무 순증가액) = 총매입액 − 매입할인액 − 매입에누리액 − 매입환출액

3) 기중 회계처리

상품의 외상구매와 관련된 분개는 다음과 같다.

① 상품 등을 외상으로 매입한 경우

(차) 상 품(또는 매입)	×××*	(대) 매 입 채 무	×××

* 매입시 발생한 매입운임, 각종 세금 등 취득과 직접관련이 있는 추가적 원가는 상품(또는 매입)금액에 포함됨

② 매입할인, 매입에누리, 매입환출이 발생한 경우

(차) 매 입 채 무	×××	(대) 상 품(또는 매입)	×××

③ 매입채무를 현금으로 상환한 경우

(차) 매 입 채 무	×××	(대) 현 금	×××

예제 8.1 매입채무

다음은 상품매매기업인 ㈜성실과 ㈜영성의 20×1년 기중 거래 내역이다.

① 4월 1일 : ㈜성실은 ㈜영성으로부터 ₩2,000,000의 상품을 외상으로 구입하고, 매입운임 ₩200,000은 현금으로 운송회사에 지급하다. 단, ㈜성실과 ㈜영성은 실지재고조사법으로 상품에 대한 회계처리를 한다.

② 6월 1일 : ㈜성실은 ㈜영성으로부터 구입한 상품 중 ₩400,000의 불량품을 반품하다.

③ 9월 1일 : ㈜성실은 ㈜영성에 대한 외상매입금 전액을 현금으로 지급하다.

물음 ㈜성실과의 거래를 분개하시오.

해설

① 4월 1일

㈜성실 :	(차)	매입	2,200,000	(대)	매입채무	2,000,000
					현금	200,000

② 6월 1일

㈜성실 :	(차)	매입채무	400,000	(대)	매입환출	400,000
	(차)	매입환출	400,000	(대)	매입	400,000

☞ 매입환출이 발생하면 매입과 매입채무를 동시에 감소시킨다.

③ 9월 1일

㈜성실 :	(차)	매입채무	1,600,000	(대)	현금	1,600,000

☞ 매입채무 ₩2,000,000 중에서 ₩400,000이 반품되어 잔액은 ₩1,600,000이다.

1.2 기타 지급채무

1) 미지급금과 미지급비용

상품이나 제품의 판매거래 또는 그 밖의 정상적인 영업활동과 관련된 거래(즉, 일반적 상거래) 이외의 거래에서 발생하는 채무를 미지급금이라고 한다. 매입채무와 달리 미지급금은 어음의 발행여부와 관계없이 항상 미지급금 계정에 기록한다. 예를 들어, 비품이나 기계장치, 건물 등을 외상으로 거래하는 경우에 발생하는 채무는 미지급금계정의 대변에 기입한다. 미지급금을 상환한 때에는 차변에 기입한다. 따라서 미지급금계정의 대변 잔액은 미지급금의 미상환액을 나타낸다.

미지급비용accrued expense은 회계기간 중에 서비스를 제공받았지만 결산일 현재 제공받은 서비스에 대한 현금지급을 하지 않은 경우를 기록하는 채무계정이다. 미수수익과 달리 미지급비용은 일반적 상거래 여부를 구분하지 않고, 서비스를 외상으로 제공받은 경우에는 모두 미지급비용으로 기록한다. 미지급비용은 통칭적인 용어일 뿐이므로 실제 회계처리에서는 서비스의 내용에 따라 구체적인 계정과목을 사용해야 한다.

2) 차입금

차입금borrowings은 기업이 현금을 빌려 올 때에 발생하는 채무이다. 현금의 차입기간이 1년 이내인 것을 단기차입금short−term borrowings이라 하고, 1년을 초과하는 것을 장기차입금long−term borrowings이라 한다.

예제 8.2 미지급금과 차입금

㈜상세와 ㈜영성은 아이스크림 도매업을 영위하는 기업으로, 다음은 20×1년 기중에 발생한 거래이다.

① 3월 1일 : ㈜상세는 창고로 사용 중이던 토지(장부금액 ₩2,700,000)를 ₩3,000,000에 ㈜영성에 외상으로 매각하고, 그 대가 중 ₩1,800,000은 현금으로, ₩1,200,000은 ㈜영성이 발행한 약속어음으로 받다.

② 8월 1일 : ㈜상세는 현금 ₩600,000을 ㈜영성에게 6개월간 대여하다.

물음 ㈜영성의 거래를 분개하시오.

해설

① 3월 1일

(차) 토 지	3,000,000	(대) 현 금	1,800,000
		미 지 급 금	1,200,000

☞ 일반적인 상거래가 아니므로 어음수취 여부와 상관없이 미지급금으로 회계처리 한다.

② 8월 1일

(차) 현 금	600,000	(대) 단 기 차 입 금	600,000

☞ 현금을 단기간 차입하면 단기차입금이 발생한다.

3) 선수금과 선수수익

전술한 매입채무, 미지급금, 차입금은 모두 추후에 현금을 지급할 의무임에 비해 선수금은 추후에 현금이 아니라 재화를 인도할 의무인 채무이다. 즉, 이들 채무는 외상거래로 인해 발생한 경우는 아니므로 구분하여 회계처리 해야 한다.

선수금advance receipt은 대금의 일부를 미리 수취하는 경우에 발생하는 채무이다. 따라서 상품이나 기계 등을 인도하기 전에 대금의 일부를 미리 받은 경우에 선수금계정의 대변에 기입하고, 추후에 상품 등을 인수하면 차변에 기입하고, 매출이나 처분이익에 가산한다. 예를 들어, 백화점이 고객에게 발행하는 상품권에 대해서 백화점은 선수금으로 회계처리하고, 고객은 선급금으로 회계처리 해야 한다.

만약 기업이 제공해야할 의무가 재화가 아닌 서비스라면 선수수익unearned revenue 계정과목을 사용한다. 추후에 제공할 대상이 재화인지 서비스인지에 따라 다른 계정과목을 사용함으로써 정보이용자에게 의무의 속성에 대한 정보를 제공하고자 하는 것이다. 선수수익은 회계기간 중에 현금을 미리 수령하였으나 회계기간 중에 미리 받은 현금에 해당하는 서비스를 모두 제공하지 못하여 추후에 서비스를 제공해야 하는 의무를 기록하기 위해 사용하는 계정과목이다. 회계기간 중에 서비스를 제공한 부분에 대해서는 의무를 이행했으므로 채무인 선수수익을 감소시키고 수익으로 인식한다.

예제 8.3 선급금과 선수금, 선급비용과 선수수익, 미수수익과 미지급이자의 종합

상품매매기업인 ㈜상세와 ㈜영성, 그리고 광고회사인 ㈜소망은 20×1년 중에 아래와 같은 거래를 하다.

① 3월 1일 : ㈜상세는 ㈜영성에 창고부지로 사용하던 토지(장부금액 ₩2,850,000)를 ₩3,000,000에 매각하기로 계약하고, 계약금으로 현금 ₩300,000을 받다.

② 4월 30일 : ㈜상세는 ㈜영성에 토지를 이전하면서 잔금 ₩2,700,000을 현금으로 받다.

③ 7월 1일 : ㈜상세는 광고회사인 ㈜소망과 1년 광고계약을 맺고 ₩900,000을 지급하다.

④ 10월 1일 : ㈜상세는 현금 ₩600,000을 연이자율 5% 조건으로 ㈜영성에 1년 간 대여하고 원금과 이자는 만기에 함께 받기로 계약하다.

물음 1 ㈜상세와 ㈜영성, ㈜소망의 기중거래를 분개하시오.

해설 1

1. ㈜상세의 회계처리

① 3월 1일

(차) 현 금	300,000	(대) 선 수 금	300,000

☞ 일반적인 상거래여부와 관계없이 재화거래와 관련하여 미리 수령한 금액은 선수금이다.

② 4월 30일

(차) 현 금	2,700,000	(대) 토 지	2,850,000
선 수 금	300,000	토지처분이익	150,000

☞ 계약했던 거래와 이행되면 선수금을 제거하고, 처분손익에 반영한다.

③ 7월 1일

(차) 선 급 광 고 비	900,000	(대) 현 금	900,000

☞ 서비스 대가를 미리 지급하면 선급비용이다.

④ 10월 1일

(차) 단 기 대 여 금	600,000	(대) 현 금	600,000

☞ 현금을 단기간 대여하면 단기대여금이 발생한다.

2. ㈜영성의 회계처리

① 3월 1일

(차) 선 급 금	300,000	(대) 현 금	300,000

☞ 일반적인 상거래여부와 관계없이 재화거래와 관련하여 미리 지급한 금액은 선급금이다.

② 4월 30일

(차) 토 지	3,000,000	(대) 현 금	2,700,000
		선 급 금	300,000

☞ 계약했던 거래와 이행되면 선급금을 제거하고, 취득원가에 반영한다.

③ 10월 1일

(차) 현 금	600,000	(대) 단 기 차 입 금	600,000

☞ 현금을 단기간 차입하면 단기차입금이 발생한다.

3. ㈜소망의 회계처리

① 7월 1일

(차) 현 금	900,000	(대) 선수광고수익	900,000

☞ 서비스 대가를 미리 수령하면 선수수익이다.

물음 2 ㈜상세와 ㈜영성, ㈜소망의 기말 결산정리 분개를 하시오.

해설 2

1. ㈜상세의 결산 정리분개

① 선급비용에 대한 결산정리

(차) 광 고 비	450,000	(대) 선급광고비	450,000

☞ 1년 광고계약 중 6개월이 경과되었으므로 선급비용을 비용으로 전환한다.

② 이자수익에 대한 결산정리

(차) 미 수 이 자	7,500	(대) 이 자 수 익	7,500

☞ 3개월 동안의 이자수익을 인식한다. ₩600,000 × 5% × (3÷12) = ₩7,500

2. ㈜영세의 결산 정리분개

이자비용에 대한 결산정리

(차) 이 자 비 용	7,500	(대) 미 지 급 이 자	7,500

☞ 3개월 동안의 이자비용을 인식한다. ₩600,000 × 5% × (3÷12) = ₩7,500

3. ㈜소망의 회계처리

선수수익에 대한 결산정리

(차) 선수광고수익	450,000	(대) 매 출	450,000

☞ 1년 광고계약 중 6개월이 경과되었으므로 선수수익을 수익으로 전환한다.

[그림 8-1] 채권과 채무의 분류

구 분		부 채	자 산	사 례
상품 등 외상거래의 계약		선수금	선급금	계약금
상품 등 외상거래	신용거래	외상매입금	외상매출금	상품, 제품, 서비스
	어음거래	지급어음	받을어음	
	통합계정	매입채무	매출채권	재무상태표 표시
상품 이외 외상거래		미지급금	미수금	기계장치, 건물, 비품, 소모품
현금의 대차거래		차입금	대여금	현 금
결산정리	수익·비용의 선결제	선수수익	선급비용	이자, 보험료 등
	수익·비용의 후결제	미지급비용	미수수익	

SECTION 2 사 채

2.1 사채의 의의와 형식

1) 사채의 의의

기업이 자금을 조달하는 방법에는 크게 두 가지가 있다. 주주로부터 조달하는 방법과 타인으로부터 조달하는 방법이다. 따라서 주주로부터 조달한 자금을 자기자본이라 하고, 타인으로부터 조달한 자금을 타인자본이라 한다. 그런데 타인자본을 조달하는 방법에도 크게 두 가지가 있다. 특정인(특정기관)으로부터 대출을 받는 방법과 다수의 일반대중들로부터 투자를 받는 방법이다. 일반적으로 은행 등 금융기관으로부터 대출을 받는 경우는 상대적으로 소액의 자금이 단기간 동안 필요할 때 발생한다. 다수의 일반대중들로부터 투자를 받는 경우는 상대적으로 대규모 투자에 필요한 거액의 자금이 장기적으로 필요한 경우에 이루어진다. 따라서 일반대중들에게 투자를 받는 경우는 은행에게 대출을 받는 경우와 달리, 주식발행을 통한 자금조달처럼 금융시장에서 거래 가능한 유가증권을 발행하여야 한다.

사채社債, corporation bond는 주식회사가 장기적으로 거액의 자금을 조달하기 위하여 발행하는 유가증권이다. 사채는 정해진 날짜에 약정된 이자와 원금을 지급하기로 약속한 채무증서이므로 부채로서의 성격은 장기차입금과 동일하다. 하지만 차입금은 특정인이나 특정 금융기관으로부터 직접 자금을 차입하는 경우임에 비해, 사채는 일반대중으로부터 거액의 자금을 조달하기 위해 발행된다는 차이가 있다. 즉, 사채의 장점은 기업이 차입하기를 원하는 자금이 거액이더라도 이를 많은 수의 작은 금액 단위(예를 들어, 한 구좌당 10,000원 이상의 동일 금액)들로 쪼개어 사채권을 발행할 수 있어서 그만큼 쉽게 거액의 자금을 조달할 수 있다는 점이다. 따라서 소액투자자들을 대상으로 기업이 원하는 거액의 자금을 조달할 수 있다. 한편 사채에 투자하는 사채권자들 역시 언제든지 원하기만 하면 보유 중인 사채를 증권시장에서 자유롭게 매각하여 현금화할 수 있다는 장점이 있다.

본 장에서 말하는 사채社債란 주식회사가 자금을 차입하는 정상적으로 방법으로 발행한 유가증권이므로, 비금융기관인 고리대금업자에서 돈을 빌리는 사채와 구분하기 위하여 회사채會社債라고도 한다.

한편, 사채는 금융상품이므로 발행하는 입장과 취득하는 입장이 동시에 존재한다. 채무상품인 사채를 발행하는 입장에서는 장기부채로 분류하여 회계처리하지만 취득하는 입장에서는 기타포괄손익-공정가치 측정 금융자산이나 상각후원가 측정 금융자산과 같은 금융자산으로 분류하여 회계처리한다. 특히 사채를 취득한 목적이 만기일까지 보유하면서 이자와 원금을 수취할 목적인 경우(상각후원가 측정 금융자산)에는 사채 발행자의 입장과 반대의 경우이므로 회계처리를 하는 경우에도 사채 회계처리 논리를 반대로 적용하여 회계처리를 한다.

2) 사채의 형식

사채는 일반대중에게 발행하는 유가증권이므로 사채가 금융시장에서 거래될 수 있도록 하기 위해 사채권면에 다음과 같은 사채의 발행조건들을 표시한다.

① 발행일issue date과 상환일maturity date

발행일은 발행회사가 사채를 발행한 일자이며, 상환일은 사채의 원금(액면금액)을 상환하기로 약속한 일자이다. 상환일을 표시함으로써 사채의 만기를 파악할 수 있다.

② 액면금액face value

액면금액은 만기에 사채발행회사가 상환할 원금으로 말 그대로 사채권면에 기재되어 있는 금액이다. 주의할 점은 사채의 액면금액과 발행금액은 다를 수도 있다는 것이다. 즉, 액면금액보다 적은 금액 또는 큰 금액을 조달할 수도 있다.

③ 액면이자율stated interest rate과 이자지급일

사채권면에 적혀 있는 이자율을 액면이자율이라 하며, 표시이자율 또는 약정이자율이라고도 한다. 이자지급일은 연 1회 또는 2회, 4회 등으로 표시되어 있는데, 사채발행회사는 사채권 이면에 표시된 이자지급일에 사채의 액면금액에 액면이자율을 곱한 금액을 투자자

들에게 현금으로 지급한다.

표시이자(현금이자) = 사채의 액면금액 × 액면이자율

주의할 점은 액면이자율과 실제 기업이 부담하는 이자율은 다를 수 있다는 점이다. 왜냐하면 액면이자율은 사채 발행 당시의 일반대중들이 요구하는 이자율에 따라 결정하는 것이 아니라 기업이 자신의 미래 현금사정을 고려하여 임의로 결정하기 때문이다. 예를 들어, 기업의 미래 현금사정이 양호하지 못할 것이라고 예상한다면, 발행기간 동안의 현금이자 지출을 최소화하기 위해 낮은 액면이자율을 기재할 것이다.

2.2 사채의 발행

1) 발행금액 결정

사채를 발행하여 조달하는 금액을 사채의 발행금액이라고 한다. 앞서 액면금액과 발행금액이 다를 수 있다고 언급하였는데, 이유는 액면이자율이 기업이 임의로 정한 이자율이기 때문이다. 자금을 차입하기 위해서는 자금 대여자와 이자(율)에 대해 합의가 이루어져야만 하는데 액면이자율은 차입자인 기업이 일방적으로 정한 이자율이므로 실제 자금을 대여해주는 일반대중이 요구하는 이자율과는 다를 수 있다. 액면이자율과 대비하여 자본시장에서 일반대중이 요구하는 이자율을 시장이자율이라고 한다.

① 시장이자율market interest rate

시장이자율은 사채를 구입하여 자금을 대여해주는 투자자들의 요구수익률이다. 투자자들은 사채를 구입하는 대신 자본시장에 존재하는 다른 금융상품을 구입할 수도 있다. 따라서 사채를 구입하려 할 때 최소한 다른 금융상품에 투자한다면 얻을 수 있는 수익률만큼은 보장해 주기를 요구할 것이다.[3] 즉 시장이자율은 일종의 기회비용opportunity costs의 개념이라고 할 수 있다. 결과적으로, 회사가 사채를 발행했다는 것은 투자자들이 요구하는 시장이자율을 보장해주기로 합의했다는 것이다.

주의할 점은 투자자들에게 시장이자율을 보장해준다고 해서 사채발행을 통해 조달할 수 있는 금액(발행금액)이 모두 결정되는 것은 아니라는 점이다. 왜냐하면, 사채를 발행하기 위해서는 사채발행수수료와 광고비, 사채권의 인쇄비용 등 여러 가지 부대원가가 발생할

---

3) 시장이자율이라는 용어 때문에 시장이자율은 시장에 하나 밖에 없는 이자율이라고 오해하면 안 된다. 시장이자율은 사채를 발행하려는 기업이 어떤 기업인가에 따라 기업별로 달리 결정되며, 같은 기업이라도 기업의 상황에 따라 시장이자율은 달라진다. 예를 들어, 자금사정이 어려운 기업에 대해서는 투자위험이 높다고 판단하기 때문에 자금사정이 넉넉한 기업보다 높은 시장이자율이 결정된다.

수 있기 때문이다. 이를 사채발행비라고 하는데 사채발행비가 있으면 그만큼 사채발행으로 조달할 수 있는 금액은 감소할 것이다. 따라서 기업의 입장에서는 시장이자율을 부담하면서 기대했던 조달금액보다 적은 금액(발행금액)을 조달하면서, 이자는 투자자들과 합의한 시장이자율에 근거한 이자금액을 지급해야만 하므로 실질적인 이자율(= 시장이자 ÷ 조달금액)은 높아지게 된다. 이처럼 기업이 실제로 부담하는 이자율을 시장이자율과 구분하기 위해 유효이자율이라고 한다.

② 유효이자율effective interest rate

유효이자율은 기업이 사채 발행으로 얻는 실제 현금(발행금액)과 사채와 관련된 미래현금지급액(액면이자 + 만기원금)의 현재가치를 동일하게 해주는 이자율을 말한다. 따라서 유효이자율이 사채발행과 관련된 실질이자율이라고 할 수 있다. 회계는 명목적인 것보다 실질을 우선하므로 사채에 대한 회계에서 적용하는 이자율은 액면이자율이나 시장이자율이 아닌 유효이자율이다.

만약 사채를 발행할 때 사채발행비가 없다면 시장이자율과 유효이자율은 동일하지만 사채발행비가 있으면 시장이자율과 유효이자율이 달라진다. 따라서 유효이자율은 사채발행비를 고려한 시장이자율이라고도 볼 수 있다.

[그림 8-2] 사채 발행금액의 계산구조

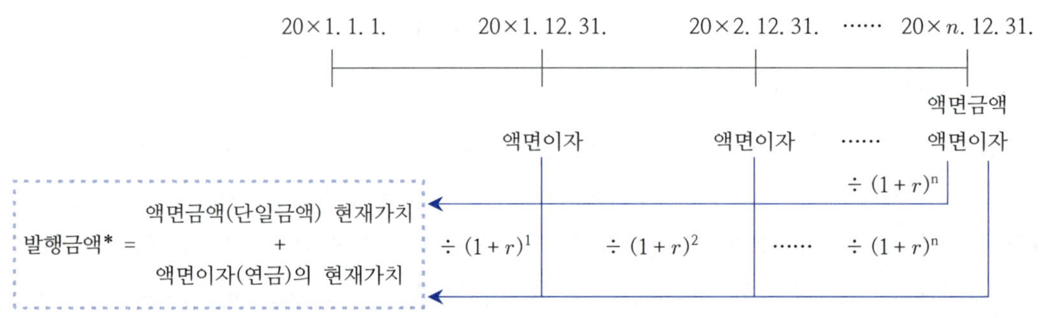

* 사채발행비가 차감된 실제 조달금액, r = 유효이자율

2) 사채발행의 유형

앞서 기업은 자신의 자금사정을 고려하여 액면이자율을 임의로 정하지만, 사채발행을 위해서는 결국 시장이자율로 이자를 지급해야만 하므로 액면이자율과 시장이자율은 다를 수 있다고 설명하였다. 여기서 액면이자율과 시장이자율이 다르다는 의미에 대해 살펴보자.

(1) 할인발행

만약 시장이자율은 연 15%인데 액면이자율이 연 12%라면 어떤 일이 벌어질까? 투자자들은 당연히 사채를 구입하지 않으려고 할 것이다. 따라서 액면이자율을 시장이자율보다 낮게 설정한 기업은 사채발행을 포기하거나, 사채발행을 위해서 시장이자율에 근거하여 이자를 지급해야만 한다. 여기에서 시장이자율에 근거하여 이자를 지급하는 방법에는 두 가지가 있음에 유의하자. 첫 번째 방법은 액면이자율을 시장이자율에 맞추어 연 15%로 올리는 것이다. 하지만 이 방법은 생각보다 쉽지 않은 방법이다. 왜냐하면, 우선 사채발행을 고려하는 시점에서 시장이자율을 파악하는 것이 어렵고, 시장이자율이 발행과정에서 변경될 수도 있기 때문이다. 그리고 무엇보다 기업의 자금사정이 시장이자율에 따른 액면이자를 지급하기에는 어려운 경우가 많기 때문이다. 따라서 다른 방법이 필요한데, 바로 사채의 발행금액을 액면금액보다 낮추는 방법이다. 이 방법은 투자자들에게 액면금액보다 적은 금액을 빌리지만 만기에는 액면금액을 상환하기로 약속함으로써 액면이자율이 시장이자율보다 낮기 때문에 발생하는 손해를 만기에 한꺼번에 보상해주는 방법이다. 두 방법 모두 시장이자율을 보장해주는 방법이지만 두 번째 방법이 실무적으로 실행가능하기 때문에 두 번째 방법을 주로 사용하고 있다.

이처럼 액면이자율이 시장이자율보다 낮은 경우에 액면금액보다 낮은 금액만을 받고 사채를 발행하는 것을 사채의 할인발행이라 한다. 결과적으로 할인발행을 통해 발행회사는 채권자들이 시장이자율과 동등한 수준의 이자수익을 얻을 수 있게 해줌으로써 사채발행을 통한 자금조달을 성공적으로 달성하게 된다.

(2) 할증발행

반대로 액면이자율이 연 12%인데 시장이자율은 연 10%라면, 투자자들은 당연히 사채를 구입하려고 할 것이다. 이때에 사채발행회사는 굳이 액면금액으로 발행하지 않고, 액면금액 이상으로 발행하고자 할 것이다. 왜냐하면 액면이자율이 시장이자율보다 크므로 액면금액보다 더 비싼 대가를 지불하면서도 사채를 구입하고자 하는 투자자들이 있기 때문이다. 이때에는 액면금액이 ₩500,000인 사채를 ₩550,000에 발행하고 만기에는 ₩500,000을 상환해도 사채를 구입하고자 하는 투자자들이 있는 것이다. 이처럼 액면이자율이 시장이자율보다 높은 경우에 액면금액보다 높은 금액을 받고 사채를 발행하는 것을 사채의 할증발행이라 한다. 결과적으로 할증발행을 통해 발행회사는 채권자들에게 시장이자율과 동등한 수준의 이자수익만을 보장해 주고 사채발행을 통한 자금조달을 성공적으로 달성하게 된다.

(3) 액면발행

한편 액면이자율과 시장이자율이 같은 경우에는 사채를 액면금액으로 발행할 수 있게 되는데, 이를 사채의 액면발행이라고 한다.

주의할 점은 사채발행비가 있는 경우에는 시장이자율과 액면이자율이 동일하더라도 액면금액만큼을 조달할 수 없다는 것이다. 왜냐하면 액면금액만큼 조달한 자금에서 사채발행비를 지급하고 남은 금액만 결과적으로 사채 발행을 통해 기업이 조달한 금액이 되기 때문이다. 즉, 사채의 할인발행, 할증발행, 액면발행의 구분은 시장이자율과 액면이자율을 비교하여 결정하는 것이 아니라 발행금액과 액면금액을 비교하여 결정하는 것이다. 따라서 이자율을 비교하여 사채의 발행형태를 구분하고자 한다면 유효이자율과 액면이자율을 비교하여 결정하는 것이 타당하다. 시장이자율은 사채발행비를 반영하지 못하지만, 유효이자율은 사채발행비가 발생하는 경우와 발생하지 않는 경우를 모두 반영하는 실질이자율이기 때문이다. 액면이자율 및 유효이자율 크기와 사채발행 사이의 관계를 요약하면 다음과 같다.

[그림 8-3] 사채발행의 유형

발행 유형	사채발행시의 상황		발행가 선택	발행금액
할인발행	액면이자율 < 유효이자율	→	발행가 할인	발행금액 < 액면금액
할증발행	액면이자율 > 유효이자율	→	발행가 할증	발행금액 > 액면금액
액면발행	액면이자율 = 유효이자율	→	발행가 액면	발행금액 = 액면금액

3) 사채발행시 회계처리

(1) 할인발행

사채를 할인발행하면 현금계정 차변에 발행금액(현금수취액)을 기록하고, 사채계정 대변에는 액면금액을 기록한다. 사채발행으로 조달된 현금은 액면금액이 아니라 발행금액이므로 사채발행일에 있어서의 실질적인 부채는 액면금액이 아니라 발행금액이다. 따라서 액면금액과 발행금액의 차액을 '사채할인발행차금'이라는 계정을 사용하여 차변에 기록한다. 사채할인발행차금은 선급이자의 성격으로, 만기일까지 유효이자율법으로 상각하여 이자비용으로 인식한다. 예를 들어, 액면금액이 ₩500,000의 사채를 현금 ₩450,000에 발행한 경우에는 다음과 같이 분개한다.

(차)	현금[*1]	450,000	(대)	사채[*2]	500,000
	사채할인발행차금	50,000			

*1. 발행금액
*2. 액면금액

재무상태표에 사채를 공시할 때에는 사채의 액면금액과 실질적인 부채금액을 모두 표시하기 위하여 사채할인발행차금계정은 사채에서 차감하는 형식으로 기재한다.

재무상태표

회사명	20×1. 12. 31.			(단위 : 원)
		사채	500,000	
		사채할인발행차금	(50,000)	450,000

한편, 사채발행으로 조달된 현금은 액면금액이 아니라 발행금액이므로, 사채계정 대변에 액면금액 대신 사채발행으로 조달된 현금만큼(발행금액)만 부채로 인식하는 방법도 가능하다. 하지만 위 재무상태표에서 확인할 수 있듯이 사채와 사채할인발행차금을 사용하여 기록하면 재무상태표에 만기에 상환해야할 금액(액면금액)과 재무보고일 현재의 실질적 부채금액(= 사채 − 사채할인발행차금)을 모두 표시할 수 있기 때문에 사채를 액면금액으로 기록하는 방법을 주로 사용하고 있다.

(2) 할증발행

사채를 할증발행하면 현금계정 차변에 발행금액(현금수취액)을 기록하고, 사채계정 대변에는 액면금액을 기록한다. 사채발행으로 조달된 현금은 액면금액이 아니라 발행금액이므로 사채발행일에 있어서의 실질적인 부채는 액면금액이 아니라 발행금액이다. 따라서 액면금액과 발행금액의 차액을 '사채할증발행차금'이라는 계정을 사용하여 대변에 기록한다. 사채할인발행차금은 선수이자의 성격으로 만기일까지 유효이자율법으로 상각하여 이자비용으로 인식한다. 예를 들어, 액면금액이 ₩500,000의 사채를 현금 ₩550,000에 할증발행한 경우의 분개는 다음과 같다.

(차)	현금[*1]	550,000	(대)	사채[*2]	500,000
				사채할증발행차금	50,000

*1. 발행금액
*2. 액면금액

사채할인발행차금과 마찬가지로 사채발행일에 있어서의 실질적인 부채는 액면금액

₩500,000(사채계정)이 아니라 발행금액 ₩550,000(현금계정)이므로 재무상태표에 표시할 때에는 실질적 부채금액을 표시하기 위하여 사채할증발행차금계정을 사채에 가산하는 형식으로 기재한다.

재무상태표

회사명	20×1. 12. 31.			(단위 : 원)
		사 채	500,000	
		사채할증발행차금	50,000	550,000

(3) 액면발행

사채의 액면발행이란 액면금액으로 사채를 발행하는 것을 말한다. 따라서 실질적인 부채는 액면금액이 되며 만기일에도 액면금액으로 상환한다. 이때에는 사채할인발행차금이나 사채할증발행차금이 발생하지 않으므로 사채발행시 다음과 같이 분개한다.

(차) 현 금	500,000	(대) 사 채	500,000

사채할인발행차금이나 사채할증발행차금이 존재하지 않으므로 재무상태표에도 사채 액면금액으로 기재한다.

재무상태표

회사명	20×1. 12. 31.			(단위 : 원)
		사 채	500,000	

(4) 사채발행비가 있는 경우 회계처리

사채발행비는 사채발행수수료와 광고비, 사채권의 인쇄비용 등을 의미한다. 주의할 점은 사채발행비를 별도의 비용으로 인식하는 것이 아니라 사채의 발행금액에서 차감한다는 것이다. 따라서 사채발행비가 존재하는 경우에는 발행금액이 감소하고, 그만큼 사채발행차금(할인 또는 할증)이 증감하게 된다.

① 할인발행시의 분개

예를 들어, 액면금액이 ₩500,000의 사채를 현금 ₩450,000에 발행하면서 사채발행비 ₩10,000을 현금으로 지출하였을 경우에는 다음과 같이 분개한다.

(차) 현 금	440,000	(대) 사 채	500,000
사채할인발행차금	60,000		

이 분개를 좀 더 상세하게 나누어서 보면 왜 이와 같은 분개가 되는지를 이해할 수 있을 것이다.

첫째, 사채발행비를 고려하지 않고 사채발행 분개를 하면 다음과 같다.

(차)	현　　　　금	450,000	(대)	사　　　　채	500,000
	사채할인발행차금	50,000			

둘째, 현금으로 지출한 사채발행비에 대한 분개를 하면 다음과 같다.

(차)	사채할인발행차금*	10,000	(대)	현　　　　금	10,000

* 사채발행비를 비용으로 인식하지 않고, 사채할인발행차금(사채의 평가계정)으로 처리한다.

첫째와 둘째 분개를 합치면 ①과 같은 분개가 되는 것을 알 수 있다. 즉, 할인발행에서 사채발행비가 발생하면 사채발행으로 수취하는 현금 ₩10,000이 감소하고, 이로 인해 사채할인발행차금이 ₩10,000만큼 증가한다.

② 할증발행시의 분개

그렇다면 할증발행에서 사채발행비가 발생하면 어떻게 분개할까?

예를 들어, 액면금액이 ₩500,000의 사채를 현금 ₩550,000에 발행하면서 사채발행비 ₩10,000을 현금으로 지출하였을 경우에는 다음과 같이 분개한다.

(차)	현　　　　금	540,000	(대)	사　　　　채	500,000
				사채할증발행차금	40,000

즉, 할증발행에서 사채발행비가 발생하면, 사채발행비가 없는 경우에 비해 사채발행으로 수취하는 현금 ₩10,000이 감소하게 되고, 이로 인해 사채할증발행차금이 ₩10,000만큼 감소한다.

③ 액면발행시의 분개

액면발행에서 사채발행비가 발생하면, 할인발행에서처럼 사채발행비는 사채할인발행차금을 증가시키는 역할을 한다.

예를 들어, 액면금액이 ₩500,000의 사채를 현금 ₩500,000에 발행하면서 사채발행비 ₩10,000을 현금으로 지출하였을 경우에는 다음과 같이 분개한다.

(차) 현 금	490,000	(대) 사 채	500,000
사채할인발행차금	10,000		

즉, 액면발행에서 사채발행비가 발생하면 사채발행으로 수취하는 현금 ₩10,000이 감소하고, ₩10,000만큼 사채할인발행차금이 발생한다. 따라서 발행금액이 액면금액보다 적어지므로 실질적으로는 할인발행이 되는 것이다.

결론적으로, 할인발행이나 액면발행이라면 사채할인발행차금을 증가시키고, 할증발행이라면 사채할증발행차금을 감소시키면 된다. 물론 그 금액만큼 현금도 감소시킨다. 따라서 사채발행비가 발생하면 사채발행비를 차감한 순현금수취액을 발행금액으로 보고 사채의 액면금액과 비교해서 작으면 차액을 사채할인발행차금으로 회계처리하고, 크면 차액을 사채할증발행차금으로 회계처리하면 된다. 즉, 사채발행비가 발생하면 시장이자율 대신에 유효이자율을 계산하여 추후 기말 결산정리에서 사용해야 한다. 유효이자율의 계산은 시행착오법 등으로 계산해야 하나, 이는 본서의 수준을 넘어서는 것이므로 본서에서는 계산되어진 것으로 가정한다.

[그림 8-4]는 사채발행비를 고려한 사채발행의 회계처리로, 액면이자율이 유효이자율보다 낮으면 발행금액이 낮아져 사채할인발행차금이 발생하고, 액면이자율이 유효이자율보다 높으면 발행금액이 높아져 사채할증발행차금이 발생한다는 것을 보여준다.

[그림 8-4] 사채발행비를 고려한 사채발행의 회계처리

사채발행의 구분	회계처리			
액면이자율 < 유효이자율	(차) 현 금[*1]	×××	(대) 사 채[*2]	×××
액면금액[*2] > 발행금액[*1]	사채할인발행차금	×××		
액면이자율 > 유효이자율	(차) 현 금[*1]	×××	(대) 사 채[*2]	×××
액면금액 < 발행금액			사채할증발행차금	×××
액면이자율 = 유효이자율	(차) 현 금[*1]	×××	(대) 사 채[*2]	×××
액면금액 = 발행금액				

*1 발행금액 = 순현금수취액 = 현금수취액 − 사채발행비
*2 액면금액 = 사채

예제 8.4 사채발행시 회계처리

㈜상세는 20×1년 1월 1일에 액면금액이 ₩200,000이고 액면이자율이 8%이며 매년 말에 이자가 지급되는 3년 만기의 사채를 발행하고, 사채발행비는 현금으로 지급되다. 단, 소수점 이하는 반올림하시오.

물음 1 ㈜상세의 사채발행시 시장이자율이 10%이고 유효이자율이 12%일 때, 20×1년 1월 1일의 사채발행에 대한 분개를 하시오.(단일, 3년, 12% : 0.7118, 연금, 3년, 12% : 2.4018)

해설 1

시장이자율(10%)이 아닌 사채발행비가 반영된 유효이자율(12%)과 액면이자율(8%)을 비교하여 사채의 발행금액을 측정한다. 또한 사채의 원금지급액인 액면금액은 ₩200,000이고, 액면이자율은 8%이므로 매년 현금으로 지급되는 이자비용은 ₩16,000이다.

① 발행금액 계산구조 : 액면이자율 8% < 유효이자율 12% (할인발행)

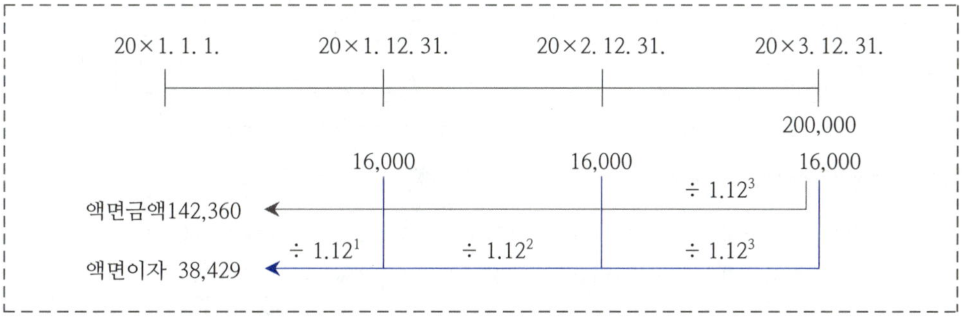

② 발행금액

액면금액의 현재가치 = ₩200,000 × 0.7118 (단일, 3년, 12%)	=	₩142,360
액면이자의 현재가치 = ₩16,000 × 2.4018 (연금, 3년, 12%)	=	38,429
		₩180,789

(차) 현　　　금	180,789	(대) 사　　　채	200,000
사채할인발행차금	19,211		

☞ 액면금액 ₩200,000에서 유효이자율에 의한 발행금액 ₩180,789원을 차감하면 사채할인발행차금 ₩19,211이 산출된다.

☞ [예제 7.4]의 [풀이1]과 비교하여 살펴보면 도움이 된다.

재무상태표

㈜상세　　　　20×1. 1. 1.　　　　(단위 : 원)

	사　　　채	200,000	
	사채할인발행차금	(19,211)	180,789

물음 2 ㈜상세의 사채발행시 시장이자율이 3%이고 유효이자율이 5%일 때, 20×1년 1월 1일의 사채발행에 대한 분개를 하시오. (단일, 3년, 5% : 0.8638 , 연금, 3년, 5% : 2.7232)

해설 2

시장이자율(3%)이 아닌 사채발행비가 반영된 유효이자율(5%)과 액면이자율(8%)을 비교하여 사채의 발행금액을 측정한다. 또한 사채의 원금지급액인 액면금액은 ₩200,000이고, 액면이자율은 8%이므로 매년 현금으로 지급되는 이자비용은 ₩16,000이다.

① 발행금액 계산구조 : 액면이자율 8% > 유효이자율 5% (할증발행)

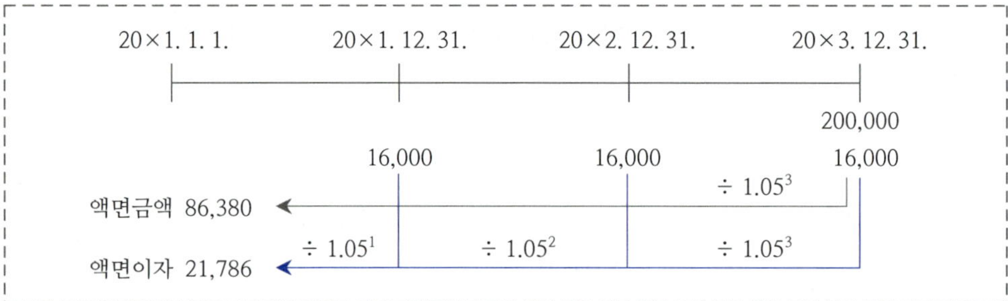

② 발행금액

액면금액의 현재가치 = ₩200,000 × 0.8638 (단일, 3년, 5%) = ₩172,760

액면이자의 현재가치 = ₩16,000 × 2.7232 (연금, 3년, 5%) = 43,571

₩216,331

(차)			(대)		
(차)	현 금	216,331	(대)	사 채	200,000
				사채할증발행차금	16,331

☞ 발행금액 ₩216,331에서 유효이자율에 의한 액면금액 ₩200,000원을 차감하면 사채할증발행차금 ₩16,331이 산출된다.

재무상태표

㈜상세 20×1. 1. 1. (단위 : 원)

	사 채	200,000	
	사채할증발행차금	16,331	216,331

4) 사채의 결산정리 회계처리

사채는 부채이므로 결산일이 되면 사채이자에 대한 회계처리가 필요하다. 즉, 회계기간에 해당하는 이자비용 인식과 미지급된 이자(부채)에 대한 회계처리를 해야 한다. 주의할 점은 기말 결산시점에 인식하는 이자비용의 측정기준은 액면이자율이나 기말의 시장이자율이 아니라, 사채의 발행시점에 결정된 유효이자율이라는 점이며, 발행시점에서 결정된 유효이자율은 사채의 발행기간 동안 바뀌지 않는다는 점이다. 또한 사채의 순장부금액을 조정하는데 있어서 사채계정을 직접 사용하는 것이 아니라 사채할인발행차금 또는 사채할증발행차금을 이용하여 조정한다는 점도 주의해야 한다.

사채이자비용 = 사채의 기초 순장부금액 × 유효이자율
= [사채 기초 장부금액 ± 기초 사채발행차금] × 유효이자율

사채의 순장부금액이란 실질적으로 부담하고 있는 부채금액을 의미하며, 할인발행의 경우에는 사채계정의 잔액에서 사채할인발행차금계정의 잔액을 차감하여 측정하고, 할증발행인 경우에는 사채계정의 잔액에 사채할증발행차금계정의 잔액을 가산하여 측정한다. 따라서 사채의 할인발행 시에 인식한 사채할인발행차금과 할증발행 시에 인식한 사채할증발행차금은 사채의 발행기간에 걸쳐 유효이자율법으로 상각 또는 환입하는 절차가 필요하다.

매 연도에 인식할 사채할인발행차금의 상각액은 다음과 같이 사채이자비용에서 현금지급이자를 차감하여 산출하고, 동 상각액은 사채의 기초 순장부금액에 가산하여 다음 연도의 기초 순장부금액을 구성한다.

사채할인발행차금의 상각액 = 사채이자비용 − 현금지급이자

매 연도에 인식할 사채할증발행차금의 환입은 사채의 현금지급이자에서 사채이자비용을 차감하여 산출하고, 동 환입은 사채의 기초 순장부금액에서 차감하여 다음 연도의 기초 순장부금액을 구성한다.

사채할증발행차금의 환입 = 현금지급이자 − 사채이자비용

사채에 대한 현금지급이자는 액면금액에 액면이자율을 곱하여 계산한다.

현금지급이자 = 액면금액 × 액면이자율

[그림 8-5] 사채의 순장부금액(실질 부채금액) 변화

1. 할인발행의 경우

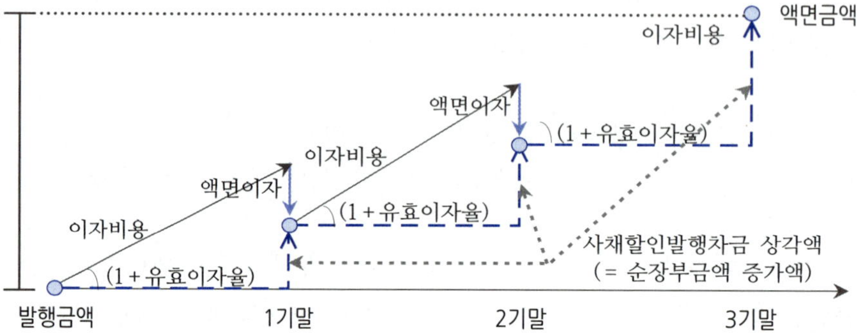

○ 순장부금액 = 액면금액 − 사채할인발행차금 미상각 잔액

2. 할증발행의 경우

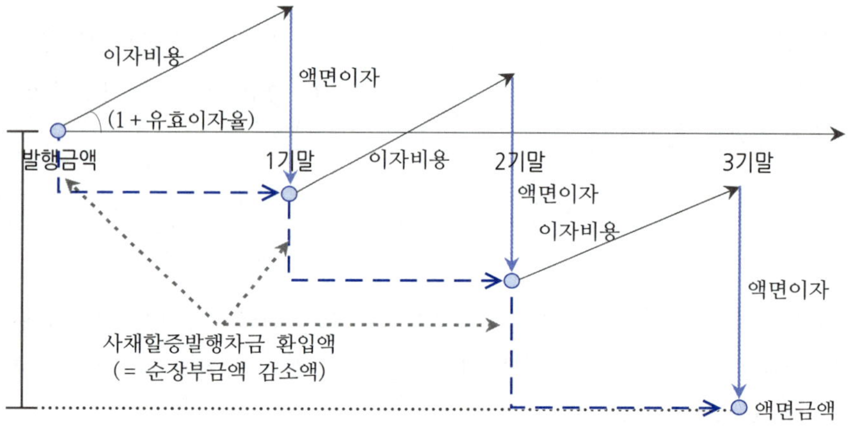

○ 순장부금액 = 액면금액 + 사채할증발행차금 미환입 잔액

3. 액면발행의 경우

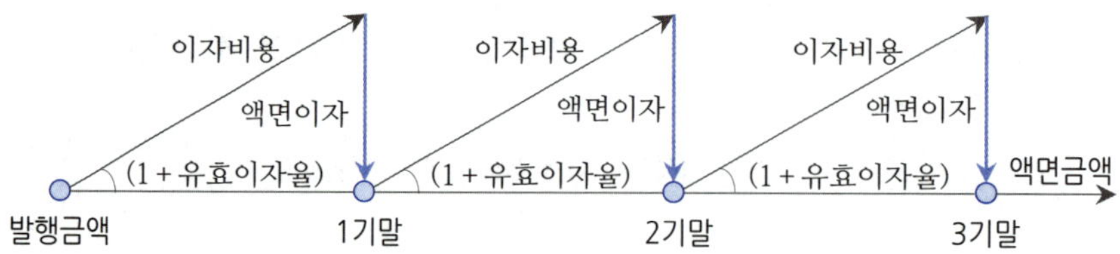

○ 순장부금액 = 액면금액

예제 8.5 사채의 기말 결산정리 회계처리

㈜상세는 20×1년 1월 1일에 액면금액이 ₩200,000이고 액면이자율이 8%이며 매년 말에 이자가 지급되는 3년 만기의 사채를 발행하다.

물음 1 ㈜상세의 사채발행시 유효이자율이 12%일 때, 유효이자율법을 적용하여 20×1년 말부터 20×3년 말까지 이자지급에 대한 분개를 하시오.

해설 1

① 액면이자율 8% < 유효이자율 12% (할인발행)

사채할인발행차금이 발생할 경우 상각표를 작성하면 다음과 같다.

일 자	① 유효이자 (12%)	② 액면이자 (8%)	상각액 (①-②)	사채의 순장부금액 (직전금액+상각액)
20×1. 1. 1.				180,789
20×1. 12. 31.	21,695	16,000	5,695	186,484
20×2. 12. 31.	22,378	16,000	6,378	192,862
20×3. 12. 31.	23,138*2	16,000	7,138*1	200,000

*1. 마지막 연도에는 소수점 차이 때문에 [사채할인발행차금 총액 – 상각된 사채할인발행차금 누적액]으로 계산한다.
*2. 마지막 연도에는 소수점 차이 때문에 [액면이자 + 당기 상각액]으로 계산한다.

② 20×1년 12월 31일

(차) 이 자 비 용	21,695	(대) 현 금	16,000
		사채할인발행차금	5,695

재무상태표

㈜상세 20×1. 12. 31. (단위 : 원)

	사 채	200,000	
	사채할인발행차금	(13,516)*	186,484

* ₩19,211(기초 사채할인발행차금 잔액) – ₩5,695(당기 상각액) = ₩13,516

☞ [예제 7.4]의 [풀이3]과 비교하여 살펴보면 도움이 된다.

③ 20×2년 12월 31일

(차) 이 자 비 용	22,378	(대) 현 금	16,000
		사채할인발행차금	6,378

재무상태표

㈜상세 20×2. 12. 31. (단위 : 원)

	사 채	200,000	
	사채할인발행차금	(7,138)*	192,862

* ₩13,516(기초 사채할인발행차금 잔액) − ₩6,378(당기 상각액) = ₩7,138

④ 20×3년 12월 31일

(차) 이 자 비 용	23,138	(대) 현 금	16,000
		사채할인발행차금	7,138

재무상태표

㈜상세 20×3. 12. 31. (단위 : 원)

	사 채	200,000	
	사채할인발행차금	(0)*	200,000

* ₩7,138 (기초 사채할인발행차금 잔액) − ₩7,138(당기 상각액) = ₩0

물음 2 ㈜상세의 사채발행시 유효이자율이 5%일 때, 유효이자율법을 적용하여 20×1년 말부터 20×3년 말까지 이자지급에 대한 분개를 하시오.

해설 2

① 액면이자율 8% > 유효이자율 5% (할증발행)

사채할증발행차금이 발생할 경우 상각표를 작성하면 다음과 같다.

일 자	① 유효이자 (5%)	② 액면이자 (8%)	상각액 (②−①)	사채의 순장부금액 (직전금액 − 상각액)
20×1. 1. 1.				216,331
20×1. 12. 31.	10,816	16,000	5,184	211,147
20×2. 12. 31.	10,557	16,000	5,443	205,704
20×3. 12. 31.	10,296*2	16,000	5,704*1	200,000

*1. 마지막 연도에는 소수점 차이 때문에 [사채할증발행차금 총액 − 상각된 사채할증발행차금 누적액]으로 계산한다.
*2. 마지막 연도에는 소수점 차이 때문에 [액면이자 − 당기 상각액]으로 계산한다.

② 20×1년 12월 31일

(차) 이 자 비 용	10,816	(대) 현 금	16,000
사채할증발행차금	5,184		

재무상태표

㈜상세	20×1. 12. 31.		(단위 : 원)
	사　　채	200,000	
	사채할증발행차금	11,147*	211,147

* ₩16,331(기초 사채할증발행차금 잔액) − ₩5,184(당기 상각액) = ₩11,147

③ 20×2년 12월 31일

(차) 이 자 비 용	10,557	(대) 현　　금	16,000
사채할증발행차금	5,443		

재무상태표

㈜상세	20×2. 12. 31.		(단위 : 원)
	사　　채	200,000	
	사채할증발행차금	5,704*	205,704

* ₩11,147(기초 사채할증발행차금 잔액) − ₩5,443(당기 상각액) = ₩5,704

④ 20×3년 12월 31일

(차) 이 자 비 용	10,296	(대) 현　　금	16,000
사채할증발행차금	5,704		

재무상태표

㈜상세	20×3. 12. 31.		(단위 : 원)
	사　　채	200,000	
	사채할증발행차금	0*	200,000

* ₩5,704(기초 사채할증발행차금 잔액) − ₩5,704(당기 상각액) = ₩0

5) 사채의 상환

사채를 발행한 이후에 회사는 사채를 만기에 상환(만기상환)할 수도 있지만 상황에 따라 만기이전에 사채를 상환(조기상환)할 수도 있다. 사채를 만기상환하는 경우에는 그 동안 사채할인발행차금 또는 사채할증발행차금이 전액 상각되어 더 이상 존재하지 않기 때문에 순장부금액이 액면금액과 일치하게 된다. 그리고 만기시의 상환금액은 액면금액이므로 만기상환 시에는 상환과 관련된 손익이 발생하지 않는다.

예제 8.6 사채의 상환

㈜상세는 20×1년 1월 1일에 액면금액이 ₩200,000이고, 액면이자율이 8%이며 매년 말에 이자가 지급되는 3년 만기의 사채를 발행하였다. 단, 유효이자율법에 의해 사채발행금액이 결정된다.

물음 1 ㈜상세의 사채발행시 유효이자율이 12%일 때, 20×3년 12월 31일에 사채를 만기상환할 때의 분개를 하시오.

해설 1

20×3년 12월 31일(만기상환)

(차) 사 채	200,000	(대) 현 금	200,000

☞ 만기에는 사채할인발행차금이 모두 상각되어 잔액이 ₩0이므로, 사채의 액면금액만 제거하며, 상환하는 현금은 액면금액과 동일하므로 사채상환손익이 발생하지 않는다.

물음 2 ㈜상세의 사채발행시 유효이자율이 5%일 때, 20×3년 12월 31일에 사채를 만기상환할 때의 분개를 하시오.

해설 2

① 20×3년 12월 31일(만기상환)

(차) 사 채	200,000	(대) 현 금	200,000

☞ 만기에는 사채할증발행차금이 모두 상각되어 잔액이 ₩0이므로, 사채의 액면금액만 제거하며, 상환하는 현금은 액면금액과 동일하므로 사채상환손익이 발생하지 않는다.

2.3 사채의 제거

이상의 내용은 사채를 만기에 상환할 경우 회계처리를 알아보았다. 하지만 기업은 유휴자금을 운용하거나 재무구조를 개선하는 등의 목적으로 만기 전에 사채를 제거하는 경우도 있다. 사채 발행 이후에 시장이자율이 급격하게 하락하는 경우에는 새로운 사채를 발행하여 낮은 이자율로 자금을 조달하고, 상대적으로 높은 이자율을 부담하고 있는 기존의 사채는 상환하는 것이 사채발행 회사에게 유리할 수 있다. 한편 회사의 자금에 여유가 생긴 경우에도 불필요한 이자비용부담을 줄이고 부채비율을 낮추기 위해 발행한 사채를 만기 이전에 상환할 수 있다. 대표적인 사채의 중도 제거 방법으로 조기상환, 자기사채 발행, 출자전환 등이 있다.

1) 사채의 조기상환

사채의 상환은 시점에 따라 크게 두 가지로 볼 수 있다. 본문에서 다룬 것과 같이 만기시점에 사채의 원금을 채권자에게 상환하는 경우와 만기 이전에 사채의 원금을 채권자에게 상환하는 경우이다.

사채를 조기상환 할 경우 상환시점에서 사채의 장부금액을 먼저 계산하여야 한다. 그리고 실질적인 상환대가와 비교하여 사채상환손익을 인식하여야 한다. 만약 상환대가가 사채의 장부금액을 초과할 경우 사채상환손실을 인식하며 그 반대일 경우 사채상환이익을 인식한다. 이때 기존에 장부에 기록된 사채 계정과 사채할인(할증)발행차금 잔여액은 모두 제거한다.

예제 8.7 사채의 조기상환

㈜상세는 20×1년 1월 1일에 액면금액이 ₩200,000이고, 액면이자율이 8%이며 매년 말에 이자가 지급되는 3년 만기의 사채를 발행하였다. 단, 유효이자율법에 의해 사채발행금액이 결정된다.

물음 ㈜상세의 사채발행시 유효이자율이 12%일 때, 20×2년 1월 1일에 사채를 ₩190,000에 조기상환할 때의 분개를 하시오.

해설

① 액면이자율 8% < 유효이자율 12% (할인발행)

사채할인발행차금이 발생할 경우 상각표를 작성하면 다음과 같다.

일 자	① 유효이자 (12%)	② 액면이자 (8%)	상각액 (①−②)	사채의 순장부금액 (직전금액+상각액)
20×1. 1. 1.				180,789
20×1. 12. 31.	21,695	16,000	5,695	186,484
20×2. 12. 31.	22,378	16,000	6,378	192,862
20×3. 12. 31.	23,138*2	16,000	7,138*1	200,000

*1. 마지막 연도에는 소수점 차이 때문에 [사채할인발행차금 총액 − 상각된 사채할인발행차금 누적액]으로 계산한다.
*2. 마지막 연도에는 소수점 차이 때문에 [액면이자 + 당기 상각액)으로 계산한다.

② 20×2년 1월 1일(조기상환)

(차)	사 채	200,000	(대)	현 금	190,000
	사 채 상 환 손 실	3,516		사채할인발행차금	13,516

☞ 3년간 상각해야 할 사채할인발행차금 ₩19,211(= ₩200,000 − ₩180,789)에서 20×1년 상각액 ₩5,695을 차감하면 미상각된 사채할인발행차금 ₩13,516이 산출된다.

2) 자기사채 취득

사채발행회사(채무기업)가 발행한 사채를 자기가 취득할 경우 자기사채로 분류한다. 자기사채를 취득하는 경우 결국 사채의 조기상환과 그 실질이 같다. 앞에서 사채의 조기상환 회계처리와 같이 기존의 사채는 모두 제거되며 자기발행 사채를 취득한 금액과 비교하여 사채상환손익을 인식한다.

3) 출자전환

사채발행회사는 발행한 사채를 자기 지분상품을 발행하여 제거하는 경우를 출자전환이라 한다. 보론에서 다루는 전환사채와 유사한 개념이지만, 채권자와 협의를 통해 재조정하여 제거한다는 점에서 전환사채와 차이가 있다. 기업이 지분상품을 발행하여 금융부채를 제거하면, 제거된 금융부채의 장부금액과 지급한 대가의 차액을 당기손익(사채상환손익)으로 인식한다. 지급한 대가는 발행한 지분상품의 공정가치로 측정하는 것이 원칙이나, 지분상품의 공정가치를 신뢰성 있게 측정할 수 없을 경우 제거한 부채의 공정가치로 대신한다.

예제 8.8 출자전환

㈜상세는 20×1년 1월 1일에 액면금액이 ₩1,000,000이고 액면이자율이 8%이며 매년 말에 이자가 지급되는 3년 만기의 사채를 발행하고, 사채발행시 유효이자율은 12%였다. 20×2년 1월 1일에 ㈜상세는 사채 전부를 자사의 주식을 발행(액면금액 ₩500,000)하여 중도에 상환하다.

물음 ㈜상세의 20×2년 1월 1일의 주식의 공정가치가 ₩950,000일 때 분개를 하시오. (단일, 3년, 12%: 0.7118, 연금, 3년, 12%: 2.4018)

해설

① 발행금액 계산: 액면이자율 8% < 유효이자율 12% (할인발행)

액면금액의 현재가치	= ₩1,000,000 × 0.7118 (단일, 3년, 12%)	=	₩711,800
액면이자의 현재가치	= ₩80,000 × 2.4018 (연금, 3년, 12%)	=	₩192,144
			₩903,944

② 출자전환 시점의 사채장부금액 (20×1년 12월 31일 = 20×2년 1월 1일)

20×1년도 할인발행차금 상각액	= ₩903,944 × 12% − ₩80,000	=	₩28,473
20×2년 초 사채의 장부금액	= ₩903,944 + ₩28,473	=	₩932,417

재무상태표

㈜상세	20×1. 12. 31.		(단위 : 원)
	사 채	1,000,000	
	사채할인발행차금	67,583	932,417

③ 20×2년 1월 1일(출자전환)

(차) 사 채	1,000,000	(대)	자 본 금	500,000
사채상환손실	17,583		주식발행초과금	450,000
			사채할인발행차금	67,583

SECTION 3 기타 부채

본 절에서는 비유동부채 중 사채 이외의 비유동부채인 장기차입금, 장기성매입채무, 장기미지급금, 그리고 충당부채에 대해 다룬다.4)

3.1 장기차입금, 장기성매입채무, 장기미지급금

1절에서 차입금, 매입채무, 미지급금에 대해 살펴보았다. 본 절에서 다루는 장기차입금, 장기성매입채무, 장기미지급금은 단지 이들 지급채무의 상환기간이 1년을 초과하는 장기라는 점과 상환금액이 상대적으로 거액이라는 점 외에 차이는 없다. 하지만 회계처리 방법은 유동부채인 경우와 다르다. 왜냐하면 이들 비유동부채(장기부채)는 원금의 상환기간이 장기이고, 상환기간 중에 현금이자가 지급되는 경우가 많기 때문에 화폐의 시간가치를 고려한 회계처리 방법을 적용해야 한다. 따라서 이들 비유동부채의 회계처리는 사채의 회계처리와 동일하다고 생각하면 된다. 차이가 있다면, 사채에서는 사채할인발행차금계정 또는 사채할증발행차금계정을 사용하는 반면, 이들의 경우에는 모두 '현재가치할인차금'계정을 사용하여 부채의 실제금액을 나타낸다는 점이다.

4) 금융상품 기준서(제1109호)에서는 금융부채를 상각후원가 측정 금융부채, 당기손익-공정가치 측정(지정) 금융부채, 기타 금융부채로 구분하고 있다. 본서에서 사채와 장기차입금, 장기성 매입채무, 장기미지급금은 상각후원가 측정 금융부채에 해당된다. 그리고 본서에서 다루는 충당부채는 금융부채에 해당되지 않는다.

3.2 충당부채

1) 충당부채의 정의

회계에서 부채는 과거 사건에 의해 발행하였으며 경제적 자원이 기업으로부터 유출됨으로써 이행될 것으로 기대되는 현재의무이다. 이 때 경제적 자원의 유출 시기와 금액을 확실하게 알고 있지 못한 경우에도 경제적 자원의 유출될 가능성이 높고, 금액을 신뢰성 있게 추정할 수 있다면 부채를 인식하여야 한다.

오늘날 대부분의 제조기업이나 서비스기업은 판매하는 제품과 서비스에 대해 일정 기간 동안 제품의 결함이나 서비스 불량에 대해 무상수리나 교체, 서비스의 반복 제공 등을 해주는 정책을 시행하고 있다. 하지만 무상수리나 교체 등은 발생할 시점을 판단하기 어렵고, 어느 정도의 경제적자원이 소모될 것인지에 대해서도 정확하게 예측하기 어렵다. 이에 대해서는 어떻게 회계처리를 해야 할까?

기업들이 무상수리 등의 서비스를 제공하는 이유는 이 정책으로 인해 판매를 증가시킬 수 있기 때문이다. 따라서 이런 서비스로부터 발생하는 경제적 자원의 유출은 실제 유출된 시점이 아니라 수익 · 비용 대응의 원칙에 따라 판매가 발생한 기간에 대응시키는 것이 타당할 것이다. 이처럼 언제, 얼마의 경제적 자원이 유출될지 확실히 알지 못하는 상황에서도 추정을 통해 비용(또는 자산)과 부채를 동시에 인식하는 경우가 있는데, 이런 경우의 부채를 충당부채provision라고 한다.

충당부채는 그 지출의 예상시기에 따라 유동부채와 비유동부채로 구분하며, 유동부채에는 제품보증충당부채, 채무보증충당부채 등이 있다.

매출채권의 대손회계처리를 돌이켜보면, 실제 대손이 발생한 시점이 아니라, 기말에 대손예상액을 추정하여 매출채권손상차손와 손실충당금을 인식하였다. 손실충당금이라는 용어도 충당부채와 유사하다. 차이가 있다면 손실충당금은 매출채권의 차감적 평가계정이므로 부채가 아니지만, 충당부채는 말 그대로 부채라는 점이다.

2) 충당부채와 우발부채

충당부채와 성격이 유사하지만 부채의 인식조건을 충족하지 못하여 재무상태표에 인식하지 못하는 의무를 우발부채contingent liabilities라고 한다. 우발부채는 경제적 자원의 유출가능성이 존재하여 잠재적 의무이지만, 경제적 자원의 유출가능성이 높지 않거나 금액을 신뢰성 있게 측정할 수 없는 현재의무를 말한다. 충당부채와 우발부채의 가장 큰 차이점은 재무상태표에 부채로 인식하는지의 여부이다.

[그림 8-6] 충당부채와 우발부채

충당부채	우발부채	공시사항 없음
자원유출이 요구될 가능성이 높은 현재 의무가 존재한다.	자원유출이 요구될 수는 있지만, 가능성이 높지 않은 잠재적 의무 또는 현재의무가 존재한다.	자원유출 가능성이 희박한 잠재적 의무 또는 현재의무가 존재한다.
충당부채를 인식한다.	충당부채를 인식하지 아니한다.	충당부채를 인식하지 아니한다.
충당부채에 대한 공시를 하여야 한다.	우발부채에 대한 주석공시를 하여야 한다.	요구되는 공시사항이 없다.

3) 충당부채의 유형과 회계처리

(1) 제품보증충당부채

제품의 판매회사가 판매시에 구매자에게 판매한 후 일정기간의 제품보증기간을 약속하는 경우, 미래에 제품의 교환이나 무료수리 등 판매 후 관리에 따른 비용의 발생을 예상할 수 있다. 이때에 미래의 비용지출액을 추산하여 판매시 제품보증비라는 당기비용으로 계상하고 이를 제품보증충당부채로 설정한다. 제품보증기간이 1년을 초과할지라도 1년 이내에 제품보증비가 발생할 수 있기 때문에 제품보증충당부채는 유동부채로 분류한다.

(차) 제 품 보 증 비	×××	(대) 제품보증충당부채	×××

나중에 실제 지출되는 판매 후 관리비용은 제품보증충당부채와 우선 상계한다.

(차) 제품보증충당부채	×××	(대) 현 금	×××

예제 8.9 제품보증충당부채

제조기업인 ㈜신뢰는 20×1년 동안 다음과 같은 거래를 하다.

① 9월 1일 : 제품을 ₩8,000,000에 현금판매하고, 제품보증 비용으로 판매액의 5%인 ₩400,000을 예상하다.

② 10월 1일 : 판매한 제품에 대한 제품보증 비용으로 ₩200,000이 발생하다.

물음 ㈜신뢰의 거래를 분개하시오.

해설

① 9월 1일

(차) 현 금	8,000,000	(대) 매 출	8,000,000
제 품 보 증 비	400,000	제품보증충당부채	400,000

☞ 제품보증비의 추정 시점에 비용을 인식한다.

② 10월 1일

(차) 제품보증충당부채	200,000	(대) 현 금	200,000

☞ 제품보증비가 실제로 발생하면 제품보증충당부채를 상계한다.

(2) 복구충당부채

토양, 수질, 대기, 방사능 오염 등을 유발할 수 있는 시설물(쓰레기매립장, 원유시추설비, 해상구조물, 원자력 발전소 등)의 경우에는 환경보존을 위해 사용기간이 종료된 후에는 해체, 제거, 부지 복구를 하는 조건으로 취득하는 경우가 있다. 이 경우에는 복구시 소요될 것으로 추정되는 원가를 취득원가에 포함한다. 왜냐하면 기업이 복구의무를 수용하지 않으면 당해 유형자산을 취득할 수 없는 조건이기 때문이다.

따라서 미래 복구원가는 자산의 취득원가인 동시에, 기업이 유형자산을 취득하는 조건으로 현재 부담하고 의무이며, 미래에 경제적자원이 유출될 가능성이 높기 때문에 금액을 추정하여 부채로 인식해야 한다. 이와 같은 경우의 부채를 복구충당부채라고 한다.

일반적으로 복구원가는 상당한 기간이 경과한 후에 발생하기 때문에 복구충당부채는 현재가치를 측정하여 인식하고, 기말에 유효이자율법으로 상각해야 한다.

(차) 자 산	×××	(대) 복구충당부채	×××

기말에 유효이자율법으로 상각

(차) 이 자 비 용	×××	(대) 복구충당부채	×××

예제 8.10 복구충당부채

㈜소망은 20×1년 1월 1일에 서울시에 ₩2,000,000을 지불하고 쓰레기매립장(토지)을 취득하다. 쓰레기매립장을 취득하면서 서울시와 합의한 사항은 3년 후에는 쓰레기매립장을 생태공원으로 조성한다는 조건이다. ㈜소망은 3년 후 쓰레기매립장을 원상복구하고 생태공원을 조성하는데 지출될 금액을 20×1년 1월 1일 현재 ₩4,000,000으로 추정하다. 현재가치 계산을 위한 할인율은 5%라고 가정한다. (단일, 3년, 5% : 0.8638)

물음 ㈜소망의 토지 구매에 대한 분개를 하고, ㈜소망의 20×1년 12월 31일 결산시 필요한 정리분개를 하시오.

해설

① 1월 1일

(차)	토 지	5,455,200	(대)	현 금	2,000,000
				복 구 충 당 부 채	3,455,200*

* ₩4,000,000 × [₩1, 5%, 3년 현가계수] = ₩4,000,000 × 0.8638 = ₩3,455,200

② 12월 31일

(차)	이 자 비 용	172,760	(대)	복 구 충 당 부 채	172,760*

* ₩3,455,200 × 5% = ₩172,760

보 론

1. 복합금융상품의 이해

복합금융상품은 발행자의 입장에서 부채요소와 자본요소를 동시에 가지고 있는 금융상품을 의미한다. 복합금융상품의 대표적인 형태로 전환사채와 신주인수권부사채가 있다. 전환사채convertible bond는 일반사채(부채요소)를 채권자가 주식으로 전환할 수 있는 전환권(자본요소)가 복합된 사채이다. 신주인수권부사채bond with warrant는 일반사채(부채요소)와 새로운 주식을 채권자가 인수할 수 있는 권리(자본요소)가 복합된 사채이다. 본 절에서는 이러한 복합금융상품의 대표적인 예인 전환사채와 신주인수권부사채의 발행기업 입장에서 기초적인 회계처리를 살펴본다.

2. 전환사채

앞에서 살펴보았듯, 전환사채는 채권자의 선택에 따라 사채를 주식으로 전환할 수 있는 권리가 부여된 사채이다. 전환사채는 일반사채에 비해 추가적인 권리인 전환권이 결합되어 있으므로 전환사채의 표시이자율은 상대적으로 낮은 것이 일반적이다. 이러한 특성으로 발행회사는 일반사채보다 낮은 이자비용을 부담한다는 이점을 갖는다. 또한 사채가 주식으로 전환됨에 따라 기존의 사채는 소멸되어 재무구조가 개선되는 효과도 있다.

2.1 전환사채의 발행

전환사채 회계처리의 핵심은 발행자가 부채요소와 주식전환옵션인 자본요소를 구분하여 표시한다는 점이다. 이때 자본요소는 전체 전환사채의 발행금액에서 이자와 원금으로 구성된 부채요소의 현재가치를 차감하여 산출한다. 이때 부채요소의 현재가치를 구하기 위하여 사용하는 현금흐름은 전환권을 제외한 원금과 이자에 대한 현금흐름을 의미한다.[5] 적용되는 할인율은 전환사채의 부채요소와 실질적으로 유사한 현금흐름으로 구성되어 있고 유사한 신용위험을 갖지만 전환권이 없는 다른 사채에 적용되는 시장이자율을 적용한다. 만약 전환사채 발행과 관련된 거래원가가 있을 경우 부채요소와 자본요소에 비례하여 배분한다.

전환권(자본요소)의 공정가치 = 채권발행금액 − 부채요소의 공정가치

부채요소와 자본요소로 배분한 후 채권의 액면금액을 차감하는 전환권조정이라는 계정을 기록한다. 전환권 조정은 할인발행 일반사채의 사채할인발행차금과 같은 부채의 차감평가 계정이다. 자본요소는 전환권대가라는 계정으로 자본항목에 기록한다.

5) 만약 부채의 상환할증금이 있는 경우라면 현금흐름에 포함하여야 한다.

2.2 전환사채의 이자지급

전환사채의 발행시 사채의 차감평가계정으로 전환권조정을 인식하였다. 이 전환권조정은 본질상 이자와 그 성격이 같다. 약정된 시점 및 결산시점에 전환사채 발행기업이 이자를 지급하거나 이자비용을 인식할 때 전환권조정을 상각한다. 즉, 전환사채의 기간 동안 일반사채와 동일하게 유효이자율법으로 상각하되 이자비용에 전환권조정의 감소액을 가산하여 전환권조정을 상각한다. 전환권대가는 전환권이 부여된 자본요소이므로 이자지급과는 그 목적이 무관하다. 그러므로 별도의 회계처리를 하지 않는다.

2.3 전환권의 행사

발행된 전환사채는 부채요소인 사채 계정과 부채의 차감평가계정인 전환권조정 및 자본요소인 전환권대가로 기록되어 있다. 전환권이 행사되면 발행기업은 약정된 전환비율에 따라 전환사채를 회수하고 주식을 교부한다. 여기서 전환비율이란 주식 1주와 교환되는 사채의 액면가액을 의미한다. 예를 들어 전환비율 ₩1,000은 전환사채의 액면금액 ₩1,000당 1주의 주식을 교부한다는 것을 의미한다. 그렇다면 액면금액이 ₩1,000,000인 전환사채가 전환된다면 교부할 총 주식수는 1,000주가 된다.

회계처리의 과정을 보면 가장 먼저 전환된 만큼 부채요소는 감소한다. 부채가 감소함에 따라 관련된 차감평가계정인 미상각 전환권조정도 감소한다. 그리고 주식을 교부함에 따라 자본은 증가한다. 마지막으로 전환권으로 기록되어 있던 자본요소인 전환권대가가 감소하게 된다. 이때 자본항목인 전환권대가는 교부되는 주식의 주식발행초과금으로 대체되는 것이 적절할 수 있다.

① 전환사채 발행시점의 분개

(차) 현금	×××	(대) 전환사채	×××
(차) 전환권조정 (차감평가계정)	×××	(대) 전환권대가 (자본요소)	×××

② 이자비용 분개

(차) 이자비용	×××	(대) 현금	×××
		전환권조정	×××

③ 전환권 행사 시점의 분개

(차) 전환사채	×××	(대) 전환권조정	×××
전환권대가	×××	자본금	×××
		주식발행초과금	×××

3. 신주인수권부사채

신주인수권부사채는 채권자가 사채발행 후 일정기간 내(행사기간)에 약정된 가격(행사금액)으로 신주 발행을 발행회사에 요구할 수 있는 권리를 부여한 사채이다. 신주인수권부사채는 전환사채와 같이 복합금융상품이지만 채권자가 권리를 행사한 후에도 사채가 줄어들지 않는다는 특징이 있다. 신주인수권부사채도 일반사채인 부채요소와 신주인수권인 자본요소로 분리하여 회계처리 한다.

3.1 신주인수권부사채의 발행

신주인수권부사채의 발행 시점에 회계처리는 전환사채 발행 회계처리와 크게 다르지 않다. 일반사채의 원금과 이자에 대한 부채요소와 신주인수권에 대한 자본요소로 분리하여 전체의 공정가치를 배분한다. 신주인수권부사채의 차감평가계정은 신주인수권조정으로 기록하며 자본요소인 신주인수권은 신주인수권대가로 기록한다. 만약 발행과 관련된 거래원가가 있을 경우 부채요소와 자본요소의 공정가치에 비례하여 배분한다.

신주인수권(자본요소)의 공정가치 = 채권발행금액 - 부채요소의 공정가치

3.2 신주인수권부사채의 이자지급

신주인수권부사채의 이자지급 회계처리는 전환사채의 경우와 동일하다. 신주인수권부사채의 기초장부금액에 유효이자율을 곱하여 이자비용을 산출한다. 신주인수권조정은 표시이자와 유효이자의 차이만큼 상각한다. 신주인수권대가는 나중에 권리가 행사될 자본요소이므로 별도의 회계처리를 하지 않는다.

3.3 신주인수권의 행사

전환사채는 발행한 사채를 주식으로 전환하는 특징을 가졌으나, 신주인수권부사채는 전환하지 않는다. 발행기업은 신주인수권부사채를 감소하지 않고 사채에 부여된 추가적인 권리인 신주인수권에 대한 처리만 한다. 채권자가 신주인수권을 행사할 경우 발행기업은 신주인수금액을 수령하고 신주를 발행한다. 전환사채와 달리 신주인수권부사채가 감소하지 않으므로 이후 이자지급은 동일하게 이루어진다. 행사되어 감소된 신주인수권은 주식발행초과금으로 대체되는 것이 적절할 수 있다.

① 신주인수권부사채 발행시점의 분개

(차)	현금	×××	(대)	신주인수권부사채	×××
(차)	신주인수권조정 (차감평가계정)	×××	(대)	신주인수권대가 (자본요소)	×××

② 이자비용 분개

(차) 이 자 비 용	×××	(대) 현 금	×××
		신주인수권조정	×××

③ 신주인수권 행사 시점의 분개

(차) 현 금	×××	(대) 자 본 금	×××
신주인수권대가	×××	주식발행초과금	×××

친 절 한 재무회계 Accounting

주관식 문제

8.1 사채의 회계처리

㈜상세는 20×1년 1월 1일에 액면금액이 ₩200,000이고 액면이자율이 8%이며 매년 말에 이자가 지급되는 3년 만기의 사채를 발행하고, 사채발행비는 없다. ㈜상세의 사채발행시 시장이자율이 10% 또는 3%일 때, 20×1년 1월 1일의 사채발행에 대한 분개를 하시오. 단, 소수점 이하는 반올림하시오.

[단일금액 1원의 현재가치계산표]

구분	1%	2%	3%	4%	5%	6%	7%	8%	9%	10%	11%	12%
1년	0.9901	0.9804	0.9709	0.9615	0.9524	0.9434	0.9346	0.9259	0.9174	0.9091	0.9009	0.8929
2년	0.9803	0.9612	0.9426	0.9246	0.9070	0.8900	0.8734	0.8573	0.8417	0.8264	0.8116	0.7972
3년	0.9706	0.9423	0.9151	0.8890	0.8638	0.8396	0.8163	0.7938	0.7722	0.7513	0.7312	0.7118

[정상연금 1원의 현재가치계산표]

구분	1%	2%	3%	4%	5%	6%	7%	8%	9%	10%	11%	12%
1년	0.9901	0.9804	0.9709	0.9615	0.9524	0.9434	0.9346	0.9259	0.9174	0.9091	0.9009	0.8929
2년	1.9704	1.9416	1.9135	1.8861	1.8594	1.8334	1.8080	1.7833	1.7591	1.7355	1.7125	1.6901
3년	2.9410	2.8839	2.8286	2.7751	2.7232	2.6730	2.6243	2.5771	2.5313	2.4869	2.4437	2.4018

8.2 사채의 회계처리

㈜상세는 20×1년 1월 1일에 액면금액이 ₩200,000이고 액면이자율이 8%이며 매년 말에 이자가 지급되는 3년 만기의 사채를 발행하고, 사채발행비는 없다. ㈜상세의 사채발행시 시장이자율이 10% 또는 3%일 때, 유효이자율법을 적용하여 20×1년 말부터 20×3년 말까지 이자지급에 대한 분개를 하시오. 단, 소수점 이하는 반올림하시오.

8.3 사채의 회계처리

㈜상세는 20×1년 1월 1일에 액면금액이 ₩200,000이고 액면이자율이 8%이며 매년 말에 이자가 지급되는 3년 만기의 사채를 발행하고, 사채발행비는 없다. 단, 유효이자율법에 의해 사채발행금액이 결정된다. ㈜상세의 사채발행시 유효이자율이 10% 및 3%를 가정하여, 20×3년 1월 1일에 사채를 ₩190,000에 상환할 때의 분개를 하시오.

친절한 재무회계 Accounting

객관식 문제

8.1 사채발행의 유형

다음 중 발행의 종류에 따라 사채발행시의 상황이 바르게 연결된 것은?

	할인발행	할증발행
①	액면이자율 > 유효이자율	액면이자율 < 유효이자율
②	액면이자율 < 유효이자율	액면이자율 > 유효이자율
③	액면이자율 < 유효이자율	액면이자율 = 유효이자율
④	액면이자율 = 유효이자율	액면이자율 < 유효이자율

8.2 사채의 이자비용

사채의 발행에 관한 설명으로 옳지 않은 것은? (9급 공무원 2015)

① 할인발행은 유효이자율이 표시이자율보다 큰 경우이다.

② 할증발행의 경우 발행연도의 현금지급이자는 사채이자비용보다 크다.

③ 할인발행의 경우 만기가 가까워질수록 사채의 이자비용이 감소한다.

④ 할증발행과 할인발행은 사채의 만기금액이 동일하다.

8.3 사채의 이자비용

사채할인발행차금의 상각이 당기순이익과 사채의 장부금액에 미치는 영향은? (9급 공무원 2012)

	당기순이익	사채의 장부금액
①	증 가	증 가
②	증 가	감 소
③	감 소	증 가
④	감 소	감 소

8.4 사채의 이자비용

㈜한국은 2011년 1월 1일에 액면 ₩100,000의 사채(표시이자율10%, 만기 3년)를 ₩95,200에 발행하다. 동 사채로 인하여 만기까지 인식해야 할 이자비용 총액은? (9급 공무원 2013)

① ₩4,800

② ₩30,000

③ ₩34,800

④ ₩45,000

8.5 사채의 이자비용

㈜민국은 20×1년 1월 1일 액면금액 ₩2,000,000, 액면이자율 연 5%(매년 말 이자지급), 3년 만기인 회사채를 발행하고 상각후원가측정금융부채로 분류하다. 사채발행당시 시장이자율은 연 8%이며, 사채할인발행차금에 대하여 유효이자율법으로 상각한다. 한편, ㈜민국이 동 사채를 발행하는 과정에서 직접적인 사채발행비 ₩94,030이 발생하며, ㈜민국은 동 사채와 관련하여 20×1년도 포괄손익계산서상 이자비용으로 ₩175,128을 인식하다. 동 사채와 관련하여 ㈜민국이 20×2년도 포괄손익계산서상 이자비용으로 인식할 금액은 얼마인가? 단, 8%, 3기간 기간 말 단일금액 ₩1의 현가계수는 0.7938이며, 8%, 3기간 정상연금 ₩1의 현가계수는 2.5771이다. 계산금액은 소수점 첫째자리에서 반올림하며, 단수차이로 인해 약간의 오차가 있으면 가장 근사치를 선택한다. 또한 법인세 효과는 고려하지 않는다. (CPA 2011)

① ₩182,641

② ₩184,152

③ ₩187,120

④ ₩188,140

⑤ ₩190,951

8.6 사채의 발행과 상환

㈜한국은 2011년 1월 1일 만기 3년, 연이자율 10%(매년 12월 31일 이자지급), 액면금액 ₩200,000인 사채를 유효이자율 8% 기준으로 ₩210,302에 발행하다. ㈜한국은 해당 사채를 2012년 12월 31일 ₩206,000에 조기상환을 하다. 이러한 거래와 관련된 설명으로 옳지 않은 것은? 단, 사채발행차금은 유효이자율법으로 상각하며, 소수점 이하는 반올림한다.

(9급 공무원 2011)

① 2011년 1월 1일 사채할증발행차금 ₩10,302을 대변에 기록한다.
② 2011년 12월 31일 사채할증발행차금의 환입액은 ₩3,176이다.
③ 2012년 12월 31일 사채이자비용은 ₩16,570이다.
④ 2012년 12월 31일 사채상환손실 ₩304을 차변에 기록한다.

8.7 사채의 상환

㈜대한은 20×1년 초 장부금액이 ₩1,930,520이고 액면금액이 ₩2,000,000인 사채(표시이자율 연 10%)를 20×1년 7월 1일에 경과이자를 포함하여 ₩1,940,000에 상환하다. 동 사채의 이자 지급일은 매년 12월 31일이고 사채발행시의 유효이자율은 연 12%이다. ㈜대한이 20×1년도에 인식할 사채상환손익은 얼마인가? 단, 이자는 월할계산하며, 소수점 첫째자리에서 반올림한다.

(세무사 2014)

① ₩106,351 이익
② ₩65,480 이익
③ ₩9,480 손실
④ ₩22,184 손실
⑤ ₩26,352 손실

9
CHAPTER

자 본

CONTENTS

Section 1 자본의 의의 및 회계처리
1.1 자본의 정의
1.2 자본에 대한 회계처리
1.3 기업의 형태와 자본회계
Section 2 자본거래
2.1 자본거래의 정의 및 유형
2.2 자본거래 손익의 상계
Section 3 손익거래
3.1 이익잉여금
3.2 기타포괄손익누계액
Section 4 배 당
4.1 배당금의 계산
4.2 현금배당과 주식배당
4.3 우선주 배당
Section 5 자본변동표

CHAPTER 09 자 본

본 장에서는 자본을 정의하고 자본의 구성항목에 대한 회계처리를 다룬다. 본 장에서 다루는 자본은 납입자본, 기타자본구성요소와 이익잉여금으로 구성된다. 또한 기본 재무제표인 자본변동표에 양식과 작성방법에 대해서도 소개한다.

SECTION 1 자본의 의의 및 회계처리

1.1 자본의 정의

회계에서 자본capital이란 기업의 자산에서 채권자지분인 부채를 차감하고 남은 잔여지분 residual equity으로 정의된다.

자본 = 자산 - 부채

하지만 회계등식을 이용한 자본의 정의는 자본의 금액이 어떻게 결정되는가를 설명할 뿐, 실제적인 자본의 정의라고 보기는 어렵다. 개념적으로 자본은 기업이 가지고 있는 경제적 자원 중에서 기업의 주인principal이 보유하고 있는 몫을 의미하며, 상황에 따라 여러 가지 다른 명칭으로 정의되기도 한다. 예를 들면, 자본은 소유자 지분owner's equity, 자기자본owner's capital, 순자산net asset 그리고 주주지분shareholders' equity 등으로도 불리고 있다. 자기자본이란 명칭은 채권자의 몫인 타인자본과 대비하기 위해 붙여진 명칭이고, 주주지분은 기업의 형태가 주식회사의 경우에 사용되는 명칭이다.

1.2 자본에 대한 회계처리

자본에 대한 회계처리는 이중적 구조로 구성되어 있다. 위의 회계등식에서 살펴보았듯이 회계에서 자본은 자산이나 부채처럼 독립적으로 측정되는 것이 아니라, 자산과 부채에 의해 종속적으로 측정되기 때문이다. 즉, 자본에 대한 회계처리는 자본을 독립적으로 측정하는 회계처리(자본거래)와 자산과 부채를 이용하여 종속적으로 측정되는 경우(손익거래)가 있다. 따라서 자본을 공시할 때에도 자본이 어떤 거래를 통해 발생한 경우인지를 구분하여 표시하도록 규정하고 있다.

한국채택국제회계기준에서는 자본을 납입자본, 이익잉여금, 기타자본구성요소로 분류하고 있으나, 자본에 대한 회계처리와 재무제표 표시방법에 대해서는 구체적인 규정을 제시하고 있지는 않다. 여기서 납입자본share capital이란 주주들이 실제로 납입納入한 자본이며, 이익잉여금retained earnings이란 납입자본을 운영하여 벌어들인 순이익의 합계액에서 배당지출액 등을 차감한 것이다. 기타자본구성요소other components of equity는 말 그대로 납입자본과 이익잉여금 이외의 자본을 의미한다.

한국채택국제회계기준이 자본에 대한 회계처리 규정을 제시하지 않고 재량권을 인정하고 있는 이유는 자본에 대한 회계처리와 공시에 대해 각 나라마다 다양한 법률적 차이가 존재하고, 기업의 형태에 따라서도 회계처리가 달라질 수 있기 때문이다.

실제로 우리나라의 기업들은 국제회계기준 도입 전에 사용했던 일반기업회계기준에 따라 자본을 자본금, 자본잉여금, 자본조정, 기타포괄손익누계액, 이익잉여금으로 구분하여 표시하는 방식을 주로 사용하고 있다. 따라서 본서에서는 더 많은 회계정보를 제공할 수 있도록 납입자본을 자본금과 자본잉여금으로, 기타자본구성요소를 자본조정과 기타포괄손익누계액으로 구분하는 방법으로 재무제표를 표시하고자 한다.

[그림 9-1] 자본의 분류

국제회계기준	일반기업회계기준	계정과목
납입자본	자본금	보통주자본금, 우선주자본금
	자본잉여금	주식발행초과금, 자기주식처분이익, 감자차익
기타자본구성요소	자본조정	주식할인발행차금, 자기주식처분손실, 감자차손, 자기주식 등
	기타포괄손익누계액	기타포괄손익-공정가치 측정(선택) 금융자산 평가손익누계액[1], 재평가잉여금 등
이익잉여금	이익잉여금(결손금)	이익준비금, 사업확장적립금, 감채적립금, 미처분이익잉여금(미처리결손금) 등

1) 본장에서 언급하는 기타포괄손익-공정가치 측정(선택) 금융자산은 8장에서 설명한 기타포괄손익-공정가치 측정 금융자산(채무상품인 경우)과 기타포괄손익-공정가치 측정(선택) 금융자산(지분상품인 경우)을 모두 포함하는 용어임을 주의할 필요가 있다.

1.3 기업의 형태와 자본회계

자본의 분류와 회계처리를 이해하기 위해서는 기업의 형태에 대한 이해가 선행될 필요가 있다. 왜냐하면 자본의 분류는 상법이나 기타 법규에 의해 영향을 받는 경우가 많은데, 이들 법규는 기업의 형태와 밀접한 관련이 있기 때문이다. 기업은 영리를 추구하는 경제적 활동 단위이지만 기업주체의 단수 · 복수 여부 및 책임의 종류에 따라서 여러 형태로 분류된다.[2)]

1) 자연인기업

자연인기업은 대체로 개인중심으로 운영되는 소규모의 기업 형태로서, 기업이 별도의 독립된 법인격을 갖지 않는 기업이다. 일반적으로 기업주가 한 명일 때에는 개인기업, 기업주가 여러 명인 경우에는 조합기업이라고 한다. 자연인기업인 경우에는 기업과 기업주가 분리되지 않기 때문에 자본의 조달과 사용에 관한 문제가 발생하지 않는다. 따라서 자본에 대한 회계처리도 법률의 규제를 거의 받지 않으며 단순한 형태를 띤다.

예를 들어, 기업주가 출자를 하면 출자금(또는 자본금)을 증가시키고, 손익이 발생하면 출자금에 직접 가감한다. 또한 기업주가 자금을 인출하는 경우에도 출자금에서 직접 차감하면 된다.

2) 법인기업(회사)

법인기업은 기업 자체가 독립된 법인격을 가지기 때문에 기업과 기업주가 분리되는 형태의 기업이다. 우리나라 상법에서는 사원 혹은 주주의 책임한계를 기준으로 법인기업을 합명회사, 합자회사, 유한회사, 주식회사로 구분하고 있다. 특히 주식회사corporation는 오늘날 가장 대표적인 회사의 형태이며, 다른 형태의 법인기업들과 매우 다른 특성을 가지고 있다.

예를 들어, 주식회사의 주주는 출자한 금액을 한도로 책임이 한정되나 다른 형태의 회사들은 직 · 간접으로 사원 혹은 주주가 회사에 대하여 상당한 수준까지 책임을 져야한다는 차이가 있다. 따라서 주식회사는 주주 간(소액주주와 대주주), 그리고 주주와 채권자간에 이해관계가 충돌할 가능성이 다른 형태의 회사들보다 훨씬 크고 이와 관련하여 상법 및 기타 관련법규에서도 주식회사의 자본관련 회계처리 규정에 상당한 차이를 두고 있다.

예를 들어, 합명회사, 합자회사, 유한회사는 기본적으로 사원별로 자본(지분)을 구분하여

---

2) 기업형태는 ① 공기업(국영기업, 공영기업), ② 공사합동기업, ③ 사기업(개인기업, 합명회사, 합자회사, 유한회사, 주식회사, 협동조합)으로 분류될 수 있는데, 본 절에서는 사기업만 설명한다.

회계처리를 한다는 점 외에는 개인기업과 크게 다르지 않지만, 주식회사는 소액주주 및 채권자들을 보호하기 위하여 납입자본 및 이익잉여금의 처분이나 배당에 대하여 여러 가지 제한을 받고 있다. 이로 인해, 주식회사는 자본금과 자본잉여금 및 이익잉여금을 엄격히 구분하여 회계처리를 해야 하며, 이익잉여금 내에서도 배당금의 제한 여부와 이익잉여금의 처분의 우선순위를 알 수 있도록 별도의 계정을 설정해야 하므로 회계처리가 상대적으로 복잡하다.

3) 주식회사의 특징

본 장은 주식회사를 전제로 자본의 회계처리를 설명할 것이므로 주식회사의 특징에 대해서 좀 더 살펴보자. 오늘날 가장 대표적인 기업유형인 주식회사는 다음과 같은 중요한 특성이 있다.

① 유한책임

주식회사는 주주와 독립된 법인격을 갖춘 경제적 실체이며, 특히 주주의 책임은 출자한 자금을 한도로 한정된다. 주주의 이러한 유한책임 때문에 상법 등에서는 납입자본 및 기타 주주지분에 대한 분배와 관련하여 엄격한 규정을 두고 있다. 따라서 기업은 자본을 성격에 따라 구분하여 회계처리를 해야 하며, 특히 배당가능한 경우와 그 처분에 제한이 있는 경우를 엄격히 구분하여 회계처리해야 한다.

② 양도가능성

주주는 회사의 영업활동에 아무런 영향을 미치지 아니하면서 자유롭게 주식을 양도하거나 처분할 수 있다. 회사는 단지 주주명부만을 비치하고 있으며, 주주총회나 배당금 지급에 대해서는 기준일 현재 주식을 보유하고 있는 어느 주주이든 그 권리를 행사할 수 있다. 따라서 주식회사는 거액의 자본을 일반대중으로부터 조달할 수 있으며, 계속기업으로서 영구존속도 가능하다.

SECTION 2 자본거래

자본에 변동을 가져오는 거래에는 두 가지 종류의 거래가 있다. 첫 번째는 주주와 직접적인 거래를 통해 이루어지므로 자본거래라고 하며, 자본에 직접 변동을 가져오는 거래이다. 왜냐하면, 자본거래는 포괄손익계산서에 기록되지 않고 직접 재무상태표의 자본항목에 인식하기 때문이다. 두 번째는 주주와의 자본거래를 제외한 모든 거래이며, 포괄손익계산서에 인식되는 거래이기 때문에 손익거래라고 한다. 포괄손익계산서에 인식된 후에는 마감분개를 통해 자본항목인 미처분이익잉여금이나 기타포괄손익누계액으로 대체되기 때문에 자본에는 간접적으로 영향을 미치는 거래이다. 본 절에서는 자본거래에 대해서 설명하고, 3절에서는 손익거래에 대해 설명한다.

2.1 자본거래의 정의 및 유형

자본거래capital transaction는 기업과 주주간의 거래로 증자, 감자 및 자기주식과 관련된 거래가 해당된다. 여기서 증자capital increase는 주식을 발행하여 자본금을 증가시키는 거래이고, 감자capital reduction는 주주로부터 주식을 취득하고 소각하여 자본금을 감소시키는 거래이다. 한편 주주로부터 주식을 취득하여 기업이 보유하고 있는 경우를 자기주식treasury share이라고 하는데, 자기주식은 추후에 소각하여 감자를 할 수도 있고, 경우에 따라서는 주식을 발행하여 증자하는 대신 자기주식을 처분하여 자본을 증가시킬 수도 있다. 주식의 발행이나 소각으로 인한 자본금의 증감은 현금의 유입이나 유출을 통해 이루어는 경우가 일반적이지만, 현금의 유 · 출입이 없는 경우에도 발생할 수 있다. 본서에서는 자본금의 증감이 모두 유상으로 이루어지는 유상증자paid-in capital increase와 유상감자paid-in capital reduction의 경우에 대해서만 설명한다.[3)]

1) 주식의 발행

(1) 주식수

주식회사는 주주로부터 자본을 조달하기 위해서 주식을 발행하는 경우가 있는데, 이 경우를 증자capital increase라고 한다. 주식의 발행은 이사회의 의결사항으로 정관에서 미리 정한 자본의 한도(수권자본과 수권주식수authorized number of shares) 내에서 발행할 수 있다. 즉, 발행주식수란 수권주식수의 범위 내에서 실제로 발행한 주식수인데, 주의할 점은 주식을 발행했다고 해서 모두 유통되고 있는 것은 아니라는 점이다. 즉, 발행한 주식의 수와 유통되고 있는 주식의 수는 일치하지 않는 경우가 있는데, 이는 회사가 이미 발행하여 유통되고 있는 주식 중에서 일부 주식을 매입하는 경우가 있기 때문이다. 이처럼 발행회사가 발행회사의 주식을 취득하여 보유하고 있는 경우를 자기주식이라고 하며, 발행주식수에서 자기주식수를 차감한 것이 유통주식수이다. 발행주식수와 유통주식수는 구분해야만 하는 이

---

3) 현금의 유 · 출입이 없이 자본금 증감이 발생하는 경우는 무상증자와 무상감자에 대해서는 중급회계에서 다룬다.

유는 포괄손익계산서에 공시되는 주당이익 계산에 사용되는 주식수가 유통주식수이기 때문이다. 주당이익은 당기순손익을 주식수로 나누어 주식 1주당 손익이 얼마인지를 나타내는 지표이다.

(2) 자본금

액면주식의 자본금capital stock은 '1주의 금액'에 발행주식총수를 곱한 금액이다. '1주의 금액'은 상법상의 용어로서, 주식 1주가 가질 수 있는 여러 가지 금액 중에서 정관으로 정해진 금액을 말한다. 액면주식의 경우 1주의 금액은 모든 주식이 균일해야 하고 100원 이상이어야 한다.[4] 일반적으로 '1주의 금액'을 주식의 액면가 또는 액면금액이라고 하며, 주식의 거래가액이나 발행가액과는 일치하지 않는다. 그럼에도 불구하고 상법에서 정관으로 주식의 액면금액을 정하라고 하는 이유는, 회사가 저가에 주식을 발행하면 자본충실의 원칙에 위배될 가능성이 있기 때문에 주식을 발행할 때 발행금액의 최저금액을 정해 놓기 위해서이다.

자본금 = 1주당 액면금액 × 발행주식수

주의할 점은 자본금과 자본은 구분되어야 한다는 점이다. 즉, 자본금은 자본의 구성요소 중 하나일 뿐이다. 우선주를 발행한 경우, 자본금은 보통주자본금과 우선주자본금으로 구분하며, 우선주가 없는 경우에는 자본금으로 표시하는 것이 일반적이다. 우선주preferred stock란, 보통주common stock보다 배당 등에서 더 우선적이나, 의결권에 제한이 있는 경우가 많다.

(3) 주식발행초과금

액면주식을 유상증자하는 경우 주식의 발행금액이 액면금액을 초과(할증발행)하면 그 초과하는 금액을 주식발행초과금capital in excess of par value으로 인식한다. 전술하였듯이, 액면금액은 발행금액의 최저금액을 정하기 위해 설정된 금액이므로 대부분의 증자시 주식발행초과금이 발생한다. 주식발행초과금은 주주가 납입한 자본이므로 납입자본에 해당하며, 자본거래에서 발생하는 이익이기 때문에 자본잉여금으로 분류한다.

증자를 위해 주식을 발행할 때 수수료, 광고비, 인쇄비 등의 주식발행비capital stock issue costs가 발생한 경우에는 주주로부터 받은 금액에서 주식발행비를 차감한 금액을 주식의

4) 주식 1주의 금액이 정관에 정해져 있는 주식을 액면주식이라고 하고, 1주의 금액이 정해져 있지 않은 주식을 무액면주식이라고 한다. 그러나 우리나라의 상장기업은 대부분 액면금액이 ₩5,000인 액면주식을 발행하고 있다.

발행금액으로 한다. 따라서 주식발행초과금을 감소시키는 효과가 발생한다.

(4) 주식할인발행차금

액면주식을 유상증자하는 경우, 주식의 발행금액이 액면금액에 미달(할인발행)하면 그 미달액을 주식할인발행차금discount on stock issuance으로 인식한다. 주식할인발행차금은 주주가 납입한 자본이 아니므로 납입자본에 해당하지 않으며, 자본거래에서 발생하는 손실이기 때문에 자본조정(차감)으로 분류한다. 발행금액이 액면금액에 미달하는 경우가 발생하면 먼저 주식발행초과금을 차감하고, 그 후에도 잔액이 있으면 주식할인발행차금으로 인식한다. 그러나 주식의 할인발행은 회사가 성립한 날로부터 2년이 경과한 후에, 그리고 주주총회의 특별결의와 법원의 인가를 얻어야만 가능하다.

예제 9.1 주식의 발행

20×1년 1월 1일에 설립된 ㈜상세는 창고부지 매입에 필요한 거액의 자금을 조달하기 위하여 20×5년 1월 1일에 보통주 10,000주를 1주당 ₩11,000(1주당 액면금액 ₩10,000)에 발행하는 유상증자를 실시하다. 그리고 주주들로부터 받은 현금 중에서 ₩4,000,000을 광고회사와 증권사 등에 주식발행비로 지불하다.

물음 1 ㈜상세의 20×5년 1월 1일 자본거래에 대해 분개하시오.

해설 1

발행금액(현 금) = ₩11,000 × 10,000주 − ₩4,000,000(주식발행비) = ₩106,000,000
액면금액(자본금) = ₩10,000× 10,000주 = ₩100,000,000
발행금액 − 액면금액 = ₩6,000,000 ☞ 양(+)이므로 주식발행초과금 인식

(차) 현 금	106,000,000	(대) 자 본 금	100,000,000
		주식발행초과금	6,000,000

물음 2 만약 ㈜상세가 20×6년 3월 1일에 주주총회의 특별결의와 20×6년 7월 1일에 법원의 인가를 얻어 20×6년 9월 1일에 보통주 10,000주를 1주당 ₩8,000에 발행하는 유상증자를 한다면 어떻게 분개해야 하는지 제시하시오. 단, 주식발행비는 ₩2,000,000을 현금으로 지급하다.

해설 2

발행금액(현 금) = ₩8,000 × 10,000주 – ₩2,000,000(주식발행비) = ₩78,000,000

액면금액(자본금) = ₩10,000 × 10,000주 = ₩100,000,000

발행금액 – 액면금액 = (–)₩22,000,000 ☞ 음(–)이므로 주식발행초과금 우선 차감 후, 잔액이 남으면 주식할인발행차금 인식

(차)			(대)		
	현 금	78,000,000		자 본 금	100,000,000
	주식발행초과금	6,000,000			
	주식할인발행차금	16,000,000			

2) 자기주식의 취득

자기주식treasury stock이란 주식회사가 이미 발행한 자사의 주식을 취득하여 보유하고 있는 것이다. 취득한 자기주식에는 의결권이 제한되며 배당도 지급하지 않는다. 주식회사가 자기주식을 취득하는 경우는 첫째, 주식을 매입한 후 소각하기 위해서이다. 이 경우에는 자본금이 감소하기 때문에 자기주식을 소각하는 경우를 감자라고 한다. 둘째, 상장기업의 경우에는 주식의 거래가격이 급격하게 하락하면 자본시장에서 기업의 실제 상황이 좋지 않은 것으로 판단하기 때문에 추가적인 자금의 조달이 어려워지거나 주주들로부터 압력을 받을 수 있다. 이와 같은 상황을 방지하고 주가를 일정 수준으로 유지하기 위하여 자기주식을 매입하는 경우도 있다. 셋째, 적대적인 인수합병을 방어하기 위해 자기주식을 취득하는 경우도 있다.

어떤 이유에서든 자기주식의 취득은 자본의 환급이므로 자본의 감소로 회계처리하며, 자본을 차감하는 조정(자본조정)으로 분류한다.

(차)			(대)		
	자기주식(자본조정)	×××		현 금	×××

3) 자기주식의 후속 처리

(1) 자기주식의 소각

자기주식을 소각함으로써 자본금을 감소시키는 것을 감자capital reduction라고 하며, 주식을 발행하여 자본금을 증가시키는 증자와 대응되는 개념이다.

① 감자차익

자기주식 소각으로 감자를 하는 경우에, 자기주식의 취득원가가 자본금의 감소액(액면금액)보다 작으면 이득이 발생하는데, 이를 감자에서 발생하는 이득이라는 뜻으로 감자차익 gains from capital reduction이라고 한다. 감자차익은 회사가 주주와의 거래를 통해 실현한 이익이므로 자본잉여금으로 분류한다.

예를 들어, 액면금액이 ₩10,000인 자사의 주식을 ₩8,000에 현금으로 취득하여, 즉시 소각하는 경우에는 액면금액만큼 자본금을 감소시키고, 차액만큼 감자차익을 대변에 분개한다.

[감자차익 : 자기주식 취득원가 〈 액면금액]

(차)	자기주식*1	8,000	(대)	현금*1	8,000
(차)	자본금*2	10,000	(대)	자기주식*2	8,000
				감자차익*3	2,000

*1. 취득원가, *2. 액면금액, *3. 감자차익 = 액면금액 − 취득원가

② 감자차손

자기주식 소각으로 감자를 하는 경우에, 자기주식의 취득원가가 자본금의 감소액(액면금액)보다 크면 손실이 발생하는데, 이를 감자에서 발생하는 손실이라는 뜻으로 감자차손 loss from capital reduction이라고 한다. 감자차손은 회사가 주주와의 거래를 통해 발생한 손실이므로 감자차익과 우선 상계하고, 잔액이 남으면 자본조정으로 분류한다.

예를 들어, 감자차익이 없는 회사가 액면금액이 ₩10,000인 자사의 주식을 ₩12,000에 현금으로 취득하여, 즉시 소각하는 경우에는 액면금액만큼 자본금을 감소시키고, 차액만큼 감자차손을 차변에 분개한다.

[감자차손 : 자기주식 취득원가 〉 액면금액]

(차)	자기주식*1	12,000	(대)	현금*1	12,000
(차)	자본금*2	10,000	(대)	자기주식*1	12,000
	감자차손*3	2,000			

*1. 취득원가, *2. 액면금액, *3. 감자차익 = 취득원가 − 액면금액

(2) 자기주식의 처분

주식회사가 감자를 위해 자기주식을 취득한 경우가 아니라, 주가관리나 적대적인 인수합병을 방어하기 위해 자기주식을 취득한 경우에는 시장가격이 상승하거나 적대적 인수합병의 위협이 소멸된 후에 자기주식을 자본시장에 매각하는데 이를 자기주식의 재발행이라고도 한다. 이 때 자기주식을 얼마에 매각하는가에 따라 처분손익이 발생할 수 있는데, 이 때의 손익은 주주들에게 신주를 발행하여 유상증자하는 경우와 동일한 성격이므로 당기손익이 아니라 자본잉여금이나 자본조정으로 분류한다.

① 자기주식처분이익

기업이 자기주식을 취득원가보다 고가에 처분할 경우에는 자기주식처분이익gains on sale of treasury stock이 발생한다. 자기주식처분이익은 신주발행을 통해 발생하는 주식할증발행차금과 성격이 유사하므로 자본잉여금으로 분류한다.

예를 들어, ₩8,000에 취득한 자기주식을 ₩10,000에 현금으로 처분할 경우에는 취득원가만큼 자기주식을 감소시키고, 차액만큼 자기주식처분이익을 대변에 분개한다.

[자기주식처분이익 : 처분대가 〉 자기주식 취득원가]

(차) 현 금*1	10,000	(대) 자 기 주 식*2	8,000
		자기주식처분이익*3	2,000

*1. 취득원가, *2. 취득원가, *3. 자기주식처분이익 = 처분대가 − 취득원가

② 자기주식처분손실

기업이 자기주식을 취득원가보다 저가에 처분할 경우에는 자기주식처분손실loss on sale of treasury stock이 발생한다. 자기주식처분손실은 신주발행을 통해 발생하는 주식할인발행차금과 성격이 유사하므로 자본조정으로 분류한다.

예를 들어, ₩12,000에 취득한 자기주식을 ₩10,000에 현금으로 처분할 경우에는 취득원가만큼 자기주식을 감소시키고, 차액만큼 자기주식처분손실을 차변에 분개한다.

[자기주식처분손실 : 처분대가 〈 자기주식 취득원가]

(차) 현 금*1	10,000	(대) 자 기 주 식*2	12,000
자기주식처분손실*3	2,000		

*1. 처분대가, *2. 취득원가, *3. 자기주식처분손실 = 취득원가 − 처분대가

2.2 자본거래 손익의 상계

자본거래로 발생하는 주식발행초과금, 감자차익, 자기주식처분이익은 자본잉여금으로 분류하고, 주식할인발행차금, 감자차손, 자기주식처분손실, 자기주식은 자본조정으로 분류된다.

자본거래의 결과로 발생하는 손익인 주식발행초과금과 주식할인발행차금, 감자차익과 감자차손, 자기주식처분이익과 자기주식처분손실은 서로 상계한 순액만을 재무상태표에 표시한다.

[그림 9-2] 자본거래로 발생하는 손익간의 관계

내 용	자본의 증가(+) → 자본잉여금	자본의 감소(−) → 자본조정	계산공식*	회계처리
증 자	주식발행초과금	주식할인발행차금	±[발행금액 − 액면금액]	상계 후 순액표시
감 자	감 자 차 익	감 자 차 손	±[액면금액 − 취득원가]	
자기주식의 처분	자기주식처분이익	자기주식처분손실	±[처분대가 − 취득원가]	

* 양(+)이면 주식발행초과금, 감자차익, 자기주식처분이익
음(−)이면 주식할인발행차금, 감자차손, 자기주식처분손실

예제 9.2 자본거래

20×1년 1월 1일에 영업을 시작한 ㈜상세는 상품매매기업이다. 다음은 20×1년 기중에 발생한 ㈜상세의 거래이다.

① 1월 1일 : 보통주 10,000주를 1주당 ₩11,000(1주당 액면금액 ₩10,000)에 발행하여 회사를 설립하고, 주주들로부터 받은 현금 중에서 ₩4,000,000을 광고회사와 증권사 등에 주식발행비로 지불하다.
② 5월 1일 : 자기주식 1,000주를 1주당 ₩11,000에 현금으로 취득하다.
③ 7월 1일 : 자기주식 500주를 소각하다.
④ 9월 1일 : 나머지 자기주식을 1주당 ₩12,000에 처분(재발행)하다.

물음 ㈜상세의 거래를 분개하시오.

해설

① 1월 1일

(차) 현 금	106,000,000	(대) 자 본 금	100,000,000
		주식발행초과금	6,000,000

➪ 발행금액(현　금) = ₩11,000 × 10,000주 − ₩4,000,000(주식발행비) = ₩106,000,000
액면금액(자본금) = ₩10,000 × 10,000주 = ₩100,000,000
발행금액 − 액면금액 = ₩6,000,000 ☞ 양(+)이므로 주식발행초과금(자본잉여금) 인식

② 5월 1일

(차) 자 기 주 식	11,000,000	(대) 현 금	11,000,000

➪ 자기주식 = ₩11,000 × 1,000주 = ₩11,000,000
☞ 자본의 감소(−)이므로 차변에 분개하고 자본조정으로 분류한다.

③ 7월 1일

(차) 자 본 금	5,000,000	(대) 자 기 주 식	5,500,000
감 자 차 손	500,000		

➪ 액면금액(자본금) = ₩10,000 × 500주 = ₩5,000,000
취득원가(자기주식) = ₩11,000 × 500주 = ₩5,500,000
액면금액 − 취득원가 = (−)₩500,000 ☞ 음(−)이므로 감자차손(자본조정) 인식

④ 9월 1일

(차) 현 금	6,000,000	(대) 자 기 주 식	5,500,000
		자기주식처분이익	500,000

➪ 처분대가(현금) = ₩12,000 × 500주 = ₩6,000,000
취득원가(자기주식) = ₩11,000 × 500주 = ₩5,500,000
처분대가 − 취득원가 = ₩500,000 ☞ 양(+)이므로 자기주식처분이익(자본잉여금) 인식

SECTION 3 손익거래

손익거래profit and loss transaction는 회계기간 중에 수익이나 비용이 발생하는 거래이다. 따라서 손익거래는 기중에 수익과 비용으로 회계처리를 하며, 포괄손익계산서에 반영된 후 마감절차(마감분개, 마감전기, 장부마감)를 통하여 자본으로 대체된다. 당기순손익 항목들은 집합손익계정을 거쳐 미처분이익잉여금에 누적되고, 기타포괄손익 항목들은 개별적으로 기타포괄손익누계액 항목으로 대체된다.

손익거래의 회계처리에 대해서는 앞의 장들에서 설명하였으므로 본 절에서는 손익거래의 영향으로 증감한 자본항목인 이익잉여금과 기타포괄손익누계액의 처분과 관련된 거래에 대해서 설명한다.

3.1 이익잉여금

이익잉여금retained earnings은 손익거래에서 발생한 당기순이익을 원천으로 하여 회사 내에 남아 있는 잉여금이다. 즉, 재무상태표에 공시되는 이익잉여금은 기업의 설립 당시부터 누적된 당기순손익에서 배당 등 사외유출 누적금액을 차감한 잔액이다. 이처럼 이익잉여금은 자본잉여금과는 달리 배당을 할 수 있는 잉여금이므로 자본잉여금과 구분하여 공시함으로써 투자자들에게 잉여금의 발생원천과 배당가능여부에 대한 정보를 제공할 수 있다.

이익잉여금이 배당가능한 잉여금이지만 모든 이익잉여금을 배당하는 것은 아니다. 기업은 어려울 때를 대비하거나, 사업을 확장하거나, 부채를 갚을 목적으로 이익잉여금을 배당하지 않고 기업 내부에 남겨둘 필요가 있다. 이렇게 남겨진 잉여금을 유보이익이라고 하는데, 유보이익 중 일부는 미래에 사용할 목적을 명확히 표시하기 위해 적립금으로 전환하고, 사용목적이 명확하게 정해지지 않은 유보이익은 미처분이익잉여금unappropriated retained earnings으로 표시하여 다음연도로 이월된다. 따라서 이익잉여금은 각종 적립금과 미처분이익잉여금 계정으로 구성된다.

[그림 9-3] 이익잉여금의 구조

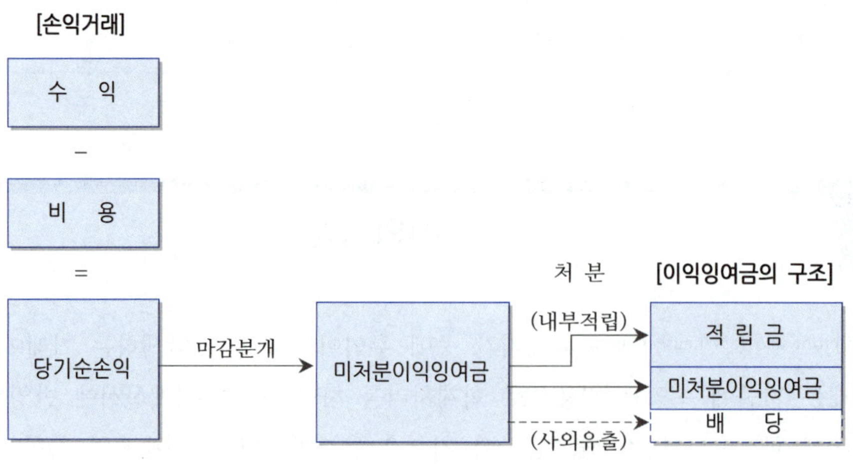

1) 미처분이익잉여금 발생

미처분이익잉여금은 집합손익계정의 마감분개와 전기를 통해 발생한다. 집합손익계정은 손익거래로 발생한 수익 · 비용 계정들 중 당기순손익에 해당되는 계정들에 대해서만 마감분개와 전기를 통해 모아놓은 임시계정이므로 미처분이익잉여금은 당기순손익을 원천으로 발생한다. 만약, 누적 금액이 손실에 해당되면 '미처리결손금'이라는 계정과목을 사용한다.

[집합손익의 마감]

(차) 집 합 손 익	×××	(대) 미처분이익잉여금	×××

2) 미처분이익잉여금의 처분

기업이 정상적인 영업활동, 자산의 처분 및 기타의 손익거래를 통해 이익이 발생하면 이를 사내에 유보할 것인지, 아니면 주주에게 배당을 지급할 것인지 등을 결정하여야 한다. 따라서 미처분이익잉여금의 처분이란 기업의 이익 중 내부에 유보할 부분과 사외로 유출할 부분을 결정하는 과정을 의미한다.

미처분이익잉여금의 처분은 주주총회에서 결정하므로 미처분이익잉여금에 대한 회계처리는 주주총회 결의일에 이루어진다. 따라서 결산시 작성하는 재무상태표에 보고되는 미처분이익잉여금은 마감분개를 통해 당기순손익이 반영된 후, 주주총회의 처분 결정은 반영되지 않은 금액이다.

(1) 법정적립금과 임의적립금

미처분이익잉여금의 처분으로 적립되는 적립금의 종류에는 법정적립금과 임의적립금이 있다. 적립은 미처분이익잉여금을 보다 구체적인 항목으로 대체하는 것이므로 미처분이익잉여금의 처분임에도 불구하고 적립금은 사내에 유보된 이익잉여금이다.

법정적립금statutory reserves은 법으로 강제되는 적립금으로, 이익준비금과 기타법정적립금 등이 있다. 상법에서는 자본금의 50%에 달할 때까지, 이익(현금)배당액의 10% 이상을 이익준비금legal reserves으로 적립하도록 규정하고 있다.

임의적립금voluntary reserves은 사업의 확장이나 부채의 상환 등을 목적으로 정관 등에서 임의로 설정하는 적립금이다. 예를 들면, 사업확장을 위한 사업확장적립금, 부채상환을 위한 감채적립금, 미래의 결손에 대비한 결손보전적립금 등이 있다.

(2) 현금배당

현금배당cash dividends은 기업이 정상적인 영업활동, 자산의 처분 및 기타의 손익거래에서 발생한 이익 중에 주주들에게 지급되는 것으로 미처분이익잉여금이 기업외부로 유출되는 경우에 해당된다.5) 현금배당 여부와 배당금액은 주주총회 결의일에 결정되므로 배당에 대한 회계처리는 배당결의일에 이루어진다.

한편, 주식회사는 현금배당을 할 경우 상법에 따라 현금배당액의 10% 이상의 금액을 이익준비금으로 적립해야 하며, 이익준비금 적립은 이익준비금이 자본금의 50%에 달할 때까지는 반드시 해야만 한다. 또한 현금배당의 경우라 하더라도, 배당결의 후 즉시 현금을 지급할 수는 없으므로 배당결의일에는 미처분이익잉여금을 감소시키는 동시에 미지급배당금이라는 유동부채를 인식하는 분개를 한다. 추후에 실제로 배당금이 지급되면 미지급배당금(부채)을 상환하는 분개를 한다. 배당에 관한 자세한 내용은 4절에서 알아보도록 한다.

[주주총회 결의일]

(차) 미처분이익잉여금	×××	(대)	미지급배당금	×××
			이익준비금	×××
			임의적립금 등	×××

[배당금 지급일]

(차) 미지급배당금	×××	(대) 현금	×××

예제 9.3 이익잉여금의 처분

20×1년 1월 1일에 영업을 시작한 ㈜상세는 상품매매기업이며, 다음은 20×1년 기중에 발생한 거래에 대한 분개와 20×1년 기말과 20×2년에 발생한 ㈜상세의 거래이다. 단, 이외의 거래는 고려하지 않는다.

[20×1년 기중분개]

① 1월 1일

(차) 현금	106,000,000	(대) 자본금	100,000,000
		주식발행초과금	6,000,000

5) 배당에는 현금으로 배당금을 지급하는 현금배당(cash dividends)외에도 주식으로 배당금을 지급하는 주식배당(stock dividends)이 있는데, 주식배당의 경우에는 자본이 기업외부로 유출되지 않고, 주식수만 증가한다.

② 5월 1일

(차) 자기주식	11,000,000	(대) 현금	11,000,000

③ 7월 1일

(차) 자본금	5,000,000	(대) 자기주식	5,500,000
감자차손	500,000		

④ 9월 1일

(차) 현금	6,000,000	(대) 자기주식	5,500,000
		자기주식처분이익	500,000

[20×1년 기말거래 및 20×2년 거래]

① 20×1년 12월 31일 : ㈜상세의 20×1년의 당기순이익은 ₩40,000,000으로 집합손익 계정을 마감하다.
② 20×2년 2월 10일 : 정기주주총회에서 이익준비금 ₩1,900,000을 적립하고, 현금배당 ₩19,000,000을 지급하기로 결의하다.
③ 20×2년 3월 20일 : 현금배당 ₩19,000,000을 주주들에게 지급하다.
④ 20×2년 12월 31일 : ㈜상세의 20×2년의 당기순이익은 ₩20,000,000으로 집합손익 계정을 마감하다.

물음 1 ㈜상세의 20×1년 기말의 마감분개를 제시하시오.

해설 1

(차) 집합손익	40,000,000	(대) 미처분이익잉여금	40,000,000

물음 2 20×1년의 재무상태표의 자본부분을 작성하여 제시하시오.

해설 2

자 본 금

7/1	5,000,000	1/1	100,000,000
		잔액	95,000,000

주식발행초과금

		1/1	6,000,000
		잔액	6,000,000

자기주식

5/1	11,000,000	7/1	5,500,000
		9/1	5,500,000
잔액	0		

감자차손

7/1	500,000		
잔액	500,000		

자기주식처분이익

	11/1 500,000
	잔액 500,000

미처분이익잉여금

	12/31 40,000,000
	잔액 40,000,000

재무상태표(자본부분)

㈜상세 20×1년 12월 31일 현재 (단위 : 원)

과 목	금 액	
자 본		
자 본 금		95,000,000
자본잉여금		6,500,000
주식발행초과금	6,000,000	
자기주식처분이익	500,000	
자 본 조 정		(500,000)
감 자 차 손	(500,000)	
이익잉여금		40,000,000
미처분이익잉여금	40,000,000	
자 본 총 계		141,000,000

물음 3 20×2년의 거래에 대해 분개하고, 20×2년의 재무상태표의 자본부분을 작성하여 제시하시오.

해설 3

① 20×2년 2월 10일

(차) 미처분이익잉여금	20,900,000	(대) 이 익 준 비 금	1,900,000
		미 지 급 배 당 금	19,000,000

② 20×2년 3월 20일

(차) 미 지 급 배 당 금	19,000,000	(대) 현 금	19,000,000

③ 20×2년 12월 31일

(차) 집 합 손 익	20,000,000	(대) 미처분이익잉여금	20,000,000

자 본 금

	1/1 95,000,000
	잔액 95,000,000

주식발행초과금

	1/1 6,000,000
	잔액 6,000,000

자기주식처분이익

		1/1	500,000
		잔액	500,000

감자차손

1/1	500,000		
잔액	500,000		

미처분이익잉여금

2/10	20,900,000	1/1	40,000,000
		12/31	20,000,000
		잔액	39,100,000

이익준비금

		2/10	1,900,000
		잔액	1,900,000

재무상태표(자본부분)

㈜상세 20×2년 12월 31일 현재 (단위 : 원)

과 목	금 액	
자 본		
자 본 금		95,000,000
자본잉여금		6,500,000
주식발행초과금	6,000,000	
자기주식처분이익	500,000	
자 본 조 정		(500,000)
감 자 차 손	(500,000)	
이익잉여금		41,000,000
미처분이익잉여금	39,100,000	
이익준비금	1,900,000	
자 본 총 계		142,000,000

3.2 기타포괄손익누계액

포괄손익계산서에 보고되는 총포괄손익은 일정기간 동안 발생한 모든 손익거래의 성과를 요약하는 지표이다. 자본의 변동은 자본거래와 손익거래를 통해 이루어지므로, 총포괄손익은 자본거래를 제외한 거래(손익거래)를 통해 자본이 변동한 금액이다.

총포괄손익은 당기순손익과 기타포괄손익의 합계금액이지만, 총포괄손익을 마감분개와 마감전기를 통해 자본으로 대체할 때에는 당기순손익과 기타포괄손익을 구분하여 각각 대체하는 방법을 사용한다. 왜냐하면, 당기순손익과 기타포괄손익은 손익으로서 성격이 상이하기 때문이다. 당기순손익은 실현된 손익이므로 배당 등 처분이 가능하다. 미처분이익잉여금으로 대체하고 주주총회에서 처분을 결의하게 된다. 반면 기타포괄손익은 미실현 평가손익이므로 배당 등 처분을 할 수 없다. 자본으로 대체할 때에도 배당 등 처분을 하지 못하도록 구분하기 위해 미처분이익잉여금이 아닌 기타포괄손익누계액 항목으로 대체한다. 즉, 기타포괄손익누계액은 미처분이익잉여금과 달리 주주총회에서 처분을 결의하지 못하며, 평가대상인 자산이 처분될 때에만 장부에서 제거가 이루어질 수 있다.

[그림 9-4] 기타포괄손익과 기타포괄손익누계액

구 분	재무제표의 표시	내 용
기 타 포 괄 손 익	포 괄 손 익 계 산 서	공정가치 변동금액 표시
기타포괄손익누계액	재무상태표의 자본	공정가치 변동금액의 누계액 표시

미실현 평가손익의 성격이 있는 기타포괄손익에는 기타포괄손익-공정가치 측정(선택) 금융자산의 공정가치 측정시 인식하는 기타포괄손익-공정가치 측정(선택) 금융자산 평가손익, 유 · 무형자산의 재평가모형 적용시 인식하는 재평가손익 등이 있다.

1) 기타포괄손익-공정가치 측정(선택) 금융자산 평가손익과 기타포괄손익-공정가치 측정(선택) 금융자산평가누계액

기타포괄손익-공정가치 측정(선택) 금융자산은 공정가치로 기말에 평가하며, 당기 기타포괄손익-공정가치 측정(선택) 금융자산의 공정가치에서 전기 기타포괄손익-공정가치 측정(선택) 금융자산의 공정가치(순장부금액)을 차감하여 계산된 평가손익을 포괄손익계산서의 기타포괄손익에 표시한다. 기타포괄손익에 보고된 기타포괄손익-공정가치 측정(선택) 금융자산 평가손익은 마감분개를 통하여 재무상태표의 자본항목인 기타포괄손익누계액에 기타포괄손익-공정가치 측정(선택) 금융자산평가누계액으로 보고되며, 기타포괄손익-공정가치 측정(선택) 금융자산평가누계액은 주주총회에서도 처분을 결의하지 못한다. 기타포괄손익-공정가치 측정(선택) 금융자산평가누계액은 후속측정에서 발생하는 기타포괄손익-공정가치 측정(선택) 금융자산의 평가손익에 따라 증감이 이루어지며, 완전한 제거는 기타포괄손익-공정가치 측정(선택) 금융자산이 처분되었을 때 인식하는 재분류조정(기타포괄손익)의 마감분개 또는 이익잉여금으로 이전을 통해 이루어진다.

예를 들어, 20×1년에 사업을 개시한 기업이 20×1년 1월 1일에 기타포괄손익-공정가치 측정(선택) 금융자산 ₩2,000,000을 현금매입하고, 20×1년 12월 31일 평가 시에 ₩2,600,000으로 공정가치가 상승하고, 20×2년 12월 31일에 공정가치가 ₩1,800,000으로 하락한다면 각 연도말의 평가시의 분개는 다음과 같다.

① 20×1년 1월 1일에 기타포괄손익-공정가치 측정(선택) 금융자산을 ₩2,000,000에 현금으로 취득

(차) 기타포괄손익-공정가치 측정(선택) 금융자산	2,000,000	(대) 현 금	2,000,000

② 20×1년 말에 금융자산평가이익(기타포괄손익) ₩600,000 인식

(차) 기타포괄손익-공정가치 측정(선택) 금융자산	600,000	(대) 금융자산평가이익 (기타포괄손익)	600,000

[마감분개]

(차) 금융자산평가이익 (기타포괄손익)	600,000	(대) 기타포괄손익-공정가치 측정 (선택) 금융자산평가누계액	600,000

③ 20×2년 말에 당기 하락금액인 ₩800,000을 금융자산평가손실(기타포괄손익)으로 인식

(차) 금융자산평가손실 (기타포괄손익)	800,000	(대) 기타포괄손익-공정가치 측정(선택) 금융자산	800,000

[마감분개]

(차) 기타포괄손익-공정가치 측정 (선택) 금융자산평가누계액	800,000	(대) 금융자산평가손실 (기타포괄손익)	800,000

☞ 20×1년 말 기타포괄손익-공정가치 측정(선택) 금융자산평가누계액 ₩600,000과 20×2년 말 기타포괄손익-공정가치 측정(선택) 금융자산평가손실 ₩800,000을 합산하여 20×2년 말 기타포괄손익-공정가치 측정(선택) 금융자산평가누계액을 ₩(200,000)으로 재무상태표에 보고한다.

예제 9.4 기타포괄손익-공정가치 측정(선택) 금융자산 평가손익

20×1년 1월 1일에 영업을 시작한 ㈜상세는 20×1년 11월 30일에 상장기업인 ㈜영성의 주식을 ₩6,000,000에 취득하고 기타포괄손익-공정가치 측정(선택) 금융자산으로 분류하였다. 다음은 20×1년과 20×2년의 기말평가액 및 당기순손익을 표시한 것이다. 단, 당기순손익은 ㈜영성의 주식관련 손익이 반영되지 않은 금액이다.

구 분	20×1년 12월 31일	20×2년 12월 31일
㈜영성 주식의 기말평가액	₩5,500,000	₩6,100,000
㈜상세의 당기순손익	₩5,000,000	₩4,500,000

물음 1 20×1년 12월 31일 기말평가 및 마감시의 분개를 하시오.

해설 1

① 기말평가 분개(20×1년 12월 31일)

(차)	금융자산평가손실 (기타포괄손익)	500,000	(대)	기타포괄손익-공정가치 측정(선택) 금융자산	500,000

☞ ₩6,000,000의 취득원가가 20×1년 말에 ₩5,500,000으로 ₩500,000만큼 하락하였으므로 기타포괄손익-공정가치 측정(선택) 금융자산손실이 발생한다.

② 마감분개

(차)	기타포괄손익-공정가치 측정 (선택) 금융자산평가누계액	500,000	(대)	금융자산평가손실 (기타포괄손익)	500,000

물음 2 20×2년 12월 31일 기말평가 및 마감시의 분개를 하시오.

해설 2

① 기말평가 분개(20×2년 12월 31일)

(차)	기타포괄손익-공정가치 측정(선택) 금융자산	600,000	(대)	금융자산평가이익 (기타포괄손익)	600,000

☞ 20×1년 말 ₩5,500,000의 순장부금액이 20×2년 말에 ₩6,100,000으로 ₩600,000만큼 상승하였으므로 기타포괄손익-공정가치 측정(선택) 금융자산이익이 발생한다.

② 마감분개

(차)	금융자산평가이익 (기타포괄손익)	600,000	(대)	기타포괄손익-공정가치 측정 (선택) 금융자산평가누계액	600,000

물음 3 20×2년 포괄손익계산서 및 재무상태표(자본만)를 작성하시오. 단, 자본금은 ₩50,000,000으로 가정한다.

해설 3

포괄손익계산서 및 재무상태표(20×2년)

① 포괄손익계산서

기타포괄손익-공정가치 측정(선택) 금융자산이 20×1년 말 보다 20×2년 말에 ₩600,000만큼 상승하였으므로, 총포괄이익은 ₩5,100,000이 된다.

포괄손익계산서

㈜상세 20×2년 1월 1일부터 20×2년 12월 31일까지 (단위 : 원)

과 목	금 액	
매 출 액		×××
:	:	:
당기순이익		4,500,000
기타포괄이익		
금융자산평가이익(기타포괄손익)	600,000	
법인세비용 차감후 기타포괄이익		600,000
총포괄이익		5,100,000

과 목	20×1년	20×2년	20×1년 ~ 20×2년
당 기 순 이 익	5,000,000	4,500,000	9,500,000
금융자산평가손익(기타포괄손익)	(500,000)	600,000	100,000
총 포 괄 이 익	4,500,000	5,100,000	9,600,000

② 재무상태표(자본부분)

20×1년부터 20×2년에 걸친 기타포괄손익-공정가치 측정(선택) 금융자산 평가손익을 상계하여 20×2년에 재무상태표의 자본항목에 ₩100,000의 기타포괄손익-공정가치 측정(선택) 금융자산평가누계액을 기타포괄손익누계액에 순액으로 표시한다. 또한 법인세 및 이익잉여금의 처분이 없으므로 20×2년의 미처분이익잉여금은 ₩4,500,000이 된다.

재무상태표(자본부분)

㈜상세 20×2년 12월 31일 현재 (단위 : 원)

과 목	금 액	
자 본		
자 본 금		50,000,000
이익잉여금		9,500,000
미처분이익잉여금	9,500,000	
기타포괄손익누계액		100,000
기타포괄손익-공정가치 측정(선택) 금융자산평가누계액	100,000	
자 본 총 계		59,600,000

물음 4 20×2년 7월 1일에 ㈜영성의 주식을 ₩6,000,000에 매각하였다고 가정하고, 매각시 분개와 20×2년 포괄손익계산서 및 재무상태표(자본만)를 작성하시오. 단, 주식매각 직전까지 당기순이익은 ₩3,000,000이었고 자본금은 ₩50,000,000으로 가정하라.

해설 4

① 매각시 분개

(차)	기타포괄손익-공정가치 측정(선택) 금융자산	500,000	(대)	금융자산평가이익 (기타포괄손익)	500,000
	현금	6,000,000		기타포괄손익-공정가치 측정(선택) 금융자산	6,000,000

②

포괄손익계산서

㈜상세 20×2년 1월 1일부터 20×2년 12월 31일까지 (단위 : 원)

과목	금액	
당기순이익		3,000,000
기타포괄손익		500,000
총포괄이익		3,500,000

③

재무상태표(자본부분)

㈜상세 20×2년 12월 31일 현재 (단위 : 원)

과목	금액	
자 본		
자본금		50,000,000
이익잉여금		8,000,000*
미처분이익잉여금	8,000,000	
기타포괄손익누계액		0**
자본총계		58,000,000

* ₩8,000,000 = 기초 미처분이익잉여금 + 당기순이익 = ₩5,000,000 + ₩3,000,000

** ₩0 = 기초 기타포괄손익누계액 + 당기기타포괄손익누계액 = ₩(500,000) + ₩500,000

2) 재평가모형에서 유 · 무형자산의 평가손익과 재평가잉여금

기업은 유 · 무형자산을 최초 인식한 후에 원가모형이나 재평가모형을 선택하여 유 · 무형자산을 평가할 수 있는데, 재평가모형을 선택한 경우에는 유 · 무형자산을 공정가치로 평가하여 측정한다. 이 때 공정가치에 변동이 있는 경우에는 공정가치 변동에 따른 평가손익을 재평가손익으로 인식하는데, 유 · 무형자산의 재평가이익이 발생한 경우에는 기타포괄손익으로 분류하고, 마감분개를 통해 자본으로 대체할 때에는 기타포괄손익누계액 항목인 재평가잉여금으로 대체한다.

유 · 무형자산의 평가이익은 미실현된 평가손익이므로, 자본으로 대체된 기타포괄손익누계액 항목인 재평가잉여금도 미처분이익잉여금과 달리 주주총회에서도 처분을 결의할 수 없다. 따라서 재평가잉여금은 후속측정에서 발생하는 유 · 무형자산의 평가손익에 따라 증감이 이루어지며, 완전한 제거는 해당 유 · 무형자산이 처분되었을 때 미처분이익잉여금으로 대체함으로써 이루어질 수 있다. 단, 기타포괄손익-공정가치 금융자산평가누계액과는 달리 재평가잉여금은 해당 유 · 무형자산이 처분되더라도 제거하지 않고 계속 인식하는 방법도 허용된다.

예를 들어 20×1년에 사업을 개시한 기업이 20×1년 1월 1일에 토지를 ₩2,000,000을 현금매입하고, 재평가모형을 적용하는 경우, 20×1년 12월 31일 평가 시에 ₩2,600,000으로 공정가치가 상승한다면 각 연도 말의 평가시의 분개는 다음과 같다.

① 20×1년 1월 1일에 토지를 ₩2,000,000에 현금으로 취득

(차) 토 지	2,000,000	(대) 현 금	2,000,000

② 20×1년 말에 토지의 평가이익 ₩600,000 인식

(차) 토 지	600,000	(대) 토지재평가이익 (기타포괄손익)	600,000

[마감분개]

(차) 토지재평가이익 (기타포괄손익)	600,000	(대) 토지재평가잉여금 (기타포괄손익누계액)	600,000

SECTION 4 배 당

배당은 주주들의 납입자본을 기초로 획득한 이익을 주주들에게 분배하는 것을 의미한다. 쉽게 말해 기업이 획득한 이윤을 기업의 주인인 주주들과 나누는 행위이다. 모든 이익이 배당의 대상이 되지는 않는다. 기업은 결산을 종료한 후 배당가능이익을 산출하여 주주총회의 결의로 배당을 할 수 있다. 배당은 이익잉여금에서 지급하여야 하며 배당의 회계처리에 중요한 회계 시점은 배당기준일, 배당결의(선언)일 및 배당지급일이다. 배당기준일은 배당받을 권리가 있는 주주를 확정하는 날이며 배당기준일에 주주명부에 속한 주주에게만 배당금을 받을 권리가 있다. 배당결의일은 주주총회 결의일이며 배당금액을 결정한 날이다. 이날 주주들은 결의된 배당금을 지급 받을 권리가 부여되고 기업은 배당을 지급해야할 의무가 발생한다. 배당지급일은 회사가 배당을 주주에게 실제로 지급하는 날이다. 배당금 지급의 대표적인 형태는 현금배당과 주식배당이 있다.

4.1 배당금의 계산

합법적인 배당은 이익잉여금의 범위내에서 지급하여야 하며 납입자본에서 지급할 수는 없다. 또한 상법에서 이익배당액(주식배당은 제외) 중 최소 10% 이상을 50%에 달할 때까지 이익준비금으로 적립해야 한다. 그러므로 배당의 최대 가능 금액은 다음과 같이 계산할 수 있다.

배당가능금액
= [미처분이익잉여금 + 임의적립금 이입액 - 기타법정적립금 적립액 - 기타 이익잉여금 처분액] ÷ 1.1

예제 9.5 배당가능금액

20×0년 1월 1일에 영업을 시작한 ㈜상세는 상품매매기업이다. ㈜상세는 20×1년 영업실적에 대해 배당을 결의하다. ㈜상세의 전기이월미처분이익잉여금은 ₩700,000이며 20×1년 당기순이익은 ₩2,800,000이다. ㈜상세는 다음과 같이 이익잉여금을 처분할 예정이다. ㈜상세의 당기 배당 최대금액은 얼마인가?

기타법정적립금 : ₩500,000
임의적립금적립 : ₩800,000

해설

배당 최대금액 = [₩700,000 + ₩2,800,000 − ₩500,000 − ₩800,000] ÷ 1.1
= ₩2,000,000

4.2 현금배당과 주식배당

1) 현금배당

현금배당은 배당금을 현금으로 지급하는 것이다. 배당결의일에 주주총회에서 현금배당을 결의함과 동시에 배당을 현금으로 지급하지는 않는다. 배당결의일에 배당을 받을 주주들은 권리가, 기업은 배당을 지급할 의무가 발생한다. 그러므로 부채인 미지급배당금을 인식하고 배당액의 10%를 이익준비금으로 인식한다. 향후 배당금을 실제로 지급하는 시점에 미지급배당금은 상계된다.

① 배당결의일(주주총회 결의일)

(차) 이익잉여금	110,000	(대) 미지급배당금	100,000
		이익준비금	10,000

② 배당지급일(배당지급시점)

(차) 미지급배당금	100,000	(대) 현금	100,000

2) 주식배당

주식배당은 회사가 이익잉여금을 납입자본에 전입하여 신주를 발행하고 주주에게 교부하는 배당이다. 쉽게 설명하자면 자본 내 항목인 이익잉여금을 신주를 발행하여 주주에게 교부하며 자본금으로 전환하는 형태이다. 결국 발행주식 수만 증가하고 이익잉여금은 자본금으로 재분류된다. 이렇게 되면 자본 내에서만 재분류가 이루어지므로, 현금배당과 달리 기업은 현금과 같은 자산을 외부로 유출하지 않고, 자본의 총액 또한 변함없다. 보다 세부적으로 주식배당시 주식의 액면금액만큼 이익잉여금을 자본금으로 대체시킨다. 배당결의일에 주식배당을 결의하면 자본조정 항목인 미교부주식배당금을 인식하고 향후 배당금을 지급하는 시점에 상계한다. 주식배당의 경우 이익준비금은 적립하지 않는다.

① 배당결의일(주주총회 결의일)

(차) 이 익 잉 여 금 (배당주식액면금액)	100,000	(대) 미교부주식배당금 (자 본 조 정)	100,000

② 배당지급일(배당지급시점)

(차) 미교부주식배당금 (자 본 조 정)	100,000	(대) 자 본 금	100,000

4.3 우선주 배당

기업은 자본조달을 위해 보통주뿐만 아니라 우선주preferred stock도 발행한다. 시장에는 다양한 투자자가 참여한다. 다양한 투자자마다 투자안의 위험과 수익에 대한 선호도가 다를 수 있다. 그러므로 동일한 기업이라도 보통주와 우선주를 나누어 발행하여 투자자들의 다양한 수요를 만족시키고 자본을 조달을 용이하게 하려한다. 우선주는 보통주에 우선하는 특정 권한을 부여한 주식이다. 대표적으로 이익배당에 우선권을 갖는 이익배당우선주, 보통주로 전환할 수 있는 전환우선주 등 다양한 종류가 있다. 이들 중 이익배당우선주의 의미와 배당처리를 알아보자.

1) 이익배당우선주의 의미

이익배당우선주는 보통주의 주주가 이익배당을 받기 전에 배당을 받을 수 있는 권리가 부여된 주식이다. 단, 보통주와는 달리 주주총회에서 의결권을 행사할 수 없다. 이익배당우선주는 과거에 받지 못한 이익배당에 대한 우선권과 잔여배당금에 대한 우선권에 따라 다음과 같이 나눌 수 있다. 이 우선주의 성격에 따라 보통주에 귀속될 배당금과 우선주에 귀속될 배당금이 달라진다.

누적적 우선주cumulative preferred stock는 과거 연도에 배당이 결의되지 않거나 배당액이 우선주의 배당률에 해당하는 금액에 미달하는 경우에 효력이 있다. 이후 회계연도에 보통주 배당이 지급되기 전에, 과거 미달 금액과 당기 배당금을 우선적으로 받을 수 있는 우선주이다. 참가적 우선주participating preferred stock는 우선주 배당 후 보통주 배당까지 이루어진 이후에도 배당금 잔액이 있을 때 추가로 배당 받을 수 있는 권리가 부여된 우선주이다. 배당금 잔액은 보통주에게 귀속되지만 참가적 우선주 주주에게는 배당금 잔액을 받을 수 있는 권리가 있다.

[그림 9-5] 이익배당우선주 유형

우선권		잔여이익 ○	잔여이익 ×
과거 미지급 이익배당	○	누적적 · 참가적	누적적 · 비참가적
	×	비누적적 · 참가적	(이익배당우선주가 아님)

2) 이익배당우선주의 배당금 계산

이익배당우선주가 있을 때 배당금은 두 단계로 나누어 계산한다. 먼저 기본배당금을 계산한다. 기본배당금은 전체 배당금액 중 우선주에게 먼저 배당한 후 보통주에게 배당한다. 우선주에게 귀속되는 배당금은 우선주자본금에 배당률을 곱하여 계산한다. 이때, 누적적 우선주가 과거에 이익배당을 받지 못한 연도가 있을 경우 그 횟수를 곱한다. 첫 번째 기본배당금에 대한 계산을 요약하면 다음과 같다.

〈1단계 : 기본배당금〉

배당가능금액
- ① 비누적적 우선주 배당금 (= 우선주 자본금 × 배당률)
- ② 누적적 우선주 배당금 (= 우선주 자본금 × 배당률 × 누적횟수)
- 보통주 배당금 (= 보통주 자본금 × 배당률)

= 잔여배당금

위 기본배당금을 계산한 후 전체 배당가능금액에서 차감하면 잔여배당금이 있음을 알 수 있다. 두 번째 단계는 잔여배당금에 대한 처리 단계이다. 만약 우선주가 잔여배당금에 대한 우선권이 없는 비참가적 우선주라면 이 잔여배당금은 보통주에게 모두 귀속된다. 하지만 참가적 우선주일 경우 잔여배당금에 대한 권리를 보통주 주주와 함께 갖게 된다. 그렇다면 잔여배당금을 우선주 주주와 보통주 주주에게 어떤 기준으로 배분해야 할까? 보통주 및 우선주 자본금의 비율에 따라 나누어 배당한다.

〈2단계 : 잔여배당금〉

잔여배당금
- 참가적적 우선주 배당금 (= 잔여배당금 × [우선주 자본금 / 총 자본금])
- 보통주 배당금 (= 잔여배당금 × [보통주 자본금 / 총 자본금])

예제 9.6 우선주 배당금

20×9년 12월 31일 ㈜우선은 ₩200,000의 현금배당을 계획하고 있다. 우선주에 대해서는 20×8년에 배당금을 지급하지 못하였다. ㈜우선의 보통주배당률은 6%, 우선주배당률은 10%이다. 현재 ㈜우선의 발행주식에 대한 정보는 다음과 같다.

1. 보통주
   액면금액 : ₩2,000, 발행주식수 : 200주

2. 우선주
   액면금액 : ₩2,000, 발행주식수 : 300주

물음 1 우선주의 종류에 따라 20×9년도 보통주 배당금과 우선주 배당금을 구하시오.

해설 1

1. 비누적적 · 참가적 우선주
   ① 기본배당금
   보통주 배당금 : [₩2,000 × 200주] × 6% = ₩24,000
   우선주 배당금 : [₩2,000 × 300주] × 10% = ₩60,000
   잔여배당금 : ₩200,000 − ₩24,000 − ₩60,000 = ₩116,000

   ② 잔여배당금의 분배
   보통주 : ₩116,000 × [₩400,000 / ₩1,000,000] = ₩46,400
   우선주 : ₩116,000 × [₩600,000 / ₩1,000,000] = ₩69,600

   ③ 20×9년 보통주 · 우선주 배당금 총액
   보통주 : ₩24,000 + ₩46,400 = ₩70,400
   우선주 : ₩60,000 + ₩69,600 = ₩129,600

2. 누적적 · 비참가적 우선주
   ① 기본배당금
   보통주 배당금 : [₩2,000 × 200주] × 6% = ₩24,000
   우선주 배당금 : [₩2,000 × 300주] × 10% × 2 = ₩120,000
   잔여배당금 : ₩200,000 − ₩24,000 − ₩120,000 = ₩56,000

   ② 잔여배당금의 분배
   보통주 배당금 : ₩56,000

   ③ 20×9년 보통주 · 우선주 배당금 총액
   보통주 : ₩24,000 + ₩56,000 = ₩80,000
   우선주 : ₩120,000

3. 누적적 · 참가적 우선주

① 기본배당금

보통주 배당금 : [₩2,000 × 200주] × 6% = ₩24,000

우선주 배당금 : [₩2,000 × 300주] × 10% × 2 = ₩120,000

잔여배당금 : ₩200,000 – ₩24,000 – ₩120,000 = ₩56,000

② 잔여배당금의 분배

보통주 : ₩56,000 × [₩400,000 / ₩1,000,000] = ₩22,400

우선주 : ₩56,000 × [₩600,000 / ₩1,000,000] = ₩33,600

③ 20×9년 보통주 · 우선주 배당금 총액

보통주 : ₩24,000 + ₩22,400 = ₩46,400

우선주 : ₩120,000 + ₩33,600 = ₩153,600

SECTION 5 자본변동표

자본변동표statement of changes in equity는 자본의 크기와 그 변동에 관한 정보를 제공하는 재무보고서로서, 자본을 구성하고 있는 자본금, 자본잉여금, 자본조정, 기타포괄손익누계액, 이익잉여금의 변동에 관한 정보를 제공한다. 자본변동표에는 자본을 구성하는 항목별로 기초잔액, 변동사항, 기말잔액을 표시한다. 자본변동표의 양식은 다음과 같다.

자 본 변 동 표

㈜상세 20×1년 1월 1일부터 20×1년 12월 31일 현재 (단위 : 원)

구 분	자 본 금	자본잉여금	기타포괄손익누계액	이익잉여금	총 계
20×1년 1월 1일 잔액	100,000,000	0	2,000,000	10,000,000	112,000,000
20×1년 자본의 변동					
유 상 증 자	60,000,000	20,000,000			80,000,000
현 금 배 당				(1,000,000)	(1,000,000)
당기순이익				2,000,000	2,000,000
기타포괄손익-공정가치 측정 (선택) 금융자산 평가이익			600,000		600,000
20×1년 12월 31일 잔액	160,000,000	20,000,000	2,600,000	11,000,000	193,600,000

친절한 재무회계

Accounting

주관식 문제

9.1 자본의 회계처리

다음은 20×1년 기중에 발생한 ㈜상세의 거래이다. 다음 거래를 분개하고 재무상태표(자본부분)를 작성하시오. 단, 이외의 거래는 고려하지 않으며, 법인세 및 이익잉여금의 처분은 없다.

[20×1년의 거래]

① 1월 1일 : 보통주 10,000주를 1주당 ₩11,000(1주당 액면금액 ₩10,000)에 발행하여 회사를 설립하다.
② 5월 1일 : 자기주식 1,000주를 1주당 ₩9,000에 현금으로 취득하다.
③ 7월 1일 : 자기주식 500주를 소각하다.
④ 9월 1일 : 자기주식 300주를 1주당 ₩10,000에 처분하다.
⑤ 10월 1일 : A사가 10월 1일에 액면발행한 사채(액면이자율은 연 8%, 분기별 이자지급 조건)를 ₩6,000,000에 현금으로 취득하고 기타포괄손익-공정가치 측정 금융자산으로 분류하다.
⑥ 12월 31일 : A사의 사채에 대한 이자를 수령하고 사채는 ₩7,000,000으로 평가 및 마감되다.
⑦ 12월 31일 : 20×1년 당기순이익은 ₩20,000,000으로, 집합손익 계정을 마감하다.

9.2 자본의 회계처리

㈜상세의 [연습문제 9.1]의 20×1년의 거래와 20×2년에 발생한 다음의 거래를 참조하여, 20×2년의 거래에 대한 분개를 하고 포괄손익계산서(단일) 및 재무상태표(자본부분)를 작성하시오. 단, 이외의 거래는 고려하지 않으며, 법인세 및 이익잉여금의 처분은 없다.

[20×2년의 거래]

① 2월 10일 : 이사회의 승인대로 정기주주총회에서 이익준비금 ₩4,000,000을 적립하기로 결의하고, 현금배당 ₩2,000,000은 결의와 동시에 지급하다.
② 12월 31일 : A사의 사채가 ₩5,400,000으로 평가 및 마감되다.
③ 12월 31일 : 20×2년 당기순이익은 ₩30,000,000으로, 집합손익 계정을 마감하다.

9.3 자본변동표

㈜상세의 [연습문제 9.1]과 [연습문제 9.2]의 자료를 참조하여, 20×2년의 자본변동표를 작성하시오.

9.4 배당

㈜상세는 20×1년과 20×2년도 중 20×2년도 배당가능이익이 부족하여 배당금을 지급하지 못하다. 20×3년도에 모두 ₩1,500,000의 현금배당을 계획하고 있으며, 보통주 배당률은 5%, 우선주 배당률은 6%이다. ㈜상세의 20×3년 말 발행주식수는 다음과 같다.

[20×3년말 발행주식수]

① 보통주 액면금액 : ₩2,000, 발행주식수 : 3,000주

② 우선주 액면금액 : ₩2,000, 발행주식수 : 2,000주

1) 우선주가 비누적적, 참가적인 경우 보통주 및 우선주 배당금은 얼마인가?

2) 우선주가 누적적, 비참가적인 경우 보통주 및 우선주 배당금은 얼마인가?

3) 우선주가 누적적, 참가적인 경우 보통주 및 우선주 배당금은 얼마인가?

친 절 한 재무회계 Accounting

객관식 문제

9.1 기타포괄손익-공정가치 측정 금융자산 평가손익

기말에 기타포괄손익-공정가치 측정 금융자산 평가손익의 보고방법으로 옳은 것은?

① 포괄손익계산서의 기타비용으로 보고한다.

② 재무상태표의 기타포괄손익누계액으로 보고한다.

③ 기타포괄손익-공정가치 측정 금융자산 평가손익은 인식하지 않는다.

④ 재무상태표의 기타포괄손익-공정가치 측정 금융자산에 차감형식으로 보고한다.

9.2 자본의 회계처리

우리나라 기업회계기준에 따라 자기주식과 관련된 거래를 처리할 경우 다음의 설명 중 타당한 것은? (CPA 2008)

① 자기주식의 재발행가액이 취득원가보다 큰 경우 기타자본잉여금이 감소한다.

② 자기주식을 소각할 경우 자기주식의 취득원가와 최초발행금액을 비교하여 회계처리한다.

③ 감자차손은 주식의 소각에 의하여 나타나므로 결손금처리순서에 따라 보전하지만, 자기주식처분손실은 자기주식을 재발행하면서 나타나므로 결손금처리순서에 따라 보전하지 않는다.

④ 자기주식의 취득원가가 재발행가액보다 큰 경우 미처분이익잉여금을 차기한다.

⑤ 자기주식을 소각할 경우 자기주식 취득원가의 크기에 따라 자본잉여금의 잔액이 달라질 수 있다.

9.3 주식의 발행

㈜한국은 액면가액 ₩10,000인 보통주 100주를 주당 ₩30,000에 발행하다. 발행대금은 전액 당좌예금에 입금하며, 주식인쇄 등 주식발행과 직접 관련된 비용 ₩40,000을 현금으로 지급하다. 유상증자 이전에 주식할인발행차금 미상각 잔액 ₩800,000이 존재할 때, 동 유상증자 후 주식발행초과금의 잔액은? (9급 공무원 2012)

① ₩200,000

② ₩1,000,000

③ ₩1,160,000

④ ₩1,960,000

9.4 주식의 발행

㈜대한은 주당 액면금액 ₩10,000인 보통주 500주를 주당 ₩30,000에 발행하다. 발행대금은 전액 당좌예금에 입금되며, 주식인쇄비 등 주식발행과 직접 관련된 비용 ₩1,000,000이 지급되다. 유상증자 직전에 주식할인발행차금 미상각잔액 ₩1,600,000이 존재할 때, ㈜대한의 유상증자로 인한 자본의 증가액은 얼마인가? (세무사 2014)

① ₩5,000,000

② ₩9,000,000

③ ₩12,400,000

④ ₩14,000,000

⑤ ₩15,000,000

9.5 자본의 변동

보통주(주당 액면가액 ₩2,000)만을 발행하고 있는 ㈜국세의 20×1년도 회계기간 중 자본과 관련된 거래내역은 다음과 같다. (세무사 2010)

일 자	거래내역
20×1년 3월 3일	자기주식 취득(100주, @₩2,600)
20×1년 8월 7일	자기주식 재발행(60주, @₩3,000) 자기주식 소각(40주)
20×1년 8월 9일	A기타포괄손익-공정가치 측정 금융자산 취득(150주, @₩2,000)
20×1년 12월 31일	A기타포괄손익-공정가치 측정 금융자산 공정가치(150주, @₩2,600)

20×1년도 당기순이익이 ₩3,000,000이라면 ㈜국세의 20×1년 회계기간의 자본증가액은 얼마인가? 단, 위 자료 이외의 자본과 관련된 일체의 거래는 없다. 또한 직전연도까지 자기주식 및 기타포괄손익-공정가치 측정 금융자산의 취득은 없으며, 자기주식 취득은 정당한 것으로 가정한다.

① ₩2,000,000

② ₩2,114,000

③ ₩2,830,000

④ ₩3,010,000

⑤ ₩3,114,000

9.6 자본의 변동

다음은 20×8년 중에 발생한 ㈜한국의 자본거래 내역이다.

- 1월 5일 : 회사가 발행한 보통주식(주당 액면가액 ₩10,000, 주당 발행가액 ₩5,000) 중 100주를 주당 ₩20,000에 취득하다.
- 6월 5일 : 위 주식 중 50주를 ₩24,000에 매각하다.
- 8월 5일 : 위 주식 중 20주를 ₩18,000에 매각하다.
- 12월 5일 : 위 주식 중 나머지를 모두 소각하다.

우리나라 회계기준에 따라 회계처리할 경우 상기 거래가 자본잉여금(이익잉여금 처분 전)에 미치는 영향은 얼마인가? 단, 상기 거래 이전에 자기주식처분손실, 감자차손, 자기주식처분이익, 감자차익의 잔액은 없으며, 상기 거래 이외의 자본거래는 없다고 가정한다. (CPA 2009)

① ₩ 140,000 증가
② ₩ 160,000 증가
③ ₩ 200,000 증가
④ ₩ 300,000 증가
⑤ 영향 없음

9.7 자본의 변동

다음 중 자본거래의 유형이 각 자본항목의 금액에 미치는 영향으로 옳지 않은 것은?

	자본금	이익잉여금	총자본
① 주식배당	증가	감소	증가
② 주식의 할증발행	증가	영향없음	증가
③ 자기주식 취득	영향없음	영향없음	감소
④ 유상증자	증가	영향없음	증가
⑤ 현금배당	영향없음	감소	감소

10

CHAPTER

현금흐름표

CONTENTS

Section 1 현금흐름표의 기본개념

1.1 발생주의와 현금주의

1.2 현금흐름표의 의의 및 필요성

1.3 현금의 정의

1.4 현금흐름표의 표시

Section 2 현금흐름표의 작성원리

2.1 재무상태표 등식의 이용

2.2 재무상태표 항목과 포괄손익계산서 항목의 구분

2.3 현금흐름의 활동구분에서 주의해야 할 항목

Section 3 현금흐름표의 작성

3.1 영업활동 현금흐름

3.2 투자활동으로 인한 현금흐름

3.3 재무활동으로 인한 현금흐름

CHAPTER 10 현금흐름표

재무보고의 목적은 기업의 미래 현금흐름의 금액, 시기 및 불확실성을 예측하는 데 도움이 되는 정보를 제공하는 것이다. 이를 위해 회계는 다양한 재무제표를 작성하고 공시함으로써 이해관계자들이 경제적 의사결정을 합리적으로 수행하는데 필요한 정보를 제공한다. 현재 공시되고 있는 주요 재무제표는 포괄손익계산서, 재무상태표, 자본변동표, 그리고 현금흐름표이다. 현금흐름표를 제외한 재무제표들의 형식과 작성방법에 대해서는 앞의 장들에서 다루었으므로, 본 장에서는 현금흐름표의 형식과 작성방법에 대해서 살펴본다.

SECTION 1 현금흐름표의 기본개념

1.1 발생주의와 현금주의

오늘날의 포괄손익계산서와 재무상태표는 발생기준accrual basis에 의해 작성된다. 발생기준에 따르면 수익과 비용은 현금의 유 · 출입과 무관하게 수익과 비용이 발생했다고 판단되는 시점에 기록한다. 수익의 발생여부 판단기준은 '수익을 창출하기 위해 필요한 노력을 이미 행했고, 그 노력의 대가로 받게 될 금액이 분명한가?'이다. 한편 비용의 발생여부 판단은 '수익을 창출하기 위해 노력하는 과정에서 기업의 자산이 소비되었는가?'이다.

예를 들어 판매자가 상품을 판매하고 훗날 그 판매대금을 받기로 했다면 이 경우 수익과 비용은 발생한 것이다. 왜냐하면 판매자가 수익을 창출하기 위해 해야 할 노력(상품의 인도)이 있었고, 이 노력의 대가로 받게 될 매출채권 금액이 확실하기 때문이다. 따라서 이 경우에는 현금의 유입이 없더라도 매출이라는 수익을 기록하게 된다. 또한 이 상품을 인도하면서 기업이 보유하고 있던 재고자산이 기업 밖으로 유출(소비)되었기 때문에 현금의 유출이 없더라도 매출원가라는 비용을 기록하게 된다. 반면, 매출채권을 현금으로 회수하면 현금의 유입은 발생하지만 수익으로 인식하지 않는다. 왜냐하면, 매출채권을 인식할 때 이미 수익으로 인식하였기 때문이다.

이처럼 발생주의에 의한 수익과 비용의 기록은 현금을 받았거나 지출한 사실과는 무관하다. 한편 현금의 유입이나 유출여부를 기준으로 수익과 비용을 기록하는 방법을 생각해 볼 수도 있는데 이를 현금주의라고 한다.

일반적으로 발생주의에 의해 작성되는 현행 포괄손익계산서의 수익 또는 비용은 같은 기간의 현금유입액 또는 유출액과 일치하지 않는다. 또한 수익에서 비용을 차감한 이익 또는 손실 역시 현금유입액에서 현금유출액을 차감한 현금증가액 또는 감소액과 일치하지 않는다.

그렇다면 발생주의와 현금주의 어느 방법이 더 나은 방법일까? 일반적으로 알려진 바에 의하면 발생주의에 의한 손익계산이 기업의 영업성과를 더 잘 나타낸다고 한다. 그렇다고 해서 현금주의에 의한 현금증감액의 정보는 전혀 중요하지 않다는 뜻은 아니다. 경우에 따라서 회계 기간 중에 이루어진 현금 유입액과 유출액의 내용을 파악하는 것이 필요하다.

1.2 현금흐름표의 의의 및 필요성

오늘날의 회계는 현금기준cash basis이 아니라 발생기준accrual basis에 따라 기업의 거래를 인식하는 것을 원칙으로 한다. 발생기준에 따라 거래를 인식하는 것이 발생주의회계accrual-basis accounting인데, 발생주의회계에서는 거래를 현금의 유입이나 유출이 발생한 시점을 기준으로 인식하는 것이 아니라, 기업의 경제적 재무상태에 변동이 발생하였는가를 기준으로 인식한다. 따라서 현금의 유 · 출입이 발생하지 않은 경우에도 회계기록을 할 수 있으며, 현금의 유 · 출입이 발생한 경우에도 수익 · 비용 인식기준을 충족시키지 못하는 경우에는 수익과 비용으로 인식하지 않는다.

발생기준에 따라 작성된 포괄손익계산서와 재무상태표는 현금거래를 포함한 다양한 거래에 대한 정보를 제공한다. 하지만 기업의 미래 현금흐름의 금액, 시기 및 불확실성을 예측하는데 필요한 직접적인 정보를 제공하지는 못한다. 또한 발생기준을 적용하는 경우에는 불가피하게 경영자의 회계정책 선택과 추정이 필요하기 때문에, 발생기준에 따라 작성되는 회계정보는 동일한 거래에 대해서도 회계정책과 추정방법에 따라 서로 다른 정보가 산출되는 문제도 있다. 예를 들면, 포괄손익계산서에 이익이 지속적으로 보고되는 기업도 일시적인 현금흐름의 부족으로 도산되기도 하는데, 이런 기업은 과거의 포괄손익계산서 정보를 이용하여 예측하기는 어렵다.

따라서 회계정보이용자들은 기업의 생존과도 직결되는 중요한 미래 현금흐름에 대한 예측에 도움을 받기 위해서 발생기준에 근거하여 작성되는 포괄손익계산서와 재무상태표 외에도 현금기준에 근거하여 산출되는 회계정보도 요구하고 있는데, 이 재무제표가 현금흐름표이다. 즉, 현금흐름표를 작성하는 목적은 포괄손익계산서와 재무상태표에서 파악할 수 없는 특정 회계기간의 현금의 유입cash receipt 또는 cash inflow과 유출cash disbursement 또는 cash outflow에 대한 정보를 제공하는 것이다.

1.3 현금의 정의

현금의 변동내용을 보고하는 보고서인 현금흐름표에서 '현금'이란 지폐와 주화와 같은 일상적인 통화만을 의미하는 것은 아니다. 회계에서 말하는 현금이란 일상적으로 사용하는 통화보다 더 넓은 포괄적 개념이며, 현금흐름표에서 말하는 현금이란 재무상태표에서 공시하는 현금및현금성자산 모두를 의미한다. 회계에서 말하는 현금cash은 통화(지폐, 주화)외에도 통화대용증권(타인발행수표 등)과 요구불예금(당좌예금 · 보통예금 등)을 포함한다. 그리고 현금성자산cash equivalents은 현금과 거의 동일한 유동성을 가진 투자자산으로, 큰 거래비용이 없이 현금으로의 전환이 용이하고, 이자율변동에 따른 가치변동의 위험이 중요하지 않으며, 취득시점에 만기(또는 상환일)가 3개월 이내에 도래하는 유가증권 및 단기금융상품으로, 기업어음CP, 표지어음, 환매채어음, 양도성예금증서CD 등을 말한다.

1.4 현금흐름표의 표시

현금흐름표는 회계기간 동안 발생한 현금흐름을 영업활동, 투자활동 및 재무활동으로 분류하여 보고한다. 따라서 현금흐름표의 구성은 다음과 같다.

[그림 10-1] 현금흐름표의 표시

현금흐름표

회사명	20×1.1.1. ~ 20×1. 12. 31.	(단위: 원)
1. 영업활동 현금흐름		×××
현금유입	×××	
현금유출	(×××)	
2. 투자활동 현금흐름		×××
현금유입	×××	
현금유출	(×××)	
3. 재무활동 현금흐름		×××
현금유입	×××	
현금유출	(×××)	
현금및현금성자산의 순증감(1+2+3)		×××
기초 현금및현금성자산		×××
기말 현금및현금성자산		×××

① 영업활동 현금흐름

영업활동operating activities은 기업의 주요 수익창출활동, 그리고 투자활동이나 재무활동이 아닌 기타의 활동을 말한다. 영업활동은 주로 제품의 생산과 판매활동, 상품과 용역의 구매와 판매활동 및 관리활동을 포함한다. 따라서 영업활동 현금흐름은 주로 이익에 영향을 주는 손익거래와 관련된 현금의 흐름을 말한다. 영업활동으로 인한 현금유입은 재화와 용역의 판매에 의한 현금유입, 이자수익과 배당금수익, 기타 투자활동과 재무활동에 속하지 않은 거래에서 발생한 현금유입액이다. 영업활동으로 인한 현금유출은 원재료 등의 구입에 따른 현금유출, 종업원에 대한 현금지출, 이자비용, 기타 투자활동과 재무활동에 속하지 않은 거래에서 발생한 현금유출액이다.

② 투자활동 현금흐름

투자활동investing activities은 영업활동의 수단인 자산을 취득 또는 처분하는 활동 중에서 장기성 자산 및 현금성자산에 속하지 않는 기타 투자자산을 취득하거나 처분하는 활동이다. 즉, 유 · 무형자산, 다른 기업의 지분상품이나 채무상품 등의 취득과 처분활동, 제3자에 대한 대여 및 회수활동 등은 투자활동으로 분류하고, 재고자산의 취득과 처분, 외상매출금의 증가와 감소 등 영업활동과 직접적인 관련이 있는 투자활동은 영업활동으로 분류한다. 따라서 투자활동 현금흐름은 장기적으로 수익창출에 기여하는 비유동자산의 취득과 처분, 현금의 대여와 회수 또는 유휴현금의 일시적 운용을 위하여 투자한 유가증권의 취득과 처분과 관련된 현금의 흐름이다. 투자활동으로 인한 현금유입은 대여금의 회수, 금융자산과 유 · 무형자산의 처분 등에 따른 현금유입액이다. 투자활동으로 인한 현금유출은 현금의 대여, 금융자산과 유 · 무형자산의 취득 등에 따른 현금유출액이다.

③ 재무활동 현금흐름

재무활동financing activities은 기업의 납입자본과 차입금의 크기 및 구성내용에 변동을 가져오는 활동을 말한다. 재무활동 중 외상매입금의 증가와 감소 등 영업활동과 직접적인 관련이 있는 재무활동은 영업활동으로 분류하기 때문에 자본과 차입금의 조달, 환급 및 상환에 관한 활동만을 포함한다. 따라서 재무활동 현금흐름은 차입 및 사채의 발행으로 인한 차입과 상환, 자본의 투자와 자본투자에 대한 배당지급과 투자자본의 인출과 관련된 현금흐름이다. 재무활동으로 인한 현금유입은 장 · 단기차입금의 차입, 어음 · 사채 및 주식의 발행 등에 따른 현금유입액이다. 재무활동으로 인한 현금유출은 배당금의 지급, 자기주식의 취득, 장 · 단기차입금의 상환 등으로 인한 현금유출액이다.

SECTION 2 현금흐름표의 작성원리

2.1 재무상태표 등식의 이용

포괄손익계산서와 재무상태표는 발생기준에 따라 거래를 기록한 장부(계정)를 이용하여 작성한다. 그렇다면 현금흐름표를 작성하기 위해서는 현금기준에 따라 거래를 기록하는 별도의 장부를 만들고, 그 장부를 이용하여 현금흐름표를 작성해야만 할까? 그렇지 않다. 발생기준에 따라 기록한 장부를 이용하여 현금흐름표를 작성할 수 있다. 왜냐하면 발생기준으로 거래를 기록하는 경우에도 현금거래에 대해서는 기록하기 때문이다. 현금기준과 발생기준의 차이는 모든 현금거래를 수익과 비용으로 기록할 것인지(현금기준), 아니면 현금거래 중에서 일정한 인식기준을 충족하는 경우에만 수익과 비용으로 기록하고, 인식기준을 충족하지 못하는 현금거래는 자산, 부채 또는 납입자본으로 기록할 것인지(발생기준)의 차이일 뿐이며, 현금거래를 어떻게든 기록한다는 관점에서는 차이가 없다. 물론 발생기준에서는 비현금거래도 자산, 부채, 자본, 수익, 비용의 인식기준을 충족하면 기록한다. 현금기준과 발생기준 간의 이런 관계를 이용하여 현금흐름표를 작성하는 원리는 재무상태표 등식을 이용하여 설명할 수 있다.

재무상태표 등식은 재무상태의 변동을 가져오는 회계상 거래를 기록한다는 발생기준을 식으로 표현한 것이다. 따라서 발생기준과 현금기준의 관계를 대차대조표 등식에서 표시하면 현금의 증감액이 현금 이외의 재무상태표 과목의 증감액으로 표시될 수 있음을 설명할 수 있다.

기말(당기) 재무상태표 등식에서 기초(전기) 재무상태표 등식을 차감하여도 다음과 같이 등식은 성립한다. 여기에서 기호 △는 대차대조표의 각 과목의 기말가액에서 기초가액을 차감하여 얻은 각 과목의 증감을 의미한다.

$$\triangle\text{자산} = \triangle\text{부채} + \triangle\text{자본}$$

이제 자산, 부채, 자본을 보다 상세하게 표시하여 재무상태표 등식을 다시 써보자.

$$\begin{aligned} &\triangle[\text{현금} + \text{영업자산} + \text{투자자산} + \text{재무자산}] \\ &= \triangle[\text{영업부채} + \text{투자부채} + \text{재무부채}] + \triangle[\text{납입자본} + \text{이익잉여금} + \text{기타자본}] \end{aligned}$$

△현금 + △영업자산 + △투자자산 + △재무자산
= △영업부채 + △투자부채 + △재무부채 + △납입자본 + △이익잉여금 + △기타자본

위 등식을 정리하면, 다음과 같이 현금의 증감액은 다른 재무상태표 항목의 증감액으로 나타낼 수 있다. 이는 현금의 증감액을 다른 재무상태표 항목의 증감액으로 설명할 수 있음을 의미한다.

△현금 = [△영업부채 − △영업자산] + [△투자부채 − △투자자산]
+ [△재무부채 − △재무자산] + △납입자본 + △이익잉여금 + △기타자본

현금흐름표의 양식을 보면 당기에 발생한 총현금흐름(△현금)을 영업활동 현금흐름, 투자활동 현금흐름, 재무활동 현금흐름으로 나누어 보고하도록 되어 있으므로 이제 위의 등식 왼쪽에 있는 △현금을 구분해보자.

△현금 = △[영업활동현금 + 투자활동현금 + 재무활동현금]
= △영업활동현금 + △투자활동현금 + △재무활동현금
= [△영업부채 − △영업자산] + [△투자부채 − △투자자산]
+ [△재무부채 − △재무자산] + △납입자본 + △이익잉여금 + △기타자본

주의할 점은 △ = [기말잔액 − 기초잔액]의 의미일 뿐이므로 증가액이 되는 경우도 있고, 감소액이 되는 경우도 있다는 것이다. 좌변의 현금흐름을 계산하기 위해서는 우변에서 △영업자산은 차감하고 △영업부채는 가산해야 한다. 따라서, 영업자산의 증가는 차감하고 영업자산의 감소는 가산한다. 한편, 영업부채의 증가는 가산하고 영업부채의 감소는 차감한다.

이제 위의 등식을 이용하면 현금흐름표를 작성할 수 있다. 예를 들어, 영업활동 현금흐름(△영업활동현금) 부분만 살펴보면 다음과 같이 나타낼 수 있다.

△영업활동현금 = [△영업부채 − △영업자산]
+ △이익잉여금 중 영업활동 손익 + △기타자본 중 영업활동 손익

△이익잉여금 = [당기순손익 − 배당]이다. 배당은 투자활동이므로 영업활동 현금흐름과 관련이 없다. 문제는 당기순손익이 매출이나 매출원가 같은 영업활동 관련 손익만을 반영

하는 것이 아니라 유형자산처분손익과 같은 투자활동 관련 손익, 그리고 사채상환손익과 같은 재무활동 관련 손익도 포함하고 있다는 것이다. 따라서 영업활동 현금흐름을 설명할 때에는 △이익잉여금 요소 중에서 영업활동 관련 손익만을 반영해야 한다. △기타자본도 마찬가지이다. 따라서 투자활동 현금흐름과 재무활동 현금흐름도 영업활동 현금흐름과 같은 방법으로 설명할 수 있다.

△투자활동현금 = [△투자부채 – △투자자산]
+ △이익잉여금 중 투자활동 손익 + △기타자본 중 투자활동 손익

△재무활동현금 = [△재무부채 – △재무자산] + △납입자본
+ △이익잉여금 중 재무활동 손익 + △기타자본 중 재무활동 손익

결국 기업의 활동별 현금의 증감액은 영업활동, 투자활동, 재무활동의 결과가 반영된 재무상태표의 각 계정과목의 증감액과 추가적으로 포괄손익계산서의 계정과목을 영업활동, 투자활동, 재무활동별로 구분함으로써 산출할 수 있다.

포괄손익계산서를 추가적으로 이용해야만 하는 이유는 재무상태표 계정과목은 잔액으로만 표시되기 때문에 기중에 발생한 금액 변동의 구체적 내용은 알 수 없는 경우가 많다. 따라서 계정 잔액의 증감액만으로는 회계기간 동안 발생한 현금흐름을 충분히 설명하지 못하는 경우가 많다. 예를 들어 감가상각누계액은 감가상각비의 계상으로 증가하고 유형자산의 처분으로 감소하나 재무상태표의 감가상각누계액은 순액으로 표시되어 있기 때문에 감가상각누계액의 증감만으로는 유형자산 처분으로 인한 현금흐름을 충분히 설명하지 못한다. 이런 경우에는 포괄손익계산서 상의 감가상각비도 함께 살펴보아야 한다.

또한 투자활동과 재무활동의 경우에는 자산, 부채의 증감이 하나의 계정에 기록되기 때문에 재무상태표의 증감액은 현금유입과 현금유출의 순액에 대한 정보만 제공할 수 있다. 따라서 투자활동과 재무활동의 현금유입과 현금유출을 각각 구하기 위해서는 취득 및 처분에 대한 추가적인 정보도 필요하다. 결국 현금흐름표를 작성하기 위해서는 당기와 전기의 대차대조표, 당기의 손익계산서 그리고 필요한 경우에는 그 밖의 추가자료도 활용해야 한다.

2.2 재무상태표 항목과 포괄손익계산서 항목의 구분

앞서 현금흐름은 현금 이외의 재무상태표 항목들과 포괄손익계산서 항목들을 이용하여 설명할 수 있다는 것을 설명하였다. 그리고 현금흐름표 작성을 위해서는 현금흐름을 영업활동 현금흐름, 투자활동 현금흐름, 그리고 재무활동 현금흐름으로 구분하여야 하는데, 이 또한 재무상태표 항목들과 포괄손익계산서 항목들을 영업활동, 투자활동, 재무활동으로 구분하면 가능하다는 것을 설명하였다. 따라서 현금흐름표는 재무상태표 항목들과 포괄손익계산서 항목들을 영업활동, 투자활동, 재무활동으로 구분할 수만 있으면 된다.

아래에서 제시하는 계정과목들 중에서 *표시가 되어있는 계정과목들은 어떤 활동으로 분류할지를 선택할 수 있는 계정과목들이다. 왜냐하면, 국제회계기준에서는 이자, 배당, 법인세와 관련된 현금의 수취 및 지급에 대해서 영업활동으로 분류하는 것과 발생원천에 따라 분류하는 것 모두를 인정하고 기업이 선택할 수 있도록 재량권을 부여했기 때문이다. 따라서 현금흐름표를 작성할 때 이들 현금흐름을 어떻게 분류하는가에 따라서 발생주의 계정항목들도 분류가 달라져야 한다. 이자, 배당, 법인세와 관련된 현금의 수취 및 지급에 대한 현금흐름 분류에 대해서는 2.3에서 후술한다.

1) 영업활동

영업활동은 판매활동, 구매활동, 그리고 관리활동으로 구성되므로 영업활동과 관련된 대표적인 자산, 부채, 수익, 비용 계정은 다음과 같다.

① 재무상태표 항목

- 영업자산 : 재고자산, 매출채권, 선급금, 선급비용, 매출채권손실충당금(차감계정), 미수이자*, 미수배당금*
- 영업부채 : 매입채무, 선수금, 미지급비용, 충당부채, 미지급법인세*

② 포괄손익계산서 항목

- 수익 : 매출액, 이자수익*, 배당금수익*
- 비용 : 매출원가, 매출채권손상차손, 급여, 판매비, 관리비, 이자비용*, 법인세비용*

2) 투자활동

투자활동은 유형자산, 무형자산, 금융자산 등의 취득과 처분활동이므로 투자활동과 관련된 대표적인 자산, 부채, 수익, 비용 계정은 다음과 같다.

① 재무상태표 항목

- 투자자산 : 유형자산, 무형자산, 대여금, 미수금, 상각후원가 측정 금융자산, 기타포괄손익-공정가치 측정 금융자산, 당기손익-공정가치 측정 금융자산, 감가상각누계액(차감계정), 손상차손누계액(차감계정)
- 투자부채 : 미지급금

② 포괄손익계산서 항목

- 유 · 무형자산처분손익, 금융자산처분손익, 감가상각비, 유 · 무형자산 손상차손

3) 재무활동

재무활동은 자금의 조달과 상환활동이므로 재무활동과 관련된 대표적인 자산, 부채, 자본, 수익, 비용 계정은 다음과 같다.

① 재무상태표 항목

- 재무부채 : 단기차입금, 장기차입금, 사채, 미지급배당금
- 자본 : 자본금, 자본잉여금, 자본조정

② 포괄손익계산서 항목

- 사채상환손익

2.3 현금흐름의 활동구분에서 주의해야 할 항목

1) 이자와 배당금 수취 및 지급

이자와 배당금 수취 및 지급에 따른 현금흐름은 각각 별도로 공시해야 하며, 각 현금흐름은 매 기간 일관성 있게 영업활동, 투자활동, 재무활동으로 분류한다.

이자지급, 이자수입, 배당금수입은 당기순손익에 영향을 미치므로 영업활동 현금흐름으로 분류할 수 있다. 하지만 이자지급은 재무자원을 획득하는 원가이므로 재무활동 현금흐름으로 분류할 수도 있고, 이자수입과 배당금수입은 투자자산에 대한 수익으로 보아 투자활동 현금흐름으로 분류할 수도 있다.

한편 배당금의 지급은 재무자원을 획득하는 원가이므로 재무활동 현금흐름으로 분류할 수 있다. 하지만 재무제표이용자가 영업활동 현금흐름에서 배당금을 지급할 수 있는 기업의 능력을 판단하는데 도움을 주기 위하여 영업활동 현금흐름의 구성요소로 분류할 수도 있다.

2) 법인세

법인세로 인한 현금흐름은 별도로 공시하며, 재무활동과 투자활동에 명백히 관련되지 않는 한 영업활동으로 분류한다.

본서에는 배당금의 지급은 재무활동으로 분류하고, 이자와 법인세의 현금수취 및 지급, 그리고 배당금 수취는 모두 영업활동 현금흐름으로 분류하여 설명하기로 한다.[1)]

SECTION 3 현금흐름표의 작성

3.1 영업활동 현금흐름

현금흐름표를 작성하는 방법에는 두 가지가 있다. 하나는 직접법이고 다른 하나는 간접법이다. 직접법과 간접법을 구분하는 기준은 영업활동 현금흐름의 표시 형식이다.

영업활동은 기업의 이익창출을 위한 가장 핵심적인 활동이므로 영업활동으로부터 발생하는 영업활동 현금흐름도 현금흐름표의 가장 핵심적인 부분이다. 따라서 기준서에서는 영업활동 현금흐름의 총현금유입과 총현금유출을 주요 항목별로 구분하여 표시하는 방법(직접법) 또는 당기순손익에 당기순손익 조정항목을 가감하여 표시하는 방법(간접법) 중 하나의 방법으로 보고하도록 규정하고 있다.

1) 직접법

직접법direct method은 영업활동으로 인한 현금흐름을 아래의 주요 영업활동별로, 즉 현금의 유입액은 원천별로 현금의 유출액은 용도별로 직접 설명하는 방법이다. 따라서 앞서 설명했던 아래의 등식에서 △영업활동현금, △영업부채, △영업자산, △이익잉여금 중 영업활동 손익, △기타자본 중 영업활동 손익을 보다 구체적으로 구분하여야 한다.

△영업활동현금 = [△영업부채 − △영업자산]
+ △이익잉여금 중 영업활동 손익 + △기타자본 중 영업활동 손익

---

1) 국제회계기준에서는 이들의 분류를 선택할 수 있도록 규정하고 있으나, 우리나라의 일반기업회계기준에서는 이자와 배당금 수취 및 이자지급은 영업활동 현금흐름으로, 배당금 지급은 재무활동 현금흐름으로 구분하고 있다.

2) 간접법

간접법indirect method 또는 reconciliation method은 현금유입액과 현금유출액을 유형별로 구분하지 않고, 발생주의의 당기순이익(당기순손실)에 전체 영업자산과 영업부채의 변동을 한꺼번에 조정하여 영업활동 현금흐름을 도출하는 방법이다.

> △영업활동현금 = △이익잉여금(= 당기순손익) ± 당기순손익 중 비영업활동관련 손익
> + [△영업부채 - △영업자산]

당기순손익을 영업활동 현금흐름으로 조정하는 과정은 두 단계로 이루어진다. 첫째, 당기순손익에는 영업활동뿐만이 아니라 투자활동과 재무활동으로 발생한 손익도 포함되어 있으므로, 우선 투자활동과 재무활동으로 발생한 수익과 비용을 제거한다. 둘째, 영업활동과 관련된 유동자산과 유동부채의 증감들을 가감한다.

첫 번째 단계의 예를 들면, 감가상각비, 영업권상각비, 유형자산처분손실 등은 비용으로 당기순이익을 감소시키나 영업활동 관련 손익이 아니므로 제거해야 한다. 이들 금액은 이미 당기순손익에 비용으로 반영되어 있으므로 제거하기 위해서는 가산해야 한다. 그리고 당기손익-공정가치 측정 금융자산 평가이익, 지분법이익, 유형자산처분이익 등은 당기순이익을 증가시키나 투자활동 관련 손익이기 때문에 제거한다. 즉, 이들 금액은 이미 당기순손익에 수익으로 반영되어 있으므로 제거하기 위해서는 차감해야 한다.

두 번째 단계는 매출채권, 매출채권손실충당금, 재고자산, 선급비용, 매입채무, 미지급비용 등 영업활동과 직접 관련된 자산, 부채 계정의 기초대비 증감액을 당기순이익에서 조정한다. 예를 들어 매출채권이 감소한 경우는 현금회수가 매출액보다 큰 것을 의미하므로 감소한 금액만큼 매출액에 가산하여야 하는데 매출액은 이미 당기순이익 산출에 반영되어 있으므로 당기순이익에 가산한다. 만약 매출채권이 증가한 경우에는 매출액의 일부가 현금으로 회수되지 않았음을 의미하므로 증가한 금액만큼 당기순이익에서 차감하여야 한다.

이자수취 등의 현금흐름을 영업활동 현금흐름으로 분류할 경우 간접법에 의한 현금흐름표의 양식을 예시하면 [그림 10-2]와 같다.

[그림 10-2] 영업활동 현금흐름표 : 간접법

현금흐름표(간접법)

회사명	20×1. 1. 1. ~ 20×1. 12. 31.		(단위 : 원)
Ⅰ. 영업활동 현금흐름			×××
1. 영업에서 창출된 현금흐름		×××	
가. 당기순이익		×××	
나. 조정		×××	
법인세비용	×××		
이자수익(금융수익)	(×××)		
이자비용(금융비용)	×××		
감가상각비	×××		
무형자산상각비	×××		
대손상각비	×××		
배당금수익	(×××)		
유형자산처분이익	(×××)		
재고자산평가손실	×××		
다. 영업활동으로 인한 자산부채의 변동		(×××)	
매출채권의 증가(감소)	(×××)		
선급금의 증가(감소)	(×××)		
재고자산의 증가(감소)	(×××)		
미지급비용의 증가(감소)	×××		
충당부채의 증가(감소)	×××		
2. 이 자 수 취		×××	
3. 이 자 지 급		(×××)	
4. 배당금수입		×××	
5. 법인세납부		(×××)	
Ⅱ. 투자활동 현금흐름			×××
Ⅲ. 재무활동 현금흐름			×××
Ⅳ. 현금및현금성자산의 증감			×××
Ⅴ. 기초 현금및현금성자산			×××
Ⅵ. 기말 현금및현금성자산			×××

예제 10.1 간접법에서 영업활동 현금흐름

다음은 상품매매기업인 ㈜상세의 20×1년 12월 31일과 20×2년 12월 31일의 비교 재무상태표(일부)와 20×2년의 포괄손익계산서(일부)이다.

재무상태표

계정과목	20×2년 말	20×1년 말
매출채권	182,000	18,000
매출채권손실충당금	(1,840)	(900)
재고자산	22,400	20,000
선급보험료	1,800	0
미수금	200	0
건물	120,000	120,000
감가상각누계액	(18,000)	(7,200)
매입채무	79,000	55,000
단기차입금	20,000	0
미지급급여	1,000	0

포괄손익계산서

계정과목	20×2년
매출액	166,400
매출원가	(81,600)
종업원급여	(23,000)
매출채권손상차손	(1,340)
보험료	(600)
감가상각비	(10,800)
유형자산처분이익	3,000
기타포괄손익-공정가치 측정 금융자산 평가손실	(2,000)
총포괄이익	50,060

물음 영업활동 현금흐름액을 계산하시오.

해설

간접법은 영업활동 관련 손익에서 영업활동 관련 자산과 부채의 증감액을 한꺼번에 가감하여 계산한다. 또한 영업활동 관련 손익은 당기순손익에서 투자활동과 재무활동 관련 손익을 제거하고, 현금유출입이 없는 수익과 비용을 제거하여 구한다.

① 당기순이익 = 총포괄이익 ± 기타포괄손익
　　　　　= ₩50,060 + ₩2,000 = ₩52,060

② 투자활동과 재무활동 관련 손익 제거
감가상각비, 유형자산처분이익은 투자활동이므로 당기순이익에 가감하여 제거한다.

③ 영업활동 관련 자산, 부채의 증감액 조정
영업자산의 증감(△＝기말－기초)은 차감하고, 영업부채의 증감(△＝기말－기초)은 가산한다.

즉, (－)△매출채권＋△매출채권손실충당금－△재고자산＋△매입채무＋△미지급급여－△선급보험료 조정을 한다.

현금흐름표(간접법)

Ⅰ. 영업활동 현금흐름			
1. 영업에서 창출된 현금흐름			(82,400)
가. 당기순이익			52,060
나. 조정			7,800
감가상각비	(+)	10,800	
유형자산처분이익	(−)	(3,000)	
나. 영업활동으로 인한 자산부채의 변동			(142,260)
매출채권의 증가	(−)	(164,000)	
매출채권손실충당금의 증가	(+)	940	
재고자산의 증가	(−)	(2,400)	
매입채무의 증가	(+)	24,000	
미지급급여의 증가	(+)	1,000	
선급보험료의 증가	(−)	(1,800)	

3) 간접법과 직접법의 비교

직접법으로 작성된 현금흐름표는 주요 영업활동별로 현금흐름을 직접적으로 설명함으로써 간접법보다 이해가능성이 높고, 목적적합하며 표현이 충실하다는 장점이 있지만, 실무에서는 직접법보다는 간접법이 주로 사용되고 있다. 간접법을 선호하는 이유는 다음과 같이 분류될 수 있다. 첫째, 간접법으로 작성한 현금흐름표는 당기순손익과 영업활동 현금흐름 간의 상호관계에 대한 정보를 제공할 수 있다는 것이다. 둘째, 간접법은 직접법에 비해 작성이 용이하다. 영업활동 현금흐름을 직접법으로 작성하기 위해서는 영업활동과 관련된 영업자산, 영업부채, 그리고 영업활동으로 발생한 손익을 보다 구체적으로 구분하여야 하는데 실무상 분류가 어려운 경우가 많고, 분류를 할 수 있다고 하여도 간접법보다는 어려운 것이 사실이다. 셋째, 직접법으로 현금흐름표를 작성하면 기업의 영업과 관련된 내부정보가 유출될 수 있다는 우려가 존재한다. 넷째, 국제회계기준에서는 직접법으로 현금흐름표를 작성하는 경우에는 간접법으로 작성한 현금흐름표를 주석에 공시하도록 규정하고 있기 때문에 이중으로 작업해야하는 어려움이 있다.

3.2 투자활동으로 인한 현금흐름

투자활동으로 인한 현금흐름은 투자활동인 현금의 대여와 회수, 금융자산, 유 · 무형자산의 취득과 처분으로 인한 현금의 유입과 유출 등을 포함한다. 투자활동의 결과로 재무상태표의 유동자산인 단기대여금, 단기매매목적으로 취득한 금융자산 등과 비유동자산인 투자자산, 유형자산, 무형자산 등이 증가 또는 감소하고, 포괄손익계산서에 투자활동관련 손익이 공시되므로 재무상태표 계정의 변동액과 포괄손익계산서에 보고된 투자활동관련 손익을 이용하여 투자활동으로 인한 현금흐름을 설명할 수 있다.

주의해야 할 점은 투자활동의 경우에 자산의 취득과 처분이 하나의 계정에 기록되기 때문에 재무상태표의 증감액은 현금유입과 현금유출의 순액에 대한 정보만 제공할 수 있다는 점이다. 따라서 취득과 처분이 모두 발생하는 경우에 추가정보를 수집하여 이용하여야만 한다.

예를 들어, 토지A ₩5,000과 토지B ₩6,000을 보유하는 기업이 기중에 토지C를 ₩10,000에 현금으로 취득하고, 토지A를 기중에 ₩7,000에 처분한다고 가정해 보자. 토지 거래로 인해 발생한 순현금흐름은 ₩(3,000)(= ₩7,000 – ₩10,000)이고, 토지의 장부금액은 ₩11,000(= 토지A ₩5,000 + 토지B ₩6,000)에서 ₩16,000(= 토지B ₩6,000 + 토지C ₩10,000)으로 변동한다. 이때, 거래내역 정보를 활용하면 토지 거래로 발생하는 순현금흐름 ₩(3,000)을 다음과 같이 계산할 수 있다. 먼저 재무상태표를 통하여 확인한 토지의 기초 장부금액 ₩11,000에 기말 장부금액 ₩16,000을 차감하여 순현금흐름 유출액 ₩(5,000)을 계산한다. 다음으로 포괄손익계산서를 통하여 확인한 토지 처분 시 발생하는 유형자산처분이익 ₩2,000(순현금흐름 유입액)을 가산하여 토지 거래로 발생하는 순현금흐름 ₩(3,000)을 계산한다.

하지만 개별 거래내역 정보가 없다면 재무제표 정보를 활용하여 토지 처분으로 인한 현금유입 ₩10,000과 토지 취득으로 인한 현금유출 ₩7,000을 파악할 수 없다. 위의 사례에서 토지C를 ₩12,000에 현금으로 취득하고 토지A를 ₩9,000에 처분하는 것으로 가정을 변경하라도 순현금흐름은 ₩(3,000)(= ₩9,000 – ₩12,000)이다. 이 경우 토지의 기초 장부금액 ₩11,000에 기말 장부금액 ₩18,000을 차감하고 포괄손익계산서를 통하여 확인한 토지 처분 시 발생하는 유형자산처분이익 ₩4,000을 가산하면 토지 거래로 발생하는 순현금흐름 ₩(3,000)이 된다. 즉 재무제표 정보로 토지 거래로 인한 순현금흐름을 확인할 수 있지만, 개별 거래내역 없이 토지 처분으로 인한 현금유입과 토지 취득으로 인한 현금유출을 각각 파악할 수는 없다.

예제 10.2 투자활동 현금흐름

다음은 상품매매기업인 ㈜상세의 20×1년 12월 31일과 20×2년 12월 31일의 비교 재무상태표(일부)와 20×2년의 포괄손익계산서(일부)이다.

재무상태표

계정과목	20×2년 말	20×1년 말
매출채권	2,000,000	1,800,000
건물	180,000,000	120,000,000
감가상각누계액	(18,000,000)	(7,200,000)
기타포괄손익-공정가치 측정(선택)금융자산	18,000,000	0

포괄손익계산서

계정과목	20×2년
매출	3,000,000
감가상각비	(10,800,000)
기타포괄손익-공정가치 측정(선택)금융자산평가손실	(2,000,000)

[추가자료]

① 기중에 건물의 매각은 없다.

② 기타포괄손익-공정가치 측정(선택) 금융자산은 지분상품이며 회사는 취득시 기타포괄손익-공정가치 측정 금융자산으로 선택하고, 기중에 매각은 없다.

물음 투자활동 현금흐름액을 계산하시오.

해설

투자활동 현금흐름은 투자활동 관련 손익과 투자활동 관련 자산, 부채의 증감액을 이용하여 계산한다.

① 건물취득으로 인한 현금유출액

건물 계정의 증감액은 취득과 처분이 모두 반영되어 있기 때문에, 재무상태표를 이용한 증감액만으로는 건물 취득으로 인한 현금유출액을 계산할 수 없다. 따라서 추가자료를 이용해야만 한다. 추가자료에서 기중에 건물의 처분은 없었으므로 증가액은 모두 건물의 취득금액으로 간주할 수 있게 되며, 미지급금 자료가 없으므로 모두 현금으로 취득한 것이다.

건물취득으로 인한 현금유출액 = (−)감가상각비 − △건물 + △감가상각누계액 + △미지급금
= (−)₩10,800,000 − ₩60,000,000 + ₩10,800,000 + ₩0
= (−)₩60,000,000

② 기타포괄손익-공정가치 측정(선택) 금융자산 취득으로 인한 현금유출액

기타포괄손익-공정가치 측정(선택) 금융자산 계정의 증감액도 취득과 처분이 반영되어 있기 때문에, 재무상태표를 이용한 증감액만으로는 기타포괄손익-공정가치 측정(선택) 금융자산의 취득으로 인한 현금유출액을 계산할 수 없다. 따라서 추가자료를 이용해야만 한다. 추가자료에서 기중에 기타포괄손익-공정가치 측정(선택) 금융자산의 처분은 없었으므로 증가액은 모두 기타포괄손익-공정가치 측정(선택) 금융자산의 취득금액과 관련되어 있다. 또한 기타포괄손익-공정가치 측정(선택) 금융자산 계정의 증감액에는 공정가치로 평가한 금액도 반영되어 있으므로 이를 조정하여 취득금액을 계산해야 한다.

기타포괄손익-공정가치 측정(선택) 금융자산 취득으로 인한 현금유출액
= (－)기타포괄손익-공정가치 측정(선택) 금융자산평가손실
－△기타포괄손익-공정가치 측정(선택) 금융자산
= (－)₩2,000,000 － ₩18,000,000
= (－)₩20,000,000

따라서 투자활동 현금흐름은 ① + ② = (－)₩60,000,000 － ₩20,000,000 = (－)₩80,000,000

3.3 재무활동으로 인한 현금흐름

재무활동으로 인한 현금흐름은 재무활동인 현금의 차입과 상환, 신주발행이나 배당금의 지급으로 인한 현금의 유입과 유출 등이 포함된다. 재무활동의 결과로 재무상태표의 유동부채인 단기차입금, 비유동부채인 장기차입금, 사채 등과 자본계정 등이 증가 또 감소하고, 포괄손익계산서에 재무활동관련 손익이 공시되므로 재무상태표 계정의 변동액과 포괄손익계산서에 보고된 재무활동관련 손익을 이용하여 재무활동으로 인한 현금흐름을 설명할 수 있다.

재무활동으로 인한 현금흐름을 계산할 때에도 투자활동 현금흐름과 마찬가지로 주의해야 할 점이 있다. 재무활동의 경우에도 재무부채의 경우에는 부채의 발생과 상환이 하나의 계정에 기록되기 때문에 재무상태표의 증감액은 단지 현금유입과 현금유출의 순액에 대한 정보만 제공할 수 있다는 점이다. 따라서 부채의 발생과 상환이 모두 발생하는 경우에는 추가정보를 수집하여 이용하여야만 한다.

예를 들어, 기중에 ₩10,000에 차입하고, 기중에 ₩12,000에 상환하였다면, 차입거래로 인해 발생한 순현금흐름은 (－)₩2,000(=(－)₩12,000 + 10,000)이지만 △차입금 = 0이기 때문에 재무상태에서 얻을 수 있는 △차입금의 자료만으로는 현금흐름을 파악할 수 없다. 물론 포괄손익계산서에서 상환손실(= ₩2,000)자료를 확인하여 순현금흐름액 (－)₩2,000을 추

정할 수는 있지만 현금흐름표에서 요구하는 현금유입과 현금유출을 구분할 수 없는 문제는 여전히 남는다.

예제 10.3 재무활동 현금흐름

다음은 ㈜상세의 20×1년 12월 31일과 20×2년 12월 31일의 비교 재무상태표(일부)와 20×2년의 포괄손익계산서(일부)이다.

재무상태표

계정과목	20×2년 말	20×1년 말
단기차입금	20,000,000	0
미지급이자	2,100,000	0
사채	20,000,000	0
사채할인발행차금	(713,998)	0
자본금	150,000,000	100,000,000
주식발행초과금	10,000,000	10,000,000
이익준비금	2,000,000	0
미처분이익잉여금	81,542,518	53,900,000

손익계산서

계정과목	20×2년
이자비용	(2,417,482)
당기순이익	49,642,518

[추가자료]

① 이익준비금은 현금배당의 10%를 적립한 것이며, 이익준비금 이외의 적립금은 없다.

② 20×2년의 사채발행금액은 ₩18,968,520이다.

③ 이자지급에 대해서 회사는 영업활동 현금흐름으로 분류하고 있다.

④ 기중에 단기차입금이나 사채의 상환은 없었다.

물음 재무활동 현금흐름을 계산하시오.

해설

➪ 포괄손익계산서의 이자비용에는 사채할인발행차금상각액이 포함되어 있다. 그리고 회사가 이자지급에 대해서는 영업활동 현금흐름으로 분류하고 있으므로 현금유출이 없는 사채할인발행차금상각액은 이자비용에서 분리하여야 한다.

➪ 사채를 할인발행한 회계연도의 경우에는 사채할인발행차금의 증감액이 사채할인발행차금상각액과 일치하지 않기 때문에 발행시 사채할인발행차금의 금액에 대한 추가정보가 필요하다. 사채의 증가액이 ₩20,000,000이고, ₩18,968,520에 발행하므로 발행시 사채할인발행차금은 ₩1,031,480이다.

따라서 재무활동 관련 이자비용인 사채할인발행차금상각액은 ₩317,482(= ₩1,031,480 – ₩713,998)이고, 영업활동 현금흐름으로 분류될 이자비용은 ₩2,100,000(= ₩2,417,482 – ₩317,482)이다.

① 단기차입으로 유입된 현금

단기차입금에 대해서는 이자비용을 인식하지 않는다. 단기차입금의 증감은 차입과 상환에 의해 발생하므로 재무상태표를 이용한 증감액만으로는 단기차입금으로 인해 발생한 현금유입과 현금유출을 알 수 없다. 따라서 추가자료를 이용해야만 한다. 기중에 상환은 없었으므로 증가액 모두가 유입된 현금이다.

₩0 + △20,000,000 = ₩20,000,000

② 사채의 발행으로 유입된 현금

사채의 발행금액이 추가자료에 제시되어 있으므로 ₩18,968,520이다. 기중에 상환은 없었으므로 사채계정의 증가액 모두는 유입된 현금이다.

③ 유상증자로 유입된 현금

유상증자시 발행금액은 액면금액과 다를 수 있으므로 자본금 증감액과 주식발행초과금 증감액을 더해야 한다. △자본금 = ₩50,000,000이고, △주식발행초과금 = ₩0이므로 유상증자로 유입된 현금은 ₩50,000,000이다.

④ 배당으로 유출된 현금

현금배당은 미처분이익잉여금을 감소시키지만, 미처분이익잉여금 증감액에는 당기순손익 금액이 포함되어 있으므로 단순히 △미처분이익잉여금 금액만 사용해서는 안 된다. 즉, △미처분이익잉여금 = [당기순손익 – 배당 – 이익준비금 적립 등]이므로 현금배당금액은 [당기순손익 – △미처분이익잉여금 – △이익준비금]으로 계산한다.

현금배당으로 유출된 현금 = ₩49,642,518 – [₩81,542,518 – ₩53,900,000] – [₩2,000,000 – ₩0]
= ₩20,000,000

따라서 재무활동 현금흐름은 ① + ② + ③ – ④이다.

₩20,000,000 + ₩18,968,520 + ₩50,000,000 – ₩20,000,000 = ₩68,968,520

친 절 한 재무회계

Accounting

주관식 문제

10.1 현금흐름표 작성 : 종합문제

다음은 상품매매기업인 ㈜성실의 20×2년의 현금흐름표 작성을 위한 자료이다.

재무상태표

계정과목	20×2년 말	20×1년 말
현금	38,368,520	69,000,000
매출채권	182,000,000	18,000,000
매출채권손실충당금	(1,840,000)	(900,000)
재고자산	22,400,000	20,000,000
선급보험료	1,800,000	0
미수임대료	200,000	0
건물	120,000,000	120,000,000
감가상각누계액	(18,000,000)	(7,200,000)
기타포괄손익-공정가치 측정(선택) 금융자산	18,000,000	0
매입채무	79,000,000	55,000,000
단기차입금	20,000,000	0
미지급이자	2,100,000	0
미지급급여	1,000,000	0
사채	20,000,000	0
사채할인발행차금	(713,998)	0
자본금	150,000,000	100,000,000
주식발행초과금	10,000,000	10,000,000
기타포괄손익-공정가치 측정(선택) 금융자산평가누계액	(2,000,000)	0
이익준비금	2,000,000	0
미처분이익잉여금	81,542,518	53,900,000

포괄손익계산서

계정과목	20×2년
매출액	166,400,000
매출원가	(81,600,000)
종업원급여	(23,000,000)
매출채권손상차손	(1,340,000)
보험료	(600,000)
감가상각비	(10,800,000)
임대료	3,000,000
이자비용	(2,417,482)
기타포괄손익-공정가치 측정(선택) 금융자산 평가손실	(2,000,000)
총포괄이익	47,642,518

[추가자료]

① 이익준비금은 현금배당의 10%를 적립한 것이며, 이익준비금 이외의 적립금은 없다.

② 20×2년의 사채발행금액은 ₩18,968,520이다.

③ 이자지급에 대해서 회사는 영업활동 현금흐름으로 분류하고 있다.

④ 기중에 건물이나 매도가능금융자산의 매각은 없다.

⑤ 기중에 단기차입금이나 사채의 상환은 없다.

⑥ 회사는 임대료를 투자활동 현금흐름으로 분류하고 있다.

⑦ 기타포괄손익-공정가치 측정(선택) 금융자산은 지분상품이며 회사는 취득시 기타포괄손익-공정가치 측정 금융자산으로 선택하고, 기중에 매각은 없다.

물음 간접법으로 현금흐름표의 영업활동 현금흐름 부분을 작성하시오.

친 절 한 재무회계

Accounting

객관식 문제

10.1 현금흐름표의 회계처리

한국채택국제회계기준에서 현금흐름표의 작성과 표시에 대한 설명으로 옳지 않은 것은?

(9급 공무원 2011)

① 영업활동 현금흐름은 직접법과 간접법 중 하나의 방법으로 보고한다.

② 금융회사가 아닌 다른 업종의 경우 배당금의 지급은 영업활동 또는 재무활동으로 분류할 수 있다.

③ 금융회사가 아닌 다른 업종의 경우 이자수입 및 배당금 수입은 투자활동 또는 영업활동으로 분류할 수 있다.

④ 법인세로 인한 현금흐름은 별도로 공시하지 않고 영업활동 현금흐름으로 분류한다.

10.2 현금흐름표의 회계처리

현금흐름표는 회계기간 동안 발생한 현금흐름을 영업활동, 투자활동 및 재무활동으로 분류하여 보고한다. 다음 중 현금흐름의 분류가 다른 것은? (세무사 2010)

① 리스이용자의 금융리스부채 상환에 따른 현금유출

② 판매목적으로 보유하는 재고자산을 제조하거나 취득하기 위한 현금유출

③ 보험회사의 경우 보험금과 관련된 현금유출

④ 기업이 보유한 특허권을 일정기간 사용하도록 하고 받은 수수료 관련 현금유입

⑤ 단기매매목적으로 보유하는 계약에서 발생한 현금유입

10.3 현금흐름표의 회계처리

현금흐름표에 관한 설명으로 옳지 않은 것은? (세무사 2012)

① 이자와 차입금을 함께 상환하는 경우, 이자지급은 영업활동으로 분류될 수 있고 원금상환은 재무활동으로 분류된다.

② 회전율이 높고 금액이 크며 만기가 짧은 항목과 관련된 재무활동에서 발생하는 현금흐름은 순증감액으로 보고할 수 있다.

③ 타인에게 임대할 목적으로 보유하다가 후속적으로 판매목적으로 보유하는 자산을 제조하거나 취득하기 위한 현금 지급액은 영업활동 현금흐름이다.

④ 지분상품은 현금성자산에서 제외하므로 상환일이 정해져 있고 취득일로부터 상환일까지의 기간이 3개월 이내인 우선주의 경우에도 현금성자산에서 제외한다.

⑤ 간접법보다 직접법을 적용하는 것이 미래현금흐름을 추정하는 데 보다 유용한 정보를 제공하므로 영업활동 현금흐름을 보고하는 경우에는 직접법을 사용할 것을 권장한다.

10.4 현금주의와 발생주의

㈜한국은 포괄손익계산서를 현금주의회계에 의해 작성하였으나 발생주의회계로 전환하려고 한다. 현금주의회계에 의한 2011년도 수익은 ₩7,600,000이고, 기말매출채권은 ₩1,740,000이고, 기초매출채권은 ₩700,000이고, 선수수익은 ₩60,000이라고 할 때, 발생주의회계에 따른 2011년도 수익은? (9급 공무원 2011)

① ₩6,620,000

② ₩7,660,000

③ ₩8,580,000

④ ₩8,640,000

10.5 현금주의와 발생주의

창업지원컨설팅을 하는 ㈜국세는 현금주의 회계제도를 채택하고 있으며, 20×1년에 용역수익 ₩800,000을 현금으로 수취하다. 만약, 발생주의 회계제도를 채택한다면 20×1년도 ㈜국세의 용역수익은 얼마인가? 단, 추가자료는 다음과 같다. (세무사 2010)

	20×1년 12월 31일	20×1년 1월 1일
미수용역수익	₩240,000	₩160,000
선수용역수익	20,000	0

① ₩700,000

② ₩740,000

③ ₩860,000

④ ₩900,000

⑤ ₩940,000

10.6 현금주의와 발생주의

㈜평화의 20×8년도 현금주의에 의한 매출원가와 판매관리비는 총 ₩14,400,000이며, 발생주의 회계자료는 다음과 같았다.

• 발생주의에 의한 매출액	₩16,800,000
• 매출채권손실충당금 차감 전 매출채권의 증가	420,000
• 매입채무의 증가	660,000
• 재고자산의 증가	144,000
• 감가상각비	200,000
• 매출채권에 대한 손상차손	24,000

발생주의에 의한 20×8년도 당기순이익은 얼마인가? 단, 당기 중에 대손충당금과 상계된 매출채권은 없으며, 주어진 자료 이외의 수익 · 비용은 없다고 가정한다. (CPA 2009)

① ₩2,080,000

② ₩1,933,600

③ ₩1,924,000

④ ₩1,728,000

⑤ ₩1,660,000

10.7 현금주의와 발생주의

㈜한국은 다음과 같이 1개월 동안의 경영성과에 대해 현금기준 포괄손익계산서를 작성하다. 발생기준 포괄손익계산서로 작성할 경우 당기순이익은? 단, 법인세는 무시한다.

(9급 공무원 2015)

- 현금기준 포괄손익계산서(3월 1일~3월 31일)
  - 매출 관련 현금수입 ₩3,640,000
  - 급료 및 일반관리비 관련 현금지출 ₩2,440,000
  - 당기순이익 ₩1,200,000
- 3월 1일과 3월 31일의 매출채권, 매입채무, 미지급비용, 선급비용 내역

	3월 31일	3월 1일
매출채권	₩86,000	₩70,000
매입채무	₩108,000	₩96,000
미지급비용	₩70,000	₩84,000
선급비용	₩52,000	₩42,000

① ₩1,180,000

② ₩1,200,000

③ ₩1,220,000

④ ₩1,228,000

10.8 영업활동 현금흐름 : 간접법

㈜한국의 2012년도 사업활동과 관련한 다음의 자료를 이용하여 계산한 영업활동 현금흐름은? 단, 이자지급은 재무활동으로 분류한다. (9급 공무원 2012)

- 법인세비용차감전순이익 ₩10,000,000
- 유형자산손상차손 520,000
- 매출채권증가 580,000
- 매입채무증가 500,000
- 이자비용 620,000
- 미지급법인세증가 500,000
- 유형자산감가상각비 ₩1,500,000
- 유형자산처분이익 680,000
- 재고자산감소 600,000
- 미지급이자비용증가 160,000
- 법인세비용 3,000,000

① ₩9,360,000

② ₩9,520,000

③ ₩9,980,000

④ ₩10,040,000

10.9 영업활동 현금흐름 : 간접법

다음은 ㈜한국의 재무제표 자료이다. 당기 영업활동으로 인한 현금흐름은? 단, 주어진 자료 이외에는 고려하지 않는다. (9급 공무원 2013)

〈재무상태표 자료〉

	당기 말	전기 말
매출채권(순액)	₩260,000	₩300,000
매 입 채 무	100,000	80,000
토 지	1,180,000	780,000
미 지 급 급 여	100,000	140,000

〈손익계산서 자료〉

당 기 순 이 익	₩6,000,000

① ₩5,700,000

② ₩5,800,000

③ ₩5,900,000

④ ₩6,020,000

10.10 영업활동 현금흐름 : 간접법

㈜한국의 법인세비용차감전순이익은 ₩448,000이다. 다음 사항을 고려할 때 현금흐름표에 영업활동 현금흐름으로 표시할 금액은 얼마인가? 단, 이자수익과 이자비용 및 법인세지급은 모두 영업활동으로 분류한다. (9급 공무원 2014 수정)

항목	금액	항목	금액
• 감가상각비	₩80,000	• 유형자산처분이익	₩40,000
• 사채상환손실	20,000	• 이자수익	20,000
• 단기차입금 증가액	4,000	• 미수이자수익 감소액	12,000
• 매출채권 감소액	16,000	• 재고자산 증가액	28,000
• 법인세지급액	24,000	• 매입채무 증가액	10,000
• 미지급법인세 감소액	6,000	• 매도가능금융자산평가이익	8,000

① ₩474,000

② ₩494,000

③ ₩498,000

④ ₩500,000

10.11 영업활동 현금흐름 : 간접법

다음 자료를 이용할 경우 20×1년도 현금흐름표에 계상될 영업활동순현금흐름은 얼마인가?

(세무사 2012 수정)

	20×1년
• 당기순이익	₩500,000
• 감가상각비	80,000
• 사채상환이익	70,000
• 유형자산 처분손실	40,000
• 배당금지급	160,000
• 유상증자	220,000

• 자산 및 부채 계정잔액의 일부

	20×1년 12월 31일	20×1년 1월 1일
매출채권(순액)	₩140,000	₩100,000
단기대여금	260,000	220,000
유형자산(순액)	190,000	270,000
매입채무	60,000	80,000
미지급비용	90,000	60,000

① ₩520,000 유입
② ₩530,000 유입
③ ₩540,000 유입
④ ₩550,000 유입
⑤ ₩580,000 유입

11

CHAPTER

수익 및 회계변경과 오류수정

CONTENTS

Section 1 고객과의 계약에서 생기는 수익

1.1 수익인식의 5단계

1.2 진행기준

Section 2 회계변경과 오류수정

2.1 회계정책의 변경

2.2 회계추정의 변경

2.3 오류수정

CHAPTER 11 수익 및 회계변경과 오류수정

4차 산업혁명 시대와 더불어 기업이 마주한 경제현상은 다양하게 변화하고 있다. 고객의 수요 또한 다양해지고 있어서 기업이 제공하는 재화와 용역은 갈수록 복잡해지고 있다. 이것은 기업의 궁극적인 목적인 이윤창출을 위한 수익 활동의 종류나 형태가 다양해짐을 의미한다. 결국 회계정보는 다양한 수익 활동의 결과를 일관되게 제시하고, 이해관계자들의 정보유용성을 높일 수 있어야 한다. 이에 따라 국제회계기준위원회IASB는 개별 계약형태별로 구성되어있던 이전의 수익 기준서[1]를 일관되고 단순하게 제시할 필요성에 공감하게 되었다. 이에 따라, K-IFRS 1115호를 제정하여, 고객과의 계약에서 생기는 수익을 언제 얼마나 기록할 것인지에 대한 원칙을 제시하고 있다. 본 수익 기준서는 5단계의 원칙을 중심으로, 고객과 계약에서 생기는 수익의 인식과 측정에 대한 내용을 제시하고 있다.

본 장에서는 이러한 수익인식의 5단계 원칙을 살펴보고, 기타 주제로 회계정책이 변경되거나, 회계의 추정이 변경되었을 때 어떻게 회계처리 하는지 살펴본다. 또한 과거에 발생한 회계 오류를 어떻게 수정하는지 알아본다.

SECTION 1 고객과의 계약에서 생기는 수익

2장 개념체계에서 학습하였듯, 수익income은 기업의 통상적인 활동에서 생기는 이익이다. K-IFRS는 수익을 자산의 증가 또는 부채의 감소에 따라 자본의 증가를 초래하는 특정 회계기간 동안에 발생한 경제적 효익의 증가로 정의하며, 지분참여자에 의한 출연과 관련된 것은 제외한다.

고객과의 거래를 통한 이윤 창출이 주목적인 기업과 정보이용자들에게 수익은 기업의 기간 성과를 의미한다. 그러므로 기업 내 · 외부의 정보이용자는 과거와 현재의 수익 정보

---

1) 수익기준서는 다음의 총 6개 기준서들이 포함되어 있었다. 제1018호 수익 기준서, 제1011호 건설계약 기준서, 제2113호 고객충성제도 해석서, 제2115 부동산 건설약정 해석서, 제2118호 고객자산이전 해석서, 제2031호 광고용역 교환거래 해석서.

를 통해 미래성과를 가늠하고 다양한 의사결정을 할 수 있다. 만약 기업이 현재의 성과를 부풀리고자 미래에 발생할 수익을 당기에 먼저 기록한다면 정보이용자들은 미래성과를 예측하는데 오류를 범할 수 있다. 또한 기업이 현재의 성과를 부풀리고자 당기에 발생한 수익을 과다하게 기록한다면, 이 또한 정보이용자들에게 피해를 줄 수 있다. 예를 들어, 약품을 제조하고 판매하는 기업이 제휴를 맺은 약국에 3년치 약품을 모두 당기에 위탁하였다. 이 기업은 약국에 납품한 3년치 약품에 대한 수익을 당기에 전부 기록해야할까? 아니면 약국이 다른 고객에게 약품을 판매할 때 수익을 기록해야할까?

이처럼 수익을 언제, 얼마나 기록할 것인가에 대한 문제는 매우 중요하다. 수익을 기록하는 적절한 시점을 결정하는 것을 수익의 인식recognition이라 하며, 수익을 얼마나 인식할지 결정하는 문제를 수익의 측정measurement이라 한다. 일관되고 경제적 실질을 적절하게 반영한 수익의 인식과 측정은 매우 중요하다고 할 수 있다.

본 절에서 학습할 수익의 인식과 측정 과정은 회계의 모든 수익을 다루지는 않는다. 수익은 다양한 범위에서 발생할 수 있는데 대표적으로 리스계약, 보험계약, 금융상품 계약이나 동종 산업에 있는 기업 사이의 비화폐성 교환으로 인해 발생할 수 있다. 그러나 K-IFRS 1115호는 위와 같은 경로로 발생한 수익은 포함하지 않는다. 본 절에서 수익은 기업의 주된 영업활동 대상인 고객에게 초점을 맞추고 있다. 즉, 고객과의 계약에서 생기는 수익의 인식과 측정 과정에 대해 알아보고자 한다.

1.1 수익인식의 5단계

K-IFRS 1115호의 핵심 원칙을 정리하면, 기업이 인식한 수익은 고객과 약속한 재화나 용역을 이전하고 그 대가로 기업이 받을 권리가 생긴 금액을 보고해야 한다는 것이다. 즉, 기업이 재화나 용역을 이전해야할 의무를 이행하면 그 대가를 받을 권리가 생기고 이것을 수익으로 인식한다는 것을 의미한다. 이러한 원칙을 바탕으로 K-IFRS 1115호는 수익의 인식 과정을 크게 5단계로 나누어 규정하고 있다. 5단계는 ①계약을 식별하고, ②계약에 나타난 기업이 수행해야할 의무들을 식별하며, ③계약에 나타난 거래가격을 산정한다. 이어서 ④각 수행의무에 맞게 거래가격을 배분하고, ⑤그 수행의무가 이행될 때 수익을 인식하는 것이다. 수익인식의 5단계는 계약contract을 바탕으로 서로 유기적이면서 단계적으로 구성되어 있다. 수익인식에서 계약은 둘 이상의 당사자 사이에 집행 가능한 권리와 의무를 말한다.

앞서 수익인식의 핵심 원칙은 기업이 수행의무를 이행하는 것이라고 정리하였다. 기업이 재화나 용역을 고객에게 제공하여 계약상 의무를 이행하면, 고객에게 그 대가를 청구할 권리가 생긴다. 이 시점에 수익을 인식하는 것이다. 그렇다면 수익을 얼마로 측정해야 할까? 기업이 의무를 이행했을 때 받을 권리가 생긴 금액이 곧 수익이라 할 수 있다. 이 때 받을 권리가 생긴 금액은 계약상 명시된 금액이다.

[그림 11-1] 수익인식의 5단계

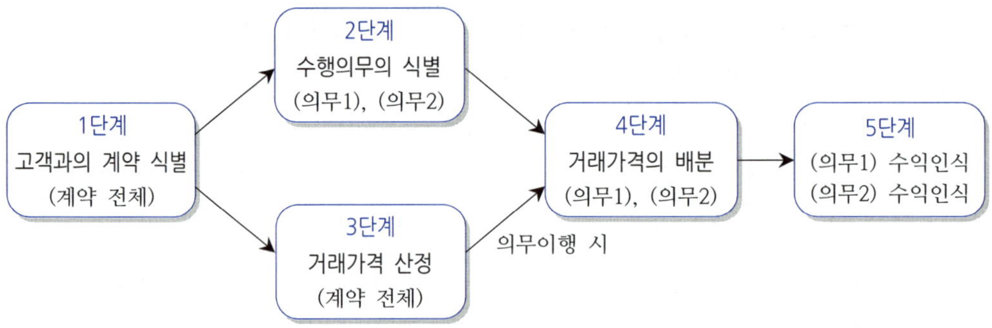

한 계약 내에서 수행의무를 개별적으로 식별하고(2단계) 거래가격을 배분하는(4단계) 이유는 무엇일까? 물론 의무를 이행하는 시점에 수익을 인식하므로 계약상 각 수행의무를 파악하는 것은 필수적이다. 하지만 계약단위로 산정한 거래가격을 수익으로 인식하는 것이 아니라, 수행의무에 배분하여 인식하는 이유는 무엇일까? 기업의 계약은 복합적인 수행의무로 구성된 것들도 있다. 예를 들어, 통신사가 휴대폰과 통신서비스를 하나의 계약으로 판매한다고 가정하자. 통신사 입장에서 보면, 휴대폰을 고객에게 넘겨야할 의무와 통신서비스를 제공해야할 의무가 묶여있는 계약이다. 휴대폰은 고객에게 계약시점에 보통 바로 이전되지만 통신서비스는 장기간 계약을 하는 것이 일반적이다. 그렇다면 휴대폰을 이전하여 발생하는 수익과 서비스를 제공하여 발생하는 수익을 동시에 인식해야 할까? 휴대폰을 이전하게 되면 휴대폰에 대한 기업의 의무는 종료되고 그 대가를 청구할 수 있다. 하지만 서비스에 대한 의무는 향후 서비스를 제공해야하므로 이행되었다고 볼 수 없다. 그러므로 그 대가를 청구할 수 없다. 결국 하나의 계약이라도 복합적인 수행의무가 있다면, 개별 의무에 따라 수익을 인식하는 시기와 금액을 배분해야하는 문제가 발생한다. 수익인식 기준은 복합적인 수행의무를 적절하게 배분하여 인식하고 측정하는데 일관된 원칙을 제시한다.

기업의 계약은 그 형태가 매우 다양하고 복잡할 것이다. 다양하고 복잡한 형태의 계약에 통일된 수익인식 기준을 적용하고, 기업의 성과를 일관된 원칙하에 나타내는 것이 K-IFRS 1115호의 포괄적인 목적이라 할 수 있다. 이제 각 단계별 의미를 알아보자.

1) 1단계 : 고객과의 계약 식별

계약이란 둘 이상의 당사자 사이에 집행 가능한 권리와 의무가 생기는 합의이다. 계약 식별 단계의 목적은 수익을 인식할 수 있는 계약인지 검토하는데 있다. 고객과의 해당 계약을 통해 수익을 인식할 수 있으려면 다음의 5가지 조건을 모두 충족해야 한다.

① 계약은 당사자들 사이에 서면 혹은 구두로 승인하고 각자의 의무를 수행하기로 확약한다.
② 이전할 재화, 용역과 관련된 각 당사자의 권리를 식별할 수 있다.
③ 이전할 재화, 용역의 지급조건을 식별할 수 있다.
④ 계약에 상업적 실질이 있다. 상업적 실질이란 계약의 결과로 기업의 미래 현금흐름의 위험, 시기, 금액이 변동됨을 의미한다.
⑤ 고객에게 이전할 재화나 용역에 대하여 받을 권리를 갖게 될 대가의 회수 가능성이 높다.

위 조건을 모두 충족하면 수익을 인식할 계약으로 판단한다. 계약이 당사자 상호간 승인되면 법적으로 집행 가능한 권리와 의무가 발생한다. 법적으로 집행가능하다면 서류뿐만 아니라 구두나 암묵적인 합의도 계약의 근거가 될 수 있다. 대가의 회수가능성 collectability은 지급일에 고객이 대가를 지급할 수 있는 능력과 지급할 의도가 있는지 여부를 판단한다. 단, 회수가능성을 판단할 때 신용위험은 포함하지 않는다. 신용위험은 매출채권을 회수할 때 고려한다.

계약은 상황에 따라 서로 결합될 수도 있다. 만약 한 기업이 같은 고객과 유사한 시기에 둘 이상의 계약을 체결하였다면, 이 계약들은 별개의 계약으로 처리해야할까? 이처럼 동시에 같은 고객과 복수의 계약을 체결하였다면 다음의 조건 중 하나를 충족할 때 계약을 결합할 수 있다. ①일괄 협상하였거나, ②복수 계약의 대가가 서로 영향을 주거나, ③복수 계약의 수행의무가 하나의 수행의무일 때 결합 가능하다.

2) 2단계 : 수행의무의 식별

수행의무the performance obligations란 구별되는 재화와 용역을 이전하기로 한 약속으로 정의할 수 있다. 앞에 5단계법의 개요에서 수익인식의 시점은 수행의무가 이행되었을 때이고, 이행된 수행의무별로 거래가격을 배분한다고 안내했다. 즉, 수행의무를 식별하는 단계의 핵심 목적은 ①계약 내에서 재화와 용역이 독립적으로 구분 가능한지(효익 측면), 그리고 ②재화와 용역이 계약 내의 다른 재화와 용역과 별도로 구별될 수 있는지(계약 측면) 판단하는데 있다. 위 두 조건을 모두 충족한다면 구별되는 수행의무a good or service that is distinct로 본다.

먼저 첫 번째 조건인 계약 내에서 재화와 용역이 독립적으로 구분 가능한지 여부를 살펴보자. 이 조건의 의미는 고객이 재화나 용역에서 고객 스스로 손쉽게 효익을 얻을 수 있는 경우를 의미한다. 반대로 이해하면 재화와 용역이 다른 재화나 용역과 상호 의존하고 있다면 이 둘은 구별되지 않는다. 예를 들어, 특정 기업이 자동차를 판매하는데 동시에 차량용 방향제도 판매하고 있다. 고객은 자동차 혹은 차량용 방향제 자체만으로도 효익을 쉽게 얻을 수 있다. 그리고 이 둘의 기능은 서로 의존적이지 않다. 그러므로 자동차와 차량용 방향제는 같은 계약에 포함되어 있어도 구별되는 수행의무이다. 반면 특수한 프로그램을 판매하는데 설치용역도 묶어서 판매한다고 가정하자. 고객이 이 프로그램을 스스로 설치하는 것은 불가능하다. 그렇다면 설치하지 않은 프로그램으로 고객은 효익을 얻을 수 없고, 프로그램과 설치용역은 반드시 상호 의존적이다. 결국 이 둘은 구별할 수 없는 하나의 수행의무로 봐야 한다.

두 번째 조건인 계약 내의 다른 재화와 용역과 별도로 구분 가능한지 여부를 살펴보자. 이 조건은 한 계약 내에 여러 가지 재화와 용역이 포함되어 있을 때 서로 구분 가능해야 한다는 의미이다. 예를 들어, 벽을 건설하여 제공하는 계약을 체결하였다고 가정하자. 이때 벽을 건설하기 위해 벽돌, 철근을 제공하고 벽을 쌓는 용역을 수행하기로 하였다. 쉽게 생각하면 벽돌, 철근, 건설용역의 세 가지 재화와 용역을 제공하는 것이 서로 구별된 수행의무처럼 보인다. 하지만 각각의 재화와 용역을 제공하는 것이 의무가 아니라, 벽을 제공하는 것이 계약상 의무이다. 그러므로 이 세 가지 재화와 용역은 구별된 수행의무로 볼 수 없다. 즉, 벽돌을 건설현장에 운반한 후 벽돌에 대한 수익을 인식하는 것이 아니라, 벽이 완성된 후 전체 수익을 인식해야 한다.

3) 3단계 : 거래가격의 산정

거래가격transaction price을 산정하는 3단계와 배분하는 4단계는 인식할 수익 금액을 측정하는 과정이라 할 수 있다. 3단계는 계약상 약속한 의무를 이행하고 그 대가로 기업이 받을 권리의 예상 금액을 측정하는 것이 목적이다. 고객에게서 받을 대가는 계약상 명시되어 있을 것이다. 하지만 그 대가가 특정 조건에 따라 변동하는 것으로 계약되어 있다면 어떻게 수익을 측정해야할까? 변동대가variable consideration의 대표적인 예로 고객이 일정 수량을 구매하면 소급하여 할인해주거나, 특정 손해를 당했을 경우 보상하거나, 반품권을 부여한 제품의 판매 등이 있다. 이러한 계약은 모두 미래 사건에 따라 기업의 거래가격에 대한 권리가 변동할 수 있는 대가이다.

계약에 변동대가가 있더라도 수행의무가 이행된 시점에 거래가격을 합리적으로 추정하고 수익을 인식해야 한다. 변동대가의 추정은 다음의 두 가지 방법 중 기업이 받을 권리를 갖게 될 대가를 더 잘 예측할 수 있는 방법을 사용한다.

① 기댓값 : 가능한 범위에 있는 모든 금액에 발생할 확률을 곱한 금액의 합계
② 가능성 : 가능한 범위에 있는 모든 금액 중 가능성이 가장 높은 단일 금액

기업이 처한 상황에 따라 합리적인 추정 방법이 다를 수 있다. 변동대가를 측정할 때는 기댓값과 발생가능성이 가장 높은 금액 중 하나를 선택하는 것이 아니라 가장 합리적인 방법으로 추정해야 한다. 이처럼 변동가격의 추정은 기업의 재량적인 판단이 개입될 여지가 많으므로 신중해야할 회계처리이며 충분히 검토하고 그 근거를 문서화해야한다.

예제 11.1 거래가격의 산정

20×1년 초 ㈜성실은 ㈜보솜에 ₩500,000에 공기청정기를 판매했다. ㈜보솜은 미래에 ㈜성실이 공기청정기의 가격을 인하할 것으로 예상하며 보상을 문의했다. 이에 ㈜성실은 향후 1년간 공기청정기의 인하액을 보상하기로 약속하였다. ㈜성실은 내부 검토 결과 향후 1년간 공기청정기의 가격인하 가능성을 다음과 같이 예측하였다. 가격인하액과 발생확률은 모두 합리적으로 추정되었으며 신뢰성이 있다.

향후 1년간 가격인하액	발생확률	
	상황1	상황2
₩50,000	50%	3%
₩10,000	30%	95%
₩0	20%	2%

물음 상황1과 상황2에 대한 ㈜성실의 거래가격을 예측하시오.

해설

① 상황1
변동대가(보상)의 기댓값 : ₩50,000 × 0.5 + ₩10,000 × 0.3 + ₩0 × 0.2 = ₩28,000
거래가격 : ₩500,000 − ₩28,000 = ₩472,000

② 상황2
발생가능성이 가장 높은 금액 : ₩10,000
거래가격 : ₩500,000 − ₩10,000 = ₩490,000

기업이 처한 상황에 따라 합리적인 추정 방법이 다를 수 있다. 만약 상황1처럼 특성이 비슷하고 확률이 비슷한 대가들이라면 기댓값이 보다 합리적일 수 있다. 반면 상황2처럼 단일 금액이 실현될 가능성이 매우 높은 경우라면 그 금액을 사용하는 것이 보다 합리적일 수 있다.

4) 4단계 : 거래가격의 배분

4단계는 거래가격을 수행의무에 배분하는 단계이다. 거래가격 배분 단계의 목적은 기업이 고객에게 약속한 재화나 용역을 이전하고 그 대가로 받을 권리를 갖게 될 금액을(거래가격) 각 수행의무(또는 구별되는 재화나 용역)에 배분하는 것이다. 3단계에서 산정한 거래가격을 2단계에서 식별한 수행의무에 배분하고, 이후 의무가 이행되면 그 금액을 수익으로 인식한다. 그렇다면 거래가격을 수행의무에 어떠한 기준으로 배분하는 것이 적절할까?

거래가격은 상대적 개별 판매가격을 기준으로 배분하는 것이 원칙이다. 개별 판매가격은 기업이 고객에게 약속한 재화나 용역을 별도로 판매할 경우의 가격이다. 하지만 계약서에 표시된 가격을 항상 관측할 수 있는 것은 아니다. 이때에는 거래가격 배분을 위해 다음과 같은 방법으로 개별 판매가격을 추정해야한다.

① 시장평가 조정 접근법 : 시장에서 해당 재화나 용역에 대해 지급하려는 가격을 비슷한 재화나 용역의 경쟁자 가격을 참조하여 추정한다.
② 예상원가 이윤 가산 접근법 : 예상원가를 예측하고 적절한 이윤을 가산하여 추정한다.
③ 잔여접근법 : 총거래가격에서 다른 수행의무들의 개별 판매가격 합계를 차감하여 추정한다.

거래가격 배분의 원칙은 개별 판매가격에 비례하여 배분하는 것이다. 그러나 할인이나 변동대가가 계약의 일부분에만 관련된다면 모든 수행의무에 배분하는 것은 적절하지 않다. 만약 할인이나 변동대가가 일부의 수행의무에만 관련이 있다는 관측 가능한 증거가 있는 경우, 관련된 수행의무들에만 배분한다.

예제 11.2 거래가격의 배분

20×1년 중 ㈜보스는 ㈜정상에 코딩 프로그램과 프로그램에 대한 설치용역 및 교육용역도 제공하는 패키지 계약을 ₩8,000,000에 체결하였다. ㈜보스는 다른 고객에게 코딩 프로그램을 ₩7,000,000에 판매한다. ㈜보스는 설치용역과 교육용역을 별도로 진행하고 있는데 개별 판매가격은 각각 ₩1,000,000과 ₩2,000,000이다. ㈜정상은 프로그램 설치를 담당할 수 있는 직원이 있으며, 자회사의 교육부서에 해당 프로그램에 대한 유사한 교육을 요청할 수 있다.

물음 ㈜보스의 수행의무를 구별하고 각 수행의무에 거래가격을 배분하시오

해설

① 수행의무의 구별

㈜보스는 코딩 프로그램을 별도로 판매하고 있으며 실치용역과 교육용역도 별도로 진행하고 있다. 고객인 ㈜ 정상은 프로그램을 자체적으로 설치할 수 있는 직원이 있고, 자회사로부터 교육용역을 제공받을 수 있다. 즉, 주변에서 쉽게 구할 수 있는 자원으로 효익을 얻을 수 있다. 결국, 패키지 계약의 수행의무는 프로그램 제공, 설치용역, 교육용역이 모두 구별된다고 할 수 있다.

② 거래가격의 배분

수행의무	개별 판매가격	배분율	거래가격 배분액
프로그램	₩7,000,000	70%	₩5,600,000
설치용역	₩1,000,000	10%	₩800,000
교육용역	₩2,000,000	20%	₩1,600,000
합 계	₩10,000,000	100%	(거래가격) ₩8,000,000

5) 5단계 : 수익의 인식

수익인식 시점은 고객에게 재화와 용역을 제공하기로 한 수행의무를 이행할 때 인식한다. 수행의무를 이행하여 재화와 용역이 제공된다는 것을 기업의 입장에서 보면, 보유하고 있던 자산을 이전하는 것과 같다. 그렇다면 자산이 이전되었다는 것을 판단하는 것이 수익 인식 단계의 핵심이라 할 수 있다. K-IFRS 1115호는 자산의 이전을 고객에게 자산에 대한 통제control가 이전된 것으로 정리하고 있다. 자산에 대한 통제의 개념은 ①사용하도록 지시하고, ②나머지 효익의 대부분을 획득할 수 있는 ③능력을 의미한다. 또한 다른 기업이 자산의 사용을 지시하고 그 자산에서 효익을 획득하지 못하게 하는 능력이 포함된다.

통제가 이전된 것을 판단할 때 통제의 개념에 따라 판단하는 것이 원칙이다. 하지만 복잡한 계약이 이행될 때 개념에 따라 판단하는 것이 어려울 수 있다. 그러므로 다음과 같은 지표들을 참고하여 통제가 이전되었는지 판단하고 수익 인식 여부를 결정한다.

① 기업은 자산에 대해 현재 지급청구권이 있다.
② 고객에게 자산의 법적 소유권이 있다.
③ 기업이 자산의 물리적 소유권을 이전하였다.
④ 자산의 소유에 따른 유의적인 위험과 보상이 고객에게 있다.
⑤ 고객이 자산을 인수하였다.

1.2 진행기준

지금까지 살펴본 바로 기업이 고객에게 약속한 재화나 용역을 이전할 때 수익을 인식한다는 것을 알았다. 기업이 제공하는 다양한 용역 중에는 특정 시점에 이전할 재화나 용역도 있다. 하지만 건설용역이나 운송, 의료, 법률, 회계 등 컨설팅용역은 특정시점에 자산을 판매 및 인도하는 것이 아니라, 약속된 수행의무의 이행이 기간에 걸쳐 진행된다. 이처럼 기간에 걸쳐 이행되는 수행의무의 수익을 인식하는 원칙을 진행기준percentage of completion method이라 한다.

1) 진행기준의 적용 조건

장기계약에 포함된 수행의무가 다음 조건 중 하나라도 충족하면 그 수행의무는 기간에 걸쳐 이행된다고 보고 진행기준을 적용하여 수익을 인식한다.

① 소비 조건: 기업이 수행의무를 이행하는 대로 고객이 효익을 받는 동시에 소비한다.
② 통제 조건: 기업이 수행의무를 이행해서 만들거나 가치를 향상시키는 대로 고객이 자산을 통제한다.
③ 지급청구권 조건: 기업이 수행의무를 이행하여 만든 자산이 기업 자신에게는 대체적 용도가 없으며, 기업이 현재까지 완료한 수행분에 대해 집행 가능한 지급청구권을 보유한다.

첫 번째 소비 조건은 특정 기간 동안 기업이 의무를 이행함과 동시에 고객이 소비한다는 개념이다. 청소용역 업체가 고객과 1년 동안 평일마다 청소용역을 제공하는 계약을 체결하였다. 청소용역은 매일 제공되며 고객은 청소가 이루어질 때마다 효익을 얻고 소비한다고 볼 수 있다. 두 번째 통제 조건은 특정 기간 동안 기업이 의무를 이행함과 동시에 고객이 통제한다는 개념이다. 통제의 개념은 5단계 수익의 인식 단계에서 살펴보았다. 만약 소비 조건이 충족되면 통제 조건은 자연스레 충족된다고 볼 수 있다. 기업이 의무를 이행하고 동시에 소비까지 이루어졌다면 고객에게 통제가 이전되었다는 것을 의미하기 때문이다. 그러나 만약 의무가 이행될 때 동시에 고객이 소비하지 못하는 재공품의 경우는 어떠할까? 예를 들어, 건설사가 고객 기업의 토지에 기숙사를 건설할 경우, 건설이 이루어지는 동안 고객 기업은 기숙사를 사용할 수 없다. 즉, 건설사가 수행의무를 이행할 때 동시에 고객이 효익을 얻거나 소비할 수 없다. 하지만 건설 중인 기숙사의 법적 소유권은 고객에게 있으므로 건설이 이루어진 부분까지는 기업이 통제하고 있다고 볼 수 있다. 마지막 지급청구권 조건은 앞의 두 조건이 모두 충족되지 않았을 경우에 적용한다. 기업이 제작하고 있는 자산의 통제를 고객에게 이전하지 않았다. 그 자산은 해당 고객의 지시로 제작

되고 있으며, 다른 대체 용도는 없다. 만약 중간에 이 계약이 중단된다면 기업은 제작중인 자산에 대한 위험을 부담하게 될 것이다. 이 계약에서 기업은 제작한 부분에 대한 지급청구권을 요구하여 중단에 대한 위험을 피할 수 있다. 이와 같은 지급청구권을 기업이 장기계약에 대해 행사할 수 있으면 진행기준을 적용한다.

2) 진행률의 측정

진행기준의 핵심은 수행의무 완료까지의 진행률을 측정하여 기간에 걸쳐 수익 배분하고 인식하는 것이다. 그렇다면 적절한 진행률을 측정하는 방법을 알아보자. 진행률의 측정의 목적은 고객에게 약속한 재화나 용역에 대한 통제를 이전하는 과정에서 기업의 수행 정도를 나타내기 위함이다. 진행률 측정 목적에 부합하면 진행률을 측정할 때 기업이 사용할 수 있는 방법은 다양하다. 대표적인 진행률 측정법으로 산출법과 투입법이 있다.

① 산출법 : 산출법은 고객에게 이전하기로 약속된 재화나 용역의 총가치와 현재까지 이전된 재화나 용역의 가치를 비교하여 진행률을 측정한다. 쉽게 말해 지금까지 이전된 재화나 용역이 고객에게 주는 가치를 기준으로 측정하는 방법이다. 예를 들어, 도로건설에서 총 계약한 거리 대비 현재까지 공사가 완료된 거리의 비율로 수행 정도를 파악하는 것이다. 산출법은 재화나 용역의 가치를 직접 측정하기 때문에 기업의 수행 정도를 가장 충실하게 파악한다고 볼 수 있다. 하지만 산출법은 산출물을 관측하기 어렵거나, 그 결과를 수집하는데 과도한 비용이 들 수 있다.

$$\text{당기까지 누적진행률} = \frac{\text{측정시점까지 누적된 실제 산출치}}{\text{측정시점까지 누적된 실제 산출치} + \text{향후 예상 산출치}}$$

② 투입법 : 투입법은 현재까지 소비된 자원을 소비가 예상되는 총 자원과 비교하여 진행률을 측정하는 방법이다. 즉, 기업의 투입된 노력 정도를 기준으로 측정하는 방법이다. 대표적인 예는 노동시간, 경과시간, 사용한 기계시간 등을 기준으로 수행 정도를 파악하는 것이다. 투입법은 산출법에 비해 상대적으로 파악하기 쉬울 수 있으나, 기업의 투입된 노력과 통제를 이전한 재화나 용역 사이에 직접적인 관계가 약할 수 있다.

$$\text{당기까지 누적진행률} = \frac{\text{측정시점까지 누적된 실제 투입치}}{\text{측정시점까지 누적된 실제 투입치} + \text{향후 예상 투입치}}$$

4) 당기수익의 계산

진행기준을 적용하는 거래에서 상대방과 합의한 총계약금액은 일반적으로 제공기간 동안 인식할 수익의 총액이다. 물론 장기간 진행되는 계약이므로 다양한 불확실성에 의해 영향을 받을 수 있다. 그러므로 총계약금액을 계약이 진행됨에 따라 계속 추정할 필요가 있다. 수익을 인식하는 시점의 추정된 총계약금액에 진행률을 적용하여 당기 수익으로 인식한다. 이때 주의할 점은 앞에서 구한 진행률은 당기까지의 누적진행률이며, 이것을 적용한 수익도 누적수익이다. 그러므로 전기까지 누적수익을 차감하여 당기 수익을 인식하여야 한다.

당기 수익 = [당기 총계약금액 × 당기 누적진행률] - 전기말 누적수익

예제 11.3 진행기준을 적용하는 수익인식

20×7년 중 ㈜캐슬은 ㈜사과의 기숙사를 건설하는 계약을 체결하다. 기숙사는 20×9년 중에 종료되었으며 총계약금액은 ₩10,000,000이다. ㈜캐슬은 진행기준에 의해 건설 수익을 인식하며 진행률은 자료의 제한으로 공사원가에 기초한 투입법을 사용한다. 다음은 20×7년부터 20×9년까지 발생한 건설용역의 당기 공사원가와 향후 예상 투입원가에 대한 정보이다.

항 목	20×7	20×8	20×9
당기 공사원가	₩1,000,000	₩2,600,000	₩2,900,000
향후 예상 투입원가	₩4,000,000	₩2,400,000	

물음 ㈜캐슬의 연도별 당기수익, 당기원가 및 당기순이익을 계산하시오.

해설

	항 목	20×7	20×8	20×9
a	당기 공사원가	₩1,000,000	₩2,600,000	₩2,900,000
b	향후 예상 투입원가	₩4,000,000	₩2,400,000	₩0
c	당기까지 누적 투입원가	₩1,000,000	₩3,600,000	₩6,500,000
d	예상 총투입원가	₩5,000,000	₩6,000,000	₩6,500,000
e	누적 진행률	20%	60%	100%
f	계약금액	₩10,000,000	₩10,000,000	₩10,000,000
g	당기 누적수익	₩2,000,000	₩6,000,000	₩10,000,000
h	전기 누적수익	₩0	₩2,000,000	₩6,000,000
i	**당기 수익**	₩2,000,000	₩4,000,000	₩4,000,000
j	**당기 원가**	₩1,000,000	₩2,600,000	₩2,900,000
k	**당기순이익**	₩1,000,000	₩1,400,000	₩1,100,000

c. 누적 투입원가 = 전년도 누적 투입원가(c 전년도) + 당기 공사원가(a)
d. 예상 총투입원가 = 향후 예상 투입원가(b) + 당기까지 누적 투입원가(c)
e. 누적 진행률 = 당기까지 누적 투입원가 / 예상 총 투입원가
g. 당기 누적수익 = 계약금액 × 누적 진행률
i. 당기 수익 = 당기 누적수익 − 전기 누적수익

SECTION 2 회계변경과 오류수정

회계정보는 이러한 기업의 활동을 재무제표로 일목요연하게 담아내는 역할을 한다. 급변하는 다양한 환경 속에서 기업의 활동은 보다 복잡해지고 있다. 원칙중심을 표방하는 K-IFRS는 이러한 복잡한 기업의 활동들을 회계정보로 나타냄에 있어서 한 가지 방법만을 강제하지 않는다. 특정한 회계정책에 대해서는 기업이 선택할 수 있고 다양한 회계추정을 통해 정보이용자에게 보다 신뢰성 있고 목적적합한 정보를 전달하도록 하고 있다. 기업들이 선택하는 회계정책이나 회계추정은 일관되어야 한다. 만약 회계기간마다 일관되지 않은 회계선택을 한다면 재무제표의 기간 간 비교가능성은 악화될 것이다. 하지만 급변하는 경영 환경 속에서 회계정책과 회계추정을 변경하는 것이 보다 더 신뢰성 있고 목적적합할 때는 어떻게 하는 것이 좋을까? 본 절에서는 기업의 회계정책 및 회계추정의 변경과 오류를 수정하는 방법을 학습한다.

2.1 회계정책의 변경

1) 회계정책 변경의 의미

기업은 활동을 보다 신뢰성 있고 목적적합하게 표현하고자 경제적 사건을 재무제표의 구성요소(자산, 부채, 자본, 수익, 비용)에 맞추어 인식하고 측정하여 재무제표를 작성하고 정보이용자에게 보고한다. 회계정책은 기업이 재무제표를 작성하고 보고하기 위해 적용하는 구체적인 회계원칙, 규칙, 관습과 관행을 의미한다. 즉 회계정책의 변경이란 기업이 적용하는 구체적인 회계원칙, 규칙, 관습과 관행에 따라 인식기준, 측정기준 및 보고방법의 변경을 의미한다. 예를 들어, 5장에서 학습한 재고자산의 원가 결정방법을 평균법에서 선입선출법으로 변경하거나, 6장에서 살펴본 것 처럼 원가모형을 적용하던 유형자산을 재평가모형으로 변경하는 등의 회계변경이 해당된다. K-IFRS는 기업의 임의적이고 무분별한 회계정책의 변경을 제한하고 있다. 다만 ① K-IFRS가 회계정책의 변경을 요구하거나, ② 회계정책의 변경을 반영한 재무제표가 특정 거래, 기타 사건 또는 상황이 재무상태, 재무성과 또는 현금흐름에 미치는 영향에 대하여 신뢰성 있고 더 목적적합한 정보를 제공하는 경우에 한해서 회계정책의 변경을 허용하고 있다.

우리나라는 K-IFRS를 도입하고 있으므로 이러한 회계정책 변경은 K-IFRS에 위배되지 않는 범위 내에서 이루어져야한다. 만약 K-IFRS를 준수하지 않는 변경이 이루어졌다면 회계 오류이다. 회계 감사인이 지적한 사항을 수정하는 것 또한 오류이다. 이러한 오류 수정은 본 절 말미에 소개한다.

2) 회계정책 변경의 회계처리

회계정책이 변경되면 기업은 소급법을 적용하여 회계처리를 한다. 소급법retrospective approach은 변경된 회계정책을 처음부터 적용한 것처럼 회계처리를 하고 비교표시되는 과거 재무제표를 수정하는 방법을 말한다. 기업은 실무적으로 소급적용할 수 있는 가장 이른 회계기간의 자산, 부채 및 자본의 기초 장부금액을 변경된 회계정책을 적용하여 수정한다.

예를 들어 소급법을 사용한 수정 과정을 살펴보자. 한 기업이 20×3년 말에 20×1년, 20×2년, 20×3년의 재무제표를 보고하고 있다(비교표시). 그런데 이 기업은 20×3년 초에 회계정책을 변경하였다. 소급법은 20×3년도 재무제표뿐만 아니라 20×1년, 20×2년의 재무제표도 변경된 회계정책을 고려하여 수정하는 것이다. 그렇다면 20×1년, 20×2년의 변경된 효과가 누적되어 20×3년의 기초 정보에 영향을 줄 것이고, 결국 기말 정보에도 영향을 줄 것이다. 이렇게 누적된 효과를 회계변경이 속한 연도 기초시점(20×3년 초)의 이익잉여금

(즉, 20×3년의 전기이월이익잉여금)에 반영한다. 누적된 효과는 당기가 아닌 과거에 발생한 사건이다. 그러므로 당기손익에 반영하지 않고 직접 이익잉여금에 반영한다. 그러나 만약 위 기업이 20×2년 초 재무제표부터 수정할 수 있는 상황이라면 20×1년의 변경효과는 고려하지 않는다.

예제 11.4 회계정책의 변경

㈜상세는 20×5년 1월 1일에 설립되었다. 20×6년 말까지 평균법을 적용하여 재고자산의 단가를 결정하였으나, 20×7년 초 보다 신뢰성있고 목적적합한 정보를 제공하기 위해 선입선출법으로 단가결정방법을 변경하였다. 다음은 20×5년부터 20×7년 말까지 평균법을 적용한 재무제표의 일부이다.

항 목	20×5	20×6	20×7
재고자산	₩10,000	₩20,000	₩30,000
이익잉여금	30,000	70,000	120,000
매출원가	90,000	80,000	70,000
당기순이익	30,000	40,000	50,000

물음 ㈜상세가 선입선출법을 적용한다고 가정할 때 회계기간 말 재고자산은 다음과 같다. ㈜상세는 회계정책 변경에 대한 소급효과를 모두 결정할 수 있다. 다른 정보가 모두 동일할 때, 재고자산, 이익잉여금, 매출원가, 당기순이익의 수정된 값을 제시하시오.

항 목	20×5	20×6	20×7
재고자산	₩12,000	₩23,000	₩32,000

해설

	20×5	20×6	20×7
재고자산	₩12,000	₩23,000	₩32,000
이익잉여금	32,000	73,000	122,000
매출원가	88,000	79,000	71,000
당기순이익	32,000	41,000	49,000

1. '매출원가 = 기초재고 + 당기매입 − 기말재고'이다. 당기매입은 동일하므로 기초재고 변동과 기말재고 변동을 반영하여 매출원가를 조정한다. 또한 각 연도의 수정된 기말재고는 다음 연도의 수정된 기초재고가 된다.
2. 매출원가가 조정되면 당기순이익도 조정된다. 매출원가의 증가(감소)만큼 당기순이익은 감소(증가)한다.

3. 기말 시점의 이익잉여금은 전기에 수정된 기초이익잉여금과 수정된 당기순이익으로 구성된다.

	매출원가	당기순이익	이익잉여금
20×5	₩0 − ₩2000 = (−)₩2,000	₩30,000 + ₩2,000 = ₩32,000	₩32,000
20×6	₩2,000 − ₩3,000 = (−)₩1,000	₩40,000 + ₩1,000 = ₩41,000	₩73,000
20×7	₩3,000 − ₩2,000 = ₩1,000	₩50,000 − ₩1,000 = ₩49,000	₩122,000

4. 20×7년 장부에 반영할 회계정책 변경의 회계처리는 다음과 같다. 요약하자면, 선입선출법으로 변경한 후 20×7년 말 기말재고자산은 ₩2,000만큼 증가하였다. 20×5년, 20×6년에 재고자산에 누적된 효과는 각각 ₩2,000, ₩1,000만큼 총 ₩3,000의 기초이익잉여금을 증가시켰다. 결국 20×7년 매출원가는 기초재고자산이 ₩3,000만큼 증가한 것과 기말재고자산이 ₩2,000만큼 증가하여 총 ₩1,000만큼 증가하였다.

(차)	매출원가	3,000	(대) 이익잉여금(기초)	3,000
	재고자산	2,000	매출원가	2,000

2.2 회계추정의 변경

1) 회계추정 변경의 의미

대부분의 기업 활동은 미래에 불확실성을 갖고 있다. 기업의 다양한 활동을 신뢰성있고 목적적합하게 나타내는 회계정보의 많은 부분은 이러한 불확실성으로 인하여 정확하게 측정하기 어렵다. 그러므로 회계정보는 합리적인 추정을 통해 미래 예측가능성을 높이려 한다. 합리적인 추정은 신뢰성 있는 정보와 근거에 기초하여 이루어진다. 만약 추정의 바탕이 되는 정보와 근거가 변화하거나 새롭게 획득되거나 추가적인 경험이 쌓이면 추정된 회계정보는 수정될 수 있다. 이처럼 회계추정의 변경이란 자산과 부채를 평가한 결과에 따라 장부금액 또는 기간별 자산의 소비액을 조정하는 것을 의미한다. 예를 들어, 재고자산의 진부화 정도를 평가하여 수정하거나 감가상각자산의 내용연수, 잔존가치 또는 상각방법을 변경할 수도 있다.

2) 회계추정 변경의 회계처리

회계추정 변경은 회계정책 변경과 달리 소급법을 적용하지 않는다. 미래에 대한 회계추정치를 변경하는 것이므로, 변경 사유가 발생한 기간 혹은 미래기간에 걸쳐 전진적으로 변경한다. 이것을 전진법prospective approach이라고 한다. 만약 변경이 발생한 기간에만 영향을 미치는 경우에는 변경이 발생한 기간에만 변경 효과를 당기손익에 포함하여 인식한다. 그리고 변경이 발생한 기간과 미래기간에 모두 영향을 미치는 경우에는 변경이 발생한 기간과 미래기간 모두 변경효과를 당기손익에 포함하여 인식한다. 예를 들어 7장에서 살펴본 매출채권의 손상에 대해 손상 추정을 변경하였다면 손상은 매년 평가하므로 당기에만 영향을 준다. 반면 유형자산의 감가상각을 변경하였다면 변경효과는 잔존내용연수 동안 당기 그리고 미래기간의 감가상각비에 영향을 미친다.

예제 11.5 회계추정의 변경

㈜상세는 20×5년 1월 1일에 건물을 ₩150,000에 취득하여 사용하였다. 건물의 잔존가치는 ₩0, 내용연수는 5년이다. 20×7년부터 건물에 대한 감가상각방법을 연수합계법에서 정액법으로 변경하였으며, 20×7년 초 건물의 대수선을 위해 ₩20,000을 지출함에 따라 내용연수는 2년 늘어났다.

물음 감가상각방법 변경에 따른 회계추정의 변경을 전진법으로 회계처리 하시오.

해설

1. 전진법에 의한 회계추정의 변경을 적용하며 감가상각비는 당기와 미래기간에 대해서만 변경효과를 반영한다. 그러므로 회계변경이 이루어진 시점인 20×7에 적용되는 새로운 감가상각대상금액과 감가상각방법으로 상각하면 된다.
2. 20×7년 초 건물의 장부가액은 다음과 같다.

   20×6년까지 연수합계법에 의한 감가상각누계액

   $$= \frac{₩150,000}{[5+4+3+2+1]} \times 5 + \frac{₩150,000}{[5+4+3+2+1]} \times 4 = ₩90,000$$

   20×7년 초 건물의 장부가액(대수선)

   = [₩150,000 − ₩90,000] + ₩20,000 = ₩80,000, 내용연수는 2년 증가하여 총 5년이다.

   20×7년 말 정액법을 적용한 감가상각비

   $$= \frac{₩80,000}{5} = ₩16,000$$

   회계추정의 변경으로 인해 20×7년부터 향후 5년간 다음의 회계처리가 이루어진다.

(차) 감 가 상 각 비	16,000	(대) 감 가 상 각 누 계 액	16,000

2.3 오류수정

1) 오류수정의 의미

재무제표 작성 시 신뢰할 수 있는 정보가 제한되었거나 잘못 이용하여 발생한 재무정보의 누락이나 왜곡표시를 오류error라고 한다. 회계상 오류는 계산의 실수, 회계정책의 잘못된 적용, 잘못된 사실판단, 의도적 부정이나 과실 또는 사실의 누락 등이 있다. 전기나 혹은 그보다 과거에 발생한 오류를 당기에 수정하는 것을 오류수정이라 한다. 회계변경은 과거에는 제한되었던 정보를 사용할 수 있게 되어 새로운 회계정보를 선택하는 것이라면 오류수정은 과거에도 사용할 수 있었던 정보를 잘못 사용하거나 사용하지 않았던 회계정보를 수정한다는 점에서 차이가 있다.

오류는 손익에 영향을 미치지 않는 오류와 손익에 영향을 미치는 오류로 나눌 수 있다. 전자는 단순히 재무제표상의 위치(자산, 부채, 자본, 수익, 비용)를 잘못 분류하여 발생한 계정분류 오류가 대표적이다. 손익에 영향을 미치는 오류는 재무상태표와 포괄손익계산서에 모두 연관되어 있는 오류이다. 다만 손익에 영향을 미치는 오류는 회계기간 말이 되면 자동으로 오류의 영향이 사라지는 자동조정오류와 그렇지 않은 비자동조정오류로 나눌 수 있다.

(1) 자동조정오류

자동조정오류는 오류가 재무상태표와 포괄손익계산서에 영향을 주지만 오류의 영향이 2 회계기간에 걸쳐 자동으로 상쇄되는 오류이다. 예를 들어, 전기의 기말재고가 과대 계상되었다고 가정하자. 그렇다면 전기의 매출원가는 과소계상 되었을 것이다. 반면 당기의 기초재고는 과대계상 되었으므로 매출원가는 과대계상 된다. 즉, 전기와 당기의 매출원가가 영향을 받은 오류이지만 그 효과가 서로 상쇄된 오류이다. 대표적인 예로, 재고자산의 과대 · 과소계상, 선급비용 · 미지급비용 · 선수수익 · 미수수익의 과대 · 과소계상이 있다.

(2) 비자동조정오류

비자동조정오류는 오류의 영향이 상쇄되는 데에 3 회계기간 이상이 걸리거나 영원히 없어지지 않는 오류를 의미한다. 예를 들어, 토지를 매입하는데 취득원가를 자산이 아닌 비용으로 인식했다고 가정하자. 토지는 기간이 지나면 장부금액이 감소하는 감가상각 자산이 아니다. 그러므로 토지가 처분이 되지 않는 한 오류의 영향이 소멸하지 않는다.

2) 오류수정의 회계처리

(1) 자동조정오류

자동조정오류는 2 회계기간이 지나면 자동으로 상쇄되어 수정된다. 전기에 발생한 오류가 당기에 발견되었다고 가정하자. 만약 장부가 마감되지 않은 경우 오류가 이미 상계되었더라도 수정하고 기초이익잉여금을 조정한다. 그러나 장부가 마감된 경우라면 이미 상계되지 않은 경우만 수정하고 기초이익잉여금을 조정한다. 만약 이미 상계된 경우는 별도의 오류수정분개를 하지 않는다.

예제 11.6 자동조정오류수정

㈜상세는 20×5년부터 20×7년까지 매년 말 다음과 같이 기말 재고자산을 과대, 과소계상하였다.

계정과목	20×5년 말	20×6년 말	20×7년 말
재고자산	₩30,000(과대)	₩10,000(과소)	₩55,000(과대)
당기순이익		₩250,000	₩150,000
이익잉여금			₩400,000

물음 20×7년 장부가 마감되기 전 위 오류를 발견하였다. 오류 수정후 20×6년과 20×7년도 당기순이익과 20×7년 말 이익잉여금을 구하고 오류수정의 회계처리를 제시하시오.

해설

1. 20×5년 말 재고자산 오류는 20×6년 기초재고자산의 과대계상으로 이월된다. 이후 20×6년에 자동조정되었다. 20×6년 기말재고자산이 과소평가된 것은 20×7년 기초재고자산으로 이월되어 당기순이익을 과대계상한다. 그러므로 누적 개념인 20×7년 말 이익잉여금에 미치는 영향은 없다. 다만 20×7년 말 재고자산의 과대계상은 20×7년 말 이익잉여금에 영향을 미친다.

	20×5	20×6	20×7
수정전당기순이익		₩250,000	₩150,000
기초재고자산수정		30,000	(10,000)
기말재고자산수정	(₩30,000)	10,000	(55,000)
수정후당기순이익		290,000	₩85,000

20×7 기말이익잉여금 = ₩400,000 – ₩55,000 = ₩345,000

2. 회계처리

(차) 매출원가	65,000	(대) 이익잉여금(기초)	10,000
		재고자산	55,000

(2) 비자동조정오류

비자동조정오류는 오류의 영향이 3 회계기간 이상 혹은 영원히 소멸되지 않는다. 전기에 발생한 비자동조정오류를 당기에 발견하였을 경우, 장부가 마감된 것과 관계없이 수정회계처리를 한다. 만약 당기에 수정분개를 하지 않을 경우 자동 상쇄되는 효과가 없기 때문이다. 수정분개는 전기와 그 이전의 오류로 인해 잘못 기입된 자산과 부채를 수정하고, 자산과 부채의 변동으로 인해 미인식한 손익을 이익잉여금에 반영한다.

예제 11.7 비자동조정오류수정

㈜상세는 20×5년 1월 1일에 비품을 ₩100,000에 취득하였다. 비품의 내용연수는 5년이며 잔존가치는 없다. ㈜상세는 20×7년에 위 비품을 취득 당시 비용으로 기록한 것을 발견하였다. ㈜상세는 비품에 대해 정액법을 사용하여 감가상각한다.

물음 20×7년 오류를 수정하는 분개를 제시하시오

해설

1. 20×5년과 20×6년에 감가상각비가 각각 ₩20,000씩 총 ₩40,000만큼 과소계상되었다. 감가상각누계액도 총 ₩40,000만큼 과소계상되었다. 20×5년은 비용이 ₩100,000만큼 과대계상되었다. 종합하자면 20×7년의 이익잉여금은 오류의 결과로 인해 총 ₩60,000만큼 과소계상되었다.

	20×5	20×6	20×7
수정전당기순이익	(₩80,000)	₩0	₩0
기초비품비용처리수정	₩100,000	₩0	₩0
기말감가상각비수정	(₩20,000)	(₩20,000)	(₩20,000)
수정후당기순이익	₩80,000 증가	₩20,000 감소	₩20,000 감소

2. 회계처리

원래 위 거래에 맞는 분개는 다음과 같이 이루어졌어야 한다.

20×5년 취득과 감가상각의 바른 분개

(차)	비 품	100,000	(대) 현 금	100,000
	감 가 상 각 비	20,000	감 가 상 각 누 계 액	20,000

20×6년 감가상각의 바른 분개

(차)	감 가 상 각 비	20,000	(대) 감 가 상 각 누 계 액	20,000

20×7년 감가상각의 바른 분개

(차) 감가상각비	20,000	(대) 감가상각누계액	20,000

그러므로, 20×7년 다음의 분개를 통해 오류를 수정한다. 단, 위의 20×7년의 감가상각분개는 오류 발견 후 이루어졌다고 가정한다. 결국, 비용으로 인식한 비품을 자산으로 기록하여 재무상태표에 나타내고(비품계정), 2년 동안 감가상각을 반영하며(감가상각누계액), 취득시 비용이 취소된 것과 2년 동안 감가상각비가 누락된 것이 이익잉여금에 반영되도록 수정한다.

(차) 비품	100,000	(대) 감가상각누계액	40,000
		이익잉여금	60,000

친절한 재무회계 Accounting

주관식 문제

11.1 변동대가의 추정

㈜상세는 ㈜라온과 20×1년 초 ₩10,000,000의 공장 건설프로젝트를 수주하였다. 본 건설은 2년간에 걸쳐서 진행된다. ㈜라온은 ㈜상세가 공장 건설 경험이 풍부하지 않아 건설 계약기간을 지킬 수 있을지 확신이 없어서 건설계약가격에 조건을 제시했다. 만약 기간이 1달 늦어지면 그 후 매달 ₩150,000씩 계약가격이 감소한다. ㈜상세는 계약서를 검토하면서 건설 기간에 대한 예측을 다음과 같이 하였다. 2년 이내에 완공할 확률이 60%이고, 1달 지연될 확률이 20%, 2달 지연될 확률은 20%로 예상하였다.

[물음 1] ㈜상세가 기댓값에 의해 매출을 예측할 경우, 향후 건설계약에서 예상되는 매출액은 얼마인가?

[물음 2] ㈜상세가 가능성이 가장 높은 금액에 의해 매출을 예측할 경우, 향후 건설계약에서 예상되는 매출액은 얼마인가?

11.2 거래가격의 배분

㈜상세는 20×1년 중 ㈜라온에게 기계를 판매하는 계약을 ₩9,000,000에 체결하였다. 이 기계는 ㈜라온의 공장규모에 맞게 특수제작 되었으며, ㈜라온의 공장에 설치하는데 특별한 차량이 지원되어야하므로 설치용역도 계약에 포함하였다. 이 계약에는 기계의 사용법에 대한 교육용역도 포함되어 있다. ㈜상세는 특수주문제작 하지 않은 동종의 기계를 다른 고객에게 ₩6,000,000에 판매하고 있다. 설치용역과 교육용역도 진행하고 있는데 각각 ₩3,000,000과 ₩1,000,000이다. ㈜라온은 설치된 기계를 다루어 주력 제품을 생산할 수 있는 직원이 배치되어 있다. ㈜상세의 수행의무를 구별하고 각 수행의무에 거래가격을 배분하시오.

11.3 진행기준

㈜상세는 20×7년 7월 1일 ㈜라온에게 K-IFRS와 금융회계 등 재무·회계팀 역량강화에 대한 교육을 20×9년 6월 30일까지 2년간 진행하기로 하였다. 이 교육프로젝트는 ₩2,500,000에 계약되었다. ㈜상세는 장기계약인 이 계약에 대한 수익을 진행기준으로 회계처리한다. 다만 산출물에 대해 쉽게 판단할 수 없어서 투입물인 원가를 기준으로 수익을 인식하기로 하였다. 발생한 원가자료는 다음과 같다.

	20×7	20×8	20×9
당기 투입원가	₩600,000	₩1,000,000	₩400,000
향후 예상 투입원가	₩1,200,000	₩500,000	₩0

㈜상세의 각 연도별 수익과 비용을 계산하시오. (단, 소수점 첫째자리에서 반올림한다.)

친 절 한 재무회계 Accounting

객관식 문제

11.1 진행기준의 조건

기간에 걸쳐 이행하는 수행의무(진행 기준 적용)의 요건을 모두 고르시오.

A. 고객은 기업이 수행하는 대로 기업의 수행에서 제공하는 효익을 동시에 얻고 소비한다.
B. 기업이 수행하여 만든 자산의 소유에 따른 위험과 보상이 동시에 고객에게 이전된다.
C. 기업이 수행하여 만든 자산이 기업 자체에는 대체 용도가 없고, 지금까지 수행을 완료한 부분에 대해 집행 가능한 지급청구권이 기업에 있다.
D. 기업이 수행하여 만들어지거나 가치가 높아지는 대로 고객이 통제하는 자산을 기업이 만들거나 그 자산 가치를 높인다.

① A
② A, B
③ C
④ A, C, D
⑤ A, B, C, D

11.2 수행의무의 식별

한 기업은 고객에게 기성품 장비와 특수 소모품을 제공하기로 하는 계약을 체결하였다. 기성품 장비는 유의적인 고객 맞춤화나 변형 없이 작동할 수 있다. 특수 소모품은 3년에 걸쳐 미리 정해진 기간마다 제공하기로 하였으며, 이 기업만이 그 특수 소모품을 생산하고 별도로 판매한다. 기업이 계약 개시 시점에 기성품 장비 인도와 특수 소모품 인도를 계약상 의무로 식별했을 때, 각 의무들이 구별되는지에 대한 검토과정으로 옳지 않은 것은?

① 기성품 장비는 쉽게 구할 수 있는 소모품과 함께 효익이 있으므로 구별되는 의무로 식별할 수 있다.
② 특수 소모품은 별도 판매가 되고 있으며, 이미 이전된 기성품 장비와 함께 효익을 얻을 수 있으므로 구별되는 의무로 식별할 수 있다.

③ 고객이 기성품 장비를 통제하게 된 후에 소모품이 필요하므로 상호의존도나 상호관련성이 높다고 볼 수 있다.

④ 기성품 장비와 특수 소모품을 통합하는 유의적인 용역을 제공한다고 볼 수 없다.

⑤ 재화와 용역이 구별되므로 기성품 장비와 특수 소모품은 서로를 유의적으로 변형하거나 고객 맞춤화하지 않는다.

11.3 회계오류

㈜상세는 연말 결산시에 다음과 같은 회계오류를 발견하였다. 이 중에서 회계연도말 유동자산과 자본을 모두 과대계상하게 되는 것은 무엇인가? (회계사 2007 수정)

① 선급비용의 과소계상

② 미지급비용의 과소계상

③ 장기매출채권을 유동자산으로 잘못 분류함

④ 매출채권에 대한 손실충당금의 과소계상

⑤ 영업용 건물에 대한 감가상각비의 과소계상

연습문제 해답 및 해설

CHAPTER 01 회계란 무엇인가?

친절한 재무회계 Accounting

객관식 해답 및 해설

1.1 ①

회계의 대상이 되는 경제적 실체는 재화와 용역을 생산 · 분배 · 소비하는 조직으로 대표적으로 기업이 해당된다.

1.2 ③

주식회사는 주식의 발행을 통해 출자된 자금으로 설립된 기업으로, 소유주인 주주들과는 경제적으로 독립된 법인형태의 기업이다.

1.3 ④

국세청은 세법에 따라 기업이 납부해야 할 법인세를 평가하기 위해 필요한 회계정보를 기업에게 요구한다.

1.4 ③

재무제표는 추정에 의한 측정치를 포함한다.

1.5 ②

회계시스템은 경영의 평가와 통제에 필요한 경영활동에 대한 경제적 정보를 제공하는 수탁책임회계를 수행한다.

1.6 ④

회계감사는 경영자에 의해 작성된 재무제표가 부정이나 오류 없이 기업의 실상을 적정하게 표시하고 있는지를 제3자인 공인회계사가 검토하고 회계전문가로서의 감사의견을 공표하는 분야이다.

1.7 ①

재무상태표는 특정 시점의 기업의 재무상태를 나타내는 재무보고서로 기업의 소유와 자금조달 원천에 대한 정보를 제공한다.

1.8 ④

재무회계는 법적 강제력을 가지지만, 관리회계는 법적 강제력을 가지지 않는다.

1.9 ②

국제회계기준은 개별재무제표가 아닌 연결재무제표 중심이다.

1.10 ③

K-IFRS를 적용하는 기업은 상장기업뿐 아니라 상장예정법인, 자발적 비상장법인, 은행 · 금융지주 · 증권 · 자산운용 · 보험 · 신용카드사 등 비상장금융기업, 산업은행 · 수출입은행 · 한국가스공사 · 예금보험공사 등 일부 공기업 등이다.

CHAPTER 02 재무보고를 위한 개념체계

친절한 재무회계 Accounting

객관식 해답 및 해설

2.1 ③

재무보고는 미래 현금흐름 예측에 유용한 정보를 제공한다.

2.2 ②

재무정보가 갖춰야 할 가장 중요한 질적 특성은 목적적합성과 표현의 충실성이다.

2.3 ⑤

적시성은 의사결정에 영향을 미칠 수 있도록 의사결정자가 정보를 제때에 이용가능하게 하는 것을 의미한다. 일반적으로 적시성이 있는 정보는 의사결정에 목적적합할 수 있다.

2.4 ④

② 유사한 거래와 사건에 동일한 회계방법을 회계기간에 따라 변경하지 않고 계속하여 일관성 있게 적용할 때 기간별 비교가능성이 제고된다. 따라서 기간별 비교가능성을 일관성consistency이라고도 한다. 일관성은 비교가능성과 관련은 있지만 동일하지는 않다. 비교가능성은 목표이고, 일관성은 그 목표를 달성하는 데 필요한 수단이다.

③ 오류가 없다는 것free from error은 현상의 기술에 오류나 누락이 없고, 보고 정보를 생산하는 데 사용되는 절차의 선택과 적용시 절차상 오류가 없음을 의미하는 것이지 모든 면에서 완벽하게 정확하다는 것을 의미하지는 않는다.

⑤ 이해가능성은 회계정보가 모든 정보이용자에게 이해가능하다는 것이 아니며, 정보이용자는 경영 및 경제활동과 회계에 대한 합리적인 지식을 가지고 있으며 관련 정보를 분석하기 위하여 합리적인 노력을 기울일 의지가 있는 것으로 가정한다.

2.5 ⑤

일관성은 한 보고기업 내에서의 기간별 비교가능성을 의미한다. 일관성은 비교가능성과 관련은 있지만 동일하지는 않다. 비교가능성은 목표이고, 일관성은 그 목표를 달성하는 데 필요한 수단이다.

2.6 ⑤

회계정보를 다른 기간과 비교할 수 있거나, 다른 기업과 비교할 수 있는 질적 특성은 비교가능성이다. 비교가능성은 통일성을 의미하는 것이 아니다. 통일성을 추구하려면 오직 한 가지 회계처리방법만 허용하도록 회계기준이 제정되어야 한다. 그러나 기업마다 영업활동이나 처한 환경이 다르기 때문에 통일된 회계처리를 요구하는 것은 바람직하지 않다.

2.7 ①

유용한 재무정보의 보강적 질적특성에는 비교가능성, 검증가능성, 적시성, 이해가능성이 있다.

2.8 ③

재무정보가 유용하기 위해서는 근본적으로 목적적합해야 하고, 나타내고자 하는 바를 충실하게 표현해야 한다. 그리고 재무정보가 비교가능하고, 검증가능하며, 적시성 있고, 이해가능한 경우 그 재무정보의 유용성은 보강된다.

2.9 ④

과세당국이 일반목적 재무보고에 의한 정보를 의사결정에 참고하지만, 일반목적 재무보고의 정보를 직접적으로 이용하지는 않는다.

2.10 ④

목적적합한 재무정보를 산출하기 위하여 불확실성이 높더라도 추정할 수 있지만 추정 방법과 추정으로 인한 영향을 기술하여 신중하게 접근한다.

CHAPTER 03 재무제표의 표시

친절한 재무회계 Accounting

객관식 해답 및 해설

3.1 ④

재무제표는 재무상태표, 포괄손익계산서, 현금흐름표, 자본변동표, 그리고 주석으로 구성된다.

3.2 ①

대여금은 자산이고, 나머지는 부채이다.

3.3 ④

자본금은 자본의 일부로 자본금과 자본은 구분해야 한다.

3.4 ③

토지는 영업용으로 사용되어야 하며, 투자 목적으로 구입하면 투자부동산으로 분류된다.

3.5 ②

임차료에 대한 설명으로, 임대료는 수익이다.

3.6 ③

재무제표에는 중요하지 않아 구분하여 표시하지 않은 항목이라도 주석에서는 구분 표시해야 할 만큼 충분히 중요할 수도 있다.

3.7 ④

① 유동성 순서에 따른 표시방법이 신뢰성 있고 더욱 목적적합한 정보를 제공하는 경우를 제외하고는 자산은 유동자산과 비유동자산, 부채는 유동부채와 비유동부채로 재무상태표에 구분하여 표시한다.

② 자본잉여금은 자본거래에서 발생하는 항목이다.

③ 당기순손익의 구성요소를 표시하는 별개의 손익계산서와 당기순손익에서 시작하여 기타포괄손익의 구성요소를 표시하는 포괄손익계산서, 두 개의 보고서로 작성할 수도 있다.

3.8 ④

매입채무 그리고 종업원 및 그 밖의 영업원가에 대한 미지급비용과 같은 기업의 정상영업주기 내에 사용되는 운전자본 항목은 보고기간 후 12개월 후에 결제일이 도래한다 하더라도 유동부채로 분류한다.

3.9 ④

기능별 분류에서는 비용을 매출원가, 그리고 물류원가와 관리활동원가 등과 같이 기능별로 분류한다.

④ 공장 건물에 대한 감가상각비는 제품원가에 반영되어 매출원가에 포함된다.

3.10 ④

기능별 분류에서는 비용을 매출원가, 그리고 물류원가와 관리활동원가 등과 같이 기능별로 분류한다.

국제회계기준에서는 수익과 비용의 어느 항목도 포괄손익계산서 또는 주석에 특별손익 항목으로 표시할 수 없다.

3.11 ①

기능별 분류란 매출원가법으로서 비용을 매출원가, 그리고 물류원가와 관리활동원가 등과 같이 기능별로 분류한다.

성격별 분류에서는 수익, 기타수익, 제품과 재공품의 변동, 원재료와 소모품의 사용액, 종업원급여 비용, 감가상각비와 기타상각비 등 성격별로 분류한다.

CHAPTER 04 회계순환

친절한 재무회계 Accounting

객관식 해답 및 해설

4.1 ⑤

회계상 거래는 일상적인 거래와 달리 기업의 재무상태(자산, 부채, 자본, 수익, 비용)에 변동을 발생시키는 거래만 해당된다. 따라서 재무상태의 변동을 발생시키지 않는 단순한 약속, 계약, 고용, 해임 등은 회계상 거래가 될 수 없다.

4.2 ③

(차)	차 입 금	2,000	(대)	현 금	2,240
	이 자 비 용	240			

부채(차입금)의 감소와 비용(이자비용)의 발생 및 자산(현금)의 감소

4.3 ③

[회계등식: 자산 = 부채 + 자본]이다. 따라서,

자산 = 상품(₩1,000,000) + 매출채권(₩280,000) + 선급비용(₩200,000) + 비품(₩400,000) + 현금(₩120,000)
= ₩2,000,000

부채 = 매입채무(₩240,000) + 미지급금(₩100,000) + 선수수익(₩140,000)
= ₩480,000

자본 = 자산 − 부채
= ₩1,520,000

4.4 ①

회계상 거래를 회계등식을 이용하여 표현하면 [⊿자산 = ⊿부채 + ⊿자본]이다.

⊿자본 = ⊿납입자본 + 당기순손익 + 기타포괄손익 − 배당

따라서 당기순손익을 x라고 하면,

⊿자산[₩520,000 − ₩240,000] = ⊿부채[₩80,000] + ⊿자본[₩84,000 + x + ₩100,000 −₩ 40,000]

$x = 56,000$

4.5 ①

자산 · 비용계정은 차변잔액을 갖고, 부채 · 자본 · 수익계정은 대변잔액을 갖는다. 문제에서 대여금은 자산계정이므로 잔액이 차변에 기록된다.

4.6 ④

[시산표등식 : 비용 + 자산 = 수익 + 부채 + 자본]

시산표는 차변금액과 대변금액의 일치여부를 확인할 수 있게 해준다.

① 분개를 두 번 한 것은 오류이나 차변과 대변에 동일한 금액을 전기하면 시산표등식은 성립한다.

② 부채의 감소를 자산의 증가로 기록한 오류이지만 시산표 등식은 성립한다.

③ 대변과 차변에 동일한 금액을 전기하면 시산표등식은 성립한다.

④ 매출채권은 자산이므로 차변에 전기해야 한다. 따라서 대변에 전기하면 시산표등식이 성립하지 않게 된다.

4.7 ①

회계기간 중에 소모품을 자산(소모품)으로 기록한 경우, 기말에는 남아 있는 소모품 재고를 조사하여 기중에 사용한 소모품 관련 비용을 인식하는 수정분개를 한다. 수정전시산표상 소모품이 ₩320,000이고, 기말 현재 남아있는 소모품이 ₩140,000이므로, 금액 차이(₩180,000)를 비용(소모품비)으로 인식하고, 그 금액만큼 자산(소모품)은 대변에 기록하여 감소시킨다.

4.8 ①

회계기간 중에 소모품을 비용(소모품비)로 기록한 경우, 기말에는 남아 있는 소모품 재고를 조사하여 기중에 사용하지 않은 소모품 관련 재고를 인식하는 수정분개를 한다. 기초재고가 ₩100,000이고, 기말재고가 ₩140,000이므로 금액 차이(₩40,000)를 자산(소모품)으로 인식하고, 그 금액만큼 비용(소모품비)은 대변에 기록하여 감소시킨다.

4.9 ①

<기말수정분개>

(차)	선 급 임 차 료	60,000*	(대) 임 차 료	60,000
(차)	급 여	40,000	(대) 미 지 급 급 여	40,000

* 임차료 중 3개월치[₩240,000 × (3 ÷ 12) = ₩60,000]는 비용이 아니므로 선급임차료로 인식함

잔액시산표의 경우, ⊿차변합계액 = 선급임차료(₩60,000) − 임차료(₩60,000) + 급여(₩40,000) = ₩40,000

4.10 ④

<기말수정분개>

① ㄱ:	(차) 선 수 수 익	40,000	(대) 용 역 매 출	40,000
② ㄴ:	(차) 보 험 료	16,000*1	(대) 선 급 보 험 료	16,000

③ ㄷ: (차) 매 출 채 권 12,000 (대) 용 역 매 출 12,000

④ ㄹ: (차) 임 차 료 120,000*2 (대) 선 급 임 차 료 120,000

*1. 4개월치[= ₩48,000 × (4 ÷ 12) = ₩16,000]에 해당하는 금액은 비용으로 회계처리해야 함

*2. 6개월 선급임차료 중 3개월치[= ₩240,000 × (3 ÷ 6) = ₩120,000]에 해당하는 금액은 비용으로 회계처리해야 함

4.11 ③

<기말수정분개>

− (차) 선 급 보 험 료	20,000	(대) 보 험 료	20,000
− (차) 이 자 비 용	26,000	(대) 미 지 급 이 자	26,000
− (차) 소 모 품	36,000	(대) 소 모 품 비	36,000
− (차) 가 수 금	40,000	(대) 매 출 채 권	40,000

수정후 당기순이익

= 수정전 당기순이익(₩1,000,000) + 보험료(₩20,000) − 이자비용(₩26,000) + 소모품비(₩36,000)

= ₩1,030,000

4.12 ①

<기말수정분개>

− (차) 소 모 품 비	56,000	(대) 소 모 품	56,000
− (차) 급 여	50,000	(대) 미 지 급 급 여	50,000
− (차) 미 수 이 자	12,000	(대) 이 자 수 익	12,000
− (차) 임 차 료	24,000	(대) 미 지 급 임 차 료	24,000

수정후 당기순이익

= 수정전 당기순이익(₩800,000) − ₩56,000 − ₩50,000 + ₩12,000 − ₩24,000 = ₩682,000

CHAPTER 05 재고자산

친절한 재무회계 Accounting

주관식 해답 및 해설

5.1 〈1〉 분 개

일 자	거 래	수량(개)	단가(₩)	매출원가			기말재고액		
				수량	단가	금액(₩)	수량	단가	금액(₩)
1월 1일	기초	500	1,400				500	1,400	700,000
3월 1일	매입	2,000	1,600				500 2,000	1,400 1,600	700,000 3,200,000
6월 1일	매출	(−)1,500	4,000	500 1,000	1,400 1,600	700,000 1,600,000	1,000	1,600	1,600,000
9월 1일	매입	1,000	2,400				1,000 1,000	1,600 2,400	1,600,000 2,400,000
12월 1일	매출	(−)500	4,000	500	1,600	800,000	500 1,000	1,600 2,400	800,000 2,400,000
합 계 액						3,100,000			3,200,000

① 매입(3월 1일)

(차) 재 고 자 산 3,200,000 (대) 외 상 매 입 금 3,200,000

② 매출(6월 1일)

(차) 외 상 매 출 금 6,000,000 (대) 매 출 6,000,000

(차) 매 출 원 가 2,300,000*1 (대) 재 고 자 산 2,300,000

*1. 500개 × @₩1,400 + 1,000개 × @₩1,600 = ₩2,300,000

③ 매입(9월 1일)

(차) 재 고 자 산 2,400,000 (대) 외 상 매 입 금 2,400,000

④ 매출(12월 1일)

(차) 외 상 매 출 금 2,000,000 (대) 매 출 2,000,000

(차) 매 출 원 가 800,000*2 (대) 재 고 자 산 800,000

*2. 500개 × @₩1,600 = ₩800,000

〈2〉 매출총이익과 기말재고액

매 출

		6/1	6,000,000
		12/1	2,000,000
		잔액	8,000,000

매출원가

6/1	2,300,000		
12/1	800,000		
잔액	3,100,000		

① 매출총이익 = 매출 − 매출원가
= ₩8,000,000 − ₩3,100,000 = ₩4,900,000

재고자산

1/1	700,000	6/1	2,300,000
3/1	3,200,000	12/1	800,000
9/1	2,400,000		
잔액	3,200,000		

② 기말재고액 = 당기판매가능액 − 매출원가
= ₩6,300,000 − ₩3,100,000
= ₩3,200,000

5.2 〈1〉 분 개

일 자	거 래	수량(개)	단가(₩)	매출원가			기말재고액		
				수량	단가	금액(₩)	수량	단가	금액(₩)
1월 1일	기초	500	1,400				500	1,400	700,000
3월 1일	매입	2,000	1,600				2,500	1,560[*1]	3,900,000
6월 1일	매출	(−)1,500	4,000	1,500	1,560	2,340,000	1,000	1,560	1,560,000
9월 1일	매입	1,000	2,400				2,000	1,980[*2]	3,960,000
12월 1일	매출	(−)500	4,000	500	1,980	990,000	1,500	1,980	2,970,000
합 계 액						3,330,000			2,970,000

*1. $\frac{500개 \times @₩1,400 + 2,000개 \times @₩1,600}{500개 + 2,000개} = @₩1,560$

*2. $\frac{1,000개 \times @₩1,560 + 1,000개 \times @₩2,400}{1,000개 + 1,000개} = @₩1,980$

① 매입(3월 1일)

(차) 재 고 자 산	3,200,000	(대) 외 상 매 입 금	3,200,000

② 매출(6월 1일)

(차) 외 상 매 출 금	6,000,000	(대) 매 출	6,000,000
(차) 매 출 원 가	2,340,000[*1]	(대) 재 고 자 산	2,340,000

*1. 1,500개 × @₩1,560 = ₩2,340,000

③ 매입(9월 1일)

(차) 재 고 자 산 2,400,000 (대) 외 상 매 입 금 2,400,000

④ 매출(12월 1일)

(차) 외 상 매 출 금 2,000,000 (대) 매 출 2,000,000
(차) 매 출 원 가 990,000*2 (대) 재 고 자 산 990,000

*2. 500개 × @₩1,980 = ₩990,000

〈2〉 매출총이익과 기말재고액

매 출

		6/1	6,000,000
		12/1	2,000,000
		잔액	8,000,000

매출원가

6/1	2,340,000		
12/1	990,000		
잔액	3,330,000		

① 매출총이익 = 매출 − 매출원가
= ₩8,000,000 − ₩3,330,000
= ₩4,670,000

재고자산

1/1	700,000	6/1	2,340,000
3/1	3,200,000	12/1	990,000
9/1	2,400,000		
잔액	2,970,000		

② 기말재고액 = 당기판매가능액 − 매출원가
= ₩6,300,000 − ₩3,330,000
= ₩2,970,000

5.3 〈1〉 분 개

➪ 기말재고수량 = [500개 + 2,000개 + 1,000개] − [1,500개 + 500개] = 1,500개

일 자	거 래	수 량	기말재고수량	단 가	기말재고액
1월 1일	기초재고	500개		₩1,400	
3월 1일	매 입	2,000	500개	1,600	₩800,000
6월 1일	매 출	(−)1,500		4,000	
9월 1일	매 입	1,000	1,000	2,400	2,400,000
12월 1일	매 출	(−)500			

① 매입(3월 1일)

(차) 매 입	3,200,000	(대) 외 상 매 입 금	3,200,000

② 매출(6월 1일)

(차) 외 상 매 출 금	6,000,000	(대) 매 출	6,000,000

③ 매입(9월 1일)

(차) 매 입	2,400,000	(대) 외 상 매 입 금	2,400,000

④ 매출(12월 1일)

(차) 외 상 매 출 금	2,000,000	(대) 매 출	2,000,000

⑤ 결산(12월 31일)

(차) 매 출 원 가	700,000	(대) 재 고 자 산	700,000
(차) 매 출 원 가	3,200,000	(대) 매 입	3,200,000
(차) 매 출 원 가	2,400,000	(대) 매 입	2,400,000
(차) 재 고 자 산	3,200,000*	(대) 매 출 원 가	3,200,000

* 기말재고액 = 500개 × @₩1,600 + 1,000개 × @₩2,400 = ₩3,200,000

〈2〉 기말재고액과 매출총이익

재고자산

1/1	700,000	12/31	700,000
12/31	3,200,000		
잔액	3,200,000		

① 기말재고액 = 재고자산 기말잔액 = ₩3,200,000

매 출

		6/1	6,000,000
		12/1	2,000,000
		잔액	8,000,000

매출원가

12/31	700,000	12/31	3,200,000
12/31	3,200,000		
12/31	2,400,000		
잔액	3,100,000		

② 매출총이익 = 매출 − 매출원가

= ₩8,000,000 − ₩3,100,000 = ₩4,900,000

5.4 〈1〉 분 개

① 매입(3월 1일)

(차) 매 입	3,200,000	(대) 외 상 매 입 금	3,200,000

② 매출(6월 1일)

(차) 외 상 매 출 금	6,000,000	(대) 매 출	6,000,000

③ 매입(9월 1일)

(차) 매 입	2,400,000	(대) 외 상 매 입 금	2,400,000

④ 매출(12월 1일)

(차) 외 상 매 출 금	2,000,000	(대) 매 출	2,000,000

⑤ 결산(12월 31일)

(차) 매 출 원 가	700,000	(대) 재 고 자 산	700,000
(차) 매 출 원 가	3,200,000	(대) 매 입	3,200,000
(차) 매 출 원 가	2,400,000	(대) 매 입	2,400,000
(차) 재 고 자 산	2,700,000*	(대) 매 출 원 가	2,700,000

* 기말재고액 = 1,500개 × @₩1,800** = ₩2,700,000

$$** \text{ 단위당 평균원가} = \frac{₩700,000 + ₩3,200,000 + ₩2,400,000}{500\text{개} + 2,000\text{개} + 1,000\text{개}} = @₩1,800$$

〈2〉 기말재고액과 매출총이익

재고자산

1/1	700,000	12/31	700,000
12/31	2,700,000		
잔액	2,700,000		

① 기말재고액 = 재고자산 기말잔액 = ₩2,700,000

매 출

		6/1	6,000,000
		12/1	2,000,000
		잔액	8,000,000

매출원가

12/31	700,000	12/31	2,700,000
12/31	3,200,000		
12/31	2,400,000		
잔액	3,600,000		

② 매출총이익 = 매출 − 매출원가

= ₩8,000,000 − ₩3,600,000 = ₩4,400,000

친 절 한
재무회계

Accounting

객관식 해답 및 해설

5.1 ③

매입할인은 취득원가에서 차감되는 항목이다.

5.2 ③

실지재고조사법에서는 재고자산 구입시 매입 계정 차변에 기록하므로, 매입환출이 발생하면 매입 계정의 대변에 기록한다.

5.3 ②

선입선출법은 먼저 매입한 상품이 먼저 판매된다고 가정하므로, 가장 나중에 매입한 상품이 재무상태표에 재고자산으로 인식된다.

5.4 ②

$$\text{평균 단위원가} = \frac{1{,}000\text{개} \times [₩400 + ₩400 + ₩600 + ₩800]}{4 \times 1{,}000\text{개}} = @₩550$$

매출액 = 2,500개 × [₩550 × 1.2] = ₩1,650,000

5.5 ②

매출원가 = 기초상품재고(₩480) + 당기상품매입(₩800) − 기말상품재고(₩440) = ₩840

매 출 액 = 매출총이익(₩360) + 매출원가(₩840) = ₩1,200

5.6 ②

매출원가 = 기초상품재고(₩240,000) + 당기상품매입(₩400,000) − 기말상품재고(₩220,000)
= ₩420,000

매 출 액 = 매출총이익(₩180,000) + 매출원가(₩420,000) = ₩600,000

당기외상매출액 = 매출액(₩600,000) − 당기현금매출액(₩100,000) = ₩500,000

따라서,

기말매출채권 = 기초매출채권(₩160,000) + 당기외상매출액(₩500,000) − 매출채권회수액(₩520,000)
= ₩140,000

5.7 ③

(1) 기말 재고자산 매가 = ₩400,000 + ₩2,000,000 − ₩1,800,000 = ₩600,000

(2) 원가율 = [₩300,000 + 1,500,000] ÷ [₩400,000 + 2,000,000] = 0.75

(3) 기말 재고자산 원가 = ₩600,000 × 0.75 = ₩450,000

5.8 ①

(1) 재고자산감모손실 = [장부상수량 − 실제 기말수량] × 기말재고원가
= [100개 − 90개] × ₩200 = ₩2,000

정 상 적 감모손실 = ₩2,000 × 0.6 = ₩1,200

(3) 재고자산평가손실 = 실제기말수량 × [기말재고원가 − 순실현가능가치]
= 90개 × [₩200 − ₩180] = ₩1,800

따라서,

매출원가 = [판매가능원가(₩156,000) − 장부상기말재고원가(₩20,000)] + 정상감모(₩1,200)
+ 재고자산평가손실(₩1,800)
= ₩139,000

5.9 ④

$$2/10\ \text{평균단가} = \frac{₩40,000 + ₩80,000}{400개} = ₩300$$

$$12/1\ \text{평균단가} = \frac{₩30,000 + ₩60,000}{200개} = ₩450$$

(1) 재고자산감모손실 = [200개 − 150개] × ₩450 = ₩22,500

(2) 재고자산평가손실 = 150개 × [₩450 − 400] = ₩7,500

5.10 ②

당기취득원가

= 매입가격 + 매입운임 + 보험료 + 하역료 − 매입할인 − 매입에누리 + 관세납부금 − 관세환급금

= ₩1,000,000 + ₩30,000 +₩4,000 + ₩6,000 − ₩4,000 − ₩26,000 + ₩14,000 − ₩10,000

= ₩1,014,000

매출원가

= 기초재고 + 당기취득원가 − 조정 후 기말재고 − 비정상감모손실

= ₩240,000 + ₩1,014,000 − ₩150,000 − ₩4,000

= ₩1,100,000

5.11 ③

매출원가 = 매출액(₩2,000,000) × [1 − 0.3] = ₩1,400,000

기말상품재고 = 기초상품재고(₩400,000) + 당기상품매입(₩1,800,000) − 매출원가(₩1,400,000)
= ₩800,000

그런데 창고에 남아 있는 재고는 ₩200,000이므로,

상품의 화재 손실액 = ₩800,000 − ₩200,000 = ₩600,000

5.12 ②

매출액 = 매출원가 + 매출총이익

매출액 ÷ 매출원가 = [매출원가 + 매출총이익] ÷ 매출원가
= 1 + [매출총이익 ÷ 매출원가] = 1.25

매출원가 = 매출액(₩2,000,000) ÷ 1.25 = ₩1,600,000

기말상품재고 = 기초상품재고(₩880,000) + 당기상품매입(₩1,800,000) − 매출원가(₩1,600,000)
= ₩1,080,000

그런데 창고에 남아 있는 재고는 ₩700,000이므로,

상품의 화재 손실액 = ₩1,080,000 − ₩700,000 = ₩380,000

CHAPTER 06

유형자산과 무형자산 투자

친 절 한 재무회계 Accounting

주관식 해답 및 해설

6.1 ① 2월 1일 취득원가(최초원가)

(차) 차 량 운 반 구	2,000,000*	(대) 미 지 급 금	2,000,000

* 유형자산의 취득원가 = 매입가격 + 취득부대비용(운송비와 취득세)
= ₩1,800,000 + ₩200,000 = ₩2,000,000

② 8월 1일 후속원가

☞ 성능향상을 위한 지출금액은 장부금액에 가산한다.

(차) 차 량 운 반 구	400,000	(대) 현 금	400,000

③ 10월 5일 후속원가

☞ 일상적인 수선・유지비는 장부금액에 가산하지 않고 비용으로 인식된다.

(차) 차 량 유 지 비	600,000	(대) 현 금	600,000

차량운반구

2/1	2,000,000	
8/1	400,000	

☞ 차량운반구의 장부금액 = ₩2,000,000 + ₩400,000 = ₩2,400,000

6.2 ① 20×1년 1월 1일에 건물을 구입한 대가로 ₩10,000,000의 당좌수표를 발행하고, 취득세와 등록세로 ₩400,000의 현금을 지급하다.

☞ 유형자산의 취득원가 = 매입가격 + 취득부대비용(취득세와 등록세)
= ₩10,000,000 + 400,000 = ₩10,400,000

(차) 건 물	10,400,000	(대) 당 좌 예 금	10,000,000
		현 금	400,000

② 20×1년 12월 31일에 차감계정을 사용하여 다음 조건으로 감가상각비를 인식하다. 다만, 동일 연도 내에서 월별 감가상각비는 동일다고 가정한다.

• 감가상각방법 : 정액법　　• 내용연수 : 3년　　• 잔존가치 : ₩200,000

$$감가상각비(정액법) = \frac{취득원가 - 잔존가치}{내용연수} = \frac{₩10,400,000 - ₩200,000}{3} = ₩3,400,000$$

(차) 감가상각비 3,400,000　　(대) 감가상각누계액 3,400,000

재무상태표

㈜상세서비스　　20×1. 12. 31.　　(단위 : 원)

건물	10,400,000		
감가상각누계액	(3,400,000)	7,000,000	

③ 20×2년 1월 1일에 건물에 엘리베이터를 증설하기 위해 ₩800,000의 현금을 지급하다. 단, 엘리베이터 증설로 내용연수가 2년 더 증가되고, 잔존가치와 감가상각방법은 그대로이다.

☞ 증설로 내용연수가 증가하므로 건물의 장부금액을 증가시킨다.

(차) 건물 800,000　　(대) 현금 800,000

④ 20×2년 12월 31일에 차감계정을 사용하여 감가상각비를 인식하다.

☞ 감가상각대상금액 = [기존 취득원가 − 감가상각누계액 + 증가된 장부금액] − 잔존가치
= [₩10,400,000 − ₩3,400,000 + ₩800,000] − 200,000 = ₩7,600,000

☞ 감가상각비 = 감가상각대상금액 ÷ [잔여 내용연수 + 증가된 내용연수]
= ₩7,600,000 ÷ [2년 + 2년] = ₩1,900,000

(차) 감가상각비 1,900,000　　(대) 감가상각누계액 1,900,000

재무상태표

㈜상세서비스　　20×2. 12. 31.　　(단위 : 원)

건물	11,200,000		
감가상각누계액	(5,300,000)	5,900,000	

⑤ 20×3년 6월 30일에 건물을 처분하고 ₩5,000,000을 나중에 받기로 하다.

☞ 20×3년 1월 1일부터 20×3년 6월 30일까지 6개월간의 감가상각비 ₩950,000(= ₩1,900,000 × 6/12개월)을 추가로 인식하는 분개를 하여야 한다.

(차) 감가상각비 950,000　　(대) 감가상각누계액 950,000

☞ 20×2년의 감가상각누계액 ₩5,300,000에 처분시까지의 감가상각누계액 ₩950,000을 합산하면 ₩6,250,000이 된다.

재무상태표

㈜상세서비스		20×3. 6. 30.	(단위 : 원)
건 물	11,200,000		
감가상각누계액	(6,250,000)	4,950,000	

(차)			(대)	
미 수 금	5,000,000		건 물	11,200,000
감가상각누계액	6,250,000		유형자산처분이익	50,000

☞ 처분대가 ₩5,000,000에서 장부금액 ₩4,950,000(= ₩11,200,000 - ₩6,250,000)을 차감하면 유형자산처분이익 ₩50,000이 발생한다.

6.3 ① 20×1년

$$감가상각비 = [취득원가 - 잔존가치] \times \frac{잔여내용연수}{내용연수의\ 급수합계}$$

$$= [₩3,600,000 - ₩600,000] \times \frac{3}{1+2+3} = ₩1,500,000$$

② 20×2년

$$감가상각비 = [₩3,600,000 - ₩600,000] \times \frac{2}{1+2+3} = ₩1,000,000$$

③ 20×3년

$$감가상각비 = [₩3,600,000 - ₩600,000] \times \frac{1}{1+2+3} = ₩500,000$$

친 절 한 재무회계

Accounting

객관식 해답 및 해설

6.1 ②

정액법, 연수합계법, 생산량비례법에서는 취득원가에서 잔존가치를 차감한 감가상각대상금액을 이용한다.

정률법에서는 미상각잔액에 정률을 곱하여 감가상각비를 계산한다.

6.2 ④

부동산매매업자의 판매용 부동산은 재고자산이다.

6.3 ②

일상적인 수선 및 유지와 관련하여 발생하는 원가는 당기비용이다. 당기비용을 자산으로 인식하면, 인식해야할 비용이 누락되므로 당기순이익은 과대계상 되고, 장부금액이 증가되므로 자산이 과대계상 된다.

6.4 ②

토지의 취득원가 = 구입가격 + 구건물 철거비용 + 소유권 이전 등기료 + 취득세
= ₩2,000,000 + ₩450,000 + ₩140,000 + ₩14,000
= ₩2,604,000

6.5 ③

토지의 취득원가 = 취득가격 + 취득세 및 등기비용 + 중개수수료
+ [창고 철거비용 − 창고 철거 시 발생한 폐자재 처분 수입]
+ 영구적으로 사용가능한 하수도 공사비 + 토지의 구획정리비용
= ₩1,400,000 + ₩100,000 + ₩20,000 + [₩60,000 − ₩40,000]
+ ₩30,000 + ₩20,000
= ₩1,590,000

6.6 ③

기중에 유형자산을 취득한 경우에 연수합계법으로 감가상각비를 측정하기 위해서는, 1년치 감가상각비를 계산한 후 월할 계산하여야 한다.

취득원가를 x라고 하면,

20×1년 말에 인식할 감가상각비는

[x − ₩24,000] × {3 ÷ [1+2+3]} × [3 ÷ 12] = ₩120,000에서 x = ₩984,000

20×2년 말에 인식할 감가상각비는

[₩984,000 − ₩24,000] × {3 ÷ [1+2+3] × [9 ÷ 12] + 2 ÷ [1 + 2 + 3] × [3 ÷ 12]} = ₩440,000

20×2년 말 장부금액 = 취득원가 − 감가상각누계액

= ₩984,000 − [₩120,000 + ₩440,000] = ₩424,000

6.7 ⑤

손상차손누계액 = 손상차손 − 손상차손환입 = ₩600,000 − ₩200,000 = ₩400,000

구 분	20×1년 말	20×2년 말	20×3년 말	20×4년 말
기초 순장부금액	₩4,000,000	₩3,200,000	₩1,800,000	₩1,200,000
감가상각비	800,000	800,000	600,000	600,000
감가상각누계액	(800,000)	(1,600,000)	(2,200,000)	(2,800,000)
기말 순장부금액	3,200,000	2,400,000	1,200,000	600,000
회수가능액	3,200,000	1,800,000	1,200,000	2,000,000
손상차손	0	600,000	0	
손상차손환입				200,000*
손상차손누계액	0	(600,000)	(600,000)	(400,000)

* 환입한도 = 손상차손을 인식하지 않았을 경우의 20×4년 말 장부금액(= ₩4,000,000 × (1 ÷ 5) = ₩800,000)

6.8 ②

감가상각누계액 = [₩10,000,000 − ₩1,000,000] ×{[5 + 4 + 3] ÷ 15} = ₩7,200,000

유형자산처분손익 = 처분대가(현금수취금액) − 순장부금액(= 취득원가 − 감가상각누계액)

= ₩4,000,000 − [₩10,000,000 − ₩7,200,000]

= ₩1,200,000

6.9 ③

영업권 = 합병대가 − [자산의 공정가치 − 부채의 공정가치]

= ₩40,000,000 − [₩40,000,000 − ₩18,000,000]

= ₩18,000,000

CHAPTER 07 금융자산

친절한 재무회계 Accounting

주관식 해답 및 해설

7.1 [물음 1] 당기손익-공정가치 측정 금융자산 회계처리

① 취득(20×1년 11월 30일)

(차)	당기손익-공정가치 측정 금융자산	12,000,000	(대)	현금	12,100,000
	지급수수료	100,000			

☞ 당기손익-공정가치 측정 금융자산은 취득시 발생한 거래원가를 비용으로 처리한다.

② 기말평가(20×1년 12월 31일)

(차)	당기손익-공정가치 측정 금융자산	1,000,000	(대)	금융자산평가이익	1,000,000

☞ ₩12,000,000의 취득원가가 20×1년 말에 ₩13,000,000으로 ₩1,000,000만큼 상승하여 금융자산평가이익(당기손익)이 발생한다.

③ 현금배당(20×2년 2월 1일)

(차)	현금	500,000	(대)	배당금수익	500,000

☞ 기타수익인 배당금수익을 인식한다.

④ 기말평가(20×2년 12월 31일)

(차)	금융자산평가손실	800,000	(대)	당기손익-공정가치 측정 금융자산	800,000

☞ 20×2년 말 평가금액 ₩12,200,000에서 20×1년 말 평가금액 ₩13,000,000을 차감하면 금융자산평가손실(당기손익) ₩800,000이 발생하며, 당기손익-공정가치 측정 금융자산을 감소시킨다.

⑤ 처분(20×3년 2월 1일)

(차)	현금	12,600,000	(대)	당기손익-공정가치 측정 금융자산	12,200,000
				금융자산처분이익	400,000

☞ 처분대가 ₩12,600,000에서 장부금액 ₩12,200,000을 차감하면 ₩400,000의 처분이익이 발생한다.

[물음 2] 기타포괄손익-공정가치 측정(선택) 금융자산 회계처리

① 취득(20×1년 11월 30일)

(차)	기타포괄손익-공정가치 측정(선택) 금융자산	12,100,000	(대) 현 금	12,100,000

☞ 기타포괄손익-공정가치 측정 금융자산은 취득시 발생한 거래원가를 취득원가에 가산한다.

② 기말평가(20×1년 12월 31일)

(차)	기타포괄손익-공정가치 측정(선택) 금융자산	900,000	(대) 금융자산평가이익 (기타포괄손익)	900,000

☞ ₩12,100,000의 취득원가가 20×1년 말에 ₩13,000,000으로 ₩900,000만큼 상승하여 금융자산평가이익(기타포괄손익)이 발생한다.

③ 현금배당(20×2년 2월 1일)

(차)	현 금	500,000	(대) 배 당 금 수 익	500,000

☞ 기타수익인 배당금수익을 인식한다.

④ 기말평가(20×2년 12월 31일)

(차)	금융자산평가손실 (기타포괄손익)	800,000	(대) 기타포괄손익-공정가치 측정(선택) 금융자산	800,000

☞ 20×2년 말 평가금액 ₩12,200,000에서 20×1년 말 평가금액 ₩13,000,000을 차감하면 금융자산평가손실(기타포괄손익) ₩800,000이 발생하며, 기타포괄손익-공정가치 측정 금융자산을 감소시킨다.

⑤ 처분(20×3년 2월 1일)

(차)	기타포괄손익-공정가치 측정(선택) 금융자산	400,000	(대) 금융자산평가이익 (기타포괄이익)	400,000
	현 금	12,600,000	기타포괄손익-공정가치 측정(선택) 금융자산	12,600,000

☞ 기타포괄손익-공정가치 측정(선택) 금융자산은 매년 마감분개를 통해 누적되어 있는 기타포괄손익누계액 대변금액 ₩500,000은 당기순손익으로 재분류하지 않는다. 단, 자본 내에서 이익잉여금으로 직접 대체할 수는 있다.

7.2 ① 취득(20×1년 11월 30일)

➪ 주식 A

(차)	당기손익-공정가치 측정 금융자산	12,000,000	(대) 현 금	12,000,000

➪ 주식 B

(차)	기타포괄손익-공정가치 측정(선택) 금융자산	12,000,000	(대) 현 금	12,000,000

② 기말평가(20×1년 12월 31일)

➪ 주식 A

(차) 당기손익-공정가치 측정 금융자산	1,000,000	(대) 금융자산평가이익(당기손익)	1,000,000

➪ 주식 B

(차) 기타포괄손익-공정가치 측정(선택) 금융자산	1,000,000	(대) 금융자산평가이익(기타포괄손익)	1,000,000

③ 현금배당(20×2년 2월 1일)

➪ 주식 A

(차) 현금	400,000	(대) 배당금수익	400,000

➪ 주식 B

(차) 현금	600,000	(대) 배당금수익	600,000

④ 처분(20×2년 2월 20일)

➪ 주식 A

☞ 처분대가 ₩12,400,000에서 장부금액 ₩13,000,000을 차감하면 ₩600,000의 처분손실이 발생한다.

(차) 현금	12,400,000	(대) 당기손익-공정가치 측정 금융자산	13,000,000
금융자산처분손실	600,000		

➪ 주식 B

☞ ₩12,400,000에서 ₩200,000의 처분수수료를 차감한 ₩12,200,000이 처분대가가 되며, 처분대가에서 기초 장부금액 ₩13,000,000을 차감하면 ₩800,000의 처분손실이 발생한다.

(차) 현금	12,200,000	(대) 기타포괄손익-공정가치 측정(선택) 금융자산	13,000,000
금융자산평가손실(기타포괄손익)	600,000		
금융자산처분손실	200,000		

7.3 [물음 1] 상각후원가 측정 금융자산 회계처리

① 취득(20×1년 1월 1일)

☞ 액면이자율과 시장이자율이 동일하므로 액면발행이다.

(차) 상각후원가 측정 금융자산	1,000,000	(대) 현금	1,000,000

② 기말평가(20×1년 12월 31일)

☞ 유효이자율로 이자수익을 인식하며, 공정가치 평가는 하지 않는다.

(차) 현 금	80,000	(대) 이 자 수 익	80,000

③ 기말평가(20×2년 12월 31일)

☞ 유효이자율로 이자수익을 인식하며, 공정가치 평가는 하지 않는다.

(차) 현 금	80,000	(대) 이 자 수 익	80,000

④ 처분(20×3년 3월 31일)

☞ 처분대가 ₩1,500,000와 장부금액인 ₩1,000,000의 차이를 금융자산 처분이익(당기손익)으로 인식한다.

(차) 현 금	1,500,000	(대) 상각후원가 측정 금융자산	1,000,000
		금융자산처분이익	500,000

[물음 2] 기타포괄손익-공정가치 측정 금융자산 회계처리

① 취득(20×1년 1월 1일)

☞ 액면이자율과 시장이자율이 동일하므로 액면발행이다.

(차) 기타포괄손익-공정가치 측정 금융자산	1,000,000	(대) 현 금	1,000,000

② 기말평가(20×1년 12월 31일)

☞ 유효이자율로 이자수익을 인식한 후, 공정가치와 장부금액의 차이를 평가손익으로 인식한다.

(차) 현 금	80,000	(대) 이 자 수 익	80,000
금융자산평가손실 (기타포괄손익)	100,000	기타포괄손익-공정가치 측정 금융자산	100,000

③ 기말평가(20×2년 12월 31일)

☞ 유효이자율로 이자수익을 인식한 후, 공정가치와 장부금액의 차이를 평가손익으로 인식한다.

(차) 현 금	80,000	(대) 이 자 수 익	80,000
기타포괄손익-공정가치 측정 금융자산	400,000	금융자산평가이익 (기타포괄손익)	400,000

④ 처분(20×3년 3월 31일)

☞ 처분대가 ₩1,500,000와 장부금액인 ₩1,300,000의 차이를 금융자산 처분이익(당기손익)으로 인식한다.

(차)	현 금	1,500,000	(대) 기타포괄손익-공정가치 측정 금융자산	1,300,000
			금융자산처분이익	200,000

☞ 채무상품인 기타포괄손익-공정가치 측정 금융자산은 처분시에 기타포괄손익누계액의 잔액을 당기손익으로 이전(재분류)한다. 따라서 상각후원가로 측정하는 경우와 처분손익이 동일해진다. 기타포괄손익누계액의 잔액은 취득원가와 처분 직전 공정가치의 차이금액이므로 ₩300,000(대변 잔액)이다.

(차)	재분류조정 (기타포괄손익)	300,000	(대) 금융자산처분이익	300,000

[물음 3] 당기손익-공정가치 측정 금융자산 회계처리

① 취득(20×1년 1월 1일)

☞ 액면이자율과 시장이자율이 동일하므로 액면발행이다.

(차)	당기손익-공정가치 측정 금융자산	1,000,000	(대) 현 금	1,000,000

② 기말평가(20×1년 12월 31일)

☞ 유효이자율로 이자수익을 인식한 후, 공정가치와 장부금액의 차이를 평가손익으로 인식한다.

(차)	현 금	80,000	(대) 이 자 수 익	80,000
	금융자산평가손실 (당기손익)	100,000	당기손익-공정가치 측정 금융자산	100,000

③ 기말평가(20×2년 12월 31일)

☞ 유효이자율로 이자수익을 인식한 후, 공정가치와 장부금액의 차이를 평가손익으로 인식한다.

(차)	현 금	80,000	(대) 이 자 수 익	80,000
	당기손익-공정가치 측정 금융자산	400,000	금융자산평가이익 (당기손익)	400,000

④ 처분(20×3년 3월 31일)

☞ 처분대가 ₩1,500,000와 장부금액인 ₩1,300,000의 차이를 금융자산 처분이익(당기손익)으로 인식한다.

(차)	현 금	1,500,000	(대) 당기손익-공정가치 측정 금융자산	1,300,000
			금융자산처분이익	200,000

7.4 [물음] 금융상품의 손상

① 취득(20×1년 1월 1일)

장부금액 = [₩1,000,000 × 0.7835] + [₩30,000 × 4.3294] = ₩913,382

② 상각(20×1년 12월 31일)

사채할인발행차금 상각액 = [₩913,382 × 5%] − ₩30,000 = ₩15,669

상각 후 장부금액 = ₩913,382 + ₩15,669 = ₩929,051

③ 손상(20×1년 12월 31일)

손상된 현금흐름을 반영한 장부금액 = [₩800,000 × 0.8227] + [₩10,000 × 3.5460]

= ₩658,160 + ₩35,460 = ₩693,620

인식할 손상차손 금액 = ₩929,051 − ₩693,620 = ₩235,431

7.5

① 20×2년 8월 2일에 ㈜상세서비스는 거래처인 ㈜풍지에 상품 ₩4,500,000의 회계자문을 제공하였고, 그 대가로 ₩3,540,000은 현금으로 회수하고 나머지 잔액은 어음으로 받다.

(차)	현금	3,540,000	(대) 매출	4,500,000
	받을어음	960,000		

받을어음

1/1	1,800,000		
8/2	960,000		

손실충당금

		1/1	90,000

② 20×2년 9월 5일에 20×1년에 대손처리된 어음 중 ₩60,000이 회수되다.

(차)	현금	60,000	(대) 손실충당금	60,000

받을어음

1/1	1,800,000		
8/2	960,000		

손실충당금

		1/1	90,000
		9/5	60,000

③ 20×2년 10월 5일에 ㈜풍지의 파산으로 인하여 받을어음 ₩180,000을 회수할 수 없게 되다.

(차)	손실충당금	150,000	(대) 받을어음	180,000
	매출채권손상차손	30,000		

☞ 대손 발생금액 ₩180,000은 손실충당금 잔액 ₩150,000을 초과하기 때문에 추가적인 매출채권손상차손 ₩30,000을 직접 인식한다.

받을어음

1/1	1,800,000	10/5	180,000
8/2	960,000		

손실충당금

10/5	150,000	1/1	90,000
		9/5	60,000

④ 20×2년 12월 31일에 받을어음 잔액의 5%를 대손으로 추정하다.

받을어음

1/1	1,800,000	10/5	180,000
8/2	960,000		
잔액	2,580,000		

손실충당금

10/5	150,000	1/1	90,000
		9/5	60,000
		12/31	129,000
		잔액	129,000

☞ 대손예상액 = 받을어음의 기말잔액 × 대손율 = ₩2,580,000 × 5% = ₩129,000
손실충당금 설정액 = 대손예상액 − 기말직전 손실충당금 = ₩129,000 − ₩0 = ₩129,000

(차) 매출채권손상차손 129,000 (대) 손 실 충 당 금 129,000

재무상태표

㈜상세서비스 20×2. 12. 31. (단위 : 원)

매 출 채 권	2,580,000		
손 실 충 당 금	(129,000)	2,451,000	

친절한 재무회계 Accounting

객관식 해답 및 해설

7.1 ②

채무상품도 계약상 현금흐름 수취와 매도 둘 다 사업모형으로 할 때에는 기타포괄손익-공정가치로 측정한다.

7.2 ④

기타포괄손익-공정가치 측정 금융자산은 계약상 현금흐름의 수취와 금융자산의 매도 둘 다를 통해 목적을 이루는 사업모형 하에서 보유하는 금융자산이며, 계약 조건에 따라 특정일에 원리금(이자, 원금) 지급만으로 구성되어 있는 현금흐름

7.3 ④

배당금수익을 인식하고 현금을 증가시킨다.

7.4 ④

① 관계기업으로부터 배당금을 받으면 관계기업투자주식을 차감한다.

② 유의적인 영향력은 의결권이 있는 지분증권을 20% 이상 보유하는 경우이므로, 채무증권과는 무관하다.

③ 당기손익-공정가치 측정 금융자산의 평가손익은 당기순손익에 포함된다.

7.5 ③

금융상품은 거래당사자 일방에게 금융자산을 발생시키고, 동시에 다른 거래상대방에게 금융부채나 지분을 발생시키는 모든 계약이다.

즉, 금융상품을 거래하면 현금을 수취할 권리 또는 지급할 의무가 발생한다.

ㄱ. 선급비용은 현금을 수취할 권리가 아니라 서비스를 제공받을 권리이므로 금융자산이 아니다.

ㅁ. 이연법인세자산은 계약으로 인한 채권이 아니므로 금융자산이 아니다.

7.6 ③

당기손익-공정가치 측정 금융자산의 평가이익(당기손익) ₩600,000과 기타포괄손익-공정가치 측정 금융자산의 평가이익(기타포괄손익) ₩400,000을 인식한다.

7.7 ④

① 당기손익-공정가치 측정 금융자산은 취득관련 원가를 당기비용으로 인식하고, 기타포괄손익-

공정가치 측정 금융자산은 취득관련 원가를 최초인식 금액에 가산한다.

② 기타포괄손익-공정가치 측정 금융자산의 공정가치 변화는 기타포괄손익으로, 당기손익-공정가치 측정 금융자산의 공정가치 변화는 당기순손익으로 인식한다.

③ 당기손익-공정가치 측정 금융자산 처분손익

= 처분대가(₩6,800,000 − ₩100,000) − 직전 공정가치(₩7,000,000) = (−)₩300,000 손실

④ 기타포괄손익-공정가치 측정 금융자산의 공정가치 변화는 기타포괄손익으로, 당기손익-공정가치 금융자산의 공정가치 변화는 당기순손익으로 인식하지만, 총포괄손익은 당기순손익과 기타포괄손익의 합계이므로 어떻게 분류하든 차이는 없다.

7.8 ①

현금성자산 여부는 결산일이 아니라 취득일 기준으로 분류함.

CHAPTER 08 금융부채

친절한 재무회계 Accounting

주관식 해답 및 해설

8.1 사채발행비가 없기 때문에 시장이자율이 유효이자율이 된다. 또한 액면이자율 8%이므로 매년 이자비용은 ₩16,000이다.

① 액면이자율 8% < 유효이자율 10%

☞ 액면금액의 현재가치 = ₩200,000 × 0.7513 (단일, 3년, 10%) = ₩150,260
이자비용의 현재가치 = ₩16,000 × 2.4869 (연금, 3년, 10%) = 39,790
₩190,050

(차) 현금	190,050	(대) 사채	200,000
사채할인발행차금	9,950		

② 액면이자율 8% > 유효이자율 3%

☞ 액면금액의 현재가치 = ₩200,000 × 0.9151 (단일, 3년, 3%) = ₩183,020
이자비용의 현재가치 = ₩16,000 × 2.8286 (연금, 3년, 3%) = 45,258
₩228,278

(차) 현금	228,278	(대) 사채	200,000
		사채할증발행차금	28,278

8.2 ① 액면이자율 8% < 유효이자율 10%

(단위: 원)

	20×1.1.1	20×1.12.31	20×2.12.31	20×3.12.31
사채이자비용		19,005	19,306	19,639❺
현금지급이자		(16,000)	(16,000)	(16,000)
사채할인발행차금		3,005❶	3,306❸	3,639❹
장부금액	190,050	193,055❷	196,361	200,000

❶ 사채할인발행차금(20×1년 말)
= 사채이자비용 − 현금지급이자
= [기초(전기)장부금액 × 유효이자율] − [액면금액 × 액면이자율]
= [₩190,050 × 10%] − [₩200,000 × 8%] = ₩3,005

❷ 장부금액(20×1년 말)
= 기초(전기)장부금액 + 사채할인발행차금
= ₩190,050 + ₩3,005 = ₩193,055

❸ 사채할인발행차금(20×2년 말)
= 사채이자비용 − 현금지급이자
= [₩193,055 × 10%] − [₩200,000 × 8%] = ₩3,306

❹ 사채할인발행차금(20×3년 말)
= 사채할인발행차금 총액 − 상각된 사채할인발행차금
= ₩9,950 − [₩3,005 + ₩3,306] = ₩3,639

❺ 사채이자비용(20×3년 말)
= 현금지급이자 + 사채할인발행차금
= ₩16,000 + ₩3,639 = ₩19,639

➪ 20×1년 12월 31일

(차) 이 자 비 용	19,005	(대) 현 금	16,000
		사채할인발행차금	3,005

➪ 20×2년 12월 31일

(차) 이 자 비 용	19,306	(대) 현 금	16,000
		사채할인발행차금	3,306

➪ 20×3년 12월 31일

(차) 이 자 비 용	19,639	(대) 현 금	16,000
		사채할인발행차금	3,639

② 액면이자율 8% > 유효이자율 3%

(단위: 원)

	20×1.1.1	20×1.12.31	20×2.12.31	20×3.12.31
사채이자비용		6,848	6,574	6,300❺
현금지급이자		(16,000)	(16,000)	(16,000)
사채할증발행차금		(9,152)❶	(9,426)❸	(9,700)❹
장부금액	228,278	219,126❷	209,700	200,000

❶ 사채할증발행차금(20×1년 말) = 현금지급이자 − 사채이자비용
= [액면금액 × 액면이자율] − [기초(전기)장부금액 × 유효이자율]
= ₩200,000 × 8% − ₩228,278 × 3% = ₩9,152

❷ 장부금액(20×1년 말) = 기초(전기)장부금액 − 사채할증발행차금
= ₩228,278 − ₩9,152 = ₩219,126

❸ 사채할증발행차금(20×2년 말) = 현금지급이자 − 사채이자비용
= ₩200,000 × 8% − ₩219,126 × 3% = ₩9,426

❹ 사채할증발행차금(20×3년 말) = 사채할증발행차금 총액 − 상각된 사채할증발행차금
= ₩28,278 − [₩9,152 + ₩9,426] = ₩9,700

❺ 사채이자비용(20×3년 말) = 현금지급이자 − 사채할증발행차금
= ₩16,000 − ₩9,700 = ₩6,300

➪ 20×1년 12월 31일

(차) 이 자 비 용	6,848	(대) 현 금	16,000
사채할증발행차금	9,152		

➪ 20×2년 12월 31일

(차) 이 자 비 용	6,574	(대) 현 금	16,000
사채할증발행차금	9,426		

➪ 20×3년 12월 31일

(차) 이 자 비 용	6,300	(대) 현 금	16,000
사채할증발행차금	9,700		

8.3 ① 액면이자율 8% < 유효이자율 10%

(단위: 원)

	20×1.1.1	20×1.12.31	20×2.12.31	20×3.12.31
사채이자비용		19,005	19,306	19,639❺
현금지급이자		(16,000)	(16,000)	(16,000)
사채할인발행차금		3,005❶	3,306❸	3,639❹
장부금액	190,050	193,055❷	196,361	200,000

➪ 20×1년 1월 1일(사채발행)

(차) 현 금	190,050	(대) 사 채	200,000
사채할인발행차금	9,950		

➪ 20×1년 1월 1일(사채발행)

(차) 이 자 비 용	19,005	(대) 현 금	16,000
		사채할인발행차금	3,005

➪ 20×2년 12월 31일(이자비용)

(차) 이 자 비 용	19,306	(대) 현 금	16,000
		사채할인발행차금	3,306

☞ 3년간 상각해야 할 사채할인발행차금 ₩9,950에서 20×1년 상각액 ₩3,005과 20×2년 상각액 ₩3,306을 차감하면 미상각된 사채할인발행차금 ₩3,639가 산출된다. 따라서 사채의 장부금액은 ₩196,361(= ₩200,000 − ₩3,639)이므로, 장부금액에서 상환금액 ₩190,000을 차감하면 상환이익 ₩6,361이 발생한다.

➪ 20×3년 1월 1일(사채상환)

(차) 사 채	200,000	(대) 현 금	190,000
		사채할인발행차금	3,639
		사 채 상 환 이 익	6,361

② 액면이자율 8% > 유효이자율 3%

(단위: 원)

	20×1.1.1	20×1.12.31	20×2.12.31	20×3.12.31
사 채 이 자 비 용		6,848	6,574	6,300❺
현 금 지 급 이 자		(16,000)	(16,000)	(16,000)
사채할증발행차금		(9,152)❶	(9,426)❸	(9,700)❹
장 부 금 액	228,278	219,126❷	209,700	200,000

➪ 20×1년 1월 1일(사채발행)

(차) 현 금	228,278	(대) 사 채	200,000
		사채할증발행차금	28,278

➪ 20×1년 12월 31일(이자비용)

(차) 이 자 비 용	6,848	(대) 현 금	16,000
사채할증발행차금	9,152		

➪ 20×2년 12월 31일(이자비용)

(차) 이 자 비 용	6,574	(대) 현 금	16,000
사채할증발행차금	9,426		

☞ 3년간 상각해야 할 사채할증발행차금 ₩28,278에서 20×1년 상각액 ₩9,152과 20×2년 상각액 ₩9,426을 차감하면 미상각된 사채할증발행차금 ₩9,700이 산출된다. 따라서 사채의 장부금액은 ₩209,700(= ₩200,000 + ₩9,700)이므로, 장부금액에서 상환금액 ₩190,000을 차감하면 상환이익 ₩19,700이 발생한다.

➪ 20×3년 1월 1일(사채상환)

(차) 사 채	200,000	(대) 현 금	190,000
사채할증발행차금	9,700	사 채 상 환 이 익	19,700

친절한 재무회계

Accounting

객관식 해답 및 해설

8.1 ②

할인발행, 할증발행, 액면발행 여부는 액면이자율과 유효이자율의 대소관계로도 설명할 수 있다. 사채발행비가 없는 경우에는 유효이자율과 시장이자율이 동일하므로 액면이자율과 시장이자율을 비교할 수도 있다.

8.2 ③

할인발행의 경우 사채의 장부금액이 매기 증가하므로 사채의 이자비용(= 장부금액 × 유효이자율)이 증가한다.

8.3 ③

사채할인발행차금을 상각하는 형식으로 이자비용이 인식되므로 당기순이익은 감소한다. 한편, 사채할인발행차금은 사채계정의 차감계정이므로, 사채할인발행차금의 상각만큼 사채의 장부금액은 증가한다.

8.4 ③

이자비용 = 사채할인발행차금 상각액 + 액면이자

= [₩100,000 − ₩95,200] + ₩100,000 × 10% × 3년 = ₩34,800

8.5 ①

사채발행비는 별도의 비용으로 인식하는 것이 아니라 사채의 발행금액에서 차감한다. 따라서 사채의 발행금액은 사채 원금과 이자의 현재가치(= ₩2,000,000 × 0.7938 + ₩100,000 × 2.5771 = ₩1,845,310)에서 사채발행비 ₩94,030을 차감한 ₩1,751,280이다.

한편 동 사채와 관련하여 20×1년도 포괄손익계산서상 이자비용으로 ₩175,128를 인식하였으므로, 유효이자율은 연 10%(= ₩175,128 ÷ ₩1,751,280)이다.

년 도	사채 기초장부금액	유효이자	액면이자	상각액	사채 기말장부금액
20×1	₩1,751,280	₩175,128	₩100,000	₩75,128	₩1,826,408
20×2	1,826,408	182,641	100,000	82,641	1,909,049
20×3	1,909,049	190,951	100,000	90,951	2,000,000
		₩548,720		₩248,720	

8.6 ④

상환금액(₩206,000)이 2012년 12월 31일의 장부금액(₩203,696)보다 더 크므로 그 차이인 ₩2,304만큼 사채상환손실을 차변에 기록한다.

년 도	사채 기초순장부금액	유효이자	액면이자	상각액	사채 기말순장부금액
20×1	₩210,302	₩16,824	₩20,000	₩3,176	₩207,126
20×2	207,126	16,570	20,000	3,430	203,696
20×3	203,696	16,304	20,000	3,696	200,000
		₩49,698		₩10,302	

8.7 ①

<20×1년 7월 1일>

[사채의 순장부금액 + 미지급이자] = [20×1년초 순장부금액 ₩1,930,520] + {[1,930,520 × 12%] × [6 ÷ 12]} = ₩2,046,351

상환금액(₩1,940,000)이 사채의 순장부금액과 미지급이자의 합계(₩2,046,351)보다 작으므로 그 차이인 ₩106,351만큼 사채상환이익을 인식한다.

CHAPTER 09 자 본

친 절 한 재무회계 Accounting

주관식 해답 및 해설

9.1 ① 1월 1일 : 보통주 10,000주를 1주당 ₩11,000(1주당 액면금액 ₩10,000)에 발행하여 회사를 설립하다.

☞ 발행금액(현 금) = ₩11,000 × 10,000주 = ₩110,000,000
액면금액(자본금) = ₩10,000 × 10,000주 = ₩100,000,000
발행금액 − 액면금액 = ₩10,000,000 ⇨ 양(+)이므로 주식발행초과금 인식

(차) 현 금	110,000,000	(대) 자 본 금	100,000,000
		주식발행초과금	10,000,000

② 5월 1일 : 자기주식 1,000주를 1주당 ₩9,000에 현금으로 취득하다.

☞ 자기주식 = ₩9,000 × 1,000주 = ₩9,000,000 ⇨ 자본의 감소(−)로 차변에 분개

(차) 자 기 주 식	9,000,000	(대) 현 금	9,000,000

③ 7월 1일 : 자기주식 500주를 소각하다.

☞ 액면금액(자 본 금) = ₩10,000 × 500주 = ₩5,000,000
취득원가(자기주식) = ₩9,000 × 500주 = ₩4,500,000
액면금액 − 취득원가 = ₩500,000 ⇨ 양(+)이므로 감자차익 인식

(차) 자 본 금	5,000,000	(대) 자 기 주 식	4,500,000
		감 자 차 익	500,000

④ 9월 1일 : 자기주식 300주를 1주당 ₩10,000에 처분하다.

☞ 처분대가(현 금) = ₩10,000 × 300주 = ₩3,000,000
취득원가(자기주식) = ₩9,000 × 300주 = ₩2,700,000
처분대가 − 취득원가 = ₩300,000 ⇨ 양(+)이므로 자기주식처분이익 인식

(차) 현 금	3,000,000	(대) 자 기 주 식	2,700,000
		자기주식처분이익	300,000

⑤ 10월 1일 : A사의 비상장주식을 ₩6,000,000에 현금으로 취득하다.

(차)	기타포괄손익-공정가치 측정 금융자산	6,000,000	(대)	현금	6,000,000

⑥ 12월 31일 : A사의 사채에 대한 이자를 수령하고 사채는 ₩7,000,000으로 평가 및 마감되다.

☞ 액면이자는 ₩6,000,000×8%×1/4=₩120,000

(차)	현금	120,000	(대)	이자수익	120,000

☞ ₩6,000,000의 취득원가가 20×1년 말에 ₩7,000,000으로 ₩1,000,000만큼 상승하여 기타포괄손익-공정가치 측정 금융자산 평가이익이 발생하고, 이를 마감하다.

(차)	기타포괄손익-공정가치 측정 금융자산	1,000,000	(대)	금융자산평가이익 (기타포괄손익)	1,000,000

[마감분개]

(차)	금융자산평가이익 (기타포괄손익)	1,000,000	(대)	기타포괄손익-공정가치 측정 금융자산평가누계액	1,000,000

⑦ 12월 31일 : 20×1년 당기순이익은 ₩20,000,000으로, 집합손익 계정을 마감하다.

(차)	집합손익	20,000,000	(대)	미처분이익잉여금	20,000,000

➪ 20×1년 전기 및 재무상태표(자본부분)

자본금

차변		대변	
7/1	5,000,000	1/1	100,000,000
		잔액	95,000,000

주식발행초과금

차변		대변	
		1/1	10,000,000
		잔액	10,000,000

자기주식

차변		대변	
5/1	9,000,000	7/1	4,500,000
		9/1	2,700,000
잔액	1,800,000		

감자차익

차변		대변	
		7/1	500,000
		잔액	500,000

자기주식처분이익

차변		대변	
		9/1	300,000
		잔액	300,000

기타포괄손익-공정가치 측정 금융자산평가누계액

차변		대변	
		12/31	1,000,000
		잔액	1,000,000

미처분이익잉여금

차변		대변	
		12/31	20,000,000
		잔액	20,000,000

재무상태표(자본부분)

㈜상세 20×1년 12월 31일 현재 (단위 : 원)

과 목	금 액	
자 본		
자본금		95,000,000
자본잉여금		10,800,000
주식발행초과금	10,000,000	
감자차익	500,000	
자기주식처분이익	300,000	
자본조정		(1,800,000)
자기주식	(1,800,000)	
기타포괄손익누계액		1,000,000
기타포괄손익-공정가치 측정 금융자산평가누계액	1,000,000	
이익잉여금		20,000,000
미처분이익잉여금	20,000,000	
자본총계		125,000,000

9.2 ① 2월 10일 : 이사회의 승인대로 정기주주총회에서 이익준비금 ₩4,000,000을 적립하기로 결의하고, 현금배당 ₩2,000,000은 결의와 동시에 지급하다.

(차) 미처분이익잉여금	6,000,000	(대) 이 익 준 비 금	4,000,000
		현 금	2,000,000

② 12월 31일 : A사의 사채가 ₩5,400,000으로 평가 및 마감되다.

☞ 액면이자는 ₩6,000,000×8%×1/4 = ₩120,000를 3월말, 6월말, 9월말, 12월말에 수령하므로 연간 액면이자는 ₩480,000이며 12월 31일 분개는 다음과 같다.

(차) 현 금	120,000	(대) 이 자 수 익	120,000

☞ 20×1년 말 평가금액 ₩7,000,000에서 20×2년 말에 평가금액이 ₩5,400,000으로 ₩1,600,000만큼 감소하므로 기타포괄손익-공정가치 측정 금융자산을 ₩1,600,000 감소시킨다. 또한 20×1년 말의 기타포괄손익-공정가치 측정 금융자산 평가손실 ₩1,600,000을 인식하고 마감하다.

(차) 금융자산평가손실 (기타포괄손익)	1,600,000	(대) 기타포괄손익-공정가치 측정 금융자산	1,600,000

[마감분개]

(차) 기타포괄손익-공정가치 측정 금융자산평가누계액	1,600,000	(대) 금융자산평가손실 (기타포괄손익)	1,600,000

③ 12월 31일 : 20×2년 당기순이익은 ₩30,000,000으로, 집합손익 계정을 마감하다.

(차) 집 합 손 익	30,000,000	(대) 미처분이익잉여금	30,000,000

➪ 20×2년 전기, 포괄손익계산서 및 재무상태표

자 본 금

		1/1	90,000,000
		잔액	90,000,000

주식발행초과금

		1/1	10,000,000
		잔액	10,000,000

감자차익

		1/1	500,000
		잔액	500,000

자기주식처분이익

		1/1	300,000
		잔액	300,000

자기주식

1/1	1,800,000		
잔액	1,800,000		

기타포괄손익-공정가치 측정 금융자산평가누계액

12/31	1,600,000	1/1	1,000,000
잔액	600,000		

미처분이익잉여금

2/10	6,000,000	1/1	20,000,000
		12/31	30,000,000
		잔액	1,800,000

이익준비금

		2/10	4,000,000
		잔액	4,000,000

➪ 기타포괄손익-공정가치 측정 금융자산이 20×1년 말 보다 20×2년 말에 ₩1,600,000만큼 하락하였으므로, 총포괄이익은 ₩28,400,000이 된다.

포괄손익계산서(단일)

㈜상세 20×2년 1월 1일부터 20×2년 12월 31일까지 (단위: 원)

과 목	금 액	
매 출 액		×××
:	:	:
당기순이익		30,000,000
기타포괄손실:		
금융자산평가손실(기타포괄손익)	(1,600,000)	
법인세비용차감후기타포괄손실		(1,600,000)
총포괄이익		28,400,000

재무상태표(자본부분)

㈜상세	20×2년 12월 31일 현재	(단위: 원)
과 목	금 액	
자 본		
자본금		95,000,000
자본잉여금		10,800,000
주식발행초과금	10,000,000	
감자차익	500,000	
자기주식처분이익	300,000	
자본조정		(1,800,000)
자기주식	(1,800,000)	
기타포괄손익누계액		(600,000)
기타포괄손익-공정가치 측정 금융자산평가누계액	(600,000)	
이익잉여금		48,000,000
미처분이익잉여금	44,000,000	
이익준비금	4,000,000	
자본총계		151,400,000

9.3

자본변동표

㈜상세 20×2년 1월 1일부터 20×2년 12월 31일 현재 (단위: 원)

구 분	자본금	자본잉여금	자본조정	기타포괄손익누계액	이익잉여금	총 계
20×2년 1월 1일 잔액	95,000,000	10,800,000	(1,800,000)	1,000,000	20,000,000	125,000,000
20×2년 자본의 변동						
현금배당					(2,000,000)	(2,000,000)
당기순이익					30,000,000	30,000,000
금융자산평가손실(기타포괄손익)				(1,600,000)		(1,600,000)
20×2년 12월 31일 잔액	95,000,000	10,800,000	(1,800,000)	(600,000)	48,000,000	151,400,000

* 이익준비금은 이익잉여금의 하위 항목으로 생략됨.

9.4 **1) 비누적적 · 참가적 우선주**

기본배당금

보통주 배당금 : [₩2,000 × 3,000주] × 5% = ₩300,000

우선주 배당금 : [₩2,000 × 2,000주] × 6% = ₩240,000

잔여배당금 : ₩1,500,000 − ₩300,000 − ₩240,000 = ₩960,000

<u>잔여배당금의 분배</u>

보통주 : ₩960,000 × [₩6,000,000 / ₩10,000,000] = ₩576,000

우선주 : ₩960,000 × [₩4,000,000 / ₩10,000,000] = ₩384,000

<u>20×9년 보통주 · 우선주 배당금 총액</u>

보통주 : ₩300,000 + ₩576,000 = ₩876,000

우선주 : ₩240,000 + ₩384,000 = ₩624,000

2) 누적적 · 비참가적 우선주

<u>기본배당금</u>

보통주 배당금 : [₩2,000 × 3,000주] × 5% = ₩300,000

우선주 배당금 : [₩2,000 × 2,000주] × 6% × 2 = ₩480,000

잔여배당금 : ₩1,500,000 − ₩300,000 − ₩480,000 = ₩720,000

<u>잔여배당금의 분배</u>

보통주 배당금 : ₩720,000

<u>20×9년 보통주 · 우선주 배당금 총액</u>

보통주 : ₩300,000 + ₩720,000 = ₩1,020,000

우선주 : ₩480,000

3) 누적적 · 참가적 우선주

<u>기본배당금</u>

보통주 배당금 : [₩2,000 × 3,000주] × 5% = ₩300,000

우선주 배당금 : [₩2,000 × 2,000주] × 6% × 2 = ₩480,000

잔여배당금 : ₩1,500,000 − ₩300,000 − ₩480,000 = ₩720,000

<u>잔여배당금의 분배</u>

보통주 : ₩720,000 × [₩6,000,000 / ₩10,000,000] = ₩432,000

우선주 : ₩720,000 × [₩4,000,000 / ₩10,000,000] = ₩288,000

<u>20×9년 보통주 · 우선주 배당금 총액</u>

보통주 : ₩300,000 + ₩432,000 = ₩732,000

우선주 : ₩480,000 + ₩288,000 = ₩768,000

친 절 한 재무회계

Accounting

객관식 해답 및 해설

9.1 ②

기타포괄손익-공정가치 측정 금융자산평가누계액은 기말에 재무상태표의 자본(기타포괄손익누계액)에 순액으로 표시되고, 당기의 기타포괄손익-공정가치 측정 금융자산 평가손익은 포괄손익계산서의 기타포괄손익에 표시된다.

9.2 ⑤

① 자기주식처분이익은 기타자본잉여금을 증가시킨다.

② 자기주식을 소각시 자기주식 취득원가와 자본금의 감소액(액면금액)을 비교하여 감자차익 혹은 감자차손을 인식한다. 이때 감자차익과 감자차손은 서로 상계한 순액만을 재무상태표에 표시한다.

③ 자기주식처분손실도 감자차손과 같이 자본조정이므로 결손금처리순서에 따라 보전한다.

④ 자기주식의 취득원가가 재발행가액보다 큰 경우는 자기주식처분손실이므로 자본조정으로 분류한다.

⑤ 자기주식을 소각할 경우는 감자이므로 감자차손 또는 감자차익이 발생한다. 감자차익은 자본잉여금이고 감자차손은 감자차익과 우선 상계한 후 자본조정으로 분류한다.

9.3 ③

주식발행초과금과 주식할인발행차금은 서로 상계한 후 잔액으로 보고한다.

주식발행초과금 = 발행금액(현금) − 보통주자본금 − 주식할인발행차금
= [₩30,000 × 100주 − ₩40,000] − [₩10,000 × 100주] − ₩800,000
= ₩1,160,000

9.4 ④

발행금액(현금) = ₩30,000 × 500주 − ₩1,000,000 = ₩14,000,000

주식발행초과금 = 발행금액 − 보통주자본금 − 주식할인발행차금
= ₩14,000,000 − [₩10,000 × 500주] − ₩1,600,000
= ₩7,400,000

자본의 증가액 = 자본금 증가액 + 주식발행초과금 증가액 + 주식할인발행차금 감소액

결국 자본거래에서 자본의 증가액은 현금 유입액(₩14,000,000)이다.

9.5 ④

➪ 20×1년 3월 3일

(차)	자 기 주 식	260,000*	(대)	현 금	260,000

* ₩2,600 × 100주 = ₩260,000

➪ 20×1년 8월 7일

(차)	현 금	180,000*1	(대)	자 기 주 식	156,000*2
				자기주식처분이익	24,000

*1. ₩3,000 × 60주 = ₩180,000
*2. ₩2,600 × 60주 = ₩156,000

(차)	자 본 금	80,000*1	(대)	자 기 주 식	104,000*2
	감 자 차 손	24,000			

*1. ₩2,000 × 40주 = ₩80,000
*2. ₩2,600 × 40주 = ₩104,000

➪ 20×1년 8월 9일

(차)	기타포괄손익-공정가치 측정 금융자산	300,000	(대)	현 금	300,000

➪ 20×1년 12월 31일

(차)	기타포괄손익-공정가치 측정 금융자산	90,000	(대)	금융자산평가이익 (기타포괄손익)	90,000*
(차)	금융자산평가이익 (기타포괄손익)	90,000	(대)	기타포괄손익-공정가치 측정 금융자산평가누계액	90,000

* [₩2,600 − ₩2,000] × 150주 = ₩90,000

자본변동(자기주식은 기중에 취득과 재발행 및 소각이 모두 이루어졌으므로 고려하지 않음)
= 자기주식처분이익 − 자본금 − 감자차손 + 기타포괄손익-공정가치 측정 금융자산평가누계액 + 미처분이익잉여금
= ₩24,000 − ₩80,000 − ₩24,000 + ₩90,000 + ₩3,000,000
= ₩3,010,000

9.6 ②

➪ 1월 5일

(차)	자 기 주 식	2,000,000*	(대) 현 금	2,000,000

* ₩20,000 × 100주 = ₩2,000,000

➪ 6월 5일

(차)	현 금	1,200,000*1	(대) 자 기 주 식	1,000,000*2
			자기주식처분이익	200,000

*1. ₩24,000 × 50주 = ₩1,200,000
*2. ₩20,000 × 50주 = ₩1,000,000

➪ 8월 5일

(차)	현 금	360,000*1	(대) 자 기 주 식	400,000*2
	자기주식처분이익	40,000		

*1. ₩18,000 × 20주 = ₩360,000
*2. ₩20,000 × 20주 = ₩400,000

➪ 12월 5일

(차)	자 본 금	300,000*1	(대) 자 기 주 식	600,000*2
	감 자 차 손	300,000		

*1. ₩10,000 × 30주 = ₩300,000
*2. ₩20,000 × 30주 = ₩600,000

자기주식처분이익(자본잉여금) ₩ 160,000 증가한다.

감자차손(자본조정)은 감자차익(자본잉여금)과는 상계하지만 자기주식처분이익과는 상계하지 않는다.

9.7 ①

주식배당은 이익잉여금과 자본금의 대체로 자원의 유출을 수반하지 않는다. 그러므로 총자본의 변동은 없다.

CHAPTER 10

현금흐름표

친절한 재무회계 Accounting

주관식 해답 및 해설

10.1 당기순이익 = 총포괄이익 ± 기타포괄손익 = ₩47,642,518 + ₩2,000,000 = ₩49,642,518

① 투자활동과 재무활동 관련 손익 제거
감가상각비, 임대료는 투자활동이므로 당기순이익에 가감하여 제거한다.

② 이자수취, 이자지급, 배당금수취는 별도로 보고하기 위해 이자비용, 이자수익, 배당금수익은 일단 당기순손익에서 제거한다.

③ 영업활동 관련 자산, 부채의 증감액 조정
영업자산의 증감(△ = 기말 − 기초)은 차감하고, 영업부채의 증감(△ = 기말 − 기초)은 가산한다.
즉, (−)△매출채권 + △매출채권손실충당금 − △재고자산 + △매입채무 + △미지급급여 − △선급보험료 조정을 한다.

④ 이자수취, 이자지급, 배당금수취에 대해 직접법으로 보고한다.

현금흐름표(간접법)

영업활동 현금흐름		
당기순이익		49,642,518
가감:		
감가상각비	(+)	10,800,000
임 대 료	(−)	(3,000,000)
이자비용	(+)	2,417,482
매출채권의 증가	(−)	(164,000,000)
매출채권손실충당금의 증가	(+)	940,000
재고자산의 증가	(−)	(2,400,000)
매입채무의 증가	(+)	24,000,000
미지급급여의 증가	(+)	1,000,000
선급보험료의 증가	(−)	(1,800,000)
영업에서 창출된 현금		(82,400,000)
이자지급	(−)	(0)
영업활동순현금흐름		(82,400,000)

친절한 재무회계 Accounting

객관식 해답 및 해설

10.1 ④

10.2 ①

국제회계기준에서는 ①은 재무활동 ②~⑤는 영업활동으로 예시하고 있다.

10.3 ④

현금흐름표에서 현금이란, 현금과 현금성자산을 모두 포함한다.

상환일이 정해져 있는 우선주는 부채로 분류하며, 현금성자산은 지분상품이나 부채여부에 관계없이 현금과 거의 동일한 유동성을 가진 투자자산이면 해당될 수 있다. 즉, 큰 거래비용이 없이 현금으로의 전환이 용이하고, 이자율변동에 따른 가치변동의 위험이 중요하지 않으며, 취득시점에 만기(또는 상환일)가 3개월 이내에 도래하는 유가증권 및 단기금융상품이면 현금성자산이다.

10.4 ③

현금주의 손익 = [발생주의 손익 − △영업자산 + △영업부채]이므로,

발생주의 수익 = [현금주의 수익 + △영업자산 − △영업부채]이다.

항목	금액
현금주의회계에 의한 2011년도 수익	₩7,600,000
(+) 매출채권 증가분	1,040,000
(−) 선수수익	60,000
발생주의회계에 의한 2011년도 수익	₩8,580,000

10.5 ③

현금주의 손익 = [발생주의 손익 − △영업자산 + △영업부채]이므로,

발생주의 수익 = [현금주의 수익 + △영업자산 − △영업부채]이다.

항목	금액
현금주의회계에 의한 20×1년도 수익	₩800,000
(+) 당기 미수용역수익 증가분	80,000
(−) 선수용역수익 증가분	20,000
발생주의회계에 의한 20×1년도 수익	₩860,000

10.6 ⑤

현금주의 손익 = [발생주의 손익 − △영업자산 + △영업부채]이므로,
(−)발생주의 비용 = [(−)현금주의 비용 + △영업자산 − △영업부채]이다.

발생주의 매출원가와 판매관리비 = 현금주의 매출원가와 판매관리비 + △재고자산 − △매입채무
= (−)₩14,400,000 + ₩144,000 − ₩660,000
= (−)₩14,916,000

발생주의 당기순이익 = 매출액 − [매출원가 + 판매관리비] − 매출채권손상차손 − 감가상각비
= ₩16,800,000 − ₩14,916,000 − ₩24,000 − ₩200,000
= ₩1,660,000

10.7 ④

현금주의 손익 = [발생주의 손익 − △영업자산 + △영업부채]이므로,
발생주의 손익 = [현금주의 손익 + △영업자산 − △영업부채]이다.

발생기준 당기순이익 = 현금주의 당기순이익 + △매출채권 − △매입채무 − △미지급비용 + △선급비용
= ₩1,200,000 + [₩86,000 − ₩70,000] − [₩108,000 − ₩96,000]
− [₩70,000 − ₩84,000] + [₩52,000 − ₩42,000]
= ₩1,228,000

10.8 ③

간접법에서 영업활동 현금흐름
= 당기순손익 ± 당기순손익 중 비영업활동관련 손익 + [△영업부채 − △영업자산]

* △ = [기말잔액 − 기초잔액]의 의미일 뿐이므로 증가액이 되는 경우도 있고 감소액이 되는 경우도 있다. 간접법에서 당기순손익에 조정할 때, △영업자산은 차감하고, △영업부채는 가산해주므로, 영업자산의 증가는 차감하고, 감소는 가산한다. 한편, 영업부채의 증가는 가산하고, 감소는 가산한다.

영업활동 현금흐름
= [법인세비용차감전순이익 − 법인세비용]*1 + 유형자산감가상각비 + 유형자산손상차손
− 유형자산처분손익 + 이자비용*2 − 매출채권증가 + 재고자산감소 + 매입채무증가
+ 미지급법인세증가
= [₩10,000,000 − ₩3,000,000] + ₩1,500,000 + ₩520,000 − ₩680,000 + ₩620,000
− ₩580,000 + ₩600,000 + ₩500,000 + ₩500,000
= ₩9,980,000

*1. 기준서에서 제시하는 간접법의 현금흐름표 양식에서는 법인세비용차감전순이익에서 조정하는 것으로 되어 있으나, 기준서 본문에는 명시적인 언급이 없다. 당기순손익에서 조정하든 법인세비용차감전순이익에서 조정하든 법인세지급액을 영업활동 현금흐름으로 분류하는 경우에는 영업활동 현금흐름액은 동일하다.

*2. 이자지급을 재무활동으로 분류하였으므로 이자비용도 당기순손익 중 비영업활동관련 손익으로 보아 제거한다.

10.9 ④

간접법에서 영업활동 현금흐름

= 당기순손익 ± 당기순손익 중 비영업활동관련 손익 + [△영업부채 − △영업자산]

= 당기순이익 + ₩0 − △매출채권(순액) + △매입채무 + △미지급급여

= ₩6,000,000 + ₩0 − [₩260,000 − ₩300,000] + [₩100,000 − ₩80,000]
+ [₩100,000 − ₩140,000]

= ₩6,020,000

10.10 ②

간접법에서 영업활동 현금흐름

= 법인세비용차감전순손익 ± 당기순손익 중 비영업활동관련 손익 + [△영업부채 − △영업자산]*
− 법인세지급액

* △ = [기말잔액 − 기초잔액]의 의미일 뿐이므로 증가액이 되는 경우도 있고 감소액이 되는 경우도 있다. 간접법에서 당기순손익에 조정할 때, △영업자산은 차감하고, △영업부채는 가산해주므로 영업자산의 증가는 차감하고, 감소는 가산한다. 한편, 영업부채의 증가는 가산하고, 감소는 가산한다.

영업활동 현금흐름

= 법인세비용차감전순손익 + 감가상각비 − 유형자산처분이익 + 사채상환손실
+ 미수이자수익 감소액 + 매출채권 감소액 − 재고자산 증가액 + 매입채무 증가액
− 법인세지급액

= ₩448,000 + ₩80,000 − ₩40,000 + ₩20,000 + ₩12,000 + ₩16,000 − ₩28,000
+ ₩10,000 − ₩24,000

= ₩494,000

☞ 자료 중 이자수익, 단기차입금 증가액, 미지급법인세 감소액, 매도가능금융자산평가이익은 계산에 고려하지 않았다. 이자수익은 영업활동으로 분류하기 때문에 조정하지 않고, 단기차입금은 재무부채이기 때문에 조정하지 않는다. 미지급법인세는 영업부채이므로 원칙상 조정해야 하나 법인세지급액이 직접 주어져 있기 때문에 이중계산을 피하기 위해 조정하지 않는다. 매도가능금융자산평가이익은 기타포괄손익이며 영업활동과 관련 손익이 아니므로 조정하지 않는다.

10.11 ①

간접법에서 영업활동 현금흐름

= 당기순손익 ± 당기순손익 중 비영업활동관련 손익 + [△영업부채 −△영업자산]

본 문제에서 영업활동 현금흐름

= 당기순이익 + 감가상각비 − 사채상환이익 + 유형자산 처분손실 −△매출채권(순액)
+△매입채무 +△미지급비용

= ₩500,000 + ₩80,000 − ₩70,000 + ₩40,000 − [₩140,000 − ₩100,000]
+ [₩60,000 − ₩80,000] + [₩90,000 − ₩60,000]

= ₩520,000

CHAPTER 11 수익 및 회계변경과 오류수정

친절한 재무회계 Accounting

주관식 해답 및 해설

11.1 1. 지연에 따른 변동대가의 기댓값을 예측하면 다음과 같다.

경 우	확 률	발생금액	기댓값
기간 준수	20%	₩0	₩0
1달 지연	50%	₩150,000	₩75,000
2달 지연	30%	₩300,000	₩90,000

변동대가(보상)의 기댓값 : ₩165,000
거래가격 : ₩10,000,000 − ₩165,000 = ₩9,835,000

2. 가능성이 가장 높은 금액은 기간을 준수하는 경우이다.
변동대가(보상)의 기댓값 : ₩0
거래가격 : ₩10,000,000 − ₩75,000 = ₩9,925,000

11.2 **1. 수행의무의 식별**

㈜상세의 수행의무는 크게 기계장치 인도, 설치용역, 교육용역으로 나눌 수 있다. 그러나 ㈜라온의 특수한 공장규모로 인해 설치용역은 필수로 포함되어야 한다. 다만 교육용역은 ㈜라온이 대체가능하고 쉽게 획득할 수 있는 자원(배치된 직원)이 있으므로 별도의 수행의무로 볼 수 있다. 그러므로 기계장치 인도와 설치용역 그리고 교육용역의 두 수행의무를 부담한다.

2. 거래가격의 배분

이에 따라 ㈜상세의 거래가격을 배분하면 다음과 같다.

경 우	수행의무	개별판매금액	배부율	배부금액
기계장치 인도	1	₩6,000,000	90%	₩8,100,000
설치용역	1	₩3,000,000		
교육용역	2	₩1,000,000	10%	₩900,000

11.3 연도별 진행률을 적용한 수익과 비용을 계산하면 다음과 같다.

	항 목	20×7	20×8	20×9
a	당기 투입원가	₩600,000	₩1,000,000	₩400,000
b	향후 예상 투입원가	₩1,200,000	₩500,000	₩0
c	당기까지 누적 투입원가	₩600,000	₩1,600,000	₩2,000,000
d	예상 총투입원가	₩1,800,000	₩2,100,000	₩2,000,000
e	누적 진행률	33%	76%	100%
f	계약금액	₩2,500,000	₩2,500,000	₩2,500,000
g	당기 누적수익	₩825,000	₩1,900,000	₩2,500,000
h	전기 누적수익	₩0	₩825,000	₩1,900,000
i	**당기 수익**	₩825,000	₩1,075,000	₩600,000
j	**당기 원가**	₩600,000	₩1,000,000	₩400,000
k	**당기순이익**	₩225,000	₩75,000	₩200,000

c. 누적 투입원가 = 전년도 누적 투입원가(c 전년도) + 당기 투입원가(a)

d. 예상 총투입원가 = 향후 예상 투입원가(b) + 당기까지 누적 투입원가(c)

e. 누적 진행률 = 당기까지 누적 투입원가 / 예상 총 투입원가

g. 당기 누적수익 = 계약금액 × 누적 진행률

I. 당기 수익 = 당기 누적수익 － 전기 누적수익

친 절 한 재무회계 Accounting

객관식 해답 및 해설

11.1 ④

11.2 ③

11.3 ④

선급비용과 미지급비용의 과소계상은 자동조정오류로 연말에 영향을 주지 않는다. 손실충당금은 비자동조정오류로 연말에 영향을 준다.

부록 - 현가표

〈표 1〉 복리이자 요소(CVIF)

CVIF = $(1+i)^n$ (n=기간, i=기간당 이자율)

n/i	1.0	2.0	3.0	4.0	5.0	6.0	7.0	8.0	9.0	10.0
1	1.01000	1.02000	1.03000	1.04000	1.05000	1.06000	1.07000	1.08000	1.09000	1.10000
2	1.02010	1.04040	1.06090	1.08160	1.10250	1.12360	1.14490	1.16640	1.18810	1.21000
3	1.03030	1.06121	1.09273	1.12486	1.15762	1.19102	1.22504	1.25971	1.29503	1.33100
4	1.04060	1.08243	1.12551	1.16986	1.21551	1.26248	1.31080	1.36049	1.41158	1.46410
5	1.05101	1.10408	1.15927	1.21665	1.27628	1.33823	1.40255	1.46933	1.53862	1.61051
6	1.06152	1.12616	1.19405	1.26532	1.34010	1.41852	1.50073	1.58687	1.67710	1.77156
7	1.07214	1.14869	1.22987	1.31593	1.40710	1.50363	1.60578	1.71382	1.82804	1.94872
8	1.08286	1.17166	1.26677	1.36857	1.47746	1.59385	1.71819	1.85093	1.99256	2.14359
9	1.09369	1.19509	1.30477	1.42331	1.55133	1.68948	1.83846	1.99900	2.17189	2.35795
10	1.10462	1.21899	1.34392	1.48024	1.62889	1.79085	1.96715	2.15892	2.36736	2.59374
11	1.11567	1.24337	1.38423	1.53945	1.71034	1.89830	2.10485	2.33164	2.58043	2.85312
12	1.12682	1.26824	1.42576	1.60103	1.79586	2.01220	2.25219	2.51817	2.81266	3.13843
13	1.13809	1.29361	1.46853	1.66507	1.88565	2.13293	2.40984	2.71962	3.06580	3.45227
14	1.14947	1.31948	1.51259	1.73168	1.97993	2.26090	2.57853	2.93719	3.34173	3.79750
15	1.16097	1.34587	1.55797	1.80094	2.07893	2.39656	2.75903	3.17217	3.64248	4.17725
16	1.17258	1.37279	1.60471	1.87298	2.18287	2.54035	2.95216	3.42594	3.97030	4.59497
17	1.18430	1.40024	1.65285	1.94790	2.29202	2.69277	3.15881	3.70002	4.32763	5.05447
18	1.19615	1.42825	1.70243	2.02582	2.40662	2.85434	3.37993	3.99602	4.71712	5.55992
19	1.20811	1.45681	1.75351	2.10685	2.52695	3.02560	3.61653	4.31570	5.14166	6.11591
20	1.22019	1.48595	1.80611	2.19112	2.65330	3.20713	3.86968	4.66096	5.60441	6.72750

n/i	11.0	12.0	13.0	14.0	15.0	16.0	17.0	18.0	19.0	20.0
1	1.11000	1.12000	1.13000	1.14000	1.15000	1.16000	1.17000	1.18000	1.19000	1.20000
2	1.23210	1.25440	1.27690	1.29960	1.32250	1.34560	1.36890	1.39240	1.41610	1.44000
3	1.36763	1.40493	1.44290	1.48154	1.52087	1.56090	1.60161	1.64303	1.68516	1.72800
4	1.51807	1.57352	1.63047	1.68896	1.74901	1.81064	1.87389	1.93878	2.00534	2.07360
5	1.68506	1.76234	1.84244	1.92541	2.01136	2.10034	2.19245	2.28776	2.38635	2.48832
6	1.87041	1.97382	2.08195	2.19497	2.31306	2.43640	2.56516	2.69955	2.83976	2.98598
7	2.07616	2.21068	2.35261	2.50227	2.66002	2.82622	3.00124	3.18547	3.37931	3.58318
8	2.30454	2.47596	2.65844	2.85259	3.05902	3.27841	3.51145	3.75886	4.02138	4.29982
9	2.55804	2.77308	3.00404	3.25195	3.51788	3.80296	4.10840	4.43545	4.78545	5.15978
10	2.83942	3.10585	3.39457	3.70722	4.04556	4.41143	4.80683	5.23383	5.69468	6.19173
11	3.15176	3.47855	3.83586	4.22623	4.65239	5.11726	5.62399	6.17592	6.77667	7.43008
12	3.49845	3.89598	4.33452	4.81790	5.35025	5.93603	6.58007	7.28759	8.06424	8.91610
13	3.88328	4.36349	4.89801	5.49241	6.15279	6.88579	7.69868	8.59936	9.59645	10.69932
14	4.31044	4.88711	5.53475	6.26135	7.07570	7.98752	9.00745	10.14724	11.41977	12.83918
15	4.78459	5.47356	6.25427	7.13794	8.13706	9.26552	10.53872	11.97374	13.58953	15.40701
16	5.31089	6.13039	7.06732	8.13725	9.35762	10.74800	12.33030	14.12902	16.17154	18.48842
17	5.89509	6.86604	7.98608	9.27646	10.76126	12.46768	14.42645	16.67224	19.24413	22.18610
18	6.54355	7.68996	9.02427	10.57517	12.37545	14.46251	16.87895	19.67324	22.90051	26.62332
19	7.26334	8.61276	10.19742	12.05569	14.23177	16.77651	19.74837	23.21443	27.25161	31.94798
20	8.06231	9.64629	11.52309	13.74348	16.36653	19.46075	23.10559	27.39302	32.42941	38.33758

〈표 2〉 연금의 복리이자요소(CVIFa)

$$\text{CVIFa} = \frac{(1+i)^n - 1}{i}$$

n/i	1.0	2.0	3.0	4.0	5.0	6.0	7.0	8.0	9.0	10.0
1	1.00000	1.00000	1.00000	1.00000	1.00000	1.00000	1.00000	1.00000	1.00000	1.00000
2	2.01000	2.02000	2.03000	2.04000	2.04500	2.06000	2.07000	2.08000	2.09000	2.10000
3	3.03010	3.06040	3.09090	3.12160	3.13702	3.18360	3.21490	3.24640	3.27810	3.31000
4	4.06040	4.12161	4.18363	4.24646	4.27819	4.37462	4.43994	4.50611	4.57313	4.64100
5	5.10100	5.20404	5.30914	5.41632	5.47071	5.63709	5.75074	5.86660	5.98471	6.10510
6	6.15201	6.30812	6.46841	6.63298	6.71689	6.97532	7.15329	7.33593	7.52333	7.71561
7	7.21353	7.43428	7.66246	7.89829	8.01915	8.39384	8.65402	8.92280	9.20043	9.48717
8	8.28567	8.58297	8.89234	9.21423	9.38001	9.89747	10.25980	10.63663	11.02847	11.43589
9	9.36853	9.75463	10.15911	10.58279	10.80211	11.49132	11.97799	12.48756	13.02104	13.57948
10	10.46221	10.94972	11.46388	12.00611	12.28821	13.18079	13.81645	14.48656	15.19293	15.93742
11	11.56683	12.16871	12.80779	13.48635	13.84118	14.97164	15.78360	16.64549	17.56029	18.53117
12	12.68250	13.41209	14.19203	15.02580	15.46403	16.86994	17.88845	18.97713	20.14072	21.38428
13	13.80933	14.68033	15.61779	16.62684	17.15991	18.88214	20.14064	21.49530	22.95338	24.52271
14	14.94742	15.97394	17.08632	18.29191	18.93211	21.01506	22.55049	24.21492	26.01919	27.97498
15	16.09689	17.29342	18.59891	20.02359	20.78405	23.27597	25.12902	27.15211	29.36091	31.77248
16	17.25786	18.63928	20.15688	21.82453	22.71933	25.67252	27.88805	30.32428	33.00339	35.94973
17	18.43044	20.01207	21.76158	23.69751	24.74170	28.21287	30.84021	33.75022	36.97370	40.54470
18	19.61474	21.41231	23.41443	25.64541	26.85508	30.90565	33.99903	37.45024	41.30133	45.59917
19	20.81089	22.84056	25.11686	27.67123	29.06356	33.75998	37.37896	41.44626	46.01845	51.15908
20	22.01900	24.29737	26.87037	29.77807	31.37142	36.78558	40.99549	45.76196	51.16011	57.27499

n/i	11.0	12.0	13.0	14.0	15.0	16.0	17.0	18.0	19.0	20.0
1	1.00000	1.00000	1.00000	1.00000	1.00000	1.00000	1.00000	1.00000	1.00000	1.00000
2	2.11000	2.12000	2.13000	2.14000	2.15000	2.16000	2.17000	2.18000	2.19000	2.20000
3	3.34210	3.37440	3.40690	3.43960	3.47250	3.50560	3.53890	3.57240	3.60610	3.64000
4	4.70973	4.77933	4.84980	4.92114	4.99337	5.06650	5.14051	5.21543	5.29126	5.36800
5	6.22780	6.35285	6.48027	6.61010	6.74238	6.87714	7.01440	7.15421	7.29660	7.44160
6	7.91286	8.11519	8.32271	8.53552	8.75374	8.97748	9.20685	9.44197	9.68295	9.92992
7	9.78327	10.08901	10.40466	10.73049	11.06680	11.41387	11.77201	12.14152	12.52271	12.91590
8	11.85943	12.29969	12.75726	13.23276	13.72682	14.24009	14.77325	15.32699	15.90203	16.49908
9	14.16397	14.77566	15.41571	16.08535	16.78584	17.51851	18.28471	19.08585	19.92341	20.79890
10	16.72201	17.54873	18.41975	19.33729	20.30372	21.32147	22.39311	23.52131	24.70886	25.95868
11	19.56143	20.65458	21.81432	23.04451	24.34927	25.73290	27.19993	28.75514	30.40354	32.15041
12	22.71318	24.13313	25.65018	27.27074	29.00166	30.85016	32.82392	34.93106	37.18021	39.58049
13	26.21163	28.02911	29.98470	32.08865	34.35191	36.78619	39.40399	42.21865	45.24445	48.49659
14	30.09491	32.39260	34.88271	37.58106	40.50470	43.67198	47.10266	50.81801	54.84090	59.19591
15	34.40535	37.27971	40.41746	43.84241	47.58041	51.65949	56.11012	60.96525	66.26067	72.03509
16	39.18994	42.75327	46.67173	50.98034	55.71747	60.92501	66.64883	72.93899	79.85019	87.44210
17	44.50083	48.88367	53.73906	59.11759	65.07508	71.67301	78.97913	87.06801	96.02173	105.93052
18	50.39592	55.74971	61.72513	68.39405	75.83635	84.14069	93.40559	103.74025	115.26585	128.11662
19	56.93947	63.43967	70.74940	78.96922	88.21180	98.60320	110.28453	123.41349	138.16636	154.73994
20	64.20282	72.05243	80.94682	91.02491	102.44357	115.37971	130.03290	146.62792	165.41797	186.68792

〈표 3〉 현가이자요소(PVIF)

$$\text{PVIF} = \frac{1}{(1+i)^n} \quad (n = \text{기간},\ i = \text{기간당 할인율})$$

n/i	1.0	2.0	3.0	4.0	5.0	6.0	7.0	8.0	9.0	10.0
1	0.99010	0.98039	0.97087	0.96154	0.95238	0.94340	0.93458	0.92593	0.91743	0.90909
2	0.98030	0.96117	0.94260	0.92456	0.90703	0.89000	0.87344	0.85734	0.84168	0.82645
3	0.97059	0.94232	0.91514	0.88900	0.86384	0.83962	0.81630	0.79383	0.77218	0.75131
4	0.96098	0.92385	0.88849	0.85480	0.82270	0.79209	0.76290	0.73503	0.70843	0.68301
5	0.95147	0.90573	0.86261	0.82193	0.78353	0.74726	0.71299	0.68058	0.64993	0.62092
6	0.94205	0.88797	0.83748	0.79031	0.74622	0.70496	0.66634	0.63017	0.59627	0.56447
7	0.93272	0.87056	0.81309	0.75992	0.71068	0.66506	0.62275	0.58349	0.54703	0.51316
8	0.92348	0.85349	0.78941	0.73069	0.67684	0.62741	0.58201	0.54027	0.50187	0.46651
9	0.91434	0.83676	0.76642	0.70259	0.64461	0.59190	0.54393	0.50025	0.46043	0.42410
10	0.90529	0.82035	0.74409	0.67556	0.61391	0.55839	0.50835	0.46319	0.42241	0.38554
11	0.89632	0.80426	0.72242	0.64958	0.58468	0.52679	0.47509	0.42888	0.38753	0.35049
12	0.88745	0.78849	0.70138	0.62460	0.55684	0.49697	0.44401	0.39711	0.35553	0.31863
13	0.87866	0.77303	0.68095	0.60057	0.53032	0.46884	0.41496	0.36770	0.32618	0.28966
14	0.86996	0.75788	0.66112	0.57748	0.50507	0.44230	0.38782	0.34046	0.29925	0.26333
15	0.86135	0.74301	0.64186	0.55526	0.48102	0.41727	0.36245	0.31524	0.27454	0.23939
16	0.85282	0.72845	0.62317	0.53391	0.45811	0.39365	0.33873	0.29189	0.25187	0.21763
17	0.84438	0.71416	0.60502	0.51337	0.43630	0.37136	0.31657	0.27027	0.23107	0.19784
18	0.83602	0.70016	0.58739	0.49363	0.41552	0.35034	0.29586	0.25025	0.21199	0.17986
19	0.82774	0.68643	0.57029	0.47464	0.39573	0.33051	0.27651	0.23171	0.19449	0.16351
20	0.81954	0.67297	0.55368	0.45639	0.37689	0.31180	0.25842	0.21455	0.17843	0.14864

n/i	11.0	12.0	13.0	14.0	15.0	16.0	17.0	18.0	19.0	20.0
1	0.90090	0.89286	0.88496	0.87719	0.86957	0.86207	0.85470	0.84746	0.84034	0.83333
2	0.81162	0.79719	0.78315	0.76947	0.75614	0.74316	0.73051	0.71818	0.70616	0.69444
3	0.73119	0.71178	0.69305	0.67497	0.65752	0.64066	0.62437	0.60863	0.59342	0.57870
4	0.65873	0.63552	0.61332	0.59208	0.57175	0.55229	0.53365	0.51579	0.49867	0.48225
5	0.59345	0.56743	0.54276	0.51937	0.49718	0.47611	0.45611	0.43711	0.41905	0.40188
6	0.53464	0.50663	0.48032	0.45559	0.43233	0.41044	0.38984	0.37043	0.35214	0.33490
7	0.48166	0.45235	0.42506	0.39964	0.37594	0.35383	0.33320	0.31393	0.29592	0.27908
8	0.43393	0.40388	0.37616	0.35056	0.32690	0.30503	0.28478	0.26604	0.24867	0.23257
9	0.39092	0.36061	0.33288	0.30751	0.28426	0.26295	0.24340	0.22546	0.20897	0.19381
10	0.35218	0.32197	0.29459	0.26974	0.24718	0.22668	0.20804	0.19106	0.17560	0.16151
11	0.31728	0.28748	0.26070	0.23662	0.21494	0.19542	0.17781	0.16192	0.14757	0.13459
12	0.28584	0.25668	0.23071	0.20756	0.18691	0.16846	0.15197	0.13722	0.12400	0.11216
13	0.25751	0.22917	0.20416	0.18207	0.16253	0.14523	0.12989	0.11629	0.10421	0.09346
14	0.23199	0.20462	0.18068	0.15971	0.14133	0.12520	0.11102	0.09855	0.08757	0.07789
15	0.20900	0.18270	0.15989	0.14010	0.12289	0.10793	0.09489	0.08352	0.07359	0.06491
16	0.18829	0.16312	0.14150	0.12289	0.10686	0.09304	0.08110	0.07078	0.06184	0.05409
17	0.16963	0.14564	0.12522	0.10780	0.09293	0.08021	0.06932	0.05998	0.05196	0.04507
18	0.15282	0.13004	0.11081	0.09456	0.08081	0.06914	0.05925	0.05083	0.04367	0.03756
19	0.13768	0.11611	0.09806	0.08295	0.07027	0.05961	0.05064	0.04308	0.03670	0.03130
20	0.12403	0.10367	0.08678	0.07276	0.06110	0.05139	0.04328	0.03651	0.03084	0.02608

〈표 4〉 연금의 현가이자요소(PVIFa)

$$\text{PVIFa} = \frac{1-\frac{1}{(1+i)^n}}{i}$$

n/i	1.0	2.0	3.0	4.0	5.0	6.0	7.0	8.0	9.0	10.0
1	0.99010	0.98039	0.97087	0.96154	0.95238	0.94340	0.93458	0.92593	0.91743	0.90909
2	1.97039	1.94156	1.91347	1.88609	1.85941	1.83339	1.80802	1.78326	1.75911	1.73554
3	2.94098	2.88388	2.82861	2.77509	2.72325	2.67301	2.62432	2.57710	2.53129	2.48685
4	3.90197	3.80773	3.71710	3.62990	3.54595	3.46511	3.38721	3.31213	3.23972	3.16987
5	4.85343	4.71346	4.57971	4.45182	4.32948	4.21236	4.10020	3.99271	3.88965	3.79079
6	5.79548	5.60143	5.41719	5.24214	5.07569	4.91732	4.76654	4.62288	4.48592	4.35526
7	6.72819	6.47199	6.23028	6.00206	5.78637	5.58238	5.38929	5.20637	5.03295	4.86842
8	7.65168	7.32548	7.01969	6.73275	6.46321	6.20979	5.97130	5.74664	5.53482	5.33493
9	8.56602	8.16224	7.78611	7.43533	7.10782	6.80169	6.51523	6.24689	5.99525	5.75902
10	9.47130	8.98259	8.53020	8.11090	7.72174	7.36009	7.02358	6.71008	6.41766	6.14457
11	10.36763	9.78685	9.25262	8.76048	8.30642	7.88687	7.49867	7.13896	6.80519	6.49506
12	11.25508	10.57534	9.95400	9.38507	8.86325	8.38384	7.94269	7.53608	7.16073	6.81369
13	12.13374	11.34837	10.63495	9.98565	9.39357	8.85268	8.35765	7.90378	7.48690	7.10336
14	13.00370	12.10625	11.29607	10.56312	9.89864	9.29498	8.74547	8.24424	7.78615	7.36669
15	13.86505	12.84926	11.93793	11.11839	10.37966	9.71225	9.10791	8.55948	8.06069	7.60608
16	14.71787	13.57771	12.56110	11.65230	10.83777	10.10590	9.44665	8.85137	8.31256	7.82371
17	15.56225	14.29187	13.16612	12.16567	11.27407	10.47726	9.76322	9.12164	8.54363	8.02155
18	16.39827	14.99203	13.75351	12.65930	11.68959	10.82760	10.05909	9.37189	8.75563	8.20141
19	17.22601	15.67846	14.32380	13.13394	12.08532	11.15812	10.33560	9.60360	8.95011	8.36492
20	18.04555	16.35143	14.87747	13.59033	12.46221	11.46992	10.59401	9.81815	9.12855	8.51356

n/i	11.0	12.0	13.0	14.0	15.0	16.0	17.0	18.0	19.0	20.0
1	0.90090	0.89286	0.88496	0.87719	0.86957	0.86207	0.85470	0.84746	0.84034	0.83333
2	1.71252	1.69005	1.66810	1.64666	1.62571	1.60523	1.58521	1.56564	1.54650	1.52778
3	2.44371	2.40183	2.36115	2.32163	2.28323	2.24589	2.20959	2.17427	2.13992	2.10648
4	3.10245	3.03735	2.97447	2.91371	2.85498	2.79818	2.74324	2.69006	2.63859	2.58873
5	3.69590	3.60478	3.51723	3.43308	3.35216	3.27429	3.19935	3.12717	3.05764	2.99061
6	4.23054	4.11141	3.99755	3.88867	3.78448	3.68474	3.58918	3.49760	3.40978	3.32551
7	4.71220	4.56376	4.42261	4.28830	4.16042	4.03857	3.92238	3.81153	3.70570	3.60459
8	5.14612	4.96764	4.79877	4.63886	4.48732	4.34359	4.20716	4.07757	3.95437	3.83716
9	5.53705	5.32825	5.13166	4.94637	4.77158	4.60654	4.45057	4.30302	4.16333	4.03097
10	5.88923	5.65022	5.42624	5.21612	5.01877	4.83323	4.65860	4.49409	4.33894	4.19247
11	6.20652	5.93770	5.68694	5.45273	5.23371	5.02864	4.83641	4.65601	4.48650	4.32706
12	6.49236	6.19437	5.91765	5.66029	5.42062	5.19711	4.98839	4.79323	4.61050	4.43922
13	6.74987	6.42355	6.12181	5.84236	5.58315	5.34233	5.11828	4.90951	4.71471	4.53268
14	6.98187	6.62817	6.30249	6.00207	5.72448	5.46753	5.22930	5.00806	4.80228	4.61057
15	7.19087	6.81086	6.46238	6.14217	5.84737	5.57546	5.32419	5.09158	4.87586	4.67547
16	7.37916	6.97399	6.60388	6.26506	5.95424	5.66850	5.40529	5.16235	4.93770	4.72956
17	7.54879	7.11963	6.72909	6.37286	6.04716	5.74870	5.47461	5.22233	4.98966	4.77463
18	7.70162	7.24967	6.83991	6.46742	6.12797	5.81785	5.53385	5.27316	5.03333	4.81220
19	7.83929	7.36578	6.93797	6.55037	6.19823	5.87746	5.58449	5.31624	5.07003	4.84350
20	7.96333	7.46944	7.02475	6.62313	6.25933	5.92884	5.62777	5.35275	5.10086	4.86958

찾아보기

ㄱ

가속상각법 202
간접법 396
감가상각 199
감가상각누계액 199
감가상각대상금액 200
감모손실 167, 169
감자 352
감자차손 356
감자차익 356
개념체계 36
개발활동 220
개별법 161
개인기업 8
거래 94, 95
거래가격 420
거래의 이중성 97
검증가능성 42
결산정리 112
경제 4, 5
경제적 자원 39
계속기록법 155
계속기업 가정 44
계속기업 67
계약 419
계약상 현금흐름 특성 239
계정 99
공적회계책임 27
공정가치 25, 57
관리비 86
관리회계 19
국제회계기준 해석위원회 27
국제회계기준 23
국제회계기준자문평의회 27
국제회계기준재단 감독이사회 27
국제회계기준재단 이사회 27
권리 46
금융부채 237, 306
금융상품 237
금융원가 86
금융자산 83, 239
금융자산의 손상회계 274
금융자산처분손실 245
금융자산처분이익 245
금융자산평가손실 244, 249
금융자산평가이익 244
기대신용손실 274, 275
기록 18
기본배당금 375
기업 7
기업의 사업모형 239, 297
기장오류 289
기타비용 86
기타수익 86
기타자본구성요소 349
기타포괄손익 76, 91
기타포괄손익-공정가치 측정 금융자산 258
기타포괄손익-공정가치 측정(선택) 금융자산 242
기타포괄손익-공정가치 측정 247
기타포괄손익누계액 349, 366
기회비용 315

ㄴ

납입자본 349
내부통제제도 294
내용연수 200
누적적 우선주 374

ㄷ

단기대여금 83
단기차입금 84
단순이자계산법 139
단일금액의 현재가치 141
당기손익-공정가치 측정 금융자산 242, 258, 273

당기손익인식금융자산 243, 244, 245, 246
당기순손익 76, 87
당좌수표 286
당좌예금 286
당좌차월 287
대변 99
대여금 83, 284
대차평형의 원리 96

ㄹ

리베이트 307

ㅁ

마감분개 132
만기보유금융자산 259, 268
매도가능금융자산평가누계액 366
매입에누리 155, 307
매입채무 회전기간 296
매입채무 83, 306
매입할인 154, 307
매입환출 155, 307
매출가격환원법 178
매출액 86
매출에누리 157, 264
매출원가 86, 157
매출채권 회전기간 296
매출채권 82
매출총손익 86
매출총이익률법 180
매출할인 157, 264
매출환입 157, 264
목적적합성 40
무결점 41
무형자산 83, 216
문서화 295
물류원가 86
미기입예금 289
미래가치 139
미수금 82, 283
미수수익 82, 114, 283
미지급금 84, 308
미지급비용 84, 114, 309
미착상품 170
미처분이익잉여금 360
미통지예금 289

ㅂ

발생 45
발생기준 45, 68, 386, 387
발생주의회계 387
발행금액 315
발행일 314
발행주식수 352
배당결의일 372
배당금 372
배당금수익 245
배당기준일 372
배당지급일 372
법인세비용 87
법인세비용차감전손익 86
법적 소유권 423
법정적립금 361
보강적 질적 특성 42
보통주 353
복구원가 194, 336
복구충당부채 336
복리이자계산법 139
복식부기 98
복합금융상품 338
부기 18
부도수표 289
부채 10, 48, 54
분개 101
비교가능성 42
비영리회계 20
비용 51, 55
비유동부채 72, 127

비유동자산 72, 127
비자동조정오류 432

ㅅ

사업결합 222
사용가치 57, 213
사채 84, 313
사채발행비 316, 320
사채상환손익 331
사채의 조기상환 331
사채할인발행차금 318
사채할증발행차금 319
산출법 425
상각후원가 측정 금융자산 258
상각후원가 259
상계 68
상기업 8
상시적인자문단 27
상업적 실질 419
상환일 314
생산량비례법 203
서비스기업 8
선급금 284
선급비용 82, 115, 284
선수금 310
선수수익 84, 116, 310
선입선출법 161
세무회계 19
소급법 428
소매재고법 177
소모품 117, 449
소모품비 117
소비 조건 424
소액현금제도 293
소유자 지분 127, 348
소유주 49
손상차손 212
손상차손누계액 212
손상차손환입 213
손실충당금 276
손익거래 359
수권주식수 352
수익 50, 55, 416
수익관련보조금 226
수익접근법 225
수익 · 비용 대응의 원칙 55
수취채권 264
수탁책임회계 18, 31, 442
수행의무 419
순공정가치 213
순실현가능가치 175
순자산 348
순장부금액 199
시산표 110
시송품 170
시장이자율 315
시장평가 조정 접근법 422
신용위험 274
신주인수권 340
신주인수권부사채 338, 340
실지재고조사법 158
실질이자율 316

ㅇ

액면금액 314
액면발행 318
액면이자율 314
양도가능성 351
어음할인 265
역사적 원가 56
연결재무제표 24
연구활동 220
연금 140
연수합계법 202
연차재무보고서 69
영구계정 126
영업권 222
영업이익 86

영업활동 현금흐름 389
영업활동 9, 389
예상원가 이윤 가산 접근법 422
예측가치 40
오류수정 432
완전성 41
외상매입금 306
우발부채 334
우선주 배당 374
우선주 353
원가배분 과정 154
원칙중심 24
위험과 보상 423
유가증권 237
유동부채 72, 127
유동성 71
유동자산 72, 127
유상증자 352
유의적인 영향력 297
유통주식수 352
유한책임 351
유형자산 83, 192
유형자산처분손실 205
유형자산처분이익 205
유효이자율 316
은행계정조정표 288
은행수수료 289
의무 48
의사결정 6
이연 45
이익배당우선주 374
이익잉여금 349, 360
이익준비금 361
이자비용 289
이자수익 289
이중체감법 202
이해가능성 43
이해관계 5
이행가치 57
인식 18
일반기업회계기준 29
일반목적 재무보고 38
일반목적차입금 224
임시계정 126
임의적립금 361

ㅈ

자기사채 332
자기자본 348
자기주식 352, 355
자기주식처분손실 357
자기주식처분이익 357
자동조정오류 432
자본 49, 84, 127, 348
자본거래 352
자본금 349, 353
자본변동표 21, 77, 377
자본잉여금 349
자본조정 349
자본청구권 49
자본화이자율 225
자산 46, 54
자산관련보조금 226
자연인기업 350
잔여배당금 375
잔여접근법 422
잔여지분 49, 348
잔존가치 200
장기미지급금 333
장기성매입채무 333
장기차입금 84, 333
장부마감 126
재고자산 회전기간 296
재고자산 82, 152
재고자산평가손실 175
재고자산평가충당금 175
재고층 182
재무상태표 20, 70

재무정보 6
재무정보의 질적 특성 39
재무제표 44
재무활동 현금흐름 389
재무활동 10, 389
재무회계 18, 36
재평가모형 207
재평가손실 208
재평가이익 208
재평가잉여금 208
저가법 175
적격자산 평균지출액 225
적격자산 223
적시성 42
전기 104
전진법 430
전표 101
전환권대가 338
전환권조정 338
전환사채 338
정률법 202
정부보조금 225
정상연금 140
정상연금의 현재가치 142
정액법 201
제조기업 8, 36
제품보증충당부채 334, 335
조합기업 8
주석 21, 77
주식발행비 353
주식발행초과금 353
주식배당 373
주식할인발행차금 354
주식회사 8, 350
주주지분 348
중립성 41
중소기업회계기준 29
중요성 40, 54, 68
증자 352
지급어음 306
지급청구권 조건 424
지급청구권 423
지분법이익 297
지분법적용투자주식 297
지분법회계 297
지분상품 237
직접법 395
진행기준 424
진행률 425
집합손익 132

ㅊ

차변 99
차손 51
차익 50
차입금 84, 309
차입원가 223
참가적 우선주 374
채무보증충당부채 334
채무불이행 274, 278
채무상품 237
채무증권 238
청구권 39
청산 44
청산가치 44
체감잔액법 202
총계약금액 426
총계정원장 99
총포괄손익 87
추정 54
출자전환 332
충당금설정법 276
충당부채 334
충실한 표현 41
측정 54, 56, 417

ㅌ

통제 조건 424
통제 46, 423
투입법 425
투자부동산 83
투자주식처분손익 297
투자활동 현금흐름 389
투자활동 10, 389
특정목적차입금 224

ㅍ

판매비와관리비 86
팩토링 265
평균법 161
포괄손익 87
포괄손익계산서 20, 73

ㅎ

한국채택국제회계기준 28
할인 139
할인발행 317
할증발행 317, 319
현금 및 현금성자산 82
현금 388
현금과부족 292
현금기준 77, 387
현금등가물 489
현금및현금성자산 236
현금배당 362
현금성자산 236
현금전환주기 295
현금주의 45, 387
현금흐름표 21, 77, 387, 388
현재가치 56, 139
현행원가 57, 58
화폐의 시간가치 139
확정가치 40
회계 4, 16
회계감사 19
회계기준자문포럼 27
회계등식 70, 79, 95
회계정보 16
회계정보시스템 16
회계정책 428
회계책임 18
회계추정의 변경 430
회사채 314
회수 가능성 419
회수가능액 212
효익 · 원가의 제약 43
후입선출법 181
후입선출법의 청산 182

A

accelerated depreciation method 202
account 99
accountability 18
accounting cycle 100
accounting equation 95
Accounting Standards Advisory Forum 27
accounting 4
accounts payable 306
accrual basis of accounting 68
accrual basis 386, 387
accrual-basis accounting 387
accruals 45
accrued expense 84, 114, 309
accrued revenue 82, 114, 283
accumulated depreciation 199
accumulated impairment losses 212
activity method 203
administrative expenses 86
advance payment 284
advance receipt 310
allowance method 276
amortized costs 259
annual financial reports 69

annuity 140
ASAF 27
assets 46
auditing 19
authorized number of shares 352
average cost method 161

B

bank overdraft account 287
bank reconciliation statement 288
bank service charges 289
basic accounting identity 70
bonds 84
borrowing costs 223
borrowings 84, 309
business combination 222

C

capital in excess of par value 353
capital increase 352
capital reduction 352
capital stock issue costs 353
capital stock 353
capital transaction 352
capital 127, 348
cash and cash equivalents 82, 236
cash basis 45, 77, 387
cash dividends 362
cash equivalents 236
cash 388
certified checks 286
checking account 286
chit 101
claims 39
collectability 419
common stock 353
comparability 42
complete 41
compound interest method 139
comprehensive income 87
Conceptual Framework for Financial Reporting 36
confirmatory value 40
consolidated financial statements 24
contingent liabilities 334
control 46, 423
corporation bond 313
corporation 350
cost-benefit constraint 43
costs of goods sold 86
credit loss 275
credit risk 274
Credit 99
Creditor 99
cumulative preferred stock 374
current assets 127
current cost 57
current liabilities 127
current value 56

D

Debit 99
debt securities 238
Debtor 99
declining balance method 202
default 274
deferrals 45
deposit by third parties 289
deposit in transit 289
depreciable amount 200
depreciation 199
direct method 395
discount on stock issuance 354
discount 139
discounting of notes receivable 265
distribution costs 86
double declining balance method 202
double entry accounting 98

duality of transactions 97

E

economic resources 39
economy 4, 5
entry error 289
equity claims 49
equity 49
expected credit loss 275
expenses 51

F

factoring 265
fair value less costs to sell 213
fair value 25, 57
Faithful representation 41
FIFO 161
finance costs 86
financial accounting 18, 36
financial assets measured at amortized cost 258
financial assets 83
financial instrument 237
financial liability 237, 306
financial statements 44
financing activities 10, 389
first-in first-out method 161
fixed percentage method 202
free from error 41
fulfillment value 57
future value 139

G

gains from capital reduction 356
gains on sale of treasury stock 357
gains 50
general ledger 99
general purpose financial reporting 38
going concern 67
goodwill 222
gross margin on sales, gross loss on sales 86

H

historical cost 56

I

IASB 26
identifying 18
IFRIC 27
IFRS Advisory Council 27
IFRS Foundation Monitoring Board 27
IFRS Foundation Trustees 27
IFRS Interpretations Committee 27
IFRSAC 27
impairment loss 212
imprest system of petty cash 293
income and loss before income taxes 86
income approach 225
income tax expense 87
income 416
income 50
indirect method 396
intangible assets 83, 216
interest expense 289
interest income 289
internal control system 294
International Accounting Standards Board 26
International Financial Reporting Standards 23
inventories 82
inventory layer 182
inventory 152
investing activities 10, 389
investment property 83

J

journalizing 101, 104

K

K-IFRS 28

L

last-in first-out 181
legal reserves 361
liabilities 48
liquidation value 44
liquidation 44
loans 83, 284
loss allowance 276
loss from decline in value of inventory 175
loss on sale of treasury stock 357
losses 51

M

management accounting 19
manufacturing firms 8
materiality 40, 68
measurement 56, 417
merchandising firms 8
Monitoring Board 27

N

net asset 348
net book value 199
net income and loss for the year 87
net realizable value 175
neutral 41
non-current assets 127
non-current liabilities 127
nontrade payable 84
nontrade receivable 82
normal annuity 140
not sufficient fund checks 289
notes payable 306
notes 21, 77
not-for-profit accounting 20

O

obligation 48
offset 68
operating activities 9, 389
opportunity costs 315
other components of equity 349
other expenses 86
other income 86
outstanding checks 289
owner's capital 348
owner's equity 127, 348

P

paid-in capital increase 352
participating preferred stock 374
percentage of completion method 424
periodic inventory system 158
permanent accounts 126
predictive value 40
preferred stock 353
prepaid expense 82, 115, 284
present value 139
principle-based 24
profit and loss transaction 359
property, plant, and equipment 83, 192
prospective approach 430
provision 334
public accountability 27
purchase allowances 155
purchase discounts 154
purchase returns 155

Q

qualifying asset 223
qualitative characteristics 39

R

receivable 264

reconciliation method 396
recording 18
recoverable amount 212
relevance 40
residual equity 348
residual interest 49
residual value 200
retail inventory method 177
retained earnings 349, 360
retrospective approach 428
revaluation gain 208
revaluation loss 208
revaluation model 207
revaluation surplus 208
revenue 50
reversal of a impairment loss 213
right 46

S

sales allowances 157, 264
sales discount 157, 264
sales returns 157, 264
sales 86
salvage value 200
securities 237
selling expenses 86
service firms 8
share capital 349
shareholders' equity 348
simple interest method 139
specific identification method 161
Standing consultative groups 27
statement of cash flows 21, 77
statement of change in stockholders' equity 21, 77
statement of changes in equity 377
statement of comprehensive income 20
statement of financial position 20
statutory reserves 361
stewardship accounting 18, 31, 442
sum of the years'digits method 202
supplies 117

T

tax accounting 19
temporary accounts 126
the contractual cash flow characteristics 239
the entity's business model 239
the performance obligations 419
time value of money 139
timeliness 42
trade payable 83, 306
trade receivable 82
transaction price 420
transactions 95
treasury share 352
treasury stock 355
trial balance 110
Trustees 27

U

unappropriated retained earnings 360
understandability 43
unearned revenue 84, 116, 310
useful life 200

V

value in use 57, 213
verifiability 42
voluntary reserves 361

저/자/소/개

박경호

서울대학교 대학원(경영학 박사)
LG텔레콤 재무회계팀 근무
현, 숭실대학교 회계학과 부교수

김응길

고려대학교 대학원(경영학 박사)
현, 숭실대학교 회계학과 조교수

친철한 재무회계

초판 발행 • 2015년 8월 31일
6판 발행 • 2022년 7월 15일
6판 2쇄 발행 • 2024년 3월 18일

지은이 • 박 경 호 · 김 응 길
펴낸이 • 김 대 명
펴낸곳 • 나우퍼블리셔
등록번호 • 2020년 1월 20일 (제2020-000005호)
주소 • 서울특별시 성동구 한림말5길 11 덕성빌딩
전화 • 010-9133-5272 | 팩스 02-6305-3639
전자우편 • nowpublisher@daum.net
홈페이지 • www.nowpublisher.co.kr
ISBN • 979-11-91345-28-5 93320
가격 • 29,000원